中国版权研究报告

2022-2023

上卷

中国版权保护中心

组织编写

中国青年出版社

序 言
奋力展现版权研究新气象新作为

2022—2023年，中国版权保护中心坚持以习近平文化思想与党的二十大精神为指引，坚持学术、技术与服务相协同，积极开展课题征集工作，持续聚焦前沿议题，扎实推进研究实践，积极推动成果转化，奋力展现版权研究的新气象新作为，为版权推动文化繁荣、建设文化强国、建设中华民族现代文明不断提供智力支持。

呈现在读者面前的这部80多万字的研究报告集，凝练了版权中心2022—2023年度内外部课题研究成果的精华，系统总结了2022—2023年中国版权理论与实践状况，集中反映了新时代版权事业发展的新要求和人民群众的新期待。近年来，互联网、大数据、云计算、人工智能、区块链等技术加速创新，为中国版权事业带来深刻变革，也提出了许多亟待研究的版权热点、重点和难点问题。本报告集紧密围绕这些问题展开，所涉主题新颖全面，不仅紧跟元宇宙、NFT、UGC、数字版权、区块链等版权前沿问题，更关注版权历史文化、民间文艺版权、少数民族非遗版权等难点、焦点。此外，我们还从交叉学科视野探索版权金融、版权贸易、版权国际传播、版权人才培养等方面的突出问题。总体而言，这本由版权中心领衔、学界业界专家学者共同完成的报告集，通过翔实的数据分析和严谨的理论推演，为推进版权保护和服务在学理、机制、技术、标准等方面的创新发展，为讲好具有理论深度、实践力度、情感温度的中国版权故事，为版权赋能文化产业发展、加快推进版权强国建设，凝聚了合力，贡献了力量，提供了必要的学术支撑。

关系于文明进步者，独以版权为最

站在新的历史起点上，版权在推动文化繁荣，建设文化强国以及建设中华民族现代文明的进程中，将发挥什么作用，展现何等担当？其实早在1903年，我们的前辈先贤就认识到，"关系于文明进步者，独以版权为最"（商务印书馆《版权考·序》）。对于文化创新和文化繁荣，版权无疑是最重要的保护和促进方式。习近平总书记强调，创新是引领发展的第一动力。版权是文化的内核，是创意的化身，包含文学、科学和艺术领域内的一切独创性成果，覆盖文化创作、生产、传播、使用、交易全链条，关系发展先进文化生产力、保护民族文化创造力、提升国家文化软实力。近年来，随着版权制度与技术的不断完善，社会版权意识不断提升，文学艺术作品创作生产持续得到激励，版权事业产业不断繁荣发展，人民群众在文化需求方面的获得感、幸福感不断增强。

作为"技术之子"，版权始终与科技同频共振，积极回应着大数据、区块链、人工智能等新业态新领域的前沿热点问题，并在全球合作中推动着人类文明的进步。在由计算机、通信、互联网、大数据等技术支撑的信息社会发展过程中，版权通过推进数字版权（数据）确权与交易，助力数据合规有序流动，必将成为数字治理的关键以及数字文明发展的重要动力。面对人工智能正在带领人类从信息社会迈向智能社会、即将渗透到创新创作方方面面的新形势，版权将为智能社会下人类文明的创新、保护与发展提供不可或缺的底层支撑。

构建中国自主的版权学术体系和话语体系

加强版权研究归根结底是要构建中国自主的版权学术体系和话语体系。唯有如此，才能把握中国特色的版权历史新方位、时代新变化、实践新要求，确保以中国之理指引中国之路；唯有如此，才能在国际版权治理、国际版权争议解决中贡献中国智慧，提升话语权和影响力；唯有如此，才能为实现人民对美好生活的向往提供更多版权力量；唯有如此，才能助推中国版权实现从"赶上时代"到"引领时代"的跃迁。

为此，必须基于中国文化创新与繁荣的需要，科学研究创设适合中国、有利于中国的版权知识与理论、模式与标准、制度和规则。要增强历史自觉与文化自信，正确理解中国版权历史文化的源流发展脉络。版权源于中国，成于世界，中国古代版权制度蕴含自身的演化规律，我们绝不能陷入西方的逻辑体系中解读中国版权，不做西方固有片面、错误观点的"搬运工"。从历史的客观性来看，唐文宗时期便出现了世界上第一份官方对出版物的管理规定——"敕诸道府不得私置历日板（历法）"的官方禁令，这已体现了版权保护的萌芽。五代十国时期，雕版印刷的监本儒家《九经》，其版权一直受到朝廷的特别保护，如要镌刻翻印须向国子监申请。而在国际上性质类似的版权保护，是15世纪末威尼斯第一次授予出版商曼利求斯的出版特权，比中国晚近500年。在南宋中期，我国便已经产生与现代版权保护概念极为相近的制度，《东都事略》中刊刻的牌记"眉山程舍人宅刊行，已申上司，不许覆版"，表明当时已对民间刻印书籍给予了版权保护。这比威尼斯的出版特权要早约200年，比世界上第一部版权法《安娜法》的出现早近500年。

中国版权文化传承千载，独具特色和魅力。从历史主动和文化自觉出发，开展版权文化学术研究，对于推进文化自信自强，建设版权强国，促进文化强国建设都具有重要的历史意义和现实意义。

做好版权研究的守正与创新

当下，版权研究要为繁荣版权事业产业、担负新的文化使命提供学术支撑，关键在于做好守正与创新。

要准确把握"两个结合""中国式现代化"的深刻内涵，从历史自觉和历史自信出发，深入开展版权历史文化研究、民间文艺版权保护等研究。要深入挖掘中国版权文化，用马克思主义激活中华优秀传统版权文化中富有生命力的优秀因子并赋予新的时代内涵，总结提炼具有主体性、原创性、标识性的中国特色版权学术概念、观点、理论，聚变成为新的研究优势，加强版权国际话语权，构建讲好中国版权文化故事的叙事框架和逻辑。

在数字文明新时代，版权要有新气象新作为。要遵循人民至上，以实现人类的自由和全面发展为目的，以满足人们美好生活需要为导向，为构建人文、良性和健康发展的版权生态而奋斗。要积极主动研究探索未来版权发展之道，在数字版权确权等领域占领先机，为未来文化事业产业高质量发展、良性健康的数字文明建设以及数字人文治理提供版权支撑。

未来，版权中心将继续积极发挥国家级版权服务机构作用，推动版权学术研究常态化、制度化，与各界力量共同推进版权理论与实践研究发展，为构建具有鲜明中国特色的版权知识体系、学术体系以及话语体系贡献力量。我谨代表中国版权保护中心，对各高等院校、出版企事业单位、文化企业、研究机构等单位对我中心研究工作的鼎力支持表示感谢！愿中国版权事业在新时代的波涛中奔涌向前，不断书写精彩篇章！

孙宝林

2023年10月23日

目 录
CONTENTS

第二编 / 版权文化与历史

第一编

版权前沿领域

数据要素化背景下的版权制度供给研究

孙宝林*

摘要： 数字时代，构建数据基础制度意义重大，如何建立适于数据要素作用充分发挥的产权和流通交易机制，成为亟待攻克的难题。数据具有无形性、非竞用性、非排他性、非消耗性、可复制性等特征，这正与版权的客体"不谋而合"。版权制度为数据提供产权保护素有传统。大数据时代，数据版权的保护路径仍有批判继承的空间，为实施国家文化数字化战略提供助力。借助版权制度架构创新，建构全国性数据确权利用统筹解决机制，有助于增强数据确权的公信力、降低数据交易流通的成本、提高数据要素互惠分享的效益，真正打通数据要素市场化配置的"任督二脉"。版权确权、授权和维权等环节产出海量版权数据，这些数据有机会搭乘数据要素化的东风，开拓应用场景，持续推进学理、机制、模式、技术和标准建设等方面的创新，为供给高质量版权保护和服务奠定基础。据此，报告提出如下建议：一是推动革新数据版权制度和版权数据收集基础制度；二是推动设立中国版权保护大数据服务平台；三是推动构建国家版权信用体系。

关键词： 数据要素；数据版权；版权数据；数据确权；版权登记

一、数据要素化：政策概述、价值内涵与现实机遇

近年来，我国数字经济蓬勃发展，产业规模持续快速增长，已数年稳居世界第二。统计测算数据显示，从2012年至2021年，我国数字经济规模从11万亿元增长到超45万亿元，数字经济占国内生产总值比重由21.6%提升至39.8%。[①]发展数字经济，核心就是在万物数字化、数据化的基础上，充分挖掘释放蕴藏在数据中的价值。[②]因此，数据[③]是数字经济发展不可或缺的动力源泉。2020年，《欧洲数据战略》指出，数据是经济发展的命脉，它是众多新产品和服务的基础，可以

---

* 孙宝林，全国政协委员，中国版权保护中心党委书记、主任，本课题组组长。

① 人民日报. 我国数字经济规模超45万亿 [EB/OL]. (2022-07-03) [2023-04-20]. http://www.gov.cn/shuju/2022-07/03/content_5699000.htm.

② 梅宏. 数据要素化迈出关键一步 [J]. 智慧中国，2023，9（1）：44.

③ 本报告中，"数据"概念采用《中华人民共和国数据安全法》定义，是指任何以电子或者其他方式对信息的记录。数据和信息是载体和本体的关系，两者可以于特定条件下实现相互转换。可以

推动经济相关的各部门的生产力和资源效率的提高，从而提供更多个性化产品和服务，并且支撑政府制定政策和服务升级。①由此可见，数据对于发展数字经济具有显而易见的助推作用，基本达成共识。中国是数字经济大国、强国，也是世界数据产出的高地，②有能力也有责任领衔数字经济发展的前沿战线，为世界数字经济发展贡献中国方案。

数据要素化，就是数据融入并赋能生产、分配、流通、消费各经济环节的过程和结果，推动经济效率提升、结构优化、转型升级和提质增效。③中国信息通信研究院发布的《数据要素白皮书（2022年）》中提到，数据要素主要通过三条途径实现价值：即数据支撑业务贯通、数据推动数智决策和数据流通对外赋能。④将数据作为生产要素利用是充分发挥数据价值的前提和基础，也是使得数据能够有效助力数字经济发展的迫切需要。实践层面，我国数据的要素作用逐步显现，推动更好发挥数据要素作用已经上升至国家战略高度。

（一）数据要素化的政策概述

2017年12月8日下午，中共中央政治局就实施国家大数据战略进行第二次集体学习。⑤中共中央总书记习近平在主持学习时强调，"大数据发展日新月异，我们应该审时度势、精心谋划、超前布局、力争主动，深入了解大数据发展现状和趋势及其对经济社会发展的影响，分析我国大数据发展取得的成绩和存在的问题，推动实施国家大数据战略，加快完善数字基础设施，推进数据资源整合和开放共享，保障数据安全，加快建设数字中国，更好服务我国经济社会发展和人民

---

① European Commission, A European strategy for data［EB/OL］.（2020-02-19）［2023-04-20］. https://eur-lex.europa.eu/legal-content/EN/TXT/?uri=CELEX%3A52020DC0066.
② 国家网信办于2022年7月发布的《数字中国发展报告（2021）》显示，2017年到2021年，我国数据产量从2.3ZB增长至6.6ZB，全球占比9.9%，位居世界第二。
③ 时建中. 数据概念的解构与数据法律制度的构建 兼论数据法学的学科内涵与体系［J］. 中外法学，2023，35（1）：28.
④ 中国信息通信研究院. 数据要素白皮书（2022年）［EB/OL］.（2023-01-04）［2023-04-20］. http://www.caict.ac.cn/kxyj/qwfb/bps/202301/P020230107392254519512.pdf.
⑤ 新华社. 习近平在中共中央政治局第二次集体学习时强调 审时度势精心谋划超前布局力争主动 实施国家大数据战略加快建设数字中国［EB/OL］.（2017-12-09）［2023-04-20］. http://news.cnr.cn/native/gd/20171209/t20171209_524055920.shtml.

生活改善。"①习近平总书记指出,"要构建以数据为关键要素的数字经济。"②同时,习近平总书记强调,"要切实保障国家数据安全。要加强关键信息基础设施安全保护,强化国家关键数据资源保护能力,增强数据安全预警和溯源能力。要加强政策、监管、法律的统筹协调,加快法规制度建设。要制定数据资源确权、开放、流通、交易相关制度,完善数据产权保护制度。要加大对技术专利、数字版权、数字内容产品及个人隐私等的保护力度,维护广大人民群众利益、社会稳定、国家安全。要加强国际数据治理政策储备和治理规则研究,提出中国方案。"③数据的生产要素属性由此得到明确,探索数据要素化方案的大幕也就此拉开。

2019年10月31日,党的十九届四中全会通过《中共中央关于坚持和完善中国特色社会主义制度 推进国家治理体系和治理能力现代化若干重大问题的决定》,其中首次将数据列为生产要素,正式确立数据要素对数字经济发展的重要性。④自此,我国开始逐步探索出台涉及数据要素化的各项大政方针,为数字经济发展谋篇布局。

2020年4月9日,中共中央、国务院发布了《关于构建更加完善的要素市场化配置体制机制的意见》,提出"加快培育数据要素市场",并将数据列为与土地、劳动力、资本、技术等传统要素并列的第五大生产要素。⑤数据对我国经济发展的推动作用得到有关部门的高度重视,⑥数据作为数字经济发展的原动力,其重要性更是被抬升至相当位阶。

---

① 新华社.习近平在中共中央政治局第二次集体学习时强调 审时度势精心谋划超前布局力争主动实施国家大数据战略加快建设数字中国 [EB/OL]. (2017-12-09) [2023-04-20]. http://news.cnr.cn/native/gd/20171209/t20171209_524055920.shtml.
② 新华社.习近平在中共中央政治局第二次集体学习时强调 审时度势精心谋划超前布局力争主动实施国家大数据战略加快建设数字中国 [EB/OL]. (2017-12-09) [2023-04-20]. http://news.cnr.cn/native/gd/20171209/t20171209_524055920.shtml.
③ 新华社.习近平在中共中央政治局第二次集体学习时强调 审时度势精心谋划超前布局力争主动实施国家大数据战略加快建设数字中国 [EB/OL]. (2017-12-09) [2023-04-20]. http://news.cnr.cn/native/gd/20171209/t20171209_524055920.shtml.
④ 中共中央关于坚持和完善中国特色社会主义制度 推进国家治理体系和治理能力现代化若干重大问题的决定 [EB/OL]. (2019-11-07) [2023-04-20]. http://www.qstheory.cn/yaowen/2019-11/07/c_1125202003.htm.
⑤ 中共中央 国务院关于构建更加完善的要素市场化配置体制机制的意见 [EB/OL]. (2020-04-09) [2023-04-20]. http://www.gov.cn/zhengce/2020-04/09/content_5500622.htm.
⑥ 新华社.构建更加完善的要素市场化配置体制机制——专访国家发展改革委有关负责人 [EB/OL]. (2020-04-10) [2023-04-20]. http://www.gov.cn/zhengce/2020-04/10/content_5500762.htm.

2020年5月18日，中共中央、国务院发布《关于新时代加快完善社会主义市场经济体制的意见》（以下简称《意见》），再次强调"加快培育发展数据要素市场，建立数据资源清单管理机制，完善数据权属界定、开放共享、交易流通等标准和措施，发挥社会数据资源价值。推进数字政府建设，加强数据有序共享，依法保护个人信息。"[①]推进数据要素市场化配置过程中的难点得到充分关注，数据确权、数据安全和个人信息保护等具体议题据此明确。

2021年1月31日，中共中央办公厅、国务院办公厅印发的《建设高标准市场体系行动方案》正式公开，其中提出了"发展知识、技术和数据要素市场"，加快培育数据要素市场被置于项下，相关方案进一步得到细化。[②]《建设高标准市场体系行动方案》重申先前提出的数据确权、数据安全、个人信息与隐私保护等具体议题，并开始关注争取数据治理国际话语权的重要性。[③]

2021年3月13日，《中华人民共和国国民经济和社会发展第十四个五年规划和2035年远景目标纲要》（以下简称"'十四五'规划"）发布[④]，数据治理的责任主体愈加精准化。数据分级分类的保护思路面向数据客体的复杂性、多元性，拒绝"一刀切"，更为契合数据多重应用场景的需要。此外，"十四五"规划于"加强公共数据开放共享"一节将公共数据和政府数据的隶属关系予以置换，不再采纳《意见》中政府数据（含公共数据）和社会数据的二元结构，这一定程度上加大了对数据互惠分享的支持力度。

2021年11月15日，工业和信息化部印发《"十四五"大数据产业发展规划》（以下简称《大数据规划》）。[⑤]《大数据规划》在延续"十三五"规划大数据产业定义和内涵的基础上，进一步强调数据要素价值。[⑥]《大数据规划》在肯定

---

① 关于新时代加快完善社会主义市场经济体制的意见［EB/OL］．（2020-05-18）［2023-04-20］．http://www.gov.cn/zhengce/2020-05/18/content_5512696.htm.

② 中共中央办公厅 国务院办公厅印发《建设高标准市场体系行动方案》［EB/OL］．（2021-01-31）［2023-04-20］．http://www.gov.cn/zhengce/2021-01/31/content_5583936.htm.

③ 中共中央办公厅 国务院办公厅印发《建设高标准市场体系行动方案》［EB/OL］．（2021-01-31）［2023-04-20］．http://www.gov.cn/zhengce/2021-01/31/content_5583936.htm.

④ 中华人民共和国国民经济和社会发展第十四个五年规划和2035年远景目标纲要［EB/OL］．（2021-03-13）［2023-04-20］．http://www.gov.cn/xinwen/2021/03/13/content_5592681.htm.

⑤ 工业和信息化部关于印发"十四五"大数据产业发展规划的通知［EB/OL］．（2021-11-15）［2023-04-20］．http://www.gov.cn/zhengce/zhengceku/2021-11/30/content_5655089.htm.

⑥ 人民网．一图读懂《"十四五"大数据产业发展规划》［EB/OL］．（2021-11-30）［2023-04-20］．http://finance.people.com.cn/n1/2021/1130/c1004-32225773.html.

"十三五"时期大数据产业取得了重要突破的同时，亦从四个维度指出一些既存的制约因素：社会认识不到位、技术支撑不够强、市场体系不健全与安全机制不完善。①《大数据规划》悉数列明"十四五"时期大数据产业的发展目标，旨在继续拓宽数据应用场景，通过配套机制使数据更好融入社会生产和社会治理的诸多方面，发挥要素作用。

2022年1月6日，国务院办公厅发布《要素市场化配置综合改革试点总体方案》，提出"探索建立数据要素流通规则"，②主要内容涵盖四个方面：一是完善公共数据开放共享机制，二是建立健全数据流通交易规则，三是拓展规范化数据开发利用场景，四是加强数据安全保护。③《要素市场化配置综合改革试点总体方案》围绕数据要素化的论述颇具新颖性，在沿用公共数据表述的同时，还使用了商业数据的概念，进一步丰富了数据客体范畴的层次性。

2022年1月12日，国务院发布《"十四五"数字经济发展规划》，其中提及的数据客体类型更加丰富，考察的利益关系更为深层，如商业数据、政务数据、公共数据等客体范畴及其相关应用场景受到充分关注，这为各方参与者指明了前进方向。④不过，数据的分类标准、不同类型数据的定义及彼此间的隶属关系，《"十四五"数字经济发展规划》仍未能予以明确。

2022年4月10日，《中共中央 国务院关于加快建设全国统一大市场的意见》发布，重申"加快培育数据要素市场，建立健全数据安全、权利保护、跨境传输管理、交易流通、开放共享、安全认证等基础制度和标准规范，深入开展数据资源调查，推动数据资源开发利用"。⑤此外，数据垄断问题亦得到高度关注。⑥《中共中央 国务院关于加快建设全国统一大市场的意见》围绕数据要素市场化配

---

① 人民网. 一图读懂《"十四五"大数据产业发展规划》[EB/OL]. (2021-11-30) [2023-04-20]. http://finance.people.com.cn/n1/2021/1130/c1004-32295773.html.

② 国务院办公厅关于印发要素市场化配置综合改革试点总体方案的通知 [EB/OL]. (2022-01-06) [2023-04-20]. http://www.gov.cn/zhengce/content/2022-01/06/content_5666681.htm.

③ 国务院办公厅关于印发要素市场化配置综合改革试点总体方案的通知 [EB/OL]. (2022-02-06) [2023-04-20]. http://www.gov.cn/zhengce/content/2022-01/06/content_5666681.htm.

④ 国务院关于印发"十四五"数字经济发展规划的通知 [EB/OL]. (2022-01-12) [2023-04-20]. http://www.gov.cn/zhengce/content/2022-01/12/content_5667817.htm.

⑤ 中共中央 国务院关于加快建设全国统一大市场的意见 [EB/OL]. (2022-04-10) [2023-04-20]. http://www.gov.cn/zhengce/2022-04/10/content_5684385.htm.

⑥ 中共中央 国务院关于加快建设全国统一大市场的意见 [EB/OL]. (2022-04-10) [2023-04-20]. http://www.gov.cn/zhengce/2022-04/10/content_5684385.htm.

置的论述偏向于宏观叙事，不及前述政策细致入微，但其首次关注数据过度集中后可能催生的排除、限制竞争效果（垄断问题），具有相当的前瞻性。

2022年12月19日，中共中央、国务院发布《关于构建数据基础制度更好发挥数据要素作用的意见》（以下简称"数据二十条"）。①截至发布，我国涉及数据要素化的大政方针历经"从无到有"至"从有到优"的过程，数据基础制度的顶层设计大致宣告完成。数据收集、处理、应用的场景庞杂，困囿于此，数据涉及的法律问题亦涵盖诸多维度，如数据权属、数据安全、数据主权、隐私与个人信息保护、商业秘密保护等等。前述问题或散落于不同的既存部门法律，或缺少法律直接规定。"数据二十条"为探索各细分领域的数据基础制度提出了比较明确的方向指引，探索建立数据资源持有权、数据加工使用权和数据产品经营权"三权分置"的产权运行机制更是具有开创意义。然而，政策上的权利并非法律上的权利，在《立法法》对民事基本制度和基本经济制度予以法律保留的前提下，数据三权分置仍有待财产权话语体系和法律自身逻辑的检验与转化。②此外，如何探索建立公共数据、企业数据和个人数据的分类分级确权授权制度，事关数据要素化趋势能否有效推进，同样是私法领域的制度供给亟待回应的重大议题。

2023年2月，中共中央、国务院印发《数字中国建设整体布局规划》，系涉及数据要素化的最新政策。作为党的二十大后我国信息化领域的首个全面规划，文件着眼于党和国家事业发展全局，首次提出新时代数字中国建设的整体布局，将建设数字中国上升到"是数字时代推进中国式现代化的重要引擎，是构筑国家竞争新优势的有力支撑"的战略高度。③据此，《数字中国建设整体布局规划》成为推动更好发挥数据要素作用的又一政策利好。

（二）数据要素化的价值内涵

梅宏院士将数据要素化界定为：将数据确立为重要生产要素，并通过各类手段让其参与社会生产经营活动的过程，而这一过程又可以分为数据资源化、数据资产化、数据资本化三个递进的层次。④这种观点清晰地概括了数据要素化的逻

---

① 中共中央 国务院关于构建数据基础制度更好发挥数据要素作用的意见［EB/OL］.（2022-12-19）［2023-04-20］. http://www.gov.cn/zhengce/2022-12/19/content_5732695.htm.

② 许可. 从权利束迈向权利块：数据三权分置的反思与重构［J］. 中国法律评论，2023，10（2）：22.

③ 网信中国微信公众号. 东风万里绘宏图——习近平总书记指引数字中国建设述评［EB/OL］.（2023-04-25）［2023-04-26］. https://mp.weixin.qq.com/s/e4wR9n5UmTcmcwXy0HYl4A.

④ 梅宏. 数据要素化迈出关键一步［J］. 智慧中国，2023，（1）：44.

辑进路。

1. 数据的资源化。即认识数据的资源属性，这是数据价值释放的前提。[①]数据的资源化来源于数字经济发展中不同业态的具体实践，数据的收集、处理是使数据具备资源属性的前提。在不经过任何处理的情况下，现实中的数据常常是分散的、碎片化的，没法直接利用以产生价值。[②]举例而言，电子商务平台注册用户的单次消费数据（含购置商品类别、浏览记录、价款）不具有孤立的利用价值：既不能用于判断个体的消费习惯或偏好，也无法客观反映某款商品的销售趋势。对这些"原料"状态的数据进行初步加工，最后形成可采、可见、互通、可信的高质量数据，就是数据资源化过程。[③]若旨在分析注册用户个体消费习惯或偏好，则需要将个体的多次消费数据聚合处理，形成可用于判断的衍生数据；若以分析某款商品的销售趋势为导向，则需要将不同主体购置同类商品的数据聚合处理，形成可用于判断的衍生数据。只有挖掘并提升数据质量，才能使数据更好适配具体应用场景的需要，进而成为实质意义上的资源。

2. 数据的资产化。即在法律上确立数据的资产属性，这是要素价值得以保障的根本。[④]产权是数据由资源转变为资产的前提，然而，作为记录信息的载体，数据易于复制且不能有效排除他人干涉的特征使其不具备成为财产的天然稀缺性。[⑤]虽然数据的持有和自用不需要经过产权制度核准，但数据的交易和授权利用却离不开产权制度于法律框架下的支持。同时，数据承载的信息具有多元性，其间各方参与者的利益彼此交织，致使数据确权也面临诸多困境。目前，数据盗用、数据爬取等行为可以通过反不正当竞争法进行救济，但其消极防御的运行机制难以妥善匹配数据要素市场化配置的实际需要，传统的数据库版权保护不延及库中的数据片段，两条路径对大数据场景的适应性均有完善余地。

3. 数据的资本化。即实现数据的资本属性，这是要素价值得以释放并创造新价值的途径。[⑥]数据应用不能局限于单个业务、单个企业或单个产业，否则数据

---

① 梅宏. 数据要素化迈出关键一步 [J]. 智慧中国，2023，9（1）：44.

② 何伟. 激发数据要素价值的机制、问题和对策 [J]. 信息通信技术与政策，2020，46（6）：5.

③ 何伟. 激发数据要素价值的机制、问题和对策 [J]. 信息通信技术与政策，2020，46（6）：5.

④ 梅宏. 数据要素化迈出关键一步 [J]. 智慧中国，2023，9（1）：44.

⑤ 波斯纳等学者认为：法律上的财产必须符合三个方面的条件：一是因稀缺而具有价值。二是能够归属于某一特定主体，该主体能够排除他人的共享和干涉。三是可以一定价格让渡给他人。显然，根据这三个条件，有体物最容易成为法律上的财产。参见：王迁. 知识产权法教程 [M]. 中国人民大学出版社，2021：1

⑥ 梅宏. 数据要素化迈出关键一步 [J]. 智慧中国，2023，9（1）：44.

就只是一种有用的资源和资产，而无法成为一种通用的关键生产要素。①可以认为，数据资本化是在资产化的基础上，将数据资产通过市场进行配置，充分发挥要素作用，为各方主体带来切实收益的过程。数据要素作为一种资产是高度场景化的，有很强的专属特性。②当原始数据、衍生数据脱离其收集、处理源头，可能导致两者为不同行业主体利用时"水土不服"。除了数据资产化过程中的权属问题，数据要素的评估、定价亦是困扰数据资本化过程全面推进的重点与难点。后续，如何进一步结合数据要素市场化配置的需要，输出具备兼容性和实用性的衍生数据，促进数据的互惠共享，将是数据资本化过程的方向。

（三）数据要素化背景下的现实机遇

数据要素化背景下，如何为数据确权利用提供法治保障，是数据从资源化向资产化、资本化演进过程中的疑难问题。不论将数据纳入既有产权制度项下，抑或另辟蹊径，构建数据新型财产权制度，均亟待学界、业界及相关人士进行探索，构建数据基础制度兼具挑战与机遇。

数据可否享有版权保护？数据可否为版权保护和服务提供实质性帮助？答案是肯定的。版权制度同数据要素间存在良性的互动关系，数据要素化背景下的版权制度供给可谓"一片蓝海"。不论实然版权制度的解释论，抑或应然版权制度的立法论，均有潜质等待挖掘。

其一，数据版权具备实现潜质。数据版权，即通过版权保护为数据确权利用提供产权基础。数据版权的确权路径既有客观基础，又有历史传统。一方面，版权保护的客体是无形无体的智力成果（作品），而数据及其记录的信息也同样具备无形性、非竞争性特征，两者于客观属性上存在相通之处。另一方面，数据库作为汇编作品取得版权保护的路径素有传统，数据库中数据片段的（版权）特殊权利保护亦有其典型立法例。数据确权利用并非强调特定主体对某段数据或数据汇编的绝对控制，而是应当尊重数据自由流动的天性，从数据的互惠共享中不断挖掘数据的要素价值。版权保护的专有性、排他性弱于所有权保护，版权制度中合理使用、法定许可等权利限制规则也使得数据版权的路径更具灵活性、开放性。

---

① 何伟. 激发数据要素价值的机制、问题和对策 [J]. 信息通信技术与政策，2020，46（6）：5.
② 李刚，张钦坤，朱开鑫. 数据要素确权交易的现代产权理论思路 [J]. 山东大学学报（哲学社会科学版），2021，71（1）：92.

其二，版权数据的要素作用尚未充分发挥。版权数据是版权运营过程中产出的一系列数据的总和，包括但不限于版权确权数据、授权数据和维权数据等。前述数据于维护版权交易秩序、挖掘作品经济效益等维度或有裨益。大数据时代，版权数据收集、处理的途径愈加宽泛，应用场景亦是层出不穷。因此，激发版权数据的要素价值不仅是顺应技术发展的应然趋向，而且可以更好助力新时代版权保护和服务工作的开展。

总体而言，数据要素化背景下，不论数据版权抑或版权数据，都有深入探讨相应制度供给的必要性与可行性。近期，在国家知识产权局主导下，各地方围绕数据知识产权保护的制度建设、登记实践、权益保护、交易使用等方面进行探索，并取得了一定成果。种种迹象都表明，数据知识产权保护的路径探索方兴未艾，版权制度供给亦是大有可为。

二、数据知识产权：既有探索与发展趋势

为适配数据要素化趋势的发展现状，我国对构建数据基础制度的探索正如火如荼，法律、行政法规同国家标准、指南环环相扣、处处咬合，打出颇具成效的"政令组合拳"。2021年9月22日，中共中央、国务院公布《知识产权强国建设纲要（2021—2035年）》，提出建设"面向社会主义现代化的知识产权制度"和"便民利民的知识产权公共服务体系"两项目标，"研究构建数据知识产权保护规则"和"建立数据标准、资源整合、利用高效的信息服务模式"的建议分列两目标项下。[①]2021年10月9日，国务院印发《"十四五"国家知识产权保护和运用规划》，提出"完善知识产权保护政策"，"研究构建数据知识产权保护规则"与"提高知识产权公共服务供给水平"赫然在列，相关内容进一步得到充实、细化。[②]从体系化的视角看，数据知识产权可以为数据确权、授权和维权提供路径保障。数据是否应纳入既有知识产权客体项下，抑或分级分类新设数据产权机制，则是政策目标的终极指向。

---

① 新华社. 中共中央 国务院印发《知识产权强国建设纲要（2021—2035年）》[EB/OL].（2021-09-22）[2023-04-20]. http://www.gov.cn/zhengce/2021/09/22/content_5638714.htm.

② 国务院关于印发"十四五"国家知识产权保护和运用规划的通知 [EB/OL].（2021-10-28）[2023-04-20]. http://www.gov.cn/zhengce/content/2021-10/28/content_5647274.htm.

（一）数据知识产权的既有成果

1. 数据知识产权的制度探索逐步推进

2021年12月，国家知识产权局战略规划司召开数据知识产权保护工作汇报会，旨在落实《"十四五"国家知识产权保护和运用规划》关于"研究构建数据知识产权保护规则"的任务部署，明确数据知识产权保护支撑工作的任务分工，并部署安排了下一阶段工作。①探索构建数据知识产权制度逐步驶入正轨，宣告从国家层面的大政方针转至相应职能部门的工作日程。

2022年4月24日，国家知识产权局局长申长雨在国新办举办的新闻发布会上表示，国家知识产权局已经在浙江、上海、深圳等地开展数据知识产权保护试点，力争在立法、存证登记等方面取得可复制可推广的经验做法，为后续制度设计提供实践基础。②其中，浙江已经建立数据知识产权公共存证平台，并开始面向市场主体提供存证服务。③

2022年9月，国家知识产权局在京组织召开数据知识产权工作指导专家组第一次全体会议，会上宣布了数据知识产权工作指导专家组名单：十三届全国人大常委会委员江小涓任组长，中国科学院院士梅宏、中南财经政法大学教授吴汉东任副组长，专家组成员包括来自理论和实务界的19位专家。④与会专家围绕数据知识产权规则框架进行充分讨论，结合实际就数据知识产权的保护对象、保护主体、登记程序和权利内容提出有针对性的意见建议，认为通过数据知识产权登记确权，明确数据处理者的权利，对数据集合进行保护，有利于促进数据交易流通，加速以数据为关键要素的数字经济发展。⑤

2022年11月17日，按照《国家知识产权局办公室关于开展数据知识产权地方试点申报工作的通知》要求，根据各地申报试点情况，经材料审核、专家评审

---

① 中国知识产权报. 数据知识产权保护工作汇报会在京召开 [EB/OL]. (2021-12-17) [2023-04-20]. https://www.cnipa.gov.cn/art/2021/12/17/art_53_172253.html.

② 中国科学报. 我国已开展数据知识产权保护试点 [EB/OL]. (2022-04-25) [2023-04-20]. https://www.cnipa.gov.cn/art/2022/4/25/art_2885_175099.html.

③ 中国科学报. 我国已开展数据知识产权保护试点 [EB/OL]. (2022-04-25) [2023-04-20]. https://www.cnipa.gov.cn/art/2022/4/25/art_2885_175099.html.

④ 数据知识产权工作指导专家组第一次全体会议在京召开 [EB/OL]. (2022-09-20) [2023-04-20]. https://www.cnipa.gov.cn/art/2022/9/20/art_53_178847.html.

⑤ 数据知识产权工作指导专家组第一次全体会议在京召开 [EB/OL]. (2022-09-20) [2023-04-20]. https://www.cnipa.gov.cn/art/2022/9/20/art_53_178847.html.

等程序，国家知识产权局确定北京市、上海市、江苏省、浙江省、福建省、山东省、广东省、深圳市等8个地方开展数据知识产权工作试点。①周期为2022年11月至2023年12月，各试点地方知识产权局对试点工作负有主体责任。

数据知识产权的制度探索稳步推进，相关政策、法规及保护机制亦不断优化、完善，这离不开各试点地方的积极响应。北京市在《北京市"十四五"时期知识产权发展规划》和《北京市知识产权保护条例》的基础上，制定颁布《北京市数字经济促进条例》，其中强调"知识产权等部门应当执行数据知识产权保护规则，开展数据知识产权保护工作……"②上海市制定颁布《上海市知识产权保护和运用"十四五"规划》，将数据知识产权保护工程列为专栏。③江苏省、浙江省分别就《江苏省数据知识产权登记管理规则（试行）（征求意见稿）》与《浙江省数据知识产权登记办法（试行）（征求意见稿）》向社会公众征集意见。山东省从完善制度设计、加强理论研究和积极推动实践三方面出发，积极开展数据知识产权试点工作。④深圳市更是早在2022年11月就印发了《数据知识产权登记试点工作方案》，并推动上线了国内首个数据知识产权登记系统。

检视既有实践，各试点地方正在积极执行国家知识产权局的工作部署，探索数据知识产权局部解决方案。

2. 数据知识产权的司法保护稳步推进

我国司法层面承认数据知识产权保护的时间节点远远早于制度层面的探索，多路径、重论理是相应做法的基本特征。数字网络技术的高速发展使数据记录、存储的信息愈加复杂化、多样化，这不可避免地导致数据知识产权司法保护横跨多个不同部门法律，并呈现一定程度的个案差异性与时间梯度感。

我国数据产权的司法保护可以追溯至一起网络游戏装备失窃案，即2003年游戏玩家李宏晨网络游戏装备失窃案⑤，彼时，数据是否构成民法意义上的"物"

---

① 国家知识产权局办公室关于确定数据知识产权工作试点地方的通知［EB/OL］.（2022-11-30）［2023-04-20］. https://www. cnipa. gov. cn/art/2022/11/30/art_75_180578. html.

② 参见《北京市数字经济促进条例》第53条。

③ 上海市人民政府关于印发《上海市知识产权保护和运用"十四五"规划》的通知［EB/OL］.（2022-01-12）［2023-04-20］. https://www.shanghai.gov.cn/nw12344/20220112/2be6ab0b28a54649ad25c5f4bff043fd.html.

④ 山东积极推进数据知识产权保护试点［EB/OL］.（2023-04-17）［2023-04-20］. http://www.nipso.cn/onews.asp?id=54340.

⑤ 参见北京市第二中级人民法院（2004）二中民终字第02877号民事判决书。

而适用物权法保护，是问题争论的焦点和中心。①除物权说外②，债权说③和知识产权说④是虚拟财产（数据）法律保护的两条不同路径，后者并未占据主流。

数据库的版权保护为我国司法实践所承认。佛山鼎容软件科技有限公司（以下简称"鼎容公司"）与济南白兔信息有限公司（以下简称"白兔公司"）版权侵权纠纷一案中，白兔公司主张权利的作品是《白兔商标信息数据库》，因涉案数据库体现对商标信息、分类方式的独创性，故受案法院认可其作为汇编作品享有版权保护。⑤鼎容公司未经白兔公司许可，利用白兔公司的《白兔商标信息数据库》制作自己的商标信息数据库，有抽样取证后显示出的"白兔"和"白兔公司员工姓名"的暗记在案为证，侵害了白兔公司对其作品《白兔商标信息数据库》享有的复制权。⑥

数据的版权保护在一些场景下得到承认，这取决于数据记录、存储的信息类型，及相应数据库或数据集合的制作过程。北京四维图新科技股份有限公司与北京奇虎科技有限公司、北京秀友科技有限公司、立得空间信息技术股份有限公司版权权属、侵权纠纷一案中，受案法院认可涉案导航电子地图享有版权保护。⑦受案法院指出，"导航电子地图是一种能够反映相关地理现象，显示空间地理坐标位置，并且与导航应用系统结合使用的终端地图数据产品。"⑧导航电子地图的独创性和可感知性分别体现在对客观地理信息的取舍表达与通过地图软件呈现的图形化表达，而北京四维图新科技股份有限公司的导航电子地图符合前述要件，构成作品。⑨

数据的反不正当竞争法保护是我国目前应对新兴技术、商业模式带来挑战的可行路径，已经初步形成一些颇具典型性的司法案例。通过规制数据收集、处理中发生的不正当竞争行为，承认数据上存在某种权益，是为数据提供法律保护的

---

① 梅夏英. 数据的法律属性及其民法定位［J］. 中国社会科学，2016，37（9）：165.

② 杨立新，王中合. 论网络虚拟财产的物权属性及其基本规则［J］. 国家检察官学院学报，2004，12（6）：3-13.

③ 石杰，吴双全. 论网络虚拟财产的法律属性［J］. 政法论丛，2005，21（4）：33-40.

④ 参见张斌：《网络游戏中"虚拟财产"的性质认定》. 转引自：石杰，吴双全. 论网络虚拟财产的法律属性［J］. 政法论丛，2005，21（4）：33-40.

⑤ 参见广东省佛山市禅城区人民法院（2016）粤0604民初1541号民事判决书.

⑥ 参见广东省佛山市中级人民法院（2016）粤06民终9055号民事判决书.

⑦ 参见北京知识产权法院（2019）京73民终1270号民事判决书.

⑧ 参见北京知识产权法院（2019）京73民终1270号民事判决书.

⑨ 参见北京知识产权法院（2019）京73民终1270号民事判决书.

一条"权宜之计"。例如淘宝（中国）软件有限公司与安徽美景信息科技有限公司不正当竞争纠纷一案中，衍生数据（产品）存在反不正当竞争法上的权益，其保护为受案法院所支持。[1]又如北京淘友天下技术有限公司、北京淘友天下科技发展有限公司与北京微梦创科网络技术有限公司不正当竞争纠纷一案中，未经许可抓取用户数据用于展示的行为可以通过反不正当竞争法实现规制。[2]再如，北京创锐文化传媒有限公司与北京微播视界科技有限公司不正当竞争纠纷一案中，大量抓取非独创性数据集合的行为可以通过反不正当竞争法实现规制。[3]

（二）数据知识产权的发展趋势

版权（Copyright）、专利权（Patent）、数据库权（Sui Generis Database Right）、数据专用权（Data Exclusivity）和商业秘密（Trade Secret）一系列知识产权制度于大数据场景中均有用武之地。[4]不论是立法还是司法，我国对数据知识产权的保护都处于"摸着石头过河"的状态。一方面，探索数据知识产权制度是建设数据基础制度的附庸，如何充分回应"数据二十条"提出的产权运行机制，未能取得实质性突破。另一方面，数据知识产权司法保护的个案特征十分显著，法律渊源的上位化将不可避免地传导至法官自由裁量权的限度。

数据知识产权登记于各试点地方已经初见成果，不过令人困惑的是，数据是不是知识产权客体，是何种知识产权客体的基础性问题似乎被搁置，尚无定论。举例而言，深圳市标准技术研究院开发的数据知识产权登记系统中通篇未提及登记客体（经过一定规则处理的、具有商业价值的非公开数据）同知识产权客体间的关系。深圳市发展和改革委员会发布的《深圳市数据产权登记管理暂行办法》（征求意见稿）则抛弃了数据知识产权的表述：既未在名称中提及知识产权，也未在内容中提及知识产权，登记客体则转变为数据资源和数据产品，其范围显著区别于先前数据知识产权登记系统的登记客体。无独有偶，分歧同样出现在浙江省知识产权局和江苏省知识产权局先前各自发布的征求意见稿中。

两省征求意见稿对数据知识产权登记客体、主体存在不同认识，无疑会影响省际数据知识产权登记效力的协同，造成司法实践和市场应用混乱。此外，两省

---

[1] 参见浙江省杭州市中级人民法院（2018）浙01民终7312号民事判决书。

[2] 参见北京知识产权法院（2016）京73民终588号民事判决书。

[3] 参见北京知识产权法院（2021）京73民终1011号民事判决书。

[4] Daniel Gervais.Exploring the Interfaces between Big Data and Intellectual Property Law Journal of Intellectual Property [J]. Information Technology and Electronic Commerce Law，2019，10（1）：4.

征求意见稿对于数据知识产权的登记内容亦有不同要求，势必会导致数据知识产权登记证书承载的固有效力存在差别。因此，如何通过法律明确数据的知识产权客体地位，回应数据要素化趋势的实际需要，统筹试点地方围绕数据知识产权开展的探索尝试，是下一阶段工作的重点与难点。

三、数据版权：可行路径与现实困局

数据可否享有版权保护？数据的确权利用可否通过版权保护的路径实现？回答前述问题时，需要将数据置于版权客体的构成要件下进行审视，判断其是否合乎要求。若数据版权不能通过既有制度的解释论自圆其说，则通过新设客体将其纳入版权保护体系的做法也需经历正当性、必要性论证，并审慎考量赋予数据版权对数据要素化背景下各方参与者利益造成的影响。

（一）数据版权的可行路径

基于数据的载体属性，判断数据可否享有版权保护时切不应当"就数言数"，而是要区分载体数据与本体信息，探讨作为内容的后者可否享有版权保护。我国著作权法规定的版权客体是文学、艺术和科学领域内具有独创性，并能够以一定形式表现的智力成果。然而，数据记录、存储的信息并非都能符合前述作品的构成要件，大量不具备可版权性的信息也会为数据承载，大数据时代尤为凸显。本质上，作品是符合法律规定而享有版权保护的特殊信息，是信息这一上位概念的子集。据此，记录某段完整信息的数据片段，抑或是多段完整信息的数据集合，均可能因内容或选择、编排的独创性，进而构成可以享有版权保护的特殊信息。

1. 数据片段的版权保护

数据片段，即记录单段完整信息的数据。数据片段更多是相对于数据库、数据集合或数据汇编而言：数据片段亦可称"单个数据"，指数据库中的一个作品、一个数据或者一条材料。[①]数据片段可否享有版权保护，关键在于判断其记录、存储的完整信息可否直接享有版权保护，这是数据片段的载体地位决定的。

数据载体的无形性不会影响其记录、存储的信息是否构成作品。版权法是技

---

① 李明德，闫文军，黄晖，郜中林. 欧盟知识产权法［M］. 北京：法律出版社，2010：175.

术之子：技术发展至不同时期，记录、存储着作品的载体亦呈现差异化的形态。伴随着不同阶段的信息革命，著作权制度依次实现了从"印刷版权时代"到"电子版权时代"再到"网络版权时代"的历史变革。①从趋势上讲，作品载体类型一直处于不断扩张中：始于"印刷版权时代"的纸张油墨，再到"电子版权时代"的磁带、光盘等电磁介质，直至依托服务器、硬盘实现的数字化存储（数据）。作品载体的主流形式几经更迭，但其并未影响作品取得版权保护的一般规则，这是版权客体的非物质性决定的。因此，若以数据片段形式记录、存储的完整信息符合版权保护的构成要件，这段信息即可取得版权保护，反之亦然。

目前，我国版权客体的范围呈现扩张趋势，这使得数据片段记录、存储的完整信息具备更多取得版权保护的客观可能。我国著作权法第三次修改时对于版权客体的范围实现了从"作品类型法定主义"至"作品类型开放主义"的转变，承认符合作品特征的其他智力成果于司法层面被认定为作品的可行性。同时，"视听作品"替代"电影作品和以类似摄制电影的方法创作的作品"的做法消弭了素有争议的网络游戏直播画面、体育赛事直播画面的可版权性问题，进一步增强了作品范围的可预期性。由此，基于解释论的维度，版权客体的范围具有更强的开放性与包容性，更多类型的信息将有机会被纳入其中。

2. 数据库的版权保护

除却数据片段，选择或者编排体现独创性的数据库可以作为汇编作品享有版权保护。数据库，也可称数据集合或数据汇编，是数据库制作者将享有或不享有版权保护的数据片段汇编后形成的集合。数据库版权保护的范围仅限于其具备独创性的选择或者编排，而不延及数据库中的数据片段。换句话说，数据片段是否享有版权保护的结论取决于自身，而不考察其是否被纳入享有或不享有版权保护的数据库，我国采用此种做法。

数据库作为汇编作品享有版权保护的路径素有传统，但其依据的法律渊源、国际条约颁布、达成的时间节点尚处于网络数字化技术发展的早期阶段。20世纪90年代存在的典型数据库都表现为某种结构化形式，例如借助索引，这些结构化形式可能使数据库获得一种（弱）版权保护。②大数据时代的情况则有所转变。随着数据收集、处理能力的井喷式增长，数据库制作者、投资者可以控制的信息

---

① 吴汉东. 知识产权法［M］. 北京：法律出版社，2021：145.

② Daniel Gervais.Exploring the Interfaces between Big Data and Intellectual Property Law Journal of Intellectual Property ［J］. Information Technology and Electronic Commerce Law，2019，10（1）：8.

类型日趋多元，体量庞大取代结构化形式成为数据集合的常态特征，这使得既有规则的解释适用面临诸多新兴场景的质疑和挑战。

欧盟的《数据库保护指令》（The Directive 96/9/EC of the European Parliament and of the Council of 11 March 1996 on the legal protection of databases）系赋予数据库权利保护极具典型性的立法例。[1]《数据库保护指令》将数据库的概念界定为"以系统或系统方式排列的独立作品、数据或其他资料集合，并可通过电子或其他方式单独查阅"[2]。《数据库保护指令》厘定的数据库范围十分广泛，不仅涵盖电子数据库，亦包括非电子形式的传统数据库。[3]按照版权法只保护表达而不保护思想的原则，版权法对数据库保护的是它的"独创性的选择或编排"的表达而不是它所选择或编排的内容（大多数数据库的内容为数据和事实信息属版权法的思想范畴，若其内容为版权材料则为独立的版权）。[4]据此，数据库作为汇编作品保护的特征体现为保护选择、编排的独创性而不延及库中数据片段记录、存储的非独创性信息，而这可能导致数据库制作者的投资利益落空。这是因为如果只保护数据库的"形式"而不保护其"内容"的话，他人可以合法地进入数据库下载全部的数据，将相同的信息以"形式"上不同的方式重新推向市场而不承担责任。[5]为回应数据库制作者对库中数据片段的利益需求，《数据库保护指令》开创性地赋予制作者对库中内容的全部或实质性部分一种特殊权利，[6]以保护数据库制作者于获得、订正和展示数据片段中记录、存储的信息时的实质性投资（Substantial Investment）。在一部法律中，既保护数据库选择或者编排的独创性，又保护不要求任何独创性的投资，是欧盟《数据库保护指令》的选择。[7]

欧盟颁布《数据库保护指令》同期，美国亦在探索数据库保护的制度进路，

---

[1] 欧盟对于数据库保护的观点首次（1988年）表达在版权和技术挑战的绿皮书（Green Paper）中。历经不断发展与完善，《数据库保护指令》的最终文本于1996年3月11日被欧盟采纳，并于1998年1月1日正式生效。参见：卢海君. 论数据库的特殊权利保护 [J]. 重庆工学院学报（社会科学版），2009，23（11）：24-32.

[2] Article 3（2），Database Directive.

[3] 有学者指出，《数据库保护指令》未对数据库的规模提出明确要求，且暗示数据的编排须满足一定的结构化要求，这同目前大数据背景下数据集合的概念并非完全重叠。参见：崔国斌. 大数据有限排他权的基础理论 [J]. 法学研究，2019，41（5）：3-24.

[4] 许春明. 论数据库的版权保护 [J]. 法学杂志，2002，23（4）：27-29.

[5] 卢海君. 论数据库的特殊权利保护 [J]. 重庆工学院学报（社会科学版），2009，23（11）：24-32.

[6] Article 7，Database Directive.

[7] 李扬. 数据库特殊权利保护制度的缺陷及立法完善 [J]. 法商研究，2003，47（4）：26.

如1996年5月23日提交至众议院的《数据库投资和知识产权反盗版法案》①，1997年7月10日提交至众议院的《信息集合反盗版法案》②，1999年10月8日提交至众议院的《信息集合反盗版法案》③和《消费者与投资者信息获取法案》④，以及分别于2003年10月8日与2004年3月2日提交至美国国会的《数据库与信息结合盗用法案》⑤和《消费者信息获取法案》⑥，等等。然而，前述提案最终均未能通过审议。⑦

　　欧盟、美国针对数据库保护路径的探索一度上升至国际条约层面进行磋商。这些举措旨在挽救数据库制作者，使其免于那些对收集和分发相关数据毫无成本贡献的搭便车竞争者（Free-Riding Competitors）对市场的侵占威胁。⑧相关探索至今却仍未取得实质性进展。⑨1996年2月世界知识产权组织专家委员会会议上，欧共体及其成员国提交了一份关于数据库特殊保护的国际协调建议（BCP/CE/VI/13号文件）。同年5月，美国在世界知识产权组织专家委员会会议上也提交了关于数据库特殊保护的提案（BCP/CE/VII/2-INR/CE/VI/2号文件）。同年8月，《关于数据库的知识产权条约（草案）》公布，并提交至世界知识产权组织专家委员会审

---

① Carlos J. Moorhead. H. R. 3531-Database Investment and Intellectual Property Antipiracy Act of 1996 [EB/OL]. （1998-05-20）［2023-04-06］. https://www. congress. gov/bill/104th-congress/house-bill/3531/text.

② Howard Coble. H. R. 2652-Collections of Information Antipiracy Act [EB/OL]. （1998-05-20）［2023-04-06］. https://www. congress. gov/bill/105th-congress/house-bill/2652? q= % 7B% 22search% 22%3A%5B%22Collections+of+Information+Antipiracy+Act%22%5D%7D&s=5&r=2.

③ Howard Coble. H. R. 354-Collections of Information Antipiracy Act [EB/OL]. （1999-10-08）［2023-04-06］. https://www.congress.gov/bill/106th-congress/house-bill/354?q=%7B%22search%22%3A%5B%22Collections+of+Information+Antipiracy+Act%22%5D%7D&s=6&r=1.

④ Tom Bliley. H. R. 1858-Consumer and Investor Access to Information Act of 1999 [EB/OL]. （1999-10-08）［2023-04-06］. https://www.congress.gov/bill/106th-congress/house-bill/1858/text.

⑤ Howard Coble. H. R. 3261-Database and Collections of Information Mısappropriation Act [EB/OL]. （2003-10-08）［2023-04-06］. https://www.congress.gov/bill/108th-congress/house-bill/3261/text.

⑥ Cliff Stearns. H. R. 3872-Consumer Access to Information Act of 2004 [EB/OL]. （2004-03-02）［2023-04-06］. https://www.congress.gov/bill/108th-congress/house-bill/3872/text.

⑦ 关于前述多部法案详尽内容的梳理，可参见：卢海君. 论数据库的特殊权利保护 [J]. 重庆工学院学报（社会科学版），2009，23（11）：24-32.

⑧ J. H. Reichman & Pamela Samuelson. Intellectual Property Rights in Data [J]. Vanderbilt Law Review，1997，50（1）：54.

⑨ WIPO. DIPLOMATIC CONFERENCE ON CERTAIN COPYRIGHT AND NEIGHBORING RIGHTS QUESTIONS [EB/OL]. （1996-08-30）［2023-04-20］. https://www. wipo. int/edocs/mdocs/diplconf/en/crnr_dc/crnr_dc_6.pdf.

议。相较于同期的《世界知识产权组织版权条约》和《世界知识产权组织表演和录音制品条约》，《关于数据库的知识产权条约（草案）》显然未能得到充分重视，世界知识产权组织的官方文件甚至将其称为"1996年外交会议上世界知识产权组织条约草案的败笔"。①有学者将《关于数据库的知识产权条约（草案）》未能取得实质性进展的原因总结为，其内容过多倾向发达国家的利益主张，而忽视了发展中国家的客观现状。这种观点颇具说服力。②

总体而言，数据库版权保护存在两种路径：其一，数据库于数据片段选取、编排上体现出独创性的，可以作为汇编作品享有版权保护，但这种版权保护不能延及数据库中的数据片段。其二，数据库中数据片段记录、存储的信息符合版权保护的构成要件时，该数据片段因为信息的属性而取得版权保护。欧盟《数据库保护指令》对数据库中不具有独创性的数据片段提供特殊权利保护，以保护数据库制作者的实质性投资，其制度设计可以看作版权体系的亚种（见图1）。

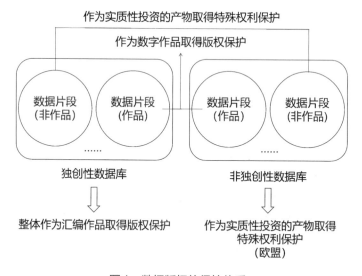

图1 数据版权的保护体系

① WIPO. WIPO-ESCWA ARAB REGIONAL CONFERENCE ON INTELLECTUAL PROPERTY AND ELECTRONIC COMMERCE [EB/OL]. (2003-05-07) [2023-04-06]. https://www.wipo.int/edocs/mdocs/arab/en/2003/ec_bey/pdf/wipo-escwa_ec_bey_03_6a.pdf.

② 马忠法，胡玲. 论数据使用保护的国际知识产权制度 [J]. 电子知识产权，2021，31（1）：14-26.

3. 数据库的邻接权保护

数据库的邻接权保护是针对选择或者编排不符合独创性要件的数据库、数据汇编或数据集合的一种确权进路。国内学者林华[①]、王超政[②]、秦珂[③]是持数据库邻接权保护论的代表学者。此种观点将不具有独创性的数据库和库中的数据片段界定为邻接权客体，并为之设计相应权利束。亦有学者持相反观点，主张前述路径同当前数字网络技术和数字经济发展现状的不适配性。[④]

德国《著作权和邻接权法》采用的数据库邻接权保护路径避免了新设权利的立法成本，具有一定的参考价值和研究意义。德国《著作权和邻接权法》规定的数据库邻接权保护是对《数据库保护指令》第七条的转化，因此应当进行符合指令的法律解释。[⑤]德国模式将特殊权利转化为邻接权体系下的数据库制作者权，这种做法既使得数据库制作者权的客体回避了独创性要件，又得以相对任意地设计权利内容。纵观德国模式的邻接权体系，其内容多聚焦于对作品（或信息）传播付出劳动或投资主体的利益保护，如科学出版物编辑作者权、遗留作品首次出版或公开表演权、照片拍摄者权、表演者权、音像制品制作者权、广播企业组织者权、数据库制作者权和电影制作者权。[⑥]不同类型邻接权的内容、保护期限因客体差异而不同，彼此间相对独立。可以说，德国模式是将《数据库保护指令》特殊权利转化为国内法的成功范例。

现阶段，我国尚不存在数据库邻接权保护的现实制度基础。版权和邻接权都具有法定性特征，而我国立法层面未将数据库制作者权纳入邻接权体系。我国著作权法将邻接权视为作品传播者权：如果相关主体并非为著作权法意义上的作品传播作出贡献，则其不属于表演者、录音录像制作者和广播组织者。德国模式的邻接权客体（含数据库及其数据库中的实质性内容）大多不是著作权法意义上的作品，而是不构成作品的信息，这一点同我国邻接权体系差异显著。据此，我国著作权法借鉴德国模式势必要诉诸立法论路径，解释论则无从实现。

---

① 林华. 大数据的法律保护［J］. 电子知识产权，2014，24（8）：80-85.

② 王超政. 论数据库的邻接权保护［J］. 湖北社会科学，2021，26（11）：157-161；王超政. 科技推动下的邻接权制度体系构建［J］. 中国版权，2013，23（2）：19-22.

③ 秦珂. 大数据法律保护摭谈［J］. 图书馆学研究，2015，36（12）：98-101.

④ 王玉林，高富平. 大数据的财产属性研究［J］. 图书与情报，2016，37（1）：29-43.

⑤ ［德］图比亚斯·莱特. 德国著作权法［M］. 张怀岭，吴逸越，译. 北京：中国人民大学出版社，2019：160.

⑥ 参见德国《著作权和邻接权法》规定.

（二）数据版权的现实困境

2018年11月，国际数据公司（IDC Corporate）发布《数据时代2025》（Data Age 2025），该报告宣称：全球数据总量正在迅速攀升，预计2025年将达到175ZB，而2018年则仅有33ZB。[①]2023年1月4日，中国信息通信研究院公开发布的《大数据白皮书（2022年）》显示，我国大数据发展态势好、动力足：大数据产业规模达1.3万亿，论文全球占比31%，全球专利受理占比超50%，大数据市场主体超18万家，企业获投总金额超800亿元。[②]随着数据收集、处理能力显著提升，数据版权的确权路径正遭遇重重困境：数据记录、存储的信息具有内容多元性、法益复合性，迫使数据确权应兼顾各方参与者彼此差异化的利益诉求。保护范围狭窄、保护力度过强等现实困境日趋凸显，孤立强调数据版权提供的专有权保护绝非推动更好发挥数据要素作用的"万金油"。

1. 数据版权的保护范围狭窄

部分信息或信息选择、编排方式的可版权性是其载体数据或数据集合可享有版权保护的原因。然而，不具有独创性的信息或信息选择、编排方式是大数据时代的通常情形。数据版权的保护范围因此存在不可忽视的局限性。

举例而言，我国个人信息保护法将个人信息界定为，"以电子或者其他方式记录的与已识别或者可识别的自然人有关的各种信息，不包括匿名化处理后的信息"。根据前述定义，个人信息可以涵盖姓名、出生日期、身份证号码、个人生物识别信息、住址、通信联系方式、通信记录和内容、账号密码、财产信息、征信信息、行踪轨迹、住宿信息、健康生理信息、交易信息等，这些信息同作品大相径庭，多应落入单纯事实消息的范畴，其收集、处理过程难以涵摄至著作权法厘定的创作行为。如果数据库制作者单纯汇集前述个人信息，未能体现结构编排、内容选择层面的独创性，那么此种数据库或数据集合显然不能构成著作权法意义上的汇编作品。

信息具有自由流动的天性，对信息流动附加限制往往是出于某种公共利益或政策考量的特例情形。著作权法意义上的作品即属于政策考量下法律施加流通限

[①] i-SCOOP. Data Age 2025: the datasphere and data-readiness from edge to core [EB/OL]. (2018-12-21) [2023-04-06]. https://www.i-scoop.eu/big-data-action-value-context/data-age-2025-datasphere.

[②] 中国信息通信研究院. 大数据白皮书（2022年）[EB/OL]. (2023-01-04) [2023-04-20]. http://www.caict.ac.cn/kxyj/qwfb/bps/202301/P020230104388100740258.pdf.

制的信息门类，仅占到信息这一范畴的少数部分，自由流动且不受到法律规制的信息类型仍然占据主导。诸如限制个人信息、商业自由流动的做法并非基于我国著作权法，而是民法典、个人信息保护法、数据安全法、网络安全法和刑法等其他部门法律及行政法规，对其进行规制的初衷显然不是出于鼓励创作的价值目标。由此可见，数据版权的保护范围是相对狭窄的，尚不足以全方位回应大数据时代日趋多元的数据收集、处理场景，多部门法律并管的数据治理格局或将维持相当一段时间。

2. 数据版权的保护力度过强

数据是否应当确权保护，应当确立何种形式的权利，是我国数据要素化背景下构建数据基础制度的重点与难点。数据作为记录、存储信息的载体，基于解释论将信息私权规制作为数据确权的媒介，继而实现数据的要素化配置，是学界一度探索并尝试的举措。然而，信息的无形性、非竞争性特征使得其不能同有体物一般为特定主体所占有管领，高度依赖法律制度背后的国家强制力提供保障。人类对信息的私法限制相当谨慎，正是这一显而易见的事实使数据权属问题变得困难。[1]我国学界探索数据确权问题的过程中，产权规制、行为规制抑或其他复合路径层出不穷，保护客体的内容多元性与法益复合性使得问题愈加棘手，也使得路径探索呈现碎片化、分散化，彼此间难以榫卯相接。

首先，版权属于绝对权，直观体现为版权人对特定作品享有的支配权限。不论特定主体是否享有完整的版权，版权保护均发挥着为信息拟制稀缺性并排除他人干涉的效用。回归数据确权，赋予数据版权的做法将使得数据要素的归属非此即彼，这种做法需要充分考察数据基础制度的价值目标，以及对公共利益造成的影响。

互惠分享是充分发挥数据要素作用的前提，传统财产权体系下财产权利的专有性和排他性似乎难以有效回应前述诉求。数据"三权分置"的模式打破了传统财产权体系秉持的专有性与排他性，从"个体控制"转至"互惠分享"，回应了数据生产、流通、使用等过程中各方主体叠加至数据片段、数据库（数据集合）上复合的利益诉求。[2]欧盟2020年颁布的《欧洲数据战略》亦指出，"把握数据为社会和经济提供的机会尤为重要，这是因为，数据与大多数经济资源不同，数据

---

① 梅夏英. 企业数据权益原论：从财产到控制 [J]. 中外法学，2021, 33（5）：1188-1207.

② 新华社. 国家发展和改革委就"数据二十条"答问 [EB/OL]. (2022-12-20) [2023-04-20]. http://www.gov.cn/zhengce/2022-12/20/content_5732705.htm.

可以接近于零的成本复制，且单一主体无法阻止数据为他人所利用。应当充分激发数据的潜力来满足个体需求，为经济和社会创造价值"。①在互惠分享中创造、发挥价值的数据保护观念同样为欧盟数据政策所认可。

然而，数据的专有排他和互惠分享本是一对彼此冲突的运转模式。过分强调数据的专有排他可能加剧数据垄断风险，埋下数据封锁隐患，阻碍数据要素作用的发挥。数据垄断基于问题域差异可以具体分为数据垄断和基于数据的垄断，两者在理论上均具备成立的可能性空间。②赋予数据绝对权保护可能加剧数据要素的过度集中，这是因为，市场主体对数据的专有排他将会得到司法层面强有力的支持与肯定。③数据垄断问题已经引起我国立法、执法的关注：新修订的反垄断法第九条规定，经营者不得利用数据和算法、技术、资本优势以及平台规则等从事本法禁止的垄断行为；《国务院反垄断委员会关于平台经济领域的反垄断指南》则在垄断协议、滥用市场支配地位、经营者集中各自的专章中探讨数据对是否构成垄断行为的影响。利用数据的方式，掌握和处理相关数据的能力，均列入考察因素范围内。

其次，赋予数据版权保护可能催生数据孤岛，背离数据于互惠分享助力社会生产的价值生发逻辑。顾名思义，数据孤岛就是指数据被分割、储存在不同的主体或部门手中，成为一个个单独的数据集，无法实现互联互通、相互分享和整合利用，近似于海面上一座座相互孤立、无法沟通的小岛。④不构成权利滥用的前提下，版权授权与否是权利主体的自由。然而，这种自由同数据自由流动的天性之间冲突激烈：其不仅体现为拒绝授权对数据自由流动的直接限制，而且也难以适配数据传输高频次、高频率的技术特征。"数据二十条"选择从推进实施公共数据确权授权机制入手，⑤提出"对各级党政机关、企事业单位依法履职或提供公共服务过程中产生的公共数据，加强汇聚共享和开放开发，强化统筹授权使用

---

① A European strategy for data [EB/OL]. [2023-04-13]. https://eur-lex.europa.eu/legal-content/EN/TXT/?uri=CELEX%3A52020DC0066.

② 梅夏英，王剑. "数据垄断"命题真伪争议的理论回应 [J]. 法学论坛，2021，36（5）：94-103.

③ 应当注意的是，即使不赋予数据绝对权保护，也不意味着数据垄断问题就可以根除。互联网巨头于物理层面控制大量数据要素的客观事实不以法律是否规定数据权属为转移，这里仅探讨赋予数据绝对权保护对前述现象起到的助推效果。

④ 叶明，王岩. 人工智能时代数据孤岛破解法律制度研究 [J]. 大连理工大学学报（社会科学版），2019，40（5）：69.

⑤ 企业数据和个人信息数据并非必然没有数据孤岛。"数据二十条"主张淡化所有权，促进数据流通，亦有打破数据孤岛的考量。

和管理，推进互联互通，打破'数据孤岛'"，系对数据孤岛的直接否定。同样，企业数据和个人数据确权授权机制的探索以促进流通为准则，淡化所有权观念，系对数据孤岛的间接否定。

再次，我国尚未确立文本和数据挖掘（Text & Data Mining）合理使用规则，过度强调数据版权可能桎梏数据要素价值的再创造。在知识和信息大爆炸的数字时代，仅由人脑对知识和数据信息进行搜寻、整理、学习、记忆、统计、分析、处理和应用越来越困难，同时知识和信息也无时无刻不以数据形式产生和存储。[①]文本和数据挖掘是用于解决前述困难的技术方案。根据欧盟《单一数字市场版权指令》（Directive on Copyright in the Digital Singles Market）给出的定义，文本和数据挖掘是指任何旨在分析数字形式的文本和数据的自动分析技术，以便生成包括但不限于模型、趋势、相关性等在内的信息。[②]当受版权保护的数据被用于训练机器学习（Machine Learning）、推理（Reason）和拟人行动（Act as Humans Do）时，文本和数据挖掘同数据版权间的交集就此产生。[③]数据版权势必影响文本和数据挖掘的顺畅推进，并为数据收集、处理者埋下侵权隐忧。我国著作权法采用明确列举的方式规定合理使用场景，第三次修订中新增设的兜底条款仅允许法律、行政法规做出突破性规定，而未延及司法适用。因此，如何权衡数据版权保护与数据价值创造之间的利益顺位，有待于立法给出回应。

总体而言，数据版权的保护路径强调专有性、排他性，作为亚种的特殊权利保护亦有相同特征。数据片段的版权保护围绕作品展开，本质上是对数据片段上记录、存储的作品提供保护，具有一定的范围局限性。数据库的版权保护针对数据片段选择或编排的独创性，而不延及数据片段本身，这种强调结构化数据的做法难以充分适应大数据时代的数据收集和数据处理，因为后者通常不能符合结构化的要求。数据库的特殊权利保护、邻接权保护尚有探索空间，尽管欧盟、美国的既往经验始于"网络版权时代"早期，但其中诸多思路仍有借鉴价值。

---

① 管育鹰. 我国版权立法中文本数据挖掘侵权例外规则的构建——兼论中国知网论文查重争议 [EB/OL]. (2023-02-15) [2023-04-20]. https://mp.weixin.qq.com/s/maA9gKbh4_RU1VcmJP6CIw.

② 曹建峰，史岱汶. 欧盟《单一数字市场版权指令》中译本 [EB/OL]. (2019-04-11) [2023-04-20]. https://mp.weixin.qq.com/s/Z6tyqme0DrlyXluqtqOQGw.

③ Jenny Quang. Does Training AI Violate Copyright Law? [J]. Berkeley Technology Law Journal, 2021, 36 (4): 1407.

四、版权数据：概念界定、价值阐释与困境检视

大数据时代，版权运营过程中亦会产出海量以数据形式记录、存储的信息，其内容包括但不限于涉及版权确权、授权和维权的相关信息。本报告将此类数据及其加工、处理生成的衍生数据称作"版权数据"。数据要素化背景下，版权数据的资源属性已经初步展现，资产属性、资本属性尚有深入挖掘的空间。

（一）版权数据的概念界定

版权数据，顾名思义，指版权确权、授权和维权等运营环节产出的一系列可供收集的原始数据及其处理后得到的衍生数据。版权数据的收集、处理紧紧围绕版权运营的全流程展开。数据要素化背景下，版权数据适逢资源化、资产化和资本化机遇，但实现版权数据要素化的前提在于廓清版权数据的内涵与外延，对其进行系统化、类型化的拆分与解构，进而为明晰数据权属、保障数据安全、维护个人信息及隐私等重大议题的回应奠定理论基础。

版权数据同时横跨公共数据、企业数据和个人数据三大类别。"数据二十条"提出建立公共数据、企业数据、个人数据的分类分级确权授权制度，并对三类数据做出概念界定：公共数据是指各级党政机关、企事业单位依法履职或提供公共服务过程中产生的数据；企业数据是指各类市场主体在生产经营活动中采集加工的不涉及个人信息和公共利益的数据；个人数据是指承载个人信息的数据。[1]从产出环节分析，司法机关审理版权纠纷案件时产出维权数据、版权登记机构在登记业务中产出确权数据、授权数据（合同备案），集体管理组织履职中产出授权、维权数据，市场主体于版权运营中产出确权、授权和维权数据等。相关数据的性质判断主要取决于数据产出主体的性质及数据是否承载个人信息，公共数据型、企业数据型和个人数据型版权数据都属于版权运营中的原始数据。

公共数据型版权数据源于各级党政机关、企事业单位从事的涉及版权运营的公共服务。举例而言，如国家版权局历年发布的全国版权统计（全国版权执法统计、全国版权合同登记情况统计、全国作品登记情况统计、全国引进出版物版权

---

① 中共中央 国务院关于构建数据基础制度更好发挥数据要素作用的意见［EB/OL］.（2022-12-19）［2023-04-20］. http://www.gov.cn/zhengce/2022-12/19/content_5732695.htm.

汇总、全国输出出版物版权汇总），如全国拥有版权案件管辖权限的法院在司法工作中形成的审判流程、执行信息、法律文书、庭审活动信息、司法政务、司法人事、外部协查等数据的总和及其关联关系，[①]如国家版权主管部门认定的登记机构收集的登记数据等，均属于公共数据型版权数据的范畴。通过原始数据进行的简略分析、评估结论，可以反映相关业务的趋势，具有衍生数据的性质。

企业数据型版权数据源于通过作品获取、授权和转让等途径从事生产经营活动的市场主体，如视频平台运营商、数字音乐平台运营商、音乐唱片公司、数字阅读运营商、图书报刊出版商，等等。内容层面，企业数据型版权数据涵盖具体作品授权、转让和维权的版权数据，系反映作品应用现况的"晴雨表"和"风向标"，其中原始数据通过信息本身发挥效用。基于原始数据整合、挖掘获得的衍生数据也可为版权运营提供决策支持，盘活优质作品的经济效益和社会效益。

个人数据型版权数据主要源于版权运营中确权、授权和维权环节中因当事人信息留存而产生的一系列具备识别性的个人信息数字副本。如版权登记业务中，登记机构办理作品版权登记、计算机软件版权登记、合同备案等业务时，首先会要求申请主体填报相应信息。诸如作者名称、权属状况及二者同特定作品名称、样本的对应关系，将以个人信息数字副本的形式留存至登记机构。

（二）版权数据的价值阐释

版权数据有助于增加版权运营的效益，消弭信息不对称而造成的负外部性，这亦是版权数据发挥要素作用的体现。同各类数据相通，版权数据的要素化同样需要经历资源化、资产化和资本化的演进过程，以下将分别予以阐述。

首先，版权数据的资源化，即承认并压实版权数据的资源属性。版权数据的产出不能脱离版权运营的具体场景，而版权数据记录、存储的信息并非数字网络时代的新兴造物。这意味着，网络数字化技术赋予前述信息的崭新机遇源于存储、收集和处理方式的革新。版权数据由原始版权数据和衍生版权数据两部分构成：原始版权数据的价值通过信息传达的内容实现，如作品名称、作者信息、权利归属等内容即便摆脱掉数字化的存储形式，也不会影响其对版权运营的实然效用；衍生版权数据是原始版权数据聚合、处理的产物，网络数字化技术创设出的衍生版权数据可以为版权运营中商业或非商业决策、优化版权保护和服务提供助

---

① 孙晓勇. 司法大数据在中国法院的应用与前景展望［J］. 中国法学，2021，38（4）：123-144.

益，系版权数据资源属性的崭新形态。不论传统价值抑或新型价值，版权数据于版权确权、授权、转让及利用等版权运营环节均发挥着促进作用，客观上充当版权运营过程中各方参与者占据比较优势的筹码。

其次，版权数据的资产化，即通过法律确认版权数据的资产属性。这也是充分发挥版权数据要素作用（尤其是要素市场化配置）的前提。现阶段，版权数据并未独立于一般数据法律规则，多部门法律并管是版权数据基础制度的实然现状。从趋势上看，基于现有框架，公共数据型、企业数据型和个人数据型版权数据暂且分而治之是为发展方向。至于版权数据涉及的安全问题（尤其是跨境流动），则由数据安全法、网络安全法、《数据出境安全评估办法》等法律或法规进行规制。

最后，版权数据的资本化，即实现版权数据要素的市场化配置，使其能够更好适配不同的应用场景，服务于版权运营的不同环节。原始版权数据记录、存储的信息类型相对趋同，其聚合、处理得到的衍生数据易于符合标准化体系要求，进而顺畅地流通于不同主体、应用于不同场景之间。同比原始版权数据依赖信息内容创造价值，衍生版权数据可以有效推动优化版权运营过程中公共服务的高质量发展，如优化版权登记、合同备案等流程，也可以促进作品市场价值的高效益实现，如辅助优质作品授权、转让，充分发挥作品的溢出效应等。

（三）版权数据的困境检视

版权数据具有离散性特征，阻碍其要素作用发挥的困境便在于此：底层信息的收集主体、标准不协同，这既可能造成版权数据难以高效统筹聚合，也可能导致原始版权数据、衍生数据因底层信息失准失范而质量残次，无法有效实现价值。

版权数据来源呈现离散性，这使其进一步处理、加工面临统筹难题。举例而言，中国版权保护中心作为国家版权登记机构，掌握着大量登记业务收集的版权数据，但有相当比例的版权数据分散至地方版权局及其指定的登记机构。国家版权局公布的数据显示，版权登记业务涉及 31 个机关，[①]34 个办理机构，[②]除了质权登记和计算机软件登记，其余登记业务均非中国版权保护中心专属，相应版权

---

① 作品登记机关是国家版权局和各省、自治区、直辖市版权局。
② 办理机构是部分作品登记机关为方便版权主体，提高公共服务效率，委托办理作品登记业务的机构。无办理机构的可到登记机关申请作品登记。

数据不易实现中心化，因而难以形成更具使用价值和交换价值的大数据。

登记业务涉及多方办理机构，主体的法律地位十分复杂，同时涵盖营利法人（有限责任公司）和非营利法人（事业单位、社会团体），这为版权数据性质的确定招致困境。再者，版权数据的离散性还会导致版权数据底层信息的准确性、体系性受制于办理机构的实际操作，不易保持协同。因此，逐步明确登记业务责任主体的调配权限，推动构建协同化、体系化的版权数据收集、处理机制，是版权数据相关制度配给尚需努力的方向。

此外，版权数据的应用场景也有待进一步拓宽。版权数据的要素价值不止于其记录、存储信息的直接读取和简略分析，还具备结合数字技术进阶挖掘出隐藏内容的潜质。充分调配存量版权数据资源，自主研发或同数据分析企业达成深度合作，方能回应版权运营不同环节的实际需要。

结论

数据要素化背景下，数据同作品具有同质性、数据非法利用与数据权益保护同版权具有同构性、数据具有本体与其所承载内容的二元性，且数据权益保护规范不仅为裁判规范，大多应为行为规范。据此，宜借助版权制度架构的创新，为构建数据基础制度，尤其是全国性数据确权统筹解决方案贡献版权力量。报告将版权制度供给面临的机遇解构为数据版权和版权数据两条主线。不论数据版权的解释论、立法论，抑或版权数据应用场景及其配套机制构建，均有广阔的发展前景，为实施国家文化数字化战略提供助力。综上，报告提出如下三点建议。

1. 推动革新数据版权制度和版权数据收集基础制度。一方面，推动增设文本和数据挖掘合理使用条款，削弱数据版权的专有性、排他性。充分发挥版权制度在数据确权利用中的基础性作用。另一方面，推动修订、制定版权数据收集标准、流程及统筹调配机制，提升版权数据质量，提高版权数据收集、处理效率，为在更高水平、更高层次上提供更高质量的版权服务奠定要素基础。

2. 推动设立中国版权保护大数据服务平台。中国版权保护大数据服务平台是版权数据的新兴应用场景，旨在为文化版权交易提供数字作品、身份和信用查询服务，确保版权权利流转全链可记录、可追溯、可认证、可审计，促进版权数据要素的高效利用，助力国家文化数字化战略实施。

3. 推动构建国家版权信用体系。国家版权信用体系亦是版权数据的新兴应用场景，旨在通过版权数据收集、处理的结果，连同数字版权链（DCI体系3.0）等区块链版权试验试点实践，构建面向版权领域市场主体的信用档案，充分调动市场自身的力量净化环境，提高作品配置效率、降低制度性交易成本和防范化解风险。

数据基础制度的构建不仅是中国问题，也是世界问题。我国具有海量数据规模和丰富应用场景优势，在深刻认识数据本质的基础之上，在版权制度架构中探索数据基础制度的局部方案，辅以我国数字版权资源确权、管理方面成熟的经验，我国数据基础制度建设必将为世界贡献优秀的中国方案。

课题组组长：孙宝林

课题组成员：卢海君　徐美玲　罗瀚

课题承担单位：中国版权保护中心　对外经济贸易大学

元宇宙版权规则研究

孙宝林*

摘要： 在元宇宙数字生态系统中，一切皆为数据，一切数据皆可有版权，元宇宙数据确权呈现"数据—数据段落—作品"的基本框架，在此背景下，元宇宙中版权算法控制与算法反垄断之间构成了"新利益平衡"，直接影响版权权利与救济逻辑。元宇宙版权规则的构建面临数字生态带来的新挑战，应当紧跟元宇宙的发展态势，对现有版权的规则体系进行全方位的检视。从作品认定、作品版权归属、版权保护与限制以及侵权认定与救济等角度而言，现有版权规则体系并不能完全涵盖或是解决元宇宙模式下的创作与风险问题。因此，在元宇宙版权规则的构建中，应当向优化社会治理体系，促进技术变革，推动全产业链和数字经济创新，支撑元宇宙文化产业高质量发展的方向前进。在人类迈向数字文明的过程中，有必要从社会治理、经济建设以及文化强国三个层面去构建体现中国特色的元宇宙版权规则。前瞻布局，构建中国自主的元宇宙知识体系和叙事体系，在多层面、多维度实现版权强国、文化强国之目标，实现中华民族伟大复兴，是构建元宇宙版权规则的宏观愿景。

关键词： 元宇宙；版权规则；权利与救济；构建愿景；文化强国

元宇宙，Metaverse，是"元（Meta）"和"宇宙（Universe）"的复合词，源于尼尔·史蒂文森1992年创作的科幻小说《雪崩》。作者描述了一种人们选择在现实和虚拟世界保持持续不断联系的亚文化。文中所提到的元宇宙是指人们通过程序制作虚拟身份，实现虚拟和现实交互的3D虚拟空间；元宇宙的用户通过个人终端进入元宇宙世界，个人终端通过高质量的虚拟现实设备将内容投射到用户所佩戴的虚拟现实设备中。

2021年被称作"元宇宙元年"，科技界、投资界、产业界及各地地方政府都对元宇宙的发展表示了极高的热情与信心，中、美、日、韩等国家都认识到元宇宙发展带来的巨大潜力和战略价值，争相投入资源布局元宇宙赛道。元宇宙是下一代数字生态系统的具象表现，更是人类共同的网络活动空间，各国应该加强沟通、扩大共识、深化合作，通过共同构建网络生态系统命运共同体，推动超越时

---

* 孙宝林，全国政协委员，中国版权保护中心党委书记、主任，本课题组组长。

间、空间、地域和民族的人类命运共同体的建设。

大力推动元宇宙建设是我国参与国际合作全球治理的必要之举，以元宇宙规则自主性研究为先导，推动"为生民立命"的全球发展倡议，以自主性的态度推进元宇宙与Web3.0网络生态文明发展建设；以元宇宙规则研究保障"为万世开太平"的全球安全倡议，坚持共同、综合、合作、可持续的安全观，尊重网络生态主权完整；以元宇宙规则研究促进"为天地立心"的全球文明倡议，求同存异共同倡导弘扬全人类共同价值，促进数字生态文明共识的形成。元宇宙环境中的规则研究已经成为建设元宇宙数字生态文明的重要支撑，对元宇宙中版权规则的研究也将推动规范数据的所有权这一全球性政治问题的解决。

元宇宙数字版权保护与治理的关键，在于推进数字版权（数据）确权与交易，这也是支撑元宇宙文化产业高质量发展的底层逻辑。元宇宙中新兴创作主体、作品客体的出现将引发对元宇宙与版权关系的思考，进而探索版权逻辑在元宇宙模式下的转变。立足当下的元宇宙环境需要对现有的版权规则进行检视，中国版权保护中心将按照国家版权工作总体部署和要求，从创作情形、作品认定规则、版权归属规则、版权保护与限制规则、侵权认定规则研究、侵权救济规则等方面综合考量现有规则的不足之处，探索元宇宙版权保护的中国式的全球化解决方案，秉持以构建人类命运共同体理念为总纲，引领世界前进方向，以"三大全球倡议"为行动方案，针对当今元宇宙数字生态文明建设中的突出问题寻求破解之道，推动世界各国在元宇宙数字生态文明建设中携手同行人间正道。

一、元宇宙版权规则的基本理论探讨

（一）元宇宙的本质及其与版权的关系

元宇宙是具备新型社会体系的数字生活空间，整合人工智能、虚拟现实、数字孪生等多种新技术以提供沉浸式体验，通过区块链技术搭建经济体系，将虚拟世界与现实世界在经济系统、社交系统、身份系统上密切融合，并且允许每个用户进行内容生产和编辑。①明晰元宇宙的本质和其与版权关系是开展元宇宙版权规则理论探讨的基础，更是支撑我国元宇宙文化产业发展的理论基石。

---

① 沈阳. 元宇宙的三化、三性和三能［J］. 传媒，2022（14）：21-22.

1. 元宇宙的本质

随着新一轮技术革命的深化推进，数据作为一种新的生产要素正在全面地影响和参与创新活动。[1]元宇宙并非像虚拟现实游戏一般构建为一个孤立的、隔绝的数字虚拟环境，而是构建了一个具有共享性质、交互性质的广域有机数字生态系统。

元宇宙具有永续性、同步拟真性、开源创造性、闭环的经济系统四大基本属性，[2]这四大属性与相关技术共同造就元宇宙成为有机的数字生态系统。同步和拟真的虚拟世界是构成元宇宙的基础条件，用户在虚拟的元宇宙中进行交互时能得到接近真实的反馈信息，并且元宇宙不会暂停或者结束，因元宇宙以开源的方式运行并无限期地永续。持续运行的元宇宙会产生对应完备的虚拟经济系统和虚拟社会环境体系，元宇宙的持续性是其发展和演变的重要特征。元宇宙对于现实世界高度映射赋予了其"社会性"的基本属性，符合数字生态系统的基本特征。元宇宙内部的数字生态系统就如物理宇宙的生态圈一般，元宇宙整个数字生态圈中包含各级各类数字生态系统，而根据对于元宇宙中不同数据要素的侧重点，元宇宙中的数字生态系统又可以分为版权数字生态系统、文旅数字生态系统、工业数字生态系统等各类多级数字生态系统。元宇宙技术和不同数字生态系统之间交互影响，保持着信息和数据的交换，共同构建元宇宙数字生态圈和多元数字生态系统。

元宇宙版权数字生态系统的内部结构以版权内容与算法为核心驱动力，围绕元宇宙内容创作者、元宇宙作品传播和使用者、元宇宙版权算法控制者三大价值结构主体为核心，搭建以作品创作、作品传播和作品利用为主的版权网络。元宇宙版权数字系统的外部环境则是由政策法规、政治环境、技术架构、基础设施、元宇宙平台等要素共同组成的，聚合了大量数字版权作品的元宇宙平台都是数字版权系统的外部环境。元宇宙数字版权作品的创作、发布、传播都受制于平台环境和机制的影响，并直接或间接地影响着元宇宙版权数字生态系统中的各种活动。与此同时，元宇宙版权数字生态系统不同环境要素之间也存在相互作用和相互影响，生态系统的外部环境与生态系统的协调一致共同影响着元宇宙版权数字

---

[1] Nambisan, Lyytinen, Majchrzak, Song. Digital Innovation Management: Reinventing Innovation Management Research in a Digital World [J]. MIS Quarterly, 2017 (1): 223-238.

[2] 未来智库. "元宇宙深度研究报告：元宇宙是互联网的终极形态？" [EB/OL]. (2022-12-19) [2023-07-25]. https://baijiahao.baidu.com/s?id=1701891462539005558&wfr=spider&for=pc.

生态系统的平衡与发展。

2. 元宇宙与版权的关系

尤瓦尔·赫拉利在《今日简史》中提到："数据无所不在但又不具真实形态，如何规范数据的所有权，这可能是这个时代最重要的政治问题。"数据在物理宇宙中作为继土地、劳动力、资本、技术之后的第五生产要素，在元宇宙环境中则属于元宇宙的基础要素。数据要素资源是元宇宙环境中最重要的竞争资源之一，如何确定元宇宙环境中的数据所有权是元宇宙数字之治中的首要任务，而元宇宙与版权的关系与元宇宙数据产权确权息息相关，元宇宙数据确权又将进一步推动元宇宙的版权发展。

（1）元宇宙中数据产权对元宇宙版权规则产生前进推力

版权在元宇宙整个数字生态系统中都扮演着极为重要而不可或缺的一环，其根本原因是数据要素在元宇宙中的核心地位。元宇宙数字空间中的一切皆为数据，元宇宙数字空间以数据形式进行呈现，又在元宇宙运行中不断产生数据，数据是元宇宙数字生态圈中最基础也是最关键的生产要素、权利要素，融入了元宇宙文化内容生产、运营和流通等全环节与全链条。[1]元宇宙中任何价值体系的正常运作，都需要解决数据交易安全和信任问题，有且仅有数据权属清晰，才能够使数据资源成为数据资产，维护元宇宙数字社会的正常运作。

元宇宙数字生态系统中的一切皆为数据，数据是元宇宙数字生态系统环境中进行一切活动的"战略资源"，对元宇宙数字生态系统中一切主体的一切权利的探讨基础就是对数据要素资源的确权。元宇宙中的数据从形式上来看与一般的数据相同，其区别在于该数据只能用于元宇宙之内，当脱离元宇宙的大环境下，将丧失其价值从而不具有流通性。数据确权权属关系的两个层面为数据权利主体和数据内容。在确定数据权利主体的第一层面上，首先，需要确定数据权利的主体，即元宇宙数字生态系统中的哪一主体对哪些数据享有权利。元宇宙环境中依据法律法规规定或者合同约定持有或者处理数据的主体都应当享有数据权利。其次，元宇宙中"一切数据皆可有版权"。元宇宙数字生态系统中的一切皆为数据，但并非所有数据都能够由著作权法进行保护，时空信息、地理信息等不具有独创性的数据不具有可版权性，可以由其他数据权益或新型"数据权利"进行保护。在数据之上，元宇宙主体对数据进行收集、存储、使用、加工、传输、提供、公

---

① 孙宝林. 大力推动数据确权 推进国家文化数字化战略实施［N］. 人民政协报，2023-06-12.

开等数据处理行为，将元宇宙中的数据加工为"数据片段"，对于元宇宙中数据加工处理的行为和劳动并不必然使得数据成为作品，需要对数据片段的独创性和处理数据算法加工的算法规则进行综合深度评估之后才能够认定数据片段符合作品构成要件，可以由著作权法予以规制和保护。"数据—数据段落—作品"的"数据金字塔"也揭示了数据权利内容的基本框架，对应元宇宙数据的不同形态，产生对应的数据权利，原始数据对应数据资源的持有权，加工数据对应数据加工的使用权，数据产品对应数据产品的经营权。在"三权分置"的基本框架之下，不同领域的数据要素又有其细分的数据权利规则，如文化数字领域中的数据关联文字、图片、音视频等具体数据资源，数字工业领域关联技术、设施、产品等数据资源，呈现与数据交互实践相对应的权利内容。大力推动数据确权，将明确元宇宙环境中作品版权的权利基础，为元宇宙版权交易授权和流转提供有效证明，正向激励数字版权资源运营、开发和使用，是推进文化数字化战略实施的重要措施。①

（2）元宇宙版权规则为元宇宙数据确权提供有效助力

元宇宙中作品确权的基本逻辑为"数据—数据段落—作品"，这一基本逻辑直接确定了元宇宙作品确权规则和元宇宙数据确权规则的有机统一。"数据片段"作为经由元宇宙主体进行数据加工的重要内容，将由版权确权规则来判断其独创性和版权价值，判断是否符合作品构成要件而进一步纳入版权规则体系进行保护，若数据片段无法构成作品，则将由与数据权益相关的法律规则进行调整。同时，元宇宙数字生态系统的数据确权具体实施方法也可以与版权确权方法相互联系，共同发展。元宇宙版权的作品、产品与衍生品"三品逻辑"与数据确权的原始数据、加工数据、数据产品的逻辑一一对应，可以借鉴版权保护规则搭建元宇宙数据产权自动赋权、登记确权、交易授权、纠纷维权、规则维护权等"数据五权"的理论架构。②具体而言，元宇宙版权确权与数据确权规则应当以数字版链为标准，"内容风控、隐私安全、AI多模态识别、超大规模查重、区块链"等关键核心技术，通过"触网发码、机读人审、登记确权"的创新模式为元宇宙中万亿量级的数据提供相关权利确认，授予元宇宙数字世界唯一的"身份证"信息。以元宇宙数据确权为切入点，加快构建数据基础制度，激活数据要素潜能，促进

---

① 孙宝林. 数字空间一切皆有数据，一切数据皆有版权［N］. 南方都市报，2023-06-08.

② 孙宝林. 推动数据确权 助力国家文化数字化战略实施［EB/OL］.（2022-08-05）［2023-07-25］. https://mp.weixin.qq.com/s/sj2MBb0pfFpxi_1FJYQ5cg.

数据要素价值有效释放，增强经济发展新动能，构筑我国国家竞争新优势。是故，"元宇宙中的一切皆为数据，一切数据皆可有版权"，元宇宙中的版权确权规则将成为元宇宙数据确权规则的核心内容，为数据资源的交易授权和流通转移提供扎实的权利基础。

（二）元宇宙下版权保护底层逻辑的转变

版权法中的利益平衡体现了以分配正义为旨趣的伦理价值观。[1]进入元宇宙时代，元宇宙主体形态更加多元，集体性创造和协同创造占据了元宇宙数字产品的绝大部分，同时，数据成为驱动元宇宙创新不可或缺的重要元素，其天然的非竞争性和非排他性，会打破静态分配的固有程式和边界，元宇宙模式下的版权法的价值体系面临重构。[2]版权法正受到新科技革命及产业变革的深度影响，在元宇宙环境中，需要从体系化角度重构版权法的利益平衡机制，探索在元宇宙中数据和算法的共同影响下，如何实现版权法所追求的平等正义价值，既充分保障个人的创造自由，又确保公平合理地分享数字社会财富。[3]

1. 元宇宙模式下版权保护底层逻辑

元宇宙首先影响版权保护的底层逻辑。传统版权法的核心是版权权利和权利的限制，传统版权保护的底层逻辑在于维护权利人的个人利益与社会公共利益及两者间的平衡。[4]但是数字化、分布式的元宇宙环境改变了元宇宙版权保护的底层逻辑，元宇宙数字空间中的一切皆为数据，而一切数据皆可有版权，在数字空间中一切作品的创作、呈现、使用、流通交易都受到数据和算法的影响。对元宇宙中版权作品的算法可以从原理上分为两类：影响作品创作产生的算法与影响作品运用和流通的算法。同时，算法也会与人类创造行为一同成为直接控制和影响元宇宙版权的决定性要素，版权算法控制和算法反垄断成为元宇宙模式下版权保护的底层逻辑。

在物理宇宙中，版权法为创作者提供了对其作品的独占权利，以鼓励创作和创新。[5]然而，在元宇宙中，由于数字内容的复制和传播变得极其容易，用户对于算法控制产生的版权作品的控制变得更为困难，元宇宙中版权保护的情形变得

---

① 李琛. 论知识产权法的体系化［M］. 北京：北京大学出版社，2005：63-64.

② 高莉. 论数字时代知识产权法中的利益平衡［J］. 浙江学刊，2022（4）：59-69.

③ 冯晓青. 知识产权法利益平衡理论［M］. 北京：中国政法大学出版社，2006：234.

④ 高莉. 论数字时代知识产权法中的利益平衡［J］. 浙江学刊，2022（4）：59-69.

⑤ 杨利华. 公共领域视野下著作权法价值构造研究［J］. 法学评论，2021（4）：117-129.

更加复杂，传统的版权保护方式和利益平衡理论将无法直接适用于元宇宙中的复杂情境。所以元宇宙中版权保护的底层逻辑由传统版权法中进行权利限制的利益平衡，转变为通过算法控制和算法反垄断产生的"新利益平衡"。[①]"算法即权力"，算法是构建元宇宙版权体系的基石，[②]元宇宙中的版权权利人通过算法可以对作品施加绝对的控制权，如通过"强 Robots 协议"禁止一切爬虫爬取复制作品的行为。但无论是个人还是平台，通过算法控制作品超过了合理的限度，滥用算法优势地位或数据规则从事版权垄断或者不正当竞争行为，则应当受到监管与制约，实现对版权"新利益平衡"的维护与控制。

2. 新利益平衡下的元宇宙版权权利逻辑

知识产权实行严格的法定主义，属于法定权，[③]版权的权利逻辑与法律本质以及其利益平衡格局息息相关，元宇宙下的"新利益平衡"将直接影响元宇宙中版权的权利逻辑。具体而言，元宇宙版权数字生态系统中的新利益平衡格局将重塑版权的权利产生逻辑、权利归属与分配逻辑、权利使用与授权逻辑。

（1）元宇宙版权权利产生逻辑

元宇宙中一切作品的创作、呈现、使用、流通交易都受到数据和算法的直接控制和间接影响。在算法影响下，元宇宙主体的行为属于创作行为或日常行为（如用户使用元宇宙平台提供的舞蹈模板进行动作），元宇宙中版权作品有何种使用方式，不同的版权作品使用方式是否应当赋予特定权利保护，这些问题的定性呈现模糊的态势，但元宇宙权利产生的逻辑已经转变为算法控制与创作者主观创造行为共同影响、共同作用的权利逻辑，缺乏算法控制与创作者主观创造行为中的任意一项都无法实现元宇宙中的版权作品创作，无法进一步受到版权权利保护。

（2）元宇宙版权权利归属逻辑

区块链的哈希算法和非对称算法为元宇宙中的版权作品提供了共识机制（Prove of Contribution，PoC）。该机制使得元宇宙所有的节点共享一致的记账规则，进而为元宇宙中所有数据以及版权作品提供了工作量证明（Prove of Work，PoW）和权益证明机制等权利归属证明，无论是元宇宙下的个人创作、合作创作

---

① 杨延超. 元宇宙会给版权法带来什么挑战 [N]. 经济参考报，2023-01-31.

② 谭九生，范晓韵. "算法权力"的异议与证成 [J]. 北京行政学院学报，2021（6）：11-21.

③ 易继明. 知识产权法定主义及其缓和——兼对《民法总则》第123条条文的分析 [J]. 知识产权，2017（5）：3-11.

还是大型协同共创作品，都可以通过共识机制来准确确定工作量与贡献度，进行权利权属和权利利益的分配，针对物理宇宙中较难认定的共创作品、合作作品、"平台共创型"作品中创作者的权利范围进行定量。

（3）元宇宙版权权利流转逻辑

通过智能合约进行元宇宙环境中版权权利的授权与收益分配是元宇宙版权权利流转的基本逻辑，智能合约是一段储存于区块链之上的计算机代码，它通过将元宇宙数据与版权内容进行交互式处理，通过区块链交易触发到预设状态后自动执行。[①]相较于物理宇宙中传统的版权授权的信任模式，元宇宙中的版权授权智能合约是一种以数据化形式呈现的协议，在满足版权作品授权合约的触发条件之时（如一方通过非同质化代币形式向另一方交付对价），自动完成双方不可篡改、不可伪造的版权授权交易，在简化元宇宙版权作品交易流程的同时增加版权流转的安全性，是一种"机器式信任契约"[②]。智能合约还可将规则与治理进行编码，让元宇宙版权创作者通过智能合约设定合适的对价，规定各类可代码执行性的权利与限制条款，包括版权许可的类型、版权收益的分配方式、版权权属的移转等内容。

3. 新利益平衡下的元宇宙版权救济逻辑

"权利必有救济，无救济即无权利"。随着元宇宙模式下的版权保护底层利益平衡逻辑发生变化，元宇宙中的版权救济逻辑也随之产生了变化。现实世界中版权由于复制传播易且溯源难度大，使得版权权利人大多依靠公力救济产生的强制性效力才能够产生较好的版权救济效果。元宇宙环境中存在的强算法控制使得版权权利人在元宇宙的分布式环境中，也可以通过算法救济与非中心化自治组织等方式高效地保护其作品。元宇宙版权救济逻辑将呈现"算法救济优先，社区救济中位，公力救济后置"的分布式融合态势。

（1）算法救济

不同于物理世界中在侵犯版权后才适用的"自动通知—删除型"算法救济方式，[③]元宇宙中的版权算法救济将涵盖作品创作产生至加工、传播、使用的所有过程阶段。创作者可以通过区块链数字签名等技术手段，确保作品的创作者被准

[①] Scott A McKinney, Rachel Landy, Rachel Wilka. Smart Contracts, Blockchain, and the Next Frontier of Transactional Law [J]. Washington Journal of Law, Technology & Arts, 2018, 13 (2): 322-340.

[②] 谭佐财. 智能合约的法律属性与民事法律关系论 [J]. 科技与法律, 2020 (6): 65-75.

[③] 张恩典. 数字时代版权的算法实施：类型、困境及法律规制 [J]. 暨南学报（哲学社会科学版），2023, 45 (5): 35-49.

确地识别和追溯，如中国版权保护中心积极协同各方搭建的数字版权发展基础设施——数字版权链（DCI 体系 3.0），以 DCI 标准为引领，以数字版权链为基础支撑，实现数字内容的版权资产锚定，让版权权利流转全链路可记录、可验证、可追溯、可审计，从而更好地服务于版权权属确认、授权结算、维权保护等，构建"数字版权身份证"。[1]这样一来，即使作品在元宇宙中被复制、修改或传播，也能够追溯到原始的创作者，从而维护其版权。此类强效区块链权利证明能够直接联动版权算法救济，算法可以自动处理这些维权申请，并根据相关法律和规定进行判定和处理，为创作者提供便捷的版权救济方式，将侵权作品"打入黑洞"进而获得权利救济。以数字版权链（DCI 体系 3.0）作为数字世界的版权基础设施的版权算法救济，赋予了版权权利人"以链治链"强而有力的救济方式。

（2）分布式版权自治组织救济

分布式自治组织（DAO，Decentralized Autonomous Organization）是元宇宙里由用户共建、用户所有和用户共治的社群，用户享有该社群中的数据，并可以自由参与内容创造和分享内容创造的价值，同时用户也协商和处理社群中的所有事务。不同于算法治理的信息数据方式，DAO 版权社群中更多呈现"人机交互"的特点，参与者参与社群治理的方式是根据个人决策改动加密网络和智能合约算法，算法自动执行，加密网络向算法程序反馈系统状态，而算法程序据此进行动态响应和调整，更加符合元宇宙模式下"众创"的作品产生逻辑。

（3）版权公力救济与"对算法救济"

元宇宙中算法救济以及 DAO 救济的便捷发达与元宇宙版权公力救济并行不悖，并且公力救济在元宇宙环境中被赋予了特殊的使命——"对算法救济"。算法控制、区块链与智能合约为元宇宙版权救济提供了更多可能，元宇宙的创作者可以通过算法控制与智能合约对侵犯版权的行为进行救济，但针对算法规则本身存在的算法黑箱、算法歧视以及恶意智能合约等问题带来的版权侵权，则应当通过公力救济的方式来维护权利。元宇宙中的版权公力救济应当回归人的主体性视角，坚持以人为本的原则，将个体的内在需求、价值体系纳入对算法的监督与管理中，这也是元宇宙版权算法控制与算法反垄断新利益平衡格局下的基本逻辑。

综上所述，元宇宙中的版权保护底层逻辑的转变是为了通过算法控制和算法

---

[1] 新华网. 中国版权保护中心携手蚂蚁集团共建数字版权链（DCI 体系 3.0）[EB/OL]. （2022-08-05）[2023-07-25]. https://www. ccopyright. com. cn/mobile/index. php? optionid=1313&optionid=1313&auto_id=871.

反垄断产生新的利益平衡。这种新的利益平衡在一定程度上解决了元宇宙中版权认定、保护与救济问题，但也带来一系列的诸如算法透明度、算法控制度、内容平台垄断创作算法的法律与伦理问题。①

（三）元宇宙版权保护中的规则展望

元宇宙中的版权保护规则呈现上升式的三大阶段：第一阶段的重点是元宇宙对现实世界中版权规则的弹性适用与更新，着重考量现实世界版权法法律规则在元宇宙环境中的适用；第二阶段则聚焦元宇宙虚拟世界中特殊版权规则的重点倾向，不拘泥于现有的版权规则而是针对元宇宙特殊数字生态环境制定相应的版权规则，规则将侧重于元宇宙环境中的技术与版权的有机联系、元宇宙中版权规则的基本指向；第三阶段展望"虚实相生"的元宇宙版权保护规则，研究在高度繁荣的数字虚拟社会中版权法发挥的效能，以元宇宙中版权规则的研究作为切入点，进一步呈现现实世界与虚拟世界并存且融合的"未来式"数字社会中虚实相生的版权规则的图景。

1. 元宇宙中现实世界版权规则的弹性适用

在元宇宙发展的第一阶段，元宇宙对现实世界版权规则进行弹性适用与更新迭代，这是版权法走向数字时代的"转型之维"。世界版权规则已经历经了"印刷术""声光电""互联网"三代版权规则，在元宇宙与数字版权共同影响下的第四代版权规则将产生重大变革。在元宇宙发展的初级阶段，版权规则的着重考量仍然是对现实世界中的版权规则的弹性使用。由于元宇宙环境的特殊性质，现实世界的版权规则将无法直接适用于元宇宙环境，需要对现有的版权规则进行弹性调试适用。

元宇宙的虚拟环境使得版权的保护变得更加复杂。在现实世界中，版权法主要针对文字、音乐、影片等有形的作品进行保护。然而，在元宇宙中，作品的形式多种多样，可能是虚拟的建筑、角色、服装等。因此，需要对这些虚拟作品进行准确定义，并制定相应的版权规则。元宇宙的虚拟性质也给侵权行为带来了挑战。在现实世界中，侵犯版权的行为相对容易被追踪和惩罚。然而，在元宇宙中侵权行为可能更加隐蔽，难以追踪和制止，并且在元宇宙中"空间"的概念进一步模糊，版权侵权人来自不同国家和地区，因此需要弹性协调制定一套跨空间性

---

① 陈吉栋. 人工智能法的理论体系与核心议题［J］. 东方法学，2023（1）：62-78.

广泛适用的版权规则，以保护元宇宙中创作者的权益并促进版权国际合作与治理。

元宇宙版权规则对现实世界版权规则的弹性适用是必要的。元宇宙作为同步拟真的虚拟世界不可抛弃版权法的基本精神和理念，另起"空中楼阁"。在元宇宙发展的初级阶段，需要对现实世界版权规则进行弹性适用，充分考虑现实世界版权规则的基本原则和经验，并制定一套适用于元宇宙的监管机制和数字版权管理机制。

2. 元宇宙虚拟世界中版权规则的重点倾向

在元宇宙发展的第二阶段，元宇宙八大基础技术不断迭代，数字基础设施不断完善，数字生态系统不断丰富，元宇宙将为人们提供与现实世界无二致的高度沉浸式环境，现实世界被完全投射进入元宇宙环境中，元宇宙版权规则"由实入虚"，这是版权法走向数字时代的"数字之维"。这一阶段的元宇宙版权规则也就从起初的对现实规则的适用转为把握元宇宙虚拟规则的重点倾向，不再拘泥于现存的特定版权规则而是针对元宇宙特殊环境制定相应的版权规则。

本阶段的元宇宙版权规则应当侧重于元宇宙环境中的算法、人工智能等技术与版权的关系，通过版权规则保护算法已经达成共识，但如何通过算法促进版权保护则是本阶段需关注的重点。要想为元宇宙中文化创新开辟新空间，就需解决算法垄断和数据壁垒等Web2.0时代存在的"数据封建主义"问题，提高版权算法的透明度、可解释性，以数据产权规则倡导算法伦理，建立算法标准；明确以版权确权为核心的数据确权机制，规范数据的收集和使用，引导元宇宙数据层发展，实现基于数据自由流通的元宇宙算法治理和数据治理；针对元宇宙新技术带来的挑战，突破技术主导型治理模式局限，坚持体系性整合、法治主导、合法性思维优先，实施具有体系性、针对性和主动性的法治化治理。[①]

3. "虚实相生"的元宇宙版权规则展望

在元宇宙发展的终极阶段，元宇宙呈现为"虚实相生"的现实世界与虚拟世界，虚拟世界和现实世界交相辉映，元宇宙虚拟环境与现实世界高度融合，深度影响现实世界，这一阶段元宇宙版权规则又将"由虚入实"，深度契合高度发展繁荣的数字社会，与现实中的版权规则逐步趋同融合，这是版权法走向数字时代的"未来之维"。经过元宇宙前两个发展阶段，元宇宙已经成为高度繁荣的数字

---

① 王奇才. 元宇宙治理法治化的理论定位与基本框架［J］. 中国法学，2022（6）：156–174.

虚拟社会，并且进一步成为现实世界中"虚拟的现实"，在元宇宙环境中创作作品、传播作品、使用作品将打破虚拟的桎梏，与高度繁荣的数字社会互联互通。

本阶段已经无需强调元宇宙版权规则和现实世界的版权规则的界限，对于元宇宙环境中作品的创作、赋权等规则的研究也不再将成为版权研究规则的重点，作品归属认定被清晰地记载于每一条分布式账本的数据中，作品的独创性认定成了大数据模型计算下的可计算性要素，版权规则的重点是数据与作品的关系关联，如何在高效区块链和智能合约流通数据与作品的基础上再度提升版权作品流动使用的效率，使作品流通和高度繁荣数字社会中的数据流通一样便捷、高效，能够为创作者提供效率最大化的作品利用方式。妥善处理上述问题将为创作者提供更多的机遇和创作空间，也将使公有领域版权内容的繁荣焕发生机，实现鼓励创作，强化版权权利的主旨，促进文化产业的发展与繁荣。

（四）元宇宙版权规则的难题

虽然目前元宇宙仍然处于初级阶段，但是其惊人的发展速度使人不得不对其未来进行展望，从而以未雨绸缪之态应对元宇宙中的版权难题。下文将提出元宇宙版权规则现有的或是未来可能出现的难题，以期为未来后续的研究提供方向。

1. 元宇宙分布式运营与版权地域性的冲突

元宇宙的核心特征为分布式、全球化，这与版权的地域性特征存在冲突，具体体现在每个国家对作品的认定、权利归属、权利行使样态等方面认知存在差异，版权的统一协调存在难度，同时在元宇宙中发生的版权侵权如何确定管辖和准据法值得探讨。虽然存在版权国际条约与国际组织，但是这些条约与组织仅是为各成员提供版权保护的最低标准，在全球范围内缺少放之四海而皆准的通用标准。每个国家的国情不同，对于版权的保护力度势必不同，追究元宇宙中的责任问题，仍然需要考虑与元宇宙相对应的物理地址，这也许会造就侵权者扎堆在"弱"版权保护地区侵权，而权利人则扎堆在"强"版权保护地区维权，这也即为元宇宙分布式运营与版权地域性冲突。全球发展倡议、全球安全倡议、全球文明倡议是习近平主席围绕构建人类命运共同体理念提出的具有全球影响的"三大倡议"，是支撑人类命运共同体理念和实践的三根坚固的柱石，在大变局的格局下应当顺应时代需求，在"三大倡议"的理念指导下树立相对统一的版权意识，当各国家地区形成一致的共识后，方能妥善处理元宇宙分布式运营与版权地域性冲突。

2. 元宇宙世界与现实世界的冲突

这种冲突又可以看作传统版权与新兴版权的冲突，新技术的产生使作品突破时空限制，某些传统版权失去价值空间，如出租权、发行权、广播权等。同时，某些争议权利将更具有利用空间如追续权等，新技术的出现将势必扩大某些权项的内涵或者创设新的权项，从而出现元宇宙世界与现实世界版权权利人权项不对称的情形。现实世界版权体系或许将受到冲击，因为新兴版权客体的出现带来的不仅是作品类别的扩增，同时也将使得作品的使用方式得到扩增，新兴使用方式可以与新兴客体兼容，但可能与传统客体并不适配，未来这也许将促使版权体系发生改变，因此有待立法者考量。

3. 版权保护的专有排他性与数据互惠互享的冲突

数据的特殊性在于自由流动，这是数据版权促进元宇宙数字经济发展的价值目标的前提，有必要实现数据版权保护与数据价值创造的平衡。元宇宙是一个整体概念，实际上元宇宙的构建仍需要主导者。现阶段多以平台形式出现，存在多个"平行元宇宙"，不同元宇宙可能存在竞争关系，版权作为一种有价值的信息，法律赋予其的专有排他权可使得其权利人在一定时间可以独占相应的市场份额，此种独占行为势必会阻断数据在不同元宇宙中相互流通，无法充分发挥数据的最大效用，从而产生版权保护专有排他性与数据互惠互享的冲突，未来可能通过行业通约或者创建自治组织等方式缓解上述矛盾。

二、元宇宙模式下现有版权规则体系的检视

（一）元宇宙模式下创作情形与作品认定规则

相比于现阶段的虚拟空间游戏，元宇宙为我们展现的虚拟世界将具有更强的沉浸感和反馈感，同时受到的内容限制更少，创作空间更大，元宇宙模式下的作品创作有了更多的可能，与其相应的作品认定规则也就变得更为复杂。

1. 元宇宙模式下的创作情形与作品样态

创作主体、创作客体、创作本体和创作介体共同构成的创作的基本要素，在著作权法中独创性的认定也强调创作的基本要素。[1]在此基础上沉浸拟真元宇宙环境在满足了创作要素的同时也为沉浸式创作提供了新的可能，提供了全新的创作环境，赋能各类创作活动。开源创造引导多元创作，开源创造的元宇宙环境中

---

[1] 卢纯昕. 法定作品类型外新型创作物的著作权认定研究 [J]. 政治与法律，2021（5）：150-160.

用户可以自行选择使用何种元宇宙"模块"甚至自行接入元宇宙标准接口，也可以突破物理限制。①同时元宇宙的区块链分布式模式促进了"协同创作"这一联系型创作模式的诞生，由海量个体的深度合作共同参与某一作品的创作，发挥群体智慧优势和元宇宙的交互性特征。②

元宇宙的特征和创作内容具有很强的关联性。以目前人类的科技水平对于元宇宙环境的影响，可以将元宇宙环境下的创作内容划分为四种类型，即数字孪生型作品、元宇宙新创型作品、二次创作型作品以及人工智能参与型作品。数字孪生型作品主要指针对物理世界中的物体通过数字化的手段构建在数字世界基本相同的实体产物。二次创作型作品是指在元宇宙模式下的二次创作型作品，在原作品的基础上创作出元宇宙环境下的新内容。新创型作品既非对于物理世界环境的复制，也没有涉及对现实作品的改编，属于人类在元宇宙中创作的新作品。元宇宙环境中的场景内容首先是执行计算机程序和人工智能参与的结果，在具有交互的虚拟三维环境中，人类的"数字化身"在虚拟环境中借助元宇宙人工智能创作出的内容或者与人的交互过程中产生的内容，此情形即可谓人工智能参与型作品。

通过分析元宇宙作品创作情形与总结作品样态，可以发现元宇宙环境下的作品创作问题相当复杂，既有二维到三维数字化，又有类似人工智能技术根据算法、规则等计算机程序运行从而生成场景内容的情况。元宇宙模式下作品创作情形的分类，对元宇宙模式下创作成果的版权定性问题具有重要意义。

2. 元宇宙模式下的作品构成要件规则检视

著作权法将著作权法实施条例第二条对于作品的定义内容做了修改后整合进入著作权法第三条中，也将"能以某种有形形式复制"修改为"能以一定形式表现"。作品认定构成要件包括"独创性""能以一定形式表现""文学艺术和科学领域内"与"人类的智力成果"。③在元宇宙模式下的独创性判断上，"独立完成"的认定规则与物理世界相一致，只要求创作成果源自本人即可，同时元宇宙区块链技术提供的创作者信息认证，④提高了独立创作认证的真实性和有效性。对于

---

① John Smart, Jamais Cascio, Jerry Paffendorf. "METAVERSE Roadmap" A Cross-Industry Public Foresight Project[EB/OL]. (2007-04-03)[2023-07-25]. https://www.metaverseroadmap.accelerating.org.

② 蓝纯杰. 元宇宙协同创作对版权制度的挑战及应对 [J]. 中国出版, 2022 (13): 29-33.

③ 戴哲. 论著作权法上的作品概念 [J]. 编辑之友, 2016 (5): 89-94.

④ Mitchell Clark. Photoshop will get a "prepare as NFT" option soon[EB\OL]. (2021-10-26)[2023-07-25]. https://petapixel.com/2021/10/26/photoshop-to-add-prepare-as-nft-to-save-options.

"创作性"的判断则应当结合元宇宙具体环境和创作类型进行判断，现阶段元宇宙中的环境内容尚未建设完成、创作内容较少，但并不能因此就降低"最低限度的智力创造性标准"。

在元宇宙模式下，"能以一定形式表现"这一要件更加明确著作权法保护的对象是具体的表达，而非抽象的思想。元宇宙虚拟环境中的虚拟数字作品呈现表达符号和内容题材的有机融合，能够为人们通过外在形式进行感知，在形式上符合作品的"能以一定形式表现"要件。同时元宇宙区块链底层技术就很好地对"作品表现"问题进行了回应。元宇宙中存在大量元素，这一要件将限制创作主体对创作要素的垄断。元宇宙虚拟世界场景主要是"人"创造的成果这是无可争议的，元宇宙中的"虚拟化身"在与人的交互性过程中生成的内容也不应当因为"虚拟化身"的参与而被排除在著作权法保护范围之外。目前元宇宙模式下的四种创作模式：数字孪生型、新创型、二次创作型、人工智能参与型作品本质上都属于人类的智力成果，但是随着元宇宙和人工智能技术的发展，是否会在人工智能创作中有所突破还有待研究和观察。

尽管元宇宙模式下的创作成果涉及的问题较为复杂，但元宇宙模式也并未对作品构成要件造成"颠覆性"的重构，但是仍需要具体问题具体分析，充分考虑元宇宙环境的具体情形再行判断。

3. 元宇宙模式下作品类型规则

元宇宙模式下创作成果的作品类型是研究元宇宙环境下作品专有权利的基础。元宇宙模式下的作品类型疑难主要包括两方面：对于现有八类法定作品类型规则的具体适用与"符合作品特征的其他智力成果"这一作品类型兜底条款的适用。

具体而言，元宇宙模式对现行的部分作品类型影响可能较小，如文字、音乐、美术作品等类型，其作品概念也相对稳定，元宇宙为用户创造的高度沉浸式的虚拟世界，用户可以在其中和现实世界一样进行绘画、写作、即兴演讲、舞蹈等创作活动。与之相对，元宇宙中异于现实世界的表现形式又对摄影作品、视听作品等作品类型的影响可能较大。元宇宙中创作成果多样，如果创作者创作的新型成果不属于著作权法所列举的八种作品类型，但属于满足作品构成要件的"符合作品特征的其他智力成果"，那么应当如何进行处理则是元宇宙作品类型规则研究的重中之重。

著作权法第三次修订将"法律、行政法规规定的其他作品"改为"符合作品特征的其他智力成果"，建立开放式的作品分类模式，由封闭式作品类型走向开放式作品类型以满足不断出现的新作品类型。这也为元宇宙模式下的新型创作成果保护提供了法律解释的空间，在作品开放式立法模式中，司法裁判者拥有更多的自由裁量权，有灵活弹性的独创性判定标准，智力创作物的可版权性不受限于作品的法定外在表达类型。元宇宙并非一个"箩筐"，在元宇宙环境下著作权法必须保持其限度，并非所有的智力成果都可以获得版权保护，仍需要考量众多客观因素，为元宇宙模式下的作品版权保护划定正确的范畴，从而做到既不故步自封又不矫枉过正。

（二）元宇宙模式下的作品版权归属规则

在元宇宙模式下首先需要综合多方面检视传统版权归属原则在元宇宙环境下的适用，然后分析元宇宙模式下复杂创作主体的特点，最终结合上述要素探讨权利归属情形。

1. 元宇宙模式下版权归属一般规则检视

传统知识产权版权权属基本原则系围绕"创作者和投资者构建的制度设计"这一理念开展。参与作品创作过程的主体大致可以分为智力和资本两类投入者，著作权法深受浪漫主义或者个人主义作者观影响，在面对智力投入与资本投入相互竞争的局面时，将智力提供者放在优先的位置，而在一般原则外，著作权法也会考虑资本提供方的需求，对权利归属做一些例外规定。[1]在元宇宙模式下著作权法对于合作作品、委托作品、职务作品等一般规则可以被吸收，用以解决元宇宙模式下的版权权属问题。元宇宙对物理限制的突破使得我们需要结合当下元宇宙的发展阶段，从经济、政策等多个因素去综合考量元宇宙模式下的版权归属问题。

版权归属的一般原则是作者享有版权，元宇宙环境下对一般原则的适用争议主要体现在对作者的解释。元宇宙模式下作品的创作高度依赖现实世界的基础设施支持。在此基础上，用户通过交互层实现与虚拟世界层的接触，在获取相关的数据信息后完成特定的创作，因此元宇宙模式下作品可以总结为"人机结合"的产物。此处"人机"的人应当存在两种含义，一种为参与现实世界层建设的研发人员，"人机结合"体现为人类智慧在机器上的延伸；另一种则是上文所述的"数字人"，或是存在于虚拟世界层的用户。"人机结合"体现为人与人工智能的

---

① 崔国斌. 著作权法：原理与案例 [M]. 北京：北京大学出版社，2014：256.

通力协作。尽管作品创作建立在人机结合的基础之上，但是我国学界关于人工智能版权主体地位的主流观点仍认为目前作者只能是自然人，对于人工智能的态度仍应采用"工具论"，将其作为一种物质条件考虑，虽然在元宇宙模式下人工智能与现实人类对于作品创作的贡献界线愈加模糊，但是在最终的作者认定上不能突破自然人底线，而只能探寻在人机结合背景下作品创作这一项智力活动中人类智慧的最终来源，选择区间限缩在不同人类主体之间。

元宇宙模式下作品创作主体的经济矛盾体现为元宇宙参与者与元宇宙开发者或是运营者的矛盾。在起步初期，元宇宙市场存在较大的空白份额，同时现阶段元宇宙平台通常是由庞大的资本背书，元宇宙平台凭借资本的信誉仅仅需要承担较少的上述交易成本，因而在元宇宙建设初期，基础设施建设仍是最主要的成本。精神文明世界依赖现实层的基础建设，基础建设的完成度决定精神世界的质量，元宇宙中出现的作品进一步丰富精神世界的内涵，起到的是锦上添花的作用。结合中央到各地方发布的政策性文件，可以看出国家在现阶段主要鼓励企业的元宇宙建设发展，现有的权利归属认定均是建立在元宇宙发展初期的大前提下，现阶段开发者对相关作品具有较强的掌控力，根据上述分析将相关作品的版权视情况归属于有关开发者，将便于开发者收回成本，激励他们进一步开发元宇宙，促进元宇宙发展进入下一阶段。

2. 元宇宙模式下复杂主体的特征分析与版权归属认定

元宇宙中的权利主体情况较为复杂，元宇宙的版权主体主要包括元宇宙模式构建者、元宇宙中的数字人与物理世界的创作者。元宇宙的构建需要多方的通力协作，换言之，元宇宙模式构建者为复数形式，在探讨最终的版权归属时，首先应当明确其运作机制。他们构建主要由三部分组成，即服务端平台（Ss）、物理实体（PE）、虚拟实体（VE），它们均能成为各自作品的版权人。由此可以看出，数字孪生的构建过程与视听作品的形成有着异曲同工之妙，这需要各方付出各自的智力劳动才能形成最终的结果。视听作品的版权归属规则是一项政策性选择，对于整体元宇宙的内部版权主体来说，职务作品的归属方式是较为可取的一种方式，在元宇宙开发过程中可能会出现不同的创作模式，职务作品的认定模式并非绝对，各方仍可以根据自身情况通过合同约定做出更有利于双方的决定。

数字人是人与机器技术融合形成虚拟空间中的新型主体，是物理世界人类在元宇宙中活动的化身。可以将数字人拆分成前端、后端两个维度。前端指的是数字人的可视性，即可以理解为人们可以感知的形象，其构建大致分为两种，即人工建模与外部扫描建模。前者通常为虚拟的形象，而后者则更接近现实人物的拟真形象，因此前端侧重于静态形象，后端则是指数字人的交互性，即驱动形象使得数字人具有拟人的交互能力。其实现路径一种是通过真人驱动，另一种则是通过算法驱动。由此可以得出前端中虚拟、拟真，后端中真人、算法四个参数，从而形成一个二阶方阵，进行组合进而总结出下列四类数字人模型（见表1）。四类数字人产生的作品结合现有的权属认定规则，均可以妥善解决权属纠纷，值得注意的是在现阶段缺少明确的行业规范，从规范元宇宙的角度出发，可以通过规范合同的方式体现国家意志明确版权归属，从而形成良好的行业惯例。

表1 四类数字人模型

前端/后端	真人	算法
虚拟	前端虚拟、后端真人型	前端虚拟、后端算法型
拟真	前端拟真、后端真人型	前端拟真、后端算法型

物理世界的创作者在元宇宙中主要通过用户的形式参与创作，元宇宙分为开放式元宇宙（Open Metaverse）和封闭式元宇宙（Close Metaverse）。封闭式元宇宙意味着用户不能在其中创建任何额外的元素，只能在封闭元宇宙的基础环境之中进行创作，开放式元宇宙意味着用户可以在其中创建新功能。从这个意义上说，负责开发该元宇宙的公司将创建一个基础，然后集成一个软件，让用户产生新的元素。在考量此类主体产出的作品归属时，可以判断人与机器贡献度，通过观测虚拟世界层中人工智能留给用户发挥自由度大小的方法，当用户选择余地较为有限时，可以认为其贡献度较小从而做出归属认定，将产生的作品归属于另一方。

（三）元宇宙模式下的作品版权保护与限制规则

基于元宇宙模式下创作的特殊性，下文将探究元宇宙模式下的作品著作人身权、著作财产权保护与版权的限制规则。

1. 元宇宙模式下的著作人身权与财产权规则探讨

正如上文所述，元宇宙的内容创造者是现实社会中人的虚拟化身，其创作活动受到现实社会中的人和人工智能的共同影响。作为现实社会中人的虚拟化身，其在元宇宙中创作的作品必然体现人的精神思想，并且由于人工智能的存在，元宇宙中虚拟化身的创作能力将远超现实社会中的人。但是目前人工智能依然是"工具"属性，虽然元宇宙中的创作活动受到人工智能的影响，但最终起决定作用的还是现实社会中的人本身。如果人工智能可以不受现实社会中人的控制在元宇宙中创作，产生许多现实社会中人本身并不需要的产物，将背离元宇宙存在的基本逻辑，颠覆现有世界运行的秩序，这将是十分可怕的。因此，元宇宙中内容创造者实质上是现实社会中的人，而非人工智能，对于著作人身权的保护也应当基于这一要点出发，因此元宇宙模式下的版权规则较为完善，特别借助区块链技术，将会进一步保障元宇宙中版权人的人身权。著作财产权主要包括复制权、传播权和演绎权三类，元宇宙的运用场景中多呈现扩张样态，如通过数字孪生、3D建模、虚拟现实、增强现实等可视技术，运用多源数字资源的规范性编码与本体构建，生成元宇宙世界数字实体与虚拟场景现实中的人在虚拟世界中再造"虚拟化身"。不管是现实中的人创造虚拟化身，还是在元宇宙中进行内容创作，都离不开数字化的复制使用。作品的传播场景在元宇宙模式下将变得格外丰富，元宇宙中的数字化传播包括实时数字化传播，定时数字化传播，传播类型也包括交互式和非交互式传播，随着技术的发展，"人机一体"，存在虚拟化身成长为技术主体进行传播的可能性。元宇宙模式下的复制权和传播权的扩张，元宇宙场景下对作品的再创作将更为容易，也将引起演绎权的扩张。元宇宙模式下，利用他人作品再创作将更为便捷，例如在数字化作品的应用上，在元宇宙中可以进行实时、高效、精确化的知识服务与文化传播，便于对已存在的作品进行再创作。元宇宙中的区块链技术可以解决数字化内容的产生和长期保护问题，应对版权的侵权问题，也可以应对数字化的汇编、编辑、组织等演绎功能行为。

2. 元宇宙模式下版权限制与例外的规则探讨

正如上文所述复制权、传播权、演绎权的不断扩张加之海量的虚拟作品将挤占公有领域，未来的创作空间将被不断压缩，这也将背离元宇宙中虚拟作品公共性开放、共享与中立的特点。下文主要针对版权限制规则中的"三步检验法"进行探讨。

作为版权限制的原则性规则，其存在的问题随着时代的进步日渐显现。首先，"三步检验法"的规定过于抽象，并没有指出具体的操作路径，使得在"作者中心主义"的影响下，合理使用制度受到了极大的限缩。在传统社会经济发展背景下，现实的自然人是创作的主体。然而，在元宇宙迅猛发展的情境下，科技在智力创作中的贡献不容忽视，而技术获取信息的过程必然会涉及合理使用制度，这将会导致权利保护与公众利益的重新衡量。其次，元宇宙作为数字经济时代的产物，在推动文艺繁荣的同时还承载着经济发展的功能，人工智能在创作者主观引导下对原有作品的使用难以保持中立，从而难以落入"三步检验法"合理使用的保护范围。人工智能并非享有人身经济利益的版权人，其在使用过程中对原作品的复制行为必然构成对版权的侵害。元宇宙情境下，大数据资源广泛运用，人工智能扮演重要角色，但是这一使用过程并不满足"三步检验法"所规定的"特殊情况"。最后，元宇宙情境下的创作还可能基于科研目的构成对版权的限制，以实现对公共利益的维护，但是元宇宙中的创作行为并不能完全排除商业使用的目的，与现实中单纯的科学研究存在差异。

此外，对于"兜底条款"，虽然该项设置使原合理使用制度的规定不再完全封闭，但是如何解释"法律、行政法规规定的其他情形"在目前没有明确答案，在具体适用上存在一定困难。法律本身的滞后性使得它无法非常及时回应现实的需求，若没有一个明确的指向，仅仅做兜底性的例示规定很容易造成两极化适用，开放性立法趋势在司法裁判中的应用仍处于探索阶段。因此，可考虑"转换性使用"制度在元宇宙的应用，在立法中确立合理使用的一般条款和公共领域保留制度。元宇宙中，虚拟作品的创作者，只能对作品中具有独创性的部分主张排他性权利。对虚拟作品中其他非独创性的表达不能设立版权，应将之归为公共领域。将非独创性的思想纳入公共领域，是符合以最小的投入成本获取最大产出收益的效率最大化原则，这可以使得元宇宙中海量"碎片化"的数据、事实等思想元素处于公有领域而被利用。

(四) 元宇宙模式下的版权侵权认定与救济规则

元宇宙模式下的版权侵权规则应当充分考虑不同元宇宙平台模式下的差异化侵权行为特点，针对元宇宙中"发布即平台"这一特殊现象调整适用现行的"接触加实质性相似"版权侵权认定规则。

1. 元宇宙模式下的版权侵权认定规则的检视与研究

元宇宙模式下版权侵权行为呈现以下特点：第一，侵权主体范围广泛。区块链作为元宇宙的底层技术，无须许可的区块链和链上治理模式为每个人提供了参与元宇宙的开放网络，因此元宇宙中的侵权主体广泛，侵权者可能来自不同国家和地区。第二，权利载体的多元性。元宇宙模式下大多数版权侵权仍然以同质化通证的形式出现，现阶段将NFT侵权完全等同于元宇宙中版权侵权的观点存在一定的认知偏差。第三，版权侵权的客体复杂性。元宇宙模式下版权侵权客体复杂性取决于元宇宙本身的技术复杂性，元宇宙版权侵权因而具有复杂的侵权客体，也在侵权纠纷解决与识别中存在困难。最后，元宇宙是对于现实物理世界的映射，伴随元宇宙的发展，其版权侵权所涉及领域将进一步拓展，也会出现更多实用性和艺术审美特征融合的内容。

元宇宙模式下的版权侵权认定规则不能排斥一般民事侵权行为构成要件的理论，元宇宙模式下的版权侵权规则应当充分考虑元宇宙环境中违法行为的特殊性、损害事实的多元性、因果关系的复杂性与主观过错的"平台化"等特点。在知识产权法核心本旨不发生改变的前提下，"接触加实质性相似"规则依然可以适用于元宇宙模式的版权侵权纠纷，但需要结合元宇宙的模式特点对该规则的具体运用进行研究。

元宇宙运用区块链底层技术天然为任何创作行为自带了不可篡改的"可信时间戳"，如此低的认定标准会使元宇宙创作情形下，版权侵权纠纷中原告在"接触"要件上的举证要求非常低，所以在元宇宙模式下需要摒弃"基本可能性"标准。该标准在元宇宙版权侵权认定中显然是极为不合理的，涉嫌侵权的被告为推翻"接触"的推定，必须对自己接触原告作品的可能性进行"证无"。相较于元宇宙创作举证的便捷性，对接触所需证明的"证无"几乎是一个不可能完成的任务。确立"合理可能性"标准作为"接触"要件的认定标准就显得尤为必要。① 元宇宙中文字作品的情节、人物，视觉艺术作品中的构图与设计，音乐作品中的旋律、节奏和音色，整体的元宇宙场景设计乃至事实和功能性作品中的材料和表达，都涉及不同作品适用不同判断方式的问题。在判断元宇宙模式下作品构成实质性相似时需要注意合理划分实质性相似判断的适用范围，判断实质性相似规则不可僵化套用。

2. 元宇宙模式下的版权侵权救济规则探讨

在元宇宙模式下，对权利的保护仍需要满足两大要求即"完整性"和"有效性"。在版权领域，完整性要求对版权保护必须有一定的广度，即应尽可能将涉及版权人重大利益的权利纳入保护范围。有效性则要求版权保护能落到实处，而非仅停留在纸面上。版权人行使权利往往意味着他人要为此承担义务，这种义务既包含不予干涉的消极义务，也包含主动履行的积极义务。当版权受到损害时，应当可以通过多种途径获得救济，或通过权威的公共裁判机构获得救济，或在法律允许的范围内进行私力性质的救济，从而使权利得以恢复或者损失得以弥补。

从民事救济角度出发，版权侵权赔偿原则在继承民法的填平原则外还应遵循

---

① 张晓霞，张嘉艺. 侵权行为构成要件对"接触加实质性相似"规则的制衡——论侵害著作权纠纷的裁判思路［J］. 知识产权，2021（12）：40-51.

完全赔偿原则、利益平衡原则和惩罚性赔偿等原则。其最终的目的就是威慑阻止侵权，弥补填平损失。元宇宙模式下，当内容创造者的权利受到侵害时，将其一切因侵权的损失纳入考量，尽量填平权利人因侵权遭受的损害，保护版权人的利益，从而调动内容创作积极性，促进元宇宙生态的繁荣。元宇宙模式下要考虑多方利益，在利益权衡后做出裁判，在威慑侵权行为时考虑元宇宙中作品创作的多样化、知识利用的急剧扩张，因此引入利益平衡原则有其必要性。惩罚性原则带有"惩罚"的性质，一定程度上突破了"填平"原则，因此对于其适用应当进行严格限制。对于元宇宙模式下情节严重的故意侵权，侵权行为造成严重后果的，如果仅弥补权利人的实际损失，虽然符合全面赔偿原则，但是并不能有效阻止侵权行为的再次发生，而带有惩罚、警示性质的惩罚性赔偿则是解决此问题的有效路径。以上三项侵权损害赔偿的基本原则确立了元宇宙模式下侵权救济的赔偿数额衡量标准。

目前主要由市场主体推动发展的元宇宙中可能会出现身份匿名化导致的合作可能性降低风险、个人信息与隐私保密风险、平台权利过度扩张风险、信息数据在中心化、经济活动垄断化风险。单纯依靠市场主体的力量难以防范和化解这些风险，甚至市场主体的逐利趋向会增加这些风险产生的概率，使市场力量本身成为这些风险发生的原因。因此，需要通过行政规制的力量深入元宇宙模式下的版权领域，来防范和化解这些可能出现的元宇宙相关风险，在确有必要时最终考虑版权侵权刑事救济。

此外在元宇宙模式下的版权纠纷中，可以尝试引入 ADR 救济的非正式的协商、和解程序、调解程序、安抚和促进程序、中立的评估程序、微型审判程序、协商会程序、仲裁程序等。元宇宙仲裁模式在不违反调解程序的强制性规定的限度内，调解者可以非常灵活的方式满足各方当事人的要求，或者及时调整调解的技术和策略。调解者在充分了解各方需求的情况下组织沟通或者促进当事人之间的当面沟通，建设元宇宙仲裁模式的难点则在于居中仲裁者的确定以及仲裁结果的效力如何认定，这些问题需待元宇宙建设进入下一阶段后在实践中解决。

三、元宇宙版权规则的构建愿景

正如第一部分所述，元宇宙的本质是多维度的数字生态系统。版权在元宇宙环境中是不可或缺的重要一环，成为元宇宙数据确权核心机制中的重点。元宇宙模式下的版权保护建立在元宇宙数据确权的基础之上，元宇宙版权规则体系是以数据确权为核心的数字版权治理体系。"新利益平衡"是元宇宙版权保护的底层逻辑，相应地，元宇宙模式下的版权权利与救济体现新的特点。然而，由于元宇宙分布式运营与版权地域性的冲突，元宇宙世界与现实世界的冲突及版权的专有排他性与数据互惠互享之间的冲突，元宇宙版权规则的构建面临新的挑战。

在元宇宙模式下检视现有版权规则体系，就作品认定、作品版权归属、版权保护与限制以及侵权认定与救济等角度而言，现有版权规则体系并不能完全涵盖或是解决元宇宙模式下的创作与风险问题。因此，在元宇宙版权规则的构建中，应当向优化社会治理体系，促进技术变革，推动全产业链和数字经济创新，支撑元宇宙文化产业高质量发展的方向前进。

在人类迈向更高层次数字文明的过程中，建立跳出固有话语体系、体现中国特色的元宇宙模式下的版权规则，在数字文明演化升级中推动我国掌握主动权、话语权，展现文化自信，在多层面多维度实现版权强国、文化强国之目标，实现中华民族伟大复兴是构建元宇宙版权规则的宏观愿景。[1]本节将从社会治理、经济建设以及文化强国建设三个角度阐述元宇宙规则的构建愿景。

(一)元宇宙版权规则与社会治理

在新型生产关系之下，元宇宙由大量具有一定影响力的主体构成分布式结构。在此基础上，形成国家与国家之间新的力量对比与竞争格局，进而产生人类社会新的治理秩序与政治体系，最终形成元宇宙数字文明高级阶段的新型治理格局。中国元宇宙的未来发展，一方面基于各种新兴数字技术的应用带来的新风险隐患和伦理问题，而亟须前瞻性地建立元宇宙现代化社会治理体系；另一方面，因元宇宙发展而引发社会治理重大战略变革，中国应系统性地建构面向元宇宙"文明之争"发展阶段的新型治理结构。具体而言，通过版权规则的构建，推动建设元宇宙模式下的新型治理规范，搭建前瞻性社会治理布局，规范治理元宇宙模式下的新问题、新风险。

1. 建设元宇宙模式下的新型社会治理规范

元宇宙发展过程中，呈现个人隐私和公共利益的平衡、数据安全和产业发展

① 臧志彭，解学芳. 中国特色元宇宙体系建设：理论构建与路径选择 [J]. 南京社会科学，2022（10）：137-147.

的协调、平台垄断与用户权利博弈、版权与智慧共享的关系等深层次问题。①落到社会治理层面，新的问题产生新的导向，而版权规则的构建可以起到关键作用。

首先，元宇宙治理需要突破传统思想观念的束缚。由"现实社会治理"到"元宇宙治理"不仅是概念上的变化，而且蕴含理念、方法、手段和制度等多个方面的深刻变革。元宇宙最大的特征就在于其是映射现实世界的孪生虚拟世界，这就决定了元宇宙治理需要突破传统思想观念的束缚，将目光流转于虚拟与现实之间，以寻求最佳的治理模式。如何在保障数据安全的前提下实现主体数据化、场景数据化、行为及交互行为的数据化等，都是元宇宙治理过程中需要妥善解决的新问题。②另外，元宇宙的发展具有相当的不确定性，治理风险加剧了治理难度。受制于元宇宙的高度复杂性和高度不确定性，如果人为地为元宇宙制定制度来引导和规范行动，可能出现更加难以控制的情形，基于理性构建的治理似乎变成了不适宜的愿望。因此，构建以数据确权为核心的数字版权治理体系有利于从根本上解决元宇宙数字化治理的难题。

其次，在法律规范之外，科技伦理规范从观念和道德层面为人们从事科技活动提供行为准则。元宇宙创新、研发和应用中有两个基本的实质性伦理命题：一是元宇宙可能给人类带来怎样的收益或风险，如何寻求二者之间的最佳配比；二是在元宇宙创新、研发和应用中，如何使之不损害人类的生存条件和生命健康，保障人类的切身利益，促进人类社会的可持续发展。伦理规范也主要围绕这两个方面展开：第一，基于研究者和开发者的价值判断和价值共识形成伦理准则、规范等；第二，在实践中对这些准则进行动态调整或权衡；第三，根据这些准则推动制定相应的伦理规范、法律法规等。

最后，良好的外部环境是促进元宇宙健康发展的重要条件。现有规则（包括版权及其他制度）虽然可以在一定程度上为元宇宙的发展提供外在支撑和保障，但是尚未涉及元宇宙模式下的社会治理之核心。构建以版权确权为核心的数据确权机制才是真正地触及元宇宙治理的核心——数据。例如，在研究和开发元宇宙的过程中，可以运用版权规则确定相关的审批、管理程序，明晰权利与义务。在

---

① 深圳市委政法委课题组，汪洪. 元宇宙对社会治理的影响及对策研究 [J]. 特区实践与理论，2023（2）：46-50.

② 李晟，徐春朋. 元宇宙场景中的数据安全与治理：基于数据三维结构范式 [J]. 金融客，2022（12）：40-44.

数据信息管理制度方面，规范信息管理体系、机构、职责和信息保密措施等。版权规则对于元宇宙模式下的科技成果的转化具有促进作用，元宇宙基于数据产生，如果元宇宙的存在状态仅仅停留在实验图纸、模型构建、样品展览等阶段，那么它只是潜在的而非现实的存在，只有将其转化为可确权的存在才能推动科技的创新。元宇宙的开发需要形成健全的成果转化机制，贯通研究、开发、应用、推广等流程，保障各个环节的高效运转。通过以版权规则为核心的新型治理规范抑制和预防元宇宙发展可能引发的各种风险和社会问题，尽管元宇宙是自由、开放、包容的，但并不是不受任何约束的，通过数据确权对科技成果的误用、滥用、非道德使用进行相应的规制，建设新型治理规范才能避免风险和问题。①

当然，元宇宙模式下的社会治理不仅依靠新型的治理规范，在规范建设的基础上，也应当着力构建元宇宙模式下的前瞻性社会治理布局。

2. 构建元宇宙模式下的前瞻性社会治理布局

针对元宇宙发展潜在的内容生态风险、算法污染风险、数据应用风险、人文风险、垄断风险等隐患，在建设新型治理规范的基础上，进一步通过版权规则的构建精准匹配元宇宙社会治理预见性制度安排，为元宇宙治理健康可持续发展提供前瞻性治理布局。

元宇宙空间的复杂性和多样性决定了元宇宙治理是一项系统工程，"协同共治"可以为元宇宙治理提供一个新方向和新目标。诚如前文所述，新型治理规范直面元宇宙中的新问题、新风险，面对如今不可预见的风险，需要在整体层面筹划布局。"协同共治"根源于法治规则的形成，需要中心化组织（政府）的积极作为，而良善的元宇宙治理（元宇宙社会可能形成稳定治理结构的方式）也并非政府单方面地通过管制实现元宇宙社会的公共秩序，而是元宇宙社会中的各个主体，共同在基本的网络社会准则和规定下通过互动而形成并实现公共秩序。

综合元宇宙社会治理的外在保障和内在约束，在前瞻性布局上，可总结三项元宇宙模式下社会治理的基本原则：一是伦理先行。随着新兴技术的快速发展，带来一些不道德或非法使用的可能性，这就决定了"技术先行"的观念可能需要做出一定改变。元宇宙具有的高度技术性、潜在不确定性等特征决定了元宇宙治

---

① 宁焕生，田巧惠，李莎. 元宇宙社会治理［J］. 重庆邮电大学学报（社会科学版），2023（4）：133-142.

理不宜简单采取"技术先行"的策略，而应该坚持"伦理先行"，①将科技伦理要求贯穿科学研究、技术开发等科技活动全过程，促进科技活动与科技伦理协调发展、良性互动，实现负责任的创新，在版权规则的推动下，始终围绕"以人为本"，形成内容创作者中心。二是法治化。②元宇宙开发是一项国际合作性事业，而法律法规是汇聚法律共识最直接的载体。坚持在法治化轨道上开展元宇宙治理工作，在建构新型社会治理规范的同时做好司法建设，加快元宇宙治理法治化进程将是推进元宇宙发展中的一项非常重要的工作。三是"协同共治"。确定伦理先行的策略指引和法治化的治理方式后，在推进元宇宙实践和运行的过程中，多元共建、协同共治将成为完善元宇宙治理体系的重要路径，在以版权确权为核心的数据确权机制下，不断促进数据的交流共享。正如《数字中国建设整体布局规划》所指出，以数字化驱动生产生活和治理方式变革，全面提升元宇宙布局建设的整体性、系统性、协同性。

元宇宙版权规则的构建应朝向有利于新型治理规范构建、有利于社会治理体系前瞻性布局方向。良好的元宇宙社会治理布局可以推动数字经济的高质量发展，为更强更大更优的经济建设提供强大助力。

（二）元宇宙版权规则与经济建设

经济基础决定上层建筑，元宇宙版权规则可通过明确元宇宙模式下数据资源的权属，促进数据的交易和流转，有力保障数据资源的开发利用，全面赋能经济社会发展，推进全产业链创新，培育壮大数字经济。

1. 元宇宙模式下的全产业链创新

元宇宙版权规则构建的愿景之一即为加快打造和形成中国特色的元宇宙产业链体系。产业链的独立自主与成长壮大是中国特色元宇宙文明长期可持续发展的产业支撑。一般认为，元宇宙产业链由基础设施、人机互动、分布式结构、空间计算、创作者经济、发现和体验等多个环节构成。③从更深层次，基于元宇宙内在技术逻辑与交互逻辑，在把握数据确权制度的前提下，推动中国特色元宇宙知识生态系统建设，打造开源共享、人机协同、开放兼容、虚实交互的产业链良性

---

① 胡雨桐，袁淑芸. 真实紊乱、尊严丧失、延迟暴力：元宇宙伦理问题探讨——基于克里斯琴斯的"媒介伦理准则"[J]. 中国传媒科技，2023（3）：50-54.

② 王奇才. 元宇宙治理法治化的理论定位与基本框架[J]. 中国法学，2022（6）：156-174.

③ Radoff J. The Metaverse Value Chain [EB/OL]. (2022-01-07)[2023-07-25]. https://medium. com/ building-the-metaverse/the-metaverse-value-chain-afcf9e09e3a7.

循环机制，可以为形成具有中国特色的"元宇宙"产业链发展道路提供坚实的体系支撑。

数字文化产业链体系建设兼具经济建设和文化建设要素，是产业链构建的重点，在版权规则的助力下，着力打造面向元宇宙的数字文化产业链，包括元宇宙体验层的应用与内容开发行业、元宇宙平台层的虚拟世界开发工具及平台行业、元宇宙设备层的交互硬件及设备等行业，以形成推动国家文化数字化进程的强大产业支撑。

一方面，做强文化元宇宙产业链上端的内容创新。在提高文化元宇宙的虚拟现实硬件的效率与可用性以及创建逼真的沉浸式环境的同时，[①]关键还要推动内容创新。借助元宇宙版权规则为内容创作赋权，进一步激发创作的积极性。创新文化领域元宇宙产业链中端的流通环节。文化领域元宇宙的流通亟须释放数据要素的应用效能，通过元宇宙版权规则规范数据资源交易授权和流转，全力打造基于人民群众创新激励为主线的数字文化流通新模式，推动元宇宙平台内诸文化要素的全过程流通和协同联动，打破平台垄断格局，提升流通能级。另一方面，丰富文化领域元宇宙产业链下游的消费环节。[②]一件商品直至消费完成才是生产的结束，文化领域元宇宙消费新场景的打造应加快集成全息呈现、数字孪生、虚实交互等新型体验技术，形成技术价值、文化价值与产业价值的"加乘赋能"模式。

中国版权保护中心将积极协同各方搭建数字版权发展基础设施。目前中心正在进行的相关工作包括：大力推进数字版权链（DCI体系3.0）国家"区块链+版权"特色应用试点成果转化，积极探索以数据确权推动国家文化数字化战略实施的应用研究。包括：与保利文化集团、华为云计算携手共建"文化数字化生态产业平台"；积极推动与蚂蚁科技合作开展数字版权链（DCI体系3.0）特色应用试点工作；与中央广播电视总台达成版权生态合作，推进数字版权链（版权交易生态）试点应用，推动版权交易模式创新和交易生态体系建设。

2. 元宇宙模式下的数字经济建设

从前述部分可见，元宇宙版权规则可推动元宇宙全产业链的创新发展，数字经济是由数据来驱动的，其中的数据确权、数据定价和数据治理等方面，尤其是数据确权至关重要。数据确权主要是指确定数据要素资源的权利内容、权利类型

① 钟菡，施晨露. 元宇宙文娱，引爆新的文化消费增长点［N］. 解放日报，2023-07-05.
② 宇东，张会龙. 消费领域的元宇宙：研究述评与展望［J］. 外国经济与管理，2023（8）：118-136.

和权属关系。它不仅是明确数据资源权属关系的手段，而且是数据资源交易授权和流转的有效证明，是解决数据要素市场化产生的交易安全与信任的关键，更是数据资源运营、开发和使用的有力保障。元宇宙中的数据确权以版权确权为核心。版权的本质是产权，有明确的权利主体和权利内容。版权作为资源要素穿透元宇宙领域的方方面面，一头连着创新、一头连着传播、一头连着市场，发挥着统筹保护权利、鼓励创作、促进传播和平衡利益的独特作用。这与数据"不谋而合"。

一方面，要探索建构以人民群众创作者为中心地位的新型生产关系理论，[①]研究开源共享的科技创新与产业创新逻辑，分析创作者的数字劳动价值、数字资产与平台收益挂钩的数字经济新规律，形成以数据确权为核心的中国特色创作者经济理论体系。另一方面，应加快研究和建立元宇宙知识产权权益保障的中国特色体系，通过版权规则等制度的建设，充分尊重基层和民间的首创精神，建立充分保护人民群众创新成果及其数字资产安全的特色经济体系，从而最大化激发广大人民群众创意与智慧。

在元宇宙实践层面，单一的个人数字地址往往对应着多元的身份、角色与权益，[②]这使得元宇宙中的数据要素将不仅是一种商品，而是一个复合型的权益，既包括对于社区公共服务的享用、社区治理的投票权，又包括对图片等数据要素的占有。而这些数据权益并不仅仅限于在元宇宙内部进行经济循环，而是极有可能与现实世界产生交互。因此，当数据要素难以定价时，可以充分利用组合权益的定价策略，将虚拟产品与现实世界的产品结合起来，这样将形成更加稳定的价格支撑。

中国版权保护中心可通过既有的数字版权登记体制机制开展相关工作，包括明确以版权确权为核心的数据确权机制，推动数据产权结构性分置和有序流通，推进建立包括数据资源持有权、数据加工使用权、数据产品经营权"三权分置"的数据产权制度框架，从而为元宇宙数据的创造、运用、保护、管理和服务保驾护航。在解决了数字版权确权这一底层问题之后，诸如数据回溯、交易、价格设定以及元宇宙伦理等后续问题，就都具有了解决的可能性，进而实现在元宇宙空

---

① 臧志彭，解学芳. 中国特色元宇宙体系建设：理论构建与路径选择［J］. 南京社会科学，2022（10）：137-147.

② 公维敏. 元宇宙中虚拟身体的二重变奏：从个体性肉体走向情动的集体性后身体［J］. 河北师范大学学报（哲学社会科学版），2023（2）：100-106.

间稳定、规范、有序的运行。同时，中国版权保护中心将加快构建版权信用体系，激活元宇宙数据要素价值。数据制度建设是一项系统工程，促进数据要素的共享与协同，版权的信用机制至关重要。中心将基于中国版权保护大数据服务平台，发挥其公益性质的信用功能，与司法部门、金融主管部门等多方联动制定规则、加强监管，更好地提升利用元宇宙版权数据要素资源能力。具体而言，中心将在保护个人隐私和确保公共安全的前提下，利用隐私计算等先进技术和算法，探索建立"原始数据不出域、数据可用不可见"的数据管理模式，兼顾数据安全与应用。将促进版权数据要素在公共服务场景中的应用，发挥元宇宙文化数据普惠共享价值，从而提升元宇宙文化公共服务的可及性、普惠性、均等化水平。将完善版权数据全流程合规与动态信用监管体系，构建规范高效的数据交易规则，降低数据流通交易成本。将强化全社会版权保护意识，营造尊重知识、尊重创新、尊重版权的良好社会氛围，为促进元宇宙中的科技进步、经济发展和文化自信繁荣贡献版权力量。

综合来看，完善数据要素的确权、发现、警告、诉讼等一系列程序化操作，以保护创作者的创作意愿，促进数据作为生产要素的真正实现，将为元宇宙模式下的产业链体系搭建和数字经济建设提供强大动力。

（三）元宇宙版权规则与文化强国建设

元宇宙作为新的文明形态，必然在未来的全球格局中形成新的"文明之争"。元宇宙这一新的"文明之争"绝不仅是数字技术层面的竞争，而是未来全球新的经济秩序和政治格局重构的关键。前述部分已就元宇宙版权规则对社会治理、经济建设的效用进行了分析，描绘了未来蓝图。

习近平主席在致"迈向数字文明新时代"为主题的2021年世界互联网大会贺信中指出"数字技术正以新理念、新业态、新模式全面融入人类经济、政治、文化、社会、生态文明建设各领域和全过程，给人类生产生活带来广泛而深刻的影响"，强调了数字文明新时代的到来。从全球战略趋势来看，以美国为首的西方各国都在抓紧推进"Metaverse"国家布局，在元宇宙数字文明初步发展的阶段，中国作为独立的文明主体如何在全球未来的文明之争中把握战略主动权，亟须面向元宇宙数字文明新阶段进行布局，[①]加快建设中国特色的"以人为本"的公共

---

① 郭人旗，韩洁，王炜，等. 把握数字化发展新机遇 构筑文化强国新优势 ［N］. 中国文化报，2023-03-12.

文化体系，确立未来元宇宙数字文明进一步发展阶段的领导者地位。

1. 建立"以人为本"的公共文化体系

进入数字化与智能化主导的数字文明发展新阶段，技术创新作为双刃剑既对元宇宙的创新发展形成推动机制，也在某些层面成为数据隐患与算法污染问题的助推器。构建元宇宙数字版权治理体系，切不可就技术谈技术、为迭代而迭代，应高举数字人文治理的大旗，遵循人民至上，以满足人们美好生活需要为导向。文化领域亟须建构起面向元宇宙的善治思维，为持续推进国家文化数字化建设做好治理保障。

"以人为本"的公共数字文化元宇宙体系建设是数字文明时期完善公共文化服务体系的重要内容，①也是建设国家文化数字化的重要目标。公共文化数字化建设要围绕文化大数据采集、传输、存储和计算展开核心平台的基础能力建设，提升文化大数据服务平台能效；加快公共文化元宇宙技术支撑体系建设，为公共文化大数据平台运行提供基础。可以看到的是，区块链技术的日趋完善为公共文化元宇宙分布式的价值传递提供了底层技术，人工智能技术与算法的进阶为公共数字文化供给能力提升确立了保障，虚拟现实交互技术的不断成熟则为公共文化应用场景的打造和构建虚拟沉浸体验提供了技术支撑，以版权确权为核心的数据确权机制为"以人为本"的公共数字文化体系构建提供了根本性的基础。

中国版权保护中心将大力推进大数据服务平台建设。版权数据是元宇宙经济、科技、文化领域的重要数据要素。数据确权与授权交易是激发元宇宙数据要素价值的重要方式，授权交易的效率、合规、安全和信任保障，要以数据确权为前提。中心将充分利用现有版权登记业务系统、数字版权链（DCI体系3.0）等信息化、数字化资源优势，通过人工智能、大数据等新技术与算法，研究建设统一的"中国版权保护大数据服务平台"，为元宇宙版权交易提供数字作品身份确认和信用查询服务，让版权权利流转全链可记录、可验证、可追溯、可审计，促进版权数据要素的高效利用。

探索建立以数据确权为核心的数字版权标准，提升版权治理标准化水平。版权数据是文学、艺术、科学领域人类智力成果的重要数据要素资源。探索以版权数据结构分置和分类分级确权授权标准，对于元宇宙数据资源的标准化保护和利用等都大有益处。元宇宙是一个由数据构成的数字空间。要构建以数据确权为核

---

① 喻国明. 元宇宙：以人为本、虚实相融的未来双栖社会生态［J］. 上海管理科学，2022（1）：24-29.

心的元宇宙数字版权治理体系，亟需在系统研究数据要素特点规律和运行模式的基础上，积极探索建立以数据确权为核心的数据要素确权、定价、交易、流通的数字版权分级分类确权授权标准体系，推动元宇宙数据资源的标准化保护和利用。在此基础上，还应鼓励相关标准适时升级"出海"，为国际数据治理提出中国方案。

建立以人为本的公共文化元宇宙体系，人是文化元宇宙和数字化改革的亲历者、见证者和受益者，公共文化元宇宙体系建设必须贴近社会、贴近群众、贴近生活，以元宇宙数据确权为核心，以公众文化需求为着力点，促进实现数字包容的目标，彰显数字文明的人文关怀。

2. 把握文化领域发展的主动权

党的二十大报告对繁荣发展文化事业和文化产业做出重大部署，提出"实施国家文化数字化战略"，正如习近平总书记在中国人民大学考察调研时所指出，"要以中国为观照、以时代为观照，立足中国实际，解决中国问题，不断推动中华优秀传统文化创造性转化、创新性发展"，在元宇宙模式下发挥版权的激励创新作用，构建以人为本的公共文化体系，更为深远的意义是把握数字文明新时代文化领域发展的主动权。

以版权确权为核心的数据确权制度可为文化场景再现和消费场景创新提供强大助力。[1]文化场景是实现文化传播数字化的主战场，也是传统文化场景大变革的策源地、传统场景文化新革命的突破口。针对元宇宙数据安全、数字版权确权与交易等底层问题，应当及早构设治理逻辑架构和治理规则。中国版权保护中心从2022年初开始，就向社会征集元宇宙版权研究课题，搭建元宇宙课题研讨平台，邀请相关领域专家交流观点、凝聚智慧，正是为了站在元宇宙版权研究的前沿，探索未来版权规则构建之道，推进元宇宙数字版权确权。在为元宇宙文化产业健康发展提供版权支撑的同时，也为相关问题的规制和风控设立预案，供政府有关部门出台政策参考，同时向社会各界分享。我们努力推进从元宇宙版权研究到实践，推动产学研用相结合，依托市场规则，促进人文的元宇宙文化产业发展，建立良性、健康的元宇宙数字文明。

党的二十大报告提出，要提炼展示中华文明的精神标识和文化精髓，讲好中国故事、传播好中国声音，展现可信、可爱、可敬的中国形象。根据国家"十四

---

① 熊忠辉，滕慧群. 数字文化版权应用创新与传媒生产方式变革 [J]. 传媒经济与管理研究，2022（2）：3-20.

五"规划要求及国务院关于推进贸易高质量发展的指导意见，实施数字化战略，大力发展数字文化贸易，创新对外合作方式，提升文化贸易国际竞争力已成为重中之重。虚实融合的元宇宙改变了文化基因产品的获取来源，深刻地重塑了人类的文化认知过程，推动了文化认知方法的更新，由于元宇宙空间破除了语言、身份、地域的障碍，在数据确权、数据保护、数据交易制度的助力下，能够让更多文化基因数字产品"活起来""走出去"，实现以国内大循环为主体、国内国际双循环相互促进的文化贸易发展新格局。

传播中华文化，不仅是传播文化内容本身，更是传播中国历史、中国理念和中国精神。[①]讲好中国故事、传播好中国声音，内容是根本，元宇宙的本质特征是创造，数字空间一切皆为数据，一切数据皆可有版权，五千多年的中华文明史蕴藏着取之不尽的文化资源，可将多元的文化资源整合入元宇宙世界，通过版权赋能，以更多元的叙事方式打破符号限制，突破文化壁垒，把握数字文明时代文化发展的主动权。

3. 前瞻布局：构建中国自主的元宇宙知识体系和叙事话语体系

元宇宙包含物理世界向数字世界迁移的进程，元宇宙的普及就在不远的将来。在元宇宙数字空间中，各类创意、创作活动如繁星般璀璨，而背后蕴含的法律关系纷繁复杂，因而需要特别规制与专门促进。版权可担此重任。元宇宙空间数字文明是现代文明的前沿。版权规则通过调节好元宇宙数字空间中的各类关系，促进元宇宙向着更理性、更惬意、更有利于人的全面发展的方向迈进。元宇宙版权对于中国而言，既有挑战，也是难得的机遇，中国应先行先试，前瞻布局，以版权为基础，构建中国自主的元宇宙知识体系和叙事话语体系，在元宇宙版权发展进程中贡献更多的中国声音与中国方案。中国向世界提出共建"人类命运共同体"的倡议，又进一步提出与"全球发展倡议""全球安全倡议"并列的"全球文明倡议"。元宇宙版权对于推进元宇宙中各种文明的交流对话、加强各国人文交流以及政党和政治组织交往，强化不同文明间的交流对话，深化包容互鉴共识，意义重大，影响深远。以此为基础的中国自主的元宇宙知识体系和叙事话语体系也融入了"协和万邦""亲仁善邻"的天下观，平等、互鉴、对话、包容的文明观，具有"海纳百川""和而不同"的开放性和包容性，将永葆兼容并蓄、互鉴互融的本色，必将为元宇宙世界消除文化霸权，走向文明、开放、发展、繁

---

① 张爱军. 坚守中华文化立场是传播文化自信与文明互鉴的出发点与落脚点——基于网络传播的视角 [J]. 河南社会科学，2022（12）：10-18.

荣做出重要贡献。木欣欣以向荣，泉涓涓而始流。中国要在元宇宙世界为人类文明创造更多价值，就应抓住当下，把握先机，加快构建中国自主的元宇宙知识体系和叙事话语体系。

中国自主的元宇宙知识产权体系和叙事话语体系是在数字文明时代把握文化发展、文明进步主动权的关键。习近平总书记在文化传承发展座谈会上的讲话强调，"在新的起点上继续推动文化繁荣、建设文化强国、建设中华民族现代文明，是我们在新时代新的文化使命"，必须坚定文化自信，秉持开放包容，坚持守正创新，实现传统与现代的有机衔接。就此而言，构建中国自主的元宇宙知识体系和叙事话语体系，是解释中国数字文明发展实践和数字文明中国经验的需要，西方话语体系有其固有局限性①，唯有建立中国自主体系才能向世界发出真正的中国声音，才能解构西方话语中心主义，为建设中华民族现代文明做出版权贡献。

建构中国自主的元宇宙知识体系和叙事话语体系需正确把握知识产权体系和叙事话语体系的关系。可以看到，知识体系和叙事话语体系分处于两个层面，知识体系是静态的，而叙事话语体系更偏向动态，两者之间协调联动方能创造更大的价值。建构中国自主的元宇宙知识体系，要深刻贯彻"两个结合"，在数字文明时代发展中国自主的元宇宙知识体系，把马克思主义基本原理同中国具体实际、同中华优秀传统文化相结合是必由之路。新时代中国正在经历人类历史上最为宏大而独特的实践创新，元宇宙版权规则的建设可以充分回应数字文明的历史新方位、时代新变化、实践新要求，②打造具有中国特色、中国风格、中国气派的元宇宙知识体系。

元宇宙叙事话语体系包括话语体系和叙事体系两个方面，话语体系为叙事体系提供一条科学的理论论证渠道，创建独有的"话语空间"，叙事体系则是话语体系的基础支撑，为话语体系打造传播阵地，更为全面、根本。建构中国自主的元宇宙叙事话语体系，是文化自信和文化自觉的重要体现，叙事体系包含叙事逻辑、叙事文本、叙事技巧三个层面，③元宇宙叙事话语体系的建构应基于中华文化的深厚底蕴和中国式现代化的实践成果，顺应数字文明时代人类社会发展的一般规律，以具备共同价值基础，增进人类社会福祉。通过元宇宙版权规则的构

---

① 洪晓楠. 加快建构中国自主的知识体系 [EB/OL]. (2022-05-23) [2023-07-25]. https://www.cssn.cn/skgz/bwyc/202208/t20220803_5468150.shtml.

② 张振. 建构中国自主的知识体系的四个维度 [N]. 光明日报, 2022-06-20.

③ 赵强. 加快构建中国话语中国叙事体系 [N]. 学习时报, 2022-06-17.

建，以具有时代特点和先进理念的表达方式，传播中国声音，向世界展示一个真实全面的中国，将中华民族的文化基因与数字文明相协调融合，共同打造跨越时空的元宇宙世界是构建中国自主的元宇宙叙事话语体系的美好愿景。

建设中华民族数字文明，努力创造属于数字文明时代的、中国自主的元宇宙知识产权体系和叙事话语体系，必将顺应数字文明时代的发展趋势，大力推动人类命运共同体的构建。

结语

当今，中国日益成为人类文明新形态的"领航员"，得益于长期以来所秉持科技自立自强与自主创新的战略部署，中国成为全球元宇宙建设发展的引领者，对此中国更需要积极发挥负责任的大国作用。元宇宙是一片数字生态文明的"虚拟沃土"。中国要构建自主元宇宙知识体系、叙事体系，应坚定以构建人类命运共同体为总纲，以"三个全球倡议"为行动方案，引领世界前进方向。以追求人类在数字生态文明中的全面完备发展，共同倡导尊重世界文明多样性、弘扬全人类共同价值、重视文明传承和创新、加强国际人文交流合作为主要内容的全球文明倡议已经成为一面指引人类数字文明新形态的旗帜。

元宇宙版权规则是元宇宙规则研究中的重要课题，元宇宙模式的版权底层逻辑研究是开展相关版权保护和元宇宙环境中数字内容产业治理的基础性研究，这对于元宇宙模式版权体系架构具有重要意义。进一步明确元宇宙的本质和版权关系、元宇宙模式下的权利保护底层逻辑将为开展元宇宙版权规则理论探讨提供基础，将会夯实支撑我国元宇宙文化产业发展的理论基石。在此基础上，自下而上地检视现有的版权体系，结合当前元宇宙的发展阶段，对作品创作情形进行分类研究，分析不同创作主体的创作成本，综合政策导向得出权属配置的最优解。元宇宙模式下版权侵权问题虚实相生、技术杂糅、分布式的特点使得元宇宙的版权侵权表现和救济方式与现实世界迥异，需要明确具体侵权情形，具体问题具体分析。在把握元宇宙的特殊性基础上针对不同的侵权行为，适用不同的救济手段。

在数字中国建设中，元宇宙版权为中国向世界舞台中央走近铺展了全新的"赛道"，为我国构建相关国际话语体系，取得国际话语权，实现由话语追赶到话语超越的转变提供了历史机遇。作为国家版权服务机构，中国版权保护中心理应敢勇当先，为推动元宇宙版权治理竭力尽能。中国版权保护中心将深入学习贯彻习近平新时代中国特色社会主义思想，充分发挥我国制度优势和体制优势，在元宇宙版权发展进程中加强系统谋划与宣传阐释，进一步加强版权研究，坚持问题导向，突出元宇宙版权特点，以数据版权确权为核心深入探索，在充分把握元宇宙的前提下，系统构建具有中国特色的元宇宙版权体系，推动我国在元宇宙新赛道实现新飞跃，主动参与全球治理体系改革和建设，并于元宇宙"文明竞争"中夺得先机。

课题组组长：孙宝林

课题组成员：张有立　丛立先　赵香　张凝　李文龙　于梦晓　李泳霖
　　　　　　　胡浩翔

课题承担单位：中国版权保护中心研究部（培训部）

协作单位：华东政法大学知识产权学院

NFT技术应用下的数字版权保护研究[*]

王金金^{**}

摘要： NFT是存储在区块链上的数据单元，也是数字资产的唯一加密货币令牌，具有非同质化、自动执行、去中心化、安全可信的特征属性，作为区块链数字出版破圈的落地形式正逐渐走进大众的视野。NFT具有不可分割、不可替代、不可篡改等技术特征，在确保数字作品稀缺性的前提下，能够有效遏制盗版行为，更好地保护创作者权益，打造更为健康的版权生态系统。从数字版权的确权、用权、维权等多个维度实现赋能效果，为数字环境下的版权作品保护带来了新的生机。鉴于NFT技术存在自身发展不成熟、行业规范不健全等问题，在为数字版权保护提供新思路的同时，也可能在版权流转、版权侵权、版权监管等方面引发数字艺术作品的版权风险。因此亟须加强NFT技术应用下的数字版权保护研究，从版权的授权、许可、流转、侵权方面构建数字版权保护的规制，并从司法保护、行政保护、技术保护和协同保护等多元层面建立完整的NFT技术应用下的数字版权保护构架，以推动NFT数字出版产业的健康、稳健和可持续发展。

关键词： NFT；数字版权；区块链；数字作品；高质量发展

21世纪是数字经济蓬勃发展的时期，正在重组全球资源要素，重塑全球经济结构，引发了全球竞争格局新变化。中国积极推进数字产业化和产业数字化，数字经济已成为中国经济提质增效的新变量、新引擎，中国正在全面进入数字社会。数字版权是在文学艺术作品的数字化复制传播过程中享有精神权利和经济权利的统称，包含复制权、发行权和信息网络传播权。当前，数字版权伴随着互联网技术的不断发展与完善成为数字经济的重要组成部分。与数字经济的飞速发展相悖的是数字作品版权保护力度不够，特别是运用多种商业和技术手段进行数字版权保护。在当前网络环境下，获取、传播盗版资源已经形成一条地下黑色产业链，盗版资源的广泛传播不仅侵犯了相关权利人的合法权益，还影响了文化市场的创作风气，最终将使整个文化产业的创造热情受到遏制，因此，加大数字版权保护力度势在必行。

NFT具有不可分割、不可代替、独一无二等基本特征，在保证数字作品稀缺

---

* 本报告为该课题研究成果的精减版。

** 王金金，中国科学技术大学知识产权研究院副研究员，本课题组组长。

性的同时杜绝盗版的可能性，打造更为健康的生态系统，目前NFT的应用场景正在向数字版权保护领域不断扩大和深化。但随着NFT在数字版权保护领域被深入应用，其自身固有的局限性逐渐凸显，同时，NFT交易和运营过程中仍存在一些尚未解决的问题，使得NFT的发展出现一定的阻碍。NFT技术应用下的数字版权保护作为新兴领域，还处于早期发展阶段，但已经展现非凡的活力和潜力，为数字版权的版权确权、版权交易、版权保护提供了新的思路，同时也带来新的机遇和挑战，因此亟须加强NFT技术应用下的数字版权保护研究，不断构建和完善NFT技术应用下数字版权保护制度体系，推动我国数字版权事业高质量发展。

一、NFT技术与数字版权：机遇与挑战

基于元宇宙概念大火的NFT，作为运行在区块链网络上的"价值机器"，能够促成可数字化资产的链上流通，互联网技术的开放性与共享性也为数字版权保护带来了巨大的机遇挑战。因此亟须解构NFT概念及与区块链、智能合约关联，分析其运行机制与技术特征，在此基础上提出NFT技术对数字版权保护的必要性与可行性，为我国摆脱传统数字版权保护困境提供新场景、新方案。

（一）NFT技术原理

1. NFT概念解构

NFT是英文Non-Fungible Token的缩写，一般指基于以太坊标准ERC721、ERC1155发行的非同质化权益凭证，是区块链技术下的数字资产证书。非同质化资产具备唯一性、独立性和稀缺性，NFT的非同质化意味着每个NFT均是独一无二的，不同NFT之间交换的价值基础也由交易各方来判断决定。NFT开辟了传统金融市场之外的实践领域，在游戏、音乐、电影、出版等诸多内容生产行业拥有广泛的适用空间，已成为区块链驱动下数字经济发展的新阶段（见图1）。

2. NFT与区块链、智能合约关联

NFT是加密货币世界中两个革命性发展的顶点：区块链和智能合约，任何关于NFT的讨论均伴随着区块链分布式账本技术（DLT）和智能合约。

（1）NFT与区块链

区块链是一个分布式的数据库，通过加密协议可以安全地记载各种数据，而无须诉诸银行或其他金融机构等中介机构。NFT以区块链技术为依托，通过区块

链技术对数字资产进行标记，确保这一数字资产在全网是唯一的，并得到全网认可。NFT通过区块链技术获取身份标识后，可以通过链上交易完成转让，交易信息被区块链账本记录并支持追溯。NFT是区块链技术的外延创新形态，诞生的使命就是为区块链体系提供服务，无法脱离区块链而单独存在。[①]实质上，区块链技术是NFT的基础技术，NFT是区块链的一个应用。

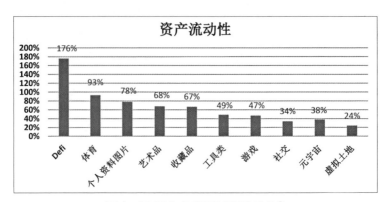

图1　2022年各类别NFT流动性[②]

（2）NFT与智能合约

智能合约是加密货币与其他代币的核心和灵魂。智能合约（Smart Contract）是自动执行的程序或协议，可保障合同在不借助第三方的情形下自动执行，优于传统纸质合同的有形性和电子合同的自动性。智能合约是链接数字资产和区块链的关键纽带，通过智能合约才能在区块链平台上生成NFT，NFT后续的交易也必须依赖在NFT平台设计的智能合约代码。[③]NFT被写入并存储在智能合约中，NFT的智能合约将定义基本的销售条款。通过使用智能合约，NFT不仅可以作为所有权和可转让性的工具，还可对智能合约进行编程。

3. NFT运行机理

NFT是独特的数字稀缺代币，用于代表任何能够以数字方式表示的基础资产，

① Katharina Garbers-von Boehm, Helena Haag, Katharina Gruber. Intellectual Property Rights and Distributed Ledger Technology: With a Focus on Art NFTs and Tokenized Art. JURI committee, 2022(10): 709-737.

② 资料来源于数据聚合平台NFTGO, http://www. nftgo. io.

③ Rebecca Carrol. NOTE: The Latest Technology Challenging Copyright Law's Relevance Within a Decentralized System ［J］. Fordham Intellectual Property, Media & Entertainment Law Journal, 2022(33): 979-1008.

它们的个性使每个NFT可以被单独识别，并有明确的所有权痕迹。生成铸造一个NFT作品必须具备两个核心要素：一个被称为令牌ID的数字，它是在创建令牌时生成的；第二个是契约地址，这是一个区块链地址，可以使用区块链扫描仪在世界各地查看。生成的NFT通常可以在网上找到，但最重要的是，它已经被永久地写入区块链中，生成的数据文件可以包含作品的名称、作者的名字、作品的版权状况，以及尽可能想要的其他细节内容（见图2）。

NFT Metadata

Item Metadata	
Contract Address	**Token Metadata**
0x8c5aCF6dBD24c66e6FD44d4A4C3d7a2D955AA ad2	{ "symbol": "Mintable Gasless store", "image": "https://d1czm3wxxz9zd.cloudfontnet/ 613b908d 0000000000/86193240282618763854367550160835360531676033165
Token ID	
8619324028261876385436750	"animation_url":"", "royalty_amount":true, "address":
60835360531676033165180 8345700	"0x8c5aCF6dBD24c66e6FD44d4A4C37a2D955AAad2", "tokened"
084608326762837402898	"8619324028261876385436750160835360531676033 1"resellable": true, "original_creator": "0xBe8Fa52a0A28AFE9507186A817813eDC1
Token Name	"edition_number":1, "description": "
The Clearest Light is the Most Blinding	A beautiful bovine in the summer sun "auctionLength": 43200, "title": "The Clearest Light is the Most Blinding", "url":
Original Image	"https://metadata.mintable.app/mintable_gasless/86193 240
https://d1iczm3wxxz9zd.cloudfront.net/6 13b908d-41b1-8bfa0e0016820739c/ 0000000000000000/861932402 82618876385436750160835536053 167603316518083457000846083 2676 2837402898/ITEM_PREVIEW1.jpg	"file_key":"", "apiURL": "mintable_gasless/", "name": "The Clearest Light is the Most Blinding",
Original Creator	"auctionType": "Auction", "category": "Art",
0xBe8Fa52a0A28AFE9507186A817813eD C14 54E004	"edition_total": 1, "gasless": true }

图2　NFT技术的细节内容

NFT技术的核心要素包含底层标准、区块链平台和交易市场（见图3）。

图3　NFT技术的核心要素

4. NFT技术特征

（1）不可分割性

NFT拥有独特且唯一的标识，最小单位是1且不可被分割成更小的单位。[①]例如在以太坊的加密猫中，每一只猫都对应着链上的一个NFT，拥有独特的ID和基因。比特币、以太币等FT是可替换的且可以分割成更小的单位，而NFT不能被替换且不可再分割。

（2）不可替代性

NFT利用区块链技术赋予每一个数字资产一张独一无二的数字证书，不可互换、不可篡改、不可复制，具有独特性，因此只要NFT所承载的资产是稀缺的，则NFT自身也具有稀缺性，自然具备相应的价值。

（3）可交易性

由于NFT基于统一的以太坊ERC-721标准，在系统运行的基础标准上可实现多个生态系统间的交互行为，NFT交易市场中的统一数字货币使用标准也为交互行为奠定了基础。随着大量的NFT项目涌入市场，各类专业交易平台虽然分属不同链上的生态系统，但依靠共识机制可以实现彼此的交易。

（4）可验证性

目前，NFT元数据的储存主要采取线上和线下两种方式，储存在链上的相关元数据可直接进行身份验证，而储存在线下的元数据则可由现在的储存系统决定是否可以公开验证。[②]区块链上的分布式文件系统可以通过内容标识符验证元数据是否被篡改，从而完成对链上数据真实性和可靠性的验证。

（5）可追溯性

ERC-721标准作为NFT运行的首个开放标准，为读取和写入数据提供了清晰、一致、可靠的接口，同时为用户的数字资产在区块链中提供了唯一标识符，在记录数字资产的同时，标识了所有者的地址，为数字资产所有权的确定提供了新技术标准，通过区块记载交易信息，使NFT及数字所有权变更有迹可循。[③]

[①] 郭全中. NFT及其未来［J］. 新闻爱好者，2021（11）：36-37.

[②] 魏丽婷，郭艳，贺梦蛟. 非同质化代币（NFT）：逻辑、应用与趋势展望［J］. 经济研究参考，2022（4）：134.

[③] Paul Horbal. Blockchain and Smart Contract Law：U. S. and International Perspectives［M］. Matthew Bender & Company，2021.

（二）NFT技术与数字版权保护的影响

1. NFT技术与数字版权

NFT是一个元数据文件，它是使用一个可能受到也可能不受到版权保护的作品进行编码的。任何需要数字化的东西都可以变成一个NFT，最初的工作只需要创建一个令牌ID和合同地址的唯一组合。所以，从技术这个角度而言，NFT与版权的互动很少。然而，当涉及NFT的所有权以及它的法律属性时，其与版权的关系跃然纸上。

版权作品为法律承认有资格获得版权的那些作品，此类作品包括文学作品、音乐作品、艺术作品、录音作品、电影（视听作品）和广播作品。从版权的角度看，NFT不是作品，而是由作品生成的一系列数字代码，因此生成的文件不能被认为是作品的复制。版权法不赋予NFT所有者任何权利，除非创作者主动主张权利，最好是通过执行与NFT相连的作品的标准、正式版权许可。因此，适用于NFT的版权专有权利，可以被认为是复制（许可）权、改编权和信息网络传播权。

2. NFT数字版权保护的必要性与可行性

（1）数字版权保护的必要性

新技术、新业态的产生给数字版权保护带来全新挑战。传统数字出版主要使用的数字水印、云计算等技术，已无法满足当前版权保护技术的需要。NFT因其底层区块链技术所赋予的唯一性、不可篡改、可追溯性、时间戳、稀缺性等特征，将关于艺术品的大量信息整合到一个权威开放且不可修改的数字记录系统中，为解决数字版权治理中存在的版权保护、交易和维权等问题提供了新的思路。

第一，数字版权授权难。在我国，数字版权的授权多以各大平台为中介，创作者通过平台发布数字作品，平台用户可免费或付费观看，版权交易主体多为平台与第三方，创作者需依附平台完成数字版权交易，获得版权收益，创作者的权益往往难以得到有效保障，创作者授权许可意愿被平台忽视的现象时有发生。

第二，数字版权侵权多。数字时代，数字作品的一大痛点就是侵权盗版众多，新技术的滥用、传播途径杂多、盗版的全产业链覆盖导致其被无成本地复制无限份后进行传播。而数字作品的易存储、易复制、易盗用、易篡改等导致数字版权侵权行为更为隐秘、举证维权难度大等问题频发。

第三，数字版权监管弱。目前，多数NFT平台使用"避风港"原则，履行"通知—删除"（Notice-Takedown Procedure）义务，但该原则下义务的及时履行也并不必然有效免除平台的侵权责任。侵权 NFT 下架后，作为平台方，主要面临以下几种风险：一是平台可能承担为侵权者及侵权 NFT 提供网络服务的帮助侵权风险；二是 NFT 买家面临的权利不稳定的风险亦将直接转嫁为 NFT 交易平台商业上的损失；三是考虑到 NFT 一旦上链难以销毁和回收，若平台支持将 NFT 转移到境外二级市场交易，侵权行为则将难以控制，平台可能要承担更高的事前注意义务。

第四，数字版权维权贵。目前，我国数字版权登记采用的自愿登记制度，价格为 100 元到 2000 元不等。创作者若将大量数字作品进行登记，高昂的登记费用绝非所有创作者均能承受，因而我国数字版权的自愿登记虽呈逐年上升趋势，但总量不大。然而猖獗的盗版行为要求创作者必须维权，其中更面临两项难题：一是数字作品的举证责任难，二是数字作品的实际损失难以确定。

（2）数字版权保护的可行性

NFT 是区块链数字版权治理的有效探索方案，在数字版权治理方面具有独特价值。NFT 技术应用为数字版权保护确保了版权独创要求、提升版权确权验证、创新版权交易模式、增强版权保护内容。NFT 技术确保了数字版权保护的可行性。

第一，确保版权独创要求。NFT 形式的数字作品符合著作权对作品的独创性要求，在技术上可以实现复制，便于交易及传播，能够在著作权法律体系内进行保护。民事主体基于对 NFT 数字作品享有的著作权，可以许可和转让作品上附着的财产性权利。

第二，提升版权确权验证。NFT 可以用于数字作品的确权和验证。ERC-721 智能合约为 NFT 提供了唯一标识符代表该标识符的所有者地址的映射，使 NFT 可与任何类型的数字资产或现实世界中的有形资产彼此关联，生成唯一对应的时间戳和哈希值来标识数字版权的归属。

第三，创新版权交易模式。NFT 可依托区块链分布式账本的技术特征，去除中心机构介入，提高版权登记的效率和安全性。用户可通过任何节点加入区块链中进行数字版权登记，依靠智能合约完成合同的自动签订，有效提高版权登记效率，降低版权登记成本。

第四，增强版权保护内容。NFT 为数字版权保护提供了一些新的可能性。以太坊 EIP-2981 标准的智能合约可以将后续销售收入的一部分自动分配给初始所有者，从而实现创作者的重复收益权；智能合约的可编程性也使其可以通过编码拥有更多特性，为 NFT 版权交易设置出更多个性化的场景或条件。

二、NFT技术在数字版权保护领域的机理

NFT技术在快速发展的同时，亦给当前数字版权保护带来挑战，需要明确NFT技术在数字版权保护领域的机理。通过分析NFT数字作品交易模式，明确相关交易主体责任边界，依法保护各方主体的合法权益。从NFT中反映的版权问题出发，针对NFT与数字作品、数字版权登记、数字版权许可、数字版权转让关系等新型问题进行分析研究。综合NFT与版权的复制权、发行权、转让权、版税等规则的适用，对NFT技术在数字版权保护领域的机理予以合理确定。

（一）NFT与版权互动

1. NFT与数字作品

许多NFT都与视听作品有关，如照片、录音、电影、插图、绘画等。版权的所有者有权授予复制和分发作品的许可，并可以为如何复制和分发作品设定界限，版权所有者授予NFT的持有者复制和展示作品的有限许可，则是大多数与视听作品相关NFT运作的基本机制。然而，原始作品的版权所有权可能仍然属于该作品的所有者。如果授予NFT持有人的许可不是独家许可，所有者可以继续利用该作品本身，甚至向其他人授予版权许可。在没有达成相关协议的情况下，购买与受版权保护作品相关的NFT并不意味着需要转让该资产本身的所有权，也不需要转让该资产的版权。

2. NFT与数字版权登记

NFT是脱胎于区块链技术的数字世界原生性元素，特征为具有独一无二、不可替代性的"代币"。数字版权权利人只需要将作品的相关信息、文件类型、作品名称、作者信息、操作权限等内容上传至NFT平台系统按照既定的计算机程序，对内容加盖时间戳，对作品嵌入密码，再通过哈希算法计算散列值，将相关数据编写入区块链，完成对数字作品的登记确权。DDRM（Distributed Digital Rights Management，分布式数字版权管理）是目前NFT使用的升级形式，源于区块链NuCypher密钥管理系统的应用，该系统的主要功能是提供加密和权限控制服务，采用"代理重加密"技术来对密钥进行多次加密，并能在公共区块链网络上

加密任意数量参与者之间的点对点私有数据。[①]

3. NFT与数字版权许可

虽然NFT不是版权许可，但它可以用来证明NFT的所有权，从而向作品的所有者证明他们可以使用原作品进行商业活动。NFT是使用被许可作品的合法性的证据。在NFT平台中，包含这样的许可正在成为一种标准，以至于部分用户甚至创建了一个NFT许可，创作者可以在他们的作品中直接包含和链接。之所以采用这种看似复杂的方式使用NFT，是因为格式本身往往是有限制的，版权所有者更愿意使用附加在作品本身而不是NFT上的正常许可对作品进行更强的控制，这源于NFT的存在只是买家钱包里的元数据。可见，NFT重新定义了我们对虚拟世界中的"所有权"的理解，它不是作品的所有权，也不会自动赋予许可。

4. NFT与数字版权转让

虽然大多数NFT不涉及权利转让，但也有少数情况下，卖方提出将代币变成原作品版权的实际转让。例如，Mintable平台中包括一个勾选框，允许铸造作品的人"转让版权"，这也包括在最终的智能合约中；Hup Life等平台甚至在建立时就考虑到了版权转让，在他们的合同中建立了一个"符合伯尔尼标准"的版权转让权利。值得注意的是，这种最低限度的形式是否可以作为权利的有效转让。[②]根据《伯尔尼公约》第5条第2款，版权的"享有和行使"不需要任何手续，这意味着版权的存在并不依赖对正式要求的遵守，如果作品符合国家法律和《伯尔尼公约》所规定的保护要求，权利就会存在。

（二）NFT与数字作品交易

1. NFT数字作品交易性质

NFT数字作品交易并非实质意义上的所有权转让，而是一种数字资产（虚拟财产）转让。NFT数字作品交易中转让的对象本质上是一种受法律保护的财产性权益而非财产权利。换言之，NFT数字作品被特定化为一个具体的"数字商品（资产）"后，呈现一定的投资和收藏价值属性，并具有受法律保护的财产权益。NFT交易本质上属于以数字化内容为交易对象的转让关系，购买者所获得的并非

---

① JEROML,H R,GRAEME,B D,PAMELA S. A Reverse Notice and Takedown Regime To Enable Public Interest Uses of Technically Protected Copyrighted Works[J]. Berkeley Technology Law Journal,2007, 22（3）：981-1006.

② Andres Guadamuz. The Treachery of Images：Non-Fungible Tokens and Copyright[J]. Journal of Intellectual Property Law & Practice,2021,16（12）：1367-1385.

对一项数字财产的使用许可，亦非知识产权的转让或许可，而是一项财产性权益。因NFT数字作品购买者无法直接获得该数字作品，其享有的权利实际上主要表现为"所有权身份"和二次交易时的支配权。

2. NFT数字作品交易流程

NFT数字作品交易流程通常涉及铸造、上链、出售等环节。第一步是将电脑中存储的数字作品上传到NFT交易平台，平台支持图片、动图、音视频等多种文档格式，对文件大小有上限要求，上传后可预览。接着，填写作品名称、描述信息、分类属性等基础性信息。第二步设定交易条件。选择"单个"还是对同一个作品的"多个"出售，交易条件完全不同。接着，设定交易价格和出售方式。可以选择竞价拍卖或固定价格，也可以设定出售时间段和浮动价格。第三步是选择本交易的底层智能合约。通常来说，多数NFT交易平台采用的是以太坊ERC-721标准的智能合约。

3. NFT数字作品交易平台

NFT数字作品交易在网络平台上进行。根据经营方式不同，NFT平台主要分为自营和他营两种模式；NFT自营平台是著作权人自己运营的官方发行平台，比如体育公司、游戏公司等在其官方网站或者官方移动应用上出售NFT数字作品；NFT他营平台是著作权人或经其授权的主体在该交易平台上发行NFT数字作品，平台将从交易金额中提取一定比例的服务费。根据入驻方式不同，NFT平台主要分为邀请制和注册制；而根据是否允许二次交易可分为NFT交易平台和NFT非交易平台。NFT交易平台不仅需要履行一般网络服务提供者的责任，还应当承担较高的注意义务，包括但不限于对NFT数字作品权利的事先审查、明知或应知侵权时的主动下架删除等义务，否则应承担相应的法律责任。

（三）NFT与版权规则适用

1. 复制权

我国著作权法第十条规定：复制权，即以印刷、复印、拓印、录音、录像、翻录、翻拍、数字化等方式将作品制作一份或多份的权利。从NFT数字作品的形式看：复制上传到存储平台上的数字作品可以细分为原生数字作品和有对应现实作品的数字化作品。对此，未经许可或冒用他人署名将他人作品"铸造"成NFT进行交易的行为，则可能侵犯我国著作权法第五款第三条中"未经许可，复制发行"的侵权行为。当然，前提是映射的数字内容构成版权法上的作品，符合作品的构成要件。

2. 发行权

发行权，即以出售或者赠予方式向公众提供作品的原件或复制件的权利。在区块链上铸造对应唯一数字作品NFT，究竟是发行权还是信息网络传播权尚有争议。传统理论认为，将发行行为界定为向公众销售或赠送作品原件或复制件的行为，必然发生载体所有权的移转，即认为作品的所有权是否移转是发行权与信息网络传播权的本质区别。由此NFT作为作品的唯一性所有权凭证，确定了作品的唯一性，为纳入发行权的控制范畴提供了适用可能性。

3. 转让权

NFT的发行、交易实际为数字作品的销售、流通等版权经济利益的实现提供了新型载体，可以让作者通过销售其作品的数字副本来增加经济收益，并通过铸造协议更好地管理在虚拟环境中创作和交易的作品。铸造协议的可编程性也使其可以通过编码拥有更多特性，可以为NFT版权交易设置出更多个性化的场景。从著作权法角度，在NFT交易平台上流转的数字作品，作者享有出售并获得报酬的权利，与此同时NFT交易环境下购买人可获得除署名权等人身权以外的作品版权，并通过铸造协议自动完成"作品版权凭证"过户。

4. 版税

版税（Royalties）也称特许权使用费，是更广泛的金融领域中的重要工具之一。特许权使用费是一方因使用另一方的资产而向另一方支付的费用。而不可替代的代币在解决与传统版税支付系统相关的挫折方面具有显著优势。NFT版税是对原创者创作的数字资产的每一次二次销售的支付。使用NFT支付版税的规则被编码在区块链网络的智能合约中。创作者可以在铸造阶段设定版税支付的百分比。当NFT的二次销售完成时，智能合约将从销售中分配指定的百分比作为版税支付给创作者。

三、NFT技术在数字版权保护中的风险与问题

数字时代，新业态、新领域的统筹深入，为新技术的多场景应用带来机会。NFT技术已不仅是单纯应用于以太坊的游戏技术，越来越多在数字版权、互联网金融等领域发挥着不可替代的价值作用。NFT技术解决了数字版权权属确认、交易流通的技术障碍，打破了旧的版权利益结构，但破旧立新之处最可能是矛盾冲突之地。因此，在应用NFT技术实现数字版权保护的同时，也应关注其可能引发

的版权流转风险、版权侵权风险、版权监管风险和版权金融风险。

（一）NFT技术在数字版权保护中的法律风险

NFT是新技术在版权领域的应用，但并不意味着NFT技术必然代表着数字艺术作品的版权，寄望于通过购买NFT数字艺术作品而一并获得版权的买家需要谨慎交易。原则上，买家购买一件NFT数字艺术作品并不能因此获得该作品的版权，只是获得了特定作品或者其单个特定复制品的所有权。

1. 版权流转风险

NFT 数字艺术作品交易流转本质上是非同质化代币所有权的交易流转，买家在交易中获得的是某一作品或作品的某一特定复制品的所有权。在蚂蚁链上的NFT数字艺术作品拍卖中，就载明了作品的版权为版权方所有，购买者不可进行版权相关商业用途。这与现实中购买一张音乐唱片类似，买家只享有唱片的所有权，而不享有唱片所刻录音乐的版权。因此，买家在获得某一NFT数字艺术作品后，并不能基于版权主张而排除该数字艺术作品其他复制品的发行和传播，但与版权人另有约定的除外。

2. 版权侵权风险

NFT数字艺术作品在区块链上交易流转所产生和记载的数据是真实、不可篡改的，但是这些数据本身反映的未必是真实的事件，尤其是在制作、生成 NFT数字艺术作品时容易滋生虚假、侵权和争议。具体包括两方面：

第一，盗版纠纷风险。NFT只能解决数字艺术作品链上信任的问题，不能解决其上链之前的信任问题。这意味着NFT数字艺术作品是可以伪造的，用户可能先上传侵权作品，并将其制作、生成为NFT后销售。再加上NFT没有要求制作者将其真实身份附加到数字艺术作品的交易之中，造成版权人和买家的维权更为困难。[①]NFT所证明和标记的数字艺术作品的权利真实性仍然需要线下信任体系的保障。

第二，权利争议风险。现实中的摄影、美术等实物作品也可以进行数字化，并制作、生成NFT数字艺术作品。如果作者将实物作品原件售卖，那么制作、生成NFT数字艺术作品的权利属于作者还是原件所有人？如果实物作品原件被多次转售，是否每一个买家都拥有制作、生成NFT数字艺术作品的权利？当前已经出现的将实物作品制作、生成NFT数字艺术作品后，通过将原件销毁以抬升其价格

---

① 宋珊珊. NFT数字作品版权规则的解析与适用［A］//《上海法学研究》集刊2022年第11卷——2022世界人工智能大会法治青年论坛文集［C］. 2022：71-78.

的行为，若没有得到版权人的许可，则存在侵犯版权的风险。

3. 版权监管风险

根据我国法律规定，NFT平台对用户的盗版侵权行为负有与传统网络服务提供者相当的监管责任，这与NFT作为区块链应用的"去中心化"特征不相契合。2019年1月国家互联网信息办公室公布的《区块链信息服务管理规定》明确规定，区块链应用程序服务提供者在用户注册、信息审核、应急处置、安全防护等方面负有信息内容安全管理责任，对法律法规禁止的信息内容应当具备对其发布、记录、存储、传播的即时和应急处置能力。NFT平台对用户信息的控制能力和对信息流动的主导能力远不及传统的"中心化"平台，甚至某些纯粹的"去中心化"平台实际上没有能力审查用户活动，那么NFT平台对用户非法制作、生成、交易NFT数字艺术作品的监管将陷入进退两难的境地，潜藏巨大的版权监管法律风险。

4. 版权金融风险

NFT是数字加密代币，具有金融和商品双重属性。NFT数字艺术作品受版权法保护的基础是其具有独创性，符合版权法关于"作品"认定的标准，一旦将NFT进行证券化操作，NFT数字艺术作品交易将被归为ICO等违法行为。[①]自我国逐步探索NFT数字版权的应用以来，出现了大量的投机行为，投机者通过购买原始NFT数字作品并于NFT交易市场进行二次交易，获得高额回报。不理智的投机行为必然会影响NFT市场的正常运作，甚至可能引发泡沫市场，使得投资者的财产化为乌有。

（二）NFT技术在数字版权保护中的法律问题

1. 版权授权与侵权问题

每个NFT都具有唯一的Token ID，能够对已上链的数字作品进行信息溯源，保证映射关联数字作品上链后的真实性和所有权归属，然而在数字内容被铸成NFT之前的作品确权环节仍然存在漏洞，即尚不能解决"作品真正的创作者是谁"的问题。由于NFT交易平台对于作品的著作权采用形式审查而非实质审查的方式，对于原生数字作品版权无须二次确认，但对映射的具有实体的数字作品版权

---

① 2017年9月，中国人民银行等七部门联合发布的《关于防范代币发行融资风险的公告》指出，代币发行融资（ICO）行为涉嫌非法集资、非法发行证券以及非法发售代币票券等违法犯罪活动，任何组织和个人应立即停止从事ICO。

无法确认版权归属，由此可能产生原生作品版权的争议。不仅导致NFT平台侵权盗版作品泛滥，也不利于被侵权人的权利维护。当权利人知晓作品已被他人制作成NFT数字作品，面临难以找到侵权人，向平台投诉时需要先证明自己是侵权作品的著作权人等，致使侵权发生后权利人维权难、周期长等困难。

2. 版权交易问题

购买NFT并不授予所有者阻止进一步使用基础作品的权利。譬如将购买NFT与购买数量有限的签名海报进行比较，卖家可以继续售卖海报，那么新所有者是否有权阻止卖家发布新版的限量签名海报？这是NFT引起的另一个有争议的问题，同一作品的新NFT可能会降低第一版的价值。虽然购买NFT并不能使购买者享有专有权，但这并不意味着版权所有者或持有人不能授予购买者对该作品进行某些使用的许可。[①]另外，底层作品在链下NFT存储于其他主机时，托管不是免费服务，应由谁负担托管费用？同样，如果作品被删除或以某种方式从主机中消失或被更改，后续应如何处理？这些问题都亟待解决。

3. 合理使用与平台侵权问题

NFT作品映射的数字内容源于用户生成，用户生成内容的表达自由和信息流通等正外部性需要由合理引用制度予以内部化。NFT作品若仅在链上交易流转，原则上作品的合理使用限于该平台作品，而对于NFT数字作品本身是否具有独创性，从而构成作品以及对于数字作品本身的转换性使用，在认定上与传统作品存在一定的差异，还应当结合具体个案进行审查判断。

NFT交易平台在销售的过程中通过平台向他人展示和提供作品，这时则需要获得信息网络传播权的授权。在现行法律框架下，由于没有有形载体，元宇宙场景下所有交易均会被统一划入信息网络传播行为。而对于数字环境之下是否存在权利用尽原则，NFT数字作品的买受人在不侵犯作者著作权的前提下，享有何等物权性质的权益，还有待立法明确。

4. 转售权与版税问题

在创建NFT时可以将特殊条件添加到智能合约中，常见的是转售权。尽管转售权受《伯尔尼公约》第14条的约束，但它不是强制性的，我国并未在立法中采用。因监管政策等多重原因，国内艺术藏品市场基本未开放二级市场，在一级市场发行时多数保留了版权的授权，所以基本不涉及NFT约定版税问题。但是海外

---

① Amanda J. Sharp. Head in the BitCloud: A Discussion on the Copyrightability and Ownership Rights in Generative Digital Art and Non-Fungible Tokens[J]. San Diego Law Review, 2022, Vol. 59:637-689.

NFT市场赋予创作者追续权，创作方可以在智能合约中设定版税。该交易过程主要存在以下版权理论或实践困境：一是追续权是否与首次销售原则在价值平衡和适用上存在冲突，造成版权体系、理论适用的混乱；二是如果认定作品存在侵权，侵权作品的版税认定为侵权所得，则产生保留版权的数字藏品的后手交易中收入认定侵权所得的难题。

5. 其他知识产权问题

如果NFT包含受保护的商标，而这种使用未经商标所有人授权，可能构成商标侵权。当商标被用于NFT或者区块链时，需要确认商标是否涵盖了在这一领域的使用，因为每一个商标都是提前申请后由商标局指定用于某一类商品或者服务上的。如果商标并没有涵盖NFT或者区块链，应该考虑申请该类别的商标，否则会有法律风险。另外，NFT艺术品需要避免在NFT中使用其他公司的商标，如果未获得权利人授权在NFT作品中使用了其商标，也会构成商标侵权。

四、国内外NFT技术应用数字版权保护的实践与启示

近些年来，随着NFT技术的不断发展和完善，国内外关于NFT技术在数字版权保护领域的探索也在不断深入，通过选取国内外NFT技术应用数字版权保护实践的典型案例，基于NFT技术的数字版权保护应用进行介绍和分析，旨在用NFT技术和数字版权保护的理论知识来结合实际应用综合分析"NFT+版权"的发展现状以及前景展望。

（一）域外NFT技术应用数字版权保护的实践

1. 法律现状

（1）《信息社会指令》（Infosoc Directive）

根据《信息社会指令》（以下简称"指令"）第二条规定，在NFT市场上提供NFT作品以供销售，NFT在平台所代表的图像的展示步骤涉及版权的"复制"工作，如果展示发生在NFT市场向公众开放，则符合指令第三条"向公众提供"。同时，指令第5条第3款规定，成员国可规定第二条和第三条中规定的权利的例外或限制公开展览或销售艺术作品，以推广活动，不包括任何其他商业用途。如果NFT所代表的作品不一定在NFT转让时被出售，那么根据指令第5条第3款的规定，使用NFT所代表作品的图像来提供NFT可以被视为"其他商业用途"，即

NFT（而不是作品）的广告图像不仅是用于艺术作品的销售，还用于NFT的销售。

（2）《加密资产市场监管法案》（MiCA）

2023年5月欧盟通过《加密资产市场监管法案》（以下简称"MiCA"）最终文本规制所有基于DLT技术而产生的数字形式资产，加密资产（Crypto-asset）因而成为NFT的上位概念。MiCA并没有对NFT做明确的定义，而是通过列举与NFT的同位概念如数字货币（E-money Tokens）、稳定币（Asset-referenced Tokens）、实用代币（Utility Tokens），将其归入其他加密资产行列中，并在其他款项中有所指代。MiCA规定了有关加密资产的广泛条例，但如果加密资产是唯一的，不能与其他加密资产相替代，则不适用MiCA相关规定。

（3）《数字千年版权法》（DMCA）

1998年颁布的美国《数字千年版权法》（DMCA）以著作权人为中心，加强对其权益的保护，同时又对网络服务提供商（Internet Service Provider，简称"ISP"）的责任予以限制，是数字时代网络版权立法的尝试。《数字千年版权法》第512条（c）款规定了依照用户指令而将资料存储于服务器的网络服务提供商的有关免责事由：一是并不实际知悉存储于系统或网站上的内容或使用该内容的行为侵权；二是在缺乏上述实际知悉的情况下，没有从侵权活动中意识到侵权的事实或者情况是明显的；三是实际知悉或意识到侵权性质之后，迅速删除或者断开链接侵权内容，这就是"避风港"规则的责任限制条款。

（4）《版权、外观设计和专利法案》（CDPA）

英国《版权、外观设计和专利法案》（CDPA）第1条（b）款规定版权法案保护任何文学、艺术、音乐或戏剧创作，包括任何照片、插图、声音和电影记录。创作者在创作此类作品时自动获得版权保护，并可防止他人未经许可使用其作品。如果在未经许可的情况下，NFT出现了受版权保护的作品，这将侵犯版权所有者防止作品被复制的权利，制造这种NFT的行为也会侵犯所有者向公众传播作品的权利，因为制造行为使NFT成为公众可以买卖的商品。此外，《版权、外观设计和专利法案》第30（1）条规定，为了讽刺、滑稽模仿、戏仿的目的而合理处置作品，不侵犯关于该作品的版权。对于NFT数字作品是否属于对数字作品本身的转换性使用，应综合具体情况进行审查判断。

2. 平台条款和智能合约

（1）NFT平台条款

根据一些国家的版权法，为了获得内容的专有权，需要明确的甚至是书面的协议。OpenSea和Rarible是目前最常用的NFT交易平台，OpenSea的平台条款和条件表明，其职责是管理访问和使用他们的软件、工具，和提供相关的功能市场服务，它不会对在市场上可见的第三方内容做出任何声明或保证，包括在市场上显示的任何与 NFT 相关的内容，特别是关于作者身份、作品合法性的内容。OpenSea 和 Rarible 的用户在使用这些服务时，必须阅读并保证遵守所有适用的法律，还特别禁止用户使用该平台侵犯他人的知识产权或任何其他权利。因此，在 OpenSea 上的 NFT 的创建者必须声明并保证他们拥有或已经获得了所有必要的权利、许可、同意，以授予通过 OpenSea 创建、推广或显示任何内容的权利。

（2）智能合约内容

可通过 NFT 的智能合同授予使用权。根据普遍意见，智能合同并不构成法律意义上的合同，最多作为自动计算机程序执行合同。如果 NFT 的创建者没有利用相应的编程的可能性来确保 NFT 不被转售，则可以假定创建者已经简单地同意转售，即智能合约可以通过编程的方式，规定 NFT 的创建者在转售时自动获得一定百分比的转售金额。当然，这只有在转售可能性的情况下才有意义。此外，应当指出的是，根据版权法购买 NFT 通常不会获得基础作品的版权或所有权，也不能保证 NFT 的创造者实际上是艺术作品的作者或拥有授予使用权的必要权利，为了避免买方利益受损，需注重对卖方的资格审查和权利验证。

（二）国内 NFT 技术应用数字版权保护的实践

1. 法律保护

（1）著作权法的保护

2021 年新修订的著作权法第三条明确规定了作品的内涵，进一步扩充了版权领域的作品类型，使得更多的新型作品形式能够被灵活容纳。换言之，NFT 只要符合著作权法第三条规定的作品认定标准：在文学、艺术和科学领域内；具备独创性；能够以一定形式表现；属于智力成果，即能获得相关版权法律制度的相应保护。符合以上四个构成要件的 NFT 即获得版权。就当下日益火爆的 NFT 数字艺术品市场而言，在这类数字艺术品未被铸造成 NFT 形式之前，其本身就已经成为享有版权的摄影、美术、音乐等作品。但 NFT 数字作品与大多数实物艺术品的权利归属状态相同，其内含的版权与所有权处于相互分离状态，意味着 NFT 数字作品的所有权人并不当然地享有版权。

（2）民法典的保护

在民法典中的民事权利项纳入虚拟财产，表明虚拟财产同样可以依据兜底条款的适用，具有和一般法律意义上的"物"的相同财产性权利。NFT 与数字作品相结合，为数字作品提供蕴含特定人文价值的证书的同时，也使其成为民法典中虚拟财产的一项。因此，由于NFT数字作品具备可使用性、可支配性、可特定性、交易价值等物之特性，在实际交易过程中，NFT数字作品的交易双方实则以数字作品的财产权作为交易标的，进而建立民法意义上的买卖关系。

在NFT的流通过程和交易活动中，民事主体享有NFT数字作品所拥有的物权以及版权赋予的财产性权利。在知识产权方面，NFT数字作品应当享有版权保护，一方面是因为它满足版权法中作品独创性的要求，另一方面NFT数字作品能够实现技术层面的复制，基于其传播和交易的现实需要。基于NFT数字作品的版权属性，权利主体能够将作品所附着的财产性权利进行交易转让或者许可授权。在物权方面，基于NFT数字作品享有的所有权及用益物权，民事主体能够实现在现实和网络的双重空间下完成交易或使用。

（3）《信息网络传播权保护条例》的保护

根据《信息网络传播权保护条例》及相关司法解释规定，网络服务提供者一般包括提供自动接入、自动传输、信息存储空间、搜索、链接、文件分享技术等网络服务，采取的是"避风港"原则。NFT数字作品交易系伴随着互联网技术发展并结合区块链、智能合约技术衍生的网络空间数字商品交易模式创新，属于新型商业模式。对于像NFT平台这种提供NFT数字作品交易服务的网络平台的性质，应结合NFT数字作品的特殊性及NFT数字作品交易模式、技术特点、平台控制能力、盈利模式等方面综合评判平台责任边界。[①]当其未能尽到审查义务，知道网络用户侵害信息网络传播权却未能及时采取有效制止侵权的必要措施时，NFT平台存在主观过错，应当承担相应的帮助侵权责任。

（4）数据安全法的保护

数据安全法立法目的即是为了规范数据处理活动，保障数据安全，促进数据开发利用。NFT产品是以电子方式对信息的记录，属于数据安全法中所称的数据。NFT发行、交易相关活动属于数据处理活动，因此应遵循数据安全的相关要求。国内NFT平台基本使用的是联盟链，联盟链本质上属于私链，并未完全去中心化，数字资产权属证明的真实性和安全性通常依赖联盟方的权威度和信誉度，数据的真实性和安全性较之国外较低，在数据合规方面往往涉及更多的风险。因此，为保障国内NFT行业的健康发展，各NFT相关联盟链应当严格按照数据安全法

---

① 王江桥. NFT交易模式下的著作权保护及平台责任［J］. 财经法学，2022（5）：70-80.

要求，进行自身平台数据安全的保护，在与其他联盟链互联互通时也要注重数据共享时的数据安全保护。

2. 国内 NFT 司法实践

（1）案件背景

漫画家马千里在被告经营的"元宇宙"平台上发现，有用户铸造并发布"胖虎打疫苗"NFT，该 NFT 数字作品与马千里在微博发布的插图作品完全一致，甚至在右下角依然带有作者微博水印。原告奇策公司认为，其已获得马千里授权，享有"我不是胖虎"系列作品在全球范围内独占的著作权财产性权利及维权权利。被告行为构成信息网络传播权帮助侵权，遂诉至杭州互联网法院。2022 年 4 月 20 日，杭州互联网法院依法公开开庭审理本案并当庭宣判，判决被告立即删除涉案平台上发布的"胖虎打疫苗"NFT 作品，同时赔偿原告经济损失及合理费用合计 4000 元。

（2）案件意义

在缺乏明确法律规定的情况下，该案判决为我国关于 NFT 这一新兴领域的立法与司法实践提供了思路。针对 NFT 交易是构成信息网络传播行为还是发表行为的激烈争论，该裁决选择了前者，并强调了权利用尽原则对 NFT 交易的不适用性。版权所有者可以使用 NFT 以电子方式转移数字商品的所有权，而 NFT 的购买者仅获得对元数据的所有权，而不是标记化数字作品的所有权。在实践中，NFT 交易平台不仅直接从交易中获得经济利益，而且具有对上传内容进行审核和控制的能力，NFT 交易平台被认为是互联网服务提供商，需要承担更高的注意义务。因此，根据民法典第一千一百九十五条和《信息网络传播权保护条例》第十五条，平台应履行注意义务，采取必要有效措施识别和删除侵权内容，包括从服务器上永久删除侵权内容以停止侵权。

（三）经验启示

从国内外 NFT 技术用于数字版权保护的实践经验和典型案例可以发现，虽然 NFT 技术进入大众视野的时间并不长，但是 NFT 技术在版权保护、版权交易、内容发行及 IP 价值衍生变现等版权保护领域应用的重要性越发凸显。一个崭新的区块链价值体系逐渐形成，但是未来 NFT 发展风险如何规避，监管体制如何确立，治理体系如何构建，这些问题需要给予回应以有效应对飞速发展的数字版权产业。

1. 源头把控风险

由于 NFT 交易平台离不开区块链技术，每个交易平台并不能确定上传至本平台NFT作品的原始版权归属如何，所以确定NFT作品权利源头的真实性迫在眉睫。从技术角度出发，NFT交易平台能够开设技术门槛以此审查艺术品的原创性，同时设置NFT作品数据库，在NFT作品确权登记后上传至数据库，从多个角度提升技术审查的精确度。从监督层面来说，构建担保举荐制度与监督机制可以显著提升NFT作品权属的真实性。因为担保人往往都是业内资深人士或者比较权威的第三方机构者，将他们纳入进来可以提高技术认证效率。①另外，监督举报机制使得NFT作品受到版权争议时担保举荐人同时受到平台的警告或者失信备案，这些措施极大地解放了NFT交易平台端的多节点公共力量。

2. 监管结构设置

即便NFT作品作为一种非同质化通证与之前常见的以比特币为代表的同质化数字代币有着极大区别，但在我国现行的监管架构下可能仍会存在一定的监管惯性。NFT的监管可以从技术与应用两个层面区分规范问题，达成系统化层次化的监管结构设计。从技术层次上，NFT作品所依据的NFT技术安全由工信部门监管，信息安全由网信部门监管，市场业务由市场监管部门监管，价值安全由央行监管，以NFT名义的诈骗或传销等相关犯罪活动移送司法机关处理。②这种层次化的监管结构将为各个部门依法行政提供一个总框架与方向，为进一步确定各部门权责清单提供构思。

3. 治理框架完善

NFT数字作品自产生到灭失的整个生命周期，其著作权都存在被侵犯的风险，仅仅依靠NFT现有技术无法全面保护艺术品创造者版权。结合上文NFT数字作品各个阶段的版权特点与法律风险，可以在法律制度层面进一步规范NFT数字作品交易。首先，通过立法来明确NFT数字作品的基本属性与定位，尤其是将其与市面上良莠不齐的金融产品加以区分，防止NFT金融化带来监管的不确定性。其次，通过知识产权的专项立法规范来保护NFT作品创作者和持有人的知识产权，避免在新型交易类型中产生的法律风险。最后，要通过立法来明确NFT交易平台的权利与义务，规范NFT交易平台中交易的标准化流程，要求交易的透明与规范并及时向监管部门报备。

① 黄波. 非同质化代币数字艺术作品的版权风险与防范［J］. 出版发行研究，2022（6）：59-64.
② 苏宇. 非同质通证的法律性质与风险治理［J］. 东方法学，2022（2）：58-69.

五、NFT技术应用下数字版权保护的规制与构建

NFT行业的不断深入发展，使一个全新的基于区块链的闭环价值系统逐步形成和完善，而伴随行业发展，数字资产、元宇宙等新型概念的出现可能推动全球经济向更高维度的新型数字化时代演进，NFT技术应用下数字版权保护的规制与制度构建是亟待研究的问题。

(一) 数字版权保护的规制

1. NFT数字版权授权规制

NFT作为一种区块链资产交易的典型通证，在发挥确权优势的同时还提供了版权交易与作品归属流转一体化的在线授权服务。在NFT数字版权新授权模式中，平台代替了传统出版机构成为交易规则的制定者和管理协调者，是完成NFT数字作品授权的重要场所。[①]需建设以政府管理部门为主导的数字出版专属联盟链，进一步加强链上NFT平台建设，搭建并优化平台的用户模块、钱包和书架模块、证书模块、挖掘模块等，实现区块链技术的运营管理功能，为NFT数字版权交易提供安全稳定的授权环境，更好地发挥NFT在数字版权交易、作品归属流转、合同自动执行等方面的授权优势。

2. NFT数字版权许可规制

区块链信任是有边界的，边界即区块链网络本身。单独依靠区块链构建的"去中心化"陌生信任不足以清除盗版侵权等违法行为，若要保证NFT数字版权授权与许可的真实性和合法性，必须将区块链信任与传统的第三方中介信任有机结合起来，促进链上信任与链下信任的衔接、融合。首先，发挥版权登记机构、公证机构等组织在版权确权、许可和版权监测、取证、维权等事项上的作用，建立和加强它们与NFT平台的信息互通共享和协作联动机制。其次，重视版权集体管理组织在版权授权、许可、收费和保护等方面的作用，建立和加强它们与NFT平台的常态化沟通合作框架、体系。最后，支持灵活地搭建智能合约框架，从而提供多样化的数字版权许可形式。

---

① 张伟君，张林. 论数字作品非同质权益凭证交易的著作权法规制——以NFT作品侵权纠纷第一案为例 [J]. 中国出版，2022（14）：19-24.

3. NFT数字版权流转规制

区块链技术提供的基本原则之一就是消除中介机构对数据的任何传输或记录。NFT中存在"三个分离"：一是铸造完成后实体物品和数字复制品的分离，二是哈希值在链上映射后NFT和底层作品的分离，三是NFT出售后所有权和知识产权的分离。传统著作权领域中著作权人往往会通过授权平台的方式，由出版机构或是流媒体平台代理和监督作品的著作权流转。将CC0和NFT相结合，虽然著作权人失去了著作权转让时获得的版税收入，但是一旦交易在链上发生后续流转，著作权人便可从交易中获取一定比例的稳定分红。[①]著作权交易流转的记录在区块链上有迹可循，著作权人亦无需担心侵权现象的发生。通过CC0和NFT结合形成的开放生态，可以激励更多NFT持有者进行衍生品二次创作，从而对原NFT形成正向反馈，构建起生生不息、循环共赢的能量交换系统。

4. NFT数字版权侵权规制

NFT作品映射的数字内容源于用户生成，用户生成内容的表达自由和信息流通等正外部性需要由合理引用制度予以内部化。版权的权利限制规则，可以在不损害作者根本利益的前提下给社会公众保留自由使用作品的空间。法定许可通过创设法定交易条件弱化了著作财产权的排他性，使作品的利用无须与著作权人协商。特别是在数字环境下，传播效率的提高使著作财产权面临更严厉的指责，其过于宽泛的排他性范畴被认为阻碍了信息的自由流动。根据我国著作权法的相关规定，主要存在义务教育、报刊转载、录音制品和广播组织四种法定许可情形。基于区块链技术的NFT可以通过内嵌铸造协议实现版权链作品的法定许可：一方面，作者可以通过铸造协议根据不同情形预先确定报酬；另一方面，作者可以通过铸造协议声明排除录音制品的法定许可。因此，在现有的著作权法框架下，仍可运用法定许可进行侵权抗辩，但针对数字作品仅以链上方式发表，应当限定在链上作品侵权空间。

（二）司法保护制度构建

NFT作为新兴事物，尚未探究其如何适用于金融、技术、加密货币等各行业法律框架及条例，并且鉴于其不同于首次代币发行的证券化方式，更无法单纯从金融角度适用法律，从而缺乏行业规则和设计监督。从技术安全角度来说，区块

---

① 王晓丽，严驰. 数字时代NFT著作权若干问题思考［J］. 南京邮电大学学报（社会科学版），2022（5）：53-65.

链和智能合约技术的安全隐患可能为NFT的安全发展带来威胁，随着用户采用率继续增长，市场安全和稳定隐患将进一步增加。但现实意义层面未有法律明确对NFT市场进行规范和确权，整体市场缺乏公共安全机制和法律基础，这都将影响NFT的横向发展和交互需求。从财产角度来说，目前的NFT产品还未被明确表述可适用知识产权等相关法律，虽然少数国家将加密货币作为财产进行征税，但大部分地区尚未对加密货币进行征税，导致NFT在一定程度上增加了避税和金融犯罪的可能性。共识和法治的缺乏加剧了NFT所涵盖的市场风险。

鉴于NFT数字版权领域尚未成熟，应当以现有法律框架为基础，通过法律解释适用现有法律规范，保证法律稳定性的同时有效发挥司法的宣示和救济作用。NFT的合法性边界是其技术应用保护数字版权所面临的最主要的问题。将NFT定性为加密数字凭证，并不能完全消除其合法性风险。如果将NFT定性为加密数字凭证，其合法性问题就可以转换为如何生成与使用此种凭证的问题，无论分割与否均不影响载体本身的合法性。如此，在相当一段时间内，NFT的合法性边界可以采取"线下—线上"直接对应的规则加以界定：相关凭证生成和流转的合法性边界直接取决于其线下原始形态的生成和流转合法性边界。

（三）行政保护制度构建

由当前我国数字代币（含虚拟货币）的监管态势观之，NFT治理的行政主体构成可能颇为复杂。总体上，若对NFT采取加密数字凭证的定性，即可一定程度上区分技术与应用层面的规范问题，形成一种层次化的职权职责结构设计：NFT自身作为加密数字凭证的技术安全问题由工信部门监管；NFT中的信息流、业务流、价值流分别由网信部门、市场监管部门等业务主管部门、央行等金融管理部门监管，相关活动构成犯罪的，移送公安机关处理；以NFT名义或利用NFT进行的诈骗或传销等违法犯罪活动，由公安机关处理。这样一种层次化的职权职责结构尽管只是一种总体性的构思，但可以最大限度地与各部门当前在综合性监管活动中的职权职责结构相衔接，可以为进一步展开具体的权责清单提供基础性的框架与方向。.

同时，行政机关应当要求NFT平台建立犯罪或侵权等违法警告制度，建立并执行平台内部知识产权规则，探索NFT数字版权应用场景下可行的"通知—删除"技术方案，对于知道或应当知道平台内存在侵权行为时采取对应措施。事后保护则要求行政机关及时反馈和解决问题，NFT数字版权治理从不成熟走向成熟必然面临众多监管与改进，更为适应我国国情、体现我国特色，因而行政机关在处理个案问题时需要考虑整个NFT数字版权市场，以点带面地寻求合理解决方案并普遍应用于各个平台。

（四）技术保护制度构建

要克服NFT技术应用于数字版权保护系统过程中存在的障碍，实现NFT技术与数字版权保护二者的有机衔接，需要以技术、政策、法律、标准等多个维度作为抓手，构建结构化、体系化、生态化的治理模式。

1. 关键技术+政策标准

一方面是推进关键领域技术的突破。第一，加强区块链基础设施建设，制定合理的扩容解决方案，保证瞬态数据传输的有效性，解决网络拥堵的问题，开发更为安全可靠的去中心化可修复的存储系统，解决内容资源丢失与外部篡改问题，为NFT版权规模化市场开发创造路径。第二，提高开发效率，集中解决吞吐量问题，丰富标准库，为标准库函数设定合理优化的Gas模型，准确估计Gas消耗，降低数字版权NFT的交易成本。第三，完善可信化的交互平台和协议，支持灵活地搭建智能合约框架，从而提供多样化的数字版权许可与授权形式。

另一方面是推进标准体系建设。国家目前持续加强区块链政策支持和引导，但仍需尽快出台关于加快区块链产业发展的规划等，聚焦创新驱动和结构优化，加快培育数字经济新业态。标准化可以总结当前最佳实践，以形成获得认可的社会共识，为产业发展提供更有效率的发展模式。因此，在基础面上，需要加速区块链技术标准制定工作。完善区块链和分布式记账技术参考架构、智能合约的实施规范，分布式记账技术存证应用指南，加快标准体系与测评体系建设，推动区块链标准与物联网、人工智能、数字经济等标准的协调融合发展。在应用面上，需要完善NFT主流协议标准，提升作品信息的描述能力，避免信息失真，支持NFT资产批量转移，提高转移便捷程度。

2. 关键技术+知识产权

NFT与区块链技术为版权生态以及知识产权体系"赋信"的同时，知识产权制度也可为NFT与区块链技术反向"赋能"，从而实现循环发力、双向促进。

一方面，以技术孵化生态。首先，通过NFT技术进一步实现数字资产的边界拓展，不再简单地指代货币，还可以更为灵活地成为文学、艺术与科学作品的线上通证，保证资产的唯一性、真实性以及所有权的确定，提升交易效率，实现跨平台流转，开创智力成果信息传播的新窗口，优化数字版权的运营生态；其次，需提高区块链技术在司法中的普及程度，积极推进区块链牵手司法领域的探索，积极建立全国统一的司法链平台，完善数字版权存证、取证、示证方式，推动版权案件审判体系现代化，优化数字版权的法律生态。

另一方面，以法律护航技术。知识产权法的重要任务就是要为智力创造提供合理的保护，不同的知识产权法律规范有不同的保护类别与范围。无论是在 NFT 的基础设施层公链、开发工具，项目创作层的铸币平台，还是衍生应用层的二级市场、社区都可以通过注册商标的方式让公众了解商品和服务的来源，醒目的特色化商标不仅是一种质量稳定的保证，还可吸引眼球，加深公众对 NFT 产品的印象，也可以为 NFT 产业进行市场宣传，作为其开拓领域的有效手段。

3. 关键技术+法律规制

版权生态的有效治理主要是针对版权体系因为延迟性与滞后性等所产生的漏洞进行的生态修复与重建，从生态学的原理出发需要充分利用 NFT 与区块链技术，合理把握版权系统的发展规律，实现技术与规则体系的和谐相处，具体而言分为下述两步。

第一步，版权生态的修复。数字领域的版权归属问题以及作品模糊性问题可以通过利用智能合约与共识机制的优越性予以解决。NFT 与区块链去中心化的存储方式能够有效确定版权上传的时间节点与上传者身份，以技术的规则逻辑助力司法制裁的精准定位。但 NFT 平台仍然需要进一步加强版权匹配技术，优化版权保护告知机制、版权侵权警示机制，并且扩容版权存储数据库。此外，应当携手人工智能技术，探索人工智能+区块链发展模式，以此更好地完成数据决策与应用交互，保证电子存证数据可以在司法流程和体系之中可信传递，提升对于作品"独创性""实质性相似"等能动性判断能力。

第二步，版权生态的重建。元宇宙概念的提出以及商业模式探索印证了在信息网络技术的发展下虚实融合的新型社会形态成为可能并且极具预期空间，这同样也为技术、法律以及多方要素协同参与的版权生态构建提供了启示。具体而言，需发挥区块链分布式数据存储、点对点数据传输的优势，建立信息交换和共享常态化机制，破除数据孤岛，形成党政主导、社会共建、多方协作的版权治理开放式格局；同时，传统的法律主体也需要转变观念、重新定位，为版权法规则的适用引入更多的技术思维，加速 NFT 行业监管规范以及信用评价体系的建立，以技术创新与法律监管"双轮驱动"，打造一体化的版权生态治理模型。①

---

① 李想，施勇勤. 非同质化代币技术与版权生态系统有机衔接研究［J］. 出版发行研究，2022（6）：65–70.

（五）协同保护制度构建

NFT的治理不能仅依靠自上而下的监管。来自市场与社会的治理合力对于实现精准治理、平衡NFT的技术发展、应用价值与风险防控需求而言，有着不可替代的作用。综合来看，NFT数字版权治理应当建立以市场为主导，以政府为引导，以司法为救济，以NFT数字版权服务平台为实践主体，以用户为反馈的协同保护机制。

首先，鉴于区块链技术和业态发展的高度自发性和充沛的市场活力，NFT的治理可以首先依托区块链自身的治理手段，而来自政府的监管力量则作为治理方向的积极引导者和风险底线的有力保护者，利用"后设规制"的方式完善NFT的治理体系。由于我国的数字藏品主要基于联盟链发行，此种较多依赖企业合规的治理方式即更有可行性。具体而言，政府可以推动建立多种国家标准或行业标准，要求相关企业对NFT的发行、使用和流转建立合规体系，尤其强调NFT的程序设计必须包含充分的安全保障措施，并一定程度上包含基于区块链的交易追溯、权益证明、纠纷解决、合约审计等机制。

其次，重申NFT的去中心化是"相对"而非"绝对"实现的概念，平台仍然扮演着中心化管理者的角色，在必要场景下实现中心化与去中心化的有机结合。NFT数字版权服务平台作为新业态新领域的技术应用，需要一个适应与过渡，技术更新速度快标志着现有难题在技术支持下也便迎刃而解，因而平台需要及时跟进新技术，提高创新能力，探索改进方案，对于"智能合约"漏洞问题，积极建立安全漏洞库，对"智能合约"进行上链前审计，对于区块链的算力不足、资源消耗等，加强配套性技术与算法研究，保证足够的算力供应，提高资源利用率等。

最后，NFT的治理需要确定合理的精度，既要充分防控风险，又要避免过度干预区块链自身内生的治理机制和逻辑。若保护力度过高，则用户在利用数字版权时面临较大的难题，一定程度上会抑制NFT数字版权的活跃程度；反之，保护力度过低，则会制约创作者的创新活动。因此，作为数字版权治理的新应用，NFT平台应当根据其具体实践及用户反馈建立或更新相对的、动态的知识产权保护规则，构建NFT数字版权治理的协同保护制度。

结语

数字经济时代，新业态新领域的统筹深入，为NFT技术在数字版权保护领域的多场景应用带来机会。NFT作为独一无二、不可替代的"代币"，能够实现全流程、智能化溯源功能，可有效实现数字版权的权属确认；能够实现数字版权的自由流转，为NFT平台的数字版权创作者与被许可人或被转让人之间搭建起桥梁；能够实现与区块链证据应用节点的数据对接，建构起高效便捷的数字版权维权制度。NFT技术能给数字版权确权、用权、维权保护带来的种种机遇，是NFT技术应用下数字版权保护体系得以成立的前提和基础。但NFT技术仍存在自身发展不成熟、行业规范不健全等问题，在为数字版权保护传统物理手段难以有效规制的领域提供新方案的同时，亦引发了版权流转风险、版权侵权风险、版权监管风险和版权金融风险，面临版权授权、版权交易等一系列法律问题。

随着NFT技术的不断发展，其在数字版权保护领域的探索也在不断深入，国内外不少专门的企业已生产出多种关于数字版权保护的应用且已投入市场使用。从国内外NFT技术用于数字版权保护的实践经验和典型案例可以发现，虽然NFT技术进入大众视野的时间并不长，但是NFT技术在版权保护、版权交易、内容发行及IP价值衍生变现等版权保护领域应用的重要性越发凸显，一个崭新的区块链价值体系正在逐渐形成。作为技术手段，NFT并非以技术替代法律，而是在数字世界执行法律，为此进一步探索"NFT+数字版权"的法律风险及多元保护，建立符合中国国情、具有中国特色的治理方案，是大势所趋。

新领域新业态知识产权具有高度的技术性与灵活性，其发展必然是机遇与挑战并存，为有效应对与防范NFT潜在的法律风险，"NFT+数字版权"保护应当建立以政府为主导，以司法为救济，以平台为实施主体，以用户为反馈的协同保护机制。在结合现有的法律法规和技术手段的基础上，由平台结合其具体实践及用户反馈完善规则，吸纳多元主体共同参与、共同治理，从而实现"NFT+数字版权"的多元保护，构建起适合数字时代的数字版权保护体系，进一步推动数字版权产业的健康、有序、可持续发展。

课题组组长：王金金

课题组成员：胡海洋　李子豪　宋凌巧　李豹　刘婧　王宇

课题承担单位：中国科学技术大学

数字时代UGC生成内容著作权授权许可机制研究*

卢海君　任　寰**

摘要： 随着智能手机、移动互联网、4G技术的发展，新媒体技术的嵌入，网络用户集UGC创作者、传播者、使用者三重角色于一体。"去中心化"的传播方式与传统"一对一"授权许可模式难以适应。UGC创作者缺少动机和识别能力，往往未经授权将他人作品作为个人创作素材，形成创作者既是侵权人又是受害人的双向侵权模式。由于著作权集体管理使用费率的制定、收取和分配方面的弊端，默示许可模式有悖于版权法理论基础、"非商业目的"限制Creative Commons许可协议模式的适用，我国尚未形成有效的UGC内容版权许可机制。现阶段，我国已形成互联网产业主导版权产业的格局。盗版作品在算法推荐技术的加持下肆意传播，UGC平台依托算法优势可能形成"技术垄断"，倾向于通过直接删除作品规避责任。根据平台守门人理论，私权力基础理论，以及平台中介行为理论，我国应强化UGC平台的注意义务，引导UGC平台获得著作权人的授权许可，通过智能合约等区块链技术实现数字内容的确权、公示，逐步构建全国性统一数字版权作品库及授权许可交易平台，借助UGC内容网络生态系统向AIGC内容及孤儿作品授权许可机制扩展。

关键词： UGC内容授权许可；平台注意义务；全国性正版作品库；孤儿作品授权许可；AIGC内容授权许可

一、规范生成内容授权许可是数字时代版权保护的核心

（一）UGC版权保护是数字经济发展的挑战

随着智能手机、移动互联网、4G技术的发展，新媒体技术的嵌入，以用户生成内容（User-Generated Content，简称"UGC"）为代表塑造的互联网内容产业

---

* 本报告为该课题研究成果的精减版。

** 卢海君，对外经济贸易大学法学院教授、博士生导师，本课题组组长；任寰，对外经济贸易大学法学院在读博士研究生，本课题组组长。

高速成长，UGC 内容日渐丰富的表现形式和应用场景为社交媒体可持续发展提供了源源不竭的动力，并使互联网的工具性逐步向社会性转变。

UGC 内容表现为用户在网络上主动上传的内容。根据经济合作与发展组织（Organization for Economic Co-operation and Development，简称"OECD"）信息经济工作小组发布的报告《参与性网络和用户生成内容》（Participative Web and User-Created Content），用户生成内容具有公开性、非专业性及独创性。[1]在互联网语境下，部分学者认为，除 UGC 外，还存在专业生产内容（Professionally Generated Content，简称"PGC"）[2]和职业生产内容（Occupationally Generated Content，简称"OGC"），[3]PGC 强调专业知识和资质，OGC 强调职业性质。

短视频类 UGC 内容凭借创作简单化、传播即时化、内容碎片化、分享社会化等优势，成为吸引非网民触网的重要内容，网民使用率持续走高，目前接近90%，已成为互联网 UGC 内容的典型应用。截至 2022 年 12 月，我国短视频用户规模达 10.12 亿，较 2021 年 12 月增长 7770 万，占网民整体的 94.8%，仅次于第二大网络应用即时通信。[4]

借助算法向用户精准推荐优质视频内容，短视频类 UGC 内容市场广告变现规模迅速增长，2018 年市场规模爆发式增长至 744.67%，市场规模达 467.1 亿元（见图 1）。[5]

随着近年来各大平台日益强烈的正版化诉求，版权登记数量一路走高。全国著作权登记数量呈稳步增长态势，由 2016 年的 200 万件增至 2020 年的 503.9 万件（见图 2）。[6]2022 年全国共完成作品著作权登记 451.7 万件，同比增长 13.39%。[7]

---

[1] OECD. Participative Web and User-Created Content: Web2.0, Wikis and Social Networking [R]. France: Organization for Economic Cooperation and Development，2007.

[2] 宋蓓娜，赵娜萍. 新媒体时代下短视频的著作权侵权问题研究 [J]. 河北法学，2022，40（4）：162.

[3] 陈颖. 用户创造内容的著作权保护：定位、困境及出路——以《著作权法》第三次修改为切入点 [J]. 湖南社会科学，2022（1）：98.

[4] 中国互联网络信息中心. 第 51 次互联网发展状况统计报告 [R]. 北京：中国互联网络信息中心，2023.

[5] 陈银. 2021 年中国短视频行业市场分析 形成抖音快手"两强"竞争格局 [EB/OL]. (2022-07-01) [2023-04-25]. http://huaon.com/channel/trend/816124.html.

[6] 中国信息通信研究院. "十三五"中国网络版权治理白皮书 [R]. 北京：中国互联网络信息中心，2019.

[7] 国家版权局. 国家版权局关于 2022 年全国著作权登记情况的通报 [EB/OL]. (2023-03-21) [2023-04-25]. https://www.ncac.gov.cn/chinacopyright/contents/12228/357527. shtml.

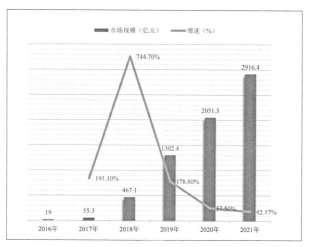

图1　2016—2020年中国短视频行业市场规模①

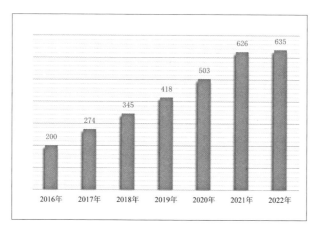

图2　2016—2022年全国著作权登记总量变化（单位：万件）②

　　各大音乐平台、直播平台的正版化在促进版权登记的基础上，也促进版权人版权许可收入的增加。2016年以来，音著协的许可收入一路走高（见图3）。③在

———————

① 数据来源中国网络视听节目服务协会，华经产业研究院整理。

② 图表来源：中国版权保护中心。

③ 中国音乐著作权协会. 喜报！音著协2021年度许可、分配金额再创新高！历年许可总收入突破30亿！[EB/OL].（2022-01-07）[2023-04-25]. https://www.mcsc.com.cn/publicity/trends_1071.html.

音著协的总许可收入中，信息网络传播权占比54%，①信息网络传播权许可费成为音著协收入的主要部分（见图4）。

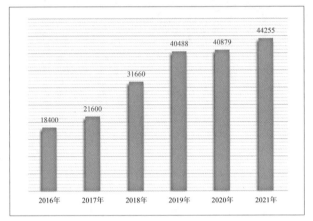

图3　2016—2021年音著协许可收入变化（单位：万元）②

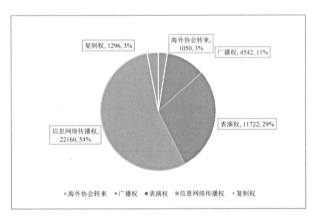

图4　2020年中国音乐著作权集体协会许可收入构成（单位：万元）③

随着短视频类UGC内容的用户规模、使用率和市场规模的持续增长，应用场景的不断拓宽，版权侵权问题频频发生。2018年9月9日至2022年2月28日，北京互联网法院受理的涉短视频类UGC内容著作权纠纷案件，占信息网络传播权案

---

① 中国音乐著作权协会. 喜报！音著协2021年度许可、分配金额再创新高！历年许可总收入突破30亿！［EB/OL］.（2022-01-07）［2023-04-25］. https://www.mcsc.com.cn/publicity/trends_1071.html.

② 图表来源：中国音乐著作权协会。

③ 图表来源：中国音乐著作权集体协会。

件的21.9%，案件数量逐年增加（见图5）。①2019—2021年，电影、电视剧被侵权作品超2/3，是短视频类UGC内容侵权的重灾区（见图6）。

短视频类UGC内容并不是某一项具体的业务，而是一种用户使用互联网的方式，用户既是网络内容的接收者，也是网络内容的创造者，短视频类UGC内容行业的扩展从短视频类UGC内容的用户端和生产端，影响网络版权的保护力度。

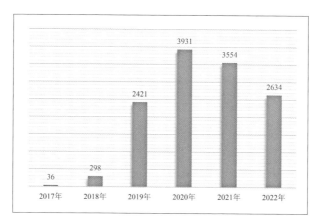

图5　2017—2022年互联网法院审理版权侵权纠纷案件数量（单位：件）②

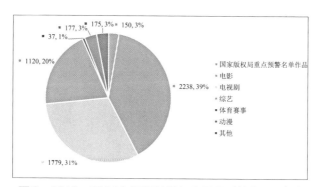

图6　2019—2021年版权被侵权作品量（单位：件）③

---

① 北京互联网法院. 北京互联网法院召开涉短视频著作权案件审理情况新闻通报会［EB/OL］.（2022-04-21）［2023-04-25］. https://www.bjinternetcourt.gov.cn/cac/zw/1651208413055.html.
② 图表来源：笔者根据北大法宝数据整理。
③ 图表来源：12426版权监测中心2019年1月至2021年5月数据。

1. 短视频类UGC平台用户黏性增长扩大侵权UGC内容的传播范围

衡量用户黏性的指标是使用时长和使用频率。于用户人均使用时长而言，短视频类UGC内容的人均单日使用时长超过2小时，占移动网民人均使用时长的1/3左右（见图7）。

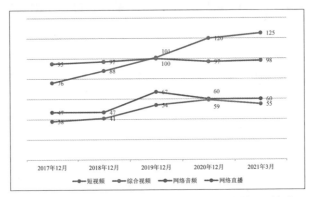

图7　网络用户对各大网络视听应用的人均使用时长①

于短视频类UGC内容的用户使用频率而言，短视频类UGC内容的网络用户一半以上为忠实用户（每天都看短视频类UGC内容），占比53.5%。短视频类UGC内容对网络用户的黏性超过网络直播、网络音频、综合视频等其他网络应用（见图8）。

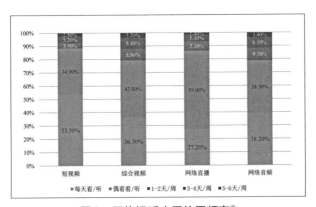

图8　网络视听应用使用频率②

---

① 图表来源：中国网络视听节目服务协会《2021中国网络视听发展研究报告》。
② 图表来源：中国网络视听节目服务协会《2021中国网络视听发展研究报告》。

短视频类UGC内容的蓬勃发展是版权保护的双刃剑。于版权保护而言，人均观看时长的增加意味着短视频类UGC内容用户庞大的流量和市场利益，众多短视频类UGC创作者就近取材、拿来即用，面对潜在的侵权风险铤而走险，即使平台采取措施减少侵权作品的数量，侵权行为也往往难以得到有效遏制。2020年，82.5%的短视频类UGC创作者通过向平台举报的方式维权，[①]各主流平台的版权治理率达95%以上。[②]版权侵权问题不仅是长视频创作者的痛点，短视频类UGC创作者也难以置身事外。

2. 短视频平台依托UGC内容形成比较优势增加版权保护的难度

近些年，各大短视频类UGC平台通过持续深耕细分垂直领域，采取"短视频类UGC内容+"方式实现与其他产业的深度绑定，带动其他产业内容的渗透和消费的增长（见图9）。[③]

短视频类UGC内容市场规模的增长与其他领域挂钩，将吸引更多用户上传个人生成内容。[④]面对短视频类UGC内容这一块巨大的市场蛋糕，头部短视频类UGC平台推出各种剪辑工具，满足用户视频剪辑功能需求，大大降低短视频类UGC内容的制作门槛，普通用户能够在短时间内创作出具有个性的"大片"。

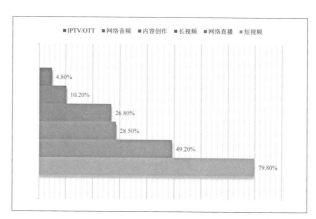

图9　在线视频市场增量的主要来源[⑤]

① 12426版权监测中心. 2021年中国短视频版权保护白皮书［N］. 中国新闻出版广电报，2021-05-20.
② 2020年内容行业版权报告［R］. 北京：维权骑士，鲸版权，土值传媒，等，2020.
③ 2021中国网络视听发展研究报告［R］. 北京：中国网络视听节目服务协会，2021.
④ 徐皓. 中国网络视听用户规模达9.44亿［EB/OL］.（2021-07-07）［2023-04-25］. http://xw.zgzx.com.cn/2021-07/07/content_9843582.htm.
⑤ 图表来源：中国网络视听节目服务协会《2021中国网络视听发展研究报告》.

平台上更多短视频类UGC内容的出现让潜在的版权侵权风险持续加大。2019年至2021年，中国版权监测中心监测到侵权二创短视频类UGC内容共85.28万条。①

人人皆为传播者，用户纷纷入局短视频类UGC内容的低创作传播门槛让多数短视频类UGC创作者难以跟上版权法的步伐，其受教育程度普遍偏低，版权法保护意识淡薄，往往难以分清借鉴、致敬、抄袭等使用他人作品的方式，很容易侵犯他人版权（见图10、图11），②遑论获得版权作品的授权许可。

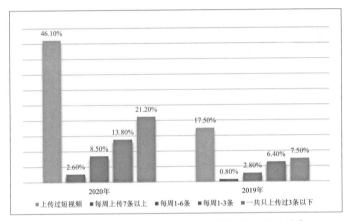

图10　2019—2020年上传短视频网络用户占比③

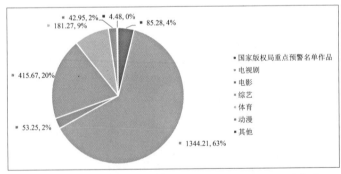

图11　2019—2021年盗版短视频数量（单位：万条）④

---

① 12426版权监测中心. 2021年中国短视频版权保护白皮书［N］. 中国新闻出版广电报，2021-05-20.

② 刘浏，闻凯. 论网络版权产业发展的挑战及法律应对——基于河北省网络版权产业情况调研［J］. 河北法学，2021，39（8）：194.

③ 图表来源：中国网络视听节目服务协会《2021中国网络视听发展研究报告》。

④ 图表来源：12426版权监测中心2019年1月至2021年5月数据。

3. 优质内容是短视频类UGC内容发展的"必争之地"

近几年，网络视听行业发展进入新阶段，行业从高速增长向高质量发展迈进（见图12）。良好的版权保护是优质内容产生的基础。UGC内容生成平台维权机制的畅通与否及处理效率直接影响UGC创作者的维权效果。然而，60.6%的短视频类UGC创作者认为平台未能充分实现其版权保护的诉求（见图13）。①

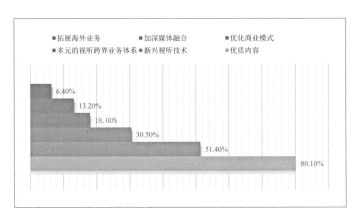

图12 网络视听行业的重要竞争点②

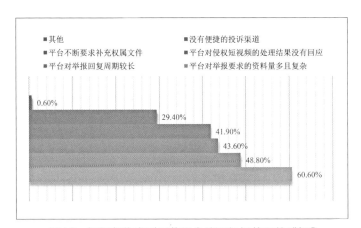

图13 短视频作者对网络平台治理侵权状况的感知③

① 2021中国网络视听发展研究报告［R］.北京：中国网络视听节目服务协会，2021.
② 图表来源：中国网络视听节目服务协会《2021中国网络视听发展研究报告》。
③ 图表来源：倍市得线上调研系统。

UGC内容主要包括原创类UGC内容与使用源作品的重混类UGC内容。[①]我国新修订的著作权法为作品类型设置兜底条款，扩大了作品的保护范围，[②]UGC内容未尝不可归入其中。UGC内容授权许可包括重混类UGC创作者许可他人创作和源作品版权人许可重混类UGC创作者，授权许可及相关作品使用所产生的法律关系不尽相同，下文以源作品指代具有版权、UGC内容需借鉴的作品，以UGC内容指代以其他作品为基础创作的重混类内容。

由于私人复制不包括传播行为，重混类UGC内容大多采用改编、汇编等二次利用源作品的创作方式，"三步检验标准"的理解存在疑义，[③]UGC内容的合理使用存在制度障碍。单纯复制、摘录、截取内容，与源作品的著作权保护产生冲突。

源作品、UGC内容是硬币的两面，双方走向交汇共融是一种趋势。UGC内容可以运用独到解说、二次创作为源作品引流，UGC平台需要在加强版权保护的同时，提供便于生成者获得清晰的版权作品授权许可链条。

（二）UGC内容授权许可的困境

1. 权利主体身份不明

版权法通过赋予版权人专有权，解决创作者依靠资助创作的现象，实现其经济独立，创作成为独立的职业。[④]传统著作权模式下，商业机构控制着作品的传播。版权法调整的对象集中于少数职业化的创作者和传播者。[⑤]然而，随着互联网与数字技术的发展，商业组织在传播中的优势逐渐减弱，UGC创作并不完全基于版权经济激励，意在自我表达和社会人际交往需求。

著作权法"在作品上署名者"为作者[⑥]的规则在互联网时代"捉襟见肘"。匿名、冒名、假名等现象在互联网十分常见，UGC创作者难以通过署名确定作者的身份。网络上兴起的自由署名习惯，难以实现与线下平台的同步管理，极大增加

---

① 胡开忠. 论重混创作行为的法律规制 [J]. 法学，2014（12）：90-91.

② 著作权法第三条.

③ 梁九业. 著作权法合理使用规则的司法扩张与理路修正 [J]. 出版发行研究，2019（5）：53.

④ 刘永红. 版权：激励文化创造与传播的不竭动力 [J]. 出版发行研究，2012（2）：56.

⑤ 熊琦. "用户创造内容"与作品转换性使用认定 [J]. 法学评论，2017，35（3）：64.

⑥ 著作权法第十二条。

定位最初上传者的难度。UGC内容授权许可成为版权保护的"灰色地带"。[①]

2. 传统著作权许可"一对一"授权模式的脱节

由于UGC内容的创作门槛较低，创作行为由专业化走向大众化，大量创作者基于利他主义对作品"二次创作"，缺乏基于商业利益的吸引，寻求保护个人财产的动机，难以激发版权保护与维护意识。传统版权商业组织协助版权人管理版权作品的模式下，商业主体能够相对预见作品的使用方式，有能力处理作品的许可事项，作品的许可与使用方式具有稳定性。[②]商业主体也能够通过"一对一"的缔约方式管理作品的经济价值。

"去中心化"的传播让UGC创作者与源作品版权人难以触达对方，造成权利主体身份不明的现象，UGC创作者寻求授权许可的成本和难度不断增加。一对一缔约模式与网络"去中心化"传播特征的矛盾是传统著作权许可模式难以适应UGC内容的主要原因。

3. 高侵权风险：双向侵权模式

UGC内容的创作多源于非经济需求，UGC创作者面对成本收益不成比例的授权许可模式，几乎不愿大费周章，而是游走于侵权与合法的灰色地带，未经授权先使用，静待权利人提起侵权诉讼时再予应对，UGC内容传播领域内呈现"集体无意识"现象，[③]形成双向侵权模式。具言之，UGC创作者缺少动机和识别能力，往往未经授权将他人作品作为个人创作素材；源作品版权人权利意识的淡薄加剧作品的识别难度，任由UGC创作者传播或使用，形成UGC创作者既是侵权人又是受害者的双向侵权模式。

二、改造UGC平台权利义务是打通授权许可的核心环节

UGC平台不仅依托算法和算力优势可能形成"技术垄断"，而且为规避责任，倾向于直接删除作品，缺乏探索新型作品许可机制和渠道的动力，不利于作品的

---

① Edward Lee. Warming Up to User-Generated Content [J]. University of Illinois Law Review, 2008, 9 (3): 1523.

② 陈颖. 用户创造内容的著作权保护：定位、困境及出路——以《著作权法》第三次修改为切入点 [J]. 湖南社会科学, 2022 (1): 99-100.

③ 高一飞. 论传统法中的神秘数字——数字人类学的法律之维 [J]. 法律科学（西北政法大学学报）, 2021, 39 (3): 30.

传播。域外先进国家和地区立法呈现加强平台主动审查和过滤义务的发展趋势。

（一）版权人寻求行政保护倒逼司法实践加强UGC平台的审查义务

我国版权产业市场化进程开始较晚，版权产业的发展几乎与互联网的发展相伴相生，版权产业面临传统盗版与互联网侵权的双重冲击，还未形成足以与互联网产业抗衡的力量，"通知—删除"规则平衡机制在制度设计之初，已经偏向网络服务提供者。侵权赔偿数额远远少于网络服务提供者从侵权作品中获得的利益，"买不如赔"现象滋生。[①]

在沉重的盗版压力下，版权人寻求行政执法保护自己的合法权益，广电总局要求加强对视听节目服务网站播放正版节目的监督工作，严厉打击互联网侵权盗版。[②]国家版权局"责令各网络音乐服务商停止未经授权传播音乐作品，并将未经授权传播的音乐作品全部下线"[③]。版权领域行政机关对网络服务提供者义务的加强，逐渐向互联网新闻服务[④]、网络交易[⑤]、网络购物食品安全[⑥]、网络安全[⑦]等领域传导，呈现公法为网络服务提供者设定明确的审查义务，私法上的"避风港规则"在实践中逐渐被各种执法措施或替代性的责任规则架空。[⑧]这些"通知—删除"规则之外的规则或政策，强化着网络服务提供者的注意义务。网络服务提供者因用户侵犯版权而承担的法律责任逐渐加重，除承担民事责任之外，还有可能承担行政责任。但是行政执法方式争议不断，不仅带来正当程序、表达自由和影响创新市场等争议，[⑨]对打击网络盗版、降低侵权现象的实效也存在疑问。[⑩]

我国现阶段已形成互联网产业主导版权产业的格局，互联网产业极为强大，

---

① 王亦君，张婉. 视频网站被诉侵权案件3年增长60倍50万元赔偿上限只是挠痒痒［EB/OL］.（2010-06-01）［2023-04-25］. http://zqb.cyol.com/content/2010-06/01/content_3257451.htm.

② 《广播影视知识产权战略实施意见》第9条。

③ 《关于责令网络音乐服务提供商停止未经授权传播音乐作品的通知》。

④ 《互联网等信息网络传播视听节目管理办法》第20条。

⑤ 《网络交易管理办法》第26条。

⑥ 《网络食品安全违法行为查处办法》第14条第1款。

⑦ 网络安全法第47条。

⑧ 崔国斌. 网络服务提供商共同侵权制度之重塑［J］. 法学研究，2013，35（4）：139.

⑨ 贺琼琼. 信息自由与版权保护：法国反网络盗版立法最新发展及评述［J］. 法国研究，2012（1）：70.

⑩ 梁志文. 网络服务提供者的版权法规制模式［J］. 法律科学（西北政法大学学报），2017，35（2）：102.

版权产业的发展较为落后。①盗版作品在算法推荐技术的加持下任意传播，算法技术的精准用户画像不仅可以帮助 UGC 平台吸引更多的用户观看版权作品内容，而且可以帮助 UGC 平台实现精准的广告投送，让有需求的用户通过观看与物品有关的版权作品内容与广告，将用户的购买需求转化为实际的购买力。最终，UGC平台不仅可以获得流量经济，在与商业广告商的谈判中，还可以获得更高议价权。反之，版权产业主体的市场收益大幅降低，丧失了原有的著作权市场，UGC平台实质上搭上了版权作品的便车。

作品的使用费或许应成为 UGC 平台的一部分。②确保 UGC 平台将成本内部化的一种方法是对 UGC 平台施加责任，激励 UGC 平台筛选版权内容并投资于有助于减少盗版责任风险的人员和技术。③反之，如果缺乏责任，UGC 平台几乎没有动力对盗版内容采取任何行动。

（二）UGC 平台的责任基础

1. 平台守门人理论

平台守门人理论认为，大型网络平台聚集了各种技术手段和经济资源，能够通过掌握信息代码，对用户的发布、传播、修改、删除行为进行把关，遏制违法行为，成为拥有影响和规制用户行为能力的"守门人"。④

域外网络平台责任制度由早期避免过多干预互联网开放格局、遏制严重违法行为，⑤通过事后归责机制要求"守门人"平台对用户直接行为进行约束，向提前介入平台的商业模式和技术发展，强调平台对用户行为的前台监管，实现法律保护的规范价值。

在 Zadig Productions vs. Google 案中，法国法院认为，谷歌如果仅在接到侵权通知之后迅速删除了用户分享的侵权作品，没有采取技术措施阻止侵权行为的

① 熊琦. 著作权法"通知—必要措施"义务的比较经验与本土特色 [J]. 苏州大学学报，2022，9（1）：106.

② MMiriam C Buiten, Alexandre de Streel, Martin Peitz. Rethinking Liability Rules for Online Hosting Platforms [J]. International Journal of Law and Information Technology, 2020, 28 (2): 14.

③ Jennifer M. Urban et al. Notice and Takedown in Everyday Practice [EB/OL]. (2017-04-21) [2023-04-25]. https://pdfs. semanticscholar. org/77f7/c3a4cb53c766544588d05bcbb09c93c91bd5. pdf.

④ Reinier H. Kraakman. Gatekeepers: the anatomy of a third-party enforcement strategy [J]. The Journal of Law, Economics, and Organization, 1986, 2 (1): 56-66.

⑤ Jonathan Zittrain. A History of Online Gatekeeping [J]. Harvard Journal of Law and Technology, 2006, 19 (2): 263.

再次发生，并不能适用"避风港规则"。[①]在 Sabam vs. Scarlet 案中，布鲁塞尔法院颁布禁令要求 Scartlet 采用 Audible Magic 内容指纹技术过滤传输数据，阻止用户通过 P2P 网站分享受版权保护的音乐作品，[②]实现版权法保护版权人的目标。

平台责任的转变与针对人工智能等技术探讨和形成新规则的社会环境息息相关。算法"守门人"理论在人工智能时代对技术"守门人"理论进行重塑，UGC 平台也不例外。

借助算法推荐技术，UGC 平台大大提高了平台的自动化信息处理能力，基于对用户数据的收集和分析，UGC 平台对用户行为的介入时间均大为提前，从事后处理发展为行为预测和事前预防，干涉更加常态化。UGC 平台对用户行为介入的广度和深度也大大增加，通过提高网络公共环境中用户个人身份的透明度和曝光度，实施覆盖面更广、更加难以绕开的行为监控。[③]

2. 私权力基础理论

网络已经成为我国公民的一种生活方式，网络用户的诸项民事生活、利益诉求和公共意见的表达大多于网络完成。网络空间不再是独立于传统社会存在的虚拟空间，已成为现实社会的投影和延伸。[④]网络服务提供者不再是仅提供单一的存储、接入、缓存、定位、搜索、设链服务的主体，跨时空、跨国界、跨部分集成社会活动的网络平台出现。平台型企业在法律属性上，可以看作网络服务提供者的一种，但其内涵比"避风港规则"设立之初所预设的网络服务提供者的形象更为复杂，网络服务提供者（ISP）与网络内容提供者（ICP）二者之间的界限也变得日益模糊。[⑤]

通过聚合海量的产品和服务信息，网络平台组织了供需方的网络交易，运用

① Angelopoulos C. Filtering the Internet for copyrighted content in Europe [EB/OL]. (2012-01-12) [2023-04-25]. https://www.ivir.nl/publicaties/download/IRISplus_2009_4.pdf.

② Scarlet Extended SA vs. Société belge des auteurs, compositeurs et éditeurs SCRL (SABAM)[EB/OL]. (2011-11-24)[2018-08-20]. http://curia.europa.eu/juris/document/document.jsf?text=&docid=115202&pageIndex=0&doclang=en&mode=lst&dir=&occ=first&part=1&cid=851631.

③ 魏露露. 网络平台责任的理论与实践——兼议与我国电子商务平台责任制度的对接 [J]. 北京航空航天大学学报（社会科学版），2018，31（6）：11.

④ 梅夏英，刘明. 网络侵权归责的现实制约及价值考量——以《侵权责任法》第36条为切入点 [J]. 法律科学（西北政法大学学报），2013，31（2）：88.

⑤ 薛军. 民法典网络侵权条款研究：以法解释论框架的重构为中心 [J]. 比较法研究，2020（4）：133.

技术能力"引导、塑造交易秩序"。[①]网络平台已经脱离中立"通道"的消极角色，不仅具备了影响网络行为的动机，还具有主动影响网络行为的能力，这种能力本质上属于网络空间私权力（Private Power）的运行。[②]网络平台逐步形成"公权力—私权力—私权利"的三元乃至多元架构。[③]资源优势的运用是权力产生、作用的基础，运用这种资源优势的主体是国家或社会公共组织，对应的是公权力，如果是普通私人主体，对应的就是私权力。[④]

根据市场规模与技术力量的不同，网络平台被划分为超级平台、大型平台和中小平台。[⑤]当前，超级平台在其拥有的网络空间制定了大量有约束性的平台规则，管理用户行为，解决用户之间的纠纷，实际上享有准立法权、准行政权以及准司法权。[⑥]在私权力作用下，网络平台的角色由市场规则的服从者转变为市场规则的制定者，凭借自身的技术优势成为网络世界的新型权威。[⑦]私权力在网络生态中赋予超级UGC平台相对强势的地位，成为其承担责任的基础。

由于互联网传播的"去中心化"趋势的加强，网络空间治理也呈现"去中心化"倾向，享有私权力的网络服务商被社会要求承担更多网络审查的职责。目前网络服务商的责任基础并非以私权力、维护网络生态为出发点，为网络服务提供商提供"避风港"的私法规制逐渐无法与网络服务提供的公法要求相匹配，出现了以私权维护知识产权公共价值的倾向。[⑧]网络服务商基于私权力对版权作品的合法性进行主动审查，不仅可以维护个人权利，而且能够实现对互联网版权保护公共秩序的构建，通过保护不特定多数人的利益，最大限度保护网络服务提供商的私权。让具有私权力的网络服务提供商承担更多责任，也符合权责相一致的法理基础。

---

① 赵鹏. 超越平台责任：网络食品交易规制模式之反思 [J]. 华东政法大学学报，2017，20（1）：68.

② 虞婷婷. 网络服务商过错判定理念的修正——以知识产权审查义务的确立为中心 [J]. 政治与法律，2019（10）：129.

③ 周辉. 网络平台治理的理想类型与善治——以政府与平台企业间关系为视角 [J]. 法学杂志，2020，41（9）：35.

④ 张小强. 互联网的网络化治理：用户权利的契约化与网络中介私权力依赖 [J]. 新闻与传播研究，2018，25（7）：88.

⑤ 国家市场监督管理总局《互联网平台分类分级指南（征求意见稿）》。

⑥ 虞婷婷. 网络服务商过错判定理念的修正——以知识产权审查义务的确立为中心 [J]. 政治与法律，2019（10）：129-130.

⑦ 邹晓玫. 网络服务提供者之角色构造研究 [J]. 中南大学学报（社会科学版），2017，23（3）：67.

⑧ 张新宝，许可. 网络空间主权的治理模式及其制度构建 [J]. 中国社会科学，2016（8）：146-147.

时至今日，很多依赖 UGC 内容的超级平台已经不再是单纯对侵权作品漠视不管，而是故意放纵或者变相鼓励用户上传侵权作品，吸引流量并牟取非法利益。[①]由此，"通知—删除"规则背离了立法者的立法初衷，慢慢由合作性机制向对抗性机制演变：版权人尽可能多地发送侵权通知，UGC 平台被动地等待版权人通知，移除特定具体的侵权内容，"通知—删除"规则变成了无休止的"打地鼠游戏"。

3. 平台中介行为理论

中介行为理论认为平台经济是一种比较独特的中介行为，高度集约化，又高度分散化。平台经济有很强的自下而上的特征，具有很强的变革互动性和高度参与性，平台现在已变成多层中介。UGC 内容的生产和呈现也只是 UGC 平台媒介性的一种体现，向"中介连接"的媒介转变是平台发展的趋势。[②]

"中介性"是平台与媒介共享的本质特征。守门人理论与私权力理论虽然为平台注意义务的强化提供了理论基础，但不应忽视平台的"中介性"特征。传统媒体本身亦具有平台属性，连接着受众与广告商双边客户，具有网络效应。与之不同的是，互联网媒体平台上的传播关系发生了根本性转变。

和传统大众传播的直线逻辑不同，平台经济下的传播模式是典型的桥梁式、中介型传播，即互联网平台本身会作为"中转台"连接、调节或重组个体之间的传播。传播关系的另一改变是信息传递的再数据化和商业化。

在数字时代之前，UGC 平台与其他类型的平台处于相对独立的状态；随着数字化进程的加速，UGC 平台与其他类型的平台逐渐融合，最终合并为超级平台生态系统，并渗入日常生活领域。

文明社会是法治社会，市场经济是法治经济。全方位的法律传播要求最大众化的传播途径，建立在技术基础上的 UGC 平台是承担这一使命的最佳选择。在版权法的传播中，UGC 平台应努力矫正自身的传播行为，使之最大限度地与现实环境吻合，满足公民对版权法相关信息的需求。UGC 平台应发挥类似于个人在社会生活中的镜子、路标、解说员的作用，为公众遵守版权法秩序提供基本的信息支撑。

---

① 朱开鑫. 从"通知移除规则"到"通知屏蔽规则"——《数字千年版权法》"避风港制度"现代化路径分析 [J]. 电子知识产权, 2020 (5): 45.
② 孙萍, 邱林川, 于海青. 平台作为方法：劳动、技术与传播 [J]. 新闻与传播研究, 2021, 28 (S1): 10-12.

（三）域外地区UGC内容规制的法律实践

1. 私人自治式

美国颁布的《数字千年版权法》（The Digital Millennium Copyright Act，简称DMCA）通过构筑"避风港规则"，让短视频类UGC平台免于主动承担版权侵权责任，只需在版权人发布合格通知时，配合版权人删除侵权内容。但随着新的技术手段以及短视频类UGC内容侵权不断出现，源作品版权人与短视频类UGC平台通过不断博弈达成"用户制作内容服务商指导原则"（Principles for User Generated Content Services，以下简称"UGC规则"）。该规则由五家美国版权公司与四家UGC平台①合作建立，要求UGC平台使用高效的内容识别技术（Identification Technology）过滤（包括人工审查）版权人已提供参考材料、UGC创作者上传的侵权内容，断开或删除明显存在传播侵权内容的网站，并随着技术的发展升级或更新识别技术，但版权人应在发送侵权通知时允许UGC创作者对作品的合理使用，实现源作品版权人、网络服务商与UGC创作者三者之间的利益平衡。②

UGC规则虽然对版权人、传播者、使用者三方失衡的局面进行了尝试性的矫正，但制度设计层面仍有不足。首先，识别技术不能取代合理使用的判断。美国版权法中规定的"合理使用"四要素判定规则中的"使用的目的和特征"及"版权作品的性质"并非技术判定，"使用对于版权作品潜在市场价值的影响"也需要结合版权作品市场进行判断，难以进行有效量化。其次，UGC平台对内容发布的自动屏蔽、删除，会限制UGC创作者的反通知权利，不仅导致UGC创作者无法通过反通知纠正技术错误，保护个人权益，而且可能会错失发布内容，流量变现的时机。

"避风港规则"与UGC规则的初衷都是寻求版权人、传播者、使用者三方利益诉求的有机平衡。信息技术的发展日新月异，版权人认为"避风港规则"没有实现对网络版权侵权的有效打击，UGC平台放任侵权内容再次传播没有实现保护版权的预期目标，美国版权局就"避风港规则"，发布《数字千年版权法》评估

---

① 五家版权公司为哥伦比亚广播公司（CBS）、国家广播公司（NBC）、福克斯广播公司（Fox）、迪士尼（Disney）、维亚康姆娱乐公司（Viacom），四家UGC平台为Dailymotion、Soapbox、Myspace、Veoh。

② Principles for User Generated Content Services Foster Innovation. Encourage Creativity. Thwart Infringement［EB/OL］.（2010-03-08）［2023-04-25］. http://ugcprinciples.com/.

报告，指出需要调整"避风港"条款，①以免对"避风港规则"较为宽松的解释，不断扩大 UGC 平台责任的豁免范围。②

2. 法律规制式

欧盟颁布的《电子商务指令》（Directive 2000/31/EC）第 14 条参考 DMCA 相关规定亦确立"避风港规则"（包括"红旗规则"和"通知—删除"规则），但随着 UGC 平台依托"通知—删除"规则，长期默许 UGC 创作者发布并传播版权保护的内容，免于承担版权保护责任，客观上形成了"先侵权后处理"的版权责任机制。③UGC 创作者和 UGC 平台借助版权作品获取大量流量和广告收益，将版权人置于应有报酬之外，欧盟于 2019 年正式通过《数字单一市场版权改革指令》（以下简称"版权指令"）。

版权指令将 UGC 平台定义为在线内容分享平台（Online Content-Sharing Service Provider，简称"OCSSP"），将允许 UGC 创作者上传 UGC 内容（Give the Public Access to Content）界定为"在线内容分享（online content-sharing）"，指向以营利为目的，向公众提供存储、推广短视频类 UGC 内容为核心的 UGC 平台，而非直接向公众提供、传播独立拥有版权作品的内容平台，④将 UGC 平台排除在"避风港规则"之外。

因为"向公众提供作品"可能构成网络内容提供商，而非网络服务提供商，⑤受到传播权（Right of Communication to the Public of Works and Right of Making Available to the Public）的规制，⑥不再适用"避风港规则"的豁免，不再区分直接责任与间接责任。无论 UGC 平台对 UGC 创作者上传的内容是否"明知"或"应知"，都需要承担版权侵权责任。依据"向公众传播权"和"向公众

---

① United States Copyright Office. Section 512 of Title 17 A Report of the Register of Copyrights ［R］. United States：United States Copyright Office，2020. ［2023-04-25］. https://www.copyright.gov/policy/section512/section-512-full-report.pdf.

② U. S. Senate Committee on the Judiciary. The Digital Millennium Copyright Act at 22：What Is It，Why Was It Enacted，and Where Are We Now，U. S. Senate Committee on the Judiciary［EB/OL］.（2020-02-11）［2023-04-25］. https://www.judiciary. senate.gov/meetings/the-digital-millennium copyright-act-at-22-what-is-it-why-it-was-enacted-and-where-are-we-now.

③ 朱开鑫. 欧盟对"避风港制度"的变革突破及借鉴思考［J］. 经贸法律评论，2023（1）：145.

④ Directive（EU）2019/790 of the European Parliament and of the Council of 17 April 2019 on Copyright and Related Rights in the Digital Single Market and Amending Directives 96/9/EC and 2001/29/EC.

⑤ 吴汉东. 论网络服务提供者的著作权侵权责任［J］. 中国法学，2011（2）：39.

⑥ Directive 2001/29/ Econ Copyright and Related Rights in the Information Society Art 3.

提供权",版权人能够分别授权或禁止他人非交互式传播行为(例如广播)以及交互式传播行为(例如信息网络传播)。为避免承担侵权责任,UGC平台应当事先从版权人处获得作品授权许可,或避免未经授权许可的内容在UGC平台出现。①

同时,版权指令为在线内容分享平台设置了未经授权传播作品的免责机制,避免对在线内容分享平台课以过重的责任。②但事前防止上传侵权内容的过滤义务原则上限于"明显侵权的上传内容"。

UGC平台无须耗费高昂的交易成本即可获取版权授权许可,得益于欧盟成熟的著作权集体管理组织机制。欧盟集体管理组织按照《著作权、邻接权与内部市场中的跨境音乐作品著作权在线使用许可指令》的要求,建立规模庞大的公示作品、权利类型及作者信息的数据库,并确保音乐作品公示信息的准确化、透明化和信息更新的及时性。③

作为全世界最大的授权音乐作品数据库,法国音乐作曲家和出版者协会(Society of Authors,Composers and Publishers of Music,简称"SACEM")拥有能够就其管理的音乐作品向网络服务商发放跨境许可(Multi-territorial License)的能力。该集体管理组织已与TikTok、Facebook等2121家UGC平台签订作品传播许可协议。④

国际视听作品集体管理协会(Association de Gestion Internationale Collective des Oeuvres Audiovisuelles,简称"AGICOA")已与荷兰、奥地利、丹麦等13个欧盟成员国的视听作品集体管理组织签订授权协议,统一授权视听作品的信息网络传播,为UGC平台获得许可提供显著便利。⑤

欧盟较为发达的作品授权许可机制,为UGC平台获得权利许可奠定了深厚的制度基础和成熟的市场运作机制,使得UGC平台较为便利地获取作品的有关权利信息,大大降低了为获得许可所付出的交易成本,实现版权指令引导UGC平台获

---

① Directive 2001/29/ Econ Copyright and Related Rights in the Information Society Art 1-3.

② Directive 2001/29/ Econ Copyright and Related Rights in the Information Society Art 4 and Art 6.

③ Directive 2014/26/EU of The European Parliament and of The Council of 26 February 2014 on collective management of copyright and related rights and multi-territorial licensing of rights in musical works for online use in the internal market,Art 25 and Art 26.

④ SACEM. Bring value to creation:2021 annual report [EB/OL]. (2022-07-26) [2023-04-25]. https:// rapportannuel2021. sacem. fr/en/.

⑤ AGICOA. Annual Report 2021 [EB/OL]. (2022-05-25) [2023-04-25]. https://www.agicoa.org/agicoa-annual-report-2021/.

得著作权人许可的立法目标。

3. 合理使用式

加拿大《版权现代化法案》扩展了合理使用的目的，并为非商业性用户生成内容（Non-commercial User-generated Content）创设例外条款（以下简称"UGC例外条款"），①为部分符合条件的UGC创作者提供抗辩基础。根据该条款，只要不出于商业目的、不对版权人作品的使用构成实质不利影响、合理表明作品的作者，UGC创作者可以不经过版权人的许可，使用源作品创作、发布UGC内容。

UGC例外条款的出台受加拿大"保护使用者的权利"理念的影响。在Théberge案中，Binnie法官认为，促进作品的使用，适当限制版权人的权利，有助于版权法的长期社会发展，更加能够实现促进文化发展政策的平衡。②合理使用不应仅作为一种使用作品的抗辩，亦是版权法不可欠缺的重要构成，合理使用是使用者的权利。③

不可否认，部分版权人虽然对该条款持支持态度，认为只要能够划定UGC生成内容例外的范围，对UGC内容的使用行为进行合理区分，直接或间接从UGC内容中获益，对版权人进行补偿，该条款有助于作品的创作。④但UGC例外条款的出台受到加拿大创作者版权联盟，加拿大电影、电视和广播艺术家协会的反对，⑤因为该条款不仅与权利人对作品的正常使用、三步检验法和加拿大的国际条约义务相冲突，而且会让UGC平台等第三方服务提供商从UGC内容中获取经济利益，损害版权人的利益。

由于UGC例外条款适用范围不明、UGC内容定义不清，UGC例外条款的司法适用存在争议，导致难以明确UGC内容是否需要构成作品才能适用，可能导致诉讼成本的增加。⑥

---

① Canada Copyright Act 29.

② Théberge v. Galerie d'art du Petit Champlain，2002 SCC 34.

③ CCH Canadian，Ltd. v. Law Soc'y of Upper Canada，2004 SCC 13 （CanLII），[2004] 1 SCR 339.

④ Canadian Bar Association，Submission on Bill C‐32，Copyright Modernization Act [EB/OL]. (2017-04-03）[2023-04-25]. http://www.cba.org/cba/submissions/pdf/11-06-eng.pdf

⑤ Press Release. Alliance of Can. Cinema，Television and Radio Artists，Bill C-32 Update：Canadian Content—Free Today，Gone Tomorrow [EB/OL]. (2010-11-05）[2023-04-25]. http://www. actra. ca/main/pressreleases/2010/11/bill-c-32-updatecanadian-content-free-today-gone-tomorrow.

⑥ Hugh Stephen. Copyright Reform：Don't Play Fast and Loose with Copyright Exceptions [EB/OL]. (2016-03-10) [2023-04-25]. https://hughstephensblog. net/2016/03/10/copyright-reform-dont-play-fast-and-loose-with-copyright-exceptions/.

（四）规制UGC内容技术发展的可行性

技术在发展，规则也应演进。早在2007年，YouTube就因不胜讼累而推出了专门针对盗版视频和音频的Content ID系统，利用"指纹比对算法"对用户上传的视频内容自动进行版权监测。[①]2018年，YouTube又推出Copyright Match Tool用于监测平台上重复上传的与原创视频相同的UGC内容。[②]随着机器学习算法的应用，Content ID可以有效监测改变视频比例、播放速度等故意规避版权侵权检测的行为。[③]此外，YouTube还推出了版权内容移除网络表单（Copyright take-down webform）[④]、版权匹配工具（Copyright Match Tool）[⑤]、内容验证计划（Content Verification Program）[⑥]等版权运营系统。

Facebook引入了第三方内容管理软件Audible Magic协助版权人为作品创建指纹确认作品权属，便于Facebook检测UGC内容是否侵权。[⑦]Facebook还研发了Rights Manager内容管理系统便于版权人上传并管理版权作品的使用。版权人可选择对版权作品进行监控、屏蔽、获取广告收益、建立正版作品链接，[⑧]这与YouTube旗下Content ID处理方式异曲同工。[⑨]

在国内，文档分享平台百度文库于2011年推出了"反盗版DNA比对识别系

---

① YouTube. 什么是 Content ID 版权主张？［EB/OL］.（2022-01-05）［2023-04-25］. https://support. google. com/youtube/answer/6013276?hl=zh-Hans&ref_topic=928267.

② YouTube. 使用 Copyright Match Tool ［EB/OL］.（2022-01-05）［2023-04-25］. https://support. google. com/youtube/answer/7648743?hl=zh-Hans.

③ Fast Company. YouTube Is Using AI to Police Copyright—to the Tune of $2 Billion in Payouts ［EB/OL］.（2016-07-13）［2023-04-25］. https://www. fastcompany. com/4013603/youtube-is-using-ai-to-police-copyright-to-the-tune-of-2-billion-in-payouts.

④ YouTube. Submit a copyright removal request ［EB/OL］.（2022-01-05）［2023-04-25］. https://support. google. com/youtube/answer/2807622?hl=en.

⑤ Use the Copyright Match Tool. https://support. google. com/youtube/answer/7648743?hl=en.

⑥ YouTube. Content Verification Program ［EB/OL］.（2022-01-05）［2023-04-25］. https://support. google. com/youtube/answer/6005923?hl=en.

⑦ Meta. Policies and Reporting of Copyright［EB/OL］.（2022-01-04）［2023-04-25］. https://www. facebook. com/help/1020633957973118?helpref=about_content.

⑧ Meta. Platform Inc. Rights Manager Overview ［EB/OL］.（2022-01-04）［2023-04-25］. https://rights-manager.fb.com/.

⑨ 如果"Content ID"识别出与版权人作品相匹配的内容，版权人可以选择以下三种方式。（1）禁播，即禁止用户观看整个视频。（2）创收，通过在视频中投放广告来利用侵权视频创收。（3）跟踪，跟踪视频的收视统计信息，观看频率、时段等。

统"，综合运用"dsim 链查重""MD5 可信度溯源""标题相似度判重""HASH 算法甄别"、文本和图片识别处理五种策略，达到保护正版文档的目的。[1]2015 年，搜狐视频宣布其自主研发的"视频基因比对技术"正式上线。[2]腾讯公司提供的珊瑚内容安全助手小程序，通过向开发者提供文字检查、图片检查等 API 接口，帮助开发者鉴别内容风险。[3]除网络平台外，一些第三方机构也进入"算法技术"市场，为版权人提供自动侵权监测服务。例如，域外 Remove Your Media LLC、中国境内"易犬（EQain）"版权开放平台可以全天候监测盗版、发送侵权通知。[4]

随着数字技术的发展和新市场的层出不穷，权利的最佳利用者未必是源作品权利的创造者或所有人，而是在瞬息万变的市场中自生自发形成的分散力量。[5]排他性运用版权的防御性机制正逐渐向盗版变现模式转变。对 UGC 平台在版权保护中施以更高的注意和管理义务，不仅不会给 UGC 平台带来过重的负担，而且有利于版权保护技术的进步与发展。

（五）过滤机制存在的弊端

不可否认的是，现有的版权过滤技术本身并不完善。首先，完全依靠算法将版权作品转换成更小的单元，然后与数据库既有的版权作品进行比对的方式[6]并不符合版权法鉴别侵权的理念。实质性相似是鉴别版权侵权的主要方法，机器往往采用定量比对的方式，[7]版权法并没有明确构成实质性相似的比例，技术过滤比例也难以确定。

---

[1] 张淼. 百度文库将通过 DNA 比对防盗版［EB/OL］.（2011–03–26）［2023–04–25］. https://news.ifeng. com/c/7fZUmk3QLP3.

[2] 王小龙. 视频基因比对技术让盗版无所遁形［EB/OL］.（2015–01–08）［2023–04–25］. https://www. sohu.com/a/34540539_114812.

[3] 周润健. 微信推出"珊瑚内容安全助手"小程序 帮助开发运营者高效鉴别内容风险［EB/OL］.（2019–06–22）［2023–04–25］. http://www.tj.xinhuanet.com/news/2019-06/22/c_1124657226.htm.

[4] 谭一凡. 用技术对抗侵权,这家公司想要更多人受益于版权服务［EB/OL］.（2021–03–31）［2023–04–25］. https://www. sohu. com/a/458196308_313745.

[5] 黄炜杰."屏蔽或变现"：一种著作权的再配置机制［J］. 知识产权，2019（1）：37.

[6] Toni Lester, Dessislava Pachamanova. The Dilemma of False Positives：Making Content ID Algorithms more Conducive to Fostering Innovative Fair Use in Music Creation［J］. UCLA Entertainment Law Review，2017，24（1）：65–67.

[7] Michael S. Sawyer. Filters, Fair Use, and Feedback：User–Generated Content Principles and the DMCA［J］. 24 Berkley Technology Law Journal，2009，24（1）：400.

　　为避免卷进诉讼纠纷，UGC平台可能会直接限制UGC内容的发布，而不去判断作品本身是否构成合理使用，在Lenz v. Universal Music Corp案中，YouTube并未审查UGC内容是否构成合理使用，直接按照版权人的要求下架处理。①版权自动过滤技术很有可能带来过度屏蔽、屏蔽不足的问题，②影响网络用户表达的自由，反倒会激励用户不征求许可。

　　其次，版权自动过滤技术不是普适性的，不同UGC平台之间采取不同的过滤方式，Content ID只能适用于音乐和视频，文本、软件、数据库等版权侵权问题无法适用。③反盗版DNA比对识别系统、珊瑚内容安全助手小程序适用于文本和图片识别。侵权人完全可以将某作品类型的内容转化后上传至另一作品类型平台。

　　同时，UGC平台的市场规模与技术力量有较大差异，如果强制要求所有UGC平台必须采用、维护最佳过滤技术保护版权，无疑会使小型UGC平台增加巨大成本，影响技术创新。

　　从全球互联网产业的发展历史看，美国互联网产业一直居于领先地位。中国互联网产业虽然起步较晚，但近几年发展迅速。欧盟政策制定者在"版权指令"发表前的声明也显示，制定该"版权指令"的主要动机是为了使美国的大型互联网平台处于不利地位，使欧盟利益攸关者受益。

　　我国信息技术的更迭创新带来了数字内容领域"全民生产模式"的繁荣，借助移动终端的发展和4G、5G高速网络的普及，UGC内容制作模式迅速崛起。为解决海量内容的分发和用户触达问题，UGC平台采用的向用户进行个性化的内容推送的算法推荐技术，也成为我国互联网产业的助推剂。相较于直接于立法中引入强制性过滤机制，我国也应考察新型规则为创新者、用户及互联网生态带来的成本。与将技术过滤直接纳入UGC平台注意义务范围的审查义务相比，更为合理的方式是以构建版权作品正版库为基础，解决UGC内容授权许可问题。

---

① U. S. V. Lenz v. Universal Music Corp. ，801 F. 3d 1126 （9th Cir. 2015）.

② Byan E.，Arsham. Monetizing Infringement：A New Legal Regime for Hosts of User-Generated Content［J］. The Georgetown law journal，2013，101（3）：775-805.

③ Tim Cushing. Copyright Killbots Strike Again：Official DNC Livestream Taken Down By Just About Every Copyright Holder［EB/OL］.（2012-09-05）［2023-04-25］. http://www. phphosts. org/blog/2012/09/copyright-killbots-strike-again-official-dnc-livestream-taken-down-by-just-about-every-copyright-older/.

三、现行授权许可模式及其弊端

目前国内对于授权许可机制的研究集中于著作权集体管理制度的改良，少部分研究涉及著作权默示许可、Creative Commons 许可协议、短视频类 UGC 内容授权许可机制的 NFT 解决方案。

（一）UGC 内容授权许可受著作权集体管理授权许可既有弊端所限

著作权集中许可是将作品集中管理，相关权利按照一定的标准打包成若干集合，大量使用者通过某种中介或机制获得许可并支付报酬。集中许可制度主要包括商业性版权代理和著作权集体管理两条路径。商业性版权代理盛行于欧美出版、音乐、影视等行业，不少版权代理机构专门从事作品版权管理与交易工作。

集中许可制度的主要优势是高效性与规范性。但著作权集体管理授权许可在使用费率的制定、收取和分配方面呈现管理费较高的弊端和不足。长期的行政垄断地位使集体管理组织产生了自利性，著作权集体管理组织本应代表权利人向使用者争取更高的许可费用，却反过来占有权利人的部分报酬。我国集体管理组织对法定许可的收费与分配标准一直遭到会员权利人诟病。

根据我国《著作权集体管理条例》的规定，会员"不得在合同约定期限内自己行使或者许可他人行使合同约定的由著作权集体管理组织行使的权利"，[①]但对于使用者，"著作权集体管理组织不得与使用者订立专有许可使用合同"，[②]使得集体管理组织同时处于对权利人和使用者的优势地位，议价权更多地掌握在集体管理组织手里，并且收费标准固定统一。

如果源作品版权人希望根据市场浮动价格，从使用者处获得更多收益，则需要"私人议价"，甚至通过对个别使用者"独家授权"以获得大量报酬。针对UGC 内容，假如 UGC 创作者不能从集体管理组织得到合法授权，专门为某类 UGC 内容建立的集体管理制度的功能也将大打折扣。

---

① 《著作权集体管理条例》第二十条。
② 《著作权集体管理条例》第二十三条第二款。

（二）默示许可模式有悖于版权法理论基础

默示许可模式是指源作品版权人虽没有做出明确的许可意思表示，但在未明确反对他人使用作品时，其特定沉默足以让使用者认为权利人授予许可，使用者向权利人支付相应费用后，即可不经权利人许可直接使用作品。[①]若源作品版权人向使用者做出"选择退出"的决定，声明不得使用作品，则他人不得再未经许可使用作品。[②]

选择退出的默示许可制度最早是在Field v. Google Inc案中确立。法院认为Field不仅知晓谷歌公司使用的Googlebot程序是行业内通用的一种"爬虫"程序，还知道该程序的工作原理，且有能力通过"禁止抓取内容公告"制止谷歌的行为。但Field没有在网站中置入声明，告知Google不要抓取网页，也未采取任何措施，这就构成对谷歌行为的默许。[③]选择退出的默示许可制度在信息网络技术、版权商业模式和著作权法律制度三者互动的模式下出现，[④]为降低传统"一对一先授权再使用"模式下的交易成本，避免影响版权预期利益的实现，改变了传统版权制度"先授权，后使用"财产规则下，使用者获取作品的方式。选择退出默示许可制度以"责任规则"为基础，若使用者未尽到合理的注意义务，将承担侵权责任。若源作品版权人怠于发表声明，则其作品将可被直接使用。[⑤]

著作权是专有性权利，具有绝对性、对世性的鲜明特点，行使他人著作权的条件中，许可是核心。若在个案中对许可权能进行缩限，则需以版权人明确的意思表示为依据，如将权利人的不作为认定为对不特定人的许可，将极大减损专有性权利的权能，破坏著作权法的理论体系。

对权利的处分必须以意思表示作为依据，而意思表示绝大多数情况下须为明示。[⑥]默示所包含的意思，他人不能直接把握，要通过推理才能理解。因此，默示形式只有在有法律规定或交易习惯允许时才被使用。当前，UGC内容默示许可模式缺少先例，而且多数UGC内容往往侵犯他方的著作权。

① 王国柱. 著作权"选择退出"默示许可的制度解析与立法构造 [J]. 当代法学, 2015, 29 (3): 106.

② 梁志文. 版权法上的"选择退出"制度及其合法性问题 [J]. 法学, 2010 (6): 87.

③ Field v. Google Inc., 412F. Supp. 2d 1116 (D. Nev. 2006).

④ John S. Sieman. Using the Implied License to Inject Common Sense into Digital Copyright [J]. North Carolina Law Review, 2007, 85 (3): 888-893.

⑤ 刘友华, 魏远山. 知识付费平台的著作权纠纷及其解决 [J]. 知识产权, 2021 (6): 77.

⑥ 李前程. 论沉默在中国民法中的规范意义 [J]. 大连海事大学学报 (社会科学版), 2020, 19 (1): 65.

（三）"非商业目的"限制 Creative Commons 许可协议模式的适用

知识产权共享（Creative Commons，以下简称"CC许可协议"）从作品自创作完成时自动"保留所有权利"（All Rights Reserved）发展而来，知识产权共享组织提出通过版权人自由选择，保留部分权利，构建有助于知识成果共享与演绎的灵活机制。①

CC许可协议的适用并不意味着源作品版权人放弃自己的著作权，而是在特定的条件下允许权利人将自己的部分权利授予公共领域内的使用者。CC许可协议的授权内容主要包括"署名（Attribution）""非商业性使用（Noncommercial）""禁止演绎（No Derivative Works）"和"相同方式分享（Share Alike）"四个要素。

权利人也可以根据这四种要素，自由组合、搭配，构成六套核心的知识共享许可协议。当UGC创作者欲使用某作品作为素材进行再创作前，无须联系源作品版权人获得授权，UGC创作者也不能拒绝源作品版权人在UGC内容上的二次创作，双向授权可以避免反复授权与冲突风险。②

但CC许可协议作为"针对数字作品的开放共享和保护原创者权利的一种新型授权协议"，UGC创作者能否获得源作品的使用自由，仍然依赖源作品版权人基于CC许可协议的授权及授权范围。当前发放CC许可协议授权的源作品版权人在数量上显然无法满足UGC内容的海量需求，更何况CC许可协议的使用范围还存在较大的局限性。协议只能用于非商业目的，是否能被UGC创作者使用尚存疑虑，而且几乎无法在发生侵权的情况下为源作品版权人寻求救济提供帮助。

（四）以智能合约为首的数字版权保护机制为UGC内容授权提供新思路

在传统合同的执行过程中，通常是由中心化平台提供信用背书，由法院、仲裁机构等中心力量保证合同的有效性和可执行性。智能合约作为一套事件驱动、多方承认的数字承诺，③本质上是一段可编程、可自动执行的计算机代码，当预设的触发条件满足时便自动执行。换言之，借助智能合约，交易各方无须依赖中心化平台、法院、仲裁机构等中心力量，即可直接进行交易。由于智能合约的签

① 知识共享中国大陆."保留部分权利"：构建合理的著作权层次［EB/OL］.（2006-03-29）［2023-04-25］. http://creativecommons.net.cn/about/history/.

② Catherine Stihler. State of the Commons 2022 ［EB/OL］.（2023-04-11）［2023-04-25］. https://creativecommons. org/2023/04/11/state-of-the-commons-2022/.

③ 工业和信息化部.2018中国区块链产业白皮书［R］. 北京：工业和信息化部，2018.

署和执行过程中的每一步都将形成一个区块，并根据分布式记账原理被记录于链上每个节点，第三方难以对智能合约的内容进行篡改，也很难对智能合约的执行加以干涉；同时，由于智能合约用计算机代码的方式清晰准确地描述了合约的内容，智能合约原则上将严格按照自身代码自动执行，一定程度上杜绝了智能合约当事人违约的可能性。

全球规模最大的游戏短视频类UGC平台Roblox创设开发者权益保留模式，根据《Roblox中国开发者条款》的知识产权条款，短视频类UGC创作者可以保留对短视频类UGC内容的所有知识产权的权益；[1]此外，如用户使用虚拟币购买短视频类UGC内容或者短视频类UGC内容中的虚拟道具，短视频类UGC创作者可以人民币形式获得开发者交换收益。如满足变现资格，短视频类UGC创作者可以申请变现。[2]

尽管NFT智能合约的区块链属性有助于解决版权确权、创作者激励等与UGC内容授权相关的核心问题，但与传统合同相比，NFT智能合约的表现形式以及基于区块链属性所造成的匿名性、自动执行性等特征，都有可能导致实际运用NFT智能合约的过程中，出现传统合同的签署和履行中不会出现的风险，包括代码漏洞、内容解释、条款难以变更和解除等，在权益许可、流转相关的细节方面形成隐患。

现行互联网授权许可机制存在独占许可与集中许可两种授权许可路径，集中许可囿于集中管理的弊端，作品价格无法及时顺应市场需求。如果能够通过行业性的标准探索构建数字作品统一的数字作品库，构筑著作权授权许可新体系，使得数字作品持有者可通过IP的商业使用获得经济回报，无疑会对数字作品的价值起到正面引领作用。若能根据作品传播量和影响力等市场因素动态调整版权价格，疏通版权变现渠道，实现数字作品、UGC内容的交易流转，无论对于源作品版权人，抑或UGC创作者而言，都将大大激发创作热情，使用区块链智能合约编码可期实现这样的效果，确定源作品的唯一编码，建立数字作品的正版作品库是实现该目标的重要前提。

---

[1] 罗布乐思. 中国开发者条款［EB/OL］.（2021-09-24）［2023-04-25］. https://robloxdev.cn/dev-terms. html.

[2] 罗布乐思. 中国开发者交换政策［EB/OL］.（2021-09-24）［2023-04-25］. https://roblox.cn/dev-ex-policy.html.

四、以UGC内容授权许可为切入口构建正版作品库

UGC内容授权许可机制完善的关键在于平衡UGC创作者、UGC平台和源作品版权人之间的利益，兼顾鼓励创作和维护作者利益两个方面，避免过度强调著作权保护对UGC内容带来的负面影响。

（一）构建UGC内容授权许可链条

1. 运用数字作品DCI识别码实现数字内容确权

数字版权登记作为数字版权管理的首要环节，在数字版权保护和版权产业发展中起着关键的作用。1908年《保护文学和艺术作品伯尔尼公约》禁止实行强制性版权登记手续，即作品在创建完成时自动产生版权。1992年7月1日起，我国加入该公约，我国公民在作品创作时遵循自动获取和向版权登记主管部门自愿登记的原则。

我国传统作品登记证明材料主要有身份证明、作品权属证明、作品原件、手稿、创作说明，版权人持登记证明材料可线上向版权登记办理机构提交申请，也可以走线下审核登记程序，但都只实行初步形式审查，此类版权登记具有初步证明初始权利归属及流转情况的效力。我国传统的著作权登记成本高、效率低、流程烦琐、易造成重复登记。而数字版权的权利主体和客体形式呈现多元化，数字版权的权属确认变得更为繁杂。

域外实践对作品权属登记公示予以回应。美国最高法院认为"登记完成"并非版权人向版权局提交材料"申请注册"之时，而是版权局签发准予版权登记的决定之时。因此除极易在预发行阶段遭受侵权的作品，在作品登记完成之前，一般作品的版权人不得提起著作权侵权之诉。[1]但版权法自作品创作完成之时即赋予版权人专有权，禁止作品受到侵害，版权登记并不影响版权人就登记完成前的侵权行为获得救济。[2]

版权法自创作完成之时赋予作品专有权需要与数字环境下的版权管理相协调。版权虽然是版权人自由处分之私权，但当发掘侵权技术抢先确权技术一步

---

[1] Fourth Estate Public Benefit Corp. v. Wall Street. com LLC，856F. 3d1338（2019）.

[2] Fourth Estate Public Benefit Corp. v. Wall Street. com LLC，856F. 3d1338（2019）.

时，版权确权方式需要随之变通，引导版权人登记版权，以便公众查询和确定版权作品的权利归属，从自愿登记向登记保护逐步过渡。

UGC内容作为依托UGC平台、存在于数字世界的新兴作品，除了需要UGC平台、源作品版权人、UGC创作者、版权管理组织以及著作权登记机关等主体的通力协作，也需要网络生态系统下大数据、区块链、算法等新技术的有力支持（见图14）。

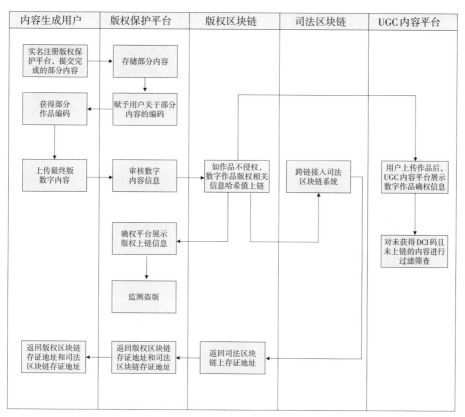

图14　数字版权确权流程图

首先，在UGC内容的认定和确权方面，可以借鉴中国版权保护中心对数字作品采取加注DCI码、DCI标和颁发数字版权登记证书的登记模式。DCI码通过描述现实世界中各主体与数字网络环境下的作品版权权属以及作品创作、传播（或帮助传播）等行为之间的一一对应关系，实现在融合空间中清晰标识主体、作品和行为之间的关系体系。一旦UGC平台加盟DCI标准联盟链体系，UGC平台上具有一定独创性的内容将会获得版权中心的数字作品版权登记。版权中心会为登记过的UGC内容提供盗版侵权监测和快速维权服务。但是该技术的有效运作有赖于UGC创作者在版权中心主动申请版权认证，很多业余UGC创作者可能缺乏认证的意识。对此，可同步采取：（1）UGC平台与平台上的源作品版权人、UGC创作者达成协议，代表授权的源作品版权人与UGC创作者进行版权登记，并与版权中心强化数据互通；（2）UGC平台向其他用户同步更新版权权属信息做法。

从授权链条入手，UGC平台获取作品（包括源作品、UGC内容）许可，代表其进行登记，同时与中国版权中心签订相关协议进一步强化数据互通。一方面，UGC平台可以向其目标UGC创作者约定好商业利润分配的比例，获得权利人同意进行版权登记的授权，进行版权登记以及后期的商业化运作；另一方面，UGC平台可以事先与版权中心建立自动化的作品数据交换机制，设置一定的UGC平台生成内容热度和原创度门槛，将达到标准的作品数据传输给版权中心进行侵权监测并进行反馈。如根据反馈的信息，UGC平台发现侵权，及时删除侵权内容、警告上传者并通知相关作者。

其次，UGC平台可以通过算法来构建著作权保护的过滤机制。需注意的是，建立算法机制和相配套的过滤机制时，也需要配以必要的人工补救措施，以构建UGC创作者与平台之间的新的利益平衡机制。算法机制可能存在过于僵化、死板等问题。因此，UGC平台应当建立用户的恢复被删除、下架作品的申诉机制和配套的人工审核制度来平衡利益。

2. 构建以平台为基础的授权许可公示制度

数字环境中，作品创作和流通逐步实现大众化，作品数量急剧增长，依托传统版权保护模式的自愿登记、形式审查制度无法与数字版权的发展相适应，当盗版数量达到一定界限，针对单一维权行为确定版权权属、侵权对象维权模式已经难以适应版权发展的需要。从根本上看，我国需要在构筑数字版权确权系统的同时，以UGC平台为窗口，建立数字时代版权作品公示机制。

UGC平台作为连接UGC创作者、用户与源作品版权人的中介，发挥着新型传播媒介的作用。UGC平台媒介作为社会资源的整合节点，可以通过协调各方的各种力量，利用各方资源实现管理和运作，构建新型传播生态。

UGC平台不仅承担传统的守门人角色，承载UGC内容，而且需要且能够以其独特的发展模式，聚合微粒化的关系、碎片化的内容，打通源作品版权人、UGC内容创作者保护版权和终端用户获取更多作品之间的需求。

我国应在构建UGC内容授权链条的基础上，以平台为中心，连接各方授权许可机制（包括著作权集体管理组织、CC许可协议商业机构等授权许可模式），向终端用户公示作品的授权许可流程，一方面，有助于用户对UGC内容的监督，另一方面，可以打通作品授权许可与终端用户版权法制意识传播之间的渠道。

3. 基于作品的公示与确权构建数字版权授权许可交易平台

在设计上，UGC内容授权链条包括两个环节、三个内容。在环节上，一是作为素材的源作品授权给UGC创作者进行创作的许可环节，二是UGC内容授权给平台、用户或者其他商业主体的许可环节。在内容上，主要是源作品版权人的UGC内容生成许可声明、概括性许可合同、用户协议（见图15）。

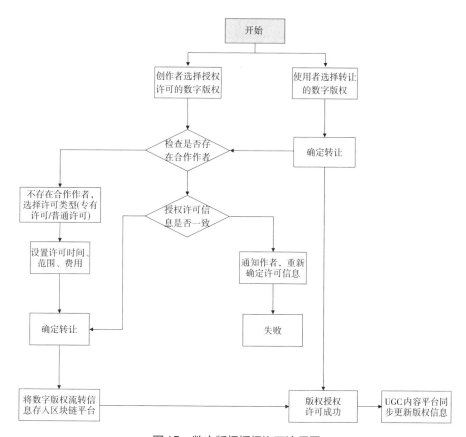

图15 数字版权授权许可流程图

首先，源作品版权人可以发布授权不特定用户在一定条件下，使用其作品创作UGC内容的许可声明，可以规定UGC内容上传的网站平台、允许UGC内容用于商业目的、UGC内容盈利的分配规则等内容。

其次，UGC平台作为拥有巨大UGC内容的主体，具有足够的资金和资源与源作品版权人签订个别的许可合同，允许平台上的UGC创作者使用授权作品。

同时，UGC平台也可以与我国的著作权集体管理组织，签订概括性的许可协议，允许集体管理组织下管理的作品一揽子地许可给签约UGC平台注册的用户，代表大量用户的UGC平台和管理海量作品的著作权集体管理组织之间签订概括性许可合同，避免UGC创作者和源作品版权人一对一签订许可协议带来的大量资源浪费，方便群众进行文化创作，促进UGC内容的繁荣。

4. 建立全国统一正版作品库保护平台

在构建全国统一正版作品库方面，版权作品库搭建者、源作品版权人和UGC平台要发挥行业自律的效用，根据现阶段传媒产业发展格局的特点，分阶段实施自我治理（见图16）。

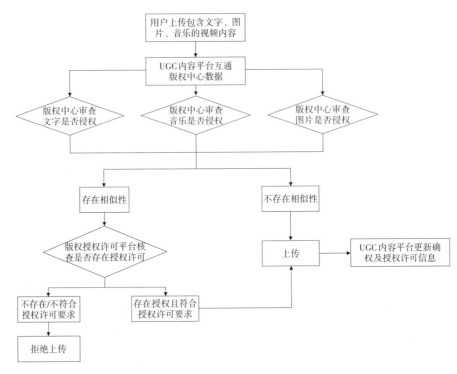

图16 全国统一的版权保护平台监测侵权机制

初始阶段：我国应利用数字技术建立明确的版权作品授权保护链条，将既有集中许可下的著作权集体管理模式与私人许可下的CC许可协议、私人授权许可等模式纳入统一数字作品的数据库范围，利用数字编码明确既有作品的权属。面对不断出现的新型网络版权侵权，强化UGC平台版权权属公示义务，为UGC创作者提供统一检索版权作品信息土壤，也为源作品版权人在版权维权中确立优势地位。

中间阶段：随着版权作品权属的明确，加强有技术、有资金的大型UGC平台的主体责任，推动UGC平台识别侵权作品能力的不断提升，回归"避风港规则"的初衷：在维护上游版权人和下游内容平台之间作品创造和内容传播利益平衡的基础之上，为二者搭建网络版权侵权治理的合作机制。

同时，版权作品数据库应利用区块链技术推动智能合约的建立，为源作品的授权许可及版权交易提供清晰路径。版权作品数据库可与UGC平台合作，为UGC平台提供UGC创作者对源作品的使用方式、使用范围、使用数量精准定位，让UGC平台不仅可以采用算法推荐技术向用户进行个性化的内容推送，降低创作门槛，实现高传播效率，还可以建立针对UGC创作者动态的UGC创作者画像，为UGC内容的创作提供指引，实现UGC内容创作的多样化，避免创作的信息茧房。这不仅可以为源作品版权人原有的版权内容拓展新的盈利空间，提高版权的市场交易价值，而且能够从根本上降低源作品版权人与UGC平台之间发生冲突纠纷的可能性。

成熟阶段：版权作品数据库与UGC平台应把重点放在版权内容交易上，构建更加公平合理的利益分配机制。源作品版权人应采取差别化的版权保护力度，弱化版权许可，降低传播成本，在推广版权作品的同时允许UGC平台使用富有自身个性的多样化服务内容，以信息的广泛传播所产生的品牌影响力，建立新的盈利模式。在此过程中，UGC平台要逐渐成为源作品版权人数字作品分销的重要渠道，通过版权资源的多次分销、传播，真正实现源作品版权人、UGC内容创作者与UGC平台之间合作的深度转型。

（二）以UGC内容保护网络生态系统向AIGC授权许可机制扩展

人工智能技术经过近10年的快速发展已经取得较大突破，随着人工智能理论和技术的日益成熟，人工智能场景融合能力不断提升，因此，近年来商业化应用已经成为人工智能科技企业布局的重点，欧美等发达国家和地区的人工智能产业商业落地较早，我国作为后起之秀，近年来在政策、资本的双重推动下，人工智能商业化应用进程加快。目前，人工智能技术应用场景也愈来愈丰富。

根据预测数据显示，全球AI软件市场规模将在2025年达到3139亿美元，

2021年到2025年年复合增长率为41.02%。①在大模型的快速迭代推动下，AIGC市场预计将保持高速增长，市场潜力巨大（见图17、图18）。

图17　2021—2030年全球预期AI软件市场规模②

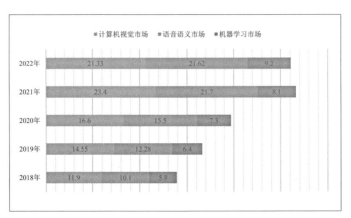

图18　2018—2022年中国人工智能核心产业市场规模（单位：亿美元）③

---

① 朱芸，李佳妮，侯钧皓，吴嘉悦. 人工智能行业专题报告：从算力、算法、数据和应用看 AIGC [EB/OL].（2023-03-20）[2023-04-25]. https://new.qq.com/rain/a/20230320A01HES00.

② 图表来源：华西证券《人工智能行业专题报告：从算力、算法、数据和应用看 AIGC》, https://baijiahao.baidu.com/s?id=1760847871058438660&wfr=spider&for=pc。

③ 图表来源：观研天下数据中心。

AIGC（AI Generated Content）即生成式 AI，截至目前其发展历程主要分为三个阶段：

（1）统计机器学习方法阶段（2010年前）；

（2）基于深度学习的神经网络模型（2010—2017年）；

（3）基于 Transformer 结构的预训练模型（2017年至今）。

在内容消费领域，AIGC 已重构整个应用生态。作为当前新型的内容生产方式，AIGC 已率先在传媒、电商、影视、娱乐等数字化程度高、内容需求丰富的行业取得重大创新发展，市场潜力逐渐显现。AIGC 将成为打造 3D 互联网时代虚实集成世界的基石，为 3D 互联网带来包括 3D 模型、场景、角色制作等价值能效的提升（见图19、图20）。

	2020 年前	2020 年	2022 年	预计 2023 年	预计 2025 年	预计 2030 年
文本	垃圾邮件监测/翻译/基本问答	基础文案撰写生成草案	完善文稿	科学论文垂直微调	终稿高于人类平均水平	终稿优于专业作者
代码	单行自动完成	多行完成	更长且精确的代码	更多语言深度提高	文本到产品（草稿）	文本到产品（终稿）优于大部开发者
图片			艺术/摄影/Logo	产品设计、建筑模型	产品设计、建筑等终稿	终稿优于专业艺术家、设计师、摄影师
视频/3D/游戏				视频和 3D 制作初稿	完善版本	AI 创作平台/电子游戏和电影实现个性化定制

图 19　AIGC 基础模型和应用发展预测[①]

[①] 图表来源：红杉资本。

AIGC 应用场景及所处发展阶段		
类型	应用场景	所处阶段
文本生成	新闻播报等结构化写作	广泛应用，技术细节待提升
	剧情续写、营销文本等非结构化写作	底层技术明确，预计1-2年将规模化应用
	内容推荐、文章润色等辅助性写作	广泛应用，技术细节待提升
	智能客服、聊天机器人等交互式文本写作	
	文本交互游戏等	底层技术明确，预计1-2年将规模化应用
音频生成	语音克隆	广泛应用，技术细节待提升
	由文本生成播报、虚拟人歌声等特定语音	
	作曲、编曲、自动作词等乐曲/歌曲的生成	
图像生成	去除水印、提高分辨率、滤镜等图像编辑工具	
	按照特定属性生成画作、根据指定要求生成功能性图像	底层技术明确，预计1-2年将规模化应用
视频生成	删除特定主体、生成特效、跟踪剪辑等视频属性编辑	广泛应用，技术细节待提升
	视频换脸等视频部分剪辑	底层技术明确，预计1-2年将规模化应用
	对特定片段进行检测及合成等视频自动剪辑	底层技术待完善，增长可期
跨模态生成	根据文字生成创意图像	底层技术明确，预计1-2年将规模化应用
	根据图片素材生成视频	
	根据文字生成创意视频	底层技术待完善，增长可期
	根据图像或视频生成文字	
游戏	AI Bot	底层技术明确，预计1-2年将规模化应用
	NPC 逻辑及剧情	

图20　AIGC 应用场景及所处的发展阶段[①]

① 图表来源：观研天下数据中心。

128

AIGC的发展也面临许多科技治理问题的挑战。目前,越来越多的企业加速了人工智能技术的采用,但AIGC的发展面临网络安全、合规性、个人信息保护、伦理和环境四个方面的挑战(见图21)。

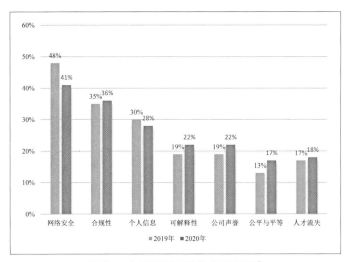

图21　人工智能面临的相关风险①

从著作权法角度看,AIGC已能成熟进行内容作品创作,但基本属于重组式创新,尚不具备真正的创造力。AIGC引发的新型版权侵权风险,已成为整个行业发展面临的紧迫问题。

AIGC生成内容既存在被他人侵权的风险,也存在侵犯他人权利的可能。AI变得更加智能,必不可少的环节是深度学习,必然需要借助人类创作的作品数据库。我国现行著作权法没有明确数据挖掘行为是否构成合理使用,而如果未经许可,复制或通过网络爬虫爬取他人享有著作权的作品,可能构成侵权。

因版权争议,2023年,美国三名漫画艺术家针对包括Stability AI在内的三家AIGC商业应用公司发起集体诉讼,指控AI模型以及基于模型开发的付费AI图像生成工具构成版权侵权。②机器学习模型有时会重建输入数据的特性,而不是反

---

① 图表来源:麦肯锡咨询公司《2022年人工智能现状:五年回顾》(The State of AI in 2022 and A Half Decade in Review)。

② Riddhi Setty. Getty Images Sues Stability AI Over Art Generator IP Violations [EB/OL]. (2023-02-26) [2023-04-25]. https://www. reuters. com/legal/getty-images-lawsuit-says-stability-ai-misused-photos-train-ai-2023-02-06/.

映这些数据的潜在趋势。此类模型可以视为生成作品的概率模型，落入源作品"复制品"或"衍生作品"的宽泛定义，存在侵犯复制权与改编权的风险。①现阶段 AIGC 同样面临版权授权许可的问题。

现存"一对一"授权许可模式可能造成 AIGC 研发的"寒蝉效应"。AIGC 模型所需的训练数据包含的作品数量众多、来源各异、权属不同。事先授权许可方式需要精准分离、提取受保护的源作品，再找到每一部源作品对应的权利人与之协商授权，并支付价格不一的授权费用。上述过程漫长且复杂，很难落地执行。

国家网信办《生成式人工智能服务管理办法》（征求意见稿）强调了人工智能服务提供者应对训练数据的合法性负责（包括预训练数据、优化训练数据），并且要求训练数据中不含有侵犯知识产权的内容。②美国国内也有声音认为数据训练不能构成美国版权法下的"合理使用"。③

部分国家和地区已经将数据挖掘作为合理使用的情形进行立法，如日本以"计算机信息分析"的名义规定文本数据挖掘的著作权例外，将作品利用的目的规定为"提供新的知识和信息"以替代原来"信息分析"的限定。④欧盟委员会提出《版权指令》草案，规定文本数据存储、挖掘的著作权例外，⑤但是在《单一数字市场版权指令》中允许著作权人以明示方式保留作品用于非科研目的、进行文本数据分析的权利。⑥

产业发展需要适度宽松的政策和法律支持。未来我国版权法应以"有限开放"条款赋予版权人"选择退出"机制，基于现行源作品及 UGC 内容正版作品库的授权许可链条，同步更新 AIGC 领域的版权人"退出"选项，向 AIGC 授权许可机制扩展。

（三）借助 UGC 内容保护网络生态系统向"孤儿作品"保护扩展

孤儿作品（Orphan Works）是指版权保护期间的作者身份不明或难以通过现

---

① Kevin P. Murphy. Machine learning: a probabilistic perspective[M]. England: MIT Press, 2012: 285.

② 《生成式人工智能服务管理办法》（征求意见稿）第7、17条。

③ DOE 1 et al v. GitHub Inc. et al, No. 3: 22-cv-06823 （N. D. Cal.）.

④ 2009年《日本著作权法》、2018年《日本著作权法修正案》。

⑤ Proposal for a Directive of the European Parliament and of the Council on Copyright in the Digital Single Market, com. (2016) 593 final (Sept. 14, 2016), Art. 3.

⑥ European Union: Directive (EU) 2019/790 of the European Parliament and of the Council of 17 April 2019 on copyright and related rights in the Digital Single Market and amending Directives 96/9/EC and 2001/29/EC, Art. 3, 4, 7.

行授权许可机制获取许可的作品。[①]"孤儿作品"是版权制度的内在问题，源于版权法规定的作品创作完成时自动保护及版权强制登记制度的缺失，随着互联网信息技术的发展和数字化作品的指数级增长日益暴露。[②]互联网信息互通共享开放的理念，与版权法独有专属保护机制存在天然冲突。[③]

经过作品的层层传播，大量UGC创作者在复制或传播作品过程中可能删除了源作品权属信息，"孤儿作品"授权许可问题由零星个案向制度困境演变，让孤儿作品授权这一传统版权授权许可的沉疴旧疾集中暴发。

欧盟通过《孤儿作品指令》建立了行政机构统一管理的孤儿作品信息登记数据库，将图书馆、美术馆、博物馆等文化机构馆藏的孤儿作品进行数字化使用。虽然该制度避免了重复搜寻的情况，但收录的作品仅为大量孤儿作品的九牛一毛。为便于收录"可能构成孤儿作品"，欧盟开展仅涵盖图书和手稿的"版权信息与孤儿作品"登记项目，该项目并不对特定用户开放，[④]因为欧盟旨在保护和传播欧盟文化遗产，实现公共利益目的，而非解决"孤儿作品"利用的全部问题。

在数字时代，UGC内容对源作品的商业利用更为突出。传统版权信息登记系统难以应对孤儿作品的登记不足，更未涉及孤儿作品的授权许可等二次创作的授权许可。面对大规模数字化，孤儿作品的版权授权许可问题无异于旧疾添新伤。

技术的进步为版权法注入新活力。成熟的区块链技术可以用于"孤儿作品"的登记。基于区块链的孤儿作品登记制度作为分布式的登记平台，可以让各个节点的用户每次检索的孤儿作品的记录和相关信息录入以区块链为基础的数据库中。在区块链分布式记账技术之下，每件孤儿作品的单独页面都记录着潜在使用者查找权利人的努力，有效实现孤儿作品勤勉检索的自动化，进一步实现孤儿作品的智能许可。

在实践中，版权行政机关或公共机构往往会要求申请人提交可以证明勤勉努

① Van Gompel, Stef, and P. Bernt Hugenholtz. The Orphan Works Problem：The copyright conundrum of digitizing large-scale audiovisual archives, and how to solve it [J]. The International Journal of Media and Culture, 2010, 8 (1): 3.

② 吕炳斌. 挟持理论下知识产权停止侵害救济的限制——以"孤儿作品"问题为例 [J]. 山西师大学报（社会科学版），2021，48 (2): 72-73.

③ 吕炳斌. 区块链技术能否解决"孤儿作品"版权难题 [J]. 人民论坛·学术前沿，2020 (4): 84.

④ Effelsberg, Hannelore. Accessible registries of rights information and orphan works towards Europeana [EB/OL]. (2014-12-09)[2023-04-25]. https://pro. europeana. eu/files/Europeana_Professional/Projects/Project_list/ARROW/Documents/ARROW%20Leaflet.pdf.

力的所有相关文件，对使用者施加了较多负担。日本、韩国、加拿大均提出政府机构经裁决，可对付出合理努力但无法查找版权人的使用者发放授权许可。[①]美国虽提出发挥市场调节机制，避免政府干预，但2008年美国《孤儿作品法案》提出引入向"孤儿作品"版权登记处提交"使用通知"的规则，[②]实质上导致公共机构的介入。

区块链技术符合市场调节的基本理念，可以避免行政机关对作品使用的干预，避免行政机关介入的运行成本。通过区块链的搭建，对孤儿作品的自动认证确定孤儿作品的状态，通过智能合约自动执行作品的授权许可费用，形成明晰的孤儿作品授权许可链条，最终形成孤儿作品数据库，破解勤勉查找要求的实践难题，消除孤儿作品的实践障碍。

结论

"去中心化"的传播方式下，网络用户集内容创作者、传播者、使用者三重角色于一体，与传统"一对一"授权许可模式下创作、传播、使用角色分离模式的差异，是UGC内容授权许可问题突出的根源。

我国现阶段互联网产业极为强大，UGC平台对用户行为的介入时间均大为提前，干涉更加常态化，对用户行为介入的广度和深度也大大增加，UGC内容平台与其他类型平台逐渐融合，连接、调节或重组个体关系形成新型社会生产生活模式。

我国应强化UGC内容平台的版权责任，基于UGC内容平台通过智能合约等区块链技术实现数字内容的确权、公示，逐步构建全国性统一的版权作品库及数字版权授权许可交易平台，并基于UGC内容保护网络生态系统，尝试性解决AIGC内容及孤儿作品的授权许可问题。

课题组组长：卢海君　任寰

课题组成员：由理　徐朗　赵司晨　张禹　罗瀚　肖鹏

课题承担单位：对外经济贸易大学

[①] 日本著作权法第六十一条第一款、韩国著作权法第四十七条第一款、加拿大版权法第七十七条。

[②] 《2006年孤儿作品法案》议案与《2008年孤儿作品法案》[J]. 韩莹莹，译. 支振锋，校. 环球法律评论，2009，31（1）：156-157.

元宇宙模式下的创作成果著作权问题研究[*]

丛立先[**]

摘要： 在元宇宙模式下，一切作品的创作、呈现、使用、流通交易都受到数据和算法的影响，传统的版权保护方式和利益平衡理论将无法直接适用于元宇宙中的复杂情境。从创作主体和创作来源的角度划分，元宇宙环境下的创作内容可为数字孪生型作品、元宇宙新创型作品、二次创作型作品及人工智能参加型作品。

作品认定的独创性要求元宇宙环境中创作的场景内容必须来源于创作者自己的创作设计，该来源包括了虚拟世界和物理世界。创作性要求创作成果能够体现作者独特的智力选择与判断，展示创作者最低限度的创造性。元宇宙模式下的著作权权属基本原则仍然围绕"创作者和投资者构建的制度设计"这一理念开展，复杂情境下，元宇宙基础程序、"数字人"以及用户产出内容的著作权归属参照不同标准确定。

元宇宙的内容创造者是现实社会中人的虚拟化身，其创作活动受到现实社会中的人和人工智能的共同影响，著作人身权与作者紧密相连，著作财产权更多具备可流通的属性。"接触加实质性相似"依然可以适用元宇宙模式下的著作权侵权认定，在元宇宙模式下，权利人的权利受到侵害时，可以从民事救济、行政救济、刑事救济和替代性纠纷解决（ADR）救济等四个方面进行救济。

关键词： 元宇宙；著作权；作品；权利归属；权利限制；侵权与救济

元宇宙，Metaverse，是"元（Meta）"和"宇宙（Universe）"的复合词，起源于尼尔·史蒂文森1992年创作的科幻小说《雪崩》（Snow Crash）。元宇宙模式下将会产生很多不同类型的创作成果，它们可能无法落入现行著作权法规定的八种作品类型中。对于新型创作成果是否属于第九种其他智力成果的认定应当采取谨慎的态度，著作权法所规定的作品的四个构成要件仅是构成作品的必要但非充分条件，我们需要对独创性需要满足何种标准才能被认定为作品、是否需要采取进一步列举的方式拓宽作品类型、元宇宙模式下创作的作品独创性标准较传统作品独创性标准是否存在改变等问题进行进一步的探讨。在确认作品类型后，对于

---

[*] 本报告为该课题研究成果的精减版。

[**] 丛立先，华东政法大学知识产权学院院长，教授，博士生导师，本课题组组长。

与之对应的专有权利种类和范围也值得探讨。元宇宙是整合多种新技术而产生的新型虚实相融的互联网应用和社会形态，这也就意味着元宇宙参与者在其中的创作既有自己的创新投入，也需要依托包括人工智能等在内的各种技术手段。在这样的背景下，必然会因为利益划分的问题产生一系列关于作者认定、权利归属等方面的争论。元宇宙是一个令人激动且极具价值的前沿地带，极有潜力成为下一代网络空间，不同于游戏世界，元宇宙主体是元宇宙参与者从现实世界向虚拟世界的延伸，因而该身份带有相关的人身和精神属性，由此产生的相关作品存在作者鲜明的个性烙印，因此需要考量在元宇宙模式下著作权人的人身权利和财产权利的扩张和缩减情况，以此判断在特定情形下是否需要对相关权利进行保护或者限制。针对元宇宙模式下出现的诸多新形式侵权行为，需要重新检视元宇宙环境下侵权行为的构成要件以及因侵权行为而需要承担的法律责任，完善民事救济、行政救济、刑事救济和替代性纠纷解决救济等多方面的救济机制。

一、元宇宙的本质及元宇宙著作权规则的基本问题

（一）元宇宙的本质与核心属性

正如戈斯汀所说"著作权是技术之子"，[①]著作权作为传播技术革新的紧密追随者，携带着新技术特征的深刻烙印。Web3.0背景下，元宇宙技术使内容创作产生颠覆性变革，应当对元宇宙的本质与核心属性进行深入的分析以考察其对创作成果著作权问题的影响。

1. 元宇宙的核心属性与数字生态系统

元宇宙并不应当被直接笼统地描述为一种技术、平台或者游戏，而是一种虚实融合的三元世界数字社会。[②]现实生活中的大数据、物联网、人工智能、区块链、VR/AR/MR等技术构成了元宇宙的底层支撑技术，而人类以数字身份参与其中，使得元宇宙具有永续性、同步拟真性、开源创造性、闭环的经济系统等四大

[①] ［美］保罗·戈斯汀. 著作权之道：从谷登堡到数字点播机 [M]. 金海军，译. 北京：北京大学出版社，2008：63.

[②] 吴江，曹喆，陈佩，等. 元宇宙视域下的用户信息行为：框架与展望 [J]. 信息资源管理学报，2022，12（1）：4-20.

基本属性。①同步拟真性使得虚拟世界和现实世界保持着高度同步和互通，交互效果接近真实；开源创造性意味着技术开源和平台开源允许不同需求的用户在元宇宙中进行创造；持续性允许元宇宙不会暂停或者结束，元宇宙将因其开源的方式运行并无限期地永续；闭环的经济系统进一步成就了元宇宙的社会性与生态性。上述四大属性与元宇宙底层技术一起造就了元宇宙成为有机的数字生态系统。在整个元宇宙生态系统之下，又可以根据元宇宙中不同数据要素的侧重点分为不同的子系统，如创作数字生态系统、医疗数字生态系统、工业数字生态系统等子系统。创作数字生态系统以作品创作者、作品传播者和作品利用者为生态主体，以元宇宙数字作品为主要内容，作品创作、传播、利用乃至再创作的全流程都在元宇宙创作数字生态系统中发生。

元宇宙的本质及核心属性也直接影响了元宇宙著作权的利益平衡底层逻辑。著作权法中的利益平衡以分配正义为主旨，而私权利正是分配正义的逻辑起点。②在元宇宙中，一切作品的创作、呈现、使用、流通交易都受到数据和算法的影响，数字作品的内容的复制和传播变得更加容易，但著作权权利保护情境变得更为复杂，传统的版权保护方式和利益平衡理论将无法直接适用于元宇宙中的复杂情境。元宇宙中版权保护的底层逻辑转变为了通过算法控制和算法反垄断产生的"新利益平衡"。③

2. 元宇宙的特点与作品创作的联系

相比于现阶段的虚拟空间以及"第二人生"类游戏，元宇宙为我们展现的虚拟世界将具有更强的沉浸感和反馈感，从而使得参与者的创作空间更大，赋予作品创作更多的可能性。并且元宇宙中一切作品的创作、呈现、使用、流通交易都受到数据和算法的直接控制和间接影响。

（1）沉浸拟真提供创作可能

创作主体、创作客体、创作本体和创作介体共同构成的创作的基本要素，沉浸拟真的元宇宙环境满足了创作的要素，元宇宙呈现的环境与现实世界非常相似，创作者熟悉的创作行为能够在虚拟空间中得到反映；同时，元宇宙也为沉浸式创作提供了新的可能，创作者可以在传统视觉效果的基础上增添听觉、触觉乃

---

① 未来智库. 元宇宙深度研究报告：元宇宙是互联网的终极形态？［EB/OL］.（2022-12-19）［2022-12-21］. https://baijiahao.baidu.com/s?id=1701891462539005558&wfr=spider&for=pc.

② 李琛. 论知识产权法的体系化［M］. 北京：北京大学出版社，2005：63-64.

③ 杨延超. 元宇宙会给版权法带来什么挑战［N］. 经济参考报，2023-01-31.

至嗅觉艺术效果，从而使得元宇宙模式的创作环境呈现多感知性、沉浸性和交互性的特点，赋予创作更多的可能性。

（2）开源创造引导多元创作

元宇宙可以自行选择使用何种元宇宙"模块"甚至自行接入元宇宙标准接口。[①]在这一特性下创作者可以自行定义其理想的创作规则和条件，这使得创作者可以在元宇宙中进行任何他所期待的创作行为，打破了现实世界的地理空间、物理空间限制。[②]创作的多元性激发无限可能，也可能会诞生著作权法第三条已规定的作品类型之外的作品形式。

（3）人工智能辅助人类创作

元宇宙模式下的人工智能创作功能将不再停留在接收用户简单指令的层面，而是进行创作的内容增强以及深度辅助创作。在创作内容增强领域，生成式人工智能可以全自动生成场景、建筑、物品、外形等，或通过AI算法增强内容呈现质量，扩展人们的视觉边界；在深度辅助创作领域，人工智能可以对只有一些轮廓和颜色的草图自动进行加工，最终形成完成度极高的成品。

（4）基于区块链的内容共创

区块链由"区块"和"链"组成，本质上是一种旨在通过去中心化的方式，集体维护一个安全可靠的数据库的技术方案，[③]而元宇宙正是基于区块链技术搭建一个共创、共享、共治的虚拟世界。每一个用户都是创作的参与者，基于区块链分布式特点提供的更加透明和公正的创作环境，减少作品剽窃与盗用，从而激活创造力，打造全新的数字创作形态。

（二）元宇宙模式下的创作情形与作品样态

元宇宙的特点和创作内容具有很强的关联性。结合现阶段元宇宙发展阶段，可以对元宇宙环境下的创作内容从创作主体和创作来源的角度划分为以下四种类型：

1. 数字孪生型作品

数字孪生技术是充分利用物理模型、传感器更新等数据，集成多学科、多物

---

① John Smart，Jamais Cascio，Jerry Paffendorf. "METAVERSE Roadmap" A Cross-Industry Public Foresight Project. [EB/OL]. (2007-04-03)[2022-12-21]. https://www.metaverseroadmap.accelerating.org.

② 张蓝姗，史玮珂. 元宇宙概念对影视创作的启示与挑战 [J]. 中国电视，2022（2）：78-83.

③ 邵奇峰，金澈清，张召，钱卫宁，周傲英. 区块链技术：架构及进展 [J]. 计算机学报，2018，41（5）：969-988.

理量的仿真技术，针对物理世界中的物体通过数字化的手段构建一个在数字世界中一样的实体。[1]数字孪生为元宇宙用户提供了和现实环境高度一致的活动环境和创作条件。元宇宙模式下的数字孪生型作品的定性问题显然更加复杂，例如数字孪生对象为具有独立于建筑实用功能的艺术美感的建筑作品将会产生是否侵犯信息网络传播权、复制权、改编权等问题。

2. 元宇宙新创型作品

在数字孪生和元宇宙沉浸拟真性的加持下，元宇宙环境为用户提供了丰富的创作空间。同时元宇宙的开源创造性为创作者提供了模块化的创作功能以使用现实世界中难以操控或不存在的艺术元素进行创作。相关的创作既非对于物理世界环境的复制，也没有涉及对现实作品的改编，属于人类在元宇宙中创作的新作品。现行的新创作品著作权规则可以有条件地应用于元宇宙环境下的新创型作品中。但随着元宇宙场景内容和资源的日渐丰富，新创作品的独创性标准是否也要有所改变需要具体考察。

3. 二次创作型作品

借鉴原有的智力成果产生新的创作成果是作品产生的最重要方式之一，元宇宙模式下也会存在大量的二次创作型作品，在原作品的基础上创作出元宇宙环境下的新内容，如在元宇宙环境中三维虚拟动态情景的再现或将现实世界中的平面漫画转为元宇宙中沉浸拟真的动态型作品。

4. 人工智能参与型作品

人类在虚拟环境中借助元宇宙人工智能创作出的内容或者与人的交互过程中产生的内容，这种情形可称之为人工智能参与型作品。学界对于该类作品"可版权性"的主流观点是现阶段的人工智能本质是工具属性，任何简单或复杂的创作工具只要被人类利用进行了创作，达到了版权法规定的作品构成要件，都能成为适格的作品。[2]对于元宇宙模式下作品创作情形的分类研究是开展著作权保护和元宇宙环境中数字内容产业治理的基础性研究，对于元宇宙模式下创作成果的著作权定性问题具有重要意义。

（三）元宇宙引起的创作成果著作权定性问题

元宇宙的发展在版权产业带来变革的同时，对著作权保护也提出了更多的问

---

① 陶飞，刘蔚然，刘检华，等. 数字孪生及其应用探索 [J]. 计算机集成制造系统，2018，24（1）：1-18.
② 丛立先. 人工智能生成内容的可版权性与版权归属 [J]. 中国出版，2019（1）：11-14.

题。元宇宙著作权问题的核心是元宇宙模式下作品著作权成果定性的问题，即利用网络及运算技术、交互技术、人工智能技术等技术呈现的具有链接感知和共享特征的三维虚拟空间中的内容能否被认定为作品。与之紧密相连的还有元宇宙模式下的独创性标准是否发生改变、作品类型的认定与法定类型开放适用等问题；在作品权利层面如何确定作品的权利主体、专有权权利范围以及在权利的限制与例外。这些问题最终影响的是元宇宙模式下创作内容整体利用和价值转化效率的问题，与元宇宙版权产业的良性发展息息相关。

二、元宇宙模式下的作品认定

元宇宙模式下的作品认定问题是开展元宇宙模式创作成果问题研究中的基础性问题。本部分将基于著作权法第三次修改的背景下从作品的构成要件来对元宇宙模式下的创作成果进行作品证成。

（一）元宇宙模式下的作品构成要件

1. 元宇宙模式下的作品独创性标准

作品认定的最核心要件便是"独创性"，包含"独立完成"以及"创作性"两方面的内容。独创性要求元宇宙环境中创作的场景内容必须来源于创作者自己的创作设计，该来源包括了虚拟世界和物理世界。[①]创作性要求创作成果能够体现作者独特的智力选择与判断，展示创作者最低限度的创造性，与已有作品的表达不同。[②]

（1）元宇宙模式下的独创性判断

对于"独立完成"的认定规则与物理世界的相一致，只要求创作成果源自本人即可，同时元宇宙创作模式为创作者提供了基于区块链技术的创作者信息认证，[③]提高了独立创作的真实性和有效性。对于"创作性"的判断则应当结合元宇宙具体环境和创作类型进行判断，现阶段元宇宙中的环境内容尚未建设完成、

① 李晓宇. 元宇宙下赛博人创作数字产品的可版权性 [J]. 知识产权，2022（7）：20-46.
② 金渝林. 论作品的独创性 [J]. 法学研究，1995（4）：51-60.
③ Mitchell Clark. Photoshop will get a prepare as NFT option soon [EB\OL]. (2021-10-26) [2022-12-21]. https://petapixel. com/2021/10/26/photoshop-to-add-prepare-as-nft-to-save-options.

创作内容较少，但并不能因此就降低"最低限度的智力创造性标准"。

（2）元宇宙模式下的独创性标准

我国没有对作品独创性的标准作出统一规定，司法实践中的判断标准也不统一，留下了较大的解释空间。在元宇宙模式下更应当坚持独创性的"有无"标准，因为对独创性的判断只能定性，无法定量，只能判定独创性之有无，无法判定独创性之高低。

2. 能以一定形式表现

著作权法在修订中将"能以某种有形形式复制"修改为"能以一定形式表现"，"能以一定形式表现"明确了著作权法保护的对象是具体的表达，而非抽象的思想、创意、概念或操作方法。元宇宙虚拟环境中的虚拟数字作品呈现表达符号和内容题材的有机融合，能够为人们通过外在形式进行感知，在形式上符合作品的"能以一定形式表现"要件。同时元宇宙区块链底层技术就很好地对"作品表现"问题进行了回应，元宇宙中的任何创作行为都可以被写入区块链"分布式账本"的记录中。

3. 人类的智力成果

根据著作权法的定义，作品必须是人类的智力成果，明确著作权法保护的智力成果只能是由人类创作这一要件，对元宇宙模式下的生成物能否获得著作权法保护是极为关键的。元宇宙虚拟世界场景构建主要是"人"创造的成果这是无可争议的，元宇宙中的"虚拟化身"在与人的交互性过程中生成的内容也不应当因为"虚拟化身"的参与而被排除在著作权法保护范围之外。

4. 文学、艺术和科学领域

该构成要件在元宇宙环境下其含义也未发生重大变化。作品必须是属于"文学、艺术和科学"领域内，除此之外的智力成果及其表达形式有些受到其他知识产权法律制度或者知识产权之外的其他法律制度的保护。

从上述对作品构成要件的分析可以得出结论，尽管元宇宙模式下的创作成果涉及的问题较为复杂，但元宇宙模式也并未对作品构成要件造成"颠覆性"的重构，仍需要具体问题具体分析，充分考虑元宇宙环境的具体情形进行判断。

（二）元宇宙模式下创作成果的作品类型

元宇宙模式下创作成果的作品类型是研究元宇宙环境下作品专有权利的基础。首先，探讨作品分类的意义表明了在元宇宙模式下哪些形式的表达是可以受到著作权法保护的；其次，元宇宙模式下不同类别作品的著作权人享有的专有权可能有所不同；再者，对于不同类别的作品而言，著作权的归属与行使的规则也不同。

依照现行作品类型对元宇宙模式下的创作成果的作品类型进行讨论是有必要的，不应当因为元宇宙模式的出现就放弃现行的作品分类方式。考察元宇宙模式对作品类型的影响既要谨慎对照著作权法第三条中规定的作品类型和作品含义进行研究，又要综合考量元宇宙模式的特征的总体影响。具体而言，元宇宙模式对现行的部分作品类型影响可能较小，如文字、音乐、美术作品等类型，其作品概念也相对稳定，元宇宙为用户创造的高度沉浸式的虚拟世界，用户可以在其中和现实世界一样进行绘画、写作、即兴演讲、舞蹈等创作活动。与此同时，元宇宙又对摄影作品、视听作品等作品类型的影响非常大，因为这些类别的作品大多诞生于第二次工业革命及之后的时期，技术变革和环境因素都会对作品的创作方法和创作介质产生较大的影响。

（三）元宇宙模式下作品类型模式的立法选择

元宇宙背景下需要根据成果的具体情形个案分析其所属的作品类型。如果创作者创作的新型成果不属于著作权法所列举的八种作品类型，但属于满足作品构成要件的"符合作品特征的其他智力成果"，此类智力成果能否纳入著作权法现有保护客体抑或需要著作权法对新作品类型加以专门规定，这一问题是元宇宙模式下其他类型作品认定的最重要问题之一，对这一问题的定性会直接影响我国对于元宇宙模式下版权治理的基本态度。

1. 封闭式作品类型与开放式作品类型

（1）封闭式作品类型与开放式作品类型模式概述

目前，世界各个国家（地区）对作品类型的界定可分为封闭式立法与开放式立法两种模式。在作品类型封闭式立法模式中，元宇宙环境下的非典型智力成果外在表达不属于法定作品类型，法院将直接拒绝对其提供著作权法保护。在采取开放式立法模式中，司法裁判者拥有更多的自由裁量权，有灵活弹性的独创性判定标准，智力创作物的可版权性不受限于作品的法定外在表达类型。[1]

（2）我国开放式作品类型的转变

著作权法第三次修订将"法律、行政法规规定的其他作品"改为"符合作品

---

[1] Kim Seng Co. v. J&A Importers Inc., 810 F. Supp. 2d 1046, 1052-1055（2011）.

特征的其他智力成果"，建立开放式的作品分类模式，由封闭式作品类型走向开放式作品类型以不断满足新出现的作品类型，也为元宇宙模式下的新型创作成果保护提供了法律解释的空间。

2. 元宇宙模式下的开放式作品类型

技术进步促进了作品表达与类型的多元化，开放式立法模式更契合元宇宙模式下的创作成果保护的立法理念与司法实践。从理论概念层面分析，著作权的排他效力与公共物品属性，决定了著作权应当法定，继而确保社会公众的行为自由空间，开放式作品类型既贯彻了作品类型法定原则，又解决了作品类型限定的僵化性困境；从司法判决层面分析，开放式立法模式有利于充分发挥司法效能解决元宇宙中创作成果的新问题。司法实践中也尝试对新型著作权客体进行弹性的吸纳，开放模式有利于法官发挥应对元宇宙新型数字产品纠纷的司法能动性；从产业发展层面分析，元宇宙作为新兴数字产业具有复杂性与变动性，封闭式的作品类型无法对社会变革做出积极迅速的回应，这与元宇宙乃至整个"后数字信息社会"的发展基调是相悖的。

（四）元宇宙模式下"作品类型开放"条款的适用

1. 作品构成要件之认定

在认定新类型作品时，要考察其是否符合著作权法中作品的构成要件。不同法院对于作品构成要件在认定上的差异还需要以法律规定的构成要件为核心，通过理论研究和司法实践不断统一作品构成要件之实践认定标准。

2. 作品法定类型之归入

在认定新类型作品时，要明确该智力成果不属于著作权法已明确列举的作品类型，只有在此前提下，作品类型开放之条款才有适用的空间，在认定新类型作品时，需要准确理解现有法律明确规定的作品类型的准确含义。更要从著作权法体系化的角度，就该作品类型的认定是否与其配套规则相匹配作出考量。

3. "其他作品"正当性之论证

在认定新类型作品时，要从经济、法律和社会发展等多方面对"其他作品"进行保护的正当性进行充分论证，审慎适用。一方面，对新类型作品的认定，世界各国都是持非常谨慎态度的，因此我国在认定时，要充分考虑将其作为"其他作品"进行保护的必要性，分析判断这样的认定是否有利于行业发展，是否符合著作权法的价值目标，是否符合社会公共利益，切不能为了"创新"而认定；另一方面，在认定时还要考虑对这一表达形式是否可以从其他法律制度中提供保护或救济手段。

三、元宇宙模式下的作品著作权归属

（一）元宇宙模式下著作权主体

元宇宙中的权利主体情况较为复杂，元宇宙的著作权主体可能包括元宇宙平台运营者、元宇宙基础环境构建者、元宇宙中的数字人、物理世界的创作者等，相同类别的主体下又存在不同类型的差异，因此需要首先对元宇宙中权利主体的属性进行分析。

1. 元宇宙模式构建者

正如第一节所述，数字孪生为元宇宙环境的构建提供基础技术支持。区块链技术应用的快速发展、XR设备的优化完善，为元宇宙概念下的经济体系、接入形式带来了参考，数字孪生概念为元宇宙整体的搭建提供了依据。元宇宙的构建需要多方的通力协作，换言之元宇宙模式构建者为复数形式，在探讨最终的版权归属时，首先应当明确其运作机制。其构建主要由三部分组成即服务端平台（Ss）、物理实体（PE）、虚拟实体（VE），各部分构建者均能成为各自作品的著作权人。由此可以说数字孪生的构建过程如同在拍摄一部电影，需要各方付出各自的智力劳动才能形成最终的结果，因此下文将结合著作权权属原则做进一步的权利归属认定。

2. 元宇宙中的数字人

数字人又可以称作虚拟数字人、赛博人、数字分身等，是人与机器技术融合形成虚拟空间中的新型主体，是物理世界人类在元宇宙中活动的化身。本文将数字人拆分成前端、后端两个维度，前端指的是数字人的可视性，即可以理解为人们可以感知到的形象，其构建大致分为两种即人工建模与外部扫描建模，前者通常为虚拟的形象，而后者则更接近现实人物的拟真形象，因此前端侧重于静态形象，后端则是指数字人的交互性，即驱动形象使得数字人具有拟人的交互能力。其实现路径一种是通过真人驱动，另一种则是通过算法驱动。由此可以得出前端中虚拟、拟真，后端中真人、算法四个参数，从而形成一个二阶方阵，进行组合进而总结出下列四类数字人模型（见表1）。

表1　元宇宙中数字人模型二阶方阵

前端/后端	真人	算法
虚拟	前端虚拟、后端真人型	前端虚拟、后端算法型
拟真	前端拟真、后端真人型	前端拟真、后端算法型

3. 物理世界的创作者

在讨论此类著作权主体时首先应当区分不同的元宇宙类型，物理世界的创作者在元宇宙中主要通过用户的形式参与创作（以下在元宇宙场景下称物理世界的创作者为用户）。欧洲创新理事会和SMEs执行机构（EICSEA）通过对元宇宙的划分来探讨元宇宙环境中的内部创作情况，报告中将元宇宙分为开放式元宇宙（Open Metaverse）和封闭式元宇宙（Close Metaverse），封闭式元宇宙意味着用户不能在其中创建任何额外的元素，只能在封闭元宇宙的基础环境之中进行创作，开放式元宇宙意味着用户可以在其中创建新功能，从这个意义上说，负责开发该元界的公司将创建一个基础，然后集成一个软件，让用户产生新的元素[①]。

（二）元宇宙模式下著作权权属原则

元宇宙模式下的著作权权属基本原则仍然围绕"创作者和投资者构建的制度设计"这一理念开展，著作权法的对于合作作品、委托作品、职务作品等一般规则可以被吸收以确定元宇宙模式下著作权权属。元宇宙对物理限制的突破使得我们需要结合当下元宇宙的发展阶段，从经济、政策多个因素去综合考量元宇宙模式下的著作权归属问题。

1. 元宇宙模式下著作权权属的基本原则

参与作品创作过程的主体大致可以分为智力和资本两类投入者，著作权法深受浪漫主义或者个人主义作者观影响，在面对智力投入与资本投入相互竞争的局面时，将智力提供者放在优先的位置，而在一般原则外，著作权法也会考虑资本提供方的需求，对权利归属做一些例外规定[②]。著作权归属的一般原则是作者享有著作权，元宇宙环境下对一般原则的适用问题主要体现在对"作者"的认定

① European Innovation Council and SMEs Executive Agency. Intellectual Property in the Metaverse. Episode Ⅳ: Copyright. [EB/OL]. (2022-06-30) [2022-12-21]. https://intellectual-property-helpdesk.ec.europa.eu/news-events/news/intellectual-property-metaverse-episode-iv-copyright-2022-06-30_en.

② 崔国斌. 著作权法：原理与案例 [M]. 北京：北京大学出版社，2014：9.

上。元宇宙模式下的作品创作高度依赖现实世界的基础设施支持，在此基础上用户通过交互层实现与虚拟世界层的接触，在获取相关的数据信息后完成特定的创作，因此元宇宙模式下作品可以总结为"人机结合"的产物，此处"人机"的人应当存在两种含义，一种为参与现实世界层建设的研发人员，"人机结合"体现为人类智慧在机器上的延伸，另一种则是上文所述的"数字人"，或是存在于虚拟世界层的用户，"人机结合"体现为人与人工智能的通力协作。尽管作品创作建立在人机结合的基础之上，但是我国学界关于人工智能著作权主体地位的主流观点仍认为目前我国的作者只能是自然人，对于人工智能的态度应采用"工具论"，将其作为一种物质条件考虑，虽然在元宇宙模式下人工智能与现实人类对于作品创作的贡献界线愈加模糊，但是在最终的作者认定上不能突破自然人底线，只考虑在人机结合背景下作品创作这一项智力活动中的人类智慧的最终来源，从而使得选择区间限缩在不同人类主体之间。

合作创作是创作者成为合作作者的基本要求，合作作品的成立至少要满足两个前提条件，即合作意图和合作事实①。创作者之间应当有明示或者默示的意思表示要共同完成一部作品，同时期望成为合作作者，比如编辑和作者的关系、研究助手与研究人员的关系因不具备成为合作作者的意图而不能成为合作作者②，同时创作者需要对作品做出直接的、实质性的贡献。在元宇宙模式下，不同主体为了提升自身知名度，通常会采用联合表演的形式推出作品，从而达到流量共享的目的，因此合作作品规则对于此类作品可以做出清晰明确的权属划分。职务作品是指作者为了完成单位的工作任务而创作的作品。职务作品的归属与行使规则需要兼顾两方面的需要，即保护单位的投资和作者的智力创作③。在我国职务作品分为特殊职务作品与普通职务作品，特殊职务作品主要考量了投资方的利益，被分为四类：第一类是"主要是利用法人或者非法人组织的物质技术条件创作，并由法人或者非法人组织承担责任的工程设计图、产品设计图、地图、示意图、计算机软件等职务作品"。此类作品在元宇宙模式下适用空间较大，正是因为元宇宙投资方对于整体元宇宙的构建创作提供了不可或缺的物质技术条件，为了鼓励其投资，保护其投资的合理利益，法律因而规定了此类著作权归属的例外原则。第二类是"报社、期刊社、通讯社、广播电台、电视台的工作人员创作的职

---

① 韦之. 著作权法原理［M］. 北京：北京大学出版社，1998：12.

② 崔国斌. 著作权法：原理与案例［M］. 北京：北京大学出版社，2014：15.

③ 王迁. 知识产权教程［M］. 北京：中国人民大学出版社，2021：8.

务作品"，当第二类所述主体与元宇宙模式下的参与主体发生重合时，会存在解释的空间。第三类是"法律、行政法规规定或者合同约定著作权由法人或者非法人组织享有的职务作品。"需要注意的是创作产生的作品不属于职务作品的范畴，那么作品的产生与单位的投资无关，此时法律不允许单位在不付出额外代价的情况下仅凭事先的约定就取得著作权①。此处的额外的代价包括了通过委托作品的形式获得著作权，委托作品将解决元宇宙中技术与资金之间的矛盾，在元宇宙模式下存在大量IP形象需求，但缺乏相关开发技术，因而只能通过委托相关技术主体构想形象，委托方进而可以自由地在元宇宙中进行相关活动。

2. 元宇宙模式下著作权权属的经济因素考量

元宇宙模式下作品创作主体的经济矛盾体现为元宇宙参与者与元宇宙开发者或是运营者的矛盾，进而分析二者为创作作品所付出的成本。在元宇宙建设初期，基础设施建设仍是最主要的成本。精神文明世界依赖现实层的基础建设，基础建设的完成度决定精神世界的质量。数字人完成的作品成果进一步丰富精神世界的内涵，起到的是锦上添花的作用，促进元宇宙建设将使得社会主义精神文明、物质文明同步发展，最终实现社会主义文化和科学事业的发展与繁荣。从这个角度出发，在元宇宙发展初期将虚拟世界中产生的著作权视现阶段发展状况作出归属认定，将便于开发者收回成本，激励其进一步开发元宇宙，促进元宇宙发展进入下一阶段。

3. 元宇宙模式下著作权权属的政策因素考量

2021年12月，中央纪委国家监委首次发文明确元宇宙定义、诞生背景、主要特征等，明确了元宇宙的三大核心技术分别为扩展现实技术、数字孪生技术及区块链技术，主要应用方向包括元宇宙社交和游戏方向、元宇宙零售和电商以及元宇宙基建和工业方向。从中央到各地方发布的政策性文件中可以看出国家在现阶段主要鼓励企业的元宇宙建设发展，权利归属认定是建立在元宇宙发展初期的条件下，可以预测当元宇宙发展到新阶段时，元宇宙基础建设基本建成，元宇宙市场趋于稳定，用户与平台的关系将成为各大元宇宙运营商竞争的一个重要影响因素，元宇宙参与者与元宇宙开发者间对于作品的权属争夺将会是场漫长的博弈。

---

① 王迁. 知识产权法教程（第七版）[M]. 北京：中国人民大学出版社，2021：32.

（三）元宇宙模式下复杂主体的著作权归属认定

1. 元宇宙基础程序著作权的归属认定

对于元宇宙基础程序著作权权利主体的讨论主要集中在上文提及的元宇宙模式构建者之间，元宇宙的构建并非某个人或是几个人就能轻易完成的，其构建是一项系统工程，涉及大量的资本和人力投入，这与视听作品的形成有着异曲同工之妙，视听作品的著作权归属规则是一项政策性选择。从结果来看，分配原则实现的效果与特殊职务作品归属方式实现的效果较为相似，通常制片方即为投资方，这是通过法律拟制的方式将特殊职务作品适用于视听作品之上，保护了资本方的投资积极性。因而对于整体元宇宙的内部著作权主体来说，职务作品的归属方式是较为可取的一种方式，在元宇宙开发过程中可能会出现不同的创作模式，但是如上文所述根据第三种特殊职务作品的情形，若这些创作模式为整体元宇宙开发服务，可以通过合同约定的方式将之认定为特殊职务作品，从而保证元宇宙的整体利用。此种认定标准对于上述情形来说并非绝对，双方仍可以根据自身情况通过合同约定作出更有利于双方的决定。

2. 元宇宙模式下"数字人"的著作权归属认定

上文将数字人分为四类，首先讨论前端差异导致的著作权归属问题。当前端属于虚拟性时，意味着数字人的形象需要专人进行设计创作，此类形象创作属于从无到有的创作，通常符合独创性标准，因而设计师基于创作行为获得著作权。此时数字人想要获得前端形象有三种方式，第一种即通过委托作品的形式，通过合同要求数字人拥有者保留著作权；第二种通过请求许可的方式获得该形象的使用权；第三种通过职务作品的形式。此种方式的数字人拥有者通常为运营方，设计师为自身员工，需要注意的是此时的美术作品通常并不满足特殊职务作品的要求，如果没有约定的话，仍由设计师享有著作权，而公司可以在业务范围内优先使用。当前端属于拟真型时，数字人的形象主要通过外设扫描建模，借助外部设备捕捉人体等结构进行模型构建，再进行后期制作。此时数字人的形象无限接近现实人类，该类型作品与人体摄影作品较为类似，人体摄影较为特殊，不仅是摄影师的智力创作结果，同时也是被摄影者肖像的体现，许多国家的立法对人体摄影作品的著作权行使作出了特殊规定，充分考虑了摄影者与被摄影者之间的利益平衡[①]，

---

① 王迁. 知识产权法教程（第七版）[M]. 北京：中国人民大学出版社，2021：248.

拟真型数字人较之摄影作品，不仅可能侵犯被拟真人的隐私，其后续利用还可能侵犯名誉权等，根据举轻以明重的原则，更应当充分考虑二者间的利益平衡问题，虽然我国目前缺少相应的规范，但是从规范元宇宙的角度出发，现在可以通过合同的方式，以委托作品的形式明确版权归属，形成行业惯常做法。

其次讨论前端与后端结合时产生的著作权归属问题。前端虚拟后端算法型数字人通过设定的程序运行，产生相应的结果，由此产生的著作权认定起来较为容易，可以参照"中国 AI 作品第一案"腾讯诉上海盈讯科技有限公司侵害著作权及不正当竞争案①。前端虚拟型后端算法型数字人与上述的 AI 作者运行机理相似，因此可以认为开发者享有数字人产出内容的著作权。前端拟真型后端算法型数字人产生的作品著作权认定可以采取上述相同的进路进行，但是可能会出现前端形象著作权与后端算法的冲突，最后前端虚拟后端真人型与前端拟真后端真人型数字人产生的作品著作权的认定规则也较为类似。

3. 元宇宙模式下用户产出内容的著作权归属认定

封闭式元宇宙模式的作品著作权归属分析可以借鉴相关网络游戏权属的界定经验。网络游戏画面作品与封闭式元宇宙模式下作品的产生较为相似，网络游戏画面作品是网络游戏资料库中预设画面的呈现，用户操作网络游戏并非创作行为，只是通过游戏技术或技巧将已存在的网络游戏中的画面作品呈现出来。并且此类情况下用户不可能生成新的演绎作品，因为网络游戏画面的表达结果已被网络游戏开发者设定，没有给用户留出重新创作或演绎的空间②。在陶某诉敖某侵害作品署名权、信息网络传播权纠纷一案中③，只有当表达形成的过程中有取舍、选择、安排、设计的余地，且作者独特的智力判断与选择以及展示作者的个性达到一定高度时，该表达才具备独创性。由此可见在考量封闭式元宇宙模式下作品归属时，判断人与机器贡献度时可以通过观测虚拟世界层中人工智能留给用户发挥自由度大小的方法，当用户"选择余地较为有限"时，可以认为其贡献度较小从而做出权利归属认定，将产生的作品归属于另一方。

---

① 参见深圳市南山区人民法院（2019）粤 0305 民初 14010 号民事判决书.

② 丛立先. 网络游戏直播画面的可版权性与版权归属［J］. 法学杂志，2020，41（6）：11-19+68.

③ 参见杭州互联网法院（2019）浙 0192 民初 4122 号民事判决书、浙江省杭州市中级人民法院（2020）浙 01 民终 1426 号民事判决书.

四、元宇宙模式下的作品著作权保护与限制

元宇宙是数字的虚拟空间,元宇宙的发展将经历三个阶段,即数字孪生,数字原生和最终的虚实共存阶段。数字孪生是在虚拟环境中复制现实中的场景,将现实搬到虚拟的电子环境中,使得进入此虚拟环境的"游客"可以身临其境地感受,而无须到现场。元宇宙的第一阶段在目前已经实现并广泛应用于博物馆、艺术馆的网上在线游览。下一个阶段是数字原生,侧重点从第一阶段的复制转变为创造,即元宇宙中的内容创造者在虚拟空间进行创作,有原生性数字产物的产出,目前的元宇宙著作权有关问题集中在第二阶段。这一阶段中,元宇宙的人工智能属性逐步增强,整体向强人工智能时代过渡。第三阶段是虚实阶段,即虚拟空间成了一个持续的独立世界,与现实世界并行,两者共存,虚拟空间中的"人"(虚拟化身)可以与现实世界中的人产生直接的交互,也就是"人机协同、人机一体"的赛博格社会图景。

在元宇宙的第二阶段,内容创造者是现实社会中人的虚拟化身,其创作活动受到现实社会中的人和人工智能的共同影响。与之类似,2023年初 ChatGPT 聊天机器人横空出世,多家公司宣布正在开发类似的人工智能聊天平台。以 ChatGPT 为代表的聊天机器人也标志着人工智能已经从弱人工智能开始向强人工智能过渡,但本质上仍属于人类的工具。①

(一) 元宇宙模式下的著作人身权探讨

著作人身权是作者基于作品创作而产生的人身性权利,在我国著作权法中,著作人身权包括四项:署名权、发表权、修改权和保护作品完整权。著作人身权与作者的精神权利息息相关,对于元宇宙模式下著作人身权的保护,首先需要了解著作人身权保护的根源,掌握著作人身权保护的要义才能更全面探讨元宇宙模式下如何保护著作人身权。

两大法系基于两种不同理念建立保护著作权体系,但对于著作人身权,两大法系均认为是与作者相关联,对于著作人身权的转让采取了否定的态度,尤以大

---

① 丛立先,李泳霖. 聊天机器人生成内容的版权风险及其治理——以 ChatGPT 的应用场景为视角 [J]. 中国出版,2023(5):16-21.

陆法系国家为甚。作品是与作者的人格相关联，著作人身权作为精神权利，与作者自身是无法分割的。

从对著作权的保护模式来看，我国立法采纳的是"二元说"的立场，著作人身权不可转让、不可剥夺，署名权、发表权、修改权永久受保护，发表权的保护期限为作者终生及其死亡后五十年。著作财产权可以转让，转让时应当订立书面合同。

在目前阶段，元宇宙的内容创造者是现实社会中人的虚拟化身，其创作活动受到现实社会中的人和人工智能的共同影响。首先，作为现实社会中人的虚拟化身，在元宇宙中创作的作品必然体现人的精神思想。当然，由于人工智能的存在，元宇宙中虚拟化身的创作能力将远超现实社会中的人。目前仍处于弱人工智能时代，人工智能是按照现实社会中人的需求去创作的，人工智能依然是"工具"属性[1]，虽然元宇宙中的创作活动受到人工智能的影响，但最终起决定作用的还是现实社会中的人本身。其次，如果人工智能可以不受现实社会中人的控制在元宇宙中创作，产生许多现实社会中人本身并不需要的产物，将背离元宇宙存在的基本逻辑，颠覆现有世界运行的秩序，这将是十分可怕的。因此，元宇宙中内容创造者实质上是现实社会中的人，而非人工智能，对于著作人身权的保护也应当基于这一要点出发。

（二）元宇宙模式下的著作财产权探讨

相较于著作人身权与作者的紧密相连，著作财产权更多具备可流通的属性。我国著作权法规定了十二项著作财产权和一项"兜底权利"。著作财产权可分为三大类：复制权、传播权和演绎权。元宇宙模式下的作品存在于虚拟空间，虚拟化身在创作时突破了时间和空间的限制，对于作品之上这三项权利的运用延伸到了虚拟层面。目前，元宇宙中对作品的使用场景包括：向元宇宙中的公众展示作品，让公众可以随时访问该作品。如果将该作品铸造成NFT进行出售，其中铸造和发行可能涉及复制权、传播权等。如果允许元宇宙中的其他主体在自己作品之上继续创作可能涉及演绎权的规制范围。元宇宙创造者对这些权利的运用不断扩张著作财产权的边界。

元宇宙模式下，通过数字孪生、3D建模、虚拟现实、增强现实等可视技术，

---

① 丛立先. 人工智能生成内容的可版权性与版权归属［J］. 中国出版，2019（1）：11-14.

运用多源数字资源的规范性编码与本体构建，生成元宇宙世界数字实体与虚拟场景现实中的人在虚拟世界中再造虚拟化身。不管是现实中的人创造虚拟化身，还是在元宇宙中进行内容创作，都离不开数字化的复制使用。将元宇宙中数字化复制权，赋予元宇宙模式下作品的内容创造者更具有合理性。

元宇宙中的数字化传播包括实时数字化传播，定时数字化传播，传播类型也包括交互式和非交互式传播。随着技术的发展，"人机一体"，存在虚拟化身成长为技术主体进行传播的可能性。现行著作权法设立了可规制"有线或无线"的广播权，以及"交互式传播"的信息网络传播权。 相较于修改前的著作权法，进行了一定的扩张，可以囊括元宇宙中数字化传播、"人机一体"传播等新型传播方式，使得内容创造者在主张权利时有了法律上的依据。演绎权在元宇宙中进行扩张是合理的，扩张的情形例如在数字化作品的应用上，在元宇宙中可以进行实时、高效、精确化的知识服务与文化传播，便于对已存在的作品进行再创作。元宇宙中的区块链技术可以解决数字化内容的产生和长期保护问题。

（三）元宇宙模式下著作权限制与例外的一般规则探讨

必须清楚的是，权利的扩张始终与权利的限制相匹配。在目前的元宇宙所处阶段，虚拟世界的创造多依赖大型的互联网平台。对于过度扩张的平台权利，在监管层面需要配置一定的监督机制，在技术层面寻找可实现的公平竞争的技术方式，使得平台在享有权利的同时承担竞争义务。在元宇宙的开发中，需要推动技术与法律的互动融合，维护"以人为中心"的法律秩序，而不是以平台为中心建构元宇宙的运行规则。立足于人类历史发展，构建科学公正、以人为本、和平共治的元宇宙社会。

著作权是排他性的绝对权，由于著作权法在作品和专有权利上的开放，将使得更多的虚拟作品被认定为作品，复制权、传播权、演绎权的不断扩张加之海量的虚拟作品将挤占公有领域，未来的创作空间将被不断压缩。这也将背离元宇宙中虚拟作品公共性开放、共享与中立的特点。

在"三步检验法"的适用逻辑下，元宇宙背景下虚拟作品的使用难以获得合理使用制度的保护，面临侵权风险较大。若合理使用条款第六项"科研目的"进行保护，则必然会损害到原著作权人的利益，进而导致"权利保护—公共利益"天平的失衡。此外，出于科研目的的使用规定的是"少量复制"行为，而元宇宙中的智能软件往往是进行全文的复制，并不满足上述要件，难以适用该项进行抗辩。

为解决上述问题，应当将进一步审视我国著作权法现有"合理使用"条款，对扩张的权利进行应有限制，避免权利垄断的发生，引导元宇宙的良性发展。

（四）元宇宙模式下著作权限制与例外的规则引入探讨

可考虑"转换性使用"制度在元宇宙的应用，在立法中确立合理使用的一般条款和公共领域保留制度。在引入合理使用的一般条款过程中，起源于美国并在司法实践中日趋成熟的"转换性使用"理论，可以成为解决元宇宙情境下著作权限制与例外问题的关键。在运用一般性条款判定元宇宙情境下虚拟作品的合理使用时，应注重使用数据作品行为的非商业性以及使用作品数量的适度性，避免对数据作品权利人的潜在市场产生负面影响，同时利用"比例原则"的"目的正当性""适当性""必要性""均衡性"四个子原则。

元宇宙中虚拟作品的创作者只能对作品中具有独创性的部分主张排他性权利。对虚拟数据作品中其他非独创性的表达不能设立著作权，应将之归为公共领域。在元宇宙的创作过程中，离不开公有领域的素材抓取，虚拟作品中必定含有公有领域的资源。设立公有领域保留可以为社会公众预留自由使用资源素材的空间，为后续内容创造者的创作节约成本，激发内容创造者在创作中投入更多时间与精力的积极性。平台借用技术中立的名义，很可能垄断元宇宙虚拟作品的创作，为了调和社会公众对虚拟作品需求公共性与平台私利性之间的紧张关系，需要划定一块边界清晰的公共领域。

五、元宇宙模式下的著作权侵权认定

（一）元宇宙模式下的著作权侵权

1. 元宇宙著作权侵权的特点

（1）侵权主体范围广泛

区块链作为元宇宙的底层技术，区块链的去中心化性影响着元宇宙的分布式设置，无须许可的区块链和链上治理模式为每个人提供了参与元宇宙的开放网络，因此元宇宙中的侵权主体呈现广泛性质，侵权者可能来自不同国家和地区。

（2）权利载体的多元性

NFT的技术原理和元宇宙在基础技术上具有一致的契合性，但是需要注意的是元宇宙著作权侵权的载体仅仅以非同质化通证形式呈现，大多数著作权侵权仍然以同质化通证的形式出现，现阶段将 NFT 侵权完全等同于元宇宙中著作权侵权的观点存在一定的认知偏差。

（3）著作权侵权的客体复杂性质

元宇宙模式下著作权侵权客体复杂性取决于元宇宙本身的技术复杂性，元宇宙著作权侵权因而具有复杂的侵权客体，也大大加剧了在侵权纠纷解决与识别上的困难。

（4）著作权侵权涉及领域众多

元宇宙是对于现实物理世界的映射，其内容包罗万象不断扩展，从现阶段的游戏、社交内容逐渐延伸到教育、服装等多个领域重塑元宇宙版权的产业生态。元宇宙侵权所涉及领域将进一步拓展，也会出现更多实用性和艺术审美特征相融合的内容。

2. 元宇宙模式下典型著作权侵权行为分析

封闭式元宇宙意味着用户不能在元宇宙中创建任何额外的元素，只能在开发者设定的封闭元宇宙基础环境之中进行活动，只能根据元宇宙平台设定的功能和规则进行活动和创建虚拟作品，用户在元宇宙活动所产生的内容属于元宇宙开发时所预设的各种可能性方案的实现，用户为了对作品添加新的表达或者形成区别于原作品的新作品。在开放式元宇宙中的用户创作情形则截然不同，开放式元宇宙为用户提供了较为广阔的创作空间，相关的著作权侵权问题也更为复杂，开放式元宇宙将会涉及：元宇宙计算机软件程序侵权，元宇宙模式下数字化身著作权侵权，元宇宙数字孪生场景的侵权风险，元宇宙模式下 NFT 发行侵权风险，元宇宙模式下未经许可复制、传播他人作品侵权，元宇宙模式下人工智能生成内容的著作权风险。

（二）元宇宙模式下侵权行为的构成要件分析

对于元宇宙模式下侵权行为构成要件的理论研究具有重大的现实意义，是确认元宇宙具体侵权行为是否成立的指南。在分析元宇宙模式下的侵权行为时既要注重著作权侵权纠纷对于一般侵权理论适用的普遍性，又需要注重元宇宙模式下侵权行为的特殊性在侵权构成要件中的体现。

1. 著作权侵权行为认定的构成要件选择

回归著作权属于民事权利的基本属性，侵犯著作权纠纷作为侵权纠纷中的一种，不能排斥一般民法侵权行为构成要件的理论，即须匹配权利（权益）、行为、因果关系和过错构成要件，特别关注著作权侵权行为构成要件在元宇宙模式下的特殊性以及侵权认定难点。

2. 元宇宙模式下著作权侵权的具体构成要件分析

（1）违法行为

对于元宇宙模式下的著作权违法行为，可以将其界定为：违反了元宇宙模式下著作权保护的法律禁止性或命令性规定的行为。元宇宙著作权违法行为一方面是指该行为在最广泛的意义上违反了元宇宙著作权保护的法律法规、司法解释等规定或者公序良俗等的要求，另一方面又具体表现为违法行为人对其应当履行的义务违反和违法行为人对受损害人合法的民事权益之侵害而导致受损害人在精神方面和经济方面的利益受损。

（2）损害事实

著作权侵权构成要件应当是损害事实而非损害后果。损害事实包括确定性和不确定性的行为，包含了可能发生的继发侵权，违法行为已经实施但是没有造成实际性的损害后果，对权利人而言已经存在潜在损害的可能，损害后果一触即发。

（3）因果关系

元宇宙模式下的著作权侵权的因果关系呈现复杂化的趋势，元宇宙模式下的复杂权利多主体、用户开源创作模式等特点使得因果关系具有复杂性和客观性的特点。元宇宙空间"既大又小"的特征使得元宇宙模式下的著作权侵权的违法行为和损害事实之间的因果关系因元宇宙特征变得更为复杂。

（4）主观过错

在元宇宙模式下的作品只能通过元宇宙平台进行发布，元宇宙平台和侵权行为直接绑定，在此种情况下主观过错将成为必要考察的内容。强调元宇宙模式下著作权侵权主观过错的认定，实质上是对于"发布即平台"这一元宇宙著作权现象的深度考察。

（三）元宇宙模式下的"接触加实质性相似"规则

"接触加实质性相似"是知识产权领域侵权行为认定的重要规则，在知识产权法核心本旨不发生改变的前提下，该规则依然可以适用于元宇宙模式的著作权侵权纠纷，但需要结合元宇宙的模式特点对该规则的具体运用进行更为详细的研究，探究元宇宙模式是否给这一规则赋予了新的内容与内涵。

1. 元宇宙模式下"接触"要件的检视

元宇宙运用区块链底层技术天然为任何创作行为附带了不可篡改的"可信时

间戳"，如此低的认定标准会使得在元宇宙创作情形下，著作权侵权纠纷中原告的举证难度几乎为零。所以在元宇宙模式下需要摒弃"基本可能性"标准，该标准在元宇宙著作权侵权认定中显然是极为不合理的，涉嫌侵权的被告为推翻"接触"的推定，必须对自己接触原告作品的可能性进行"证无"。相较于元宇宙创作举证的便捷性，被告所需证明的"证无"几乎是一个不可能完成的任务，被告的胜诉概率则被不合理地降低。确立"合理可能性"标准作为"接触"要件的认定标准就显得尤为必要。

2. 元宇宙模式下的"实质性相似"

"实质性相似"的核心要点在于，两部作品或多部作品在思想表达的形式方面构成了同一。①元宇宙中文字作品的情节、人物，视觉艺术作品中的构图与设计，音乐作品中的旋律、节奏和音色，整体的元宇宙场景设计乃至事实和功能性作品中的材料和表达，都涉及不同作品适用不同判断方式的问题。在判断元宇宙模式下作品构成实质性相似时需要注意合理划分实质性相似判断的适用范围，判断实质性相似不可僵化套用，因为元宇宙相关技术内容可能会使得"实质性相似"判断出现"失灵"的情况。

（四）元宇宙模式下的著作权侵权法律责任

1. 知识产权侵权与知识产权侵权责任的关系

在厘清元宇宙模式下的著作权侵权行为的构成要件与侵权认定方法之后，讨论元宇宙模式下的著作权的侵权责任与合理界限就会变得水到渠成。元宇宙知识产权侵权最本质的特征是行为人的行为侵害了法定保护的知识产权权利，至于该行为是否造成损害后果、行为人的主观过错及行为与损害之间的因果关系都是与侵权责任的追究密切相关的内容。

2. 元宇宙模式下的著作权直接侵权责任认定

元宇宙的著作权侵权责任可以分为直接侵权责任和间接侵权责任。直接侵权行为应当是元宇宙模式下侵权行为中最常见，认定较为简单，侵权责任也最为明确的行为。元宇宙的用户、元宇宙平台和元宇宙中的任何复杂多主体都可能会产生对著作权的直接侵权。

---

① 参见：吴汉东. 试论"实质性相似+接触"的侵权认定规则［J］. 法学，2015（8）：63-72.

3. 元宇宙模式下的平台间接侵权责任认定

元宇宙模式下的间接侵权行为相较于直接侵权就显得更为复杂，元宇宙模式下用户传播作品都需要借助元宇宙平台的帮助，也就是存在"传播即平台"的这一种较为特殊的模式。如果元宇宙平台为用户的侵权行为提供了帮助或者进行了教唆或者引诱，则构成间接侵权行为。对于元宇宙平台间接侵权责任的认定在于判定元宇宙平台的主观过错。著作权法为涉网络版权侵权提出了各类的判定标准可以帮助判定元宇宙平台的主观过错主要通过"避风港规则"、"红旗原则"和审查义务进行确定。

（1）元宇宙平台的"避风港规则"和"红旗原则"

"红旗原则"以及"避风港规则"的适用要点在于认定平台过错，可以反向确定平台需要承担的注意义务以及带来的责任。网络服务提供者的角色注意义务的边界亦是如此。平台是否担责仍然应该以有无相应的过错为断，"避风港规则"不应该成为主导的原则，更不应该成为唯一标准。元宇宙平台也应完成相关规范的承接。由于元宇宙的数字性，审查方式可以进行技术更新，"红旗原则"应当在元宇宙平台审查中提升地位。

（2）元宇宙平台的注意义务和审查责任

注意义务是指为避免侵害权益而谨慎地作为或者不作为的义务，注意义务是判断过失的基准。[1]分析元宇宙平台的注意义务主要分析其是否具有事前的审查义务及事后相应的制止义务。[2]具体而言，元宇宙平台应当统一采取专业人员的注意义务，以元宇宙领域合格专业人员的谨慎程度为标准，对于元宇宙平台的审查责任仍应当从不同平台的自身特点出发，形成特有的内容审查体系。

游戏类、社交类元宇宙平台的突出特点在于用户的高度自主性、自由创作，平台对用户与内容的控制力、介入度较弱，该平台的内容审查义务应该被放置于最低地位；NFT等数字作品交易平台对在其平台上交易的NFT数字作品具有较强的控制能力，在用户将数字作品上传至交易平台时承担审查义务，数字作品交易类的元宇宙平台理应承担较高的内容审查义务，需要审查NFT数字作品来源的合法性和真实性；服务类元宇宙，平台深度参与了其技术创设和利益获取，元宇宙

① 徐实. 美国网络平台承担知识产权间接侵权责任的经验与启示 [J]. 北方法学，2018, 12 (5)：71-79.

② 司晓. 网络服务提供者知识产权注意义务的设定 [J]. 法律科学（西北政法大学学报），2018, 36 (1)：78-88.

平台的审查就需要对用户在平台的内容层进行分析和审查。综上，元宇宙平台不仅需要履行一般网络服务提供者的责任，还应当承担专业化的注意义务，根据具体的元宇宙平台类型履行不同层次的审查责任。

六、元宇宙模式下的著作权侵权救济

"无救济则无权利"，救济手段的存在对于保障权利具有重大意义，如果权利在受到侵犯之后无法获得有效救济，那么再完备全面的法律规则都将仅具有象征意义。著作权人行使权利往往意味着他人要为此承担义务，这种义务既包含不予干涉的消极义务，也包含主动履行的积极义务。当著作权被否定或受到损害时，应当能通过一个权威的公共裁判机构获得救济，或在法律允许的范围内进行私力性质的救济，[①]从而使权利得以恢复或者损失得以弥补。

在元宇宙模式下，权利人的权利受到侵害时，可以从民事救济、行政救济、刑事救济和替代性纠纷解决（ADR）救济等四个方面进行救济，以维护元宇宙模式下著作权人的正当权利。

（一）元宇宙模式下的著作权侵权民事救济

著作权的特殊之处在于兼具人身权和财产权的双重属性，即"一体两权"的结构。元宇宙模式下，著作权侵权救济渠道中，民事救济占据重要地位，具备广泛的适用范围，是元宇宙模式下内容创造者寻求侵权救济的主要方式。目前我国的著作权立法和司法实践中基本确立了侵权损害赔偿原则和计算方法，可以尝试引入到元宇宙模式之中。

著作权侵权赔偿原则遵循完全赔偿原则、利益平衡原则和惩罚性赔偿原则。其最终目的就是威慑阻止侵权，弥补填平损失。完全赔偿原则（也称全面赔偿原则）是将权利人所受的损害全部纳入考量，填平损失，使权利人的损害得以恢复。遵循完全赔偿原则，我国著作权法规定了实际损失的计算标准。同时，从市场占有份额角度看，侵权所得也在一定程度上体现了这一原则。TRIPS协定第四十五条也肯定了侵害知识产权领域的全面赔偿原则，这也是国际上普遍适用的原则。元宇宙模式下，当内容创造者的权利受到侵害时，将其一切因侵权的损失纳

---

① 沃耘. 民事私力救济的边界及其制度重建 [J]. 中国法学，2013（5）：178-190.

入考量，尽量填平权利人因侵权遭受的损害，最大程度地保护著作权人的利益，可以调动内容创作积极性，促进元宇宙生态的繁荣。

损害赔偿数额的确定是一个动态的多方面的考量过程，不能仅关注权利人所受的损害，对于公共利益、司法导向、侵权人的经济状况等都应当进行考虑，使赔偿数额的确定能够体现公正和利益平衡。因此，引入利益平衡原则有其必要性，元宇宙模式下要考虑多方利益，在利益权衡后做出裁判，在威慑侵权行为考虑元宇宙中作品创作的多样化，知识利用的急剧扩张。

惩罚性原则带有"惩罚"的性质，一定程度上突破了"填平"原则，因此对于其适用应当进行严格限制。对于元宇宙模式下情节严重的故意侵权，侵权行为造成严重后果的，如果仅弥补权利人的实际损失，虽然符合全面赔偿原则，但是并不能有效阻止侵权行为的再次发生，而带有惩罚、警示性质的惩罚性赔偿则是解决此问题的有效路径。 以上三项侵权损害赔偿的基本原则确立了元宇宙模式下侵权救济的赔偿数额衡量标准。在元宇宙模式下著作权侵权的损害赔偿计算标准可以按照权利人实际损失、侵权人违法所得、权利使用费、法定赔偿依次确定，同时包括惩罚性赔偿。其中，权利人实际损失和侵权人违法所得处于第一顺位，可由元宇宙中的内容创造者择一选择，权利使用费处于第二顺位，法定赔偿为第三顺位，最后是惩罚性赔偿制度。

元宇宙模式下，内容创造者可以向法院申请临时措施以防止损害扩大，保障自身的合法权利。诉前禁令，系诉前行为保全措施的一种，是指当面临侵权危害时，为避免迟误使权利人合法权益受到难以弥补的损害，法院在诉讼前根据权利人的申请，所发布的禁止行为人作出一定行为的强制性命令。在元宇宙模式下，享有著作权的内容创造者请求法院颁布诉前禁令需有权利基础与胜诉可能性，在司法实践中，法院普遍采取了实质审查标准，以降低被申请人被错误执行禁令的可能性，兼顾申请人与被申请人的利益保护平衡。

（二）元宇宙模式下的著作权侵权行政救济

元宇宙模式下的著作权侵权行政救济，有利于促使侵权外部性的内部化，形成强大的威慑激励侵害人的预防措施，减少侵权数量。行政执法的威慑力取决于查处概率和惩处力度，知识产权作为私权的一种，将行政责任引入救济之中可以遏制或制约侵权，进而增进社会福利，长远、整体地维护了私法秩序，促进私权之未来实现。[①]

"损害公共利益"是著作权行政救济的构成要件之一，由此设定，将民事、行政责任区分，避免了公权在规制侵权行为时的任意性。知识产权保护的关键是加大侵权的发现、检举和查处概率。元宇宙模式下，内容创造者自身具有清楚权利之所在的信息优势，"是自己权利的最好保护人"。

在元宇宙中的作品发表、出版、发行、流通领域中，当成果总量有限时，相比法院的"不告不理"，行政机关更能主动出击，及时查处。长期以来，著作权行政保护在维权效率、行政强制力度等方面有效补强了司法保护制度，为权利人提供了相对快捷高效的维权手段，在版权市场秩序规制方面发挥了很大作用。

可通过行政规制的力量深入元宇宙模式下的著作权领域，来防范和化解这些可能出现的元宇宙相关风险。从整体上看，行政规制机关可以通过搭建全国统一的元宇宙身份认证平台，实施强制性的数据脱敏，限制元宇宙平台企业的同业竞争，规范数据的跨境流动，加强算法透明规制、伦理规制及问责规制的路径实现对这些元宇宙相关风险的管控。

应当明确，著作权行政执法运行的逻辑起点建立在其私权属性之上，必须在此基础上行为损害公共利益才有公权力的介入干预。行政处罚权介入著作权私权领域的实质是为了维护公共利益，权力运行的领域应该在一般民事私法自治和著作权刑事犯罪之间。

（三）元宇宙模式下的著作权侵权刑事救济

在著作权法律保护体系不断完善的当下，刑事保护是打击著作权侵权行为最为严厉、威慑作用最大的保护形式。根据著作权法的规定，侵犯著作权构成犯罪的，依法追究刑事责任。我国刑法第二百一十七条规定了"侵犯著作权罪"，第二百一十八条规定了"销售侵权复制品罪"。在刑民交叉视野下，就元宇宙模式下的著作权侵权行为，刑法第二百一十七条和第二百一十八条的适用问题以及"非法经营罪"和计算机信息网络犯罪的适用均值得思考。

刑法保护的理念受所处地域的制度环境、社会背景、文化理念的综合影响。在我国侵犯著作权的法律规制上，如果权利人能够通过私法自力救济，则刑事救济的动用则要恪守谦抑性，即刑法应起到补充作用。目前，我国著作权侵权民事

---

① 李顺德. 对加强著作权行政执法的思考［J］. 知识产权，2015（11）：17-24.

救济的赔偿落实问题较大，因此对于侵犯著作权的民事保护应当有所加强。

在元宇宙模式中，以著作财产权为例，复制权、传播权均得到了一定程度的扩张。通过数字孪生、3D建模、虚拟现实、增强现实等可视技术，运用多源数字资源的规范性编码与本体构建，生成元宇宙世界数字实体与虚拟场景现实中的人在虚拟世界中再造虚拟化身。不管是现实中的人创造虚拟化身，还是在元宇宙中进行内容创作，都离不开数字化的复制使用。数字化复制和临时复制的大量运用，构成了元宇宙模式下复制权的特殊形式。现行的著作权法与刑法之间的术语存在一定的矛盾。首先，"侵犯著作权罪"中的"复制发行"含义不清，依照著作权法原理，"复制发行"应该共同理解为"既复制又发行"，即同时实施两种行为。但刑法之中，"复制发行"存在多种解释的空间，可能是复制或发行两种行为择一，也可能是复制和发行两种行为并行，也可能是复制又发行两种行为共同实施。

2023年1月18日，最高人民法院、最高人民检察院就《关于办理侵犯知识产权刑事案件适用法律若干问题的解释（征求意见稿）》（以下简称《司法解释》）向社会公开征求意见。根据《司法解释》（征求意见稿）第十条的规定，未经著作权人等许可，既复制又发行或者复制后尚待发行作品、录音录像制品的行为，应当认定为刑法第二百一十七条规定的"复制发行"。《司法解释》虽尚待通过，但对解决前述问题作出了一定的回应，有利于解决实践中的争议。

对于元宇宙模式下的著作权侵权问题，虽然《刑法修正案十一》将"通过信息网络向公众传播"和规避技术措施等行为纳入侵犯著作权罪的罪状，部分解决了严重的刑民脱节问题，但仍然遗留了复制、发行本身关系的协调问题，对此仍需要继续修改刑法并在司法实践中贯彻刑民衔接的理念，才能真正解决著作权保护的刑民脱节问题。

（四）元宇宙模式下的著作权侵权ADR救济

"替代性纠纷解决"（Alternative Dispute Resolution，简称"ADR"）起源于西方社会，其理论原型是法社会学理论中的"调解型第三者纠纷解决模式"，是回应法院系统在解纷过程中显露的种种弊端而采用的替代性方案。后工业化时代的西方社会，传统的"司法崇拜"观念在一定程度上被削弱，人们试图以正式司法制度外的纠纷处理来代替法院的处理。以调解型第三者纠纷解决模式为理论原型

的 "替代性纠纷解决" 机制应运而生。①

　　根据我国著作权法第六十条的规定，著作权纠纷可以调解，也可以根据当事人达成的书面仲裁协议或者著作权合同中的仲裁条款，向仲裁机构申请仲裁。当事人没有书面仲裁协议，也没有在著作权合同中订立仲裁条款的，可以直接向人民法院起诉。在元宇宙模式下的著作权纠纷中，可以尝试引入 ADR 救济的非正式的协商、和解程序、调解程序、安抚和促进程序、中立的评估程序、微型审判程序、协商会程序、仲裁程序等。仲裁分为两种类型：一是高度司法化的仲裁，大多是强制性的、有约束力的；另一类是非正式的协商或讨论的仲裁，偏向建议性的、自愿的。对于有约束力的仲裁，当事人可以放弃司法审查、限定审查范围或者保留完整的司法审查权利。元宇宙模式下，在不违反调解程序的强制性规定的限度内，调解者可以以非常灵活的方式满足各方当事人的要求，或者及时调整调解的技术和策略。调解者在当事人之间就各方意愿进行沟通，或者促进当事人之间的当面沟通。

结语

　　元宇宙模式下作品创作情形的分类研究是开展著作权保护和元宇宙环境中数字内容产业治理的基础性研究，对于元宇宙模式下创作成果的著作权定性问题具有重要意义。在此问题基础上引发的作品的权利归属问题需要结合具体情形做具体分析，再结合当前元宇宙的发展阶段，分析不同创作主题的创作成本最后综合当前的政策导向得出权属配置的最优解。同时权利的扩张始终伴随着相应的权利限制，在目前的元宇宙所处阶段，虚拟世界的创造多依赖大型的互联网平台，对于过度扩张的平台权利，在监管层面需要配置一定的监督机制，在技术层面寻找可实现的公平竞争的技术方式。其分布式的特征使得元宇宙中的著作权侵权表现和救济方式与现实世界表现出差异化，需要明确侵权情形并进行针对性分析。就侵权行为，存在诸多救济手段如民事救济、行政救济、刑事救济和 ADR 救济等，需要在把握元宇宙的特殊性基础上加以适用。著作权规则在元宇宙模式下的完善将为元宇宙画出一条明确、清晰、可预见的红线，使得相关主体在这条不可逾越

---

① 余军. 私法纠纷解决模式在行政法上的运用——替代性纠纷解决（ADR）之理论原型、妥当性及其影响［J］. 法治研究，2007（4）：28-35.

的红线内不断进行创作尝试，在充分实现经济增长的同时，促进优秀文化的传播，以达到元宇宙世界"物尽其用"的多赢局面。

课题组组长：丛立先
课题组成员：李泳霖　胡浩翔　钱鹏宇　竺申
课题承担单位：华东政法大学知识产权学院
协作单位：广东良马律师事务所

数字产权与NFT版权保护研究

陈少峰*

摘要: 本报告介绍了数字产权与NFT的发展背景,总结了数字产权与NFT的逻辑关系,研究了数字产业和NFT的内容、版权价值和未来发展空间。通过分析数字产业发展面对的困境和法律风险来源,提出数字产业应对潜在法律风险的策略是开展"NFT+数字产权"的场景应用以及进行版权多元保护,详细剖析"NFT+数字产权"的潜在价值。通过探究现行版权法律法规与数字产业和NFT之间的关系,提出NFT版权的保值、增值方案,建议出台新的规则体系来解决新问题和未来将出现的问题,推动NFT版权的标准化建设,大力发展数字产权。数字产权与NFT版权保护研究课题的开展,为数字产权、数字资产、NFT的版权保护、保值、增值和国有企业与个人的产权确权、保值增值提供一系列可实施方案。最后探讨了数字商业文化与伦理,探讨数字产权的热点、难点问题。

关键词: 数字产权;NFT;数字化;元宇宙;文化产业

一、 数字产权与NFT的发展背景

随着我国经济进入国内大循环为主体、国内国际双循环相互促进的新发展格局,数字经济正成为推动我国经济社会高质量发展的强劲引擎,数字产权成为我国数字经济发展的前沿阵地。作为数字经济的重要组成部分,数字产权的发展水平,将直接影响我国数字经济能否高质量发展,经济发展动能能否顺利转换,完善数字产权的制度保障机制,不断提升版权保护水平,才能推动我国数字产业健康快速发展。

(一) 数字产权与NFT的概念解读

NFT是数字经济最重要的部分,NFT本质上是一个技术性标识,是新一代数字商品的载体;数字产权包括平台、内容、个人账号、版权等。在现在的大环境下,数字产权这个事情就比较突出。"数字产权"对应物权来说,比如房地产的

---

* 陈少峰,北京大学哲学系教授、博士生导师,北京大学文化产业研究院学术委员会主任,本课题组组长。

产权，数字产权等，概念比较新，或者它是在一种数字技术的条件下产生的特殊的产权结构。

1. 数字产权、NFT、数字藏品、数字经济

（1）数字产权

数字产权包括平台、内容、个人账号、版权等。数字产权相关的产业支撑体系包括数字技术提供方、平台服务商、上下游硬件生产企业、数字发行方、内容创造者、终端消费者等机构与个人，它们构成了一个完整的产业价值链，任何一个薄弱环节存在问题都会影响创新生态系统的形成，版权保护的必要性日益凸显。

（2）NFT

NFT是Non-fungible Token的缩写，也就是非同质化通证。"非同质化代币（NFT）是基于区块链技术产生的新型数字资产，即记载在区块链上的、用于标识数据文件的具有唯一性和独特性的数字化凭证。"[①]NFT的种类有很多，只要是数字化、区块链加持的内容（具有艺术价值和商业价值），包括形象IP、绘画、图片设计、音乐、游戏等等，都是NFT；虚拟人的种类有很多，数字人是其中的一种，数字人是NFT的一种。NFT是数字经济最重要的部分。NFT本质上是一个技术性标识，是新一代数字商品的载体。这种非同质化通证应用广泛，涉及数字文创、数字艺术、游戏道具、元宇宙资源、门票、区块链域名等众多领域。每个NFT都是独一无二、不可分割的。从NFT技术上来看，它基于区块链发行，因而实现权属清晰、数量透明、转让留痕。区块链技术上的NFT，被认为是建构并达成元宇宙中各个虚拟社会走向大同的一种真正联结。NFT在丰富数字经济模式、促进文创产业发展等方面显现一定的潜在价值。同时，NFT作为运行在区块链网络上的"价值机器"，能够促成一切可数字化资产的链上流通，NFT版权保护研究则为我国摆脱传统数字产权治理困境提供了新场景、新方案。

（3）数字藏品

"数字藏品是非同质化代币（NFT）在中国的应用，通过使用区块链技术，对特定的艺术作品生成唯一的数字凭证，并在保护其数字版权的基础上，实现数字

---

① 杨垠红，廖正飞. 非同质化代币（NFT）产业发展中的个人信息保护义务——基于卡-梅框架的法经济学分析［J］. 福建论坛（人文社会科学版），2023（7）：108.

化发行、购买、收藏和使用。"①"数字藏品"是一个中国特色的语词，强调数字产品本身具有收藏的价值，或者说数字艺术品具有收藏价值，我们也会把它称为数字艺术品。其中有些是NFT，有些是数字藏品，现在很多人把它当作一样的东西来对待，实际上它们就有点像人民币和加密货币，具有本质性的区别。

（4）数字经济

"数字经济"的概念现在大家都很熟悉了，国家提出建设"数字中国"，"数字中国"核心的问题就是要推动数字经济的发展。在现在的环境下，数字产权较为重要，是在一种数字技术的条件下产生的特殊的产权结构。

2. 数字产权与NFT的逻辑关系

数字产权是数字经济的核心，数字经济是数字中国的核心。如果把数字产权当成一个数字经济的核心，它与文化产业是有密切关系的。当然，它不完全是文化产业，但很大一部分是与文化产业有关的。比如元宇宙的文旅、线上的系列微电影和线下的灵境等。在研究元宇宙文化产业的时候，一般把它当成两个部分：一部分是数字产权相关的，包括版权、数字艺术品等内容；另一部分是元宇宙文旅，包括线上线下，人文沉浸式和技术沉浸式的结合。

现在强调的"数字中国"，从两个角度来讲，就是数字产权的经营和元宇宙的跨界应用。元宇宙的跨界应用主要强调它是在文旅领域跨界的应用。"数字中国"不仅是数字经济，它还包括数字经济和数据安全、数字经济的监管，还有技术伦理等一系列的内容。"数字中国"实际上是让我们国家从各个方面通过元宇宙或者数字技术做一个很大的提升，促进经济和社会的全面发展，元宇宙的应用也是一样，它也是要达到这样的目标。所以，如果把"数字中国"领域里的问题看成全面综合的问题，其中有一个问题就是数字经济的发展今后应该怎样推动。

数字经济的核心，是数字产权经营和元宇宙的跨界应用。这里的元宇宙跨界应用不局限于元宇宙文化产业的应用，元宇宙跨界应用非常多，各个领域、各个行业都有元宇宙的跨界应用。今后各个行业的数字技术或者叫数字化都跟元宇宙有关系，或者用元宇宙的视角来看未来的数字化，数字化变成了一个新的角度。

元宇宙的跨界应用是数字技术的综合应用，不是单一的应用，它与人工智能的融合应用是最突出的特点。不管是互联网上还是线下，比如像聊天机器人既可以模拟虚拟人，也可以变成一个虚拟人，同时又是一种互联网的新一代的智能化

---

① 唐小飞，田丹，龚永志，等. 数字藏品的规范困境：成因、动机与风险研究［J］. 科研管理，2023，44（7）：173.

的应用。

数字文化产业的第一个阶段是互联网文化产业，现在叫元宇宙文化产业，都是数字技术或者数字文化产业，但是它的表现方式技术的比例或者技术的水平会大大提高。原来的数字文化产业里面的沉浸式内容相对来讲还是比较少一些，今后元宇宙文化产业里的体验性内容，沉浸式体验基本会成为主流，那就是无处不在的体验。这种体验跟以前所谓的在户外搞一个声光电，在墙壁上做投影相比，要细腻复杂得多，将来可以把它当成一种文旅的项目开发。

元宇宙并不等同于虚拟现实。现在很多人把元宇宙等同于虚拟现实，特别是把戴头盔的娱乐项目等同于区块链，实际上它们都只是元宇宙的一个小小的点。元宇宙是一个技术的集成体系，要看元宇宙的应用场景的多与少，深与浅。大数据也是一样的，一些大数据则涉及行业的监管和国家安全，不能公开进入范围。但是信息化需要大数据，数字化需要大数据，元宇宙或者数字经济大数据确实是一个基本要素，只不过这种基本要素可能在未来的很长时间里并不是一个独立的存在，它一定要跟某种业态或者某种监管方式，当然也包括某些应用相结合。

（二）数字产权的发展空间：产业"数字化"

"数字化"变成了现在比较热门的一个词，特别是传统行业的数字化或者传统企业的数字化。但不管是信息化还是数字化，它其实都存在一个问题，信息化的目的是什么？数字化的目的是什么？笔者认为信息化、数字化的目的是提高竞争力和盈利能力。如果数字化本身不能提升盈利能力的话，就暂时不要数字化。

1. 产业"数字化"的意涵

（1）数字化只是一个工具

信息化也是一个工具，现在这个工具发展成了数字化，但是这个工具本身并没有商业模式，只是一个工具。所以，真正需要的并不是仅仅从信息化转到数字化，而是跟数字化业态相关的业务。换句话说，不能把数字化当成一个标签，而是要做数字化的业务或者是通过数字化盈利，实现数字化的业态创新。

（2）数字化不要盲目推进

不同企业或不同业态进行数字化的基础是不一样的。数字化不是一视同仁，也不是大家一哄而上，原来做信息技术的公司本身数字化的程度很高，但是其他的，比如现在博物馆要不要实现数字化？博物馆如果要实现数字化，藏品就要被数字化。但是数字化有没有给博物馆带来足够多的好处呢？这有待商榷。可能有些人说，人们在线上就能看到博物馆的藏品，但这样的结果是人们就不去博物馆了，博物馆岂不是倒闭得更快？这个事情是有两面性的。数字化应该是有计划地推进，而不是盲目跟风。

2. 数字产业的发展逻辑

第一，数字化的业务应该从事业的角度和产业的角度做不同的思考。事业的角度就是需要政府财政提供支持，比如文博信息、各种资料数字化的收集、文化元素的数字化，这需要很大的经费支持，而且在很长时间里它是赚不到钱的。就算从长远来讲，它的预期产业收入也不大。最近流行的把文博的一些藏品变成数字藏品会怎么样呢？也不能说它就是一个真正的产业，但是人们认为如果把文博的一些图片变成区块链上的数字作品，那就可以销售这些数字作品。有一些文博的主管领导和博物馆的负责人又会担心版权出现纠纷，这就需要在数字化之前，首先辨析实物的产品和数字藏品之间的关系。

第二，技术应用解决不了商业模式的缺失问题。比如现在很流行的数字藏品就没有商业模式。看起来有些人赚了钱，但实际上它并没有商业模式，是不可持续的。但包含数字艺术品在内的数字产权的经营却有很多好的商业模式。人们很热衷的东西可能没有好的商业模式，不要以为人们一窝蜂都做的事情就是好的，这需要我们进行判断。

第三，对那些不以数字技术为业务的公司，即非互联网公司，或者说实业公司、实体经济公司、制造业的公司来讲，数字化首先是个成本支出，因为数字化首先需要投资。首要考虑数字化是否能带来收益，或者短期的支出能不能带来长期的收入。即便短期的支出能带来长期的收入，周期太长企业也难以运营，这是一个非常重要且现实的经济核算问题。另外还有战略规划的问题，治标还是治本，长期和短期利益矛盾冲突，等等。

无论是推进数字化、数字经济，还是提升全世界竞争力，都是在互联网的平台上，在信息技术的平台上。在元宇宙的技术视野下，数字化是一个基础。从国家的角度来讲，推动数字化是不可逆转的一个趋势。但数字化不是简单地帮助企业上网，让企业在网上进行管理，那只是一种信息化。信息化能帮企业拥有信息管理工具，并不能带来商业利润。数字化应包括一套体系，包括业态和商业模式的创新。从另外一个角度讲，智慧城市投入产出的效益不单是经济上的核算，还要考虑真正的社会效益。数字化需要分类分流，针对不同的行业，不同的业态，不同的企业做不同的推动，而且数字化不是简单的信息化，有的需要给企业增加商业模式的辅导，有的要做系统化的设备和技术的建设，有的要合作，有的要政府的政策支持。

第四，数字化要求部分大数据的公开化。数字化的过程会产生大量的数据，这个数据有的有用，有的没用。现在比较有用的是平台的行为数据，比如阿里巴巴平台上的所有购物的人的数据，但是这个行为数据不会共享给所有人。笔者认为，国家要强化数据的公开化。当然，其中涉及国家安全的部分要重视。但是目前有很多行业的数据并没有联通，要想跨行业了解一些相关信息，比如了解一下现在电视台的收视率，相关数据并没有联通起来。能够公开的行业数据和用户行为数据应尽量公开使用，这样数字化才有用处。大数据经过分析处理以后，剔除涉及敏感的东西，有价值的东西对全社会开放。如果没有这个支持，数字化很可能变成盲目的。

二、数字产业的潜在法律风险分析

NFT作为一项区块链技术创新应用，在丰富数字经济模式、促进文创产业发展等方面显现一定的潜在价值，但同时也存在侵权、炒作、非法金融活动等风险隐患。应该践行科技向善理念，合理选择应用场景，规范应用区块链技术，发挥NFT在推动产业数字化、数字产业化方面的正面作用，确保NFT产品的价值有充分支撑，引导消费者理性消费，防止价格虚高背离基本的价值规律。

（一）数字产业的法律风险来源

数字化之后，人们的资产都变成了数字产权。在互联网上的一个微信公众号、一个个人账号，或者是一个App，全部变成数字产权，但是数字产权又没确权。比如某人微信公众号做得再好，没有确权，随时可以把这个公众号拉黑，产权可能一夜之间就消失了。数字产权需要先确定有哪几种产权，一种是与设备有关的物权，另外一种是版权，包括专利、著作权等。厘清相关概念含义和关系，对于规避潜在的法律风险，减少损失具有重要意义。

1. 数字产业的产权类型

（1）特殊权益（特殊产权）

这是现在最大的一个领域，也称为特殊权益或者特殊产权。比如某个网红有一大批粉丝，这些粉丝是真实的，账号做一个广告可以带来较高的经济效益，账号的价值体现方式是粉丝，笔者称之为特殊权益或者特殊产权。

（2）特定的使用权

与微信捆绑在一起的微信公众号或者抖音上的某个账号涉及特定的使用权。平台有权力取消或封禁账号。平台一般根据双重政策，即国家相关政策和企业内部政策。企业根据内部政策，基于风险考虑，对用户账户进行取消或封禁操作。这个时候，可以发现实际上特定的使用权依赖平台。笔者称之为二级产权，即数字产权中的二级或者三级。

（3）经营权

还有一种情况是没有账号的所有权，但是有经营权。比如在个人账号里卖东西，现在很多平台个人账号可以跟平台合作做电商，但是各电商平台的分成比例是不一样的，因此就产生了特定的经营权的差异，这种现象非常多。

2. 数字产权的复杂结构

数字产权实际上有很多复杂的结构，比如居于平台内的和依赖平台的数字产权，比如个人账号和微信公众号，包括在平台上发表的、积累的内容，自然会产生相应的影响和带来相应的效益。但仍然存在很多不能直接定性的数字产权，比如账号、公众号的粉丝和账号的影响力没办法定性，也没办法定量，这是一个很麻烦的事情。

假如一个账号违反了管理措施，现有的处罚力度往往是很模糊的。比如用户因不当言论，账号被处罚拉黑，这个处罚的力度是需要有依据的，需要说明属于哪一种等级的不当，对不当的言论分等级。健全平台自身的政策和国家政策之间的关系，首要是公布平台的管理政策。但实际情况是很多平台的管理政策持续在修正中，不是一次性公开的，比如一个账号有了几千万粉丝后才被告知有些内容不能做，但这时候账号很可能已经花费很多精力组织团队，打造个人账号，形成粉丝群体，这会给数字产权的发展带来很大的不确定性。

（二）数字产业应对潜在法律风险的策略

现在与数字产权相关的法律依据很多，不管产权保护的法律，还是处罚的法律或是行政规定。行政规定包括一些法规性的行政规定和临时的处置措施，其中的关系错综复杂。平台政策立法和行政规定如何形成一致是一个重要的问题。

1. 数字产权的监管原则

推进法律和行政规定，应先关注行政规定现在已有的这些措施产生的效果，对它进行评估，接下来针对实际的情况和用户的诉求，还有各方的利益冲突，认真地研究措施应该怎么完善，监管既要到位，又能够保护产权，这样既不妨碍国家的政策导向性，又能够保护人们的数字产权。

没有数字产权就没有数字经济。要解决当下的问题与今后的问题，要有一个战略的规划，怎么监管，怎么立法，既要有长远的考虑，也要有当下的考虑。针对一些明显的违法、违规现象，可以直接处罚，比如诽谤别人或者发布虚假的信息，等等。还有一类问题是无意的，比如有人在某个平台上发内容的时候，平台的监管弱了一点点，可以要求平台整改，但平台不是故意的。如果故意的话，就要重罚。要以标本兼治的目标来制定数字产权相关的法律和政策，才能促进产权保护和解决利益冲突。

2. 数字化平台的管理方式

数字化平台的管理方式应以增加用户的福利为导向。如果用户不是恶意，平台应尽量减少处罚。通过技术处理，平台可以对出现问题的账号进行处罚，但也要考虑用户的利益，平台有责任让用户能够利益最大化，而不是只考虑平台自己的管理。这是总体的善行原则，增加整个平台所有利益相关者的利益。

三、"NFT+数字产权"的场景应用

新领域新业态知识产权具有高度的技术性与灵活性，其发展必然为机遇与挑战并存，为有效应对与防范多项法律风险，可采用司法保护、行政保护、协同保护的多元保护手段，实现线上线下融合保护，推动NFT在数字产权领域的普遍应用。

（一）数字产权的应用范围

数字产权已经变得非常庞大，庞大是指它潜在的庞大，并不等于它现在已经被确权。从潜在的角度来讲，数字资产是现在经常提的一个概念，但是要确权之后才有数字资产，没确定就没有数字资产。面对这种现状，机遇与挑战并存。

1. 元宇宙中的数字产权

把数字产权跟元宇宙联系起来。数字技术的集成体系及其软硬件，它包含Web3.0，但不局限于Web3.0。元宇宙和人工智能要融合，或者元宇宙包括了大多数的人工智能的应用。元宇宙需要模块化应用，元宇宙技术需要跨界融合才有商业模式。产权、商业模式、各种各样的内容，可能都转移到元宇宙的技术体系里了。

比方说，把剧本杀变成一种人文沉浸式活动，剧本杀就要与沉浸式技术相融合，其中涉及的数字产权比较复杂，包括现在提倡的联合甲方，最终一次的使用权都是大家共有的。这里面很多问题是可以通过法律文书提前约定和规定来解决，但其中包含的技术系统越庞大，数字产权涉及问题肯定越多，例如著作权，相互之间的数字产权的结构，肯定越来越复杂。数字产权在元宇宙环境下肯定会有越来越大的价值，但是相应的，衍生的问题也会越来越多。

2. 数字产权和元宇宙文化产业的融合

在元宇宙文化产业里，数字产权也会十分突出，比如灵境，比如线上线下的结合，比如二次传播，比如人文沉浸式和技术沉浸式的融合之后，数字产权应该怎么算，各方占多大的比重，内容设计和硬件设备之间的价值分配，等等。这显示了在元宇宙文化产业领域中，人文沉浸式和技术沉浸式，线上和线下形成了一体化关系。比如一个平台账号有三千万的粉丝，想建立一个有限责任公司，以粉丝的经营权来入股，这叫资源入股。正常情况，这涉及很大的利益，但事实上很难，因为这些粉丝都没有被确权，而且没被估值。如果把这些粉丝当作存量资产，这是非常大的一个存量资产，还有增量资产，在元宇宙的环境下，"数字中国"越发展，增量资产越多，换言之，很多传统产业数字化之后，各种内容都要搬到数字平台上来，数字平台本身有很多数字产权。

(二)"NFT+数字产权"的潜在价值

数字产权涉及的不仅是NFT或者虚拟币、游戏道具、虚拟人，还包括人们在互联网上的所有财产和资产（多数未确权认证）。从产权视角看，数字产权的确权认证需要政府及其委托的机构来做，包括评估其中潜在的各种风险。

1. 数字产权的价值开发

今后要进一步细分不同领域的数字产权，比如教育领域的数字产权，文旅领域的数字产权，版权领域的数字产权，医疗领域的数字产权，用户的大数据价值无限，但是又不能随便用。尤其是医疗产业，今后的发展很大程度要依赖患者各种各样的大数据，这是非常大的一个增量，现在还没有完全形成，一旦打通了这些数据的连接，特别是在管理的数字能够保证安全之后就会产生巨大的产权价值。

笔者认为，现有的数字资产已经有上百万亿，甚至已经超过了一百万亿，是一个巨大的规模。比如围绕抖音、阿里、腾讯、京东所产生的数字资产，涉及的各种客户端，各种商务的利益，各种粉丝的价值，各种广告的潜在的价值，等等。如果他们经常交易的话，交易产生的印花税增值收益非常可观。所以，将来中国产业发展和经济发展的一个最大的领域是数字产权领域。

今后数字资产的交易将会取代房地产交易的地位，不只会取代，而且它将是房地产交易的好几倍到几十倍不等。这是一个庞大的体系。我们可以来设想一下，中国的文物收藏的交易系统非常庞大，每年有几十万亿交易，但是国家没收一分钱的税，因为大部分都是私下交易的。如果产权不做确权，对它的收入不做估值，没有开放交易平台的话，等于潜在的产权没有办法得到实际的利益，也没有办法给国家上缴各种各样的税费，对那些拥有数字资产的人也不能真正地带来财富，不能带动共同富裕，甚至连就业都没办法增加。有很多东西如果能确权估值进入交易，特别是二级市场交易的话，它的境况就不一样了。

2. 数字产权的开发范围

（1）数字产权的产业链

数字产权的经营涉及很多，它是个产业链，跟数字产权有关的就是一个产业链，这个产业链里也有一些涉及经营的问题，比如确权，比如估值，比如交易，包括交易平台、法律服务，还有一些新型的，比如网红的经纪服务。网红经纪服务跟以前的明星经纪不一样，涉及个人IP打造，还涉及商品、贸易等，是一个非常庞大而复杂的体系。这是未来数字化要处理的问题。数字产权经营的范围很大，每个领域都可以做一个交易，可以有好几个平台做交易，还有很多公司来做垂直的各种业务的开发。

（2）元宇宙环境下的数字产权

关于数字人的产权，虚拟人的产权，也属于一个很大的产权开发范围，它可能不仅是版权，还有很多问题需要解决。比如数字人在哪里存在，这要确认它的产权，如果数字人依赖其他的平台存在，但又不能确定数字人的产权，数字人就可能变成平台所有的东西了。数字人网红将来可能会比真人网红还要多，影响力会更大。但即便是数字人，内容的载体人设同样也会存在相关的问题。比如，数字人跟真人混搭带货，会产生共同出现产权的问题；又比如，真人有可能有一个数字人分身，这个时候就会出现产权问题；我自己的数字人跟别人的数字人共同合作，这里面也涉及新的关于数字人或者虚拟人的数字产权的一些问题。数字人下一步有很大的产业空间，它需要人设，需要故事，企业也可以通过系列微电影打造数字人网红。数字人网红或者数字人可能会成为数字产权和元宇宙文化产业领域里一个新的增长点。

（3）数字艺术品不等同于数字藏品

数字艺术品就是数字化的技术创作作品，数字技术的直接创意产品，还有传统产品的数字化，比如文博图像线上数字化的图形。现在看到的很多数字藏品，包括文物在线上能看到的，还有线上博物馆和展示的数字化的藏品，其实都是重新设计的，属于二次创作的。

数字人和机器人创造的作品是完全由数字化再创造的数字作品。以诗歌创作为例，机器人三秒写一首诗，数字人和机器人一天创造作品可能比历史上所有的诗加起来还多。包括数字人歌手，数字人讲脱口秀，数字化拍摄的作品，还有其他各种各样数字化的内容，包括现在做的二次创作NFT等等，这些东西都是属于数字艺术品。

数字艺术品不能只等同于数字藏品，数字人和机器人拥有独立的产权，比如数字人创作的作品的版权归属问题。著作权需要有署名权，数字人也涉及署名的问题，数字人创造的作品署名更复杂，它的作品是不是属于数字人，这涉及和真人结合的机器人的产权。

四、NFT版权的保值、增值方案

从政策层面上看，政府首先应该允许NFT的交易，因为具有保险性，就算市场炒作也不会形成坐庄或者非法集资之类的问题。其次，制定保护数字产权并促进交易的机制、监管办法和平台运行规则。再次，建立规范的拍卖和交易平台，促进NFT的稳健发展，等等。

（一）NFT版权的价值分析

1. 数字藏品与NFT的区分

首先要搞清楚NFT和数字藏品的概念。NFT也好，数字藏品也罢，都是对某些东西进行创作，有时候是原创的，有时候是二次创作。NFT具有唯一性，所以它是唯一版；而数字藏品是限量版。我们平时卖的各种各样的文化产品都是不限量版。

比如，一个文物做了一个NFT，卖这个文物的数字版权，可能要天价，因为它是唯一版，不能再有。但是现在的数字藏品其实都没有版权，就把它当成一个普通的产品，它没版权，跟文物之间没关系，属于二次创作。就像照一张照片，可以复制很多，每个人买一张，没有版权。博物馆目前做的数字藏品根本不担心版权的问题，如果要做NFT的话，就要签协议，出售数字版权的使用权，或者是

172

所有权，博物馆目前做的数字藏品是有问题的。

只要不是NFT，出售不限量版的数字藏品都没问题，因为这不涉及出售原物的产权和使用权。但为什么要做限量版呢？因为只有限量版才能炒作，很多人之所以买它，而且名字就叫数字藏品就是强调它有收藏的价值，但事实上它没有收藏的价值，只有炒作才有价值，而且也不是收藏的价值，它是炒作的价值。换句话说，有些人认为它有投资价值，而不是收藏的价值。投资的价值来自炒作。

2. NFT的价值唯一性

NFT是唯一的，比如无聊猿发行500个，每个人买一个或者一个人买几个，但每一个都不一样，那就没有炒作的价值。除非这个作品本身有价值，这个艺术家的身价有价值，它不断地在增值，否则买它也没意义。NFT比较像传统正规的收藏，收藏一幅画，这幅画是唯一的，这幅画增值就是真正的收藏。所以，真正的藏品是NFT。

但是NFT在国内是很难发展的，在国外大家愿意买真正的收藏价值，在国内大家都买投资价值，投资价值有人炒作才有投资价值。投资就是大家一起来投，组团炒作，这对真正的收藏品来讲没有意义。实践中，数字藏品就算要炒作也很难有很多人一直跟着炒作，因为它除了炒作，没有别的价值，也就是说人们要及时跟进，及时退出，这就是昙花一现。就收藏价值而言，人们应该做NFT，而不能做限量版。

（二）NFT版权的价值开发保障

NFT与各种虚拟人的数字产权、新媒体账户、文学作品、图片等各种数字产权的市场规模很快就要达到几万亿，这需要政府制定相关的数字产权保护政策和相关的交易规则。当然，这里的NFT和数字产权不包括像比特币那样的虚拟币。为了NFT的稳健发展，一定要制定保护数字产权并促进交易的机制、监管办法和平台运行规则，建立规范的拍卖和交易平台。

1. 二级市场的规则制定

NFT具有唯一性，不便于炒作。中国国内数字藏品的出现，更多的出于经济因素。但目前国内没有二级市场，或者二级市场限制炒作。数字藏品的交易只能做私下交易，但是私下交易很容易涉及传销、金融坐庄等非法业务。毋庸置疑，数字经济肯定有二级市场。制定好二级市场的规则，包括交易的实现，入场的条件，谁来负责交易，可以委托其他人来交易，交易员需要有交易的资格，等等，很有必要。可比照现有的法律制度，制定一个系统的监管的规则，开放市场，约束市场主体。

2. 数字产权的政策保障

（1）数字产权的确权认证亟待解决

数字产权涉及的不仅是NFT或者虚拟币、游戏道具、虚拟人，还包括人们在互联网上的所有财产和资产（多数未确权认证）。从产权视角看，数字产权的确权认证需要政府或者央企以及其委托的机构来做，评估其中潜在的各种风险。

从产业发展的角度来看，数字产权及其交易将是十年内中国最大的文化产业门类之一。除了现有的NFT的收藏交易之外，通过垂直开发NFT每个领域的产品并构建包括衍生品在内的产业链，都可以大大扩展产业规模。

从政策层面看，政府首先应该允许NFT的交易，因为它很保险，就算市场炒作也不会形成坐庄或者非法集资之类的问题。其次，制定保护数字产权并促进交易的机制、监管办法和平台运行规则。再次，建立规范的拍卖和交易平台，促进NFT的稳健发展。

（2）确定数字产权的相关主体

首先要确定数字产权相关的主体。现在要关注数字产权领域跟原来版权有关的事情，版权数字领域里有很多的版权，但是数字产权里面可能有更多的版权，或者说更多的可以提供保护的版权角度，包括元宇宙文化产业新产生的版权，著作权专利，还有一些涉及版权的内容、软件等等。今后还需要一个新的研究，比如侵权案例的研究，侵权的时候应该判罚标准，还很多问题需要版权的研究和版权的保护。

五、NFT版权的标准化建设

开展数字产权与NFT版权标准化建设工程，应引导和鼓励科技巨头之间积极展开标准化合作，支持企事业单位进行多领域行业标准的研制工作，积极地参与制定数字产业与NFT版权全球性标准化建设。应鼓励相关企业加强技术基础研究，增强技术创新能力，积极研发核心技术，掌握核心竞争力，提高国内本土企业在领域内的话语权和地位，稳步提高相关产业技术的成熟度。

（一）NFT版权的保护策略

从物权到数字产权对版权产业带来新的机遇和挑战。数字产权中的版权有些结构是组合式的结构。所以，版权可能不再是单一的，针对如何对其进行保护，笔者给出以下建议。

1. NFT版权的保护范围

第一，要进一步研究数字产权里面的版权保护。扩展视野，不局限在现有的版权概念，包括扩展版权的关注范围，如个人和企业在平台的账号和粉丝量。特殊的形态，涉及特殊的版权。

第二，聚焦数字版权的特殊性。比如数字藏品区块链平台，数字藏品的版权平台发行某个藏品时，为了防止倒闭，平台必须帮助账号投保，帮账号的产品投保，这是一个版权保护的措施。

第三，从物权到数字产权给版权产业带来了机遇和挑战。数字产权中的版权结构是一种组合式的结构。以影视作品的版权为例，很多影视作品开发续集时较易出现争议，这是由于影视作品涉及多个投资方，这就需要更加完善的版权协议。笔者曾建议中国版权保护中心开发各类版权协议的模板，包括在复杂的版权保护状况下应签订的协议样本，提供版权保护措施相关的文本的一种格式。

2. 文博机构的问题及建议

全国博物馆有非常多的文物和藏品，一些延伸的开发，如数字藏品会涉及版权的问题。但事实上它没有版权的问题，因为数字藏品是二次创作，二级市场对数字藏品的炒作，会给博物馆造成间接的责任或者声誉的损失。目前，大多数的博物馆在开发衍生产品和处理数字化的问题上没有很好地理解法律文书。

国家支持文博机构数字化，文博机构要开发各种各样的衍生品，包括复制品。笔者认为，新型博物馆推进数字化，可首先考虑集中主题开发，把博物馆做成沉浸式数字化的灵境体验，而不是传统的展陈；还有数字产权线上线下结合，数字产权的开发经营等。

（二）数字产权的标准化建设

数字产权是中国数字经济的核心产权，需要高度重视。立法需要过程和时间，建议先出台行政上的法规，以及行政上的一些保护措施，提高国内本土企业在领域内的话语权和地位，稳步提高相关产业技术的成熟度。

1. 数字产权的制度建设

要对一份数字产权做行政处罚或者做出某些具有一定影响的裁定，需要一套合理合法的程序。笔者建议在工信部或者国家版权局设立一个数字产权司；中国版权保护中心设立一个跟数字产权有关的机构，即数字产权和数字版权的关联机构。目前已有的新媒体监管流程和内容监管标准还有待完善。现在的数字产权很多都是在新媒体平台上，能整改的尽量不取缔，换句话说，如果它不是很恶性的话，尽量让它有机会整改。法律上关注是否有主观动机，是不是恶意传播或恶意制造，这是评判的主要依据。

2. 数字产权的市场建设

开放数字产权的市场，这是初步的建议，数字产权领域里的市场也要开放。

第一，数字经济以交易为基础，具有流动性和流通性，才能促进经济的活跃度，交易的活跃度带动经济的活跃度。

第二，建设一级市场和二级市场。在一级市场售出后，二级市场可以通过对交易的范围、交易的频率、平台的主体等内容进行限定等手段，活跃交易。在市场监管方面，内容监管与市场监管保持一致，避免内容监管过严和市场监管过宽，内容的监管跟市场的经营活动最好能匹配。

第三，制定一个公开的审查标准。这样才能有法可依，包括行政措施也有对应的标准。标准的制定应公开公正公平。

第四，用试点来推进。数字产权在数字经济环境下是一个非常核心的问题，但是这个问题是分散的。目前很多人没有意识到这个问题的重要性。今后就可以把数字产权跟元宇宙文化产业结合在一起做研究，在元宇宙文化产业框架下来做数字产权的保护和数字产权的开发经营。其中涉及人文和技术的融合，属于元宇宙文化产业的新型业态。我们现在的版权保护是产权领域的一个比较完善的制度，但这种新型业态不能仅局限于版权保护。笔者认为通过版权保护的角度去做产权的研究，梳理出一个能够跟版权相关制度相匹配的内容，可以加快推进版权保护，比如NFT或者是数字藏品，可以通过做一些版权保护的标准化的法律文书或者交易标准，帮助中小企业保护它的自身利益。

开展数字产业与NFT版权标准化建设工程，应引导和鼓励科技巨头之间积极展开标准化合作，支持企事业单位进行多领域行业标准的研制工作，积极地参与制定数字产业与NFT版权全球性标准化建设。应鼓励相关企业加强技术基础研究，增强技术创新能力，积极研发核心技术，掌握核心竞争力，提高国内本土企业在领域内的话语权和地位，稳步提高相关产业技术的成熟度。

六、数字产业的商业伦理

NFT市场环境错综复杂，纯虚拟的线上交易，准入门槛较低，NFT艺术作品质量参差不齐。市场环境不规范。尽管如此，新生事物依然有望朝美好方向发展。数字产业和NFT商业文化的培育，从根本上说，就是要破除所谓的"商业无道德神话"，改变"利润至上"的商业环境和商业观，塑造"价值优先"的商业文化。衍生的伦理问题值得我们重视。

（一）数字产业和NFT商业文化

NFT的种类有很多，只要是数字化、区块链加持的内容（具有艺术价值和商业价值），包括形象IP、绘画、图片设计、音乐、游戏等等，数字人也是NFT的一种。

NFT和虚拟货币的价值实现的商业模式正好是相反的。虚拟币和官方的数字货币不一样。数字货币是直接和实体货币挂钩的（有多少实体货币才能制作发行多少数字货币）。从金融监管的视角看，数字货币和虚拟货币的区别很明显，数字货币是货币主权方发行的，完全可控的；虚拟货币是"庄家支配+市场化"，有些是不可控的，比如庄家就提前多发行很多虚拟币用低价来"做局"。因此，虚拟货币是同质化代币，不是货币，只能叫虚拟币而不是虚拟货币（不是数字货币）。

NFT其实和虚拟币一点关系都没有，虽然技术原理有点像，特别是应用了区块链技术。虚拟币是同质化的代币，NFT是非同质化的代币；任何一种虚拟币都可以发行无数个，任何一种NFT都只能有一个。或者说，一种虚拟币如果发行很多个，它就不是NFT。所以，NFT很像明星，适合个性化。某些地方发行数字图片，号称1万个限量，这就是虚拟币同质化，而不是NFT。

目前很多做同质化类似于"虚拟币"的是文博单位，而不是原创设计的机构、企业和个人。当然，同质化的虚拟币（艺术化数字化设计产品）如果限定其交易次数和交易时间，比如每年只能交易一次，也是可以的，否则就存在"份额化"炒作问题，之前很多文交所出现类似的问题。但是，真正的NFT不会存在这种不规范的金融问题。需要指出的是，NFT不是元宇宙，它是元宇宙产业中的一个领域，但可以称之为"IP元宇宙"。

177

（二）数字产权的伦理向度

随着数字产权的发展，与数字产权利益相关者的伦理问题值得我们重视，同时做好预期管理很重要。此外，跟数字产权相关的，一些利益相关者的伦理问题也值得我们重视。比如平台需要保留它的中立性，平台需要公平，不要利益冲突，这是属于公正的角度。平台在推荐时要审慎。还有一个现状，聊天机器人的功能越来越强大，甚至能自己标注数据，能自己选择某些东西组合成推荐内容推荐给用户，形成某种引导。所以，预期管理很重要，要审慎地判断将来预期管理的问题。

结语

数字产权包括平台、内容、个人账号、版权等。数字产权相关的产业支撑体系包括数字技术提供方、平台服务商、上下游硬件生产企业、数字发行方、内容创造者、终端消费者等机构与个人，构成一个完整的产业价值链，任何一个薄弱环节存在问题都会影响创新生态系统的形成，版权保护的必要性日益凸显。NFT是数字经济最重要的部分。NFT本质上是一个技术性标识，是新一代数字商品的载体。NFT的种类有很多，只要是数字化、区块链加持的内容（具有艺术价值和商业价值），包括形象IP、绘画、图片设计、音乐、游戏等等，都是NFT；数字人是NFT的一种。

随着我国经济进入国内大循环为主体、国内国际双循环相互促进的新发展格局，数字经济正成为推动我国经济社会高质量发展的强劲引擎。全球信息化进程不断推进，数字中国战略深入实施，我国文学、艺术等领域的数字化发展异常迅猛，数字产权成为我国数字经济发展的前沿阵地。作为数字经济的重要组成部分，数字产权的发展水平将直接影响我国数字经济能否高质量发展，经济发展动能能否顺利转换，经济效益能否不断提升。完善数字产权的制度保障机制，不断提升版权保护水平，才能推动我国数字产业健康快速发展。

针对当前数字产权保护领域亟待解决的问题，本课题组一致认为，需在立法或政策层面出台措施，先确认所有权与使用权，以建立经营数字资产的必要基础，之后估值，进而资产化。建议由政府建立指定的数字资产交易平台，对二级市场的交易频次、数量等方面加以限制管控。

总之，建立数字产权与NFT版权保护标准化体系，为数字产业和NFT资源的创造性转化、创新性发展奠定坚实基础，为实现数字产权蓬勃发展、实现我国数字经济可持续性发展贡献力量。从而，推动数字经济高质量发展，经济发展动能转换，经济效益不断提升，完善数字产权的制度保障机制，不断提升版权保护水平，推动我国数字产业健康快速发展。

课题组组长：陈少峰
课题组成员：周庆山　王国华　何文义　邓丽丽　李竞生
课题承担单位：华云汇文化科技（北京）有限公司
协作单位：北京大学文化产业研究院学术委员会

数字影视内容版权保护痛难点及解决方案

史晶月*

摘要： 在互联网时代下，随着数字技术在影视产业的广泛应用，数字影视融入了人们的日常休闲娱乐生活中。数字影视产业一方面促进了我国线上线下影视消费市场规模的快速提升，另一方面也因其对传统影视内容传播方式和消费方式的变革，产生了数字影视内容盗版侵权的新形态、新问题，而我国现有的数字影视内容版权保护体系有待进一步完善。对于推动我国影视产业健康有序、持续繁荣发展，探索新的数字影视内容版权保护解决方案尤为重要。

本文通过文献研究、案例分析、数据分析等方式，分析了数字影视内容版权保护事前防御失灵、事中管控遇阻、事后救济局限三大痛点难点问题，并从营造全社会重视数字影视内容版权保护的氛围、完善数字影视内容版权保护的法律体系、加强数字影视内容版权保护技术研发应用、加强各相关单位部门的协同机制、加强数字影视内容版权创新运用五大方面，提出了进一步优化我国数字影视内容版权保护的建议方案，从而为推动我国数字影视产业高质量发展发挥积极作用。

关键词： 数字影视；盗版侵权；版权保护；法律保护；技术保护

一、数字影视产业发展及版权保护现状

(一) 数字影视产业概念

随着数字技术的发展，文化领域的内容生产、传播及消费方式发生了重大的变革，数字内容产业应运而生。数字内容产业是信息技术与文化生产高度融合的产业形式，在中国，数字内容产业是文化产业的一部分，也是信息产业的一部分。[①] 数字影视产业是数字内容产业的重要组成部分。

数字影视产业 (也称数字视听产业) 指运用现代数字技术和应用，进行影视创作、生产、传播、展示、消费、版权保护等经济活动，向市场提供能够满足数

---

* 史晶月，杭州阜博科技有限公司总裁，本课题组组长。
① 熊澄宇，孔少华. 数字内容产业的发展趋势与动力分析 [J]. 全球传媒学刊，2015 (2)：40.

字化时代下消费者多元需求的影视生产与经营行业。其中，数字影视（视听）内容在数字影视（视听）产业链（见图1）中扮演着基础性和关键性角色。

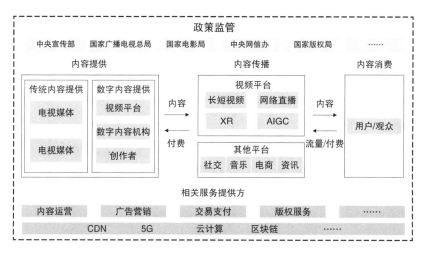

图1　数字影视（视听）内容产业链图谱

数字影视（视听）内容是以数字方式制作、传播、发行、播出及质量符合影视技术指标要求的影视作品。其节目源通过使用磁带胶片转成数字媒体文件、电脑数字制作和直接用数字媒体摄像机拍摄这三种方式获得；其发行可以通过网络、卫星、光纤传输或者数字硬盘、光盘等载体来完成；其展示方式主要通过网络平台和数字播出机两大设备来实现放映。从节目制作工艺、制作方式到发行及传播方式上均全面数字化。[①]本文主要聚焦以互联网终端设备为载体，以数字化网络为主要传播途径的数字影视内容，主要形态包括网络长短视频、网络直播、XR（AR、VR、MR等多种虚拟现实技术的统称）作品、AIGC等，是数字影视（视听）版权保护的主要客体。

（二）数字影视产业发展现状

随着近年来中国数字经济、数字文化战略化的推进，我国数字影视（视听）产业呈现向好向优的发展趋势。据中国网络视听节目服务协会发布的《2023中国网络视听发展研究报告》：2022年，我国泛网络视听产业的市场规模为7274.4亿

---

① 鲁滕菲．数字影视产品发行新模式研究［D］．南京：南京航空航天大学，2012.

元，较2021年增长4.4%。其中，短视频领域市场规模为2928.3亿元，占比为40.3%，是产业增量的主要来源；其次是网络直播领域，市场规模为1249.6亿元，占比为17.2%，是拉动网络视听行业市场规模的重要力量；综合视频市场份额紧随其后，占比17.1%（见图2）。

图2　2022年网络视听行业市场规模及构成

在数字影视（视听）产业领域，除具备鲜明"移动化"特征的短视频、网络直播市场发展尤为迅速外，人工智能技术的突破性进展，也给生成式人工智能（AIGC）在行业的应用带来无限想象空间。据前瞻产业研究院测算，我国2023年AIGC市场规模预计达到170亿人民币元，2030年市场规模将超万亿元，年复合增长率超过80%（见图3）。

图3　中国AIGC产业市场规模预测图

一方面，AIGC提高了数字影视（视听）内容生产效率。AIGC主要商业模式为MaaS（Model as a Service），即一种云与大模型深度绑定后的新型商业模式。该模式以云为基础、模型为中心，可提供众多预训练基础模型，只需针对具体场景作调整优化，就能够被快速投入使用，从而在短时间内生成影视创作所需的大量影视素材和相关数据，支撑数字影视制作方持续输出高质量内容。另一方面，

AIGC提高了数字影视产业对版权保护的重视。当前，用于大模型训练的素材及大模型生成内容的版权之争俨然成为行业能否健康有序发展的关键问题之一。围绕AIGC可版权性、版权归属及版权保护方式的争议层出不穷，目前尚无定论。2023年7月，国家网信办等七部门联合公布《生成式人工智能服务管理暂行办法》，预示着AIGC版权保护逐步走向规范化的发展道路。

（三）数字影视内容版权保护现状

1. 数字影视内容版权概念

数字影视内容版权是以数字影视作品为权利客体的版权。根据我国著作权法规定，数字影视作品纳入"视听作品"之范畴而受法律保护。具体而言，数字影视内容的版权分为人身权与财产权：人身权即包括发表权、署名权、修改权与保护作品完整权；财产权包括复制权、发行权、出租权、展览权、表演权、放映权、广播权、信息网络传播权、摄制权、改编权、翻译权和汇编权。

经对X省2013—2018年116份（数字）影视内容版权侵权纠纷案件的一审判决书的抽样调查发现，其中30%的案件关于发行权纠纷，27%的案件关于复制权纠纷，25%的案件关于信息网络传播权纠纷，6%的案件关于获得报酬权纠纷，4%的案件关于放映权纠纷[①]（见图4）。可见在影视内容版权领域（含数字影视内容版权），影视作品的发行权、复制权与信息网络传播权最易引发纠纷，而信息网络传播权则是数字影视内容版权保护的重点和难点。

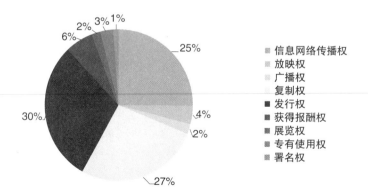

图4　X省各级人民法院影视内容版权侵权纠纷案件涉案类型抽样调查结果

---

① 赵丽莉，吕明慧. 影视产业版权侵权纠纷实证研究——以X省各级人民法院裁判文书样本为分析基础［J］. 山东科技大学学报（社会科学版），2019，21（3）：42.

2. 数字影视内容版权保护特征

网络版权产业是数字内容产业在法律上的称谓，具有无形资产价值的高成长性，以及对版权保护的高依赖性等特征，因此受到法律界、产业界和社会各界的共同关注。[①]作为数字内容产业的重要组成，数字影视产业也不例外。英国数字电视研究公司 Digital TV Research 的数据报告显示：2022年，盗版给中国在线流媒体带来的损失接近646亿元人民币，这一数字相较于六年前的280亿元人民币增长了一倍还多。视频技术公司 Synamedia 2023年2月发布的研究报告显示：仅在美国，阻断一部好莱坞大片的盗版就能挽回1.3亿至2.8亿美元的损失，对于像《蜘蛛侠：英雄无归》这样的热门大片来说，阻断该片盗版将为影视制作公司减少超过4亿美元的损失。由此可见，版权保护对数字影视产业减少收益损失、实现可持续发展有着重要的现实意义。

由于数字影视内容传播迅速、获取便捷、增值性强的特性，以及数字影视内容盗版侵权呈现地域分散化、手段多样化以及数量泛滥化的发展趋势，数字影视内容版权保护整体呈现"覆盖要求广""精度要求高""时效要求强"的工作特点。具体如下。

（1）覆盖要求广。由于网络接入、存储及信息传输等服务门槛低，数字影视内容生产、发行环节呈"去中心化"发展趋势，数字影视内容的侵权主体日益分散化、隐蔽化，国内打击盗版犹如"打地鼠"游戏，打掉一个又出现一个。此外，随着对外数字文化贸易的快速发展，大量数字影视内容在"走出去"过程中也面临在海外被盗版侵权的风险。因此，数字影视产业发展对版权保护工作提出了面向全球、全网、全链广泛覆盖的要求和标准。

（2）精度要求高。随着各类数字技术应用的普及，数字影视作品盗播途径日益多样，包括点播/直播网站、App、网盘/云盘/微信、种子/磁链、盗链等渠道；侵权形式更加复杂，包括嵌套、跳转、屏蔽电视信号、主播盗播、采用境外信号或者非播放信号等方式；内容类型不断拓展，包括网络直播、短视频、XR、AIGC、影视IP周边衍生等多种新兴形态。为应对复杂、多样、快速更迭的盗版侵权情况，提高对数字影视内容版权保护过程中的盗版侵权精准识别技术能力成为重要要求。

（3）时效要求强。不同于传统影视行业，数字影视内容的盗版复制，能百分

---

① 吴汉东. 数字内容产业发展与网络版权保护［J］. 版权理论与实务，2023（3）：3.

百无损地借助各类网络社交渠道进行快速的裂变式传播、使用、盈利。由此，正版数字影视内容的收益损失，会随着盗版时间的延长、盗版数量的剧增而成倍增加，产业也因此对版权保护的时效性提出了更高的要求。

3. 数字影视内容版权保护具体做法

采取"法律+技术"双轮驱动的版权保护模式。

（1）法律措施

迄今为止，我国构建了较为完善的数字影视内容版权保护法律体系。

从司法层面：不仅有著作权法、《信息网络传播权保护条例》等法律法规，也有《最高人民法院关于审理著作权民事纠纷案件适用法律若干问题的解释》《最高人民法院关于审理侵害信息网络传播权民事纠纷案件适用法律若干问题的规定》等司法解释（见表1），在涉外案件中，还可适用《伯尔尼公约》等国际条约。

表1　数字影视内容版权保护相关法律法规一览表

一、相关法律法规			
序号	名称	制定主体	时间
1	中华人民共和国著作权法（2020修正）	全国人大	2020年
2	中华人民共和国著作权法实施条例（2013修订）	国务院	2013年
3	信息网络传播权保护条例（2013修订）	国务院	2013年
二、相关司法解释			
序号	名称	制定主体	时间
1	最高人民法院关于审理侵害知识产权民事案件适用惩罚性赔偿的解释	最高人民法院	2021年
2	最高人民法院关于审理著作权民事纠纷案件适用法律若干问题的解释（2020修正）	最高人民法院	2020年
3	最高人民法院关于审理侵害信息网络传播权民事纠纷案件适用法律若干问题的规定（2020修正）	最高人民法院	2020年
4	最高人民法院关于做好涉及网吧著作权纠纷案件审判工作的通知	最高人民法院	2010年
5	最高人民法院、最高人民检察院关于办理侵犯著作权刑事案件中涉及录音录像制品有关问题的批复	最高人民法院、最高人民检察院	2005年

从行政保护层面：与司法保护相比，数字影视内容版权的行政保护具有效率高、成本低、程序简便等特点。通过发挥行政执法、行政调解等职能，可推动数字影视产业链各方建立良性的版权保护合作机制。如，我国出台了《著作权行政处罚实施办法》，著作权行政管理部门有权在法定职权范围内就本办法列举的违法行为实施行政处罚。根据该《办法》，版权方在发现自己作品的信息网络传播权等著作权利受到侵害时，可依据该《办法》向有管辖权的著作权行政管理部门进行投诉，并申请立案查处。再如，国家有关部门还出台了《著作权行政投诉指南》《互联网影视版权合作及保护规则》等指导性文件（见表2），对于高效便利从源头上打击数字影视盗版侵权具有十分重要的意义。

表2　数字影视内容版权保护相关规定一览表

序号	名称	制定主体	时间
1	国家版权局关于规范网盘服务版权秩序的通知	国家版权局	2015年
2	互联网影视版权合作及保护规则	中国互联网协会网络版权工作委员会、中国电影著作权协会、中国广播电视协会电视制片委员会	2010年
3	关于进一步打击标准侵权盗版加强标准版权保护互联网著作权行政保护工作的通知	国家标准委、国家认监委	2010年
4	著作权行政处罚实施办法	国家版权局	2009年
5	广电总局关于进一步加强广播影视节目版权保护工作的通知	广电总局	2007年
6	举报、查处侵权盗版行为奖励暂行办法	国家版权局	2007年
7	著作权行政投诉指南	国家版权局	2006年
8	互联网著作权行政保护办法	国家版权局、信息产业部	2005年

此外，每年一度的"剑网"专项行动效果良好。2022年9月，国家版权局、工业和信息化部、公安部、国家互联网信息办公室四部门联合启动打击网络侵权盗版"剑网2022"专项行动，对未经授权的视听作品删减切条、改编合辑短视频

的侵权行为进行集中整治，并加强对网络平台版权监管，依法查处通过短视频平台、直播平台、电商平台销售侵权制品的行为，维护了版权方的合法权益。

（2）技术手段

目前，我国数字影视内容版权保护技术层面的通常做法有：技术手段登记确权—管理授权—侵权监测—侵权取证，旨在对数字影视作品生产—分发—使用的全生命周期进行版权保护，从而最大程度避免数字影视作品在产业链和价值链各环节中的盗版侵权（见图5）。

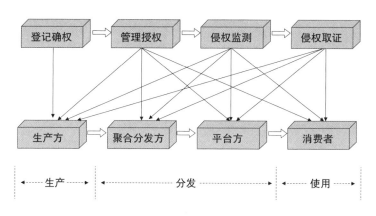

图5　技术手段对数字影视产业链全生命周期保护示意图

第一步：技术手段登记确权

在数字影视作品创作完成后，对其版权归属进行登记确认是版权保护业务链条的第一步。通过可信时间戳、DCI（数字版权唯一标识符）保护体系和区块链等技术，可在各类型数字影视作品进行版权登记时，将版权方与作品权属的一一对应关系在互联网环境下进行进一步确认和声明。

第二步：技术手段授权管理

通过使用数字版权管理系统（Digital Rights Management，简称"DRM"）颁发数字许可证，可实现数字影视内容分发、使用各环节的有效控制，将数字影视内容版权的流转和使用限定在授权系统内，使其只能被授权用户、按照授权方式在授权期限内使用，降低数字影视作品在传播中被破解泄露的可能性。

第三步：技术手段侵权监测

除类似DRM的主动、刚性的数字版权管理技术措施外，在数字影视授权分发及使用阶段，还会采用版权监测的柔性措施，达到侵权发现和事后惩罚、肃清的目的。通常采用大数据探针和检索技术，获取在互联网传播的海量数字影视内容，将获取的影视内容与版权作品进行特征分析和比对，若相似度达到阈值，则初步认定为侵权。相关侵权信息可提供给版权方，便于其采取进一步措施。

第四步：技术手段侵权取证

侵权取证指在发现侵权线索后，以公证处、法院等认可的方式对侵权行为进行证据留存，使收集到的线索具备呈堂证供效力的一系列措施。相较于传统的人力线下取证，多数互联网版权服务平台现已推出与地方公证处共建的取证流程，可在可信环境下通过线上云真机为用户提供自助式取证服务，以网页取证、录屏取证等便捷方式，生成可靠、可核验的电子证据。

尽管有以上基于法律规定及技术措施的版权保护方式，但数字影视内容的版权保护方面还存在有待解决的痛难点问题。

二、数字影视内容版权保护痛难点原因分析

(一) 事前防御失灵

1. "流量至上" 模式下盗版诱惑大

"注意力经济" 理论下，不论是传统影视产业还是数字影视产业均奉行 "内容为王"，其实质为受欢迎的内容能够吸引受众眼球，获得更多关注与流量，而后通过广告投放等多种商业模式大量变现。尽管数字影视内容变现方式更为多样，但 "商业广告仍是视频网站主要的收入来源"[①]。咨询机构艾瑞咨询在其发布的《2019年中国盗版视频网站流量变现研究报告》中做了盗版视频网站广告流量变现的测算，即根据网站流量给予广告估值并争取价值量化，以此估算网站的流量变现潜力，最终归纳得出：盗版视频网站每一个日 UV（独立观看者）可以给盗版视频网站带来0.0585元的收益。具体估算方式如下（见图6）：

[①] 上海艾瑞市场咨询有限公司. 中国盗版视频网站流量变现研究报告 [R]. 上海艾瑞市场咨询有限公司，2019.

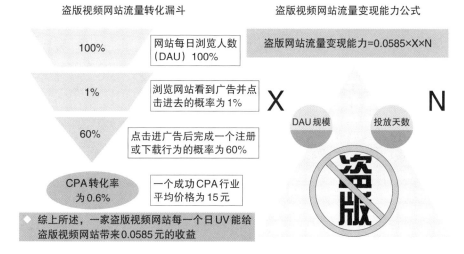

图6 盗版视频网站流量变现能力估算公式与推导过程①

以盗版视频网站人人影视、嘀哩嘀哩为例：根据上述公式计算得到，人人影视盗版收益高达1.49亿元，嘀哩嘀哩盗版收益高达1.07亿元。人人影视是国内知名的影视网站之一，其公布的数据显示，截至2019年，人人影视有近2000万注册用户，日活700万左右。嘀哩嘀哩是一家动漫聚合类网站，据其发布的白皮书数据称，嘀哩嘀哩在2017年就拥有超过3亿的去重用户，截至2019年其月活在3000万至4000万之间②。

一边是巨大的盗版利益诱惑，另一边则是极低的盗版生产成本。侵权方通过低门槛注册网站、非法爬获数字影视资源后，即可以免费在线观看的形式提供给用户，用流量来赚取广告费。随着各类UGC视频平台的兴起，"流量至上"的价值取向进一步放大，侵权方通过"搬运""拆条"等方式快速批量化"生成"内容、积累粉丝，从而获得广告变现、带货变现等多重收益。当强大的利润驱动遇上相对薄弱的版权保护意识时，社会面的"盗版意愿"和"盗版行为"自然难以根除。

---

① 上海艾瑞市场咨询有限公司.中国盗版视频网站流量变现研究报告［R］.上海艾瑞市场咨询有限公司，2019.

② 上海艾瑞市场咨询有限公司.中国盗版视频网站流量变现研究报告［R］.上海艾瑞市场咨询有限公司，2019.

2. "填平原则"下判罚缺乏威慑力

在我国数字影视内容侵权的司法实践中，依据法定赔偿比例进行赔付的"填平原则"较为普遍，而相较于高额惩罚性赔偿（指法院判决侵权人承担超出版权人实际损失的赔偿金），法定赔偿极大地减弱了对侵权盗版的震慑和警示作用，较难从源头上遏制盗版侵权的发生。

究其原因是，高额惩罚性赔偿较为困难。依据著作权法第五十四条规定，应当先以版权方的实际损失或者侵权人的违法所得为计算基数确定赔偿金额，若这两项基数难以计算，则可以参照该版权使用费对版权人给予赔偿；若版权人的实际损失、侵权人的违法所得、版权使用费均难以计算的，再由人民法院根据侵权行为的情节进行裁量，在五百元以上五百万元以下的法定幅度内确定赔偿额。然而在实际裁定中，版权方面对严格的损害赔偿计算规则，可能会选择直接适用法定赔偿。或法院由于版权方举证困难而不能确定其实际损失、版权使用费或侵权方的违法所得，只能选择适用法定赔偿制度，在法定幅度内酌情认定赔偿数额。而直接适用法定赔偿，又会影响惩罚性赔偿制度的落实，进一步导致了惩罚性判赔适用较少。

在前述对 X 省 2013—2018 年 116 份（数字）影视内容版权侵权纠纷案件的一审判决书的抽样调查中发现，116 件影视内容版权领域案件中，由于计算基数、侵权事实与损害间的直接因果关系难以确定等原因，有 93 个案件适用了法定赔偿，法定赔偿的适用比例高达 80%[①]（见图7）。

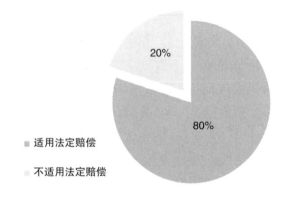

图7　X省各级人民法院影视内容版权侵权纠纷案件适用法定赔偿比例抽样调查结果

① 赵丽莉，吕明慧. 影视产业版权侵权纠纷实证研究——以 X 省各级人民法院裁判文书样本为分析基础［J］. 山东科技大学学报（社会科学版），2019，21（3）：42.

再如，陕西省渭南市中级人民法院审理的某个影视作品放映权纠纷中，法院认为版权方未提供证据证实其因侵权行为而遭受的实际损失、侵权方因侵权行为的违法所得，以及可供参照的相同影视内容版权使用费，因此版权方关于惩罚性赔偿的请求缺乏事实依据，法院不予支持，综合考虑各项因素，酌情认定赔偿数额为30万元。①在无法适用惩罚性赔偿的情况下，这样的判赔数额显然无法对数字影视内容的侵权行为起到震慑作用。

（二）事中管控遇阻

1. 内容形态新颖导致侵权识别困难

由于数字影视内容的构成包括影像、文本、语音、美术场景设计、背景音乐等多种要素，其侵权界定具有一定的复杂性和特殊性，实质上的"无意借鉴"和"有意抄袭"很难界定。另外，随着PGC、UGC、OGC、PUGC、AIGC等不同内容生产方式的发展以及短视频、XR作品、网络直播侵权等数字影视侵权新形态的出现，版权侵权识别的难度不断提高。

案例一：短视频侵权。短视频一般指的是播放时长5分钟以内，具有鲜明碎片化特征的视频内容。从视频制作方式来看，主要有秒盗、长拆短、画中画、二次创作、微加工转发等5种侵权方式②；从视频内容来看，短视频的侵权对象涵盖影视剧、综艺节目、体育赛事、动漫游戏等各种类型，其中影视解说类短视频侵权已成为短视频侵权问题的重灾区③。但在司法实践中，影视解说等类型的二次创作与侵权盗播的边界模糊，争议较大；从播放载体来看：侵权短视频主要分布在抖音、快手、微信视频号等短视频平台和社交视频平台，对这些手机App及海量、碎片化视频内容的监测难度则更大。由于侵权短视频的制作方式、播放载体、内容类型多样复杂，导致相关方更难界定合理使用与盗版侵权，更难及时、全面发现短视频侵权行为，因而更难对其加以规制。

案例二：VR视频侵权。目前，VR视频的制作通过全息摄影、动态捕捉、智能合成等技术来完成，由虚拟信息模拟现实环境、物理实体、人物等内容并生成三维画面的场景已成为现实，能够让用户在观看视频时获得身临其境般的体验。

---

① 未来电视有限公司诉百视通网络电视技术发展有限责任公司侵害作品放映权案，陕西省渭南市中级人民法院民事判决书（2021）陕05知民初135号.

② 严海. 短视频的版权归属、保护难点与策略［J］. 传媒，2020（9）：80.

③ 王玉婷，刘洁. 影视解说类短视频的版权保护困境及对策探讨［J］. 新媒体研究，2021，7（22）：2.

但是，若VR设备播放的视频未获得相关VR作品版权方或其他第三方影视内容版权方的许可，用户通过VR设备观看该视频则也可能涉及侵权。

例如，2020年，全国首起利用VR技术传播盗版影视作品的案件在北京宣判。该案件中，北京橙子维阿科技有限公司通过VR技术将美国电影协会拥有著作权的《蚁人》《速度与激情7》等影视作品或UGC视频内容上传到公司自营的手机App "橙子VR"上供用户观看，造成侵权事实。在取证查实后，北京市文化执法总队最终认定维阿科技盗版美国电影协会拥有著作权的多部影片，对其进行了行政处罚。随着科技的发展，此类新兴领域的侵权问题逐渐涌现，侵权行为较为隐蔽，更难被及时发现和管控。

案例三：AIGC侵权的争议。AI技术的快速发展给数字影视产业各行各业带来新的发展机遇，也带来版权保护方面的新问题。国内外法学界围绕AIGC版权问题展开激烈探讨，比如，对人工智能作品的原创作者的认定、人工智能的数据输入是否属于合理使用情形、人工智能作品的可版权性及其著作权归属等问题[1]。同样，在数字影视内容版权领域也出现此类问题：若AIGC用户在生成作品时未经授权使用了他人的影视内容，是属于合理使用还是涉嫌侵犯他人版权？若属于侵权，那么AIGC侵权责任由谁承担？AIGC服务提供者能否适用"避风港原则"？这些当前数字影视内容版权保护与发展中的热点难点问题，给该行业的版权保护带来了新的考验。

2. "避风港原则"下平台监管动力不足

源于美国《数字千年版权法案》（DMCA）的"避风港原则"，又称"通知—删除"规则：即网络服务提供者（例如视频平台方）在收到通知后，若可以证明其无恶意且及时删除侵权链接及内容，则不用对平台上的侵权行为承担损害赔偿责任[2]。该原则可以看作对网络服务提供者间接侵权责任的豁免。目前，包括我国在内的许多国家通过立法吸收了"避风港原则"，比如我国民法典、《信息网络传播权保护条例》规定了网络服务提供者间接侵权责任的认定与豁免条件。

或许"避风港原则"在一定条件下有利于数字影视产业的发展，但随着数字技术的进步、产业商业模式的演化，网络服务提供者对数字影视内容的引诱侵权或帮助侵权等间接侵权行为成为损害版权方合法权益的常见行为。短视频平台、

---

① 吴汉东. 人工智能生成作品的著作权法之问 [J]. 中外法学，2020，32（3）：653-673.

② 吴汉东. 论网络服务提供者的著作权侵权责任 [J]. 中国法学，2011（2）：40.

直播平台、云盘等网络服务提供者，几乎可以放弃对盗版资源的监管职能，对平台上发生的盗版侵权行为睁一只眼闭一只眼，从而让这些平台成为盗版数字影视资源的温床，加大了对版权方的损害。值得一提的是，还有视频平台等网络服务提供者为稳定平台消费群体和提升收益利润，甚至鼓励或帮助平台用户进行盗版内容的分享，实施侵权行为[①]。

3. 版权保护运用体制机制尚未健全

国内外打击数字影视盗版的实践证明，"捣毁""下线"的"一刀切"禁盗方式效果不明显，解决盗版侵权问题宜疏不宜堵。例如，针对2021年4月，中国电视艺术交流协会、中国电视剧制作产业协会等15家协会联合爱奇艺、腾讯视频等5家视频平台，联合53家影视公司发布的《关于保护影视版权的联合声明》中提及的"对目前网络上出现的公众账号生产运营者针对影视作品内容未经授权进行剪辑、切条、搬运、传播等行为，将发起集中、必要的法律维权行动"等内容，中国电影家协会副主席、清华大学新闻与传播学院教授尹鸿表示："它对保护知识产权肯定是有推动的作用，但是对于消费者原有的一些使用习惯，会带来一些伤害和影响。所以中间这个过程一定还会有博弈。"光明网亦发表时评："如果一刀切地禁止所有的二次创作，必然会在版权保护的同时损害公众二次创作以及评价文艺作品的权利。"

在数字影视产业大发展大繁荣时代下，版权方希望自己的影视内容版权充分传播变现、平台方希望获得海量有授权的正版影视内容、观众用户希望又好又快地看到自己想看的影视内容，因此，数字影视产业需要一套更加灵活有效的版权保护运用体制机制，以有效平衡各方诉求，实现发展共赢。例如，美国建立了包括出版社、版权代理商、版权经纪人以及专业的数据库等完善的版权授权交易体制，利用网络为版权方和创作者之间的版权流转搭建了畅通的交易渠道[②]。版权产业发达的国家有完善的包括数字影视作品在内的版权保护、许可、转让及运用服务体系。然而在我国，目前专业的版权经纪人、版权代理商及版权价值评估等相关专业机构较少，无法为版权资源的流转提供完备的版权中介服务和成熟的版权运作经验支持，导致版权资源的流转缺乏高效、畅通的渠道，版权运用机制尚

---

① 刘承韪，孟铂林."法律+技术"视角下我国数字音乐版权保护体系构建［J］.中南民族大学学报（人文社会科学版），2020，40（1）：170.
② 陈昶洁，陈力峰.如何破解影视节目版权维护难题［J］.新闻研究导刊，2018（9）：54.

不成熟①。以上情况一定程度上导致了版权方的优质影视作品无法快速传播变现，而潜在的意向授权方也无法取得正版影视作品的转让或授权，造成版权方和授权方之间版权流转不畅，版权交易运用壁垒重重。

（三）事后救济局限

呈现"两高一低"的现状。

1. 侵权识别成本高。由于数字影视内容体量大、载体新、侵权方式多样，侵权识别工作存在工作量大、新技术挑战、算法匹配难等问题。具体如下：（1）工作量大。数字影视内容资源是海量的，在海量资源中识别侵权行为、提取侵权数据较为困难。（2）新技术挑战。一方面，超链接、P2P分享和网络云盘等新型侵权方式具有分散化、隐匿化、规模化等特点，对传统侵权监测技术提出了新要求；另一方面，借助网络技术，侵权方可以将侵权数据和痕迹抹除，对侵权监测造成更大困难。（3）算法匹配难。数字影视内容的形式千变万化、内容的编辑手法各不相同，侵权的方法方式不断提升，同样的帧画面，侵权方可以通过变换分辨率、对称镜像、旋转、裁剪、缩放、画中画、位置移动等方式产生新内容，给内容识别算法匹配带来较大难度。面对上述难题，版权方囿于侵权监测技术能力的不足，很难自行完成数字影视侵权内容的全面、精确、及时监测，并且还可能付出大量人力物力成本。

2. 维权处理成本高。数字影视内容的盗版下线、取证举证、诉讼维权难度都比较大，加之案件持续时间长，客观导致案件发酵周期长、版权方维权处理成本高。

盗版下线的现行操作往往是人工手动肃清，以向平台方发出下架通知、进行页面表单申诉的方式，流程烦琐且不支持批量投诉，无法及时彻底从平台上清除侵权内容，且相关部门目前尚未明确影视媒体平台删除侵权内容的期限要求，加之影视平台不甚高效的版权过滤审核机制、非工作日的处理时间推迟、审核人员配备参差不齐等因素，部分平台在接到版权方投诉后处理周期较长，导致数字影视盗版内容下线难度大、版权方耗费成本高。

取证举证是维权工作顺利开展的关键。在数字影视内容版权侵权纠纷案件中，版权方证据留存意识不足、提供证据的证明力弱、所举证据有效性差等原

---

① 卿越. 中国影视产业中的版权许可使用制度研究 [J]. 昆明理工大学学报（社会科学版），2012，12（4）：42.

因，都会导致版权方的诉求因举证不足而无法得到法院支持。尤其对数字影视内容的侵权行为进行取证更不容易，其原因是数字影视内容侵权可随时随地发生或结束，侵权者可以利用技术手段在侵权过程中进行地域屏蔽，在侵权完成后删除侵权痕迹，加大了数字影视内容侵权取证的技术难度和成本。

诉讼成本高也是问题焦点。一方面，基于知识产权案件的专业性质，处理数字影视内容侵权案件对于律师的专业性和实践经验要求较高。另一方面，案件处理本身的流程并不迅捷、案件积压率较高，整体诉讼周期长。版权方在漫长的诉讼周期中，往往需要花费大量时间成本及高额律师费用。

3. 诉讼维权收益低。如上文所述，在我国数字影视内容侵权案件的司法实践中，惩罚性赔偿的适用较少，案件中更多的是适用法定赔偿制度，由法院在五百元以上五百万元以下的法定范围内酌定赔偿数额。惩罚性赔偿的较少适用，一方面不利于遏制和威慑侵权行为，另一方面也意味着版权方无法通过诉讼获得高额赔偿，甚至由于侵权发现成本高、维权处理成本高，导致版权方"得不偿失"。此外，举证难、当事人举证不足，将影响法官计算赔偿数额，也会导致版权方维权收益低。

在前述统计的 X 省 116 份（数字）影视内容版权侵权案件样本中，对诉请数额与判决数额的梳理结果显示（见表3），1 万元以上 10 万元以下的诉请数额和判决数额占比最多，均超过半数，但这一金额相较于影视作品动辄百万的高额制作费来看显然较低。同时上述统计也显示出，在大多数案件中，法院最终支持的判决数额都低于版权方诉请数额[①]。可见在司法实践中，大多数版权方期待通过诉讼维权获得的赔偿与实际判赔存在较大差距，版权方通过诉讼维权的方式来挽回损失显然存在困难。

表3　X省各级人民法院影视内容版权侵权纠纷案件诉请数额与判决数额抽样调查结果

（数额：万元）

	X<1	1≤X<10	10≤X<50	50≤X<100	X≥100
诉请数额	0%	66%	21%	11%	2%
判决数额	33%	52%	14%	1%	0%

① 赵丽莉，吕明慧. 影视产业版权侵权纠纷实证研究——以 X 省各级人民法院裁判文书样本为分析基础 [J]. 山东科技大学学报（社会科学版），2019，21（3）：43.

三、数字影视内容版权保护解决方案探究

根据市场秩序规律，如果各界对盗版侵权行为不采取任何防范和打击措施，让盗版作品泛滥成灾、正版作品的生产完全无利可图，不仅已有的正版产品被完全排挤出市场，出现"劣品驱逐良品"的现象，还有可能进一步出现"逆向选择"，导致数字影视内容观众用户的福利受到损失，数字影视产业将无法可持续发展，极端情况下，市场可能消亡。

因此，探究并实施与时俱进的数字影视内容版权保护解决方案，是数字影视产业发展必经之路。针对目前存在的数字影视内容版权保护痛点难点问题，对下一阶段我国数字影视内容版权保护提出以下五方面建议方案。

（一）营造全社会重视数字影视内容版权保护的氛围

1. 建设促进数字影视内容版权保护与高质量发展的人文社会环境。塑造尊重知识、崇尚创新、诚信守法、公平竞争的数字影视内容版权文化理念。加强教育引导、实践养成和制度保障，培养公民自觉尊重和保护数字影视内容版权的道德风尚和行为习惯，自觉抵制数字影视内容侵权盗版行为。

2. 优化促进数字影视发展的高质量营商环境。弘扬诚信理念和契约精神，大力宣传互联网时代下数字影视锐意创新和诚信经营的典型企业，引导数字影视企业自觉履行尊重和保护知识产权的社会责任，厚植公平竞争的营商氛围。

3. 打造数字影视知识产权保护的传播宣传平台。拓展社交媒体、短视频、客户端等宣传渠道。同时，加强我国数字影视产业涉外知识产权宣传，形成覆盖国内外的全媒体传播格局，积极打造数字影视行业知识产权宣传品牌。

（二）完善数字影视内容版权保护的法律体系

1. 明确合理使用与盗版侵权的边界

在未经许可的前提下，通过不同形式对数字影视内容的使用，例如，对原数字影视内容进行剪辑、二次创作而形成短视频作品，或是在完整作品中加入了一小段第三方画面或音乐素材，其行为是否属于侵权，还是构成对数字影视内容作品的合理使用，即法律层面如何明确合理使用与版权侵权的边界，是版权保护中首先需要解决的问题，这将为相关数字影视内容版权管理、维权工作的开展提供

指导依据。

建议：判断使用数字影视内容的行为是否影响原作品的正常使用或不合理地损害版权方的合法权益，要从使用目的、作品性质、使用程度、影响"四要素"进行整体性综合考量：（1）从使用目的而言，对他人数字影视内容的合理使用应当不具有商业性、营利性，而有益于社会公众利益或者国家文化发展。（2）被使用的数字影视内容，应当构成著作权法意义上的已发表作品，而不包括思想内容、通用素材以及未发表的作品等。（3）判断对数字影视内容的使用程度的标准应当包括"质"与"量"两个方面，不仅要考量使用原作品的篇幅、长度及占比是否合理，还要衡量是否在使用成果的实质部分中利用了原作品。如若在短视频表达核心思想的精华部分中使用了他人的数字影视内容，则不属于合理使用①。（4）对于使用他人数字影视内容造成的影响，属于合理使用范畴的使用应当不具有替代性，即如果使用结果造成原作品潜在市场被实质性替代，将构成侵权。

2. 规范适用"避风港原则"

根据司法实践中的权利和义务对等原则，针对数字影视内容盗版成本低、事中管控弱的痛难点问题，应提高网络服务提供商的注意义务，规范适用"避风港原则"，明确平台法律责任，防止网络服务提供商落入只要完成删除或断开链接的行为即可免除侵权责任的误区。同时，引导网络服务提供者采用技术手段，承担平台侵权监测的义务。

根据《最高人民法院关于审理侵害信息网络传播权民事纠纷案件适用法律若干问题的规定》，有下列情形之一的，人民法院可以根据案件具体情况认定网络服务提供者应知："（一）将热播影视作品等置于首页或者其他主要页面等能够为网络服务提供者明显感知的位置的；（二）对热播影视作品等的主题、内容主动进行选择、编辑、整理、推荐，或者为之设立专门的排行榜的；（三）其他可以明显感知相关作品、表演、录音录像制品为未经许可提供，仍未采取合理措施的情形"。网络服务提供者要想适用"避风港原则"豁免间接侵权责任，须满足履行"通知—必要措施"义务这一程序要件，以及"不知道也没有合理理由应当知道侵权情形"的实质要件。平台等网络服务提供者应当视情况采取包括但不限于删除、屏蔽、断开链接的必要措施，以达到有效阻止侵权行为的目的。而对于网络服务提供者是否"不知道也没有合理理由应当知道"，需结合平台实际情况进

---

① 张伯娜. 短视频版权保护与合理使用判断标准探究［J］. 出版发行研究，2019（3）：4.

行判断，不能仅凭平台未收到通知而认定其主观上不存在过错。例如对于短视频平台，现有平台上的侵权资源多为热播内容的二次创作、剪接、搬运，对于平台上热度较高、点击率靠前的内容，更容易被平台感知，即使平台等网络服务提供者未收到出现侵权情形的通知，不应以"不知道""未接到通知"为借口任由侵权资源肆意传播，同时平台应主动加强盗版内容的审查，成为侵权监管者。

此外，随着技术的进步，平台等网络服务提供者可以通过引入数字指纹、区块链等技术加强内容过滤和版权识别系统的建设，提升版权保护和防控侵权的技术水平。同时，网络服务提供者应当加强对用户的管理，可以与用户签订协议告知其版权侵权的法律责任、明示版权保护规范，对频繁出现侵权行为的用户采取警告、暂停服务甚至永久封号的措施。此外，还可以完善平台投诉、举报功能，建立高效的投诉处理机制、降低侵权投诉信息提供的标准。

3. 落实惩罚性赔偿制度

适用惩罚性赔偿制度能够提高侵权行为的违法成本，惩戒、威慑潜在侵权行为，同时鼓励版权方积极维权。我国民法典第一千一百八十五条规定了知识产权的惩罚性赔偿，新修订的著作权法第五十四条第一款确立了著作权领域的惩罚性赔偿制度，明确惩罚性赔偿的适用要件包括"故意""情节严重"和"赔偿基数可确定"，所谓"赔偿基数可确定"，即版权方的实际损失、侵权方的违法所得、版权方的许可使用费能够具体确定。

在司法实务中，对于针对数字影视内容的恶意侵权行为，应当落实上述惩罚性赔偿制度，以实现惩戒侵权者、充分赔偿版权方损失的目的。比如，通过充分利用新修订著作权法规定的举证妨碍规则等方式来获取证据，促使版权方积极举证，而无须再审查是否具备其他证据。考虑到数字影视内容版权的非物质性、无形性及价值难以准确估定的特性，应降低对高精度计算赔偿基数的要求。

（三）加强数字影视内容版权保护技术研发应用

1. 侵权识别技术方面：推广应用数字指纹识别技术，全面、精准识别盗版

数字指纹技术（Digital Fingerprinting）是一种使用特征提取算法，对数字影视内容进行识别、提取、压缩的技术，它可以针对不同的视频产生唯一的"指纹"来代表一个视频文件，并且这个"指纹"互相之间可以进行比对分析，从而掌握两个不同视频之间的相似片段关联性。视频指纹分析可以基于视觉的视频特征进行提取，也可以基于听觉的音频特征进行提取，或者将两者综合进行计算提取，例如视频流中的关键帧图像的灰度直方图、色彩和运动的变化、音频语义、

声纹特点等特征。目前采用人工智能技术进行视频特征提取已成为视频指纹技术的主要实现方式[①]。

数字指纹提取数字影视内容特征，而非在数字影视内容中添加标识信息的方式，不会破坏内容完整性、影响观看体验；版权方只需给到版权保护服务商指纹文件而非完整原文件，可有效避免正版数字影视内容泄露，故该项技术具备在数字影视内容版权保护领域应用的天然优势。在我国，经相关数字版权技术服务提供商对数字指纹技术进行持续优化迭代和产业应用实践，该项技术已能够满足全面覆盖、精准识别的数字影视内容版权保护新要求，并在海内外数字影视产业得到推广应用。

基于数字指纹技术开发的数字影视侵权识别产品，包括提取和查询数字影视内容指纹的算法和软件，以及供数字指纹存储、比对、搜索和获取的数据库。其工作流程如下（见图8）：

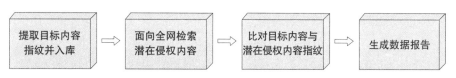

图8　基于数字指纹的数字影视内容侵权识别产品工作流程

第一步：提取数字指纹并入库。通过指纹提取算法从数字影视内容中提取得到一段唯一的数字指纹，并将指纹连同相关信息（例如内容标题、版权信息等）和使用规则一起存入数据库。

第二步：检索潜在侵权内容。通过大数据、探针技术，对网站、移动网络App等各类基于网络传播的平台进行监测，提取平台传播内容的数字指纹并存入数据库。

第三步：数字指纹比对。比对目标内容与潜在侵权内容的数字指纹，输出比对结果。

第四步：生成数据报告。根据指纹比对结果，生成侵权统计数据和监测报告，反映监测情况（包括侵权内容名称、侵权内容链接、侵权平台名称、侵权平台类型、侵权发布者信息等）。

---

① 常江，等 . 一种基于人工智能技术的视频指纹计算与比对系统［J］. 广播与电视技术，2021，48（8）：3.

2. 侵权传播溯源方面：推广应用数字水印技术提高侵权盗版威慑力

数字水印技术主要是通过数字水印算法在多媒体数字产品中隐藏产品的版权信息，来对数字产品的版权进行保护①。通过将版权方信息、授权方信息等唯一标识信息嵌入数字影视内容载体中，数字水印可用于证明盗版内容的来源，提供具有呈堂证供效力的侵权证据。为尽可能降低嵌入数字影视内容中的水印信息对内容观看体验的影响，目前数字影视内容版权保护领域常用的是在人类和机器可轻易感知的范围之外的暗水印，具备不可见性。除此之外，数字水印技术普遍还有"鲁棒性、不可检测性、安全性、自恢复能力、水印容量的主要特性"②。

数字水印技术在国际影视产业应用广泛。例如，在美国好莱坞，奥斯卡评委在评奖前会收到新影片的DVD，便于其观看后做出评选。由于评委惯于将影片借给家庭成员或朋友观看，影片内容被提前泄露的情况十分普遍。自从在DVD中加入数字水印后，影片内容泄露情况基本消除，由此可见数字水印技术的威慑与警示效力。而在数字影视时代，数字水印技术需要对在线影视内容的每次访问及使用行为进行精确标记，以实现对海量内容在互联网平台上的传播溯源。在我国，已有相关数字版权技术服务提供商研发应用基于互联网用户会话的用户溯源水印技术（Session Watermark），并已在国际数字影视产业得到广泛推广。

基于数字水印技术开发的数字影视侵权溯源产品，主要包括数字水印嵌入软件和数字水印提取软件。其工作流程如下（见图9）：

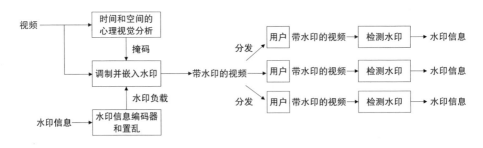

图9 基于数字水印的数字影视侵权识别产品工作流程

第一步：嵌入数字水印。通过数字水印嵌入工具，将承载版权方、授权方、授权码等信息的水印嵌入数字影视内容中，并将此次授权码信息存入数据库。

---

① 胡平. 基于Android的隐藏数字水印技术的研究与实现［D］. 北京：北京邮电大学，2018.

② 赵翔，郝林. 数字水印综述［J］. 计算机工程与设计，2006，27（11）：1946-1950.

第二步：内容分发。带授权码的数字影视内容返还给内容分发平台，由平台面向授权用户进行分发。

第三步：采集传播内容。从互联网传播平台获取传播的数字影视内容。在侵权溯源应用场景下，多通过数字指纹技术识别获取侵权内容，供下一步检测水印信息使用。

第四步：检测水印。通过水印检测工具对传播（侵权）内容进行水印提取，获取该数字影视内容的来源信息。

3. 版权过滤技术方面：构建正版数字影视指纹库加强事中版权管理

正版数字影视指纹库能够为影视平台落实对侵权行为的"注意义务"提供技术支撑。将数字指纹技术所具备的内容识别能力以及容纳有海量影视内容版权作品数字指纹的数据库相结合，可为各类影视相关的网络平台，包括长短视频平台、直播平台、社交媒体平台等，提供一套对平台用户上传数字影视内容的事先版权鉴权过滤技术方案，助力平台主动规避版权风险。在我国，相关数字版权技术服务提供商已建立全球最大的、经版权方授权认证的正版数字影视指纹库，为海内外各大影视平台所采用，以自动识别用户上传内容是否存在侵权风险，以及为平台的内容版权审核流程提供必要的版权信息支持。

完整的数字影视内容版权过滤产品包括目标内容输入模块、内容比对模块和比对结果输出模块。对于影视平台来说，目标内容就是用户上传的数字影视作品；而输出的比对结果包括数字影视作品的版权信息、版权使用规则等。其工作流程如下（见图10）：

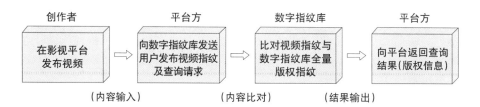

图10　基于正版数字影视指纹库的数字影视内容版权过滤产品工作流程

第一步：数字影视平台用户在平台发布视频。

第二步：平台使用数字指纹提取工具生成用户发布视频的数字指纹，并向数字影视指纹库发送生成的数字指纹及查询请求。

第三步：正版数字影视指纹库查询是否有匹配。

第四步：数字影视指纹库向平台方反馈匹配结果。若发现匹配，则提供完整

201

匹配信息，包括文件的版权信息、版权使用规则等。

（四）加强各相关单位部门的协同机制

数字影视内容版权协同保护是现代化治理中"多元共治"模式的具体表现，也是我国版权保护工作在应对数字影视内容版权维权成本与成效不匹配等痛难点问题的实践体验。现代治理的核心特征在于：治理主体的多元化，构建"多元主体共同参与，实现治理权能分化和转移"的公共治理模式。多元共治的理念及其实现模式，在我国数字影视内容版权保护领域具体表现为"协同保护"格局，即《知识产权强国建设纲要（2021—2035年）》所指出的"坚持党中央集中统一领导，实现政府履职尽责、执法部门严格监管、司法机关公正司法、市场主体规范管理、行业组织自律自治、社会公众诚实守信的知识产权协同保护"，"建立完善知识产权仲裁、调解、公证、鉴定和维权援助体系"。主要由司法裁判、行政执法、专业仲裁、第三方调解、行业自治等方式构成①：

司法裁判在数字影视内容版权保护体制中具有主导地位，是具有引导性和决定性的法律保护模式；行政执法是加强数字影视内容版权保护普遍而有效的方式；专业仲裁是一种重要的法律纠纷解决机制，具有高效性、专业性、保密性的特点，可以缓解审判压力，避免行政任性，并以"一裁终局"而优于私人救济；第三方调解有别于专门意义上的司法调解、行政调解和仲裁调解，是第三方主体（如律师或其他专业人士）应当事人双方约请而进行调停、和解的自我治理活动，是对前述各种纠纷解决机制的有益补充；相关行业自治多以行业协会的名义对本协会成员的著作权纠纷进行斡旋、调停、处理，属于私力救济、社会成员自治的范畴，例如采取强化版权集体组织的作用，为版权方与使用者合作共赢提供有利环境，有着独立存在并应得到法律肯定的价值。以上各方应各司其职，形成新时代下我国数字影视内容版权协同保护的新模式。

（五）加强数字影视内容版权创新运用

针对数字影视内容版权保护运用体制机制尚不健全的痛点难点问题，产业相关方需建立一套规范有序、充满活力的数字影视内容版权创新运用的市场化体系，形成版权保护运用多赢新格局，让数字影视内容充分传播，让创意更有价值。

---

① 吴汉东. 数字内容产业发展与网络版权保护［J］. 版权理论与实务杂志，2023（3）：6.

例如，积极建设数字影视内容版权保护一站式服务平台、版权交易服务平台，以版权保护为基础，激活版权资产评估、交易、转化、托管、投融资等增值环节。重点完善数字影视内容版权资产评估制度，积极发展数字影视内容版权金融服务体系。支持引导短视频平台经许可后先播放、先允许二创创作，再与权利人分享收益的商业模式；鼓励由短视频平台代替用户从权利人处获得许可，平衡版权方、平台经营者和公众的利益。

此外，鼓励应用区块链、Web3.0现代化科学技术，激活数字影视内容版权交割转移和各方利益再分配。推进数字指纹、数字水印等内容识别溯源版权保护技术应用，实现中国文化领域数字化知识产权保护运用的长足发展。

结语

展望未来，推动数字影视产业高质量发展，是保持我国经济、社会和文化领域健康繁荣发展的必然要求。创新是引领发展的第一动力，保护和运用数字影视内容版权既是保护创新，也是我国数字影视参与国际竞争的必要条件。因此，加快推进我国数字影视内容版权保护和运用，协调好政府与市场、国内与国际、创新与发展、需求与供给的联动关系，对于全面提升我国数字影视内容版权综合实力，大力激发全社会数字影视创新活力，提升中国数字影视国际竞争力具有重要意义。

相信中国数字影视内容版权保护的春天已经到来！

课题组组长：史晶月
课题组成员：毕莹　龚佳俊　杨玮怡　汤嘉逸　郭丹阳　徐莉欣
课题承担单位：杭州阜博科技有限公司
协作单位：浙江大学光华法学院　浙江博通影音科技股份有限公司

附录一 ————————

数字影视内容主要的版权保护技术措施概要总结

序号	技术方案	作用阶段	原理	特点
1	可信时间戳	版权传播前	中国科学院国家授时中心等机构签发的用于证明数字影视作品在一个时间点是已经存在的、完整的、可验证的，具备法律效力的电子凭证。	•应用于版权登记场景，规避事后版权争议 •应用于取证维权场景，增强证据效力
2	DCI保护体系	版权传播前	中国版权保护中心自主创新提出的具有革命性的数字版权公共服务创新模式，为数字影视作品赋予唯一的身份标识（DCI码），作为权属确认依据。	
3	数字水印技术	版权传播前	将版权信息、标识信息等嵌入数字影视作品载体中，用于证明作品来源；也可通过对水印进行检测、分析，实现对作品完整性的保护。	•能够配合数字指纹技术，在找到盗版后追溯盗版源头 •可提供具有法律意义的侵权证据
4	区块链技术	版权传播前	基于区块链不可篡改、防伪追溯等特性，实现版权存证、侵权证据固化、透明化交易等功能。	•缺乏面向全网查找侵权盗版的能力 •与司法机构联合，可提供具有法律意义的版权证据
5	DRM数字版权管理	版权传播中	由数字版权管理系统颁发数字许可证，对数字影视内容的分发、使用等各个环节进行控制，将版权的流转和使用限定在授权系统内，使数字作品只能被授权用户按照授权方式在授权期限内使用。	•以避免数字影视内容在分发环节被破解泄露为出发点，但实际无法杜绝盗版，且只要有1个盗版就会形成病毒式传播 •缺乏查找侵权盗版的能力，对已发生的侵权无能为力 •更多应用于影视内容的授权体系管理和授权机制保障
6	数字指纹技术	版权传播后	通过大数据和探针技术发现疑似侵权的数字影视作品，并与正版作品的数字指纹进行对比，如果相似度超过阈值则认为侵权。	•提取特征值而非添加内容，不破坏数字影视内容完整性 •只需给到数字指纹文件而非完整原文件，避免影视内容泄露 •面向全网查找盗版内容，以便采取相应措施

数字影视侵权识别及溯源解决方案案例

阜博集团（SEHK：3738）自主研发影视基因®数字指纹、数字水印专利技术，在全球数字影视行业首创全面覆盖、精准识别、有效溯源的版权保护新体系，被全球知名电影集团、电视网络频道、流媒体平台、音乐唱片公司、体育赛事等各大数字影视版权方广泛采用十余年，成为行业的事实标准。阜博面向第三代互联网（Web3.0）提供数字资产保护与交易相关的数字基础设施服务能力，以数字版权保护为基础，让创意更有价值。

影视基因®数字指纹特有的技术特点如下：

特征稳定：影视基因是非常稳定的，不会随着视频文件被转换格式、剪辑拼接或压缩而发生变化。只要视频内容是相同的，它对应生成的基因文件就保持不变。

全面查询：影视基因可以由音频和视频共同生成，查询时，也会分别对音频、视频文件进行查询，不会仅仅依赖音频、文本（可见或隐藏的字幕等）或者相关信息（例如标题、日期、版权信息等）进行识别，这大大提高了对拼接内容和配音版本进行识别的准确性。

精确识别：影视基因具有唯一性，不同视音频内容的影视基因会显著不同，使得视音频识别匹配具有极高的精准度。

快速高效：影视基因可随时快速提取，能够数倍于实时，且不会改变原始的视音频内容。此外，即使在一个巨大的母本视音频基因库中，影视基因的查询比对也是非常高效的。

数据紧凑：影视基因的数据量非常紧凑。比如，一个典型的可存两个小时视频内容的单面DVD盘（D5）能够存下从几千小时视频中提取出来的影视基因数据量。

分段独立：影视基因是分段独立的，因此，可以通过影视基因识别经过剪辑或拼接处理的视音频内容，识别结果精确到具体时间点。

数据安全：被提取出来的影视基因数据无法重新还原成原有的视音频文件，保证了原始数据的安全性。

影视基因®数字指纹技术经中国工程院院士成果鉴定，确认为国内首创、国际领先水平。目前，阜博已累计进行数千亿次数字影视内容识别与精准管理，十余年服务零错率，保护的数字影视版权内容价值已超过1000亿美元。凭借该项技术在保护内容价值及版权领域的突出贡献，阜博荣获美国国家电视艺术与科学学院颁发的第69届美国技术与工程艾美奖（Emmy Award）。

基于联盟区块链的互联网侵权监管和版权保护研究*

聂 弯**

摘要： 互联网侵权监管和版权保护的难题归根结底是技术问题和机构之间的配合问题。鉴于此，提出应用于互联网侵权监管和版权保护的区块链技术最好选择联盟区块链的技术架构。构建包括互联网内容生产商、互联网平台运营商、版权服务机构以及政府监管部门在内的联盟区块链，为互联网作品权利人和使用者提供全面、高效、可信的版权登记确权、授权交易以及维权举证服务。基于联盟区块链的内容相似度检测、依据实名身份认证设置权限、安全低耗的登记确权机制，能有效解决当前区块链技术应用中存在的相似作品恶意上链、无法确认区块链节点身份信息、系统中原创作品容易泄露的难题。基于联盟链的互联网版权授权交易机制，不仅能利用区块链技术全程记录、节点预警、授权传播等优势，而且可以规避公有链节点不受控和私有链传播受限等技术上的缺点。基于联盟链的全程记录、实时监测、司法调用的互联网版权维权取证机制，能有效解决当前区块链技术应用于互联网版权维权方面存在的辅助侵权取证难题。本研究为我国互联网侵权监管和版权保护提供有益的参考。

关键词： 互联网版权；版权保护；侵权监管；区块链

区块链技术自2008年问世之后备受关注，凭借去中心化、不可篡改性、可追溯性等特点与互联网版权保护具有天然的适应性，为互联网版权保护提供了新方向，也推动着版权保护的一系列变革。我国政府及相关部门已经纷纷发布一系列政策支持区块链技术的发展。2018年9月，最高人民法院审判委员会审议通过了《最高人民法院关于互联网法院审理案件若干问题的规定》，首次对电子签名、可信时间戳、哈希值校验及区块链等固证存证手段进行了确认①。2019年10月，中共中央政治局就区块链技术发展现状和趋势进行第十八次集体学习，习近平总书记强调，要把区块链作为核心技术自主创新的重要突破口，明确主攻方向，加大

---

* 本报告为该课题研究成果的精减版。
** 聂弯，北京印刷学院出版学院讲师，本课题组组长。
① 最高人民法院关于互联网法院审理案件若干问题的规定 [EB/OL]. (2018-09-06) [2022-05-27]. http://gongbao.court.gov.cn/Details/7e594961f195254a863d6cc90be5cd.html.

投入力度，着力攻克一批关键核心技术，加快推动区块链技术和产业创新发展。2021年3月，十三届全国人大会议通过的《国民经济和社会发展第十四个五年规划和2035年远景目标纲要》指出，"十四五"期间应将发展区块链技术作为重要的发展方向，推动智能合约、共识算法、加密算法、分布式系统等区块链技术创新，以联盟链为重点，发展区块链服务平台和金融科技、供应链管理、政务服务等领域应用方案，完善监管机制。2021年10月，中央网信办会同中央宣传部、国务院办公厅等18个部门和单位组织发布的《关于组织申报区块链创新应用试点的通知》明确指出："鼓励相关行业主管部门共同制定版权信息接入标准，并以公信力节点接入等形式深度参与版权区块链建设，探索运用技术手段固定权属信息，完成版权认证、登记、转让等流程操作，加快溯源取证流程。"2021年12月发布的版权工作"十四五"规划中明确提出要加强大数据、人工智能、区块链等新技术开发运用，提升版权保护力度。2022年5月25日，最高人民法院发布《最高人民法院关于加强区块链司法应用的意见》，提出到2025年，建成人民法院与社会各行各业互通共享的区块链联盟，形成较为完备的区块链司法领域应用标准体系。同时，司法区块链跨链联盟融入经济社会运行体系，实现与政法、工商、金融、环保、征信等多个领域跨链信息共享和协同。

然而，从实际应用情况来看，运用区块链技术保护互联网版权还面临一些亟待解决的难题。首先，互联网版权保护领域涉及的区块链技术大多集中在原创凭证留存和维权依据上，因此，主要解决的是互联网版权的权利归属问题，然而，在交易场景下，仅解决版权归属问题在发生版权购买用户未经授权产生侵权行为时无法切实有效地帮助用户进行准确的维权追责。其次，公有链的激励问题、安全和效率问题、最终确定性问题以及隐私问题使得其应用场景比较局限，而私有链过于"中心化"，与区块链的核心价值不符，不是严格意义上的区块链。因此，本课题试图运用联盟区块链技术有限授权、不可篡改、可信验证、易追溯、时间戳唯一、全程留痕、去中心化、可操控等特点，提出以国家版权局、知识产权管理机关、司法机关、互联网法院等政府监管机构作为可信认证机关，会同第三方版权服务机构和网络服务提供商搭建联盟区块链，建立可追溯的互联网版权认证服务平台，解决互联网侵权监管和版权保护面临的登记确权难、授权交易难、维权取证难等问题和挑战，以期为我国互联网侵权监管和版权保护提供有益的参考和借鉴。

目前，互联网版权领域不少学者针对区块链进行了一系列研究与探索，可以归结为三个方面：

一是区块链技术在互联网版权领域的应用研究。学者研究了区块链技术应用于期刊、高校图书馆数字资源、高校数字教学资源、数字藏品、音乐、短视频、电影、图片、有声读物、游戏软件、体育赛事、新闻等互联网版权细分产业的保护机制。张小强和曹馨予（2022）研究认为，区块链去中心化有助于解决学术出版集中化与分散化并存的难题，共识机制、加密技术和时间戳可解决作者作品认证难及侵权问题，通证经济和智能合约可实现新的出版模式并改革版权体系[1]。姚伟和刘鹏（2022）立足区块链技术的P2P网络、分布式一致性算法与智能合约等特色优势，设计了面向版权鉴定、版权审核与版权监管的高校图书馆数字出版服务区块链管理路径[2]。

二是探索基于区块链的互联网版权保护创新模式。祝先运和史叶明（2022）基于联盟区块链技术，构建了公共图书馆自建数字资源共享新模式，旨在解决公共图书馆的版权保护问题[3]。姜莉（2022）提出基于区块链技术的数字版权保护及共享模式的框架设计[4]。牛晓林等（2022）针对数据化音乐版权管理存在的确权难、耗时长、维权难等问题，使用Hyperledger Fabric平台设计并实现了一个基于联盟链的数字音乐版权保护与交易系统[5]。

三是区块链技术应用于互联网版权保护存在的问题。王进（2021）研究认为，区块链技术给版权保护带来期许的同时也带来了新的挑战，突出表现在所有权确认的漏洞、智能合约的法律问题以及潜在的权利滥用等方面，提出从区块链适应既有版权法律制度的方式、版权法应作的法律回应、智能合约的科学设计以及嵌入式监管在区块链版权管理系统的应用限度等方面优化区块链技术对版权保护的现实应用[6]。金春阳和邢贺通（2022）研究发现，区块链在数字音乐版权确权、用权、维权三大环节分别面临版权虚假主张的验证、实际收益未增加、区块

[1] 张小强，曹馨予. 区块链技术赋能学术期刊深度融合发展的模式与路径研究［J］. 中国科技期刊研究，2022，33（8）：999-1012.

[2] 姚伟，刘鹏. 版权视域下高校图书馆数字出版服务区块链管理策略研究［J］. 图书馆工作与研究，2022（7）：47-53.

[3] 祝先运，史叶明. 区块链+公共图书馆：自建数字资源共享模式研究［J］. 河南图书馆学刊，2022，42（4）：23-25+28.

[4] 姜莉. "Web3.0"时代数字版权保护与知识资源共享模式创新研究［J］. 图书馆工作与研究，2022（8）：63-69.

[5] 牛晓林，韩德志，孙志杰. 基于联盟链的音乐版权保护与交易系统［J］. 计算机应用研究，2022，39（1）：18-23.

[6] 王进. 区块链技术下的版权保护：期许、挑战和现实路径［J］. 中国编辑，2021（11）：67-71.

链存证的证据性质未定等新问题，提出中国应采取监管沙盒方式进行试验性规制的建议[1]。

综上所述，区块链技术与互联网版权的相关研究为探讨基于联盟区块链的互联网侵权监管和版权保护命题提供了基本思路。鉴于此，理清区块链技术在互联网版权领域的运用及其遭遇的理论与实践问题，从健全版权产业体系与市场体系的战略高位，加快审视互联网版权产业的确定、流通和分发，对未来互联网版权产业的创新发展至关重要。

一、互联网侵权监管与版权保护现状

（一）我国互联网版权侵权现状

1. 我国互联网版权侵权总体情况

1999年，我国出现首例互联网版权侵权案件，此后案件数量逐年递增，且越来越复杂。2018年成立至2022年6月，广州互联网法院共接收案件183,097件，其中网络著作权案90,064件，占比近一半（见表1）。2018年9月至2020年2月，北京互联网法院共受理各类互联网案件83,284件，其中网络著作权案件63,353件，占比76.07%。而且，网络著作权案件中，侵权类案件占据绝对比例，高达96.78%。杭州互联网法院自成立以来，在线立案41,617件。

表1　广州互联网法院新收案件数[2]

时间	案件数（件）	著作权案（件）
2018年9—12月	1834	1002
2019年1—12月	52,258	25,556
2020年1—12月	56,117	28,137
2021年1—12月	53,213	26,758
2022年1—6月	19,675	8611

---

[1] 金春阳，邢贺通. 区块链在数字音乐版权管理中应用的挑战与因应［J］. 科技管理研究，2022，42（9）：143-151.

[2] 笔者根据广州互联网法院官网数据整理。

2. 我国互联网版权侵权子类情况

根据国家版权局网络版权产业研究基地2021年发布的《中国网络版权产业发展报告（2020）》显示，我国网络版权产业可分为十个子类：网络文学、网络长视频、网络动漫、网络游戏、网络音乐、网络新闻、网络直播、网络短视频、VR和AR内容，每个子类均存在严重的侵权问题。

（1）网络文学

据《2021年中国网络文学版权保护与发展报告》（以下简称"报告"）显示，2021年，我国网络文学盗版损失规模为62亿元，同比上升2.8%，占网络文学产业市场份额的17.3%。其中，盗版平台、搜索引擎和应用市场被认为是网络文学盗版侵权的"三座大山"。报告还显示，截至2021年12月，盗版平台整体月度活跃用户量为4371万，占在线阅读用户量的14.1%，月度人均启动次数约50次。多数网络平台每年有80%以上的作品被盗版。①

严重的网络文学盗版侵权问题，不仅使作家的收入遭受损失，而且严重打击作家的创作热情。报告显示，82.6%的网络作家表示深受盗版侵害，其中有42.7%的作家表示频繁遭受盗版的侵害。有96.6%的网络作家表示，作品被盗版严重影响其创作动力，降低其创作热情。另据阅文集团数据，2021年受盗版影响的作家达到6万名，因为盗版不得不断更的作品近万部。

盗版严重破坏了网络文学的原创内容生态，但报告显示，只有25.2%的网络作家在遭受盗版之后主动维权。

（2）互联网短视频

据统计，截至2021年12月，我国短视频用户规模达9.34亿。随着短视频行业市场规模的持续增长，网络短视频发生了一系列侵权问题和纠纷。据《2021中国网络短视频版权监测报告》显示，2019年1月至2021年5月，12426版权监测中心对1300万件原创短视频及影视综艺等作品的二次创作短视频进行监测，累计监测到300万个侵权账号，通知删除1478.4万条二创侵权及416.31万条原创侵权短视频，涉及点击量5.01万亿次，按每万次点击10元计算，挽回直接经济损失50.1亿元。北京互联网法院数据显示，2019年至2021年，该院受理涉短视频著作权纠纷案件分别为540件、729件、1284件。

报告指出，网络短视频侵权行为以复制型为主，主要包括直接搬运、音乐侵

---

① 财经壹资讯. 中国版权协会：2021年网络文学盗版损失达62亿元 [EB/OL].（2022-05-26）. http://www.caiep.cn/jiaodian/50140.html.

权、二次剪辑创作、字体侵权、网络主播带货侵权等，热门电视剧、综艺节目、院线电影是被侵权的"重灾区"。如当下发展最好的短视频平台抖音上的侵权类型即包括未经创作者许可，擅自播放他人的创意短视频并获取了一定额度的盈利的侵权行为，也包括未经许可将影视作品、综艺、体育赛事等内容的片段进行剪切、拼凑，随后上传抖音平台，获取一定程度的流量和浏览的侵权行为，还包括盗用他人的音乐作品、文字作品等引发的侵权纠纷。

（3）互联网直播

艾媒咨询发布的《2021中国在线音乐行业发展演进报告》指出，我国在线直播用户规模保持稳定增长，2021年用户规模已突破6亿。从2016年淘宝直播正式成立至今，电商直播也才走过不到6年的时间，作为一种新兴商业形态，在网络直播中，直播带货和直播带操时使用的流行音乐、直播讲解体育赛事、直播主播未经许可在网络上播放电视剧等都可能会侵犯他人版权。

"斗鱼一姐"冯提莫由于在直播时播放未经授权的歌曲《恋人心》，被北京互联网法院判赔中国音乐著作权协会经济损失2000元及诉讼支出的合理费用3200元。北京天盈九州网络技术有限公司未经北京新浪互联信息服务有限公司许可，在其网站设置中超频道、非法转播2012年至2014年两个赛季北京新浪互联信息服务有限公司经合法授权获得的在授权期限内在其门户网站独家播放的中超联赛直播视频。经法院判决，北京天盈九州网络技术承担停止侵权、赔偿损失和消除影响的民事责任。2021年9月30日，海淀法院就北京爱奇艺科技有限公司控诉虎牙公司主播"沐小错"侵犯其《琅琊榜》电视剧的独家信息网络传播权作出判决，判决虎牙公司赔偿爱奇艺公司经济损失20万元及合理开支3万元。

（4）互联网动漫

网络通信技术的快速发展和网民数量的剧增为网络动漫的发展提供良好契机的同时也为侵权者提供了便利。2021年，作为国内最大的动漫视频网站，B站大量下架、删改番剧，出现在一个月内下架数十部番剧的情况。

网络动漫侵权主要发生在社交平台和网络漫画平台。在社交平台上的网络动漫侵权形式大致分为以下几种：①下载漫画家作品用于比赛竞赛，且未通知漫画家或与其沟通协商，严重侵犯漫画家的版权，给漫画家造成困扰和损失。②未经允许下载漫画图片印制周边产品（如T恤衫、玻璃水杯、帆布包、贴纸、徽章、明信片等）并销售，获取大量非法收益。③未经许可将作品私自转载到其他平台。④模仿漫画作品形象或进行二次创作，严重侵害漫画家的人身权，因为漫画家的作品和成名往往与自己鲜明独特的漫画风格相关。

在网络漫画平台发生的侵权行为主要包括两种：①漫画工作者版权意识缺乏而与网络平台签订的不平等条约。②网络盗版漫画。最早起源于2010年，那时盗版者只需将漫画杂志扫描上传即可。2015年，腾讯漫画起诉漫画平台"漫画帮"未经许可，刊登了大量腾讯动漫旗下的作品。

（5）互联网游戏

中国音数协游戏工委与中国游戏产业研究院联合发布的《2021年中国游戏产业报告》显示，中国游戏市场实际销售收入2965.13亿元，比2020年增加了178.26亿元，同比增长6.4%；用户规模达6.66亿人，同比增长0.22%，相较于2020年变化不大。

网络游戏著作权侵权类型主要有四种：①最普遍的"盗版"行为，也就是用技术手段破解游戏软件的行为，指未经权利人授权使用技术手段破解游戏软件并进行复制和传播，让用户可以在没有付出任何经济成本的情况下获得完整游戏，而且破解版本与正版游戏软件相同或者无实质性差别，可视为同一款软件。②对网络游戏进行模仿和抄袭的行为，包括对游戏单一元素的模仿和抄袭、对游戏整体画面的模仿和抄袭、对图形界面的模仿和抄袭、对游戏规则的模仿和抄袭。③游戏改编行为，指网络游戏开发者未经许可擅自以其他文字、动画、电影等作品为基础制作游戏，或是擅自将其他文字、动画、动漫、电影等作品中的角色形象和故事情节等改编应用于游戏中的行为。④网络游戏直播行为。

中国游戏产业研究院、广悦律师事务所联合发布的《中国网络游戏行业侵权诉讼白皮书（2021版)》对118起网络游戏侵权案件判决进行多维度分析，包括案件主体情况、管辖分布、侵权行为、判赔金额、败诉原因等。根据统计，2021年的网络游戏侵权案件中，大量原告的起诉金额集中在100万元以内，同时法院在半数以上的案件中判赔金额不足10万元，小额判赔仍是主流（见表2）。

表2　2021年网络游戏侵权案件判赔情况[①]

金额	起诉案件数量（件）	判赔案件数量（件）
10万元及以下	14	44
10万元以上50万元及以下	21	21

---

① 数据来源：《中国网络游戏行业侵权诉讼白皮书（2021版)》。

金额	起诉案件数量（件）	判赔案件数量（件）
50万元以上100万元及以下	23	9
100万元以上500万元及以下	15	7
500万元以上1000万元及以下	5	2
1000万元以上10,000万元及以下	7	2

（6）互联网新闻

网络新闻侵权指的是新闻单位或个人通过网络媒体对社会或者他人造成的不法侵害。在互联网高速发展的今天，时效性强的新闻作品在互联网的推动下，传播极为迅速、难以掌控，由此造成的互联网新闻版权侵权案件屡见不鲜，困扰众多著作权人。"今日头条"作为新闻汇聚类门户，用户规模高达4.5亿，但近年却因被多家新闻媒体起诉侵犯版权问题而将自己推入新闻头条。

（7）VR和AR内容

2017年，国内第一起利用VR技术传播盗版影视作品的案件被我国版权部门查处。相较于传统侵权，利用VR技术传播盗版影视作品的取证难度更大。首先，盗版需要专用VR设备及专业技术人员的参与，其次，直接证明盗版内容属于特定App平台给取证增加了难度。

2018年，我国出现首例侵犯VR内容著作权案。北京全景客信息技术有限公司称同创蓝天投资管理（北京）有限公司未经许可使用VR全景摄影作品，侵犯其著作权。全景客是一家专业从事移动互联网和虚拟现实技术的研发公司，创作完成了《故宫》《中国古动物馆》两部VR全景摄影作品。同创蓝天未经许可，擅自在其主办的网站上传了《故宫》《中国古动物馆》两部作品中的76幅VR全景摄影作品，侵害了原告享有的信息网络传播权。法院最终判决被告同创蓝天赔偿原告经济损失46.2万元及合理开支3.25万元。

（8）音乐

根据中国互联网络信息中心（CNNIC）数据显示，截至2021年12月，我国网络音乐用户规模达7.29亿，如此庞大的群体，既是网络音乐的接收者，也可能成为网络音乐的传播者。网络原创音乐人已成为网络音乐创作的重要源头。2022年12月15日，北京互联网法院就网络音乐著作权案件审理情况召开新闻发布会，表示在该院审理的网络著作权案件中，网络原创音乐人起诉维权的案件逐渐增多。网络用户将在公共场所翻唱歌曲的行为制作成短视频传播，构成对音乐作品权利人表演权、信息网络传播权的侵害。网络用户利用他人歌曲进行二次创作，并将创作完成的歌曲通过网络传播，也可能涉及对原作品权利人改编权、信息网络传播权的侵害。网络用户利用自行下载的歌曲伴奏进行演唱并制作录音制品，且将录音制品通过网络传播，构成对音乐作品权利人信息网络传播权的侵害。在网络新兴行业中，直播、短视频领域的音乐版权侵权现象凸显。

除以上这些领域的侵权，软件、网络长视频等领域的侵权现象也非常严重。

（二）互联网版权保护手段

1. 互联网版权保护政策法律制度手段

（1）政策保护

2009年，国务院出台《文化产业振兴规划》，将版权产业发展上升为国家战略，近年来，我国又提出建设文化强国、提升国家文化软实力的目标，并出台相关政策。例如，国务院办公厅下发《关于加强互联网领域侵权假冒行为治理的意见》、国家版权局出台《关于规范网络转载版权秩序的通知》《关于责令网络音乐服务商停止未经授权传播音乐作品的通知》《关于规范网盘服务版权秩序的通知》等文件，为网络版权保护提供政策支撑。

进入"十四五"时期，党中央、国务院对版权保护工作愈加重视，提出了"十四五"时期做好我国网络版权规划和保护工作的高标准和高要求。国家版权局印发的《版权工作"十四五"规划》指出："把网络版权保护作为主战场，强化版权保护力度、拓展保护范围、突出保护重点、增强保护实效，不断提升版权保护水平，维护良好的版权秩序和环境""继续开展网络版权保护与发展大会""指导网络版权产业研究基地开展年度网络版权产业发展研究"，这些指导意见有利于全面提升网络版权创造、运用、保护、管理及服务水平。此外，"十四五"国家知识产权保护和运用规划中10余次提及版权，从增加版权知识产权数量、提高版权质量、规范版权登记行为、制定版权信用信息基础目录、完善版权保护措施等方面提出了全面加强版权保护的要求和做法，为网络版权保护提供了良好的政策保障。

（2）法律制度保护

最早在互联网版权方面进行法律规定的国家是美国，先后出台了《知识产权和国家信息基础设施》（通称"白皮书"）、《录音制品数字表演权法案》《数字千年版权法》等一系列相关法律。其中，1998年通过的《数字千年版权法》是美国网络版权保护的重要法律。我国的有关法律法规出台相对较晚，而且2006年以前主要依据的是1990年第七届全国人大常委会第十五次会议通过的《中华人民共和国著作权法》和《著作权法实施条例》。著作权法从版权作品形式、版权的权利内涵、版权的归属、版权交易、版权使用、版权侵权类别、侵权惩罚等方面进行了规定，是我国版权保护的基本法律遵循，在互联网版权保护中同样起到重要的作用。但是，随着互联网的快速发展，传统著作权法的有些规定已经不适合当下互联网版权及其保护，为更有针对性地加强对互联网版权的保护，我国新修订的著作权法第四十五条新增了音乐制作者的"获酬权"，并对网络直播中使用音乐录音制品有了更进一步的规范：使用录音制品的主播和直播平台，不仅要向音乐作品词曲权利人支付版权费，还需向录音制作者支付版权费。此外，还明确了定价。其中，"使用K歌+背景音乐的直播间"的收费标准是300元/年、83元/季、29元/月；"单纯使用背景音乐的直播间"收费标准为100元/年、26元/季、10元/月；"使用音乐的电商直播间"的收费标准则是10,000元/年、2777元/季、980元/月。新修订的著作权法中也引入了视听作品的概念，为解决体育赛事、游戏直播、综艺节目、网络短视频等版权纠纷提供重要的依据。

此外，我国早在2007年加入了WCT和WPPT等世界知识产权组织的互联网条约。我国于2013年修订的《信息网络传播权保护条例》对互联网环境下的版权传播权的保护做了更加详细的规定，且更有操作性。2017年，电影产业促进法颁布生效。与此同时，多个著作权法民事纠纷案对涉及侵犯信息网络传播权的有关问题和规定进行了司法解释。北京等地区还就本地实际情况出台了网络版权保护地方性规章和规范。2022年6月22日，国家广播电视总局、文化和旅游部联合发布《网络主播行为规范》指出，网络主播在提供网络表演及视听节目服务过程中不得出现未经授权使用他人拥有著作权的作品。

（3）行政执法与刑事司法"双轨制"保护

我国网络版权保护的一个重要特征是实行行政执法与刑事司法并行的"双轨制"。刑事司法保护起基础性、主导性作用，而行政执法具有执法快捷、高效等特征。版权行政管理部门实施行政执法，并通过建立网络专项治理机制和加强"两法"（行政执法和刑事司法）衔接机制对我国网络版权保护起到积极作用。2005年起，国家版权局牵头的"剑网行动"开展十多年，对网络侵权盗版行为进行专项治理，重点查办在网络文学、音乐、短视频、电影、网络游戏、动漫等领域的网络版权案件。各地版权行政机关和公安、网信、电信部门积极配合，联合执法，查办了多起网络侵权盗版案件。国家版权局对网络侵权盗版案件中情节严重、影响恶劣的，联合全国"扫黄打非"办公室、公安部、最高法、最高检挂牌督办，各级版权行政机关将符合刑事立案标准、涉嫌犯罪的网络版权案件依法移送公安和司法机关。

（4）监管保护

近年来，我国版权行政管理部门不断创新监管方式，将事后监管不断向事前监管推进，针对网络企业和网站进行的分类监管便是一大创新。具体而言，一方面，国家版权局选择有影响力的网络企业和网站的版权进行重点监管，加大力度检查网络版权盗版侵权高发的网络影视、网络文学、网络音乐等需要作品授权使用的领域，并定期发布重点作品版权保护预警名单；另一方面，针对网络文化的版权管理，国家版权局有针对性地推出指导服务，帮助网络文化企业建立并完善版权管理制度且督导落实。除版权行政管理部门的监管保护外，行业组织、网络文化企业也积极投身互联网版权保护工作，通过联合发起成立中国网络版权产业联盟、发布行业自律规范等方式，维护互联网版权市场秩序。

2. 互联网版权保护技术手段

（1）数字版权管理技术

互联网版权的出现并且得以形成产业的核心因素是技术，因此，除了政策法律保护措施，互联网版权保护的另一重要途径是技术保护。早在20世纪90年代，数字版权管理技术就活跃于图书、音乐、影视及软件等各个领域，在一定程度上减少了盗版行为。数字版权管理技术是指出版者对数字内容，如音视频节目内容、电子书等的生产、传播、使用过程进行的版权保护、使用控制与管理的技术。近几年，我国针对数字版权管理技术的研发力度逐渐增大，一些版权所有人也投入资源来控制数字作品的可访问性和阻止网上违法意图。但是，实际应用中，数字版权管理技术能够解决的问题却十分有限。寻找新的技术加强版权保护变得更加迫切和重要。2008年问世的区块链技术因与版权保护的天然契合性而受到广泛的关注。

（2）区块链技术

区块链技术是用分布式数据库识别、传播和记载信息的智能化对等网络，集点对点通信、密码学、共识机制等技术于一身，凭借其时间戳技术、不可篡改性以及智能合约能有效解决版权管理面临的中心化控制、取证困难、流通与使用等问题，为互联网环境下的版权保护提供新的路径。为此，我国相应版权保护机构积极将区块链技术引入版权保护工作中。2021年，贵州省版权登记中心将区块链技术引入官方版权存证。2022年，中国作家协会权益保护办公室与上海文化产权交易所共同搭建基于区块链技术的文学版权转化和交易平台。国家司法机构也从法律层面对区块链技术的版权保护应用进行了专门的规定。2018年6月，杭州互联网法院在（2018）浙0192民初81号侵害作品信息网络传播权案件中，首次司法判决认可区块链存证的效力。2018年9月，最高人民法院印发的《关于互联网法院审理案件若干问题的规定》对区块链技术用于版权取证、存证、固证进行了确认。2020年，最高人民法院印发《关于加强著作权与著作权有关的版权保护的意见》明确提出，允许当事人通过区块链等方式保存、固定和提交证据，有效解决权利人举证难问题。2021年，中央网信办联合中央宣传部、国务院办公厅等18个部门和单位组织发布《关于组织申报区块链创新应用试点的通知》，明确指出鼓励相关行业主管部门深度参与版权区块链建设，并在版权信息接入标准、公信力节点接入等方面加强作为，深入探索运用区块链技术手段固定版权权属信息，完善版权认证、登记、转让等流程操作，加快溯源取证流程，降低版权质押融资认证难度。

（3）其他技术

2019年，中国版权保护中心与阿里巴巴集团达成合作共建DCI（数字版权唯一标识符）体系，旨在通过阿里巴巴原创保护平台为原创商家用户在原创商品生产、展示、销售多个环节中提供图片、短视频、直播等多类型作品提供基于DCI标准的版权权属确认、授权结算、维权保护服务。技术原理为权利人（原创商家用户）通过阿里巴巴原创保护平台向中国版权保护中心（数字版权唯一标识符管理机构）提交原创申请材料，符合要求的原创作品可获得阿里巴巴原创保护平台分配的数字版权唯一标识符（DCI码），完成DCI登记，实现原创作品"触网即确权"。

上海冠勇信息科技有限公司利用人工智能（AI）技术对网络作品进行实时监测，该技术能实现几秒内提取特征，快速判断是否侵权。该公司还研发出一套海量视频内容搜索系统，具有文字、声音波纹、视频图像画面等内容的搜索功能，能实时监测到上千万条侵权链接[1]。

---

[1] 左祺琦. 我国网络游戏版权保护的现状与问题探析［J］. 出版发行研究，2022（2）：62-67+22.

（三）互联网侵权监管和版权保护面临的问题

1. 互联网版权确权的困境

表现在"署名推定"、版权登记和确认机制三个方面。"署名推定"指的是如无相反证明，在作品上署名的公民、法人或者其他组织为作者。署名规则在传统出版物上具有很强的署名推定效力，因为在正式出版之前，出版单位会履行一系列的步骤，比如与著作权人签署授权合同、履行审校程序等。但是，在互联网环境下，任何人都可以成为信息的发布者，而且作品的发布无须经过类似出版单位的第三方机构进行审查，从而给互联网作品著作权人的权属认定带来障碍。就版权登记来说，一方面，按照著作权法的规定，我国著作权登记制度遵循自愿原则，著作权人依据自身意愿向中国版权保护中心或各地方版权局提交版权登记申请，获取版权登记证书。这是一种非强制的版权登记制度。这种非强制的版权登记制度使得诸多互联网作品游离于版权保护范围之外。而且，自愿登记制度使得作品无法在完成时或者发表时实时同步登记。而著作权法规定，作品只有在登记版权之后才能够成为维权依据。另一方面，虽然目前可以通过互联网提交版权登记申请，但审核流程仍然是线下，登记成本仍然很高，登记效率也很低，不能满足互联网版权事业的发展需求。根据中国版权保护中心的标价显示，我国著作权作品的登记费用为100元至2000元不等，费用高昂，登记机构受理登记申请后30个工作日才办理完成，时效性差，不适宜追求短平快的互联网作品。版权确认环节是确认版权的完整性和真实性，其基础是完善的版权登记。而传统版权登记的滞后性导致版权确认的时间信息不完整也不真实。互联网下沉的普通创作者难以应对流程繁复的版权登记流程，导致诸多作品游离于版权保护范围之外，对版权确认的完整性造成阻碍。

2. 互联网版权授权的困境

主要表现在授权不受控制、交易费用高、效率低、隐私保护有风险、使用情况模糊等方面。当前，我国互联网版权交易主要分为私人直接交易和中介机构（网络内容服务商）介入交易两种模式。私人直接交易指的是互联网版权人直接为作品使用者授权和分发作品。中介机构介入交易指的是互联网版权人将作品授权给网络内容服务商并确定分成，再由网络内容服务商将互联网版权作品销售给用户。这两种模式均存在授权后不可控的弊端，既无法保障创作者获得合理报酬，也削减了创作者的创作动力。私人直接交易效率低，作品使用情况难以控制。而网络内容服务商介入交易抬高了交易费用、增加了权利人的隐私暴露风险，而且往往因为网络内容服务商的霸王条款，使得创作者无法完整保留对作品的使用权。夏天岛与其签约漫画家的合约规定，签约期间漫画家创作的作品著作权属于夏天岛，就是典型的不平等合同，导致著作权人的版权受损。近年来，作品版权出让已成为我国互联网版权交易的"潜规则"，创作者沦为网络服务提供商的获利工具。

3. 互联网版权举证维权的困境

举证维权属于版权保护防线中的最后一道防线，通过法律对盗版侵权行为进行震慑。但是，如前所述，游离于版权保护之外的互联网版权作品不受著作权法的保护。互联网驱动专业生产走向全民参与内容生产，普通创作者在繁复的版权举证面前望而却步，造成互联网版权维权的困境。而随着互联网技术的快速发展，侵权手段和行为发生了巨大的变化，表现为形式多样、行为隐蔽等特征，给互联网版权维权带来了更大的困难。例如，CDN服务技术能够隐藏真实网址，因此被侵权盗版网站大量应用于更改所控制的网站后台数据从而实施侵权。而行业跨界使得网站备案地、服务器所在地以及侵权方多不统一，给侵权盗版网站提供了进一步的便利。又如，随着短视频、直播等自媒体的不断涌现，在他人作品上进行的二次创作越来越多，而这里面存在大量的未增加创造性劳动的复制和盗版等侵权作品，对于普通的互联网创作者而言，及时有效地搜寻和发现侵权作品的存在并提供侵权证明可谓是难上加难。

举证维权难的原因诸多，其中，我国法律对很多侵权问题存在相互矛盾的规定便是其中之一。例如，著作权法第二十二条规定，为介绍、评论某一作品或说明某一问题，在作品中适当引用他人已经发表的作品，无须取得著作权人许可，也无须支付报酬。而著作权法第四十七条明确规定，未经著作权人许可，以展览、摄制电影和以类似摄制电影的方法使用作品，或者以改编、翻译，注释等方式使用作品的，属于侵权。这种没能完全清楚解释的情况让创作者非常为难。哔哩哔哩某UP主依据著作权法第二十二条的规定选取素材创作电影解析节目，却被告知按照著作权法第四十七条规定存在侵权。"二次创作"短视频若加入自有文案、配音等具有了独创性，形成了新的视听作品，就很难界定是否侵权。原因之二在于，互联网作品著作权人维权投入与维权产出不成正比。创作需要集中精力且花费很长时间，而对盗版和侵权进行追溯和举证需要花费大量的时间、精力和金钱。例如，某一短视频著作权人要发起维权申诉，不仅需要取得被侵权博主的实名认证信息，还要考量诉讼成本和收益问题。就目前而言，按照我国著作权法的规定，侵权的法律责任并不严重，赔偿也较轻，往往不能补偿诉讼费用。原因之三在于，实践中一般是通过公证的方式对互联网内容的取证予以保全，如果不予以公证，便无法确认证据的真实性。但是，公证的费用高但效率低，比如，网页证据保全时需要前往公证处，在公证员监督下完成，并缴纳至少1000元/件的费用。

二、区块链技术解决互联网侵权监管和版权保护的痛点

当前互联网侵权监管和版权保护主要包括版权确认、版权流通、版权使用和版权维护等方面。放眼全球，进入大数据、人工智能、区块链集聚的"智能+"时代，各国都已开始将区块链技术运用至版权保护的各个环节中，如美国的Blockai、Mediachain、Monegraph，日本的Anique，中国的原本、亿书、纸贵等，这些都是立足于不同环节的区块链文化版权管理项目。鉴于此，利用区块链的时间戳技术提高文化版权确认效率，基于区块链的不可篡改性变革文化市场版权流通环节信用体系，通过"去中心化"的支付和认证手段有效填补互联网版权管理技术空缺，是适应智能时代文化产业版权管理实践诉求的重要选择。

（一）时间戳技术提高互联网版权确认效率

确权是侵权监管和版权保护的前提，以创作完成时间为依据，谁能证明自己完成的时间早，谁就拥有该作品的版权并依此享受著作权的相关权益。时间戳的原理在于：创作者把自己创作的内容以电脑文件的形式存储，时间戳认证系统根据哈希（Hash）算法把文件抽取成一个不可更改的字符序列，然后再赋予一个国家认可的精确时间，生成一个"时间戳"文件保存，并且整个过程不需要读取作品内容，可有效保护作品的私密性，因而可以证明电子文件在某一时刻存在的真实状态，是具有法律效力的电子凭证，可以证明电子文件的创建时间及其内容的完整性。在需要进行作品创作时间证明时，把作品文件与时间戳验证文件一起提交到法院或仲裁机构，通过反校验证明作品的创作完成时间（见图1）。相比于传统的版权登记和中介服务，区块链的时间戳和哈希值简单高效地证明了作品的版权归属，而且作品登记费用低。

以"版权区块链"为例，其区块链登记服务的每个月的前5次免费，超过5

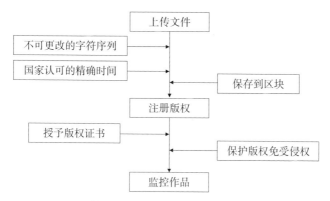

图1 基于时间戳技术的版权确认模型

次付费，个人用户按10元/次，企业用户按100元/次[1]。再如国家数字音像传播服务平台（版权云）基于区块链技术的版权综合服务平台，申请人原创作品通过平台上传5秒后即可获得数字版权存证证书，还可根据需求申请版权局的音乐作品资源登记证书[2]。区块链时间戳技术的高效率、低成本、易操作、透明化特点在实现版权确权的同时，能够为发生版权纠纷时提供司法认可的存证。

（二）不可篡改的智能合约重构互联网版权信任关系

区块链通过算力和共识来做到不可篡改。区块链让系统中的每一个节点都有机会参与记账，并在每个时间段内选出记账最快最好的节点，把一段时间内全部信息交流的数据，通过密码学算法计算和记录到一个数据块，并且生成该数据块的指纹用于链接下个数据块和校验，然后将这个数据块发送给系统里的所有节点，周而复始，系统中的所有节点将会获得一模一样的总账的副本，并且每个节点都是平等的、分散的、独立运营的，也都有着完全相等的权利。这种特点不仅可以防止不同区块链中的信息彼此干扰、规避由于单个节点的故障造成整个系统瘫痪或被抄袭，也无法实现数据篡改。因为系统的共识机制是少数服从多数，系统会认为相同数量最多的账本是真的账本，少部分不一样的账本是虚假的账本。在互联网中整个系统的节点非常庞大，除非能控制世界上大多数的电脑，否则基

---

① 吉宇宽. 区块链技术下版权运营对于图书馆的机遇与挑战［J］. 图书馆建设，2021（3）：62-67+75.

② 颜聪. "区块链"与音乐版权运营模式创新［J］. 音乐探索，2021（3）：128-136.

本不可能篡改这么大型的区块链。区块链的不可篡改性为互联网版权流通创造了机械信任（见图2）。

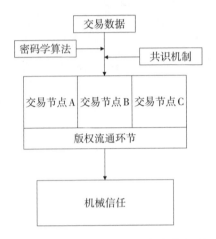

图2　不可篡改性重构互联网版权信任关系

（三）智能合约促进交易的自动执行

　　智能合约是一套以数字形式定义的承诺，区块链内的多个用户共同参与制定承诺的协议，协议中明确了交易双方的权利和义务，所有的交易被自动程序化为"If-Then"。智能合约封装预定的转换规则、触发合约自动执行的条件以及对应的操作，并以程序代码的形式加在区块链数据上。智能合约高度自治，一旦用户行为满足特定触发条件，例如从网站购买了数字作品，智能合约就会立即触发，所有相关其他操作（例如向权利持有人支付费用）都自动执行（见图3）。而且，智

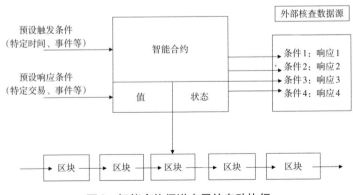

图3　智能合约促进交易的自动执行

能合约一经触发便无法终止，对合约双方有极强的约束力，也大大降低了一方终止合约或毁坏合约的可能性。而且，智能合约驱动的交易节点间无须公开身份，极大地提高了交易的安全性、保障了用户的隐私。

（四）智能合约确保权利人收益公平分配

一方面，区块链可利用智能合约促进作品协同创作者的利益分配。当某一作品的创作者有多人时，区块链可以记录每个创作者的贡献，包括贡献时间、内容和次数，并据此进行精准的利益分配，从而激励创作者的热情。另一方面，创作者可以通过智能合约自主设定交易条件或授权他人使用，包括作品的使用范围、使用期限及购买金额。消费者或者被授权人完成智能合约中的条件时，计算机程序会自动完成交易并打上时间戳证明，避免了普通交易中涉及的复杂咨询、议价和签订合同等复杂流程，也除去了中介机构和中间渠道，减少交易利润被瓜分，最大化地提升著作权人的收益和著作权人的创作动力，确保权利人获得公平合理的版权收入分配。

（五）哈希值有利于侵权监测

互联网版权侵权手段隐蔽、技术性强，著作权人想要通过定期浏览、追踪侵权作品是不可能的。但是，当作品发布在区块链合作平台后，区块链通过自动比对哈希值和时间戳，能迅速监测到作品被他人使用的情况。当有侵权发生时，区块链上的节点，如互联网法院，就能够通过智能合约自动审判，并将赔偿金自动打至著作权人的账户。

三、基于联盟区块链的互联网侵权监管和版权保护机制

（一）搭建可信认证机关在内的联盟区块链网络

鉴于互联网版权保护的复杂性，本研究从利益相关者入手，拟建立一个包括可信认证机关在内的、基于联盟区块链技术的互联网侵权监管和版权保护机制。"利益相关者"概念首次由斯坦福研究院提出，认为组织内外的相关团体和个人对组织的发展具有重要作用。1984年，弗里曼正式提出"利益相关者理论"，他认为，利益相关者之间的互动能够影响组织目标的实现，并通过对组织内外众多

利益相关者的利益进行合理的契约安排获得持续的竞争优势，其利益相关者指投资者、管理者、员工、供应商、消费者、社会公众、政府机关等。经过30多年的发展，学界对于利益相关者的划分也更为具体，投资者（股东）、供应商和消费者往往被认为是处于核心位置的利益相关者，被称作"直接利益相关者""主要的社会性利益相关者"和"核心利益相关者"，这些利益相关者的利益分配失衡，会直接影响组织的可持续发展。

从利益相关者理论视角入手，结合当前区块链技术在互联网版权保护领域的应用状况，通过考察互联网版权权利人、作品使用者（消费者）、互联网产品及服务提供商（包括互联网内容生产商和互联网技术提供商）、互联网平台运营商、版权监管部门和版权服务机构等互联网侵权监管和版权保护相关主体间的权利义务及其对策，为构建基于联盟区块链的互联网侵权监管和版权保护提供理论参考和实践指导。区块链技术在互联网侵权监管和版权保护应用中的主要利益相关者如下（见图4）：

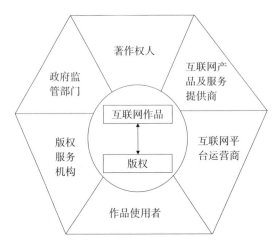

图4　互联网版权保护的利益相关者

互联网侵权监管和版权保护中引入区块链技术将直接或间接地影响系统中的各个利益相关者，而这些利益相关者的决策和行为将显著影响着互联网侵权监管和版权保护的效果和发展趋势。下面对各个利益相关者的利益诉求进行分析（见表3）。

表3 互联网侵权监管和版权保护利益相关者的利益诉求

利益相关者	利益诉求
著作权人	1. 高效、低成本的互联网作品版权登记
	2. 合理的版权收益
	3. 实时掌握版权作品的被使用情况
互联网作品使用者	1. 便捷获取版权归属明晰的互联网作品
	2. 公平的版权交易
	3. 避免不必要的版权纠纷
互联网产品与服务提供商	1. 获取海量原创作品
	2. 赚取实洋
	3. 安全可靠的版权资产管理
	4. 掌握互联网作品使用数据
互联网平台运营商	1. 获取海量原创互联网版权作品
	2. 增加作品的热度和曝光度
	3. 获取最大的版权交易收入
版权服务机构	1. 提供专业的服务
	2. 获得技术专利使用权
	3. 得到社会认可
政府监督部门	1. 加快区块链技术的落地应用
	2. 互联网版权保护
	3. 解决互联网版权侵权问题

（二）构建涉及各利益相关者的联盟区块链

在对互联网侵权监管和版权保护的主要利益相关者进行分析的基础上，提出基于联盟链的互联网侵权监管和版权保护技术架构。由于联盟区块链仅允许部分预选节点参与记账，能够满足互联网侵权监管和版权保护中参与主体门槛设置、版权信息保护、管理权限控制、隐私保护等的需求，因此，构建包括互联网内容生产商、互联网平台运营商、版权服务机构以及政府监管部门在内的联盟区块链，为互联网作品著作权人和使用者提供全面、高效、可信的版权登记确权、授权交易以及维权举证服务（见图5）。

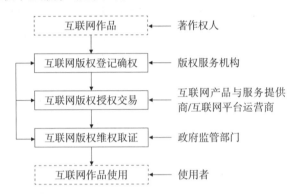

图5 基于联盟区块链的互联网侵权监管和版权保护三大机制

互联网内容生产商处于互联网版权产业链的上游，为整个互联网版权产业提供丰富的版权资源，在联盟链中主要通过引入区块链技术对互联网作品进行登记确权、版权交易与版权资产管理，从而提高确权登记效率，有效防范侵权风险。版权服务机构提供专业的版权服务，在联盟链中主要通过对版权登记、授权交易、版权使用的全流程实时记录，有效防止未经授权而造成的版权纠纷，同时在版权受到侵权的时候，方便著作权人举证维权。互联网平台运营商汇聚了大批互联网作品使用者，在联盟链中主要是对已上链的、版权归属明晰的互联网作品进行专业的全版权运营与开发。政府监管部门在联盟链中主要通过制定政策、设置权限、执行法律、行使处罚职责等，有效约束各利益相关者的行为。

互联网侵权监管和版权保护中构建基于联盟链的互联网版权登记确权、授权交易与维权举证体系，不但能提升版权认证效率、加快版权流转速率，还能够有效监督和管理版权使用情况，有效防止诸如未经授权而引发的侵权纠纷。一旦在联盟链的环境下发生侵权事件，联盟链具备的实时跟踪和记录的功能也能够为著作权人提供可靠的侵权证据。

（三）基于联盟链的互联网侵权监管和版权保护机制

1. 基于联盟链的互联网版权登记确权机制

互联网版权登记确权的参与者有权利人（包括互联网内容生产商）和版权服

务机构。当前区块链技术应用于版权保护存在的突出难题包括相似作品恶意上链、无法确认区块链节点身份信息以及系统中原创作品容易泄露等。因此，应充分利用区块链的优势，避免区块链的劣势，构建基于联盟区块链的互联网侵权监管和版权保护机制，充分保障互联网版权权利人的版权登记诉求。

（1）构建内容相似度检测的事前检测机制

联盟链中的版权服务机构在互联网版权作品信息上链之前，利用内容相似度检测技术进行权威有效的智能化版权检测（如主要用于文档型作品相似性判断的Simhash），确保上链的互联网作品满足我国著作权法规定的"独创性"要求①。基本思路为：上链之前将互联网作品进行封装和加密，将被加密的互联网作品发送到版权服务机构中提供版权检测的机构进行内容相似度检测，版权服务机构通过特定的算法（如Simhash）判定被检测作品与系统数据的内容相似度的比例是否大于被判定为盗版侵权的阈值，通过预先设计的智能合约自动对结果进行判定并自动执行，如果被检测作品的内容相似度检测值超过了阈值，则表明出现了盗版侵权的情况，系统将自动拒绝被检测作品的上链登记，并将检测结果存储到系统中指定的区块链上作为侵权预警和认证证明②。如果被检测作品的内容相似度检测值在阈值范围内，系统则将被检测作品发送到提供版权证书的版权服务机构并颁发版权证书，与此同时，互联网版权作品信息被自动存储到版权认证区块链中，同时获得该作品的一个唯一哈希值，作品的元数据信息将同步给联盟链上代表监管部门和仲裁部门的节点（见图6）。该事前内容相似度检测机制能够有效识

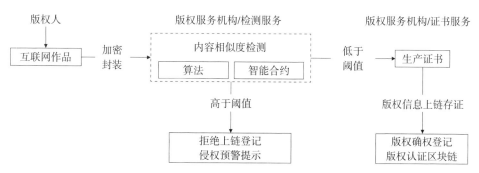

图6　内容相似度版权检测上链过程

① 畅继轩. 我国网络文学作品版权运营的法律问题研究［D］. 西安：陕西师范大学，2019.
② 张佳倩. 基于区块链的数字版权产业生态系统构建与应用研究［D］. 北京：北京印刷学院，2021.

别盗版侵权作品，从源头预防侵权的发生，为区块链版权登记作品的内容创新打下坚实的基础。

（2）依据实名身份认证设置权限

针对公有区块链没有身份认证的匿名性问题[①]，联盟区块链网络的身份授权访问机制能有效提高互联网侵权监管和版权保护的可控性。首先，版权登记与注册过程中，互联网作品的创作者需要进行实名身份认证，通过实名认证的著作权人将成为区块链的预选节点。其次，政府监管机构给纳入区块链网络的互联网内容生产商、互联网版权运营平台、版权服务机构和政府监管部门设置不同的管理权限，联盟链中所有信息不对外公开，有效保护联盟链中各利益相关者的隐私信息。联盟成员在管理权限范围内提供相应的服务。

（3）安全低耗的版权登记流程

对基于联盟链的互联网版权登记流程进行优化，实现安全低耗，具体为：用户在系统进行注册、登录，系统利用身份认证技术对用户进行实名身份认证，通过的用户信息被写入区块链进行身份存证，用户可以根据情况设置隐私身份信息的可见对象。如果用户需要进行版权登记，首先应将待登记作品加密封装，发送

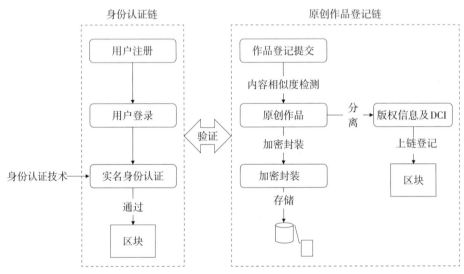

图7　联盟区块链互联网版权登记流程

① 胡勇. 基于联盟区块链的网络著作权保护研究［J］. 广西政法管理干部学院学报，2021，36（4）：8-13.

到相应的版权服务机构进行内容相似度检测，小于阈值的作品被认为是原创作品并生成该作品的DCI码，之后一方面进行DCI公开发布，另一方面将作品的原文件及DCI码存储到远程服务器上，而作品的哈希值、数字水印及作者的隐私信息将被打包作为版权信息存储到联盟链上。联盟链架构下，所有数据在各个联盟节点都会有备份。当需要确认版权作品的归属时，每个节点根据其在联盟链中的角色身份以及数据获取的权限范围，计算远程服务器中对应文件哈希值并验证数字签名，其权限范围之外的数据则会加密保护（见图7）。

2. 基于联盟链的互联网版权授权交易机制

互联网版权授权是指通过版权许可或版权转让的方式，获得作品的使用权或所有权，并实现相应经济收入的行为[①]。当前区块链技术应用于互联网版权授权交易过程存在版权使用方过多、授权过程链条断裂、授权条件模糊等问题。基于此，本研究提出基于联盟链的互联网版权授权交易机制。该机制不仅能利用区块链技术全程记录、节点预警、授权传播等优点，而且可以规避公有链节点不受控和私有链传播受限等技术上的缺点。联盟节点成员之间权限、职责、资源、合作形式都形成共识，在一个无法作假、机械信任、权限平等的环境下，实现版权交易、内容授权及收益分配的公平、公正和透明。

首先，设置版权交易规则的智能合约，并在交易时自动执行。当用户通过区块链端口提出版权需求时，联盟链根据用户需求调取版权归属清晰的版权信息，并同时将需求信息通过网络客户端发送到相关版权人账户中，如果版权人同意交易，系统则调取远程服务器中带有哈希值和数字水印的版权作品，并生成智能合约，发送给版权交易双方。一旦双方确认，则交易自动执行。此时，版权人将收到传输作品通知，用户将收到缴费通知，与此同时，用户的相关金额将被冻结。之后，版权人用用户的公钥将作品加密并发送给用户，用户收到后用自己的私钥解密，智能合约监测到用户收到作品后即把之前冻结的版权使用费转给版权人账户（见图8）。

在此交易过程中，每笔互联网版权作品的交易信息均通过哈希值记录在授权交易链中。互联网版权保护联盟体系可根据交易全流程的记录和版权使用条件监控版权作品的交易、使用和流转，确保授权后可控。如果发现与智能合约中预设条件不一致的版权使用情况，则系统自动检测具有侵权风险的作品信息与联盟链

① 林婉津. 基于区块链技术的新闻版权保护机制研究［D］. 广州：暨南大学，2020.

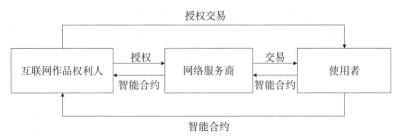

图8　基于联盟链的互联网版权授权机制

上的版权作品信息的相似度，如果相似度检测值超过了阈值，则表明出现了盗版侵权问题，此时，联盟区块链上的指定区块将自动存储检测结果并发布侵权预警，该机制还有利于今后维权时提供相应的版权认证证明，充分保证了互联网版权授权交易安全。

由于联盟链数据块表头中的可信时间戳具有不可更改的特性，在互联网版权数据块生成的同时，区块链会添加与数据块同时产生的可信时间戳并将相应的哈希运算值填入区块上链，保证该区块链能在今后维权中提供真实的验证时间，并具有法律效力[①]。联盟链中使用merkle树来组织数据交换，如果有非法授权者想要篡改某条交易记录，它必须同时篡改该记录的上级节点以及更上级的所有节点，最后还要修改merkle树根，进一步影响到该数据块的哈希值[②]。如此庞大的篡改量导致其难以实现，这也保证了验证的准确性和真实性。

3. 基于联盟链的互联网版权取证维权机制

互联网版权维权指的是互联网版权交易过程中出现了侵权，需要相关执法部门完成后续维权工作，追回财产和名誉上的损失。针对当前区块链技术应用于互联网版权维权方面存在的辅助侵权取证困境、维权成本高、侵权损害赔偿标准不统一等难题，提出基于联盟链的全程记录、实时监测、司法调用的互联网版权维权取证机制。

互联网作品版权人发现侵权现象后，向政府监管部门提交维权申诉和被侵权作品信息以及侵权人信息，政府监管部门核实申请人合法身份和作品权限属实后立案。政府监管部门所在的联盟链节点通过智能合约自动比对申诉人提交的数据

① 胡勇. 基于联盟区块链的网络著作权保护研究［J］. 广西政法管理干部学院学报，2021，36（4）：8-13.

② 张亮，刘百祥，张如意，等. 区块链技术综述［J］. 计算机工程，2019，45（5）：1-12.

和侵权人使用该作品痕迹的区块头数据并生成报告，判定是否侵权及侵权程度，节省行政与法律维权的时间成本和管理成本，极大降低了案件当事人的维权成本，提升互联网版权保护中权利人和使用者的维权热情。

在认定损害赔偿标准方面，通过智能合约对所记录的侵权行为进行评估，根据侵权程度结算赔偿数额，并由政府监管部门所在的联盟链节点发起全网共识，全网节点验证通过后更新账本数据，从而形成标准统一的损害赔偿金额。

联盟链中，政府监管部门具有最高级别的管理权限，并有权对联盟链中的不同利益相关者设置不同的权限。政府监管部门可实时查看和调取联盟体系中节点身份信息、版权作品登记信息和版权授权交易信息，识别未经确权和未经授权使用的互联网作品信息，并通过与专业司法链 API 接口的链接和互通，在司法实践和审判中提供唯一可靠的维权电子证明①。

另外，联盟链中政府监督部门的中心化管理职能与区块链去中心化的技术特征相结合，能够实现版权登记和授权环节的去中心化，同时保证管理职能的中心化，从而实现最优的互联网侵权监管和版权保护（见图9）。

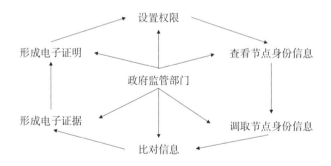

图9　联盟链中政府监管部门的互联网版权维权机制

结语

互联网的迅速发展推动着网络版权产业市场规模不断扩大的同时也引发了众多互联网版权案件。不同于传统版权，互联网版权具有数字化形式、作品权利归属更加复杂、版权权利内容技术化等特征，使得互联网版权侵权表现出侵权形式

---

① 刘学. 基于区块链的数字版权管理系统的设计与实现［D］. 大连：大连理工大学，2019.

隐蔽、侵权行为界定难度大以及侵权危害大但惩罚轻等新特征。我国政府高度重视互联网版权保护工作，并在政策、法律法规等方面不断创新监管方式和保护途径。但是，由于长期以来，我国版权保护政策和法律的制定都晚于实践的发展，而且，我国版权监管措施多数是事后监管，且仍然停留在登记保护、确权、维权的困境中而难以突围，通过技术手段加强互联网侵权监管和版权保护被认为是当前的重点、难点和热点。

区块链技术自2008年问世之后备受关注，凭借去中心化、不可篡改性、可追溯性等特点与互联网版权保护具有天然契合性，为互联网版权保护提供了新方向。但是，公有链的激励问题、安全和效率问题、最终确定性问题以及隐私问题使得其应用场景比较局限，而私有链过于"中心化"，无法打通不同部门、不同技术架构的身份信任问题，不利于侵权监管和版权保护的进行。本研究利用联盟区块链技术有限授权、不可篡改、可信验证、易追溯、时间戳唯一、全程留痕、去中心化、可操控等特点，在规避公有区块链和私有区块链技术不足的同时兼具公有链和私有链的优点，提出以国家版权局、知识产权管理机关、司法机关、互联网法院等政府监管机构作为可信认证机关，会同第三方版权服务机构和网络服务提供商搭建联盟区块链，建立可追溯的互联网版权联盟区块链，解决互联网侵权监管和版权保护面临的登记确权难、授权交易难、维权取证难等问题和挑战，以期为我国互联网侵权监管和版权保护提供有益的参考和借鉴。

课题组组长：聂弯
课题组成员：陈丹　李德升　刘玉琴　包韫慧　李思闽　徐梵
课题承担单位：北京印刷学院

基于元宇宙技术的数字出版物版权问题研究

张　聪*

摘要： 元宇宙技术的发展带来了"深度媒介化"时代，原有的版权保护逻辑难以适应技术的发展。本文从元宇宙技术数字出版物版权的界定困境出发，探讨数字出版物版权保护的问题，最后提出版权保护的策略。首先，元宇宙视域下的数字出版物大致可以分为虚拟现实出版物、增强现实出版物和人工智能出版物三类。虚拟现实出版物的版权界定有三种分歧，但主要受限于现行著作权法规范，不得超越视听作品的权益界限。增强现实出版物在正式出版内容的基础上，通过链接方式附加更多信息，其版权界定需因不同类型而异。人工智能出版物因缺乏独立意识和情感，不应视为版权作品。其次，深入分析元宇宙技术下数字出版物版权保护所面临的问题，比如相关法律不完善、版权技术落后和版权保护机制不健全等。虽然技术变革提高了数字资源版权保护的难度，但也提供了强大的工具。最后，从完善法律保护体系、加大数字版权技术研发和应用、构建完善的版权保护机制三个方面提出建议。

关键词： 元宇宙；虚拟现实；增强现实；人工智能；出版物；版权；区块链

一、元宇宙技术数字出版物的版权界定困境

元宇宙概念的提出是继互联网过后的又一次颠覆性的数字革命，它不是优化性的迭代技术，而是具备开拓性、整合性，是现有技术的叠加和集聚，这种极具驱动力、包容性和创新力的结构性能量的技术空间能够赋予出版业态无限的增量和动能。但我们也要意识到，元宇宙的定义并非一成不变，它保持着动态变化的发展逻辑，实际上"元宇宙"概念还会随着技术的迭代而不断衍变发展，参与者也会通过自主创作和自由行为来丰富和改变其含义。区块链近年来的不断完善和持续开发给元宇宙的开放式创作赋予了稳定安全的认证机制，虚拟现实技术VR、AR、MR还有脑机接口为具身化、沉浸化、高参与性的在场体验创造了良好的虚实转化的接口，人工智能技术的成熟度的提升和优化升级还有数字孪生研发为元

---

* 张聪，北京印刷学院副教授，本课题组组长。

宇宙中核心内容的搭建不断赋能，它拓展了人类的生存维度，由现实世界和虚拟世界的叠加和交融后形成了一个液态化的虚实结合的空间。本研究涉及的数字出版物主要包括虚拟现实出版物、增强现实出版物和人工智能出版物三种形态。因为这些出版物都不是传统意义上的数字出版物，所以在版权界定、版权保护方面都存在诸多问题。

（一）虚拟现实出版物的版权界定

虚拟现实（Virtual Reality，缩写为VR）是一种通过对视觉、听觉、嗅觉、触觉、味觉等多信息源的融合营造出高度逼真且具有很强沉浸性、交互性、构想性模拟环境的现代信息技术。2010年，中华商务联合印刷公司等开发成功AR图书《中国弹起》；2015年，新华社制作VR新闻《带你"亲临"深圳滑坡救援现场》，财新网推出国内首部VR纪录片《山村里的幼儿园》；2020年，央视春晚实现VR直播等。虚拟现实出版物几乎已遍及文化、艺术与科学领域，初具规模并快速发展。

2010年颁布的著作权法第三条详细列出了法律范围内受保护作品的各具体种类。然而，对于那些满足著作权法保护基本条件的虚拟现实出版物，其作品类别的明确定位却引发了广泛争议[1]。因为著作权法并没有直接涵盖VR（虚拟现实）出版物这一类别。同样，在其他法律和行政法规中也没有对VR作品类型进行明确的规定。然而，需要注意的是，绝大多数VR出版物都能够满足作品的"独创性""可复制性"等著作权所需的要件。这就带来了一个问题，如果现有的著作权法不对这些VR出版物进行保护，可能会引发不公平的现象。

面对这一现状，在司法实践以及学术讨论中出现一些观点。有些人主张通过对既有法定类型的解释进行扩大，从而保护VR出版物。这意味着将现有的法定类型进行灵活应用，以适应新兴的创作形式。在这种观点下，出现几种分歧，如计算机程序论、类电保护论以及拆分保护论[2]。

计算机程序论认为，在虚拟现实出版物的制作过程中，涉及大量的计算机软件编程。为提升虚拟现实出版物用户的身临其境体验，制作过程需要应用虚拟现实软件，如Quest3D、EONStudio、3DStudioMax等，对已采集的真实世界影像进

① 王鑫，宋伟. 虚拟现实出版物的著作权法律保护——基于2020年《著作权法》修订前后的比较研究［J］. 科技与出版，2021（9）：84-91.
② 韩赤风，刁舜. VR出版物的作品属性探究［J］. 出版发行研究，2019（10）：59-62+39.

行处理和整合，最终生成以软件代码格式展现的文件。这些文件承载了关键信息，因此将虚拟现实出版物归类为计算机软件作品似乎具有合理性。类电保护论主张将虚拟现实出版物归入类电影作品的范畴。支持这一观点的理由是，虚拟现实出版物的制作过程常常利用360°或720°全景摄影等方法捕捉真实世界影像，且用户体验模式类似于电影的观赏方式。拆分保护论则主张对虚拟现实出版物进行分拆，分别将其各个部分归入现有作品类型中。这个观点的基础在于，虚拟现实出版物的制作和内容具有复杂性，直接归类可能难以达成普遍共识。因此，通过将虚拟现实出版物拆解并对应到现有作品类型，才能更好地保障其著作权益。这些不同观点的存在为虚拟现实作品的版权保护提出了一系列具有挑战性的问题。

（二）增强现实出版物的版权界定

根据《大英百科全书》的阐释，增强现实技术被定义为一种利用计算机技术，在现实世界中叠加或覆盖计算机生成的数据，以达到混合或提升现实场景中视频或图像效果的目的[①]。这项技术的核心思想在于将计算机所产生的感官数据，以文本、图形、视频等多种媒体形式，巧妙地与真实场景交织在一起。近年来，这项具有前瞻性的技术正逐渐融入图书出版领域中。在传统书籍阅读的过程中，借助增强现实技术或相关设备，读者能够体验到前所未有的阅读乐趣。通过将增强现实技术应用于传统纸质书籍，读者可以在阅读中感受到立体、生动的三维动画效果，为阅读体验注入全新的活力与趣味。这一创新的融合为读者创造了更加丰富多彩的阅读世界，将虚拟和现实巧妙地交织在一起。

在传统图书出版领域，作者常常将涉及出版权等相关著作权事宜的权利委托给出版社。然而，随着增强现实技术的崛起，增强现实图书出版涉及与增强现实公司的密切合作，这使得关于著作权问题的关注变得尤为重要。当使用增强现实图书出版物时，通过增强现实设备将纸质出版物转化为立体图像，涉及对作品的复制和再利用。然而，是否可以视为合理使用，仍需进一步深入探讨。国际社会和各国法律针对合理使用行为提供了相关规定和标准。以美国版权法为例，其判断合理使用的因素包括使用的目的、作品的性质、使用的数量和质量，以及使用行为对作品潜在市场或价值的影响[②]。

---

① 乔宜梦. 增强现实图书出版物著作权侵权风险及应对——兼评《著作权法》第三次修改 [J]. 编辑之友, 2018（3）：90-93.

② 袁锋. 论新技术环境下合理使用的判断方法 [J]. 中国出版, 2020（15）：29-32.

值得注意的是，增强现实图书出版物可能存在超越合理使用范畴的情况，主要原因在于增强现实技术开发公司作为市场经济主体，具有逐利性。虽然增强现实技术的介入可能刺激传统出版物市场，但这并不能改变增强现实技术本身的商业属性。因此，在这种新兴领域，如何平衡著作权保护与技术创新的关系，以及如何确保创作者、出版商和技术公司的权益，都是需要深入研究的议题。

（三）人工智能出版物的版权界定

人工智能出版物泛指由人工智能（非人类）创作的作品。当前，我国人工智能出版物的版权立法阙如，《中华人民共和国著作权法》（以下简称《著作权法》）中并没有人工智能出版物的分类和举例。此外，《著作权法》第十一条第二款和第三款分别界定了作为作者的情况，其中包括公民、法人或其他组织。

在人工智能是否应被赋予著作权权利主体地位的讨论中，存在两种截然不同的观点。有一种观点坚持认为，人工智能不应被视为著作权主体。这一观点的支持者主要认为，人工智能缺乏法律人格，它并不具备独立的判断和分析能力，实质上只是一台智能机器。据此看法，人工智能所创造的内容只是对自然人创作作品的再次编辑，不具备真正的原创性。相应地，这种观点认为人工智能不应被纳入著作权主体的范畴。另一种截然相反的观点则主张将人工智能视为著作权主体。支持这一观点的人认为，尽管人工智能缺乏法律人格，但它们具备了独立创作作品的能力，与一般的机器存在本质区别[①]。这些人指出，尤其在当前人工智能大量生成内容的背景下，这些智能系统能够根据文学素材进行独立创作，虽然不能被视为自然人，但它们的创作过程具有一定程度的独立性。因此，尽管现行法律或许尚未完全承认人工智能为著作权主体，但依然有理由将之纳入这一范畴。

综上，本研究认为，人工智能出版物与人类创作之间存在根本的区别，不应混淆使用。尽管1956年约翰·麦卡锡在达特茅斯会议上首次提出人工智能概念以来，人工智能技术已取得巨大进展，使得人工智能出版物在外观上逐渐逼近人类创作，但从本质上来看，人工智能出版物的生成主要依赖开发者设计的算法、预设程序以及事先设定的规则等基础准备条件。因此，它们与人类创作的作品在本质上存在明显差异[②]。

[①] 张子浩. 人工智能出版物版权保护：争议、困境与构想［J］. 中国出版，2022（1）：48-50.
[②] 曹思婕. 人工智能出版物的立法思考——基于著作权法中作品的创造性［J］. 编辑之友，2020（5）：96-101.

总之，从上述三者的版权界定的困境分析可以看出，无论是法律制度还是现实实践，元宇宙技术的数字出版物的保护还存在很多问题，这些问题需要我们进一步地分析研究，以期在未来元宇宙的这些核心属性可以为数字出版和行业赋能，使数字出版呈现新的形态。

二、元宇宙技术数字出版物版权保护的问题

(一) 相关法律不够完善

元宇宙技术下的数字出版物，在出版形态上与传统出版存在较为显著的差异，引发一系列著作权法适用的现实困境。其中，"出版"行为的定性，以及在应对传播领域的技术变革时，虚拟现实数字出版物的作品分类和权益分配是版权制度不可回避的一部分，也是亟待解决的一个基本问题。虚拟数字出版物的版权持有者可以使用版权许可获利，也可以通过其他渠道，如延迟收入（交叉补贴或第三方付款）实现收入最大化。虚拟现实数字出版的出版过程涉及多个产业阶段，如内容设计、计算机编程、平台开发等，每个阶段都需要不同方面的参与，如文字或艺术作品的作者、音频制作者、出版商、技术提供商、虚拟现实平台提供商等。关于数字 VR 出版物的版权归属和虚拟出版物产生的收入，参与出版的每个实体都希望获得自己相应的收入份额。在这种情况下，实体之间的简单关系所对应的、面向以传统出版形式出版的作品版权持有者的利益平衡被打破，长期以来形成的权益分配规则也被打破。在新的游戏过程中，无论是出版商、VR/AR/MR 技术提供商还是虚拟现实平台开发商，对出版成果的贡献逐渐变得更加明显，其中更是不缺参与"创造"的贡献，因此，也导致参与出版主体版权权益划分混乱，各方主体亟须寻求更公平、更合理的版权归属协议来保护自己的权益。

1. 从版权性质上来看：权利主体难以界定

第一，对于人工智能出版物版权归属问题，目前仍无法规条例对其作出明确界定，处于于法无据无法可依的状态。中国法院早在海豚表演案中就认定，只有人才能成为作品的权利主体。第二，若将人工智能出版物版权归属判定为属于人工智能，则违反了私法的基本规则。在私法体系中，权利的主客体是相互对应的，其法律地位是永远不会转变的。而在目前阶段，人工智能并不具备自我意识，在现行的著作权法中，其作品只能够被当成权利客体，意味着这些人工智能

237

作品目前仍然是权利主体的法定支配权对象，无法成为权利主体。第三，从哲学的角度来看，将人工智能出版物的版权主体判定为人工智能，违背了康德的哲学思想。

2. 从版权保护路径上来看：作品独创性不符合我国著作权法

依据我国现行著作权法第三条中对于作品的定义，可以把作品可版权性的认定归为"文学、艺术和科学领域内的表达""独创性""能以一定形式表现的智力成果"三个构成要件，而人工智能出版物可版权性问题的最大争议就是独创性的认定。在学术理论上，基于不同的价值考量，逐渐形成了以创作过程为导向和以创作结果为导向两种不同的独创性认定标准，但这两种标准各有利弊。若人工智能出版物的社会价值得益于自然人先前创作行为的实质性贡献，体现了创作者个性与创作意图的要求上，人工智能出版物可以成为著作权法意义上的作品，应受到著作权法的保护，那么从创作过程中认定人工智能出版物独创性的不足。

3. 从版权归属上来看：版权归属不清晰

根据我国著作权法，人工智能在法律上不具备主体地位，也不属于法律意义上的自然人，因此人工智能本身不能主张版权法中所规定的出版物的一些权利，如发表权和所有权。而根据权利主体的性质，版权可以授予与人工智能有关的权利持有人，如人工智能的开发者和设计者、人工智能的使用者或人工智能技术的所有者①。在实践中，人工智能出版物的版权分配问题尚未明确。鉴于人工智能出版物的版权分配具有一般性和特殊性，在对人工智能出版物版权归属作出判定时，相关案例应结合著作权法和其他法律条款进行分析。就目前而言，人工智能技术本质上仍然只能作为人类服务的智能工具而存在，其基本特征在可预见的时间内不会改变。法律上可以承认人工智能是一种特殊的法律实体，但这并不意味着赋予其真正的法律实体地位。在实践中，如果人工智能出版物发生侵犯版权行为，版权归属不清楚这一问题，也会导致版权侵权判定不明确，进而无法落实和追究相关侵权行为主体的法律责任，影响人工智能出版物的良性发展，不利于出版领域的创造和创新。关于虚拟现实的数字出版物应如何分类，学术界尚未形成相对一致的认识。有观点指出，虚拟现实模型的样式是由计算机程序员事先构思的，创作灵感是通过编写代码实现的，模型的不断完善是通过修改源程序和目标程序实现的，因此应将VR三维数字模型纳入计算机程序的范畴；也有观点认为，

---

① 张子浩. 人工智能出版物版权保护：争议、困境与构想［J］. 中国出版，2022（1）：48-50.

鉴于调整对象的系统化和版权客体法律规则的发展，有必要在我国版权法中确立虚拟现实数字出版物这一独立的客体类型[①]。虚拟现实数字出版物作品类型的不确定性将直接影响出版物在著作权法中的准确定位，成为著作权法对虚拟现实数字出版物进行调整和保护的现实障碍。

（二）版权保护技术落后

1. 技术瓶颈：人工智能技术的成熟度和算法黑箱难题

技术层面，主要涉及人工智能技术以及算法黑箱的困境。当下，人工智能技术虽在不断发展和迭代进化，但仍然处于不成熟的状态，有待进一步深化和完善。目前，虽然人工智能技术可以辅助人类进行相关数据整理搜集以及开展决策等工作，且伴随着 ChatGPT 的发展，人工智能还能参与到相关内容创作中来，并拥有不错的呈现结果，在一定程度上解放了人力，减少重复简单工作，提高了办事效率，但依旧处于弱人工智能向强人工智能转化的过渡阶段。目前其能够胜任的工作多是对人类智能的片段式或截面模仿，在涉及复杂问题的应对和处理，以及对问题进行深度预测和分析时，人工智能往往力不从心，仍未具备完全超越人类智能的表现。总体来看，在弱人工智能阶段，人工智能技术还难以实现全面的信息整合和高效的推理。此外，人工智能技术的深度应用也催生了"算法黑箱"，以及由此衍生的算法偏见等问题，在使用 AI、算法推荐等技术为用户提供便利之时，藏在技术之后不易被人发现的人为程序设置、技术操控和运行等，使用户难以知悉算法运行整套流程，处在信息不对称的位置。未来，随着人工智能技术的广泛运用和迭代升级，无监督式机器学习会在各生产环节得到更加普遍地运用，人工监督逐渐被算法监督所取代，使得算法流程越来越脱离人的监督和控制。

2. 数据风险：数据获取、共享和流量造假问题

由于人工智能技术在出版中的运用和赋能，主要基于对大数据的挖掘和分析，这也使得数据泄露等风险成为隐患，也是未来虚拟现实数字出版需要打破的瓶颈之一。虚拟现实数字出版物及其他智能出版物的生产和发行，离不开数据收集和挖掘、数据共享等，大数据的支撑是当下智能出版物出版发行的必要条件之一。然而，无论是数据采集抑或是数据共享，都未能如愿满足现实需要。由于数据体量大、复杂等特征，且遍布出版物出版和发行销售的全环节，数据获取渠道

---

① 邢洁. VR 出版物著作权保护：困境、内在机理及应对策略 [J]. 科技与出版，2022（10）：121-129.

有限、有效数据获取困难、数据共享存在阻碍、信息共享平台仍未实现，成为出版智能化转型必须攻克的难关和屏障。此外，数据造假、信息熵、非结构化数据和不完整数据的大量存在，也是制约人工智能技术运用和虚拟现实数字出版物发展的不利因素。

3. 数字版权保护技术落后

DRM技术本质是基于密码学的一种权限管理系统，经过发展我国所应用的数字版权保护技术有了较大的进步，但仍然存在平台系统间不兼容、技术标准不统一等问题。随着信息网络技术，尤其近期5G技术的推广，数字出版产品的表现形式将更加丰富，相关保护技术需要随之进步发展。随着信息网络技术的进步，对数字版权的保护需要对数字内容产品进行内容鉴别、传播监测、交易保护等，现有的数字版权保护技术基于权限控制的数字版权保护方案将不能满足数字出版产业发展的需要。因此，研发符合当前数字版权保护要求的新技术和新应用形式成为当务之急。

（三）版权保护机制尚未健全

1. 版权登记效率低下

根据伯尔尼公约和TRIPS协定，一旦创作完成，无论作品是否发表，作者都享有著作权，版权登记并非著作权取得的必要程序[①]。这一规定从某方面来讲，的确为广大创作者提供了极大的便利，可以省去登记版权的麻烦，在一定程度上还可以营造鼓励创新创作的社会氛围。然而，也会不可避免地引发一系列版权争端，增加版权鉴定和维权的相关成本，反而不利于版权保护。谈及版权登记，绕不开版权中心和版权管理机构。目前我国对于版权登记的相关规定不甚合理，尽管对于如何获取版权证书以及所需时长和相关手续费用有所标明，但是碍于相关机构对于登记流程的审核片面且形式化，其在解决具体版权纠纷案例时的作用十分有限，在相关司法案例实践中仍旧需要法院及相关机构对版权进行进一步认定，使得前期的版权登记工作相形见绌。此外，在新媒体和人工智能技术的推动下，当下作品类型繁多，涉及的版权主体更为复杂，版权登记工作也更加琐碎。总之，当下版权登记制度存在诸多问题，登记耗时长、费用高、流程形式化、效率低下等多重弊端都不利于版权保护，更无法适应当下新媒体环境及人工智能出

---

① 肖海，刘磊. NFT模式下的数字版权保护机制研究 [J]. 河南科技，2023，42（4）：127-131.

版物版权登记的需求，对于现存版权登记制度及修改提出了巨大挑战。

2. 版权审查效力有待增强

虽然目前我国已有诸多法律和行政法规等对版权立法及实施作出了相关规定，各项制度也在逐渐改进和完善中，但仍然存在欠缺和执行乏力的情况，针对网络新环境下的版权问题尚未有针对性且有效合理的解决措施。造成这一局面的原因主要有：其一，当下我国针对数字出版、智能出版领域的版权立法层次较低，多以行政法规以及相关解释规定的形式存在，在具体操作实践中缺乏明确细则指导，且多为鼓励性、描述性的政策，缺少限制和禁止性条例，导致版权认定及审查工作执行起来较为困难，进一步影响到相关版权政策的实施效果。其二，由于网络环境下版权问题的复杂性，当下单一的版权条例无法满足不同地域行业及领域对于数字版权有效规制的需求[1]。人工智能及新媒体技术的发展，使得目前国内版权侵权门槛降低且侵权行为隐蔽性增强，如短视频领域的视频侵权问题，通过剪辑软件对他人原创视频进行直接或改编抄袭，又或者搬运盗取其他平台乃至海外平台的视频构成侵权行为，更甚者采用智能软件程序违规爬取自动剪辑相关版权视频等[2]，加重了版权审查工作的难度。

3. 版权司法维权成本高

网络时代信息传播的速度、范围、影响力都远超之前，信息类型丰富且来源渠道多样，这些特征都对当下版权所有者获取侵权者信息并追溯相关侵权行为产生困扰，并为版权维护增加了诸多难度。此外，由于新媒体平台盛行的侵权门槛及成本降低，举证成本却水涨船高，这也使得版权保护相关法律在社会层面普及应用面临巨大的适用困境。网络侵权行为留下的数字证据往往具有易篡改、易毁灭的特征，这种情况下，相关证据的证明效力很容易引起侵权方质疑，这也意味着版权人需要花费更高的成本进行公证取证[3]。在"谁主张谁举证"的原则下，需要数字作品版权所有者提供对方侵权的有效证据，否则对侵权行为的责任追究无法获得司法部门的支持。此后，版权所有者需要面对的是冗长的诉讼周期和复杂的证据链追溯。新媒体环境下的平台和用户处于信息不对称、地位不平等的状态，网络平台运营商还可借助"避风港原则"规避相关侵权风险及责任，网络服

① 肖江涛，丁德昌. 论我国数字出版企业的版权保护机制构建 [J]. 出版广角，2018（24）：37-39.
② 邹禹同，郑家楠. 短视频平台的版权确认和保护机制研究 [J]. 东南传播，2022（10）：113-116.
③ 李梦婷，张文婷. 大数据视阈下微信公众号版权保护机制研究 [J]. 办公室业务，2022（18）：49-51.

务提供者间接侵害用户著作权等，这些都使得数字出版作品的维权变得越发艰难①。此外，针对版权保护成立的相关版权集体管理组织，其当下的管理体制及模式无法科学有效地平衡成员间的利益。我国法律明确规定版权集体管理组织的性质是"非营利性组织"，但实际上这些组织从事的却是营利行为，若发生侵权等情形，很难从版权权利人利益最大化角度出发规制侵权行为，这也从某种程度上打击了版权纠纷案例的当事人通过版权集体管理组织这一渠道进行维权的积极性和主动性②。

三、元宇宙技术数字出版物的版权保护策略

（一）完善版权保护法律体系

1. 完善著作权法的保护条件

元宇宙技术下的数字出版物存在一系列版权保护上的现实困境，包括权利主体难界定、作品独创性不符合我国著作权法，以及版权归属不清等问题。因此，完善版权保护法律体系，为元宇宙技术数字出版物创造更好的保护条件迫在眉睫。

（1）明晰人工智能出版物的权利主体

最高人民法院于2020年11月发布《关于加强著作权和相关权益保护的指导意见》，强调了对于互联网、人工智能、大数据等新技术发展需求的重视。该指导意见着重于依据著作权法准确定义作品类型，尤其在涉及互联网时，要准确把握作品的界定标准。③在此背景下，著作权法第三条第一款的第九项，从"法律、行政法规规定的其他作品"修改为"具备作品特征的其他智力成果"，这为确定人工智能创作物的法律地位提供了可能性。

目前流行的观点认为："人工智能无法被视为自然人，从而不能作为权利主体享有人工智能创作物的权利。"在这一视角下，权利主体可以被认定为拥有该人工智能技术的法人或非法人组织。通过在著作权法的框架内明确界定人工智能

---

① 汤敏，刘一彤. 联盟链+数字版权保护的制约因素与实现机制研究 [J]. 南京理工大学学报（社会科学版），2021，34（6）：52-59.
② 刘玲武. 融媒体时代版权保护机制困境及其与区块链的耦合发展研究 [J]. 出版与印刷，2020（4）：1-8.
③ 张子浩. 人工智能出版物版权保护：争议、困境与构想 [J]. 中国出版，2022（1）：48-50.

创作物的权利主体，我们可以确保人工智能创作物的合法权益得到切实保护，从而推动其健康持续发展。

（2）建立人工智能出版物的版权登记机制

在人工智能时代，引入作品版权登记制度具备现实的必要性。首先，明确人工智能作品的登记程序能够有效控制一些质量低、原创性差的人工智能作品获得版权，有效保障人与人工智能创作作品在总体数量和质量上保持相对平衡。如此，也能从根源上避免人工智能垄断市场的局面出现。

其次，通过登记确权，可以从大量人工智能出版物中筛选出优质作品。例如，微软的"小冰"创作了数以万计的现代诗，而只有139首被收录在诗集《阳光失了玻璃窗》中，仅占0.2%。[1]这样的筛选机制为推动人工智能创作提供进一步提升的可能，对正当授权后的人工智能出版物，鼓励其进行再创作，在原作品的基础上进行丰富与演绎，从而促进文学艺术市场的兴盛。

（3）制定人工智能出版物责任归属原则

在涉及人工智能出版物侵权行为的问题上，往往很难在法律层面上明确涉事主体的责任，这是由人工智能出版物权利主体的特殊性导致的。所以，如何能够明晰人工智能出版物的责任归属原则亟待讨论。鉴于此，可考虑借鉴公司法中的人格否认机制，对公司股东进行追责的做法。根据这一机制，针对人工智能出版物的侵权问题，根据具体情况，由人工智能的开发设计者或使用者承担相应的法律责任。这样的做法能够为人工智能侵权案件提供明确的责任界定。

2. 制定符合各方利益的标准化版权转让协议

当前大部分生效中的版权协议往往更偏向期刊一方，而非作者，这是由于大部分的协议往往是由期刊所着手制定的。某些期刊甚至仅以简单声明"投稿即视为作者同意编辑部拥有网络传播权"，而没有详细的版权转让协议。还有一种情况是，期刊与平台签署的版权转让协议条款则由平台决定，这些协议通常有利于平台，而不利于期刊。[2]此类协议存在不公平、不规范的情况，从而导致产业链内利益分配不均衡现象的发生。

建议在充分考虑各方合理权益的基础上，由国家版权局、国家新闻出版署等

① 王志刚. 论人工智能出版的版权逻辑［J］. 现代传播（中国传媒大学学报），2018，40（8）：15-19+48.

② 翁晓峰. 失衡与治理：学术期刊数字出版产业链利益分配问题研究［J］. 中国科技期刊研究，2021，32（8）：1016-1025.

相关部门参照《中华人民共和国反不正当竞争法》《中华人民共和国反垄断法》《中华人民共和国著作权法》《信息网络传播权保护条例》《网络出版服务管理规定》等法律法规的原则，倡导知识创新和知识传播，引导制定兼顾各方利益的版权转让协议。未来，在作者与期刊、平台等签署版权转让协议时，通过采用更加规范的协议模板，以及版权验证服务，来规范与平衡各方利益。

3. 丰富版权授权模式

目前，学术期刊在数字出版方面普遍采用作者将版权授予期刊，而期刊再将版权授予平台的综合授权模式。与国外情况相比，我国的授权方式较为单一。为了平衡各方的权益，特别是作者和期刊的权益，可以考虑采用其他版权授权模式：首先，是版权代理模式。作者和期刊可以将版权委托给由国家设立的综合性著作权社会管理和服务机构，由专业水准较高、法律意识更强、市场敏感度更高，具有更强议价能力的版权服务机构来管理和运营版权。在进行内容碎片化处理和二次开发，实现知识付费等时，这种代理模式有可能为作者和期刊实现最大化利益提供便利；其次，是要约授权模式。期刊可以发布版权授权要约，一旦作者接受要约并且期刊接受了论文，可以在刊发的文章中明确刊登"权利授权声明"，明确版权授权意愿和针对出版物增强内容的相关授权范围等详细条款。这些创新的版权授权方式有助于在数字出版领域平衡各方权益，特别是在二次开发和知识付费等方面，为作者和期刊提供更大的灵活性和利益保障。

（二）加大数字版权保护技术研发和应用

目前，在涉及人工智能技术方面的版权保护上，我们确实还存在包括算法黑箱、数据泄露、流量造假等现实技术问题。而元宇宙技术数字出版物更是离不开人工智能的支持。未来，加大数字版权保护技术的研发和应用成为当务之急。

1. 加强数字版权保护技术创新

创新是知识产权保护发展的基础要求之一，未来中国应积极加强数字版权保护创新，并立足于数字科技与信息安全科技的前沿，积极开展在加密技术、智能识别、多场景技术保护等方面的创新研究和技术开发[①]。（1）从加密技术出发，中国不仅要尝试自主研制足以囊括从创意到编写，再过渡至出版发行全链路的高保密操作流程，以防止由于加密技术不完善而造成的非法入侵，以及外泄关键机

---

① 熊楚. 数字出版版权保护面临的问题及对策［J］. 传播与版权，2018（2）：186-187.

密信息等问题。（2）加强对大数据分析、云计算等信息技术的利用，通过技术赋能，实现对特定应用资源或用户群组的智能鉴别，使数字出版物资源对已授权用户实现自主鉴别与匹配，对未授权使用者则无法顺利获得资源，并以此构筑数字资源的获得性壁垒。（3）在信息技术革命处于井喷式发展的背景下，全新的信息应用场景不断增多。随之而来的是个人涉敏信息及大数据漏洞，极易在互联网中被曝。因此还需要从信息技术维度，深耕对新型场景信息技术的探索之路，建立有针对性的信息保护机制，人机交互、智能识别等方面的连接安全性，及时修补新场景信息安全漏洞，从而建立数字版权保护常态化体系。

2. 利用区块链技术进行版权保护

区块链技术的应用已经成为一种重要的商业模式，它旨在建立一个共享的、分布式的数据库，从而更好地保护和管理人工智能创作的作品。区块链具有不可篡改的特点，可以准确地记录和追踪作品的任何变动，使得版权交易更加透明，消费者也无须担心其中的任何一笔交易真伪问题。通过采用区块链技术，智能合约可以实现信息的快速传输、认证和执行。它不仅可以避免第三方的干预，还能够自动调整各种权利的分配，大大减少确权费用，极大提升交易效率。通过使用数字版权服务管理平台，对于版权作品的创建、展示、分享和交易都能由智能合约来完成。此外，在数字版权服务管理平台上还可以根据用户的需求，制定相应的奖励政策，推动运营成本、平台费用和税收管理。

（1）在中国版权保护中心进行版权登记

版权保护机构允许版权所有者对虚拟现实出版物或数字出版物的版权进行认定。如果版权所有者所提交的版权信息被认定为有效，则版权信息就能被保护。以此，版权信息就能被永久保存，且不需要二度提交认证。如果用户还未拥有任何形式的版权，则可以选择使用区块链技术来获取相关知识。借助区块链技术，用户得以在任何时间、地点，对人工智能数字出版物及相关权益上传到区块链中，并自动生成工作文件的哈希值。

（2）创建出版物数字出版联盟链

出版物数字出版联盟链是为响应数字出版产业链中各方合理利益诉求和版权保护而创建的区块链系统，通过建立数字出版联盟链，可以满足不同行业的多样化需求，同时也能够有效地保护版权。区块链通过使用分布式技术，将作家、学术期刊和用户等各方融合，构建出一个可持续的数字资源管理系统，从而促进版权的双向交易，同时也可以让联盟链内的成员和外部的数据库之间进行数据交互。

在联盟网络系统中，用户的交易信息会被分散地记录，然后经由一种特殊的算法来计算。这种算法会根据一段特殊的日期来计算，然后将这些日期作为一种特殊的纪念日。随着数字化出版的普及，各个区块的权限和责任都会受到影响，因此，任何想对某个区块进行更新的设置都需要对它的权限和责任进行重新分配。此外，为了更好地管理和控制这些信息，出版社应采用分层技术，以便更加精确地管理和控制这些信息。且用户想要从这本书中获取更多的信息，则需要与版权持有人达成协议。

（3）优化型的区块链版权保护应用平台

优化型是目前较为适合社会现状也是实现落地应用最多的类型，主要是基于现有数字版权管理平台在功能、效率和力度低下的背景下，利用区块链技术对现行数字版权管理体系进行技术上的补充优化。

在国内，有微电影区块链版权（交易）服务平台，是由中国版权保护中心牵头开发构建起的集作品生产、交易于一体的影视版权平台，同时也有由杭州互联网公证处与司法机构合作建立的保全网，为原创工作者、知识产权服务平台、金融企业等用户提供存证确权、侵权监测、在线取证、司法出证等一站式数据保全服务，既实现了平台与制度现状、市场实际和现行法律体系的契合，又合理地利用了区块链技术的优势。优化型体系具有对现行体系破坏性较小、受利益群体阻挠较小等优点，能够适应当前数字版权保护的实际情况，是现阶段具有更明朗的市场前景的应用类型。

（4）加大力度研发区块链技术与数字出版的融合

采取先进的科学技术来实现对数字出版的版权保护，已成为当今社会的一项重要任务。目前，中国已经普遍采用了数字水印、数字内容加密以及DRM等先进的技术，以期达到更好的版权管理和维护。随着科学技术的发展，DRM技术已经取得长足进步。未来，区块链技术的运用将会极大地提升数字版权的安全性，它的优势在于：无须中央控制，无须人工干预，无须担忧法律责任，无须担忧合法手续，无须担忧版权纠纷，而且它的存在也让版权交易变得更加迅速、安全、透明。随着科学技术的不断进步，中国区块链技术已经成功地被广泛运用到了数字出版领域，但是由于缺乏有效的测试、认证机制，以及潜藏的安全隐患，这一领域仍有待进一步地深入探索。因此，政府部门应该积极推动数字出版行业的创新，推动区块链技术的深入应用。除了美国苹果公司 AppStore 和 iTuneStore 的数字版权技术保护体系，我国还需要进一步完善相关的法律法规，比如采取更严格的审查机制，对于未获得授权的内容，必须采取更严格的审查程序，并且加强对内容的审查，确保内容的安全性。

3. 推动构建图书出版行业数据共享平台

随着科技应用于实践的节奏加快，图书出版的创新与数字技术的应用也越来越密不可分。基于数字技术，可以从整个生命周期中收集、处理、利用信息，从而推动行业的数字化转型。目前，具有相关多元化功能的平台已经建立，可以帮助出版、零售、广告代言人等各类企业更好地协同合作。日本 Lancers 公司开发的 Quant 系统已经成为日本一个重要的应用，它也为我们提供了一些借鉴，比如通过这个系统，可以更好地分析并利用各种资源，从而更好地推动我们的创新。Nature 出版集团正努力构筑一个公正、公开、可靠的数据交换环境，以便让 ScientificData 的数据参与者可以获得有效的数据支持，无论是否已经公布，都可以获得数据的详细描述、源代码以及来源，从而使得原始数据的研究可以得到有效的支持。

（三）构建完善的版权保护机制

1. 建立元宇宙版权运营队伍

2021 年进入元宇宙版权"元年"，这既是一个挑战，也是一个机遇。[①]尽管原有的发展道路仍然存在瓶颈，但是突破这一障碍，出版业也将获得更多的发展机会。在当前的环境下，建立一支专业的元宇宙版权运营队伍、集中力量解决流程烦琐导致的效率低下等问题，才能够为元宇宙的发展提供有力的保障。

（1）培养转化专业型人才

建立元宇宙版权运营队伍的过程中，需要更加注重团队成员的专业素养和培训。团队成员需要具备专业的区块链技术、版权法律法规及实务知识，以及专业版权管理策略等方面的能力。特别是面对元宇宙运营中各种维权、保护工作，必须具备专业的维权技能，例如现实中的诉讼程序和调解机制。通过招募专业人才或是为现有团队提供高质量的专业培训，将是建立良好元宇宙版权运营队伍的关键。此外，相关责任方与共建主体应积极与各大元宇宙平台进行紧密协作，共同制定并建立专业化版权保护机制和标准，并实时跟进版权保护的监管及纠纷解决的机制。而版本管理、认证体系、维权站点等也需要考虑其互操作性和标准化，从而保证元宇宙中的版权保障能够越来越完善。在团队成员的专业能力和技术优

---

① 吴江，陈佩，陶成煦，等. 迈向智慧出版：元宇宙下内容生产和流动的变革 [J]. 出版科学，2023，31（3）：5-15.

势之外，元宇宙版权运营队伍也需要注重职责与任务的明确规定。团队需要建立元宇宙版权登记和认证机制，制定元宇宙版权保护方案，持续监管元宇宙版权保护，及时处理版权纠纷等。为了实现团队的有效协作和高效完成各项任务，还需要建立完善的管理体系和工作流程。

（2）多部门联动组合机构

政府主导建立多部门联动组合机构、建立独立版权登记机构、建立国际标准的版权登记平台等，可以有效解决元宇宙版权问题中登记、审核及条例多样性带来的司法程序复杂性等问题。第一，政府可以从国家层面出发，建立多部门联动组合机构，包括国家版权局、工信部、公安部、知识产权法院等机构，形成联动机制，利用各自优势，对版权保护工作全方位覆盖，从而推动版权登记的效率及质量的提高，同时制定和更新更完善的版权保护法规，满足不同地域行业及领域对于数字版权有效规制的需求。第二，建立独立版权登记机构。独立版权登记机构是指专门负责版权登记、保护和管理的机构。该机构可以融合政府、行业和专业机构，建立差异化的版权效率标准，适应不同领域的需求，提高办理效率，优化版权登记的管理流程。同时，加强与行业协会、行业企业的合作，以及在技术、人才等方面的互动合作，提升版权保护的水平。第三，建立国际标准的版权登记平台。联合国际知识产权组织和其他有关的国际组织，建立国际标准的版权登记平台。该平台将为不同领域的用户提供适当的版权登记流程，包括在线提交申请、在线审核等，同时将有关版权登记及管理的所有法规和政策信息全面整合，以支持更多地区和领域的版权有效规制。

2. 拓展版权贸易及运营模式

（1）创新国际数字版权贸易模式

在改革开放的大背景中，国际版权贸易在促进中外文化交流合作方面发挥了积极作用。在"一带一路"倡议的引领下，我国出版业在版权贸易方面取得了显著进展，对外版权输出成为推动我国出版业国际化进程的重要途径，文化输出获得了更显著的成效。[①]一次性授权是当下我国对外进行版权贸易的主流方式，这种模式下的版权贸易风险相对可控，且在短期内回报较高。但由于其存在缺乏持续性收益、限制版权灵活性等潜在问题，这样"一刀切"的版权贸易模式并不利于实现版权收益最大化。数字化浪潮下，作为数字版权贸易的重要组成部分，国

---

① 杜智涛，汪燕，翟禹迪. 全球视域下的本土经验：中国版权贸易研究的知识生产实践 [J]. 吉林师范大学学报（人文社会科学版），2023，51（2）：75-89.

际数字版权代理在国际市场的发展日趋成熟。除亚马逊、西蒙与舒斯特出版社、兰登书屋等国际知名出版社外，还有许多其他小型出版机构和数字图书平台在数字版权代理市场中活跃。我国版权代理行业也初具规模，如中国国际图书贸易集团公司、中国友谊出版公司、中华版权代理总公司等。通过版权代理机构，我国出版企业可以进一步推广与拓展市场，维护数字版权权益、提高收益，规避国际数字版权贸易风险。国际数字版权代理不仅为数字版权贸易提供了灵活的版权管理和维权机制，更为数字环境中的业务拓展提供了诸多支持和便利。

（2）借鉴亚马逊自出版平台KDP版权运营模式

2009年，亚马逊推出了DTP（Digital Text Platform）系统，该系统为KDP自助出版系统的成功推出创造了技术基础。2011年1月，DTP正式更名为KDP（Kindle Direct Publishing），自此亚马逊的自出版业务实现了"两翼齐飞"的格局：以Create Space为主的纸质书自出版和以KDP为主的电子书自出版。[①]这一年，亚马逊设立了KDP Select基金以鼓励自出版作者来亚马逊自行出版自己的书，宣传在KDP出书，作者有机会获得更高版税、更多的图书销量和更大读者群。2018年，亚马逊将Create Space部门与KDP部门合并一体，自此都归于KDP自出版平台系统之内。通过Publish Drive的数据显示，就注册该平台的发行商的销售数量而言，亚马逊电子书的市场份额从2018年的39%增长至2019年的47%，借助自出版书籍，亚马逊的市场份额占美国电子书购买量的83%。2020年，亚马逊还与美国数字公共图书馆（Digital Public Library of America）商议，让亚马逊的电子书内容可以在公共图书馆使用，预计将在2021年初开始"测试多种不同的模式"，此举不仅对于亚马逊公司是首创，对这一美国新兴电子图书平台及其阅读应用SimplyE来说也将是一次重大的突破。

（3）培养数据思维开展计算广告营销

计算广告是一种广告投放策略，旨在借助信息技术和数据分析方法提高广告与所处语境的匹配度，通过定向投放降低用户接触时所产生的抵触情绪，提高广告效果和投资回报率。[②]在大数据技术不断发展的过程中，对用户行为的分析更为准确，所提供的广告内容定制化与个性化程度大幅提升，为计算广告各环节创造附加价值。智能信息、智能算法则是计算广告提质增效的重要载体与技术核

---

① 李欣雨，王丹丹. 国内外自出版分析［J］. 传媒论坛，2019，2（7）：29-30+32.
② 段淳林，崔钰婷. 颗粒度、信息质量和临场感：计算广告品牌传播的新维度——基于TOE理论的研究视角［J］. 武汉大学学报（哲学社会科学版），2022，75（1）：79-90.

心。我国庞大的数据资源和技术创新优势使智能算法在国际上处于领先地位，为数字出版产业的计算广告营销策划提供了坚实的技术基础。因此，在现有技术基础环境下，开展计算广告营销有利于从定制化、个性化等方向带来新的版权保护增效。

但元宇宙中的广告定制和个人化需要更多的用户数据，可能引发隐私和数据保护问题。在海外开展计算广告营销之前，应遵循相关国际数据保护法规，确保数据在跨境传输中得到适当保护。在选择国际计算广告服务商时，应综合考虑产品定位与本行业在目标地区的用户特点、用户行为和市场规律，进行针对性选择。此外，数字服务提供商的计费模式可能有所不同，如点击付费（CPC）、展示付费（CPM）、转化付费（CPA）等。不同的计费模式可能会影响广告投放的成本和效果，需要根据实际情况进行调整。

3. 探索新的版权集体管理策略

版权集体管理，是指版权集体管理组织经权利人授权，集中行使权利人的有关权利并以自己的名义进行的"向使用者收取使用费""向权利人转付使用费"等活动。版权集体管理制度在中国存在已久，且颇具"特色"。而随着元宇宙时代的到来，数字出版物的版权分发机制发生了改变。版权面临流通不畅的问题，前数字时代的版权制度难以有效回应当前数字市场版权许可效率的需求。以欧盟于2014年出台的《网络领域音乐跨境授权的集体管理指令》为例，这是一部基于技术驱动和商业模式改变的产业转型而产生的相关立法，旨在形成一站式的取得授权方式向欧盟所有成员国提供网络在线服务。但由于缺乏专门的欧盟费率机制，当数字音乐平台对集体管理公司提出费率异议时，解决纠纷只能尝试反垄断诉讼等手段。技术变革为版权集体管理带来了新的方式，区块链技术有利于对数字资源生产流通的全过程进行追踪管理，AI与大数据则助力实现管理流程的透明化，从而打破传统版权集体管理的封闭性，提高版权管理的科学性和服务效能。元宇宙使建立全球化数字技术开发统一标准，形成"一站式"全球管理体系成为可能。

4. 加强对创作者与用户的激励强度

元宇宙视阈下，数字出版领域激励方式多姿多彩，不同参与方的需求不同，激励方式也因此各有不同，但可以从物质层面和精神层面两个大方向，对激励方式进行划分。首先是物质层面，这是创作者从事并积极参与内容创作的根本原因，如果没有物质层面的满足，创作者将无法持续从事创作。所以，可以通过提高创作者的奖金薪酬、打赏激励等方式，提高创作欲望。其次从精神层面来说，应增强对个体创作者权益的法律保护力度，以法律手段确保他们的权益，从而激励他们积极投身创作，推动数字出版领域的高质量发展。对于创作者和用户而言，想要在合作联盟中获得更多利益，需要不断提升数字内容创作能力，增强在联盟中的重要地位，从而分享更多的"奶酪"。

5. 加强数字平台企业的道德管理，建立反制"数据垄断"规范

数字平台的经济行为与传统出版企业存在差异，传统出版产品的质量可以通过消费者直观感受来评价。然而，在数字出版时代，由于信息不对称造成的信息壁垒，消费者难以对数字产品质量进行准确评估，只能被动地依赖数字平台的评价。因此，在监管数字平台方面，应当适度强化事后处罚的力度。另外，商业化的数字平台涉及复杂的组织形式和庞大的用户规模，监管部门应该建立一套数字平台企业反垄断管理规则，填补我国数字技术领域相关标准的空白。这些规则将涵盖范围、规范性引用文件、术语和定义、运行计划、评价、改进等内容，以致力于抑制不正当竞争，确保建立公平的数字交易市场，防止数字平台企业垄断数据市场，共同推动数字出版行业生态系统的良性发展。①

数字出版产业作为文化建设的重要组成部分，政府和监管部门有责任积极发挥监管者的作用，宏观调控数字出版产业市场，为数字出版产业的发展创造良好环境。这种努力有助于消除障碍，推动数字出版产业迈向更健康的发展轨道。

结语

随着5G互联网的高速互通以及云端技术的成熟，元宇宙使现实世界与虚拟世界逐步融合。伴随着这场科技变革，数字出版物的版权问题越发凸显。数字化的特性使得内容的传播变得更加容易，传统的版权保护模式显然难以适应新技术支持下的盗版、侵权等问题。探讨元宇宙时代下数字出版物的版权保护，并在分析目前存在的问题和困境的基础上进行运营策略分析，这既是技术发展对数字出版物的版权保护带来的影响，也是版权保护的时代要求。

为弄清元宇宙技术下数字出版物的版权特征，本研究分别对虚拟数字出版物、增强现实出版物、人工智能出版物的版权保护进行了剖析。虚拟数字出版物方面，2010年的著作权法未涉及涵盖虚拟现实作品，引发争议，且在司法实践和

---

① 王亮，田华芳. 数字出版产业链多元主体动态联盟收益分配研究［J］. 出版广角，2022（7）：22-27.

学术界的类别定位存在不同观点；增强现实出版物方面，尽管技术推动增强现实产业，但逐利性可能会引发超越合理使用问题；此外，我国在人工智能出版物版权法规上存在空缺，现行著作权法未明确规定其分类和权利主体。

从现有法律出发，数字出版物涉及多个阶段与多重利益组织，与传统出版有显著差异，版权权益需更公平协议来保护，融合现行法律框架与新兴创作形式的版权保护方式成为迫切问题，尤其是数字出版物的分类、权益分配等方面。从技术角度出发，弱人工智能在复杂问题和深度分析上受限，存在算法黑箱。而大数据是数字出版的基础，但面临数据获取难、共享阻碍等挑战，数据造假、非结构化数据等数据风险也制约了数字出版的发展。此外，版权保护方面存在平台不兼容、标准不统一等问题，内容鉴别、传播监测和交易保护等都需要新技术。从版权保护角度出发，机制尚未健全，版权登记效率低，法律对数字出版、智能出版领域的规制不足，审查效力需加强，司法维权成本高昂。

元宇宙概念的兴起对数字出版的内容形态、传播媒介、出版主体等多个方面造成了深远影响。这一技术变革将版权问题的讨论范围延伸至虚拟空间，虽然提高了数字资源版权保护的难度，但也为维护版权提供了强有力的工具和手段。基于对现存困难与挑战的分析，本研究分别从完善法律体系、加强技术研发与应用、构建版权保护机制三个方面提出数字出版物的版权保护策略，为增强元宇宙时代的数字出版的版权保护提供建议。

目前，元宇宙正处于发展初期，距离完全成熟仍有一定的距离。尽管技术的进步是推动元宇宙发展的引擎，然而，在数字出版物的版权保护方面，人的智慧和决策仍起着关键作用。元宇宙时代下的数字出版物版权保护不仅需要适应技术的发展要求，更要强调人的主导作用，确保制定规则的主导权牢牢掌握在版权组织手中，才能更好地规范并落实版权保护，促进出版产业数字化的良性发展。

课题组组长：张聪

课题组成员：王君丽　刘瑞轩　周炳全　高羽函　薛尧文

课题承担单位：北京印刷学院

协作单位：中国高校科技期刊研究会

第
二
编

版权文化与历史

中国版权史研究
——宋元明清专篇

孙宝林*

摘要：印刷有版，版上生权。中国是历史悠久的文明古国，中国古代四大发明中的造纸术和印刷术对中华文明的传承乃至人类文明的进步产生了重大影响。版权只有随着印刷术的发明及广泛使用才可能产生，因为只有印刷术才首次大大提高了作品复制与传播的效率。事实证明，中国古代社会的作者和刻印出版者对版权保护已有较为深刻的认识，国人于刊印之间萌生的版权思想与实践探索领先于同期世界各国。本课题通过对宋代版权的产生及其保护、元代出版业的发展及其版权保护考证、明代坊刻中的盗版与防盗版，以及中国版权保护的近代转型等问题开展研究，梳理总结中国版权保护产生和发展的逻辑，探寻中国版权文化发展的历史规律，纠正西方文化中心论对中国文化史的偏见和定式思维，为我国版权学术体系和话语体系建设提供理论依据。

关键词：版权史；版权思想；版权保护；宋元明清

习近平总书记强调："中华文明具有突出的连续性，从根本上决定了中华民族必然走自己的路。如果不从源远流长的历史连续性来认识中国，就不可能理解古代中国，也不可能理解现代中国，更不可能理解未来中国。"历史是过去的现实，现实是未来的历史，习近平总书记的重要论述为中国版权历史文化的研究工作提供了根本遵循。作为世界上唯一拥有几千年不间断历史记录的国家，我国浩如烟海的历史典籍记录了中华民族在创造历史中积累的各种版权知识、经验和智慧。"版权保护"是一个综合性的观念，所有旨在阻止他人未经许可实施利用作品（或相关客体）的特定行为的实践活动都应列入这个范畴。通过制定和实施专门的版权法律固然是最重要的方式，当执政者在特定时期基于主观原因没有制定版权立法并不等于完全不存在版权保护。通过公权管制（如榜文昭告）、私人救济（如牌记明示）等方式开展反盗版运动，以至于在客观上达到文字作品保护和正版出版物普及推广的效果，也是不可忽视的方面。在中国古代社会，这甚至已成为作者和刻印出版者保护自身权益的惯常方式。从这个意义上讲，我国古代的

* 孙宝林，全国政协委员，中国版权保护中心党委书记、主任，本课题组组长。

作者和出版者对版权保护已有深刻认识。

中国版权史与国家的出版史、制度史、科技史密不可分，在几千年的历史长河中，我国的版权保护逐渐经历了从思想启蒙到制度完善的演进过程。通过对宋元明清时期的版权思想产生、发展、保护范围、动因、方法以及社会影响进行分析研究，有助于纠正西方文化中心论对中国文化史的偏见和定式思维，同时增进国人对中国文化史内容丰富性的认识，对振奋民族精神，陶冶民族情操亦具有深远影响。

一、宋代版权的产生及其保护

宋代是中国古代社会经济文化全面发展与繁荣的时代。在政治、经济、手工业、教育、文化及科技共同发展的基础上，创造了出版文明的"黄金时代"。政府出版、私家出版、民间商业出版、教育出版、宗教出版与书院出版一起绽放，形成了六类出版系统，而又结为全国性出版系统。

宋代中央政府高度重视出版业，将出版业作为国家政治和意识形态的重要组成部分来实施统一管理。从中央到地方，各级政府相一致，形成了对出版业的层级管理体制与机制。

宋代民间商业出版发达，不仅构成宋代出版业的基本经济主体，是宋代社会出版最具活力的主体，而且在发展中逐步形成了"近世"社会进步的出版思想、观念，形成了行业自觉自律的意识及规范。

出版的商业性及营利性是整个宋代出版业的一个显著的进步标志。从中央政府出版到民间商业出版，商业性贯穿其中。

宋代版权及其保护观念正是在如此社会文明的基础上得以产生。近代以来，史学界有"宋近世"一说，而宋代版权及其保护观念的产生，正是"宋近世"说最具实质性价值与意义的历史证明及象征。

（一）中国最早的版权保护声明

南宋史学家王偁编纂的《东都事略》一书，于光宗绍熙年间（1190—1194）在眉州眉山（今四川省眉山市）初次出版。该书目录后刻有一方牌记"眉山程舍人宅刊行，已申上司，不许覆板"。这条牌记在版权史上十分重要，它是已知人类在正式出版的图书上专门用明确不二的语言表明版权保护意见的文字记录。这条版权记录及版权保护声明，不仅高度集中地反映了宋代出版业的发展与繁荣，而且特别明确地反映了宋代出版业蕴含的版权基本思想观念以及丰富的出版实践。

上半句首先标明了出版者。"宅"字，尤其表明出版者程舍人的私人属性，亦即出版的私有属性，即此书由程舍人私家出版。"刊行"一词，这是宋元出版业的常用术语，意思是出版发行。可见，牌记把出版者列为版权的最主要、最重要的要素，认为没有出版者就没有出版物，因而也就不会有版权，遑论其他。

下半句重点在"不许覆板"四字。但是从语言结构上看，又可分为两层意思。一是"已申上司"，即已向上司申请、申报，或者登记备案。这个"申"字很关键，可以理解为主动按照宋代地方政府出版管理的行政程序以书面文字的形式作了申请报备抑或注册登记，从而预先取得了政府的管理保障，自觉将版权保护纳入了政府的管理程序之中。同时，也表明了版权保护必须主要依靠政府行政管理部门，要按照一定程序向政府提出申请，预先报备，这也间接表明了宋代政府行政管理部门对版权保护的受理职责。二是"不许覆板"，这既是"已申上司"的主要内容及主要目的，也是所谓"上司"依法依规加以保护的基本权利，亦即版权。显然，"不许覆板"，就是不许依样翻刻的意思。"覆板"，亦即翻版、翻刻，甚乃盗版盗印。程舍人出版该书，必须取得原著者王偁的同意或授权，因此，"不许覆板"一语，其实也必然在逻辑上涵盖了此书的权利。

总之，这条刊记严正表明：程舍人出版的《东都事略》，不许翻刻！

这条刊记也表明：宋代出版业中违法违纪，违背行规，不讲职业道德，以至翻版翻印等恶意侵犯版权的现象是客观存在的，有时甚至十分恶劣。显然，此类侵权行为严重干扰并破坏了出版业的良性发展，必须加以惩治，以维护出版者正当合法的权利，保障出版业良性发展。

宋代出版了许多图书，为什么偏偏在《东都事略》这本书上产生这条"一鸣惊人"的版权记录及版权保护声明；为什么这条版权保护牌记偏偏出现在眉山地区，而没有出现在其他出版业发达地区。

王偁，宁宗庆元年间（1195—1200）担任吏部郎中，后任承政郎、龙州知州，官至直秘阁。父王赏，高宗绍兴十二年、十三年（1142—1143）担任朝廷实录修撰，对北宋历史资料加以收集并作了初步编辑。王偁在此基础上进一步收集整理，最终编纂完成了《东都事略》，全书一百三十卷，纪传体，从太祖直到钦宗，记载了北宋一朝基本史实。王偁在向皇帝上奏此书的表文中自称："臣不佞生长西蜀，先臣赏尝执笔太史，臣自幼窃闻讲论一二，辄不自揆，尝有志于编摩，自十年以来，讲求搜访，参以前闻。"①当时，三省将此书同奉圣旨交付国史院。

《四库全书总目提要》介绍此书并作了较高评价，认为"宋人私史卓然可传者，唯称与李焘、李心传之书而三，固宜为考宋史者所宝贵矣。"②亦即此书可与南宋史学家李焘《续资治通鉴长编》、李心传《建炎以来系年要录》二书鼎足而立，是研究宋史的重要史籍。

显然，《东都事略》是一部具有重要价值的史学著作。1. 父子共同完成。2. 与南宋著名史学家李焘《续资治通鉴长编》、李心传《建炎以来系年要录》鼎足而立，是南宋私人编纂史书中的杰出代表。3. 南宋学者洪迈编纂《四朝国史》时，将此书作为重要参考文献。称赞王偁"刻意史学"，认为此书"其非国史所载而得之于旁搜者居十之一，皆信而有证，可以据依"③。特别是向皇帝上奏此书，并请求皇帝晋升作者官职。皇帝于是授予作者"直秘阁"，并褒扬作者"克绍先志""有补太史"④的精神及功绩。南宋本来是禁止私史的，而《东都事略》能够得到皇帝认可并正式出版，可见其价值非同一般。

宋代有那么多出版者，为什么偏偏是"程舍人"这一出版者发表了这条版权保护声明，可见这个出版者非同一般，必须研究清楚。考察发现《东都事略》一书出版者"程舍人"，理应为程公许。他熟悉史书编纂工作，知法守法，又热衷于出版。

程公许（1182—1251），祖籍眉州眉山，嘉定四年（1211）进士。据《宋史》本传，他担任过的舍人职务先后有：兼直舍人院、起居舍人、兼权中书舍人。也曾任国史编修、实录检讨等史职。

可见，最早的宋代版权保护声明产生于具有高级知识分子及朝廷官员身份背景的出版实践之中。无论"程舍人宅刊行"版为私家出版还是商业出版，均可理解为非政府出版。王偁《东都事略》一书，因其父子相承的编纂经历及独特的史学价值，经由乡谊媒桥，而由具有高水平政治、文化及出版素养且同为眉山人的"程舍人"予以出版，可谓各种因缘合一。

眉山是宋代主要出版地之一，出版了种类丰富的图书，史书出版成就尤其突出，因此具备产生这条版权牌记的基本条件。

---

① 参见［宋］王偁：《东都事略》之王偁《上表》，日本宫内厅书陵部藏本。

② ［清］永瑢，等. 四库全书总目（上册）［M］. 北京：中华书局，1965：449.

③ 参见［宋］王偁：《东都事略》之洪迈《上奏》，中国台北图书馆藏本。

④ 参见［宋］王偁：《东都事略》之《告词》，中国台北图书馆藏本。

只要详细考察《东都事略》一书正文前边的文字及版面结构就会发现：前边洪迈的上奏、朝廷告词、王偁的上表与谢表，首页"东都事略目录"下王偁"上进"一行署款，中间目录，直到"东都事略目录终"后边紧接着的竖长方形刊记"眉山程舍人宅刊行，已申上司，不许覆板"，共同组成一个整体，一气呵成，逻辑严明。所以，不能只看这条牌记，而必须把上述洪迈上奏直到牌记作为一个完整的有机体加以考察，才能真正认识到这条牌记产生的内在奥秘：保护这部由皇帝认可并加以褒扬的私史。

（二）两个版权保护典型文本

基于宋代丰富的出版实践及政治与法制文明，宋代产生了详细而完整的版权保护文本及案例。《方舆胜览》《丛桂毛诗集解》二书就是其中的典型。

南宋学者祝穆编撰的《方舆胜览》一书后的《两浙转运司录白》完整表达了保护作品版权的思想及原因。版权保护建立在作者辛勤智力劳动和编辑、出版费用昂贵的现实基础之上。盗版手法多样，严重损害了作者及出版者的权利。保护程序是先由出版者向当地政府提出申请，继由地方政府发出专门榜文，张挂在出版区域，禁止翻版，并明示对翻版的具体惩处措施。

此书前边，专门列有"引用文集"，亦即现在的参考文献，并称参考过"数千篇"，"若非表而出之，亦几明珠之暗投"[①]，从而表明对其他作品版权的尊重。

南宋学者段昌武编撰的《丛桂毛诗集解》一书的"国子监禁止翻版公据"一文，原理及程序一样。行文中更加强调作者智力劳动的特殊性，以及盗版对原创作品的精神损害。

这两条政府保护公文，不仅首先明确了作品的版权，强调作品的创作权利，而且对作者、出版者的经济权利同时加以强调。一是提请两浙转运司予以保护，二是提请中央政府部门国子监备案并下文两浙福建路运司予以保护，维权及保护的层次更高、力度更大。中央政府部门国子监，以及路级政府转运司管理版权保护，反映了宋代对版权保护的高度重视。

1. 祝穆《方舆胜览》

理宗嘉熙三年（1239）刊本。《序》后有嘉熙二年（1238）《两浙转运司录白》：

---

① [宋]祝穆. 宋本方舆胜览 [M]. 祝洙，补订. 上海：上海古籍出版社，2012：27.

据祝太傅宅干人吴吉状：本宅见刊《方舆胜览》及《四六宝苑》《事文类聚》，凡数书，并系本宅贡士私自编辑，积岁辛勤，今来雕板，所费浩瀚。窃恐书市嗜利之徒辄将上件书板翻开，或改换名目，或以节略《舆地纪胜》等书为名，翻开挽夺，致本宅徒劳心力，枉费钱本，委实切害。照得雕书，合经使台申明，乞行约束，庶绝翻板之患，乞给榜下衢、婺州雕书籍处张挂晓示，如有此色，容本宅陈告，乞追人毁板，断治施行。奉台判备榜，须至指挥。右今出榜衢、婺州雕书籍去处张挂晓示，各令知悉。如有似此之人，仰经所属陈告，追究毁板施行，故榜。

嘉熙二年十二月□①日榜。

衢、婺州雕书籍去处张挂

转运副使曾□台押

福建路转运司状，乞给榜约束所属，不得翻开上件书板，并同前式，更不再录白。②

咸淳三年（1267）此书再版时，上刻咸淳二年（1266）《福建转运使司录白》。文中明确揭露翻版者"不能自出己见编辑，专一翻板"，从而表明原作品特有的智力劳动价值，指斥翻版者"有误学士大夫披阅，实为利害"③，对翻版者的社会危害表示强烈愤慨。

2. 段昌武《丛桂毛诗集解》

书前有"行在国子监禁止翻版公据"。

行在国子监据迪功郎新赣州会昌县丞段维清状：维清先叔朝奉昌武，以《诗经》而两魁秋贡，以累举而擢第春官，学者咸宗师之。邛山罗使君瀛尝遣其子侄来学，先叔以《毛氏诗》口讲指画，笔以成编，本之东莱《诗记》，参以晦庵《诗传》，以至近世诸儒，一话一言，苟足发明，率以录焉，名曰《丛桂毛诗集解》，独罗氏得其缮本，校雠最为精

---

① 笔者注：原文中的空白处本文以方块标注。

② ［宋］祝穆. 方舆胜览：下［M］. 祝洙，补订，施和金，点校. 上海：上海古籍出版社，2003：1242.

③ ［宋］祝穆. 宋本方舆胜览［M］. 祝洙，补订. 上海：上海古籍出版社，2012：601.

密，今其侄漕贡榤锓梓以广其传。维清窃惟先叔刻志穷经，平生精力，毕于此书，倘或其他书肆嗜利翻板，则必窜易首尾，增损音义，非惟有辜罗贡士锓梓之意，亦重为先叔明经之玷。今状陈披，乞备牒两浙福建路运司备词约束，乞给据付罗贡士为照。未敢自专，伏候台旨。呈奉台判牒，仍给本监，除已备牒两浙路福建路运司备词约束所属书肆，取责知委文状回申外，如有不遵约束违戾之人，仰执此经所属陈乞，追板劈毁，断罪施行。须至给据者。

右出给公据付罗贡士榤收执照应。淳祐八年七月囗日给。①

这是一条宋代国子监保护著作人与出版人权利的典型个案。文中对原作作者的精神劳动价值予以高度强调"平生精力，毕于此书"，对于原编辑的劳动也予以强调"得其缮本，校雠最为精密"。著作人的版权代理人是会昌县丞段维清，他通过自己的官方渠道请求国子监给予其先叔著作《丛桂毛诗集解》及此书出版者罗贡士以版权保护。国子监受理后，一方面发出公文（牒文），要求两浙路福建路转运司备词约束所属书肆，另一方面开具公文（公据）授予出版者罗贡士作为版权保护官方证明。本书《丛桂毛诗集解》版权代理人段维清的版权保护申请理由表述得十分明确，即"倘或其他书肆嗜利翻板"，"非惟有辜罗贡士锓梓之意，亦重为先叔明经之玷"。换言之，若书肆盗版，则既侵犯了出版者权利，又侵犯了著作者权利。史料表明，国子监乃至宋代整个政府系统对于此类版权保护案件已经形成一套完整的行政执法规范。

宋代典型的版权保护文本，所指图书均为具有独特学术价值，作者付出艰辛智力劳动的优秀作品。无论是《东都事略》，还是《方舆胜览》《丛桂毛诗集解》，都是带有明显个性色彩的高水平学术著作，以及辛勤编辑的重要类书。这是非常值得重视的，即宋代对优秀学术作品的保护十分重视。

宋代版权保护及其管理属于宋代政府出版管理的重要内容。宋代国家行政体制涵盖了出版管理体制，从专制集权之皇权至地方县级政府，形成了一个完整的出版管理体制。

宋代政府的出版管理方式，大致可分为三种：行政管理、制度管理、法律（法规）管理。宋代确立了全国范围内统一开展出版专项检查的管理模式。对口

---

① ［清］叶德辉. 翻版有例禁始于宋人 ［M］//书林清话：卷二. 北京：中华书局，1957：37.

管理或所属部门管理是一种基本的管理制度。出版法制管理是最基本的管理方式，体现了国家出版管理的严肃性及力度。

宋代版权保护的法律法规及其具体案例，主要体现在《宋会要辑稿·刑法》《庆元条法事类》之中。

《宋会要辑稿·刑法》中尤为集中。《庆元条法事类》中专门设立了"雕印文书"一个专项，主要对出版皇帝著作、国史实录、朝政文书、时事政治、边防、法律法规、科举考试、政府文件等类图书加以严惩。

显然，宋代出版管理体制及制度中，对于版权的保护及管理是最具进步价值与意义的一个文明象征。

二、元代出版业的发展及其版权保护考证

元朝在中国历史长河中历时不到百年。但它国土广袤，疆土辽阔，以少数民族身份入主中原，开启了以汉文化为主体的中华民族文化融合的历程。元代继承了宋代书籍出版文化的发达基础，在近百年的短暂历史进程中对书籍出版和版权保护都发挥了不可替代的作用，并对明清书籍出版和版权保护产生了诸多积极影响。

中国出版业发展到元代，印刷技术有了很大的提高。一方面是活字印刷术的运用得到改进，另一方面是套胶印刷技术用于书籍刻印。一般认为，胶版与印刷术进步有关，或谓胶版是随着印刷术进步产生的。由于印刷技术的进步，加上相对宽松的出版环境，使大量书籍得到刻印发行，并传播到日本、安南（今越南）等亚洲国家。元代出版的图书，主要分官刻书、书院刻书、书坊刻书、私刻书等。元代的官刻得到了各级官府的重视，有大量的官银开支，刻印发行书籍很多。元代的书籍刻印发行业是比较繁荣的，有很多人从事这一行业，书籍发行范围广，且能够获得较高的利润。正是书籍刻印发行利润丰厚，一些不法书商便以"改换名目、节略翻刻"等侵权盗版形式刻印和销售书籍，谋求更多的利润，致使版权方面的纠纷也不断地增多。这类现象，从元代的书籍出版标记使用、书籍辨伪、刻书盗版管理、禁书事例等可见一斑。元代出版业的从业人员中，也不乏牟利之徒，这也对元代的版权保护提出了挑战。

（一）元代书籍出版标记的广泛使用

在书籍刻印发行中，为了防止盗版侵权，一些出版者和作者不得不采取有关防范措施。为更好地防止书籍被偷刻翻印，元代出版者在自己的书籍上都附印了形式多样的出版标记。如一些经过向上级衙门呈请核准的官刻书籍，都把当时所颁行的公文刊刻于该书前。刊刻于书前的官府批准文字称为"牒"，牒文的内容十分简明，主要是讲刻印书籍的呈请、出版因由，注明批准刻印的单位。这种牒文，在宋代已经使用，例如宋元祐刻本《仲景全书四种》。元代承袭了这种公文格式，不过在功能和形式上已发生不少变化，如陆心源的《皕宋楼藏书志》、宁国路儒学刊印的《后汉书》、建康路刊印的《新唐书》、元翻宋本瑞州路等合资刊印的《隋书》八十五卷、苏天爵编撰的《国朝文类》等都有这方面的记载。在历书刊印发行方面，元朝政府也制定了严格的管理制度，太史院刊印的历书都标有"印信"。这种"印信"，就是历书专印制度的合法标志，如同一种书籍专印出版的"准印证"，或是犹如现代图书的正版防伪标识。这种标识，对元代书籍的盗版翻刻与窜改作伪起到了防禁作用。

在书籍中刻上版权告示，也是一种典型的版权保护措施。这一做法在宋代已有，其防范书籍被侵权盗版的作用确实不可忽视。有代表性的牌记如元代出版的《古今韵会举要》所附版权声明："……编系私著之文，与书肆所刊见成文籍不同。窃恐嗜利之徒，改换名目，节略翻刻，纤毫争差，致误学者，已经所属陈告，乞行禁约外，收书君子，伏幸藻鉴。"①这样的版权声明，除了对那些可能会刻印盗版书籍的不法商人提出警告外，还明确告诉收集该书籍的读者，为了收集正版书籍，需要看清有此声明且无窜改与节略的《古今韵会举要》才是其所需的书籍。《古今韵会举要》是陈实作为出版人受作者黄在轩之托发表的，书上所附版权声明在版权保护问题上有以下几层意思值得重视。一是原作者诚实向读者声明，他将"千百年间未睹之秘籍"，呈献给当代读书之人，是十分认真的，而且是通过"三复雠校，并无讹误"，对读者是负责任的。他是出版者、传播者，同时代表作者，能够如此认真负责地创作、出版书籍，用现代版权观念来看，是很好地尊重和维护了作者和读者的权益。二是陈实在这里将"私著之文"与"见成文籍"分别加以阐述，他之所以发表版权声明，就是为了防止"嗜利之徒，改

---

① ［清］叶德辉. 书林清话 ［M］. 北京：中华书局，1957.

换名目，节略翻刻"黄在轩的《古今韵会举要》这一"私著之文"。《古今韵会举要》与书肆中所刊的"见成文籍"不同，是经过作者投入极大智力劳动而完成的作品。假如一旦被"嗜利之徒，改换名目，节略翻刻"，就会出现"纤毫争差"的现象损害读者的阅读权益。因此，陈实才在当地禀官陈告，请求颁行禁约，防禁盗版侵权事件的发生。这种请求地方官府衙门颁布出版翻刻禁约的情况，在此前宋代已经出现不少。这表明，元代的著作者、出版者沿用了前朝用官方告示保护作者、出版者和读者权益的办法。在陈实看来，"私著之文"和"见成文籍"是不同的。根据《中国古籍编撰史》作者曹之的理解，"见成文籍"是指古籍，其作者已经作古，对古籍的使用可以宽一些；而"私著之文"的作者仍健在，不能随便使用，更不能随意去侵害健在作者的作品完整性权利，不能随意去"改换名目，节略翻刻"。上述做法和现代版权保护意识，已有某些接近和相同的地方。

书籍所附有的各种出版标记，有很好的版权保护作用。第一，书籍所附出版标记具有"防伪标识"的功能，证明该书是经过有关机构审定的书籍，无此标记的是非正规书籍。例如官刻书籍所附"牒文"、太史院出版的历书上所标的"印信"等，有明显的书籍审定批准证明作用。第二，出版标记可提醒读者社会上有"改换名目、节略翻刻"的伪劣书籍销售，买书籍要买有"出版标记"的书籍，以免上当受骗。《古今韵会举要》所附的出版标记，就有这方面特别突出的作用。第三，有出版标记书籍的相关责任者（官府、书院或个人）都会经常留意查看所刻印的书籍有没有被假冒翻刻，这就会使不法书商减少或放弃盗版翻刻有出版标记书籍的行为，从而起到保护版权的作用。第四，元代出版的书籍能够附上各种出版标记，特别如同《古今韵会举要》所附版权声明、官刻书籍所附"牒文"这样的出版标记，说明元代的著作者和出版者就有了较强的版权保护意识和较为积极有效的版权保护行为，通过施行某些有效方式去保护原版书籍，使其不易被翻刻。元代的这些版权保护意识和版权保护行为，不但对刻有标记书籍的版权有很好的保护作用，而且对元代所有刻印发行书籍的版权保护都有积极影响，对后世的出版物版权保护也有启示作用。

（二）元代学者的多方面辨伪贡献

元代学者继承了唐宋学人的辨伪传统，在经典古籍的辨伪方面也有自己的贡献。元代历史虽短，但也有诸多学者在古籍辨伪方面做出了成就。

1. 吴澄等对《古文尚书》的辨伪贡献

在《古文尚书》辨伪方面，《四库全书总目提要》有肯定文字叙述："《古文尚书》

自贞观敕作《正义》以后，终唐世无异说……其专释《今文》则自澄此书始。"①
"此书"指的就是元代吴澄的《书纂言》。吴澄（1249—1333），元代著名理学家，
江西抚州人。他的主要辨伪著作是《书纂言》一书，其卷首先列出今文28篇目，
再列有东晋晚出古文篇目，在篇题同今文的目录下注明"同今文"字样，用按语
说明"孔壁真古文《书》不传，凡传记所引《书》语，诸家指为逸《书》者，收
拾无遗，既有验证，而其言率依于理，比张霸伪书辽绝矣……世遂以为真孔壁所
藏也"②。吴澄在《书纂言》中认为当时所传的《古文尚书》是东晋晚出的书籍，
因而尽去古文，只释今文二十八篇，并在目录后识语中明确指出："梅赜所增二
十五篇，体制如出一手，采集补缀，虽无一字如无所本，而平缓卑弱，殊不类先
汉以前之文。夫千年古书最晚乃出，而字画略无脱误，文势略无龃龉，不亦大可
疑乎。"③这个论断表明了其"尽去古文，只释今文二十八篇"的原因与依据。清
代学者阎若璩也说："自吴棫始有异议，朱子也稍稍疑之。吴澄诸人本朱子之说，
相继抉摘，其伪益彰。"④由此可见，元代的赵孟頫、吴澄是继宋代吴棫、朱熹之
后进一步辨别《古文尚书》之伪的人。尤其是吴澄，能够在《校定古文尚书二十
五篇序》中明确指出二十五篇是拾遗佚连缀而成，对后辈梅鷟、阎若璩等的书籍
辨伪启发很大。因此，《四库全书总目提要》才进一步认为：经吴澄的进一步研
究，晚出的《古文尚书》"其伪益彰"。

当然，对于《古文尚书》的辨伪，元代的郝经、王充耘都是有所贡献的。元
代王充耘（生卒年份不详）的主要辨伪著作是《读书管见》，他在该书中详细引
用了历史资料来考订《蔡传》而成就"造诣微密"之作，并在书中通过摘录《尚
书》中一词或一语进行考辨。《四库全书总目提要》也指出："自宋末迄元，言
《书》者率宗蔡氏，充耘所说，皆与蔡氏多异同，观其辨传授心法一条，可知其
戛然自别矣。其中如谓《尧典》乃《舜典》之缘起，本为一篇，故曰《虞书》；
谓'象以典刑'为仍象其罪而加之，非垂象之意；谓'逆河'以海潮逆入而得
名，皆非故为异说者。"虽然"《洪范》错简之说，《伊训》改正不改月之辨，尚
未能纠正，而所附周不改月惟鲁史改月一条，尤为强辞"⑤。可见，王充耘的辨

---

① ［清］纪昀. 经部十二 ［M］//四库全书总目提要：卷十二. 乾隆四十六年（1781）.
② 参见 ［元］吴澄《书纂言》。
③ 杨绪敏. 伪《尚书》的出现及考辨的历史 ［J］. 徐州师范大学学报（哲学社会科学版），2008（1）：
   61-66.
④ 参见 ［清］阎若璩《尚书古文疏证》。
⑤ ［清］永瑢，等. 四库全书总目 ［M］. 北京：中华书局，1965.

伪功力与辨伪贡献得到了人们的认可。

此外，还有丘迪的《尚书疑辨》（卷数不详）、韩性的《尚书疑辨》一卷、赵杞的《尚书疑辨》（卷数不详）等都是很好的古籍辨伪著作，可惜这些书现在都见不到了，没有办法再探究书中的内容。伪《古文尚书》长期以来被奉为重要经典，历经宋元明清数朝辨伪学者的努力，才将它的伪造辨明并定为铁案。元代学者的辨伪工作不仅具有历史意义，而且发挥了承前启后的作用。

2. 宋濂《诸子辨》的辨伪贡献

元代学者辨伪的另一个亮点，是宋濂的《诸子辨》。宋濂（1310—1381），其《诸子辨》是一部辨群书之伪的重要书籍。《诸子辨》始作于元顺帝至正十八年（1358），在《诸子辨》第一卷中，他先对上至周秦、下至唐宋的四十多部诸子书籍逐一进行了考辨，共辨别怀疑为伪书的有二十七部。以《诸子辨》对《管子》的辨伪为例，不仅认为《管子》不是管仲的自撰书籍，还对它的内容提出质疑："是书非仲自著也。其中有绝似《曲礼》者，有近似《老》《庄》者，有论伯术而极精微者，或小智自私二其言至污者。疑战国时人采撰仲之言行附以他书成之。不然，'毛嫱西施''吴王好剑''威公之死，五公之乱'，事皆出仲后，不应预载之也。"①这是通过考证书籍的史事，来确定作者为伪的方法。一本书的作者，不可能将他身后的历史事件预先写在书中。一旦出现这种情况，肯定是后世作者将后来完成的书，假托前人为作者。这种辨伪方法，为后世辨伪学者所沿用，也是当代辨别伪撰作品的主要方法之一。宋濂在颠沛流离中完成的《诸子辨》，史料难以寻找查阅，在辨别伪书时难免有证据不充分的情况。但他用一本书籍辨别诸子书之伪，具有开先河的意义。他打破了前人辨伪的零星记载状态，对后世辨伪专著的出现具有启发意义。当代学者杜泽逊就认为，《诸子辨》对明代胡应麟的《四部正讹》、清代姚际恒的《古今伪书考》，乃至近世学者张心澂的《伪书通考》，都有先导作用。

元代学者在辨伪方面的贡献，包括对整本古籍的通篇辨伪、在读书中对古籍词语的辨伪、针对当时一些"虚伪说法"的辨伪等多个方面。各个方面的直接辨伪做法，在很大程度上减少和抑制着伪劣书籍的刻印与流行。为满足读者的需要，伪劣书籍的减少必然促动原著、好书的多刻与发行。另外，书籍辨伪搞得多了，必然会在社会上形成浓郁的辨伪之风，也会促使那些想暗中"改换名目、节

---

① 参见 [元] 宋濂《诸子辨》。

略翻刻"的书商不得不收敛及减少伪劣书籍刻印。这样，书籍辨伪便起到了保护原著并维护著作者、传播者、读者受众权益的作用。

（三）政府的出版政策对版权保护的影响

元代的官刻书都要先呈请中书省批准，并由中书省详细审查后颁布牒文，然后才能刻印发行。

《天禄琳琅书目·茶宴诗注》中记载："元时书籍皆由中书省牒下诸路刊行。"官刻书籍在出版时，必须由下上呈经过审查批准，这是一种严格的书籍刻印发行审批制度。元代的官刻书由于是使用官府银钱等原因，审查批准手续就比较严格。这一官府批准手续等于给了出版者书籍刻印发行权。专有出版权在中世纪西方国家中有的用印刷许可证来表示。封建时代的出版专有权保护，也是版权保护的时代特征。在版权保护的（西方）皇家特权时代，政府用颁布专有许可证的方法来保护图书的专有出版权，它主要保护的是图书出版者的权益，而真正的作者权益还难以得到保护，这显示了版权保护的时代特征。

"由下上陈"的刻书发行管理制度，符合封建时代版权保护特点。一方面，通过呈请—审查—批准的管理程序，在有"呈请与审批"的书刻范围内能确保翻刻的古籍不会是不法书商即时造假处理的产品。经过不法书商造假伪托的书籍，是不会被批准刻印的。另一方面，通过呈请—审查—批准的管理程序，在有"呈请与审批"的书刻范围内能确保元代较有名气的书籍不被"改换名目、节略翻刻"的刻印发行。经过"改换名目、节略翻刻"的书籍，是不可能被批准刻印的。如黄在轩先生委刊《古今韵会举要》，官府不可能批准不法书商去改换名目翻刻或节略翻刻。与此同时，社会上大部分书籍的出版，都是"呈请与审批"的书刻，那留给"改换名目、节略翻刻"等偷刻的空间就很有限，这对不良偷刻自然会有一定的抑制作用。

元代的部分私人著作是用官银去刻印的，私人提出刻书申请后先由地方绅士看过，然后报经当地主管官员审核批准，再上呈到上级管理部门，经其批准后才可以刻印，费用从各路钱粮或学田钱粮内开支。这种官银资助的办法，一方面保证了书籍刻印的质量，另一方面也减轻了私人著作出版的经济负担。有的学者认为，这种办法是元代官府钳制私人著作出版的做法，会限制一大批有价值著作的刻印发行。但因为元代的书籍出版政策总的来讲是较为宽松的，私人著作申请官银刻印，实际的核准过程大多是走个形式而已。应当看到，元代发放官银赞助部分私人著作的刻印，是元代书籍出版业的一大特色，促进了出版业的繁荣。

元代的书院刻书，质量都比较高。清代著名学者顾炎武在其《日知录》一书中认为："宋元刻书，皆在书院，山长主之，通儒订之，学者则互相易而传布。故书院之刻，有三善焉：山长无事，则勤于校雠，一也；不惜费而工精，二也；版不贮官，而易刊行，三也。"[1]明代陆深在《金台纪闻》中也指出："胜国时，郡县俱有学田，其所入谓之学粮，以供师生廪饩，余则刻书，以足一方之用。工大者，则纠数处为之，以互易成帙，故校雠刻画，颇有精者，非以图鬻也。"[2]这都表明，书院刻书追求精益求精。元代书籍刻印发行制度规定，书院山长的委任，必须先由行省札付部省，批准后才能移咨施行。具体委任时，按察司还必须对山长的工作进行必要的考核，然后上报都省，再由都省批准施行。由此可见，元代的书院刻书无论是在人才选拔任用还是编校刻印等各方面，都有严格的出版管理体制，保证了书籍的出版质量。那些"山长""通儒""学者"精深的学术功底和严谨的编校作风，以及"良工"同样勤恳的工作实践，无疑都是书院刻书具有高质量的保证。这样的出版方式宋代也有，元代的书院出版方式是在宋代书院出版方式上有所发扬，从而很好地保证了书院所刻书籍都有较好的质量。

三、明代坊刻中的盗印与反盗印

（一）明代的社会结构

明朝是中国古代历史上最后一个由汉族统治者建立的封建王朝，由于政权高度集中促成大一统社会以及繁荣的商品经济，曾有历史学家将其誉为继汉唐盛世后又一个兴盛的中原王朝。明朝建立以后，明太祖朱元璋采取一系列措施加强皇权，以宰相胡惟庸谋反伏诛之机，罢中书省，废丞相制，由六部直接对皇帝负责，中央集权空前得到强化。同时，由于元末20余年大乱，山东、河南、河北以及朱元璋起事的根据地淮河流域，变成草木畅茂、人烟罕见的荒地，于是，开国皇帝朱元璋采取了休养生息的政策，提出："天下新定，百姓财力俱困，譬犹初飞之鸟，不可拔其羽；新植之木，不可摇其根，要在安养生息之。"[3]具体措施方

---

① 参见 [清]顾炎武《日知录》。

② 参见 [明]陆深《金台纪闻》。

③ [清]张廷玉. 明史 [M]. 长春：吉林人民出版社，2005：4734.

面，他用剥皮惨刑惩戒贪污，允许人民直接向皇帝告发官吏的罪恶，同时行施了开垦荒田、军民屯田、兴修水利等方法。[①]

朱元璋认为，"朕恒谓治国之要，教化为先；教化之道，学校为本。今京师虽有太学，而天下学校未兴，宜令郡县皆立学"。[②]自此，京师有国子监，府、州、县皆设立儒学。为促进文化教育事业的发展，洪武元年（1368）八月，中央又诏除书籍税。朱元璋还于同年下令有司博求古今书籍，特别是把元代遗留下来的书籍版片，悉数运往金陵，存于国子监，以备刊刻。朱元璋确立的发展农业的基本国策和"文致太平"的思想理念，对明朝开国以后的诸皇帝不无影响。他们采取的减轻工匠依附关系、兴办学校、废除书籍税等政策，都促进了图书出版印刷业的发展。

明朝工商业的进步，超越过去任何一个朝代，朱元璋驱逐元朝后，工匠获得部分解放，棉织、炼铁、玻璃、建筑、瓷器、印刷、造纸行业都得到了充分的发展和进步，随着工业的发展，商业贸易自然也繁荣起来。洪武元年，免书籍、农具税；永乐元年，免军民常用杂物等税，市场扩大之后，人们愈发依赖市场。明代中后期，商人地位有所提高，"亦贾亦儒""弃儒就贾"的现象开始出现，商品经济空前活跃，资本主义开始萌芽。随着资本主义工商业的发展，地域性的分工开始明显，并且在全国逐步形成许多商业中心，[③]出版业发展到明代也进入了全盛时期。

（二）明代书坊业的成熟

明代出版业的发展，主要表现在政府刻书、私家刻书和书坊刻书三个方面。明代官方刻书，非常兴盛和普遍，袁恬《书隐丛说》曰："官书之风，至明极盛。内而南北两京，外而道学两署，无不盛行雕造。"[④]不仅南北两京都有国子监本，还有部院本，在中央政府部门较有名的是"内府刻本"（或称经厂本），是由皇帝内廷的司礼监所主管刻印。明初洪武时，仅内府就有刊字匠150名，裱褙匠312名，印刷匠58名，从事刻书的工人有500多人，明中叶嘉靖年增加到1274名，[⑤]可见明朝中央官刻书业规模之大。另外，明代私家刻书也很盛行，私家刻书的

① 范文澜. 中国通史简编［M］. 北京：北京联合出版公司，2020：524.
② ［明］黄佐. 南雍志［M］//中国古代版权史. 郑州：河南大学出版社，2003：175.
③ 李明杰. 中国古代图书著作权研究［M］. 北京：社会科学文献出版社，2013：42.
④ 袁恬. 书隐丛说［M］//中国古代版权史. 郑州：河南大学出版社，2003：175.
⑤ 刘国钧，郑如斯. 中国书史简编［M］. 北京：书目文献出版社，1981：80-81.

"家刻本"在嘉靖以后开始兴盛，不仅翻刻旧本书籍盛行，而且由于刊刻者多为大藏书家，因此注重善本，且精加校勘，其所刻书多可与宋版书相媲美。万历之后，家刻本刊刻更为繁盛，吴勉学、陈仁锡、胡文焕、毛晋等著名刻书家相继出现，特别是苏州府常熟县毛晋的汲古阁所印书籍较多，使私家刻书业出现了一个高峰。①

在明代，最能代表出版业发展水平的是坊刻出版业，与官刻书业、家刻书业相比，坊刻书业具有营利性质，而官刻书和家刻书则基本上不以营利为目的。从书坊数量而言，由于经过多年战争，明初书坊生产遭受严重的破坏，从洪武至正统年间，各个时期实际存在的书坊数都是个位数，是明代的书坊业的恢复时期，至明中叶以后的嘉靖、万历年间，书坊业的发展进入了真正的繁荣和成熟时期。尤其是万历时期，书坊数量猛增到126家，占到整个明代书坊数总量的一半左右。②明代的坊刻书业形成了六大刻书中心，有金陵书坊、苏州书坊、建阳书坊、杭州书坊、徽州书坊、北京书坊，还有其他地区，如南直隶、浙江、福建、江西、陕西、山西、河南、北直隶等地方，都有书坊存在。③

明代书坊业的成熟除了体现在数量上，还与经济社会发展相一致，出现了资本主义的萌芽。首先，书坊的生产能力已有相当大的提高，已初步具备工场手工业的规模。以毛晋书坊为例，从编校到缮写、雕版、刷印、装订已形成全套的生产系统，生产人员近200人，已是一个生产能力较强、技术水平较高的手工工场了。其次，书坊主不断改进刻印技术和生产技术。孕育于宋代的活字印刷术，在明代已达到史无前例的高度，木活字印书约有百种，泥活字印书也有十余种，还向陶土、瓷土等新材料方面进行扩展，④版画和彩色印刷技术也在不断更新迭代，在市场竞争中，为了壮大自身规模而率先采用新技术，已是书坊的一种常用的手段和方法，这也是市场条件下生产者成熟的一种标志。此外，投资理念的进步也体现了明代坊刻业的成熟，许多书坊主都是腰缠万贯的大富豪，他们并非仅图一时之利，而是顾及长远利益，为此他们更加注重广告的效益，大量聘请技术高超的名工刻印，自觉加强与文人的合作，如冯梦龙的"三言"就是应书坊主的要求而编写出版的。⑤以上几个方面都反映了明代书坊业经营的成熟性，图书需求刺

① 李明山. 中国古代版权史 [M]. 郑州：河南大学出版社，2003：175.
② 戚福康. 中国古代书坊研究 [M]. 北京：商务印书馆，2007：168.
③ 李明山. 中国古代版权史 [M]. 郑州：河南大学出版社，2003：176.
④ 戚福康. 中国古代书坊研究 [M]. 北京：商务印书馆，2007：246.
⑤ 戚福康. 中国古代书坊研究 [M]. 北京：商务印书馆，2007：173-174.

激生产，投资增加致使坊刻生产规模扩大，书籍新品不断推向市场，书坊主也更加关注市场动向，尽量满足消费者的需求，努力使自己在竞争中处于不败之地，这实际上就是以市场为导向。正是在这种环境中，坊刻出版业得以进步发展。

（三）明代坊刻中的盗印

明朝初期和中期，由于政府对出版管制较为严格，经由政府提供审定的原书，才允许各书坊翻刻发卖。清人张芳指出："有明之中叶，功令严明，士习统一，坊肆雕本多出礼部颁行。惟王府宦邸时翻刻旧本大书。王府本不传人间，高参政叔嗣刻行郑伯谦《太平经国书》、马太守金刻行齐褚澄《石经》，自非大官校刻，坊贾率不敢妄有刻本。无谓时人之集与时文之选也。"①明朝后期，社会矛盾加剧，统治者无暇自顾，对出版的管理相对松弛，同时，随着资本主义萌芽的发生，图书市场扩大，坊刻业出现了激烈的市场竞争。"天下熙熙，皆为利来；天下攘攘，皆为利往"，在利益的驱使下，互相翻刻成了司空见惯之事，加上明末刻工价格低廉，只要花样翻新，就能吸引读者，赚到银子。②

明人盗印图书的手法跟前代类似，但性质更为恶劣，花样更为繁多。花样之一，是翻取已有刻本翻刻内容（原稿盗印）。明后期的书坊不仅翻刻盗版前人著作，即便是时人新书，只要销路好的，也照样会去盗版。③花样之二，是将已有之书改易名目，刻作新书以射利（改名盗印）。如明人张九韶撰有《群书拾唾》，坊间又有《群书备数》，"核检其文，与《群书拾唾》一字不异。盖书肆重刊，改新名以炫俗也。"④花样之三，是删节改编原书，以图速售和节约成本。明代著名学者杨慎就此类现象进行过抨击："余于滇南见故家收《唐诗纪事》抄本甚多，近见杭州刻本，则十分去其九矣。刻《陶渊明集》，遗《季札赞》。《草堂诗余》旧本，书坊射利，欲速售，减去九十余首，兼多讹字，余抄为《拾遗辩误》一卷。"⑤花样之四，则是改头换面的翻刻，这在明代已达到了登峰造极的地步。清人叶德辉曰："明人刻书有一种恶习，往往刻一书而改头换面，节删易名。如唐刘肃《大唐新语》，冯梦祯刻本改为《唐世说新语》；先少保公《岩下放言》，商维濬刻《稗海》本改为郑景望《蒙斋笔谈》。朗奎金刻《释名》，改作《逸雅》，

---

① 张芳. 徽刻唐宋秘本书论略［M］//中国古代版权史. 郑州：河南大学出版社，2003：179.
② 李明山. 中国古代版权史［M］. 郑州：河南大学出版社，2003：179.
③ 李明杰. 中国古代图书著作权研究［M］. 北京：社会科学文献出版社，2013：62.
④ ［清］纪昀，等. 钦定四库全书总目：第137卷［M］. 北京：中华书局，1997：1808.
⑤ ［明］杨慎. 升庵诗话：2［M］. 北京：商务印书馆，1939：36.

以合《五雅》之目。全属臆造，不知其意何居。"①总而言之，翻刻盗印花样之繁多，不胜枚举，此等风气的盛行，既败坏了著者的名声，贻误后学，也侵害了出版商的经济利益。

（四）明代坊刻中的反盗印

1. 作者、出版者的自我保护

在明代民间出版界翻刻盗印之风气甚嚣尘上的同时，反对盗印的呼声也潜滋暗长，在民间，这主要事关三个群体的利益，其中最为不满的就是书坊主。首先，由于盗印滋生于印刷行业，受其害最深的自然是书坊主，盗版翻刻属于书坊中的不正当竞争行为，若一个书坊不经过允许和转让，就将其他书坊投以巨大财力时间的原创著作拿来随意翻刻，将会严重侵害原书坊主的利益。其次，则是关注精神权利的著作者。受儒家传统义利观的影响，古代文人对出版作品可能带给自己的精神权利十分重视，在图书创作的过程中，文人对原创性的推崇，对作品署名的谨慎，对内容的反复斟酌，以及作品创作完成后，通过誊抄副本、将署名做以技术化的处理，无不展现着作者对自身精神权利的维护，而坊间书贾在不正当竞争中对作品的随意窜改、增删、假冒、作伪的行为则严重侵害了著作者看重的声誉及作品的完整性。再次，则是印刷书的消费者——读者们，翻刻书对正本进行的割裂分并、随意篡改等行为是对广大读者受众的不尊重和欺骗愚弄，辨伪学家胡应麟的批评——"余二十年所见《水浒传》本，尚极足寻味。十数年来，为闽中坊贾刊落，止录事实，中间游词余韵，神情寄寓出，一概删之，遂几不堪覆瓿"②，此言正是时人心中不忿的写照。著作者与读者固然对翻刻盗印行为十分气愤，但一个长期受儒家义利观的引导，重义轻利、贵文贱商，一个囿于自身力量有限，仅能通过口诛笔伐或是揭露的方式声讨盗印者，二者都缺乏足够的动机和能力去真正维护自己的权益。故，反击最为及时的还数将印刷书作为事业经营的书坊主，他们通过刻本宣示版权的方式通常有以下四种。

其一，通过牌记的形式声明版权。所谓牌记，也叫墨围、木记、碑牌、书牌等，它最早出现于宋代，顾名思义就是将刻书者的姓氏、堂号或字号、刻书地、刻书时间、出版事项及图书相关内容说明等信息刻印在一个形状固定的标记内。至明代，牌记已十分常见且形式繁多，如万历年北京铁匠胡同叶氏书坊刻书是以

---

① ［清］叶德辉. 书林清话：第5卷［M］. 北京：中华书局，1957：127.

② ［明］胡应麟. 少室山房笔丛［M］. 上海：上海书店出版社，2009：437.

麒麟为标志；万历年汪廷讷环翠堂是以葫芦为标志。这些牌记除了彰显个性，还起到声明版权的作用，如明万历二十九年（1601）刻本《唐诗类苑》牌记："陈衙藏板，翻刻必究"；明泰昌元年（1620）刻本《皇明文隽》："陈衙发侵《皇明文隽》，自洪永以迄隆万诸名公作家无不博搜精选，跨轶汉唐宋，尽堪举业嚆矢。敢有制刻必究"①。其二，则是通过书名页声明版权。所谓书名页，是介于图书封面和目录正文之间的衬页，也称扉页或内封，通常印有完整的图书名和刻书者信息，一般会在书名页左行刻上藏版者字号和"翻刻必究"的字样，与现代版权用语十分接近。如万历二十九年（1601）刻本《唐诗类苑》，书名页上印有"陈衙藏板，翻刻必究"字样；万历三十七年（1609）刻本《新镌海内奇观》，书名页上刻有"武林杨衙夷白堂精刻，各坊不许翻刻"字样。其三，通过广告的形式声明版权。明万历新安吴继仕熙春楼刻本《六经图》，书名页刻有一则广告："凤购是书，如获和璧，不忍私藏，今公海内。第图像俱精，字纸兼美，一照宋板，校刻无讹。视夫妄意增改者，奚首悬殊，博雅君子，当自鉴之。如有翻刻，虽远必究。"其四，则是通过字号标记的形式声明版权。所谓字号，就是书铺也和其他行业的商铺一样也有自己的专有名字。如建安余象斗刻《明律正宗》，其广告强调"买者可认三台为记"。福建黄仁溥源泰堂万历刻本《新刻皇明经世要略》，广告也称"初刻自本堂，买者须认源泰为记"，这里的"三台""源泰"便是具有商标性质的书铺字号。②

2. 官方对民间著作物的保护

值得注意的是，自南宋始，出现了对民间著作物的法制性保护。南宋政权南迁致使通过书禁来保护官方专有出版权的情况发生了实质性的变化，雕版印刷技术的广泛普及，使得盗版层出不穷，侵犯了官方专有出版权，也侵犯了广大著作者和出版者的权利，而著作者的口头声讨及书坊主所做出的版权声明无法切实保护自己的财产权利及精神权利，更无法迫使盗印者停止侵害，万般无奈之下，不堪其扰的出版者只得与著作者形成利益联合体，共同向官府提出利益诉求，要求禁止盗版。在这种压力下，官府不得不出面，发布公告、榜文，向民间出版业表明打击盗版的态度，其中最具有代表性的就是南宋时期两浙转运司为保护祝穆自编自刻的《方舆胜览》的版权所发布的榜文，其中登载的版权所有者之姓名，告示的颁布程序及保护时限等信息都显现出现代版权的特征。但这一类告示在明代

① 周林，李明山. 中国版权史研究文献［M］. 北京：中国方正出版社，1999：13.
② 李明杰. 中国古代图书著作权研究［M］. 北京：社会科学文献出版社，2013：409.

至清代中期却一度不怎么盛行，而是改由出版者直接在图书中标记版权声明，写上"本衙藏版，翻刻必究"之类的话，一旦发生盗印的行为，即可告官。这种形式实际上是古代版权保护的进步，一方面，它表明明代以后，由于现实社会中的版权纠纷越来越多，官府已然无暇去针对某一本具体图书专门为其颁布保护版权的公文了；另一方面也昭显着版权观念逐渐被社会主流意识接受，官府默许了民间作者、出版者对出版物享有的权利。这可以明人刘昌《县笥琐探》记载的一桩明初版权纠纷为证：县丞王廉撰写了《四库详说》一书，因升任而将有关书稿放于曹端家中。其后王廉因公事过失论罪当死。期间，苏州知府况钟得到《四库详说》原稿并以苏州府学名义刊刻发行，这部书因受科场举子们的欢迎而成为畅销书。曹端见此情景，当即向苏州府投牒申诉《四书详说》乃其所著，理由是《孟子》中有其所订"白马之白"一段。而王廉以罪犯之身，不当享有"著书之名"。这实际上剥夺了王廉的版权。此案例的最后结果虽有失公正，但从中可以看出，明代政府对于民间的盗印纠纷和诉求并非置之不理，而是抱以积极处置的态度。①

然而，就像其他任何新生事物一样，在经过一段适应期之后，其被社会关注的程度都不可避免地要降低，社会功效也要大打折扣，作者、出版者在作品中发布版权声明，一旦有侵权行为再向官府申告的行为，的确可以起到"翻刻必究"的作用，但久而久之，随着行政机构内部的腐败、懈怠，这种保护力度变得十分有限。明人冯梦龙编辑的《智囊补》就记载了这样一个案例：俞羡章刻《唐类函》于万历三十一年（1603），正是盗版猖獗，翻刻与维权冲突激烈的时期。俞氏为防止自编自刻的《唐类函》被人盗印，决定在该书上市之前先出诉状告到官府，声称部分新印图书遭到盗劫，愿出赏金请官府捕拿盗贼，并将诉状附刻在新书中。这样一来闹得天下皆知，他的新书反而没有人敢翻刻了，否则有偷盗之嫌。②这个案例表明，明末版权观念已为印刷者所熟知，他们会通过各种途径维护自己的正当权益，另外也说明，通过一般的版权声明事实上难以起到威慑盗版的作用，而对盗窃罪的处罚相较于盗印行为的处罚要严重得多，这从侧面反映出明代官方对于民间保护版权的申诉并不能提供强有力的法律支持。③

版权观念是与社会结构相适应的，尽管明朝后期商品经济得到发展，以毛晋

---

① [明]刘昌. 县笥琐探摘抄 [M]. 北京：中华书局，1985：34.

② [明]冯梦龙. 智囊补 [M]. 哈尔滨：黑龙江人民出版社，1987：800.

③ 李明杰. 中国古代图书著作权研究 [M]. 北京：社会科学文献出版社，2013：411-422.

书坊为代表的书坊刻书迎来了成熟时期，坊主更为深入地参与了书坊刻书事业，使生产规模扩大化，技术更加成熟先进，面对花样繁复的盗印手段更有能力应对，但由于中央集权不断在强化，国家公权力的膨胀使民间私权利不断被压缩，"士农工商"观念仍占据主导地位，古代商人在积累财富后会选择将财富储存起来，而非投入市场流通，致使难以完成与公权力相抗衡的原始资本积累。而作为著作者的文人士大夫，则因文化一统，八股取士，被严重钳制了思想，且因受到"君子喻于义，小人喻于利"思想的训导，始终无法以权利为名去请求版权保护。告示保护在经历了一段时间后，效用大打折扣，也成为隔靴搔痒的存在，这些原因致使明代版权保护始终停留在特许阶段，而无法跨入权利时代。

四、《大清著作权律》：中国版权保护的近代转型

（一）清中前期对于版权保护的禁锢

版权是随着印刷术的出现而产生的，此为东西方知识产权学者所公认。中国作为最早使用印刷术的国家，版权萌芽在中国发生也很早，无论是版权意识还是法制保护在宋代就显露端倪。可惜的是，由于中国社会长期处于封建专制制度的挟制中，尤其清代更是加强了君主专制，使得刚破土而出的版权保护萌芽还未受到阳光雨露的充分关怀就被扼杀，非但没能进步，反而有倒退的趋势。1644年清军入关之后，清朝统治者实行了比历朝更严格的思想控制，掀起了文字狱狂潮，清朝统治者把"造妖书妖言"放在《大清律例·刑律》的第一章《贼盗上》里，与谋反大逆、谋叛、强盗等行为相提并论："造妖书妖言凡造谶纬妖书妖言，及传用惑众者，皆斩（监候，被惑人不坐。不及众者，流三千里，合依量情分坐）。若（他人造传）私有妖书隐藏不送官者，状一百，徒三年"，①对于什么是"妖书妖言"，则没有明确的界定。当时议论时政，研究前朝或当朝都可能带来杀身之祸，文人学士只好将时间和精力用在古代典籍的整理上，逃避现实，在这种压抑的政治范围中，文人尚要寻求自保，更何谈专注个人权利问题。官府的法制性保护也因行政机关内部的腐败、懈怠加剧，效用大打折扣。故清前中期对版权的保护尚停留在明代时期，原地踏步。

---

① 田涛，郑秦，点校. 大清律例 [M]. 北京：法律出版社，1999：365-377.

（二）《大清著作权律》制定的社会背景

版权保护在经历了漫长的凛冬过后，1840年，一声炮响，打破了清朝统治者的美梦，中国被迫进入了资本主义世界的旋涡之中，西方资本主义国家不仅以军事力量相要挟，还试图进行西方殖民主义文化侵略。在剧烈的中西方文化冲突中，中国近代出版事业却在短时期内得到巨大的发展，在清末呈现出繁荣与勃兴姿态。与此同时，清末版权保护因受到国际环境的压力、西学东渐之风及本土版权观念的成长的影响，迎来了新的阶段。

1. 国际环境的压力

在经历了屈辱的鸦片战争、第二次鸦片战争、中法战争、甲午战争、八国联军侵华战争战败后，清政府签订了无数丧权辱国的条约后，西方列强不但攫取政治、经济、外交等利益，还要求保护其国民的知识产权。1901年《辛丑条约》第十一款规定："大清国国家允定将通商行船各条约内，诸国视为应行商改之处，及有关通商各他事宜，均行议商，以期妥善简易。"根据此规定，英、日、美、葡等国相继根据与清政府展开商约谈判。1902年，亦即八国联军合伙侵华并签订极不平等的《辛丑条约》的次年，英、美、日等国有与中国续修通商行船条约之事，这成为清政府制定《大清著作权律》的肇始。

2. 清末西学东渐的影响

列强的入侵，不仅改变了中国的政治、经济，也改变了中国的思想文化。在民族危机的刺激下，一些有识之士提出学习西方是中国摆脱半殖民地半封建地位的唯一出路，西学东渐之风骤起。1846年，清政府正式废除了禁教令，为传教扫清了法律障碍，随后大量传教士涌入中国，通过翻译、印刷、出版书籍、报纸和期刊的方式进行布道，传教士不仅翻译西学、刊行能供公众阅读的《圣经》中文译本、出版报刊，还开办了采用西方近代印刷技术和设备的印刷机构，这重新促进了中国出版业的繁荣。[①]由于西方传教士都来自版权制度健全的国家，所以传教士在编译出版西方书籍时，也会要求清政府对自身版权给予保护，同时向中国介绍西方的版权制度。其中典型如林乐知就建立版权机构——广学会，出版了很多针砭时弊的书籍，起到了开民智、兴民权的作用，在维新派中引起重要影响，并编译《版权通例》及《版权之关系》，向中国国民介绍版权制度，不断强调版

---

① 杨华权. 中国著作权观念的历史解读［M］. 北京：北京大学出版社，2016：77.

权保护的益处。这些举措无疑推动了近代中国版权的观念成长，并为后续《大清著作权律》的制定及颁布做了思想铺垫。

3. 本土版权观念的成长

（1）维新派

在西学东渐风气影响下，一些先进的中国知识分子，最早开始关注版权问题。他们不仅探讨版权的理论，也注重倡行版权保护实践。维新派领袖严复、梁启超，是西方版权思想的早期传播者和实践者。

严复生于1854年，是福建侯官（今闽侯）人，戊戌时期主张维新变法，主编《国闻报》。他早在1877年至1879年留学英国，除学习船械专业之外，更留心对英国的政治、法律制度的考察。英国是西欧最早实行版权立法保护的国家，于1709年颁布了《安娜女王法令》，这对严复产生了深刻的影响。由此，他呼吁清政府实施版权保护："官为行法，若存若亡，将从此输入无由，民智之开，希望都绝。就令间有小书，而微至完全之作，断其无有。"①其观点认为，国家的贫富强弱，以其人民的文明野蛮、愚昧智慧程度为转移，因此，版权的兴废与国家的贫富强弱和人民的文明愚昧休戚相关，版权不是关系细枝末节的小事，而是关乎国家"脱故为新"，人民"去昏就明"的大问题。

梁启超生于1873年，曾从学康有为，后随康发动"公车上书"，逐步成为中国改良运动的领袖。戊戌变法失败后流亡日本，为了继续宣传维新和西学，他先在横滨办了《清议报》，又办了《新民丛报》和《新小说》。同时他和康有为还通过"保皇会"的旗号，向海外和港澳华人集资创办了上海广智书局。梁启超对版权制度一直存有十分积极乐观的态度，对内，在报刊编辑、论著出版活动中，努力实践版权制，维护自身的版权利益，在自己主持的传播机构中实行稿酬制，有效地维护了作者权益。②对外，他赞同中日缔结版权条约，在中国通都大邑实行版权制度："译书之要，与版权制度之益，原论既详之，无待赘言。中国国民久病孱弱，要救治，需投以剧药，施以不规则的外力，如万弩齐发，目不暇接，飙风骤雨，廓清宿障，经此一界，然后可以复归于规则也"。③

（2）出版界

晚清的西学东渐之风，吹醒了一大批仁人志士的头脑。他们有的走出国门，

① 严复. 与张百熙书：二 [M]//严复集：三, 北京: 中华书局, 1986: 578.
② 李明山. 中国古代版权史 [M]. 郑州: 河南大学出版社, 2003: 244-254.
③ 李明山. 中国古代版权史 [M]. 郑州: 河南大学出版社, 2003: 29-30.

主动学习西方，寻求救亡真理；有的创办教育，开设学堂，开启民智；还有的创立出版机构，传播西学，唤醒青年，走上民主救亡道路。商务印书馆就是在西学东渐风气影响下诞生的新式出版机构，它不但承担着启民智、传西学的作用，因着民族情感，相较于西方传教士，出版家更能从中国国情出发，提出符合中国当时实际情况和中华民族利益的版权保护主张。

张元济作为商务印书馆的出版领导人，与严复同为戊戌先驱，二人过从甚密。严复翻译的大部分新书都是在商务印书馆出版的，又因为严复是中国晚清较早倡导、阐发版权保护主张的思想家，所以，商务印书馆在严译书籍的出版过程中，不仅多方面尊重严译作品的版权，同时也积极倡导版权保护，实践版权保护。张元济进入商务印书馆的第二年（1903），因了解到清政府要设立商部，预料受命者必会议论到版权问题（因为当时进行谈判的不平等的中美、中日《续议通商行船条约》里边，已经加入了版权双边保护条款），便组织编译出版了《版权考》一书，以所作序及内容来看，此书的出版旨在传播版权概念，普及各国版权法律，强调"关系于文明之进步者，独以版权为最"，督促政府尽快颁布版权法，以免受西方国家挟制。①张元济对内提倡相互尊重版权，尽量协商解决，对外则是据理力争，毫不妥协。1905年，张元济对清政府商部拟定的版权律草案提出了一些具体意见，主张对版权实施有限保护："中国科学未兴，亟待于外国之输入。现在学堂所用课本，其稍深者大抵译自东西书籍至于研习洋文，则专用外国现成之本。若一给版权，则凡需译之书皆不能译，必须自行编纂。岂不为难……惟有抱定专备为中国人所用（美约语）、特为中国备用（日本约语），狭其范围，庶免障碍。"②

陶保霖是商务印书馆的资深编辑，曾任张元济的助手，他擅长法律研究，在清末呼吁制定专门立法的出版界人士中，他的观点应属最系统的。其一，1910年，陶保霖在商务印书馆创办的《教育杂志》上发表了《论著作权法出版法急宜编订颁行》一文，呼吁清政府迅速编订相关立法，他主张："著作权者，即现在吾国所称版权。版权有出版之权利意味，而著作权则可包含美术家之图书雕刻、音乐家之乐谱曲本，范围较广。推演其意，可称为创作者之权利，或精神之财

① ［英］斯克罗敦，普南，［美］罗白孙. 版权考［M］. 周仪君，译. 上海：上海商务印书馆，1903.
② 张元济. 对版权律、出版条例草稿意见书（1905）［M］//张元济诗文. 北京：商务印书馆，1986：161.

产；又可称为学艺及美术上之所有权。而要之，以称为著作权为最合"①。之后，《大清著作权律》果真采取了这一用词。其二，陶保霖将权利的发展沿革划分为三个历史阶段来认识，分别是版权特许时期、权利主义时期、世界权利时期，并总结了版权的本质四学说。这些观点对中国后来的版权发展史研究具有积极的借鉴作用。其三，他否定了中国版权西来说并提出了中国版权专门立法的一些基本原则。他认为，中国版权发达最早，宋元时代的刊本中已有类似禁止翻刻等字样，在当时备受压迫的政治文化环境下，此观点可谓鼓舞人心。此外，他认为清末采取什么样的立法，应当内察国情，外察大多数国家的立法原则，择其最新而又最适合中国国情者而从之，由于时代所限，中国尚不适宜采用世界权利时期（第三时期）的版权法。这种主张在当时也颇具代表性，如时任管学大臣张百熙就不主张中国加入伯尔尼公约，为此于1902年，就中日续议商约中加入版权保护条款一事致函日本使臣内田康哉，并致电两江总督刘坤一表明态度："闻现议美国商约有索取洋文版权一条，各国必将援请利益均沾。如此，则各国书籍，中国译印，种种为难。现在中国振兴教育，研究学问，势必广译东西书，方足以开民智……不立版权，其益更大。"②由此可见，中国不加入国际版权组织，既有客观现实原因，也有历史原因。总之，陶保霖在西学东渐过程中，借鉴东西方版权法律条文和相关理论，表述了自己的版权理论和思考，对《大清著作权律》的编订颁行具有一定的促进和借鉴作用。③

（三）《大清著作权律》的颁布

1.《大清著作权律》的最初拟定

清政府决定拟定《大清著作权律》的导火索是北洋官报局盗印文明书局印书的版权纠纷，即官报局张孝谦总办盗印文明书局图书，无视民间出版机构的正当权益，致使时任文明书局的总办廉泉直接上书清朝商部，提出建立具有激励作用的版权机制，同时请求"嗣后凡文明书局所出各书，拟请由管学大臣明定版权，许以专利，并咨行天下大小学堂、官私局所概不得私行翻印"④。这一事件的发

---

① 陶保霖. 论著作权法出版法急宜编订颁行［M］//李明山. 中国古代版权史，北京：社会科学文献出版社，2012：259.
② 吕海寰，盛宣怀. 吕盛两钦使复电［M］//李明山. 中国近代版权史. 郑州：河南大学出版社，2003：80.
③ 李明山. 中国古代版权史［M］. 北京：社会科学文献出版社，2012：253-263.
④ 周林，李明山. 中国版权史研究文献［M］. 北京：中国方正出版社，1999：45。

酵加上有识之士及出版机构不断在推动版权保护实践，商部作为清政府新成立的衙门不得不表示同意保护文明书局印书的版权。同时也答应"由商部酌订版权律，再经奏明办理"。①同时，版权问题也引起了清廷各部的重视："文明书局编译教科书数十种，呈请商部奏明之案，通饬各省严禁翻版，已蒙批准。闻商部某司员日前奉堂谕译辑版权法律，以便奏准见诸实行。"②

2.《大清著作权律》的立法参照及内容

《大清著作权律》从拟定到正式颁布历经曲折（1905—1910），先由属部民政部拟就草案，再交编纂法律的专门机构复核，之后再交立法机关——资政院三读通过，终于1910年得以旨准颁行，全文共有通则、权利期限、呈报义务、权利限制和附则等五章，共五十五条内容。《大清著作权律》作为中国历史上第一部版权专门立法，在立法过程中，中国政府只能参考借鉴国外已经制定的版权法律进行拟定，《民政部拟具著作权律草案理由事致资政院稿》指出，立法主要参考了日本、德国、比利时等国的著作权法和西班牙、美国、法兰西、英吉利、奥地利、匈牙利等国的版权法。③

从内容而言，该律规定得较为完整。其一，对本法所保护的客体，《大清著作权律》第一条做了比较明确的规定："凡称著作物而专有重制之利益者，曰著作权。称著作物者，文艺、图画、帖本、照片、雕刻、模型等是。"其二，关于著作权的获得，《大清著作权律》采用"注册给照版权制"。第三条规定："凡以著作物呈请注册者，应由著作者备样本二分（份），呈送民政部；其在外省者，则呈送该管辖衙门，随时申送民政部。"作品创作完成之后并不能自动取得著作权法保护，而是必须经著作权管理部门注册给照，法律才给予著作权保护，这与《伯尔尼公约》中的规定与我国现今实行的著作权法非常不同。其三，关于权利的保护期限，《大清著作权律》在制定过程中曾参照了东西方许多国家的版权法，最后采取了折中的保护期限。著作权归著作者终身持有，著作者身故，其著作权可由继承人继续持有30年。其四，关于权利的限制，《大清著作权律》规定在第四章第一节。主要对合作作品、编辑作品、委托作品、口述作品、翻译作品等的权利归属作了规定。第三十一条规定了不能获得著作权的作品，分别是法令约章

---

① 廉部郎声复商部请奏订版权法律呈稿并批［M］// 中国古代版权史. 郑州：河南大学出版社，2003：101.

② 译辑版权法律［M］//中国古代版权史. 郑州：河南大学出版社，2003：101.

③ 周林，李明山. 中国版权史研究文献［M］. 北京：中国方正出版社，1999：86-88.

及文书案牍、各种善会宣讲之劝诫文、各种报纸记载政治及时事上之论说新闻以及公会之演说；第三十二条规定了可进入公共领域流通的作品，分别是著作者年限已满者、著作者身故后别无承继人者、著作久经通行者以及愿将著作任人翻印者，此两条规定念及著作权制度建立的平衡，尊重个人意愿。其五，关于对著作者权利的保护，《大清著作权律》第四章第二节专门规定了"禁例"，包括禁止对经过呈报注册给照具有著作权的著作进行翻印、仿制、假冒；禁止对经许可出版的作品及他人著作权期限已满之著作进行割裂、改窜及变匿姓名或更换名目进行发行；不得假冒姓名发行自己的著作等行为。其六，在规定"禁例"的同时，该律也在第三十九条规定了"合理使用"的几种情况，不以假冒论，但须注明原著作之出处，分别为节选众人著作成书，以供普通教科书及参考书之用者；节录引用他人著作，以供己之著作考证注释者；仿他人图画以为雕刻模型，或仿他人雕刻模型以为图画者。最后，关于对侵犯著作权者的处罚，《大清著作权律》规定在第四章第二节。凡经著作权人呈送民政部注册给照的作品，如遇到侵犯，著作权人可诉诸法律请求保护，由审判衙门受理并判定给予相应处罚，具体罚则则规定在该律第四章第三节中。①

(四)《大清著作权律》颁布的意义

通过对《大清著作权律》制定背景、制定过程、内容的梳理，可以看出《大清著作权律》在当时波诡云谲的社会环境下对版权保护具有划时代的意义。首先，作为中国近代第一部版权专门立法，《大清著作权律》结束了中国单靠官府告示保护版权的历史，规定了权利主体赋予了著作者完整的权利形态，不仅包括其重制获利之权，还包括其死后著作不得予以篡改的人身权利。在立法上也在向规范化、体系化的成文法靠拢：不仅划定了受立法保护的作品范围，还规定了不受立法保护的作品、流入公共领域的作品；对于著作权取得的方式，虽然彼时并未考虑到作品的特殊性，未采取作品自动保护原则，而是采取了注册原则，但也对注册的手续、呈报的义务和权利期限做了较为细致的规定；为了妥善做好新旧法律制度的衔接，立法者还考虑到了该法的溯及效力等问题。鉴于此，《大清著作权律》确立了中国近代版权专门立法的整体框架、体例，奠定了近代著作权法得以发展的基础，系"北洋著作权法"、"国民政府著作权法"，乃至新中国著作

① 周林、李明山. 中国版权史研究文献 [M]. 北京：中国方正出版社，1999：89-98.

权法立法的法律规范的源流，也成为中国近代民商事法律体系得以完备的不可缺少的组成部分。其次，《大清著作权律》用语准确、明了、简洁，表现了汉语表达的精湛性，与之后从外国语言中直译过来的法律用词形成鲜明对比，后者显得更为冗长、拗口，同时，该法规范明确，弹性用词较少，使其法律操作性较强。再次，《大清著作权律》的颁布，也是世界知识产权保护历史上的重大事件，亦引起了外国的注意。1911年，《学部为著作权律已引起外国出版界重视事致民政部呈文》称："……中国已于1910年12月18日采用第一条著作权法律。按1908年，贵公使曾在柏林公会代表贵国政府，热心此项问题之关系，用特函请贵公使，将此项法律译成德文或英、法文见示。"①呈文反映的是，伯尔尼公约办事机构向中国政府索要《大清著作权律》外文翻译本的情况，这一方面表示，在世界版图中雄踞一方的泱泱大国终于有了自己的成文法，这一创举合乎全人类保护文化、促进知识文明进步的潮流；另一方面，则是我国对宋代版权保护萌芽的延续、以东方文化为基础的造纸术和印刷术，在指引西方走出黑暗世界后，又反哺回中国，使中国版权保护历史从分散的、不完整的地方官署的告示保护发展到全国范围的保护。②

纵观清代版权保护的发展脉络，可以发现明显分为两个阶段。晚清前的中国，由于尚未受到来自列强的威胁，清朝统治者志得意满，不断强化中央集权，使得民间私权利更受到挤压，自给自足的自然经济缓慢发展，资本主义萌芽并未破土发展出成熟的市场经济，儒家文化仍占据主导地位，八股取士、大兴文字狱更是压制了士人对于版权的要求，这一切社会因素导致版权保护未取得进步，基本维持在明代的水平。到了晚清时期，外力入侵，西学东渐，国家处于存亡之际，先进的知识分子兴起向西方学习的热潮，整个中国经历了前所未有的动荡与变革，政治、经济、文化等方面都发生了轰轰烈烈的变化。晚清版权观念的演进也深深刻上了这个时代的烙印。随着西方近代印刷技术的输入，在利益面前，晚清的盗版情况越发严重。知识界及出版界的呼请，也推动了政府保护著作权的观念的形成，加速了版权保护的建章立制。《大清著作权律》虽是清政府为维护自己的统治而颁发，但作为中国历史上第一部版权专门立法，其作用不容忽视，它代表着我国版权保护终于回归作者本身，正式从人治走向法治，成为版权保护从特许时代迈向权利时代的转折点。

---

① 周林，李明山. 中国版权史研究文献［M］. 北京：中国方正出版社，1999：97.
② 王兰萍. 近代中国著作权法的成长［M］. 北京：北京大学出版社，2006：82–84.

结语

综上，经过对宋元明清版权史深入研究，可知古代版权保护的观念至少在宋代就产生了，随着造纸术和印刷术的普及而出现，古代版权保护的主体主要是出版者，客体则是图书，近现代版权保护的主体则逐渐向作者过渡，客体范围也不再局限于书籍本身，而是涵盖了更多类型的独创性作品。同时，古代版权保护的内容侧重于与作品有关的人身权利，如保护作品完整、不被歪曲和篡改等，与作品有关的财产权保护则是近代商品经济发展的产物，由专门的立法通过赋予权利主体对于一定行为的控制力来实现。另外，古代版权保护的法益主要在于维护封建政治伦理文化意识形态的合法性，这一点上有别于当代版权保护的法益，后者旨在宪法的基础上维护中国特色社会主义制度及其文化意识形态的先进性、纯洁性与正当性。通过版权史的研究，我们也深刻认识到，随着社会发展，特别是知识经济、信息产业、版权文化的发展及人们对其社会作用认识的深化，以往版权研究的某些观念、视域、方法、思路难免显得有些狭窄、片面。要把中国版权历史文化研究引向深入，增强国人版权文化的历史主动和文化自信，迫切需要走进中国历史文化的深层结构，坚持用历史唯物主义的立场观点方法洞察制约古代版权文化发展的各种因素，从外因与内因的辩证关联中寻找中国版权文化发展的历史规律，通过社会大众耳熟能详的语言和喜闻乐见的形式，把弘扬中华优秀传统文化和发展版权文化紧密结合起来，讲好中国故事，汲取前行力量，这也是我们开展宋元明清版权史课题研究的初衷。

课题负责人：孙宝林
课题组成员：范继红　李劼　田建平　余俊　王行鹏　李冉　孙梦凡
课题承担单位：中国版权保护中心

红色文化融媒传播的版权保护研究*

张祥志　阙米秋**

摘要： 红色文化是我国历史传承发展的珍宝，版权是文化的内核。在视觉重构视阈下红色文化融媒传播迎来新一轮浪潮。用版权力量保障红色文化的守正创新、赓续传承是当今时代的应有之义。本文基于互联网检索、实地调研与司法案例研探结论，梳理了红色资源的数字融媒形态，分析出红色文化在融媒传播场景中存在以下版权难点和痛点：红色文化资源因版权属性复杂难以直接适用现有确权规则，博物馆红色资源物权版权分离催生融媒传播版权侵权困境，既往红色作品利用的版权司法规则缺失陷入司法适用困惑等难题。故提出以确权、授权和维权三个维度为着力点的解决方案：以现有规则的检视完善厘清红色文化资源版权确认问题，立法修订扩展博物馆版权限制制度适应馆藏红色资源融媒传播实际，出台专门性司法解释确立类案裁判统一标准，明确红色文化作品既往行为的法律效力。

关键词： 红色文化；融媒传播；版权保护；利益平衡机制；合理使用

2021年6月，中共中央政治局就"用好红色资源 赓续红色血脉"进行第31次集体学习。习近平总书记在学习会上就如何利用好红色资源、如何传播好红色文化作出重要指示，一方面强调"要用心用情用力保护好、管理好、运用好红色资源；要深入开展红色资源专项调查，加强科学保护"；另一方面指出要"增强红色文化的表现力、传播力、影响力，生动传播红色文化"。红色文化是中华文明的重要组成部分，也是文化产业高质量发展的市场创作来源。数字化环境下，以"创造性转化和创新性发展"为导向进行红色文化资源的开发、利用和传播已然成为市场需求和发展趋势。版权作为文化的基础资源，其所蕴含的法律意义上的界权、确权、授权、维权功能，对红色文化资源的融媒传播起着关键的护航、保障和支撑作用。随着数字技术的频繁更迭和商业模式的持续创新，以红色文化资源为依托的网络二次创作、多媒体展陈、数字藏品开发、影视剧作改编等成为文化市场的热点，版权保护问题成为亟待解决的基础性难题。2021年12月24日，国家版权局印发《版权工作"十四五"规划》，作为未来五年我国版权事业和版

---

* 本报告为该课题研究成果的精减版。

** 张祥志，华东交通大学知识产权学院党委书记，教授，本课题组组长；阙米秋，江西省委宣传部（省版权局）版权管理处长，本课题组组长。

权产业发展的"指南针",阐释了作为"文化的基础资源"的版权的价值原理,指明了"服务党和国家工作大局"和"强化版权全链条保护"等版权工作原则,着重专项指出要"完善红色经典等优秀舞台艺术作品的版权保护措施"。2022年8月,中共中央办公厅、国务院办公厅印发的《"十四五"文化发展规划》再度强调,要"加强数字版权保护,推动数字版权发展和版权业态融合,并加强传统文化、传统知识等领域的版权保护。"①鉴于此,通过实地调研、专项访谈、案例研阅等实证方法,了解红色文化在融媒传播过程中的版权保护真实问题与困境,并给出针对性的应对策略,具有重要的理论和实践意义。

一、理论澄明：版权保护在红色文化融媒传播中的激励保障效用

媒体融合促进了红色文化传播,但也向产权逻辑的版权保护制度提出了挑战。主要表现为新媒体虽能促进红色文化传播,但其数字化、及时性、互动性等特质也使得传播的基础不复牢固,红色文化作品面临更频发的侵权现象和更复杂的传播环境。因而,版权制度"严保护"的合理性受到质疑,质疑主要集中在两个方面,一是对产权逻辑的版权保护介入红色文化资源可能引起公私利益失衡的担忧,二是版权应当如何有效保护、激励红色文化传播。通过梳理文献发现,"版权"+"红色文化"学理研究关注较少。而司法实务中,在"北大法宝——司法案例"数据库中检索"红色文化",截至2023年3月1日,共有案件文书124个。其中,案由与"知识产权与竞争纠纷"相关的有6个,包含"知识产权合同纠纷"1个,"知识产权权属、侵权纠纷"5个(法宝推荐4例,普通案件1例),所能参考案件较少。但实际生活中侵权行为时常发生,侵权频发和审判极少的矛盾,引起了学者对"全面依法治国下如何保护红色作品的版权问题"②的系列问题研究。现有相关研究集中表现为对典型案例进行学理剖析,尤其围绕具有典型意义的"芭蕾舞剧《红色娘子军》侵权案"(一审〔2012〕西民初字第1240号;二审〔2015〕京知民终字第1147号,再审〔2016〕京民申1722号)。学者通过对

---

① 新华社. 中共中央办公厅 国务院办公厅印发《"十四五"文化发展规划》[EB/OL]. [2022-08-16]. https://www.gov.cn/zhengce/2022-08/16/content_5705612.htm.

② 迟方旭. 习近平新时代中国特色社会主义法治思想的实践基础、理论渊源与精神实质 [J]. 世界社会主义研究,2018,3（1）:27-33+94.

典型案件进行分析，提炼出作品权属争议、版权许可合同纠纷或公私权益平衡问题等多个理论研究问题，并给出卓有成效的见解。本部分通过查找有关媒体融合、红色文化、版权保护的文献资料，从机理层面研讨了融媒传播环境下版权体系的"严格保护"与红色文化的"广泛传播"之间存在的冲突，并在法理维度澄明了版权保护在红色文化传播、转化、创新中的多元效用。

（一）红色文化版权保护制度的学理质疑

目前版权保护是否激励创作受到部分学者的质疑，主要表现为三个方面：其一是著作权激励作品传播的基础不复牢固。其二是版权激励文化消费市场的预设受怀疑。换言之，交易应当是有自由的市场环境，然而版权保护人为设置保护，使得文化消费领域存在版权风险，一定程度上引起消费者对版权保护的不满。其三是版权的自然权利价值观受到免费使用理念的挑战。新兴媒体环境容易诱发各种"搭便车"的情况，版权的合理性受到免费传播方式的挑战。[1]还有学者通过著作权法理分析，对红色经典作品权利归属不清、政策性保护边界不明、保护体系不健全等问题进行探究。[2]

（二）红色经典作品案件引起的版权探讨

1. 红色文化作品版权探讨一：红色文化作品权属和类型问题

在红色文化持续推陈出新中，"我国近年红色经典作品的再版、演出、重拍、改编的版权争议时有发生"，[3]有学者以沪剧《芦荡火种》版权归属为例，对红色文化作品属于"一般职务作品"还是"特殊职务作品"的问题进行研究。另有学者就红色文化版权归属认为，一部红色文化经典作品往往是基于更加原始的原创文学作品加工改编而来，《红色娘子军》著作权纠纷案中，法院判决未区分文字作品版权归属和舞台作品版权归属的不同规则，且由于特殊历史时期，我国红色文化作品创作基本来源于"单位"支持，但剧本创作人是自然人，因此对于该类作品权利归属仍有较多理论探讨。另外，该案在审理过程中"法院判决显然没有

---

① 梅术文. 新兴媒体融合发展的著作权利益分享论纲 [J]. 新闻界，2021（2）：57-66.

② 刘云开. 红色经典作品的法律保护：价值、问题与对策 [J]. 图书馆杂志，2021，40（7）：48-53.

③ 寿步. 论红色经典戏剧作品的版权问题——以沪剧《芦荡火种》版权归属为例 [J]. 电子知识产权，2006（10）：55-58.

对文字作品和舞蹈作品作出法律意义上的区分"①，因此引发了学术界从不同作品类型出发对该作品的权利归属进行研究。综上，基于红色文化作品创作的特殊历史背景、其特殊政治地位，红色文化作品更加需要版权予以保护，而保护的首要任务就是明晰红色文化作品的归属规则。

2. 红色文化作品版权探讨二：红色经典作品上的公私权益平衡问题

同样是芭蕾舞剧《红色娘子军》版权纠纷案，从作品的公私权益分配角度进行理论研究。有学者从该案中原告的诉求之一，"未经其另行许可，中芭不得演出根据梁同名剧本改编的舞剧"，即"改编权"的角度切入，分析出我国红色文化版权保护存在司法审判以"私有财产很重要"为导向的思维误区，而"权利明确（细化）往往成为司法思考中的缺省选项"②。而后，从红色文化作品（尤其是芭蕾舞剧）的创作特点角度，提出"有很多作品，无论古今，是由特定或不同时空的许多人以不同方式共同创作或承继创作，尤其在今天，有许多作品甚至只能由许多人持续创作，甚至正在继续创作"，因此，版权保护应当顾及公共利益。案件发生时，还出现了"一种人们对法律将红色经典'化公为私'的质疑，"③红色文化作品的公共领域和私人权益的边界仍较模糊，群众、司法实务和理论界对此仍存在争议。这是较具前瞻性的红色文化版权保护问题，红色文化作品的保护应当是"严保护"，但"如何严"就是最具争议性的问题。

3. 红色文化作品版权探讨三：从正当性维度探究案件背后的法治问题

《红色娘子军》案的审判结果反映了，"通过确立个人产权来解决分配不公的逻辑和不断完善的《著作权法》，从而悄然完成了从集体权利到个体权利的置换的产权逻辑。这一逻辑与劳动者享有果实的逻辑与改革开放前的社会主义文化生产机制均发生激烈碰撞"④。审判的逻辑与传统版权保护的观念不同，传统版权保护是秉持创作者私权为原则，而从该案审判来看，"司法似乎依然坚持不触动著作权的产权逻辑的旧思路，但强调要更重视红色经典纠纷中的公共利益"，这导

---

① 赵小鲁. 从芭蕾舞剧《红色娘子军》著作权纠纷案看红色文化资产的法律保护［J］. 世界社会主义研究，2018，3（7）：82-84+96.

② 苏力. 昔日"琼花"，今日"秋菊"——关于芭蕾舞剧《红色娘子军》产权争议的一个法理分析［J］. 学术月刊，2018，50（7）：99-118.

③ 蒋鸣湄. 红色经典作品版权"私有化"辨析——从"红色娘子军"版权案争论说起［J］. 理论月刊，2019，450（6）：105-113.

④ 李斯特. 坏声明与好法治——社会主义中国文艺法律政策中的权利书写［J］. 学术月刊，2018，50（7）：119-132.

致部分人认为我国红色经典传播的法治环境是与版权保护目标背道而驰，从而质疑红色经典的版权保护价值。

（三）版权激励红色文化传播的理论优解

1. 运用版权保护机制平衡公益和私益

以"版权利益分享理论"为理论坐标，以版权限制规则为作品公域使用留足空间，以"严保护"的制度保障权利人的私益，从而实现激励红色文化创作与传播。细言之，针对版权激励创作合理性质疑问题，应始终坚持作品作为智力劳动成果应该受到版权保护的理论基础，通过版权保护制度，激励创作者不断创新。新媒体时代，在某些领域内，无须征得许可的作品自由流通，不但对作品的收益无害，甚至有益。[①]质言之，版权的合理使用制度、法定许可制度利益平衡理论和公共领域与私有领域平衡理论等，都为红色文化传播、为公众使用留足广泛的空间，同时，版权的"严保护"机制也会保障权利人的私有权益不受侵犯，从而实现版权保护双向激励红色文化传播的目的。另外，面对如何为红色经典提供版权保护问题，有学者建议，"判定红色文化作品为普通职务作品，特殊情形下审慎适用司法政策裁判案件，适用英雄烈士保护规范对红色经典作品提供补充性保护，推动公益诉讼制度在红色经典作品保护领域的适用。"[②]

2. 完善版权保护机制以激励红色文化传播

（1）从个案出发，判定红色经典作品归属

有学者提出，在进行红色经典作品的著作权归属判定时，应当进行个案分析。"应区分是否存在创作素材、是否原创作品、是否存在改编作品。对每个作品，要根据作品创作中个人和所在单位的实际作用，具体分析该作品究竟是属于一般的职务作品，还是属于特殊的职务作品。红色经典戏剧作品通常应属一般的职务作品。"[③]

（2）明晰红色文化版权归属，以版权促传播

红色文化作品属于版权作品类型，通过版权保护才能使得作品健康、广泛传播，而"以保护促传播"的首要任务就是解决作品归属问题。"若红色文化作品权属存在争议，或将从法律上开启了红色文化作品著作权私有化的途径。那么若

---

① 孙昊亮. 网络著作权边界问题探析 [J]. 知识产权，2017，193（3）：9-17.
② 参见北京市西城区人民法院（2012）西民初字第1240号民事判决书.
③ 参见北京知识产权法院（2015）京知民终字第1147号民事判决书.

个人的著作权可以依法转让，就不排除一些著作权会被西方资本收购，继而最终掌握红色文化命脉。因此，不能用文字作品著作权涵盖或替代舞蹈作品著作权；红色文化经典作品不但具有经济功能、文化功能，更具有政治功能，是具有红色历史性质的国有无形资产，这就要求对红色文化作品的著作权进行特别保护，防止资本最终掌握红色文化命脉。"①

（3）通过法律技术解决公私权益平衡问题，保障红色经典传播

版权保护是激励创作者继续创作高质量红色文化作品，但红色文化作品的创作灵感一般来源于公共领域，且其传播也较一般作品而言更应惠及公众，故而，应当平衡好红色经典作品的公私权益。理论研究表明，通过"明晰产权私有化的边界，避免产权过度细化导致财产的无法'物尽其用'"②，真正实现以版权保护激励创作的同时保障红色文化作品传播。也有学者另辟蹊径，基于红色文化作品创作的时代性和传承性，认为法律溯及既往对个体私有版权进行确认与保护是一种必要的历史还原，并提出"红色经典作品上的公私权益平衡问题可以通过法律技术来予以解决"。③具体而言，包括划定客体的范围（哪类作品受保护）的确定、保护期限延长或缩短、著作权人的权项增减、合理使用或法定许可情形等例外情形的增减等版权制度，或通过司法技术加以平衡公私利益。可见，红色文化作品的版权保护并不会阻碍文化传播，反而可以通过"法律技术"手段平衡公私利益。

（4）立足中国特色社会主义法治环境，构建中国红色经典版权保护体系

面对红色文化经典版权纠纷的历史遗留问题，有学者立足于红色文化版权保护问题的研究，提出"在红色经典叙述的年代与当下划出界线"。详细而言，红色经典是革命年代，"配合权利概念的置换，新的治理体系必定要导入现代言论自由制度及话语，因为如果承认红色经典的特殊性，等于承认红色经典叙事的政治意义及其历史真实性，从而会削弱作为新的根基的个体权利理性"。简言之，若过于强调红色文化经典的历史特殊性，则与传统（西方舶来）观念中的现代版权保护的法理相违背，"中国法治理应自我解放"。④新形势下中国迫切需要新的软实力建设，红色文化、红色精神是中华民族特有的宝贵财富，因此，应当通过

---

① 侯珂. 国家博物馆文物藏品数字影像版权化初探［J］. 中国国家博物馆馆刊, 2012（5）: 130-136.

② 刘德良. 论互联网上的版权限制［J］. 知识产权, 2002（2）: 24-28.

③ 王峰. 作为社会争议的版权纠纷——以芭蕾舞剧《红色娘子军》侵权案为例［J］. 南大法学, 2021（5）: 142-154.

④ 徐家力, 赵威. 论1991著作权法施行之前文学艺术作品改编许可的效力——以"红色娘子军案"为切入点［J］. 法律适用（司法案例）, 2018（10）: 29-32.

划出界线，并结合中国实际，完善好平衡公共利益和版权私益的法治规范，构筑版权激励和保障红色经典的法治格局。

二、实证结论：红色文化资源与其融媒传播形态的版权属性证成

红色文化在物理空间以红色文物等有形介质存在于革命类博物馆等公共教育服务基础设施内，在融媒环境中则以数字形态经由互联网渠道传播。基于此，项目组通过对北京、上海、江西井冈山、湖南韶山等六省八市若干革命类博物馆展开实地调研，考察红色文化的具象存在表现及转化样态；并通过互联网渠道，调查剖析红色文化在融媒传播中的创新形态。最终得出结论：红色文化在物理层面的存在具象表现为红色文物等七大类红色文化资源，在互联网空间以短视频、音乐、数字藏品等融媒传播形态广泛存在，以著作权法视角进行观察，各类红色文化的融媒传播形态本质上是对既有红色文化资源的文艺形式转化，属于著作权法规制客体，以实体形态表现存在的红色文化资源的版权属性则应具体看待。

（一）载体呈现：红色文化资源的实体形态梳理

通过实地调研总结，本项目组将红色文化资源划分为红色文物、红色文献、红色传说、红色歌曲、红色旧址、红色标语和红色创作等七大类，这些以实物表现形式为主的红色文化资源及其影像资料，亦是博物馆展陈和观众参观的主要对象。其中，红色传说是由一定区域内群众或文艺工作者创作的，反映了革命时期某地区特定人物、事件的故事，如井冈山地区流传的"义犬救红军""贺子珍巧退敌兵"等传说故事；红色歌曲是五四运动以来，特别是中国共产党成立以来，在轰轰烈烈的爱国主义运动和党领导的革命、建设、改革伟大实践中孕育，在党的文艺方针指引下成长成型的革命文艺产品，是用以概括历程、歌颂精神、总结成就、鼓舞人心、描述心态、抒发情感、展示现状、展望未来的歌曲的总和，[①]具体如取材自井冈山地区人物故事创作的《毛委员和我们在一起》《八角楼的灯光》等经典红色歌曲；红色创作一般是为反映特殊历史事件或描绘特定人物，由革命时期人物或非革命时期人物进行的创作，表现形式包括诗词、油画、雕塑

[①] 郑爱华. 将红色歌曲融入高校党史学习教育的价值与路径 [J]. 中国高等教育，2022，685（Z1）：46-48.

等；红色文物一般为固定器用，如革命人物使用过的衣物、茶杯、武器等；红色旧址表现为特定场地，如革命人物故居、特定历史事件发生地等；红色文献可具体分为指令性红色文献与非指令性红色文献，前者指党和军队在革命时期通过的章程、决议，发布的法律、政策、指示等指令性文件，后者则指的是主要由党员干部在革命时期所作的反映马克思主义在中国实践的理论著述、信函或革命宣传类报刊文章等文献；红色标语则主要是一个历史上的概念，是革命时期由苏区宣传工作者和广大人民群众用简短文字的形式展示于公共场所，反映中国共产党革命诉求的具有宣传鼓动作用的口号。[①]

另外，近年来，一方面为了更好地保存革命遗址和革命类博物馆的馆藏文物，另一方面为了让观众在参观革命类博物馆时享有更强的体验性和沉浸度，各地红色博物馆纷纷通过数字化技术对馆藏资源进行了系列数字化转型创新，视频介绍、3D展示、AR互动等新的参观体验方式深受观众喜爱。其中，不论以何种方式对革命类博物馆的馆藏资源进行数字化陈展传播，归根结底其基础工作是通过摄像技术对馆藏文物和资源进行高清拍摄和录制，由此形成的图片和录像资料亦属于红色文化资源的一部分。

综上，在实体空间，红色文化以红色文物等有形载体及其影像资料的形式而广泛存在。

（二）数字融合：红色文化的融媒传播转化样态

通过对网络上具有影响力和代表性的红色文化融媒体作品或案例进行统计和分析，本项目组将红色文化在互联网上的主要融媒传播形态归纳如下（见表1）：

表1　红色文化主要融媒传播形态

类别	具体方式
图文类	漫画、海报、图片、专栏文章、图书等
音频类	广播、朗诵、配音、音乐等数字音频
视频类	微电影、纪录片、MV、短视频、Vlog、动漫等
互动类	H5、答题、AI、VR、游戏等
其他类	直播、展览、云展厅、歌舞剧、数字藏品等

[①] 王永华，杨世雪. 契合与认同：意识形态视域下的苏区红色标语 [J]. 学术探索，2023（1）：130-138.

1. 图文类

（1）《那时他也是"00后"》。中国青年报推出的《那时他也是"00后"》以长图漫画的形式，带领用户重新认识100年前的"00后"邓恩铭，还原了一个在兵荒马乱、屈辱重重的年代，一位"00后"的思想觉醒。中共一大出席者平均年龄为28岁，当时的邓恩铭只有20岁。中国青年报推出的此部作品是致敬百年后的今天和邓恩铭一样勇敢的中国青年。

（2）《漫画中的百年巨变》。由《新华每日电讯》联合新华社河南分社推出"漫画中的百年巨变"系列作品。该系列采取"穿越"的形式，让旧社会的"三毛"与新时代的"小樱桃"跨时空对话，从多个维度见证百年来中国在党的领导下发生的翻天覆地的变化。

（3）《中国共产党百年历史中的统一战线瞬间》。"统战新语"和中国新闻网联合出品的《中国共产党百年历史中的统一战线瞬间》，通过历史长卷这富有年代感的策划形式，集中回顾了党的百年历程中的激动人心时刻。

2. 音频类

以荔枝App红色广播栏目为例。UGC音频互动社区荔枝App围绕广东省红色老区、红色景区景点，针对网络音频用户的需求和场景，从传播队伍、传播内容、传播阵地和传播场景等方面进行了红色文化网络传播创新实践，效果显著。荔枝App于2013年上线运营，原名为"荔枝FM"，以UGC播客音频节目为核心业务。2016年，荔枝App在业内推出UGC音频直播业务，经多年探索培育出UGC音频产业生态，在音频行业主流业态和商业模式之外走出一条独特道路，目前已成为国内最大的UGC音频社区之一。

UGC全称为User Generated Content，也就是用户生成内容，即用户原创内容。UGC是伴随着以提倡个性化为主要特点的Web2.0概念而兴起的，也可叫作UCC（User-created Content）。它并不是某一种具体的业务，而是一种用户使用互联网的新方式，即由原来的以下载为主变成下载和上传并重。目前热门的UGC平台有抖音、Bilibili、快手等。与UGC密切相关的术语是PGC（Professionally Generated Content），即专业化生产，现在高端媒体、专业视频网站基本采用PGC模式生产作品。PGC的发端与UGC有着千丝万缕的联系，可以说PGC是UGC的高端形态。优酷土豆是最早发力于PGC的平台，其创作的《罗辑思维》《万万没想到》等PGC作品均成为网络爆款。相比于PGC，UGC具备天然的交互性强的特点，它承载的内容更加个性化，更能表达创作者或者分享者的个性与心情，很容易产生较强的用户黏性。荔枝App曾先后与原中央苏区南雄市合作开展"声震南雄"红色文化网络传播项目，与高德地图合作开展"初心之旅"红色声音地图项目。荔枝App从红色讲解员和平台头部主播两个群体入手，对他们进行补短赋能，使他们成为传播红色声音的主力军。在"声震南雄"项目中，荔枝App播客学院启动"荔枝App·南雄红色主播培训计划"，组织南雄当地红色景区景点讲解员开展网络音频节目制作技能培训，让其学会运用互联网思维对南雄进行推广，引导他们进驻荔枝App，并从流量和资金上予以扶持，鼓励他们在荔枝App平台讲红色故事，推荐南雄文旅特色产品，通过互联网和新媒体为家乡发声代言，成为荔枝App平台红色主播生力军。针对荔枝App平台本身的头部主播，由于其粉丝量大、影响力大，他们善于通过用户想听、愿意听、爱听的语言吸引用户，但他们当中不少人的红色文化素养不足。为此，荔枝App从中筛选积极参与正能量主题内容生产的优质头部主播，引导和指导其策划录制南雄和广东红色景区景点故事音频。荔枝App与南雄、广东各地宣传部门合作，共同参与内容策划和编审环节，在确保内容导向正确、史实准确的前提下，充分利用头部主播生产有"网感"的红色文化内容。

2019 年7月1日，荔枝App推出"听南雄"专区。专区以南雄红色景点故事为核心内容，包括"红色南雄""红色精品游""人文生态游"等栏目，推荐南雄优美的自然风光和独特的人文历史，为革命老区擦亮红色文旅品牌。2020年7月1日，荔枝App以开屏海报形式推送"初心之旅"经典红色景点景区声音专题，专题集纳荔枝App旅游类头部主播为毛泽东同志主办的农民运动讲习所旧址、叶剑英元帅纪念馆、叶挺将军纪念园等10个广东红色旅游经典景区录制的故事解说。同时，荔枝App在南雄当地红色景点布设"声音二维码"，游客使用手机扫码即可收听由荔枝App主播声情并茂演绎的红色故事，有效解决了游览听讲需求。游客在收听介绍的同时，还可以通过点赞、评论、转发等方式互动，进一步丰富旅游体验。此外，荔枝App还与高德地图合作，把"初心之旅"项目里主播解说音频上传到高德地图相应的景点资料。只要用户打开高德地图搜索相关红色景区，即可在景区介绍中免费收听孙中山、毛泽东、叶剑英、叶挺等在广东的追梦故事。而用户在旅游景区里游览时，也可以打开高德地图"景区随身听"模块，获得边走边听荔枝App主播讲解的体验感。

此外，音频类的红色文化融媒体作品还有红星新闻为庆祝中国共产党成立100周年制作的超燃说唱《百年》；由中共广东省委宣传部指导，南方日报携手腾讯出品的歌曲《100·正青春》，这些歌曲带领大家重温百年党史，不仅让人感受到来时路的艰辛，更激发了新征程中接续奋斗的青春力量。

3. 视频类

以 bilibili 平台红色短视频为例。该类型的红色作品显现强大的感染力和传播力，迎合了受众对短视频的喜好，为红色文化注入了流量密码。

2021 年 11 月，B 站 UP 主"1900 影剧室"做客上海东方艺术中心《LuTalk·青年中国说》艺术脱口秀，讲述了他如何从《大决战》《大进军》《大转折》《长征》《开国大典》等不同年代出品的影视剧中挖出宝藏，让每一期的红色精讲视频引爆 B 站。目前，UP 主所设红色经典视频每期播放量均超过 100 万次，该系列视频已超过 3500 万次，凭借其精良的红色经典视频，"1900 影剧室"也成功跃升bilibili2021 年度百大 UP 主，粉丝数量超 160 万。该 UP 主表示，最令他难忘的是 2009 年首播的《人间正道是沧桑》。《人间正道是沧桑》剧情横亘 25 年，涉及的历史事件众多，暗藏的人物线索也不少。为此，他专门罗列出一套《人间正道是沧桑》精讲参考书单，先吸收再输出，让自己的视频经得起时间的考验和反复的品味。同时，上海东方艺术中心为庆祝中国共产党成立 100 周年，首次将《人间正道是沧桑》搬上话剧舞台，并邀请"1900 影剧室"UP 主前去欣赏。

另一位在疫情期间横空出世的"红色 UP 主"是来自上海交通大学的学生。她在 2020 年疫情期间开设的个人读书账号"翘楚读书"（现更名为"翘楚同学"），目前已经成为 B 站知识领域的优质 UP 主。她的读书视频全网播放量超过 300 万次，全网粉丝超过 10 万，其中她分享的党史阅读传播量超过 50 万次。2020 年 4 月 24 日，"翘楚读书"账号注册后上传的第一条视频上线。这条名为"必读名人传记推荐《毛泽东传》《毛泽东选集》《邓小平时代》《曾国藩传》"的推送，时长达 25 分 50 秒，观看量达到 22.4 万次，弹幕 964 个。他们成功创新红色文化传播方式，将一般人看来严肃、晦涩的红色文化，通过"互联网+"的宣传方式火爆出圈，形成了良好的社会效益，使红色文化"活起来""火起来"。

除个人媒体账号宣传外，官方媒体一直是红色文化融媒体宣传的主要旗手。现代快报系列短视频《我比任何时候都懂你》联合全国 30 所高校，组建 30 位青年讲述人团队，奔赴全国 21 个城市讲述党史故事，抒发作为新时代青年的所感所思，促进青年人的主动传播。新京报推出《百年百物见精神》党史短视频系列报道，依托全国数十家博物馆，遴选 100 件具有代表性的党史文物、文献、档案等物件，并向北京市民、网友征集家中老物件，制作成 100 集短视频，力求以小见大，以物见人，以物论事，深入挖掘文物背后故事，展现中国共产党成立 100 年来沧桑巨变。新京报动新闻试图用一座楼还原一个风起云涌的觉醒时代。时光回溯到 103 年前，星火燎原，通过 6 个正片视频，带领用户回到 100 年前的北大红楼，感受百年间风云变幻。《觉醒年代》电视剧热播，其话题多次登上各网络社交平台热榜，其IP的成功塑造带动了相关文具、饰品等文创产品热销。

4. 互动类融合产品

数字化环境下，红色文化资源传播不断突破旧有形式，互动类融合产品在红色文化传播方面发挥着巨大的作用。

（1）互动类短视频。在华龙网的互动短视频《党员，请选择!》中，用户可选择3个身份，通过不同的身份选择影响剧情走向，其总流量已超过1亿；《人民·日报》的互动微电影《抉择》与之类似，用户在严肃话题的融合产品中体会到了角色扮演的乐趣。中国青年报制作H5"新思想引领新征程——总书记走过的红色足迹"，在用户体验过程中，通过图文、视频的巧妙运用，带领用户重温总书记考察调研时的生动场景和感人细节，感受中国共产党百年走过的苦难辉煌瞬间。

（2）游戏类互动产品。游戏类互动产品在红色文化传播方面也发挥了不可小觑的作用。参考国际成功案例经验，我国在此方面积极探索，在建党百年之际推出的手机游戏《第九所》就以我国从"两弹一星"到"载人航天"等重大航天科技工程的科研史为题材，玩家以规划者视角自主设计基地，探索相关任务，通过完成趣味挑战和体验感人剧情来体会新中国成立初航天科研工作者以身许国的壮志和艰苦创业的不易。

（3）红色直播模式。《红色追寻》是新华社为纪念红军长征胜利80周年推出的大型主题网络直播栏目。《红色追寻》系列网络直播于2016年9月16日启动，历时11天，跨越5省区，行程1.4万里，依托长征期间重大历史事件发生地，共进行了12场在线直播。该节目由三位年轻主播踏着先辈的足迹，重返长征之路。该节目一改以往长征题材栏目深沉、凝重的基调，大胆采用了年轻人喜爱的网络直播的形式，以三位年轻人的亲身经历，再现红军长征的艰难历程。直播在新华网、新华社客户端、腾讯新闻客户端等新媒体平台同时上线。据统计，已经有超过6000万网友观看了节目，并留下了数十万条评论。

5. 其他类

（1）"云展览"。"云展览"是红色博物馆单位在互联网上进行红色文化融媒传播的主要表现形式。关于"云展览"的定义，有学者认为，"云展览"是互联网环境下博物馆通过资源集成和服务共享方式向公众传播文物数字化信息及相关知识图谱的信息服务系统。①以表现形式而论，当下的"云展览"包括了新媒体文章、藏品信息数据展示等图文形式、"网上博物馆"、虚拟展厅等三维实景形式及以线上跨馆际主题展览为代表的藏品信息三维虚拟展示形式。疫情之前，在各博物馆单位的文化资源传播矩阵中，"云展览"一般仅作为线下实体展览的辅助、补充，但在疫情背景下，"云展览"迅速跃升为补足线下实体展览不便的重要替代性方案。早在疫情暴发之初，国家文物局就提出，鼓励各地文物博物馆机构因地制宜开展线上展览展示工作，鼓励利用已有文博数字资源酌情推出网上展览，向社会公众提供安全便捷的在线服务。②2021年8月，国家文物局又提出，各文博单位在做好线下公共文化服务的同时，可利用网站、微信公众号和小程序等平台，通过网上展览、在线教育、网络公开课等方式，不断丰富完善展示及内容，提供优质的数字文化产品和服务。③由此，全国各地博物馆迅速开启了"云展览"的建设与传播热潮，据国家文物局数据，仅在2020年，全国博物馆就共计推出在线展览2000余项。④在实地调研中发现，所走访的红色博物馆基本均已建立以藏品图文信息展示与网上博物馆、虚拟展厅等实景三维展示为主的"云展览"传播矩阵，"云展览"业已成为融媒传播环境下红色博物馆文化资源传播的重要载体。

（2）数字藏品

2021年以来，随着"元宇宙"概念的火爆，以数字藏品为代表的新型文创形式迅速出圈，基于红色文化资源铸造并发行数字藏品成为数字化发展环境下的新文创潮流。2022年5月，井冈山革命博物馆在数字藏品电商平台"数藏中国"上发布井冈山革命博物馆馆藏珍品系列数字藏品，是最早开展以红色文化资源铸造数字藏品的尝试的红色博物馆单位之一。井冈山革命博物馆在区块链平台上公开发售的数字藏品分别为1929年红五军慰问井冈山人民的"工"字银圆、第二次国内革命战争时期中华苏维埃共和国国家银行伍分铜币以及1932年中华苏维埃共和国发行的湘赣省工农银行股票。

---

① 黄洋. 博物馆"云展览"的传播模式与构建路径［J］. 中国博物馆，2020（3）：27-31.

② 赵昀. 国家文物局召开专题会议传达贯彻落实习近平总书记重要讲话精神 研究部署文物系统疫情防控工作［EB/OL］.［2020-01-27］. http://www.ncha.gov.cn/art/2020/1/27/art_2411_163122.html.

③ 赵昀. 国家文物局发出通知要求做好文博单位疫情防控工作［EB/OL］.［2021-08-05］. http://www.ncha.gov.cn/art/2021/8/5/art_2334_170434.html.

④ 李群. 国务院关于文物工作和文物保护法实施情况的报告［EB/OL］.［2021-08-18］. http://www.npc.gov.cn/npc/c30834/202108/33b43dc7a2ef4b2bb4e7753170c7d0cf.shtml.

（三）版权识别：红色文化资源的版权属性认定

应当说，红色文化的融媒传播形态，无论是数字藏品、音视频等，还是基于红色文化资源产生的二次创作成果，本质上就与作为文化发展基本法的著作权法不可分割。因此，红色文化在融媒环境下的转化形式属于版权客体的事实毋庸置疑。但是，以实物表现形式为主的红色文化资源及其影像资源是否均构成著作权法上的客体，却需要兼顾公私利益平衡，结合著作权法基础理论，沿"是否为版权客体排除对象—是否具有独创性"的逻辑进路进行分类审慎讨论。

在合并《著作权法实施条例》第二条对"作品"的文本表述后，现行著作权法第三条指出，"本法所称的作品，是指文学、艺术和科学领域内具有独创性并能以一定形式表现的智力成果"，由此，就外在表现形式而言，"作品"须为文学、艺术和科学领域内的智力成果；就构成要件而论，"作品"需满足以下两个要件：一是作品独创性要求，即作品由作者独立创作而非抄袭他人，且作品本身具备一定创作高度；二是思想与表达二分，作品客体只能是实体层面的有形"表达"而非抽象的"思想"。以下则基于此逻辑，对红色文化资源与基于红色文化资源产生的影像进行著作权法定位。

首先，对于红色文化资源构成作品的认定路径。如前所述，红色文化资源划分为红色文物、红色文献、红色传说、红色歌曲、红色旧址、红色标语和红色创作等七大类。基于著作权法的私权制度逻辑，应审慎考量红色资源之中的公共因素与私权博弈，将不符合上述作品构成条件的红色资源排除出著作权法保护范围。故结合此分类，综合考量现行著作权法规则与不同红色资源属性差异后，本文对上述七大类红色资源作如下划分：

1. 一般构成作品的红色资源。非指令性红色文献、红色传说、红色歌曲与红色创作属于此类。非指令性红色文献，指主要由党员干部在革命时期所作的反映马克思主义在中国实践的理论著述、信函或革命宣传类报刊文章等文献。红色传说、红色歌曲则是由一定区域内群众或文艺工作者创作的，反映了革命时期某地区特定人物、事件的故事与歌曲，如井冈山地区流传的"义犬救红军""贺子珍巧退敌兵"等传说故事，取材自井冈山地区人物故事创作的《毛委员和我们在一起》《八角楼的灯光》等红色歌曲。红色创作一般是为反映特殊历史事件或描绘特定人物，由革命时期人物或非革命时期人物进行的创作，表现形式包括诗词、油画、雕塑等。从表现形式看，非指令性红色文献、红色传说、红色歌曲与红色创作，均为文学艺术领域内的智力成果，符合作品的外在表现特征，同时其本身形成了独创性的表达，具备着一定创作高度，因此能够符合作品的构成要件。

2. 一般不构成作品的红色资源。红色文物、指令性红色文献、红色旧址与红色标语属于此类。红色文物一般为固定器用，如革命人物使用过的衣物、茶杯、武器等；红色旧址表现为特定场地，如革命人物故居、特定历史事件发生地等。二者仅是经由特定人物使用或本身经历了特殊事件而具备了特定历史意义，在形式上不以智力成果形式出现，不具备视为"作品"的基础。指令性红色文献，指党和军队在革命时期通过的章程、决议，发布的法律、政策、指示等指令性文件。指令性红色文献在形式上具备作品的外在特征，但是，著作权法第五条规定：法律法规，国家机关的决议、决定、命令和其他具有立法、行政、司法性质的文件，及其官方正式译文，不在著作权法适用范围之内，因此指令性红色文献不享有著作权。就红色标语而言，从作品独创性角度看，红色标语仅是反映了特定政治目标或单纯精神激励性质的简单短句，而不是一段具有具备完整意蕴，能够反映创作者独特精神意志的文字表达；同时，红色标语的群众面向定位也使其用语务求通俗明了，故其多为一般词语的简单组合，如广为人知的"打土豪 分田地"。也就是说，以创造高度而论，红色标语的创造性其实难以满足哪怕是"最低限度"的要求，因而不能构成作品。

再者，考量博物馆基于馆藏红色资源通过拍摄、录像或其他数字化手段产生的影像是否构成作品？若沿用"版权客体排除"+"独创性"的作品认定路径，则红色资源影像在形式上符合智力成果形式，所应判断的，是其是否符合"独创性"要求。而对此问题，学界观点有着一定分歧。有学者认为，博物馆对藏品拍照形成的照片，一般属于对藏品的复制，不构成摄影作品，不能受到著作权法的保护。[①]另有学者认为，馆藏资源的影像资源是否具备独创性，应当具体看待。若影像资源属于单纯追求对作品的高还原度，不掺杂临摹者个人的理解、取舍和安排的机械临摹产物，也就是说，只是一种复制行为的产物，则其不具有独创性。但如果影像资源依赖于摄影师本人对作品的认知，以及对摄影对象的空间、角度、光线等多方面的不同安排而产生，也就是说，其中存在作者本人的个性，则其具备了独创性的要求，属于著作权法中的作品。[②]从著作权法角度看，独创性的认定本身具备高度主观性，全然否认馆藏资源影像的独创性似有不妥。因此，馆藏资源影像是否构成作品，应当根据独创性标准进行具体分析。若馆藏资

---

① 兰国红. 博物馆藏品影像化的法律风险及其应对 [J]. 中国博物馆，2018（1）：3-7.

② 李瑞红. 博物馆藏品影像化中的著作权问题 [J]. 山西财经大学学报，2014，36（S1）：270-271.

源的影像来自全然追求对原型还原度的机械临摹、数字化扫描等，则其仅是复制行为的一种，不符合作品"独创性"中的"独立创作"要求，但如果能够表现出制作者对光线、角度等的个人取舍，从影像中可以感知到一定的个性化表达意志，则应认为其有一定独创性，应当视为著作权法上的作品。需要强调的是，基于创作高度认定的主观性、思想与表达边界的模糊性等因素，作品构成认定应当一事一论，并无绝对统一适用之标准，本节仅从著作权法规则角度出发，在前述七类实体红色文化资源的分类基础之上，对革命类博物馆的馆藏资源与馆藏资源影像的版权属性作了一般性概括认定。

综上，以著作权法视角进行观察，各类红色文化的融媒传播形态本质上是对既有红色文化资源的文艺形式转化，具备版权属性，属于著作权法规制客体，以实体形态表现存在的红色文化资源的版权属性则应具体看待。

三、保护困境：红色文化融媒传播的版权保护机制缺陷调查分析

（一）红色文化资源的版权属性复杂难以直接适用现有确权规则

井冈山作为《"十四五"文化发展规划》确定的重要的党的革命纪念地，井冈山革命博物馆是我国第一个地方性革命史类博物馆，也是拥有诸多珍贵革命历史文物的国家一级博物馆。为深入"解剖麻雀"，了解革命类博物馆资源在融媒传播体系下面临的版权问题，本项目组历时6个月时间持续通过现场考察、实地集体座谈、馆内工作人员个别访谈、游客访谈等方式，总结描绘出了其版权问题的具象。

1. 红色文化融媒传播的版权问题具象

（1）红色资源转换为高清图像和三维录像传播中的版权问题。近年来，一方面为了更好地保存红色遗址和革命类博物馆的馆藏文物；另一方面为了让观众在参观时享有更强的体验性和沉浸度，井冈山革命博物馆通过数字化技术对馆藏资源进行了系列数字化转型创新，视频介绍、3D展示、AR互动等新的参观体验方式深受观众喜爱。尤其是"通过实施中华民族文化基因库红色基因库建设项目，运用信息数字技术，采集加工馆藏文物信息数据，将革命文物数字化成果、革命

文物普查结果等统一入库"，①更是其馆藏资源数字化归类存储的集中体现。不论以何种方式对革命类博物馆的馆藏资源进行数字化陈展传播，其基础工作是通过摄像技术对馆藏文物和资源进行高清拍摄和录制，形成图片和录像。在这一转换过程中，博物馆面临的主要问题是：基于摄影技术对馆藏文物和资源进行拍摄形成的高清图片和录像，是否具有独创性、是否构成著作权法上的作品、构成何种类型的版权作品？此类红色资源图片和录像，可否通过商业授权的方式或者免费授权的方式准予他人使用？

（2）红色资源转化为 NFT 平台数字藏品传播中的版权问题。"'元宇宙''NFT'等新理念和新技术的出现迅速进入了包括新闻传媒业在内的诸多领域"②已然成为一种势不可挡的现实。在革命类博物馆的实际管理和运营中，充分开发红色资源的商业价值，实现红色资源的创造性转化和创新性发展，是许多革命类博物馆正在进行的有益尝试。从市场层面看，"红色题材数字藏品受热捧"③"一大会址的数字文创火了，三款盲盒预约一空"④等新闻频出，彰显了红色主题数字藏品在市场上的吸引力和青睐度，这也为红色文化在以年轻人为主要消费群体的市场上的广泛传播搭建了极佳的数字化平台和渠道。井冈山革命博物馆在2022年5月10日，通过"数藏中国"NFT平台发布了1929年红五军慰问井冈山人民的"工"字银圆、第二次国内革命战争时期中华苏维埃共和国国家银行伍分铜币和1932年中华苏维埃共和国发行的湘赣省工农银行股票三款数字藏品，深受观众喜爱。在这一红色资源转化为 NFT 平台数字藏品传播中面临的版权问题包括：作为公共的馆藏文物转化为数字藏品是否存在版权问题，即他人可否用同样的红色元素在别的平台上发布相同或者类似的数字藏品？作为私有的馆藏红色书画作品在转化成数字藏品的过程中是否需要事先经过权利人的许可、是否存在侵权的风险？红色资源相较于其他文化资源具有更加特殊的公共属性和意识形态属性，博物馆在选择NFT数字藏品平台时，该如何考察该传播平台的资质和知识产权保护

---

① 何小文. 创新形式 良性互动 沉浸体验：我馆文物数字化转型结硕果 [EB/OL]. [2022-07-11]. http://www.jgsgmbwg.com/newsshow.php?cid=19&id=7204.

② 史安斌，杨晨晞. 从NFT到元宇宙：前沿科技重塑新闻传媒业的路径与愿景 [J]. 青年记者，2021（21）：84-87.

③ 陕西日报. 红色题材数字藏品受热捧 [EB/OL]. [2022-03-21]. https://esb.sxdaily.com.cn/pc/content/202203/21/content_778973.html.

④ 齐鲁晚报齐鲁壹点. 一大会址的数字文创火了，三款盲盒预约一空 [EB/OL]. [2022-03-21]. https://baijiahao.baidu.com/s?id=1740108100387266041&wfr=spider&for=pc.

状况？

（3）红色资源转变为音视频载体传播的版权问题。无论是何种类型的红色资源，每一件（个、首）红色文物、文献、传说、歌曲、旧址、标语和创作的背后，都有一个生动的红色故事，因此，讲解、述说红色资源背后的红色故事是实现革命文化有效传播的必然途径。在此背景下，通过云展览、云解说、直播、网络录播等形式对红色资源进行传播展示几乎成为各大革命类博物馆的常态，由此也引发了博物馆红色资源转变为音视频载体传播的系列版权问题。包括：参观者未经博物馆和讲解员同意擅自将博物馆讲解员的现场讲解在网上公开传播，是否构成版权侵权？其他网络平台或主体未经博物馆和讲解员同意，剪辑、截取、转载博物馆的解说解读音视频进行线上传播，是否构成侵权？对博物馆制作的解说解读音视频进行线上传播，该如何适用和区分合理使用（免费使用）与商业使用？另外，博物馆工作人员基于馆藏资源制作的短视频、讲解课等属于著作权法上的个人作品、法人作品还是职务作品？

（4）红色资源转化为数字化二次创作作品传播的版权问题。革命文化作为中国特色社会主义文化的重要组成部分，其在新时代的转化和创新，是"建设社会主义先进文化，提升国家文化软实力的客观需要，也是培育和践行社会主义核心价值观、助推社会主义市场经济发展、实现'两个一百年'奋斗目标的需要"[①]。与此同时，在革命文化持续推陈出新的过程中，从《沙家浜》案到《红色娘子军》案，我国近年红色经典作品的版权争议时有发生，凸显了红色文化资源在二次创作和商业开发中的版权问题。在数字经济时代，博物馆红色资源的商业开发和二次创作主要以互联网和移动互联网的传播渠道为主，不论是对馆藏资源进行文创产品的再设计、再创作，还是对馆藏资源进行网络虚拟产品（形象）的再开发、再利用，都离不开数字化载体和互联网传媒渠道。譬如，本项目组在井冈山革命博物馆调研期间，既出现了对毛泽东主席题写的"井冈山"三个字进行商业使用的版权授权问题，也发现了对馆藏雕塑和字画作品进行网络二次创作的侵权问题，这些实例都凸显了博物馆红色资源转接为数字化二次创作作品传播的版权问题。包括：馆藏文物和馆藏其他资源是否可以做商业开发，商业开发中是否会有版权侵权问题，博物馆该如何与开发方签订版权授权合同？他人是否可以随意对馆藏文物和馆藏其他资源进行二次创作，是否会有版权侵权问题，博物馆该如

---

① 孙学文，王晓飞. 新时代红色文化的传承与发展［J］. 吉首大学学报（社会科学版），2019（S1）：12-15.

何防止和制止不合法的二次创作行为？

2. 红色文化资源的版权确认难题

由上述红色博物馆融媒传播版权问题的具象归纳可发现，红色博物馆对红色文化的融媒传播利用建立于对馆藏红色文化资源的演绎利用基础之上，之所以在融媒传播实践中出现各类版权困境，本质上是由于馆藏的各类红色文化资源权利边界模糊。红色文化的融媒传播，从本质上看是红色文化资源转化为版权权利的进路。从本项目组长期实证调查研究的结果来看，红色文化融媒传播中版权问题的根源在于红色文化资源的确权，解决了源头的确权问题则可以有效避免后续的授权和侵权问题。因此，从版权权利体系的确权视角，剖析归纳红色文化融媒传播的版权具象难题成因，形成规律性的学理认知，能够更加清晰地呈现问题和解决问题，并能够为其他类型文化资源新媒体传播的版权问题提供可借鉴参考的认知视角。但是，红色文化资源在资源属性、创作主体、存续时间等方面的差异，使其基础性的确权问题变得尤为复杂。

一是各类红色文化资源公私属性的差异。综观红色文物、文献、传说、歌曲、旧址、标语和创作等红色文化资源，不难发现其中既有私有属性的部分，又有公共属性的一面，而著作权法乃是划定私权之法，如不加分辨地介入红色文化资源之中，不但有化公为私之嫌，更极易引起红色文化资源上的公私权益失衡问题。事实上，这一担忧并非空穴来风，此前已有成例：在一度引起较大社会影响的《红色娘子军》版权纠纷案中，被告方中央芭蕾舞团因败诉后拒不履行法院判决，于2017年12月被一审法院强制执行。[1]随后，中央芭蕾舞团于2018年1月在社交平台发表了措辞激烈的声明，怒斥法官"枉法""渎职"，并暗指原告图谋"将集体智慧窃为己有"，博取私利。[2]因此，基于产权逻辑产生的著作权法，在对红色文化资源确权划界时需注重公私利益平衡问题。

二是各类红色文化资源在制作主体上的多元。依据红色文化资源及其融媒转化成果的制作主体进行区分，可划分为社会公众制作、企业制作、博物馆制作、博物馆工作人员制作等情形。区分制作主体的意义在于，在红色文化资源的版权确权过程中，依照红色文化资源及其融媒转化成果制作主体的不同，红色文化资

① 央视新闻网. 北京西城法院就"梁信诉中央芭蕾舞团侵害著作权纠纷案"作出情况说明［EB/OL］.［2018-01-03］. http://m.news.cctv.com/2018/01/03/ARTIlNW9XZqrNDzTBqRxEQMA180103.shtml.

② 上游新闻网. 中央芭蕾舞团：冯远征夫妻利用媒体颠倒黑白［EB/OL］.［2018-01-02］. https://www.cqcb.com/headline/2018-01-02/621727.html.

源及其融媒转化成果的版权归属需要分别适用著作权法上的自然人作品、法人作品、委托作品、职务作品等不同情形下的规则。

三是各类红色文化资源存续时间上的不同。尤其是革命类博物馆所珍藏的伟人字画、名家雕塑、革命先烈手稿等资源，其创作时间各不相同，而红色文化资源的创作时间会直接影响到著作权存续时间的判定。

综上所述，革命类博物馆各类馆藏资源在属性、制作主体和存续时间上的差异，使其基础性的确权问题变得尤为复杂。

（二）博物馆红色资源物权版权分离催生融媒传播版权侵权困境

项目组在对革命类博物馆实地调研过程中发现，革命类博物馆的许多馆藏红色作品是由上级调拨、受赠或博物馆委托他人创作等形式而产生，博物馆长期保存并展览红色作品原件，对其行使着民法意义上的所有权。在此情形下，博物馆有权依照所有权的排他属性，独占、排他使用藏品原件，有权禁止他人对作品原件的欣赏、触摸等的使用，乃至基于馆藏品原件的所有权进行收益或进行处置。[①]但从著作权法视角看，由于上述红色作品许多至今仍处于保护期内，且由于时代所限，接收或受赠的红色博物馆大多并未与原作者就作品的版权归属订立版权协议。而根据著作权法规则，作品原件所有权的转移并不代表著作权的转移，如未合同约定作品版权归属，则这些委托创作作品或受赠作品的版权仍归属原作者，即使原作者已经去世，但在原作者去世未满50年的前提下，这些作品的版权仍是归原作者的继承者所有，博物馆仅基于其原件持有人地位拥有上述民法意义上的所有权，以及根据著作权法第二十条所确定的美术、摄影作品原件的展览权，其他如复制权、信息网络传播权等关键著作财产性权利则不为博物馆所有，即困扰革命类博物馆的馆藏资源物权与版权分离问题。

在融媒传播环境下，革命类博物馆馆藏资源物权版权分离问题对革命类博物馆红色文化融媒传播产生着直接负面影响。前述已然证明，无论是转化为高清图像、音视频抑或数字藏品等数字形态，革命类博物馆的红色文化融媒传播实践本质上看仍是建立于对馆藏红色文化资源的演绎利用基础之上，这一演绎利用在著作权法意义上涉及的是对红色作品复制权、出版权、信息网络传播权等著作财产性权利的行使。然而，馆藏资源的物权与版权分离，革命类博物馆仅持有馆藏资

---

① 胡卫萍，刘靓夏，赵志刚. 博物馆文化资源开发的产权确认与授权思考 [J]. 重庆大学学报（社会科学版），2017，23（4）：103-110.

源物权的现实，意味着革命类博物馆在将馆藏资源转化为高清图像、音视频等数字形态，乃至直接以馆藏资源为原型进行文创商品、数字藏品开发或其他商业应用时，就需要得到馆藏资源的版权权利人许可。但时至今日，多数馆藏作品的权利人已难以联系，寻找相关作品的权利人从而获得授权对革命类博物馆单位来说成为一项成本高昂且近乎无法完成的工作，如此一来，革命类博物馆对馆藏红色资源进行融媒传播利用就可能引起相关版权纠纷。

（三）既往红色作品利用的版权司法规则缺失陷入司法适用困惑

在红色文化持续推陈出新中，从《沙家浜》案到《红色娘子军》案，因红色经典作品改编利用引起的版权纠纷案件时有发生，而回顾《红色娘子军》案这一产生较大影响的红色经典作品版权纠纷案件后发现，适用于1991年我国著作权法实施之前的红色作品既往利用行为的司法裁判规则不足，致使司法机关出现司法适用困惑，不得不摒弃"规则优先"的司法裁判理念，从而引发了司法裁决标准的不一。

1. 基本案情

原告梁信系1961年公映的电影《红色娘子军》的编剧，1964年，当时的中央芭蕾舞团根据梁信编剧的电影文学剧本《红色娘子军》进行了同名芭蕾舞剧的改编并进行公演。该芭蕾舞剧一度因故停演，20世纪90年代初该剧由被告中央芭蕾舞团复排复演，并持续公演至今。1993年6月26日，原告、被告双方依据1991年6月实施的著作权法订立了一份协议书（下称"1993年协议"），协议书中确认了芭蕾舞剧《红色娘子军》系根据原告的电影文学剧本《红色娘子军》改编而成，并认同了当年改编过程中得到了梁信的应允和帮助，同时约定了表演中的署名、报酬等事项。后由于双方对"1993年协议"的合同性质及部分条款内容存在较大理解偏差，原告在调解未果后遂向法院提起了版权侵权诉讼。该案历经北京市西城区人民法院一审（2012西民初字第1240号）、北京知识产权法院二审（2015京知民终字第1147号）、北京市高级人民法院再审（2016京民申1722号），双方就中央芭蕾舞团1964年的改编表演行为是否得到了原告的版权许可使用、"1993年协议"的合同性质等关键实体性问题对簿公堂长达数年之久。在判决结果中，一审法院与二审法院在"中央芭蕾舞团1964年的改编表演行为是否得到了原告的版权许可使用"问题上的不同认定结果颇为值得思考。

2. 不同审级法院的裁决理念之差

就"中央芭蕾舞团1964年的改编表演行为是否得到了原告的版权许可使用"

问题，一审法院认为：结合现有证据，可以认定中央芭蕾舞团于1964年将梁信的电影文学剧本《红色娘子军》改编为芭蕾舞剧时，得到了梁信的许可，"这种许可既有口头应允的形式，也有亲自参与改编工作的方式。即便此种许可当时没有形成书面的形式，但基于当时特定的政治、法律和社会背景，对于这种历史形成的作品特定许可使用形式是应当予以充分尊重"。[①]因此，一审法院认定原告梁信的应允和帮助属于对中央芭蕾舞团使用其作品的事实上的版权许可。但在案件上诉后，二审法院就此提出了不同观点。二审法院认为，1964年我国尚未颁布著作权法，在这一时期，"无论梁信事先或事后是否知晓改编行为，无论其是否做出应允或帮助，亦无论其是否参与过改编作品的完善"，均不会产生"许可中央芭蕾舞团以改编的方式使用自己作品著作权"的效果意思，因此不可能产生著作权许可的法律效果。[②]但在我国著作权法于1991年6月1日开始施行后，梁信与中央芭蕾舞团签订的"1993年协议"中，存在对于1964年的许可行为进行确认的相关表述，由此赋予了1964年的许可行为以著作权法意义上的许可效力。由此不难看出二者争议之处：一审法院从事实许可角度出发，结合特殊历史时期的政治法律社会背景，认为原告梁信在1964年口头许可并亲身参与中央芭蕾舞团改编其剧本《红色娘子军》的行为构成对中央芭蕾舞团改编行为的事实上的许可；二审法院则基于1964年我国尚不存在著作权法的客观现实，基于法不溯及既往原则，认定梁信之行为不可能产生著作权许可的法律效果，而二审法院之所以并未推翻一审法院的判决结果，乃是由于"1993年协议"追认了1964年中央芭蕾舞团的改编行为，从而赋予了其著作权法意义上的许可效力。

3. 审判规则缺失下的司法适用困惑

两级法院在这一问题上的争议集中展现了司法规则缺失下的法院裁决理念冲突风险。试想，若本案中，1993年双方并未订立相关合同，则依据一审法院观点，1964年原告梁信口头许可乃至亲身参与《红色娘子军》剧本改编工作的行为，仍属于梁信对中央芭蕾舞团改编其剧本的事实许可；但如果依据二审法院的观点，1964年我国尚不存在著作权法，因而无论作者作出了何种意思表示，均不可能产生著作权许可的法律效力，且由于并不存在1993年协议对1964年中央芭蕾舞团的改编表演行为进行著作权许可效力的追认，因此中央芭蕾舞团1964年对梁信剧本的改编表演行为在法律意义上并未能得到梁信的许可，这一结论最终导

---

① 参见北京市西城区人民法院（2012）西民初字第1240号民事判决书。
② 参见北京知识产权法院（2015）京知民终字第1147号民事判决书。

向的审判结果显然会与一审法院大相径庭。更令人忧虑的是，根据前述实地调研结论，各地革命类博物馆内收藏的创作于1991年前的红色作品并不在少数，且极少有革命类博物馆在1991年后就这些红色作品补充了相关版权协定，而在1991年我国颁布著作权法之前，革命类博物馆针对这些红色作品的改编、出版等利用行为已时有发生，在《红色娘子军》案已然引起了较大社会影响的当下，司法机关却缺失可供适用这一特定历史时期发生的版权纠纷案件的统一裁判规则，因此，为保障同类红色作品版权权利义务的稳定性，完善适用于这一特定历史时期的红色作品版权纠纷案件的统一司法裁判规则尤为重要。

四、制度完善：红色文化融媒传播的版权保护制度修订完善建议

（一）规则检视完善厘清红色文化资源版权确认问题

前文已然论述，红色文化资源在属性、来源、表达类型、制作主体和存续时间上的差异，使其基础性的版权确权问题变得尤为复杂。针对这一问题，一是要准确把握并重新检视现行著作权法律规则，在法律层面予以解答和分析，为红色文化资源的版权确认提供思路；二是要政策引导，以国家文物局发布的《博物馆馆藏资源著作权、商标权和品牌授权操作指引（试行）》为基础，出台正式的《博物馆馆藏资源著作权、商标权和品牌授权操作办法》，在不违背著作权法规则的前提下，对革命类博物馆与其馆藏资源的版权权利义务关系予以厘清。

1. 红色文化资源版权确认的现有法律规则适用检视

要解决红色文化资源的版权确权难题，首先需要将红色文化资源置于我国现行著作权法律制度体系之下，从学理层面回答四个问题：红色文化资源的独创性问题、红色文化资源的作品类型问题、红色文化资源的权利归属问题和红色文化资源的版权保护期限问题。由于红色文化资源的独创性问题在前文已然叙述，故结合版权权利界定的一般规律，本项目组以"属于何种作品类型—权利归属基本规则—权利保护期限"的逻辑进路，对构成作品的红色文化资源及其融媒转化形式进行版权确认。

（1）作品类型+制作主体——红色文化资源的作品权属认定路径

著作权法上，一般情况下作品著作权归属遵循"著作权属于作者"的基本规则，但红色文化资源的著作权归属极为特殊，一方面，多数红色文化资源目前保

存于革命类博物馆内，牵涉到馆藏文物所有权与著作权分离情况下的权属认定问题；另一方面，红色文化资源与其融媒转化形式又因实际制作主体的不同分别构成著作权法上的自然人作品、法人作品、职务作品、委托作品等，导致权利归属更为混乱。因此，对红色文化资源及其融媒转化形式的著作权归属认定，必须分别进行具体讨论。

①构成作品的红色文化资源著作权归属认定

基于著作权归属不随作品原件所有权转移而转移的既有著作权法规则，构成作品的文物，其著作权仍然应当适用"创作者为著作权人"的著作权归属一般性规则，也就是说，对构成作品的红色文化资源，即使原创作者已经不持有作品原件的所有权，但著作权仍属于原创作者而非其他主体（即使原创作者死亡，但在作者死亡50年内，作品的著作权仍是作为作者遗产的一部分发生继承）。只有在一类特殊情况下，即红色文化资源本身构成"孤儿作品"（作者身份不明但仍在保护期内的作品），原件持有者才可根据《著作权法实施条例》第十三条"作者身份不明的作品，由作品原件的所有人行使除署名权以外的著作权"的规定，行使除署名权以外的著作权。

②博物馆视野下的红色文化资源影像著作权归属认定

前述讨论已得出革命类博物馆的馆藏资源影像是否具有著作权应当分情况进行具体认定的结论，而就构成作品的馆藏资源影像而言，其著作权归属取决于谁才是著作权法意义上的"作者"，这就需要结合著作权法规则，从实际制作主体认定的角度进行确认。从著作权法一般规则而言，"创作作品的自然人是作者"，但是，馆藏资源影像，既可能是博物馆单位组织馆内职工进行制作产生，也可能是博物馆委托具备相应技术条件的单位或个人进行制作而来，这就分别牵涉著作权法上"职务作品""委托作品"的权属认定，需要分类进行探讨。若是"委托作品"情形，则著作权的归属较为明确，依据委托作品"有约定从约定，无约定则版权归属受托人"的著作权法规则，在无约定的情况下，承担了具体制作工作的单位或个人享有著作权。若是"职务作品"情形，则权属认定过程较为复杂，对单位职工完成制作的影像，首先需要谈论其属于"一般职务作品"或"特殊职务作品"，即员工完成影像制作是否主要借助了"单位提供的物质技术条件"。对此，学界比较通行的观点是，博物馆职工完成影像制作系主要借助了博物馆提供藏品实体这一关键物质条件，且依赖博物馆所配备的摄影器材、场地等条件，因而构成"特殊职务作品"，故而根据著作权法相关规则，影像作品的署名权归属实际完成制作的博物馆职工，除署名权以外的其他著作权利则归属博物馆单位所有。①但除上述学界观点外，本文认为，博物馆组织单位职工进行馆藏文物影像制作的直接原因，一般多是博物馆单位为完成一定目标，如构建文物资源数据库等，影像制作过程中可能体现较强博物馆单位的创作意志，实际进行制作的博物馆职工的个人创作意志反而较少，故其亦有可能构成著作权法上的"法人作品"。在这种情形下，博物馆单位享有馆藏资源影像的全部著作权利。

（2）权属主体+保护期——红色文化资源的作品保护期限认定路径

著作权为期限性权利，自作品创作完成之日起产生，但著作权法对于作品保护期限的设计，因著作权归属的主体不同而有差异，故需要综合考量著作权属于自然人、法人或著作权人身份不明三类实践情形，对三类情形下的作品保护期限进行分类讨论（除发表权外，作者的署名权、修改权、保护作品完整权等三项著作人身权的保护期不受限制，故此处所讨论的"著作权"，仅指代"著作财产权"）。

首先，对于著作权归属自然人的作品，一般适用"作者终身+死后50年"的保护期限，即保护期限的开始计算日期始于作品创作完成之日，截止于作者死亡后第50年的12月31日。其中有两个关键时间节点应当明确，其一是"创作完成日期"，只有在明确创作完成时间的前提下，才能开始计算作品是否仍处于保护期限内，作品"作者终身+死后50年"的保护期规定才有实际应用意义；其二是"作者死亡日期"，明确作者死亡日期是准确计算作品是否仍在保护期限内的必要因素。举个例子，某博物馆内收藏的一幅革命人物油画由画家甲创作于1960年10月1日，画家甲于1970年去世，则该油画的作品保护期限即为1960年10月1日至2020年的12月31日。对于著作权归属法人的作品（既包括全部著作权归属法人的"法人作品"，也包括除署名权外的其他著作权归属法人的"特殊职务作品"），由于"法人"不存在"死亡"这一概念，著作权法对于此类作品采用了"发表后50年内"的保护期限设计，即保护期限的开始计算日期始于作品发表之日，结束于发表后第50年的12月31日，但如果这类作品自创作完成后50年内未发表的，著作权法便不再保护。对于著作权人身份不明的作品，根据《著作权法实施条例》第十八条规定，在作者身份未明之前，作品保护期限为"发表后50年内"，待作者身份明确（也就是可以判明作者属于"自然人"或"法人"）后，再分别

---

① 侯珂. 国家博物馆文物藏品数字影像版权化初探［J］. 中国国家博物馆馆刊，2012（5）：130-136.

适用两类情形下的保护期限规定。

2. 以已有实践为蓝本的版权政策引导

在检视著作权法律规则后发现，红色文化资源的版权确权问题虽有法可依，但需要经过缜密的著作权法角度的逻辑分析，不便于革命类博物馆实践操作。因此，以已有政策实践为蓝本，在不违背著作权法规则的前提下，对红色文化资源的版权权利界定及分配不清之处予以补漏，是问题与成本双重考量下的最优解。就已有政策实践而言，国家文物局 2019 年印发的《博物馆馆藏资源著作权、商标权和品牌授权操作指引（试行）》（下称《指引》）中，肯定了博物馆对部分构成作品的馆藏资源及其影像信息依法享有"馆藏资源著作权"，并对博物馆将馆藏资源著作权利进行对外授权的具体操作进行了指引。但《指引》本身部分内容设计并不合理，且《指引》仅作为实践参考使用，并不具备强制执行效力。基于上述考量，本项目组认为，有必要由国家文物局等相关部门以《指引》为蓝本，出台专门政策指引，就红色文化资源的版权归属予以明确。具体设计内容而言，一是准确依据著作权法规定，界定好构成作品的红色文物、红色歌曲及红色艺术品等原始红色文化资源的版权归属；其次，对基于原始红色文化资源的再创作行为，要充分考量公共利益因素，对二创产物的版权指引中强调版权法上的独创性标准，划定不构成作品的情形，避免侵蚀公有领域和损害公共利益；第三，针对创作历史背景条件特殊的红色文化资源的版权确权指引，应当合理依照版权法上法人作品、特殊职务作品等类型作特定划分，兼顾国家文化传播需求、集体创作特征与个人版权利益之间的平衡。

（二）立法修订扩展现有博物馆版权合理使用制度

版权限制制度（或称版权例外制度），是指基于作品创作的社会属性，为了平衡版权人、作品传播者和社会公众之间的版权利益关系，法律规定版权人在享有权利的同时，应当允许社会公众在法定的条件下使用其作品的制度。[1]红色资源创造性转化与融媒传播的背景下，馆藏文化资源的传播必然涉及博物馆对其馆藏资源的传统或数字化形式的复制行为，但是，如前文所述，构成作品的革命类博物馆馆藏资源，因其存在物权版权分离问题，其所有权由博物馆行使，但其著作权仍归属原作者所有，因此，博物馆对其进行的复制传播行为，若不

---

① 刘德良. 论互联网上的版权限制 [J]. 知识产权，2002（2）：24-28.

在我国版权限制制度的许可范围之内，则有存在引发版权侵权纠纷的风险。然而，我国现有针对博物馆主体的版权限制制度存在适用条件过于严苛、适用范围过于狭小的固有缺陷，因此，有必要对我国当下的博物馆版权限制制度予以适当调整。

1. 我国博物馆版权合理使用制度现状

目前，我国针对博物馆主体的版权限制制度主要由著作权法与《信息网络传播权保护条例》中的相关条文建构而成，其中，著作权法第二十四条（所谓"合理使用"条款）第一款第八项规定了博物馆"为陈列或者保存版本的需要而复制本馆收藏的作品"，属于作品的合理使用情形；《信息网络传播权保护条例》第七条第一款则规定了博物馆可不经著作权人许可，向本馆馆舍内服务对象提供本馆收藏的合法出版的数字作品和依法为陈列或者保存版本的需要以数字化形式复制的作品，且此种行为无须向作者支付报酬，但不得直接或者间接获得经济利益。

总的来看，国内博物馆版权限制制度为博物馆合法复制传播馆藏资源作品提供了可参照的基本依循。但具体分析来看，首先，著作权法上针对博物馆合理使用馆藏资源作品设定的前提条件过于严苛而缺乏实操意义。著作权法第二十四条中，博物馆"复制本馆收藏的作品"的前提是"为陈列或者保存版本的需要"，《著作权法》与《著作权法实施条例》并未对"为陈列或者保存版本的需要"这一前提条件作进一步明确，但《信息网络传播权保护条例》第七条第二款却对此有着解释，"前款规定为陈列或者保存版本需要以数字化形式复制的作品，应当是已经损毁或者濒临损毁、丢失或者失窃，或者其存储格式已经过时，并且在市场上无法购买或者只能以明显高于标定的价格购买的作品。"也就是说，博物馆对作品进行的复制行为，需要在馆藏资源作品本体或其载体濒临灭失的上述若干情形下，才属于"为陈列或者保存版本的需要"的合理使用情形。在馆藏资源本体或载体未濒临灭失的情形下，博物馆并不能够合法复制和传播馆藏资源作品。其次，《信息网络传播权保护条例》中的博物馆版权限制制度，还存在适用范围过于狭小的缺陷。虽然依照《信息网络传播权保护条例》第七条第一款规定，博物馆可不经著作权人许可，向本馆馆舍内服务对象提供本馆收藏的合法出版的数字作品和依法为陈列或者保存版本的需要以数字化形式复制的作品，但其提供范围应当局限于博物馆"馆舍内服务对象"，也就是说，超出这一范围，比如向馆舍外的观众提供馆藏资源的数字化作品，则不属于合理使用情形。

2. 现有博物馆版权合理使用制度的适当调整

如前所述，博物馆红色文化资源的传播涉及博物馆对馆藏作品的传统或数字化形式复制行为，而国内基于著作权法第二十四条与《信息网络传播权保护条例》第七条建构而成的博物馆版权合理使用制度，存在适用条件过于严苛，适用范围过于狭小的缺陷，远无法适应红色文化资源融媒传播实际，因而需要对我国现有博物馆版权合理使用制度进行适当调整。具体做法来说，一是要对《信息网络传播权保护条例》第七条进行部分修订，取消馆藏资源作品数字化复制形式传播的"馆舍内服务对象"限制，允许博物馆收藏的合法出版的数字作品及馆藏资源作品的数字化复制形式向不特定的公众传播；二是通过在《著作权法实施条例》中增加相关解释条文或对《信息网络传播权保护条例》第七条进行修订，适度放宽针对博物馆复制馆藏资源作品设定的严苛前提条件，删除馆藏作品"已经损毁或者濒临损毁、丢失或者失窃"这一条件限定，对另外两项适用条件以定性或定量形式进一步界明，使这一制度更具实操意义。

（三）司法解释出台明确红色作品既往利用行为效力

回顾《红色娘子军》案，适用于1991年前的版权利用行为的裁判规则缺失是致使不同审级法院出现司法裁判理念不一的最直接原因，这一问题归根结底是由于我国著作权法制的"历史欠账"。我国现行著作权法第六十六条规定，本法规定的著作权人和出版者、表演者、录音录像制作者、广播电台、电视台的权利，在本法施行之日尚未超过本法规定的保护期的，依照本法予以保护。本法施行前发生的侵权或者违约行为，依照侵权或者违约行为发生时的有关规定处理。这一条款蕴含两层意义：其一，著作权法对其施行之前已经产生且未超过保护期的作品亦具有保护效力；其二，这一保护效力只及于著作权法施行后的版权侵权或违约行为，若版权侵权或违约行为发生在著作权法施行前，根据法不溯及既往原则，则应当适用旧有的法律法规。但是，在1991年著作权法施行前，我国尚不存在能够直接适用于版权侵权案件的裁判规则，甚至在1987年民法通则施行前，我国亦不存在能够适用于版权侵权案件的一般性民事规则，由此引发了司法实践中的规则适用困惑：若红色作品利用行为发生于1991年甚至是1987年前，针对这些既往版权利用行为，究竟应当如何适用相应的司法规则？这一现象正如有学者指出的，"红色经典著作权纠纷案，通常会使法院在现行著作权法与所谓'历史遗留问题'之间进退维谷"。①

本项目组认为，在《红色娘子军》案等红色作品版权纠纷案件已然动摇了大量特定时期红色作品既往利用行为的权利义务稳定性的背景下，针对1991年前红色作品既往利用行为的司法规则完善势必要提上日程，故而应由最高法发布专门性司法解释，由事实许可角度出发，综合考量当时特定历史时期的政治法律社会情况，确定双方达成口头协议等若干情形下红色作品既往利用行为的许可使用法律效力，以统一此类案件中的司法裁判规则。对于相关解释应具体明确的内容，不妨参照学界观点，对新中国成立至1991年发生的红色作品版权纠纷案件，以1987年民法通则施行为界，将之划分为新中国成立后至1987年民法通则施行，以及1987年民法通则施行到1991年著作权法施行两个历史阶段，在第一个历史时期所发生的红色作品既往利用行为，可以认定其因为当时的惯例而具有法律效力，在第二个历史时期所发生的红色作品既往利用行为，则适用民法通则中确立的民事法律原则与规则，认可其为各方之间的真实意思表示，具备相应法律效力（即使这种法律效力很难说是著作权法意义上的效力）。②

这样的完善做法有着两层优势：第一，符合最高法在此类案件上一贯秉持的"尊重历史"理念。2018年5月，《红色娘子军》案余波未了之时，最高人民法院发布了《关于加强"红色经典"和英雄烈士合法权益司法保护弘扬社会主义核心价值观的通知》，其中提出，"要深刻认识使用红色经典作品报酬纠纷和英雄烈士合法权益纠纷案件的特殊性，在侵权认定、报酬计算和判令停止行为时，应当秉承尊重历史、尊重法律、尊重权利的原则，坚持红色经典和英雄烈士合法权益司法保护的利益衡平"。③最高法针对此类案件提出的"尊重历史"的审判原则并不令人意外，毕竟，早在1991年我国著作权法施行之前，针对红色作品进行改编、出版等的既往利用行为已然不在少数，囿于特定历史时期的政治、法律与社会因素，这类既往利用行为大多仅是双方之间达成了口头协议形式，且一般并无版权条款的约定事项，在版权许可的形式要件上并不齐备。但是，如果以此否认当时

---

① 王峰. 作为社会争议的版权纠纷——以芭蕾舞剧《红色娘子军》侵权案为例 [J]. 南大法学，2021 (5)：142-154.

② 徐家力，赵威. 论1991著作权法施行之前文学艺术作品改编许可的效力——以"红色娘子军案"为切入点 [J]. 法律适用（司法案例），2018 (10)：29-32.

③ 中华人民共和国最高人民法院公报. 关于加强"红色经典"和英雄烈士合法权益司法保护弘扬社会主义核心价值观的通知 [EB/OL]. [2018-05-11]. http://gongbao.court.gov.cn/Details/f2e9d3004951 b2e3c9befdc46e415c.html.

发生的红色作品利用行为具备法律上的被许可效力，那么，大量特定时期形成的红色作品利用行为的权利义务稳定性势必会遭受冲击。由于红色经典作品远不仅是私益问题，而是承载着大量的党和国家利益、社会公共利益，[①]这样的后果显然无法令人接受。第二，在遵循了法不溯及既往原则的前提下，符合"成本节约"理念。囿于特殊历史时期的政治、法律和社会背景，红色作品既往利用行为大多仅是双方之间达成了口头协议形式。如果最高法出台的司法解释不承认此类作品特殊许可使用形式具备法律意义上的许可效力，首先，从司法成本角度考量，这类既往利用行为一旦出现版权纠纷，其司法审判结果往往就不利于作品使用一方，出于个体利益的追逐，相应的版权纠纷案件必然增加，抬高司法成本。其次，对于革命类博物馆这类收藏了大量红色作品并已然进行过大量改编、出版等使用行为的单位而言，为避免后续版权风险，势必要被迫支出大量成本寻找馆藏红色作品的权利人补充版权协议，作为当初事实许可效力发生的条件，进而抬高社会成本。因此，在此类案件上本着"尊重历史""节约成本"的原则，在不违背法不溯及既往原则前提下，以最高法发布专门性司法解释的方式，认定双方达成口头协议等若干情形下的红色作品既往利用行为具备法律上的许可效力，乃是必然之选择。

结语

红色文化的赓续传承与融媒传播，与作为"文化的基础资源"的版权及作为文化发展基本法的版权法密不可分。从学理与实证研究两方面入手，考察现行版权保护制度机制在红色文化传播中的调适缺陷，在实证调研的基础上找到媒体融合环境下红色文化传播的版权保护难点和堵点，提出制度和机制两个层面的解决路径，提升版权制度与版权司法在红色文化保护中的效能，对于弘扬红色文化精神价值、提升红色文化传播效率、促进红色文化经济价值具有重要的实践意义。本课题组通过解析理论关联、解构实践难题的研究思路，洞察媒体融合下红色文化传播的实践样态，实证研探了现行版权保护制度和机制在适用红色文化融媒传

---

① 最高法发布的《关于加强"红色经典"和英雄烈士合法权益司法保护弘扬社会主义核心价值观的通知》中指出，"为维护党和国家利益、社会公共利益，对因使用红色经典作品产生的报酬纠纷案件，不得判令红色经典作品停止表演或者演出"。

播环境中的困境，并提出切实应对和实操策略，以助推融媒传播环境下红色文化的高效传播和转化创新。

课题负责人：张祥志　阙米秋

课题组成员：魏建萍　徐金辉　刘兆锋　伊志森　汤建潼　申屠佳轩
　　　　　　　李帅奇　郭雅欣

承担单位：华东交通大学　江西省委宣传部（江西省版权局）

大数据时代版权保护与文化繁荣[*]

摘要： 版权产业不仅是国民经济的重要组成部分，更是社会主义先进文化的重要载体。版权产业的脆弱性决定其发展离不开版权保护，高水平的版权保护也是文化繁荣的重要保障。在大数据技术的支持下，版权产业机构呈现爆发式增长，但技术也形成对版权保护的挑战，进而影响版权产业良性有序发展。中国的版权法治建设要实现超越才能担负起推动文化繁荣、文化强国的历史使命。在大数据时代背景下，提高知识可及性、平衡版权产业参与者利益、降低版权交易许可成本可以优化版权保护制度，促进版权产业良性发展，实现文化繁荣。

关键词： 大数据；版权保护；版权产业；文化繁荣

一、版权保护是文化繁荣的基本保障

在《版权产业的经济贡献调研指南》中，世界知识产权组织（2006）[①]对版权产业进行概括性描述，版权产业是版权能发挥主要作用的产业或活动。随着市场经济体制的形成、知识经济的成熟和版权产业的发展，版权产业的概念逐渐被人们认识与接受。跨入 21 世纪，文化在综合国力中的地位日益提高，版权产业在国家社会与经济发展中发挥着越来越重要的作用，其对于增强民族文化国际竞争力，提升国家文化软实力，抵御外来意识形态入侵都有重要意义。

2017 年 9 月，习近平总书记就精神文明建设"五个一工程"作出重要指示，希望广大文艺工作者坚持以人民为中心的创作导向，坚持"双百"方针、"二为"方向，潜心磨砺，精益求精，以传世之心打造传世之作，为实现"两个一百年"奋斗目标、实现中华民族伟大复兴的中国梦提供强大精神力量[②]。在 2021 年 12 月 14 日中国文联第十一次全国代表大会中国作协第十次全国代表大会开幕式上，

---

[*] 本报告为该课题研究成果的精减版。

[**] 魏建，山东大学版权研究中心主任，《山东大学学报（哲学社会科学版）》编辑部主编，教授，本课题组组长。

[①] 世界知识产权组织. 版权产业的经济贡献调研指南 [M]. 北京：法律出版社，2006：132.

[②] 朱继东. 从毛泽东到习近平：坚持"双百"方针、"二为"方向相统一思想及其意义 [J]. 毛泽东邓小平理论研究，2019，385（10）：43-52+108.

习近平总书记指出，推动社会主义文艺繁荣发展、建设社会主义文化强国要坚持"双百"方针、"二为"方向，展示中国文艺新气象，铸就中华文化新辉煌，为实现第二个百年奋斗目标、实现中华民族伟大复兴的中国梦提供强大的价值引导力、文化凝聚力、精神推动力。

党的十九届五中全会提出到2035年建成文化强国的战略目标，并对如何实现这一战略目标作出新的谋划和部署。这是党的十七届六中全会提出建设社会主义文化强国以来，党中央首次明确建成文化强国的具体时间表，标志着我们党对文化建设重要地位及其规律认识的深化，为在全面建设社会主义现代化国家新征程中推动建成文化强国提供了行动指南，为我们深刻认识新时代文化建设新使命、创造中华文化新辉煌明确了前进方向。党的二十大报告再次强调，到2035年建成文化强国，国家文化软实力显著增强。

版权产业是社会主义先进文化在文化建设中的具体体现，是对社会主义先进文化的创新与发展。但版权产业是脆弱的，为了使版权产业得以发展，以法律确立产权制度具有决定性的意义，这就是版权制度。现代版权制度以激励创作、保护智力劳动为基本出发点，以促进科学事业与文学艺术的繁荣发展为目标。版权制度的本质是对人类智力创造活动进行激励的制度，通过对著作权人创新的保护，带动与作品创作传播相关产业的发展，进而推动整个社会健康发展。没有完善的版权法律体系就不能增加文化生产者的合法经济利益，整个社会很难获得持续的版权产品供应，那么版权产业也很难发展壮大，与版权相关的法律制度起到了一种利益润滑剂的作用。

建立完整有效的版权保护体系有助于开发民族智力资源，促进作品的正常使用和知识信息的广泛传播，正因如此，大多数国家的著作权法都以促进科学作品、文学艺术发展与繁荣为立法目的，版权产业发达的国家都非常重视知识产权保护，保护版权也成为构建社会主义和谐社会的重要内容之一。2020年11月，中共中央政治局就加强我国知识产权保护工作进行第二十五次集体学习。中共中央总书记习近平在主持学习时强调，知识产权保护工作关系国家治理体系和治理能力现代化，关系高质量发展，关系人民生活幸福，关系国家对外开放大局，关系国家安全。全面建设社会主义现代化国家，必须从国家战略高度和进入新发展阶段要求出发，全面加强知识产权保护工作，促进建设现代化经济体系，激发全社会创新活力，推动构建新发展格局。2021年发布的《知识产权强国建设纲要（2021—2035年）》《"十四五"国家知识产权保护和运用规划》明确指出全面加强知识产权保护，建设知识产权强国，深化知识产权保护工作体制机制改革，全面提升知识产权创造、运用、保护、管理和服务水平。《版权工作"十四五"规划》也提出以建设版权强国为中心目标，以全面加强版权保护、加快版权产业发展为基本任务，为推动高质量发展、建设创新型国家和文化强国、知识产权强国提供更加有力的版权支撑。

社会主义先进文化要想使民众接受与认可，就必须依赖具体的载体，而版权产业就是重要的载体。版权产业将社会主义先进文化与经济发展相结合，实现文化经济化。因此，培育社会主义先进文化就必须发展版权产业。版权产业的脆弱性决定其发展离不开版权保护，则文化强国以文化繁荣为前提，文化繁荣以版权产业的充分发展为前提，高水平的版权保护是文化繁荣的重要基石。

学者就版权保护对版权产业的影响进行论述，形成了版权保护促进版权产业发展与版权保护需适度两类主流观点。总结来看，坚持版权保护促进版权产业发展的国内学者认为当前版权保护力度不足，为促进我国版权产业发展还需加强版权保护。坚持版权保护需适度的国内学者认为知识具有溢出性，而科技为作品传播提供良好机遇，且作品传播对原作者也有益处，过强的版权保护将提高版权产业交易成本，不利于作品传播，版权保护应有一定限度，需考虑社会福利，这与知识产权的功利主义观点相契合。在功利主义的价值取向上，保护知识产权是中间目的，借助创新增进人类福祉是最终目的[1]。由此可见，文化强国以文化繁荣为前提，文化繁荣以版权产业的充分发展为前提，且高水平的版权保护与版权配置是文化繁荣的重要基石。

二、大数据时代技术对版权保护的挑战

除版权保护外，技术是版权产业发展的另一重要支柱。从某种程度上说，版权产业的发展史是科学技术与版权作品创作结合的历史。从世界范围看，版权产业是在信息社会与知识经济建构的时空坐标中逐步确立为支柱产业的，20世纪90年代以来，版权行业的发展与信息技术的发展同步[2]。认识到技术对版权产业发展的重要性，我国《"十三五"国家战略性新兴产业发展规划》提出形成文化引

---

① 马忠法，谢迪扬. 新近国际知识产权规则发展的法理基础——偏离功利主义的非理性与破解 [J]. 电子知识产权，2022，365（4）：37-52.

② 张铮，熊澄宇. 文化产业发展的五种创新能力 [J]. 改革，2009（6）：147-149.

领、技术先进、链条完整的数字创意产业发展格局。《中华人民共和国国民经济和社会发展第十四个五年规划和2035年远景目标纲要》中提出要扩大优质版权作品供给，实施版权产业数字化战略，发展新型文化企业与文化业态。这不仅标志着版权产业经济地位进一步提升，也强调文化科技融合在高质量版权产业发展中的重要性。

Web1.0是门户网站时代，信息从网站单向流至用户，这是将传统媒体电子化、网络化的过程。Web2.0是搜索社交时代，此时的网络是交互式的，用户同时接受发布信息，网络信息也展示出复杂多样、信息体量大、快速传播的特性。Web3.0是大数据的时代，随着移动终端的普及，网络虚拟性降低，网络空间与生活紧密连接。在版权产业中，数字技术实现了版权作品与服务的数字化，经过数字编码后的版权产品的信息再经由通信设备表达、处理与传输。网络技术实现了计算机、移动终端的聚合连接，版权产品信息可以被网络使用者共享、管理与维护。数字化是版权产品在计算机网络中传播的前提，网络则成为数字化版权产品传播的基础设施。在以数字网络技术为代表的大数据技术共同作用下，版权产品得以在虚拟世界中广泛传播，版权产业价值因而快速增长，版权产业进入大数据时代。

大数据技术对版权产业的促进效用不是一蹴而就的，大数据时代版权产业发展中展现的新特点是内容传播平台化与内容创作大众化。

首先，版权内容的传播链条发生改变，网络平台成为版权消费中不可或缺的中间环节。网络平台逐步成为版权产业生产供给与消费的共同载体，其突出特点是节省了中间流通环节，产业链两头的供给者与消费者通过平台直接沟通与交易，实现线上版权作品与服务的生产供给和消费，并且可以多边进行，使产业链形态从传统的单向直线式变为多个产品服务提供者与消费者群体可以在同一平台同时进行交流、交易，使版权消费产业链发生改变。同时，庞大的用户画像数据与大数据技术结合将降低作品搜索成本，网络平台算法可以智能地分析多维数据，匹配用户行为及相应的兴趣标签，为网络平台用户提供一对一的精准营销推送服务。

其次，在数字网络时代，技术赋权效应不断扩大，互联网已成为受众发声、分配话语权及文化再生产的主要载体，形成更加对等、开放、扁平的机制和多元、丰富、高参与度的文化生态。由于应用新技术与新媒体，消费者在很多时候成为价值创造的主体，创作与发表的便捷催生了数量众多的网络创作者，大众对网络表现出强烈的热情。大众不仅是作品的消费者，而且是传播者、创意者和认同者。大众作为传播者与创意者具有双重意义，大众既是传播文化创意、形成社群的媒介元素，又是文化创意的来源与文化创意融合生产的功能主体。

历史上，新的传播媒介与创作平台的出现能够极大地推动文艺发展。到了数字网络传播时代，网络文艺是技术与文艺发展相结合的产物，它创新了当今文艺的样本，为文艺的发展提供了动力。网络文艺是网络时代的艺术，是以数字信息传播技术和数字媒体技术为支撑的艺术形式，其艺术表现及互动等诸多环节都依赖技术发展。网络技术创新了文化存在方式，丰富了文艺的样态。这体现在网络技术所创造的虚拟世界让文艺表现形式更加丰富，网络技术创造的多媒体艺术丰富了文艺观念，激发了艺术诗意。同时，网络文艺契合文艺大众化的趋势，推动了艺术民主化的进程，激发公众的艺术潜能，收获了前所未有的艺术人口。

内容创新是版权产业的中心环节，文化内容是文化的组成部分，也是文化的表现形式。文化内容创新就是要实现文化的精神价值与思想内容的变革突破，特别是对符合社会发展需要的精神追求与思想取向的肯定，这有助于引导人们形成正确的世界观、人生观、价值观，引领社会风尚。因此，培育社会主义先进文化并实现文化繁荣就必须发展版权产业。

版权产业是知识密集型、技术密集型产业，其发展必须依靠技术创新为之提供技术保障与更广阔的发展空间。大数据时代著作权边界被拓宽，但其新边界又模糊不清，进而引起诸多著作权纠纷。技术带来的问题形成对旧有版权制度的挑战，既往的版权激励制度已经难以适应技术的发展。

版权产业的边界可以分为制度边界与技术边界。所谓制度边界就是由版权相关法规确定的边界，此边界内的版权产品受版权法律保护，有较稳定的发展环境。技术决定了版权产业的类型与形式，所谓技术边界则是由版权产业相关技术决定的版权产业范围。当制度与技术相契合时，制度边界与技术边界基本重合。考虑到技术发展的难以预测性，绝大多数时期，制度边界不能涵盖全部技术边界，则处在技术边界内但超出制度边界部分的版权产业发展就要面临不确定性的困扰，出现野蛮生长与制度套利的现象。现阶段，大数据技术不断拓宽版权产业技术边界，而制度边界拓展缓慢，技术形成对旧有制度的挑战，进而引发诸多著作权纠纷，具体表现如下。

1. 新知识形态的版权确认要求。数字技术的进步使知识的表现形式基本上转换为数字代码，由此形成了以数字为基础的新型的内容展现形式，"数字作品"成为普遍存在形式。对此作品新形式，版权法给予了确认，承认其具有可版权性。但是对于AI创作的"作品"是否赋予版权至今尚未有定论，ChatGPT再次横空出世继续拷问这个问题。更重要的是，作品的数字存在形态，使对其的占有、使用、收益等权利形态也相应发生了重大变化。一个新的基本挑战是，所有权利的行使都以数字服务的存在为前提。数字服务并不能被版权人所掌控，版权人实际获取的只能是基于数字服务协议而得到的使用许可。服务协议因此成为数字版权的核心，这一改变从根本上挑战了版权法既有法理基础和运作体系。

2. 出现侵权新形式。版权内容借助网络克服时空障碍在全世界范围快速流动，这不仅实现了文化传播的革命，也为大众提供了全新的消费空间，这体现着未来文化发展的方向，但这也形成对现有版权制度的挑战。盗版是最严重的侵犯他人版权的方式，对版权产业的危害非常大。数字网络版权产业的蓬勃发展也催生智能化、专业化、隐蔽化的盗版侵权行为。依托网络信息平台，盗版产品的传播与销售途径由实体转至虚拟，盗版侵权活动领域扩大，呈现线上线下二元共存的局面。与传统盗版方式相比，网络技术大大压缩盗版传播时间，其影响力与扩散性均有所扩大。不仅如此，不少侵权分子反侦查意识强，利用网络技术手段加强侵权活动的隐蔽性，将网站服务器所在地、注册地、住所地分置，为版权执法设置障碍。

3. 版权配置阻碍知识生产。概括来说，知识再生产由三方面决定，一是创作者的创意，二是可利用知识的存量，三是创作者可以得到的激励。虽然大数据相关技术有降低版权产品生产与传播成本的效用，但如果不能做出有利于网络环境下著作权制度重新构建的对策，不解决网络环境下出现的难题，就无法高效有序发展版权产业。而当前滞后的版权制度阻碍了知识再生产。一方面，信息网络技术发展使网络盗版泛滥，同时也增强著作权人限制他人接触作品的能力，诸多著作权人也开始凭借优势地位让使用者签署义务权利不对等的使用许可协议，或者采取技术措施限制公众对作品的合理接触。另一方面，大众认为"文化再利用"是一个天然的传统。人们认为，作者在其作品发表并供大众消费后，默许他人合理使用其作品，而互联网技术与作品数字化理应使用户利用已有作品进行再创作变得更方便。如果强制要求公众遵循事先授权模式，则极易出现为找寻著作权人达成使用许可协议的成本超过新设作品价值的现象。与此同时，网络信息服务平台逐渐成为版权产业的关键环节，在处理上传者和著作权人的纠纷中也暴露不作为的弊病。

4. 垄断出现新特征和新挑战。版权产业的垄断形式通常是以独家版权的方式出现。版权是大规模的权利，受众多，可重复使用，垄断将降低消费者福利。以数字音乐为例，音乐著作权人与音乐平台之间达成独家许可协议，从法律上看属于合同自治的范畴。但需要回答的问题是，独家授权模式是否违反了知识产权保护法与反垄断法规定，独家许可是不是垄断行为。从知识产权法的角度来看，权利人没有必须许可的一般性义务，拒绝许可本身就是版权人行使版权的体现。但不能忽视的是，独家许可可能内含打击竞争对手的动机或者附加不合理条件。

要发展版权产业，就必须合理界定版权归属，确立低成本的版权作品交易规则，充分保护著作权人的利益。在"互联网+文化"背景下，大数据相关技术的进步和网络平台的建设使在版权产业发展中整合世界范围的优质文化资源成为可能，这将有力推动版权产业发展。然而，仅仅依靠技术来拓宽版权产业的边界是不够的，还需要完善相应的法规制度，得出妥善解决著作权纠纷的方案，从而保证版权产业的高速有序发展，实现文化繁荣与文化强国的目标。如何应对这些挑战是改进我国版权制度的机遇，我们不仅要学习他国的经验，也要向世界贡献中国制度智慧。

三、大数据时代版权产业参与主体的诉求

传统环境下，作品的许可成本是能预知的。大数据时代，"先授权后使用"的模式将因成本过高而难以执行[①]，而诸多二次创作作品的流行说明"先使用后付费"模式更易被大众接受。知识可及性是知识再生产的必要前提，传播技术的进步不断地促进知识可及性，但版权配置的滞后提升交易成本构成对知识再生产的阻碍。

版权制度是一种利益平衡，既要保护创作者权益以激励创作，也要重视创作者与社会公众之间的权益平衡，最终实现文化繁荣的目标。太过重视权利人的利益反而会阻碍后续创作者，因为绝大多数创作者都曾是他人作品的使用者。要寻求保护原创者利益与促进合理使用作品的平衡点，促进版权产业有序健康发展。大数据时代版权产业的参与主体是著作权人、网络平台以及版权内容的消费者，则分析如何改进版权保护制度就需分析各参与主体的诉求。

(一) 著作权人利益诉求

1991年，《中华人民共和国著作权法》颁布实施，肯定文学、艺术与科学作

---

① 倪朱亮. 自媒体短视频的著作权法治理路径研究——以公众参与文化为视角 [J]. 知识产权，2020，232（6）：70-80.

品的商业属性，作品权利的确定保障了版权生产由市场需求决定①。财产权是著作权核心权利，著作权通常包括公共传播权、广播权、表演权、展览权、出租权与发行权，传播权利因而是版权人经济利益所系。可以说，没有商业传播就没有商业利益，没有商业利益就没有权利②。

任何传播技术发展都会在版权制度上留下印记，在不同技术阶段，市场范围也会发生改变，区块链、数字网络与人工智能等技术发展将给社会带来巨大变化，这将是迄今为止版权制度面临影响最为深刻的变革。技术发展既为创作者拓展市场提供工具，也为提升作品利用效率提供技术支持，更是为消费者获取作品提供了新途径。但是大数据技术降低版权作品制作传输成本的同时，也引发了盗版问题。

在技术发展初期，以手工抄写为代表的私人复制有分散性和隐蔽性，远离市场，因而权利人会选择忽视这类行为。当手工抄写转变为机械复制时，机械复制品与商业性复制品差异较小，投入市场与个人使用的界限也不再明晰，著作权法就要进行回应，打击盗版行为。进入数字网络时代，任何人都可对数字作品进行无限制、高质量及低成本的复制，并借助网络将其传给其他用户。

有两种保护著作权人权益的方案，一种是以法律制裁为代表的"事后救济"；另一种是借助技术手段进行"事前预防"，以控制限制接触作品行为为主。尽管各国的版权法都赋予版权人信息网络传播权、复制权、发行权等排他性权利，但如果法律只能依靠司法程序制裁侵权行为，则法律救济只能是"事后救济"。一旦数字作品在网络上被非法复制和传播，它可以在很短的时间内形成数个非法复制品，而侵权者往往是缺乏经济补偿能力的个人用户，逐一寻找并追究侵权用户的法律责任是不现实的③。因此，在大数据时代，仅依靠法律制裁侵权行为已难充分保护作者利益。

在作品数字化的背景下，接触控制措施能弥补"事后救济"的不足，使著作权人能更有效地控制他人接触自己作品的行为，保证其经济利益。但不可否认的是，著作权人也可以利用接触控制措施来实现价格区域划分、捆绑销售、垄断市场等目的。在版权产业集团的推动下，此种权利扩展至传统版权并不包含的个人

---

① 向光富，卫绪华. 著作权法秩序下文化产业逻辑预设的发现与启示——从商业电影中的市场价值与艺术价值矛盾切入 [J]. 知识产权，2019（4）：71-78.

② 孙昊亮. 网络著作权边界问题探析 [J]. 知识产权，2017（3）：9-17.

③ 王迁. 对技术措施立法保护的比较研究 [J]. 知识产权，2003，13（2）：3-10.

使用领域。比如，在线浏览期间发生的短暂存储行为存在是否侵权的争议。在印刷时代，版权法是"为了控制传播而规制复制"，在大数据时代则有了"为了控制复制而规制复制"的情形①。接触控制措施异化的结果是著作权挤压了知识共享空间。

公共利益和私人利益是相互交错的，如何进行区分是著作权制度的核心问题。从印刷机到数字点播，每次新技术的出现都向立法者提出两难选择：扩张著作权以使作者和出版商获取作品在市场上的新价值；或者，抑制著作权，让公众免费使用作品复制件。这是传播者、作者、社会公众之间的博弈，各方诉求难以同时得到满足。在数字网络环境下，低成本且高保真的传播使得作品以非商业的形式广泛传播，传统著作权制度显然不能适应这种商业模式。因此，必须从理论上构建大数据时代的著作权边界。

（二）消费者的学习与表达需求

有学者指出版权产业本质上是"人与社会一切社会文化关系的总和"②，版权产业是与符号分配、交换及消费等活动密切相关的产业，这些符号就是版权产业独特的附加值，受众数量将影响符号生产，也会影响作品价值③。虽然受众的依赖性决定大众无法自行创造文化资源，但大众可以根据自己的经验解读作品，从这些资源中创造新内容，成为大众文化生产的主角，因此，文化创意的作用更注重人与人之间的价值认同以及人的价值实现④。由上述理论可知，理解版权产业发展需要认识到人的作用：人不仅是生产者和消费者，而且是传播者、创意者和认同者。

文化繁荣的实现也不能仅仅依靠创作者，必须让公众参与到创作中来。在"创作者—受众"的传播链条中，作品是媒介，创作者创作发表后的作品成为社会文化的独立存在，受众的作品接触行为使作品得以在文化中传承。受众不是简

① 胡波. 信息自由与版权法的变革 [J]. 现代法学，2016，38（6）：78-86.
② 胡惠林. 论文化产业的本质——重建文化产业的认知维度 [J]. 山东大学学报（哲学社会科学版），2017（3）：1-15.
③ 李思屈. 技术与梦想：文化产业发展的新趋势 [J]. 河南社会科学，2015，23（8）：6-10.
④ 李凤亮，潘道远. 文化创意与经济增长：数字经济时代的新关系构建 [J]. 山东大学学报（哲学社会科学版），2018（1）：77-83.

单地接受作品，需对作品进行理解与诠释①。即使在作品创作中，受众也可扮演创作指导的角色。创作者在创作作品时会意识到其构思与表达将如何被受众接受或理解。创作者寻求受众认同的过程可以促使他们关注受众对作品的接受程度，这将使创造者选择能够促进与受众交流的模式进行创作。这种受众与创作者之间的精神交流可能比单纯的经济效益更重要。受众对创作者作品的认同是一种精神激励，受众针对作品思想与表达的批评与评论可以使作品的优缺点更加突出，这对于科学文化事业建设有益，也能影响作品的传播广度与深度。受众在精神层面上对作品的认可将促使其对作品所蕴含的信息与思想进行学习研究，推动作品的传播和传承，从而实现作品的社会价值。受众对作品的欣赏研究还可以提升其个人的知识与素养，整个社会的创新能力与文化素养也会因此提升。

由此可见，在受众与创作者的二元关系中，公众似乎是被动的消费者，但他们也有积极主动地位，他们对作品的消费与认同决定作品的传播及其文化与市场价值，进而决定版权产业的质量、规模与可持续性。公众作为作品的消费者，在作品的获取、利用、再创作与传播等各环节均扮演重要角色，他们既是版权产业的参与者，也是文化的创新者与传承者，是决定作品文化价值与市场价值的重要力量。

上述讨论的是被动消费者对文化繁荣的促进作用，事实上基于消费者使用作品后是否发生再创作行为可以将消费者划分为被动作品消费者与作为作者的作品消费者。前者是传统意义上的纯粹消费者，后者则不仅是文化消费者，还会借助作品进行传播、演绎等行为，可称之为创作型作品消费者。在数字网络等促进创作传播的技术支持下，人们使用他人作品进行再创作的形式也更加丰富，这既有助于实现作品的市场价值，也能激励公众创作、消费作品。

在大数据时代，人的角色开始发生转变：一是互联网提供开放平台，连接专业制造者与普通用户，使用户成为创意者，创意者群体扩大则产生新创意的可能性增加。二是网络构建新的产业生态系统，允许创意产品重新组合及其细化分工，创意者获得的知识技能可以通过交叉传播的方式进入其他商品中，形成混合式创新。三是创意的注意力价值实现需要充分的文化认同，创意者结合新产品、新思维形成文化社群，利用文化认同构建消费者社群，实现创意成果的转化传播。

---

① 王秋月. 作者与读者的潜在对话——试析冯塔纳的小说《施泰希林》[J]. 德国研究，2019（2）：127-139.

不断增多的作品消费渠道与消费方式使消费性使用成为一种趋势，纯粹被动的受众越来越少，使公众使用者与原作者并存。思想表达是人性的一部分，抑制表达就是抑制人性。不论是原创式表达还是复制式表达都是公众的表达形式之一。公众参与创作传播的目的不仅是经济利益，更多的是一种参与文化的方式，其中包含了自由表达等非经济诉求①。不论是在学术领域还是在文化娱乐领域，都是没有批评则没有交流，也没有理性的文化传承与发展。保证公众对作品评论的权利有益于实现著作权法的基本目标。虽然作者创作作品，著作权法也赋予其著作权专有权，但其作用和影响是有限的，其著作权也应受到一定限制。如果公众表达不涉及对商业利益的追求，在不影响他人商业利益的情况下就不应归入侵犯著作权的范畴内。

事实上，从创作者的角度看，部分创作者的创作动机并非仅为自用，而需要通过向其他使用者授权来获取收益②。在创作者群体的头部与尾部，创作者的创作动机有很大差异。头部创作者的创作激励来源自传统货币经济，尾部创作者的创作激励来源自非货币经济，头尾之间则是两类创作者的混合体③。头部创作者的产品成本高昂但收入亦不菲，商业考量占据主导地位。头部创作者领域是专业者的领地，其流通成本与生产成本均不低，金钱驱使一切，创造力的发挥不能阻碍经济效益。对于尾部创作者，其流通及生产成本均较低，这主要得益于数字网络技术的普及，商业因素往往在第二位。对尾部创作者来说，声誉的吸引力并不亚于金钱。

声誉依靠作品的传播来衡量，其可以转化为其他有价值的东西，如粉丝、头衔、工作机会以及潜在的商业机会。在数字网络时代，作品传播是提高作者知名度与影响力的重要途径，前作积累的名气必然会提升下一部作品的市场价值。因此，作者，尤其是名不见经传的小作者，对未经允许的传播行为会持默许乃至欢迎的态度，毕竟传播是一种免费的宣传。以短视频平台的推送算法为例，观赏者对作品的赞赏会使作品得到更多的曝光度，作者会因作品传播而为自己的账号积累大量关注，使自己的账号与作品具有更大的商业价值。

由此可见，消费者强调信息与版权产品的公共属性来维护其表达权，而以头

① Benkler Y. Sharing nicely：On shareable goods and the emergence of sharing as a modality of economic production ［J］. Yale Lj，2004，114：273.

② 熊琦. 中国著作权立法中的制度创新 ［J］. 中国社会科学，2018（7）：118-138+207.

③ ［美］克里斯·安德森. 长尾理论：为什么商业的未来是小众市场 ［M］. 乔江涛，石晓燕，译. 北京：中信出版社，2015：117-120.

部创作者为代表的著作权持有方则试图强化著作权体系来维护表达的私有化，两者形成的冲突也成为影响社会公共文化实践的重要问题。但并非每个历史时期都可以将表达私有化，表达是否是私权取决于特定的社会与法律习惯，取决于各方力量对比和当时社会结构。频繁地创作和传播必然会有创作者在无意中闯入他人版权领地的现象，这就是大数据时代最显著的版权问题。在以数字网络为代表的大数据技术普及各种知识，便利消费者、创造者、传播者的同时，也要重视大数据技术对版权保护的挑战。

（三）网络平台的商业模式

刘琛提出通过全媒体平台传播创造版权体验价值，进一步提升版权品牌价值，实现版权价值的开发和扩大[①]。韩顺法和郭梦停提出要把握好版权产品创造、传播和营销环节，通过数字化传播渠道打造版权产业链，通过全媒体开发传播实现版权价值增值[②]。范玉刚、陈刚与宋玉玉、江小涓指出数字网络技术提升了传播速率，扩宽了传播渠道并解决供需不匹配的问题，能更好地满足人民的文化需求[③④⑤]。

在大数据时代，平台迅速发展改变了版权产业格局，作品传播有了新特点。过去的作品传播途径稀缺，作品要依附具体介质传播，则这些有形介质而非作品思想成为版权制度的重要保护对象，版权制度更重视发行环节而非创作环节。此外，过去的传播途径有很强的私人属性，如唱片公司、图书出版商等以个体经济利益为主要追求目标。现阶段，平台呈现一定的公共属性，社会公众获得了作品生产要素，广泛地参与到内容创作中，作品传播途径不再被私人商业公司垄断[⑥]。在数字网络等技术支撑的大众创作传播时代，作品的创作、使用与传播以及各个主体之间的边界越来越模糊，各主体的角色容易互换或者交叉，著作权法下各种主体的转换性意味着作品的使用者、创作者、传播者之间没有绝对的边界。作品

① 刘琛. IP热背景下版权价值全媒体开发策略 [J]. 中国出版, 2015, 371 (18)：55-58.
② 韩顺法, 郭梦停. "IP热"背后的版权价值扩张效应及全媒体开发模式研究 [J]. 电子知识产权, 2016, 301 (11)：45-50.
③ 范玉刚. 新时代数字文化产业的发展趋势、问题与未来瞩望 [J]. 中原文化研究, 2019, 7 (1)：69-76.
④ 陈刚, 宋玉玉. 数字创意产业发展研究 [J]. 贵州社会科学, 2019 (2)：82-88.
⑤ 江小涓. 数字时代的技术与文化 [J]. 中国社会科学, 2021 (8)：4-34+204.
⑥ 章凯业. 版权保护与创作、文化发展的关系 [J]. 法学研究, 2022, 44 (1)：205-224.

作者可以成为作品传播者，传播者也可以通过许可或转让成为著作权人或被许可人，使用者则可通过创作作品享有著作权，或通过传播作品享有邻接权。而这些传播行为与角色转换往往发生在网络平台中。

在传统的著作权体系中，作者、传播者、使用者的地位是依次下降的，但随着平台经济发展，三方的实力地位迅速转变。以短视频产业为例，在短视频产业中，以 UGC（User Generated Content，即用户生成内容）为主体的权利人在平台的用户协议中处于弱势地位，著作权的大部分权能被许可给平台，这从短视频平台主动替原作者处理版权纠纷就可窥知一二。另外，网络平台已然与传统著作权法下的传播者有着本质的区别。以内容传播与消费为主营业务的网络平台是版权内容的管理者，其处理平台侵权行为的能力要强于平台内的内容创作者。如此一来，平台成为强势的内容管理者，源源不断地获取着版权内容的流量资源。

在过去，除了极少数作者能成为版权产业中享有利益的一分子，绝大多数创作者的利益都被版权企业攫取。同时，公众的版权消费由版权企业控制，这些企业可以决定哪些作品能面世，作品传播完全被版权寡头掌握。强调未经授权不得接触作品的主体主要是著作权运营公司，而迫使人们以授权许可方式接触作品的做法实际上仅增加了邻接权人利益。随着大数据技术发展，诸多作者逐渐发现向消费者提供作品不必通过著作权控制市场，作者不必为了发表作品而与出版社接洽，音乐人可以独立完成歌曲创作与传播的全流程。是数字网络技术打破了版权寡头的传播垄断，但版权寡头又想利用所谓的著作权来阻碍作品的自由传播。这样做的目的是让创作者与受众重新回到其所掌控的"创作者—版权企业—受众"的轨道上来[1]。而网络平台搭建了"创作者—受众"传播模式，这种模式抛弃了版权企业这个利益集团。

网络平台的发展也将不可避免地削弱内容产业话语权。随着技术发展，持续的内容生产已不再是难题，个体参与感、社群运营维持、内容可及性成为更重要的变现手段与发展目标。平台运营的关键就是连接用户，聚合资源，形成特定用户组织结构。从商业模式看，网络环境中的平台企业向两边用户提供不同的服务与产品，促使两边用户达成交易，Rochet 与 Tirole（2003）将其称为双边市场[2]，网络视频平台就是典型的双边市场。双边市场典型特征之一是存在交叉网络外部

---

[1] 孙昊亮. 网络著作权边界问题探析 [J]. 知识产权，2017（3）：9-17.

[2] Rochet J. C., J. Tirole. Platform Competition in Two-Sided Markets [J]. Journal of the European Economic Association, 2003, 1 (4): 990-1029.

效应，平台一边用户效应受另一边用户规模影响①。当前我国主流视频网站采用的商业模式都是"广告+会员"模式，具备这种模式的平台可以同时收取会员费与广告费。在这一双边定价模式下，免费观众有重要作用，他们是广告投放者的潜在消费者。只有免费用户数量足够多，平台才能提升两类付费用户数量，增加平台收入。

网络用户是影响平台收益与竞争优势的重要因素，而作品内容丰富度成为平台招揽用户的重要手段。以UGC为代表的私人上传内容有一定侵犯他人著作权的概率，这是一种"软侵权"，上传者上传侵权内容的目的往往是扩大自身知名度和影响力，而非直接获利，但私人上传与网络服务提供者的平台结合往往会产生较大的传播效应，从而形成对著作权人的过度竞争。为了有更多优质内容以吸引其他用户，网络平台对上传者上传侵权内容的行为会持放任或默许态度。而只有限制私人上传与网络平台的结合，著作权人才有机会获得消费者。

现阶段，网络平台成为版权侵权行为多发地，面对网络平台出现的著作权侵权问题，既要打击侵权行为，还要保障公众利用网络平台进行交流的利益，立法要平衡各方利益。由此，全世界主要经济体都推出了"通知—删除"规则。"通知—删除"规则亦称"避风港"规则，"避风港"规则规定网络服务提供者明知或应该知道自己平台存在著作权侵权行为却仍不采取相应措施的，应与侵权人一同承担侵权责任，即，网络平台仅在明知或应该知道侵犯著作权行为存在而不采取措施的前提下承担赔偿责任。

从理论角度讲，网络服务提供者提供的技术产品与信息服务是网络侵权行为的前提，上传者必须通过网络平台才能实现侵权目的，因此追究网络服务提供者间接侵权责任具有必要性和合理性②。追究网络服务提供者责任也能够起到威慑作用，迫使其监督、预防和制止侵权行为，从源头上遏制网络侵权③。此外，"避风港"规则存在的意义就在于对用户上传侵权内容这类商业模式的否定，而司法与舆论压力使得行政机关介入网络平台侵权问题治理中。2010年11月，国家广播电视总局印发《广播影视知识产权战略实施意见》，加强对网络服务提供者提供作品行为的监督工作，重点打击影视作品的盗版侵权行为。这使网络服务提供者

---

① 易余胤，李贝贝.考虑交叉网络外部性的视频平台商业模式研究［J］.管理科学学报，2020，23（11）：1-22.

② 姚志伟.技术性审查：网络服务提供者公法审查义务困境之破解［J］.法商研究，2019，36（1）：31-42.

③ 徐伟.网络侵权治理的中国经验及完善建议［J］.社会科学战线，2016（6）：206-216.

纷纷开始购买正版作品①。无论网络平台是否出于自愿，这都在客观上构建了尊重版权的网络文化。

但"避风港"规则并非完美，在过错责任下，网络服务提供者会权衡承担放任平台用户侵犯著作权的责任与获取网络流量收益的边际成本与边际收益，不会尽力去打击平台用户的侵权行为。这种注意义务对于具备一定规模的网络服务提供者而言过轻，受"避风港"规则的庇护，网络平台拿走了大部分广告等第三方收益，却承担很小一部分责任，实现了制度套利，有必要改进"避风港"规则以填补制度漏洞。

事实上，"避风港"规则更多用于处理网络平台与著作权人的纠纷，这并不意味着版权相关网络平台与平台用户是相安无事的，版权相关网络平台已经成为重要的版权内容服务供应商，在平台与消费者的交往中也产生矛盾。

接触数字作品无法避免的就是签署用户协议或者许可协议。许可就是让原来不被允许的行为变得可行，许可可以来自政府也可来自私人主体。版权相关网络平台推出的面向用户的版权许可协议冗长而又难懂，其中核心意图在于重新包装定义"销售"这一概念。不论软件、游戏、视听作品等，所有数字内容的版权许可协议都强调产品是被许可而非出售，消费者的"所有权"被限制，消费者将无权出租、出借、分发购买的数字产品，作品的合理使用范围进一步被缩小。

大数据时代的一大特点是接触作品不一定需要购买，或者说接触作品的前提是获得许可，由此诞生一种新的版权消费方式：订阅。网飞（Netflix）在2007年推出订阅制视频服务，音乐领域、电子书领域、电子游戏领域等也有类似订阅模式。网飞提供的服务与电视台服务类似，但网飞这类流媒体服务受欢迎的原因之一是消费者获得了控制力。以往的电视观众会购买带有电视节目播放安排表的报纸，为想看的节目预留时间，但网飞允许平台用户随时随地想看就看。不仅消费者喜欢，网络平台与内容制作者也喜欢订阅模式。网络平台凭借算法与数据优势在网络空间中挤走了传统出版商，打造出适应流媒体生长的生态环境。内容制作者省去中间环节，有机会直接将作品呈现给消费者，同时还能收到消费者形式多样而又及时的反馈。订阅服务另一特点就是打击了网络盗版产业。订阅服务让接触作品的成本足够低，让需要花费搜索成本的盗版不再具有吸引力。不可忽视的是，平台消费者失去了转让二手作品的机会。订阅服务的消费者没有得到任何复

---

① 雷逸舟. 不安全的"避风港"：重新思考中国网络视频平台的著作权侵权责任 [J]. 电子知识产权，2020（3）：23-39.

制件，也就没有新复印件与二手复印件的竞争。在网络空间中二手市场将不复存在。

在版权产业数字网络化的过程中，有三个比较意味深长的案例。一是曾经开发录像机帮助消费者录制视听内容的索尼公司，后来却开发了限制二手游戏光盘交易的技术。二是提供订阅服务的网飞，最初是受权利用尽原则保护的DVD邮寄公司，主营业务是租赁二手DVD影碟。三是微软曾经想以限制二手游戏租售方式逼迫消费者全款购买游戏，如今也推出了订阅服务Xbox Game Pass，该服务允许消费者在订阅期间内免费玩到大量游戏，不需单独全款购买某一游戏。受利益的驱使，在网络数据化的大潮下，索尼、网飞、微软等以提供版权作品或服务为主营业务的企业都走向了曾经的对立面。

订阅模式的存在就说明不是所有消费者都想拥有作品，或者说，不是所有作品都值得拥有。订阅模式让人们多了一种选择机会，选择体现了受众的偏好。但订阅模式并非完美，一些消费者发现，自己享受的仅是限期服务，不另外支付费用的话无法得到任何作品的所有权。

四、大数据时代版权保护方式比较分析

在创新体系中，著作权法既要激励内容创作，还要保障技术创新，技术进步需要宽松的著作权环境，版权作品与服务的创新需要完善的著作权保护。在以往的著作权领域实践中，解决这一冲突的最终做法通常是在不损害创作激励的前提下为新兴技术提供较为宽松的制度环境，如美国《数字千年版权法》的"避风港"规则极大促进信息技术及其相关产业的发展。与此同时，算法技术、加密技术等大数据相关技术的发展让私人保护方式成为可行且便捷的版权保护方案。但这个过程并不是一帆风顺的，往往要经历曲折的利益博弈过程。

（一）大数据时代版权保护方式的形成

产权是财产的一组权利，一组权利包含使用权、支配权、占有权、所有权等，可以归一个主体所有，亦可分归不同主体。经济学研究产权是为了认识产权与经济增长、分配的关系，法学则从界定与处理产权纠纷出发，对可操作性有较高要求。产权是影响经济增长的关键因素，无效产权制度会阻碍经济增长，高效产权制度能够有效激励经济增长。

新产权出现后，当内部化收益大于内部化成本时，产权就可将外部性内部化。内部化增加源自经济价值变化，新技术及新市场将产生这种变化，旧的产权制度难以适应此种变化。当前的数字网络中侵犯著作权行为频发，乃至进入一种集体不理性的状态，此时的版权保护制度就急需制度创新。有两种方式可用以解决因徒困境导致的集体非理性问题：一是建立双方合作机制；二是让双方通过无限次重复博弈走出因徒困境。

第一种方法需要一个制度产生者，其往往是政府。斯密指出国家有三项义务，分别是公共物品和外部性、安全以及司法公正。理想状态下，无形的手可以实现资源最优配置，外部性就是无法被内化到价格的成本，此时就需要政府把负外部性内化①。政府构建合作机制，并惩罚不合作者，调和集体理性与个体理性的矛盾。制度是一种公共产品，创造与产生由制度需求决定，但制度产生的前提条件是有一个有为政府且制度生产成本较低。"避风港"规则就是由国家立法机关设定的用来解决网络平台著作权侵权问题的制度。

第二种方法是一种演化思路，让博弈双方在不断的重复博弈中衡量自己的成本与收益，在不断试错中达成有利于双方的制度。这一方案有很大的吸引力，但也有诸多阻碍。首先，试错的成本会高于制定制度的成本，比如，让汽车自行形成交通规则不如直接规定"红灯停，绿灯行"。其次，个体不一定具备无限次重复博弈的现实条件，时间成本是限制无限重复博弈的重要因素之一。目前，二次创作相关著作权纠纷正处于这一阶段，过于模糊封闭的合理使用制度让各市场主体通过不断试错寻找最优的私人解决方案。

（二）司法保护与私人保护的比较

产权由经济权利与法律权利组成，经济权利是个体的最终目标，法律权利是达到目标的途径与手段。在自然状态下，每个人都进行生产、保护与盗窃。保护是自我执行的，取决于个人的暴力水平，个人对暴力的投资在其边际成本与边际收益相等时停止。在暴力上具有比较优势的个体逐渐从生产活动中抽离出来，专门从事保护，专门暴力组织的出现提高了盗窃成本和保护效率，社会产出也随之提高。随着社会合作加深，个体间的生产交换契约增多，起初契约依靠个体间的信任执行，长期契约关系以及个体间的惩罚能保障个体间的互信。但短期契约与

---

① 郑戈. 功能分化社会的法学与经济学——圭多·卡拉布雷西与《法和经济学的未来》[J]. 中国法律评论，2019（2）：162-174.

陌生人间契约难以得到保障，引入有暴力优势的第三方来保障契约被执行，这将促进分工、交易与产出。具体到版权领域，这种保护就是以司法保护为代表的由政府部门主导实施的保护方式。

除司法保护外，个人也可自行处理产权。个人对商品拥有经济产权是指个人可以通过交易直接或间接消费商品，则个人对易被限制交易或易遭受盗窃的商品拥有较小的权利。获取资产收入流的权利是资产产权的组成部分，如果某人可以影响资产收入流而无须承担成本，则该资产价值将贬值。最大化资产净值需要有效约束无偿使用行为，他人对资产收入流的影响将形成对所有权的挑战。当交易双方都能够影响权利收入时，对资产的平均收入影响最大的人将获得更大的产权份额。

事实上，产权与交易费用密切相关，Barzel将交易费用定义为获取、保护、转让产权的相关成本①。如果交易成本过高，则完全转让与保护产权的成本将非常高，这些权利也将是不完全的，因为难以激发这些财产的潜力。资产所有者与有兴趣的交易者必须对资产有充分的认识，充分的产品信息是产权转让的前提。资产的个别属性测量成本较高，未来的所有者不能完全确定，则资产转让就须承担这些成本。商品的属性有多种，不同属性对商品的贡献也不同，测量这些属性的贡献可能付出很高的信息成本，这都将提高交易成本。

当与确权相关的交易成本较高时，司法保护可能就会得不偿失，如果私人能够提供廉价且高效的资产收入流保障措施，则私人保护就是司法保护的有效替代。具体到版权领域，这种私人保护的典例就是著作权人的加密技术措施与网络平台的订阅服务。

（三）法律定价与合同定价的比较

理性选择理论是讨论个体如何进行选择的理论，法经济学是对理性选择理论应用与深化的过程。决策者拥有理性是主流经济学的基本假设，其中，"理性"强调个体追求自身利益最大化。理性选择理论强调个体的成本收益分析，而实现全部个体的自我收益最大化才能形成均衡。法律市场化就是将法律看作价格体系，法律为行为给出"法律定价"，如每种侵权行为有不同侵权责任，侵权责任就是"法律定价"。市场机制可以优化资源配置，法律市场化则将法律体系看作

---

① Barzel Y. Measurement cost and the organization of markets [J]. The Journal of Law and Economics, 1982, 25 (1): 27-48.

"隐性市场机制"，法律实现对个人行为的最佳控制①。

市场制度的核心是自愿交易达成合作，实现资源流动与高效利用，推动社会个体间合作也是法律的目标。由囚徒困境可知，人们按照自己的利益最大化进行选择会导致不合作的后果，合作才能提高社会福利水平。法律可以提高不合作的成本以使大众选择合作，比如提高对盗窃的法律惩罚将使得人们选择以交易的方式获取他人财物。即使人们会自发地选择合作，合作还要面临交易成本的阻碍。法律要尽可能地降低交易费用，比如合同法就可以提供一个合同框架降低交易双方的谈判签约成本。

法律权利将影响经济权利，个人财产的法律权利由政府界定并实施。法院确定权利有两种方式，一种是间接方式，当事人的行为受法院处理纠纷的思路影响。另一种是直接方式，法院实际处理纠纷，但法律界定是不完全且成本高的。法律权利是政府承认的权利，一般来说，法律权利将增加经济权利，但法律权利不是生成经济权利的充分必要条件，没有法律权利也可估计产权价值。在多数界定活动中，交易者通过合同进行界定，私人保护比司法保护更有优势。

按照交易成本的有无与多寡，可以将保护权利方式分为三类：（1）财产规则，财产权利只能自愿放弃，这种情况在权利得到价格补偿时发生。（2）责任规则，权利会非自愿地被他人占取，由第三方确定损失价值。（3）不可让渡规则，该权利不能转让给他人②。财产规则适用于权利能够得到有效初始配置的情况或交易成本低的情况中，这样可以保证最有效率的使用者掌握该项权利。当交易成本很高，法院难以预见谁是高效使用者时就应适用责任规则，鼓励财产转移到更高效使用者手中，后者则需支付由第三方确定的价格。不可让渡规则更多考虑与道德相关的交易，这种交易难以用交易成本理论进行功利性分析，也与著作权领域无太多相关性。

魏建等人实证研究发现，在著作权诉讼的司法实践中，原告得到的赔偿较低③。其中的客观原因是侵权案件"举证难"，调查成本太高④，而商业维权案件

---

① 魏建. 法经济学：分析基础与分析范式 [M]. 北京：人民出版社，2007：30-31.

② Calabresi G，Melamed A D. Property Rules，Liability Rules，and Inalienability：One View of the Cathedral [J]. Harvard Law Review，1972，85（6）：1089-1128.

③ 魏建，彭康，田燕梅. 版权弱司法保护的经济分析——理论解释和实证证据 [J]. 中国经济问题，2019（1）：124-136.

④ 陈永伟. 知识产权损害赔偿计算：方法、工具和考量因素 [J]. 电子知识产权，2019（8）：77-96.

过多、保护地方经济发展等案外因素也会让法官降低判决额度①。当法院判罚额度低于市场交易费用时，责任规则就优于财产规则。传统环境下，作品的许可成本是能预知且可负担的。在大数据时代，"先授权后使用"的模式将因成本过高而难以执行②。

五、版权保护改进建议

著作权法是对著作权的初始分配，著作权再分配则由权利人间协商形成。合理使用作品产生的社会福利增长来源于原作者及后续使用者，双方都不应独占收益，而应按贡献比例分享。如果交易成本很低，双方不需合理使用制度就能进行收益分割，然而现实情况是交易成本可能大过创作收益，后续创作者获取授权的动力不足，如果是对原作的讽刺与批评，更是降低其获取授权的可能性。过高的版权交易成本使得作品创作的"承前启后"循环不畅，引发了著作权人与创作型作品消费者的纠纷。同时，创作型作品消费者的二次创作内容是否侵权难以判断，网络平台没有能力也没有动力进行区分与管制，这又产生著作权人与网络平台的矛盾。

在创新引领社会发展的环境中，加强对著作权的保护是一个无可辩驳的说辞。但自创作完成之日起55年到75年后仍有商业价值的文学作品比重仅为2%，大量作品在创作完成两至三年后就鲜有人过问③。且将免费使用视作版权人的损失是武断的，因为未经授权的使用者并不一定是潜在的购买者，特别是那种没有购买能力的使用者，在这种情形下，著作权人没有任何收入损失。事实上，强产权保护力度会在一定程度上增加已有作品的流转交易成本，当下我国知识产权存量丰富且增长迅速，这将大大推高知识产权的运营管理成本，而激增的知识产权又可能成为阻碍创新的知识产权丛林，过度强调著作权保护力度可能打破激励创新与促进自由表达的平衡。为提升版权配置效率，降低版权内容创作的交易成本，可从以下几个方面做起。

---

① 詹映. 我国知识产权侵权损害赔偿司法现状再调查与再思考——基于我国11984件知识产权侵权司法判例的深度分析 [J]. 法律科学（西北政法大学学报），2020，38（1）：191-200.

② 倪朱亮. 自媒体短视频的著作权法治理路径研究——以公众参与文化为视角 [J]. 知识产权，2020（6）：70-80.

③ 梁志文. 论版权法改革的方向与原则 [J]. 法学，2017（12）：133-144.

（一）设立版权登记交易场所

著作权没有登记制度，著作权自动生成，登记环节的缺失虽然节约了登记成本但也使权利缺少公示，进而使权利状态不清晰，权利人难以联系。就经济学意义而言，登记制度的缺失将增加交易成本与社会成本。潜在使用者面对较高的权利人搜寻成本可能会放弃使用作品或者冒险在未经授权的状态下使用作品。登记制度的缺失因而也会影响权利人的报酬。

随着技术发展，版权内容的数字化能降低版权登记的成本。信息技术发展为版权登记与交易提供了规模化、专业化与集约化运营的契机。现阶段，可以考虑创建一个具备版权登记与版权交易功能的一站式平台。当然，一个体量巨大的跨部门版权交易平台不可能是一蹴而就的，其推进需要政策支持，英国版权交易中心就得到政府在战略上的重视及资金支持[①]。当前我国版权交易平台处于起步阶段，运行机制还不完善，且有各个交易中心各自为战、条块分割的特点，限制了其影响力与效率。在"互联网+"与建设知识产权强国的宏观背景下，可以由政府建立一个权威的在线版权交易与登记平台，并将其他版权交易机构及登记平台网站以链接的方式或以子网站的方式纳入，打造一站式著作权登记交易平台。

此外，虽然目前相关法规并未对网络服务提供者强加主动监测网络盗版的责任，但是诸多网络服务提供者已开始借助人工智能技术自动监测著作权侵权行为。借助技术手段进行作品相似度对比也可以应用于版权登记制度中，通过新登记与已登记作品的对比能及时确权，避免重复登记。

（二）改进"避风港"规则

"避风港"规则实际上是财产规则，权利未经允许是不能流转的，网络服务提供者为了免责就必须按照著作权人的通知删除相关侵权作品，这一规则在交易成本较低时是可行的。比如在没有网络技术或者网络技术发展初期，用户传播内容往往是对他人作品的完全复制，此时界权成本低，"避风港"规则有其合理性。但在现阶段，很多用户生成内容都是基于多位作者作品的再创作，通过加入他人内容以提升自己作品的影响力，这种创作往往会涉及多个作品，分散化使用以及是否构成合理使用的不确定性提高了界权成本。

---

① 吕炳斌.版权登记制度革新的第三条道路——基于交易的版权登记［J］.比较法研究，2017（5）：170-181.

界权成本高时,"避风港"规则就失去了制度优势。从财产规则向责任规则转变,国外网络平台做了一个很好的示范。2007 年 YouTube 推出 "Content ID"功能进行作品内容过滤,一旦发现用户上传内容与他人已有内容类似,就会向该权利人发出著作权主张,原著作权人可以选择屏蔽、变现或追踪。屏蔽就是由 YouTube 下架该内容,变现则是由 YouTube 在内容中加入广告,依照播放次数来与原著作权人分享视频收成。追踪则是原著作权人仅仅关注播放量等后台数据,不采取其他操作。

变现规则属于责任规则,允许权利流转,将潜在侵权行为撮合为事后授权使用。在这一过程中,网络服务提供者履行了内容审查义务,同时从用户上传内容获取利益,不再受制于"避风港"规则的不确定性,创作型作品消费者可以自由使用他人作品进行二次创作且作品能免于下架,原著作权人也在这一过程中获得了新的收益,而普通用户也能从二次创作中产生的丰富多样信息受益。

由此可见,变现规则是值得国内网络平台引入学习的,而实施变现规则的前提是盗版监测技术成本可负担且建立完备的版权库。网络平台上的作品是平台吸引消费者的关键,网络平台自身没有去建设识别并清除自己平台盗版作品的动机。随着国内版权库的初步建立与大数据技术的发展成熟,打击剽窃内容的成本开始下降,这就有必要让网络平台负担发现并清除剽窃内容的义务。

(三)增设公众使用者权

随着信息网络技术的发展,在著作权体系下已经形成创作者、传播者以及使用者共存的版权产业格局,但这一版权产业格局并不十分完善。著作权拥有者有强势地位,并有借助技术措施扩张的趋势,这会限制公众使用作品的权益,损害了公共利益。现实中存在使用者可以合理使用但因担心侵权而放弃使用的情形。在缺少对抗性权利的情境中,著作权人为排除或限制竞争就会对他人发起诉讼,这都会增加创作与传播的成本,限制信息传播。事实上,在大数据时代,使用者正在从边缘进入中心,与作者一同成为著作权领域的核心要素,因此,著作权法需要重新认识使用者的角色。

公众作为作品的主要使用者,成为著作权法义务主体的同时也应享有相应权利,这已成为大数据时代的一个趋势。使用者的角色不容忽视,他们不仅是版权产业的支持者,也是实现版权法基本目标的关键力量。在著作权制度框架下,作品的创作与传播形成了著作权与邻接权,而公众使用权是著作权制度的第三基础①。

　　根据著作权法，任何社会成员都可同时具备创作者与消费者双重身份，著作权法赋予公众使用权能够促进作品与思想传播，形成一种新的利益平衡。作品消费的实质是获取作品思想与信息等内容，形式是通过合同来获取接触作品许可，交易可以是有偿或者免费，消费者依据合同支付的时间与金钱等成本可以视为有权对作品展开欣赏研究学习的对价。如果著作权人利用优势地位限制消费者的自由使用权，著作权法就有必要介入以保护消费者的使用权。从预期效果看，公众使用权的设立可以鼓励大众使用作品，防止使用者因侵权诉讼而放弃使用作品或者寻求非必要的许可。

（四）改进许可规则

　　由于版权有私权属性，版权人有权决定如何许可以及是否许可。然而，版权许可制度的适用非常困难。第一，许可成本非常高昂。在传统环境下，版权人直接许可的成本是可控可知的。但在用户生成内容盛行的当下，二次创作内容往往涉及多个原作者，传统的许可模式难以实施。第二，用户处于弱势的谈判地位，即使用户有能力有机会与版权所有者展开协商，除非有充足的经济实力，用户将难以获得许可。对版权人来说，他们还需要关注作品的影响力与长期收益，如果二次创作内容对原作有负面评价或影响，则二次创作作者获得授权可能性将进一步下降。

　　传统的著作权许可方式是明示许可，即许可人必须以语言明确表示允许被许可人使用作品，这种机制也成为学者所诟病的"许可文化"②。尤其是在大数据时代，高许可成本与低作品传播成本形成强烈对比，"许可文化"难以适应信息与知识传播新态势。如今各界对著作权的批评的目的是促使著作权制度完成由许可效率优先向传播效率优先转型③。从社会效果看，强制要求事前授权必然影响传播效率，若将传播效率的优先权放置在许可效率之上，就需要允许作品被无障碍使用。

　　解决问题的关键或许在于对"许可"的理解。民法的意思表示不局限于明示

---

① 刘银良. 著作权法中的公众使用权［J］. 中国社会科学，2020（10）：183-203+208.

② Chused R H. The Legal Culture of Appropriation Art：The Future of Copyright in the Remix Age［J］. Tulane Journal of Technology & Intellectual Property，2014（17）：163.

③ Fagundes D，Masur J S. Costly Intellectual Property［J］. Vand. L. Rev.，2012（65）：677.

方式，从特定情况的某种行为以及间接言语中可以推出法律行为意思也构成有效意思表示，此即"默示"。以民法中的"默示"概念为基础，可以考虑构建一个版权法中的默示许可制度。版权法中的默示许可制度可以是在没有明示许可的情境中以法律拟制的方式在著作权人与作品使用者间构建虚拟许可关系，这里的判断要点是权利人的客观行为是否构成存有默示许可的信赖。这样版权领域的默示许可制度就成为具有涵摄力的制度构建，摆脱了个别而零碎的规定。这种制度更有张力和弹性，减少版权保护与知识共享诉求间的摩擦，适应大数据时代的信息传播。

比如，在日本漫画产业存在有明显侵权嫌疑的同人作品，所谓同人作品就是在原作品的基础上进行二次创作，这种二次创作会直接借用原作品中的人物形象与世界观等信息。但是相关著作权人并非直接起诉，而是积极介入引导，在与同人作品作者建立联系的基础上对同人作品作者加以限制[①]。著作权人往往利用灵活的"声明"等非法律手段来阶段性调整自己作品的版权策略。如著作权人可以在网站声明不追究限定区域、限定时间的特定利用行为的侵权责任，这种灵活政策能够适应不同市场战略需求[②]。

针对学术文章、教材、电影、音乐、文学等作品，创作共享许可（Creative Commons Public License，以下简称"CC"）允许他人对作品进行共享、使用和传播，促进创意作品交互式共享。2006年，CC许可协议进入中国，作品授权要素包括署名、非商业用途、禁止演绎和相同方式共享，版权人可以组合这四种要素形成自己作品的许可方式。从利于数字网络环境下作品有效传播与利用的角度讲，开放许可另辟蹊径，版权人并非将作品完全置于公共领域，它是版权人为了实现作品传播、利用的共赢而自愿放弃部分权利的版权许可模式，以此适应数字网络环境。

完全权利保留模式坚守版权产权，强调版权的专有性、排他性，这也就意味着作品使用前必须征得著作权人许可，"先授权后使用""一对一"的作品使用方式固然能维护版权人的利益，但无法适应大数据时代。开放许可则可免去协商谈判过程，这与追求传播效率的网络环境相契合，使数字网络产业与版权产业从冲突转为合作。对作者来说，开放许可虽然不能给作者带来直接经济收益，但可给作者带来宣传机会与潜在商业机会[③]。

---

① He T. Fansubs and Market Access of Foreign Audiovisual Products in China: The Copyright Predica-ment and the Use of No Action Policy [J]. Or. Rev. Int'l L., 2014（16）: 307.

② 刘颖，何天翔. 著作权法修订中的"用户创造内容"问题——以中国内地与香港的比较为视角 [J]. 法学评论，2019，37（1）: 123-135.

③ 赵锐. 开放许可: 制度优势与法律构造 [J]. 知识产权，2017（6）: 56-61.

由此可见，应对不同市场采取不同版权策略应成为行业通识。由于大数据时代人人都能成为创作者，传统的创作者与消费者之间的界限被打破，对用户生成内容采取强硬知识产权策略无疑是站在消费者的对立面，对作品的推广非常不利，灵活的版权策略将有助于推广作品和获取作品收益。

此外，音乐产业的强制许可制度也值得研究借鉴。音乐产业极为发达的美国采取了强制许可制度，该制度意指降低音乐产业的版权许可成本[①]。强制许可制度是版权人默许他人不经自己许可使用其作品，使用人只需按照规定的费率进行支付费用即可。这一制度适应数字网络环境，极大地提升了音乐作品的传播效率，同时能有效预防音乐版权垄断行为。目前，在我国知识产权领域中，只有专利制度中存在强制许可的规定，版权领域慎用强制许可可以预防公权力过度干预私权力，但如何兼顾私人利益与社会利益是版权制度始终需要思考的问题。

（五）完善版权行政保护

版权保护是版权配置的最后措施，有效的保护措施能够规范行为人的作品利用行为。著作权纠纷大多属于平等主体间的民事纠纷，通过司法途径可以解决。当立法者认为著作权侵权行为在侵害私人权益的同时还扰乱正常社会秩序，损害国家与社会利益时，就需要通过行政手段进行规制。这并非中国独有，世界上有知识产权制度的国家与地区都会设有知识产权司法机关与行政管理机关。2013年7月，国务院办公厅发布《关于印发国家新闻出版广电总局主要职责内设机构和人员编制规定的通知》，明确国家版权局在著作权管理上行使职权，工作重点是著作权保护与管理、国际应对、公共服务等。2018年3月，中共中央印发《深化党和国家机构改革方案》，著作权管理工作由中宣部负责。但我国著作权行政保护仍存在不少问题。

一是著作权行政管理机构一直从属于新闻出版管理部门等与意识形态相关的机构，缺少独立性。著作权管理只是文化部门的职责之一，著作权管理也难免受意识形态影响。二是著作权行政管理不到位。根据著作权法规定，著作权行政管理部门负责法定许可管理、标准稿酬制定以及监督著作权集体管理组织等职责。但目前集体管理组织问题颇多，多种作品稿酬标准尚未确定，这些问题都说明著作权行政管理存在缺陷。三是著作权行政执法工作边界模糊。启动行政程序管理

---

① Abrams H B. Copyright's First Compulsory License [J]. Santa Clara Computer & High Tech. LJ, 2009 （26）: 215.

著作权纠纷的前置要件是"公共利益",但"公共利益"的定义难以统一[①]。如果错误扩张"公共利益"的范围就是动用社会公共资源维护少数人利益,是对社会资源的浪费与滥用。四是著作权行政执法与刑事司法衔接程序不完善。根据我国著作权法(2020)规定,著作权侵权行为损害公共利益可由行政管理部门处罚,构成犯罪的则应追究刑事责任。但这看似天衣无缝的执法衔接制度却是问题丛生,最典型的问题莫过于"以罚代刑"[②]。用行政处罚替代刑事处罚的做法架空了刑事处罚在版权保护中的作用,无法发挥刑事处罚的威慑作用。

针对上述问题,可以从以下三方面提升版权行政保护能力。

首先,将行政管理与行政执法区分开来,成立统一的行政执法队伍。这样便于行政管理部门集中精力行使管理职能,不必被直接执法行为分散精力,更好地承担服务社会的专业职能。新建立的行政执法队伍也能集中精力进行执法,提高执法效率与执法水平。

其次,完善行政执法和刑事司法衔接程序。当下衔接环节的问题可分为两点:一是移送机制不完善,衔接机制尚未形成严密闭环;二是案件事实认定有误差,以罚代刑阻断案件移送。应对方案之一是要制定移送标准与移送程序的裁量基准。应对方案之二是要加强案件信息沟通,打破刑事司法机关与行政执法机关的"信息孤岛",在各地加强联动,建设信息共享渠道,建立优化联席会议制度。

最后,以技术应对"技术",提升执法监管水平,加强国家版权监督平台建设与应用。国家版权局要牵头做好版权监测平台建设,实现版权执法、版权登记等版权工作信息及时统计、报送、查询与公告,对网络侵权行为展开实时监控,加强对地方版权执法管理机构的联系与指导,提升版权保护工作的水平。各级版权行政部门要发挥线上线下监管作用,努力拓宽公众举报渠道,建立问题分流督办、结果反馈跟踪一体化流程,提高案件成案率。

课题负责人:魏建
课题组成员:徐恺岳 路文成 田燕梅
承担单位:山东大学版权研究中心

[①] 王骞. 多元维度下版权适当保护之思考——基于我国版权行政执法的考察 [J]. 电子知识产权, 2020(3):41-50.

[②] 夏雨. 论版权保护中行政处罚与刑罚衔接 [J]. 中国出版, 2014(10):58-60.

晚清报刊中关于"版权"问题的
文献整理与研究

王学深*

摘要： 晚清以降，随着"西学东渐"之风日渐盛行，近代版权思想逐渐在中国传播开来。特别是以报刊为媒介，有关版权问题的诸多论述自"新政"施行后如雨后春笋般涌现，发出了不同的声音。在清政府内部虽然既有如管学大臣张百熙对版权制度持否定疑虑者，又有如廉泉和严复持积极拥护者，但无论如何，版权保护的施行与推广是大势所趋，伴随着国人追求近代化的脚步日益完善。1903年以后，官方将版权保护制度予以施行推广。延至1910年末，清政府搁置数年的《版权律》编纂工作在仿行宪政的大背景下继续开展，并最终颁布了《大清著作权律》，成为近代中国版权制度正式确立的标志。

关键词： 晚清；版权；报刊；著作权

一、绪章

（一）研究的目的与意义

本课题"晚清报刊中关于'版权'问题的文献整理与研究"是紧紧围绕习近平总书记关于知识产权保护工作的重要讲话精神、依据"版权史、版权文化相关问题研究"的指导方向确定的研究课题。通过对晚清时期发行报刊中关于"版权"问题的文献进行收集、整理与分析，以讨论近代中国版权观念的引入、认知、争论、传播、立法和实践过程，进而结合时代大背景，从版权领域反映中国人在追求近代化上的探索。

本课题研究的目的：一是要对晚清报刊中关于"版权"问题的记载、论述进行整理与量化分析，对档案进行史料长编，为学界进一步研究晚清版权史和版权文化奠定基础。二是要在档案分析基础上，具体论述清末版权观念的引入、讨论、立法与践行等问题，最终反映20世纪初期以来中国在版权问题上探索近代化

---

* 王学深，中国政法大学人文学院讲师，本课题组组长。

的初曙。

本课题具有学术意义与应用价值。本课题以坚实的史料具体讨论版权在中国的施行情况。例如，在宣统元年（1909）湖广总督的奏折中就明确提出了禁止翻印湖北政法学堂讲义以保护版权的问题。汪有龄也向民政部申请著作版权。这说明了清末地方官员版权意识的形成。课题以真实、生动的案例，弥补了学界关注度的不足，具有学术研究的创新性。与之同时，本课题研究成果对于今日版权相关法规条例的制定具有参考作用。

本课题的目标是通过课题研究，在学术研究和社会效益方面发挥作用。首先，以学术论文方式发表课题成果，形成良好的学术交流与借鉴效果，为今后开展相关学术研究的同人提供有益的参考。其次，在社会效益方面，本课题将为我国设立版权法和相关条例提供借鉴与参考，也为《版权工作"十四五"规划》提供有力的学理支撑。

（二）课题研究内容

本课题通过对晚清时期发行报刊中关于"版权"问题的报道，进行收集、整理、分析，以讨论近代中国版权观念的引入与认知过程，并以此视角反映中国近代化方面这一缕微露的晨曦。明代中后期以来，随着经济技术的发展，我国刻书业取得了长足的进步，推进了文化知识的传播和书籍市场的繁荣。虽然明清时期中国已是书籍刊印大国，图书的抄录与刊刻十分普遍，但士人阶层没有相关的知识专利保护观念，缺乏书籍版权意识。然而近代受"西学东渐"的影响，自19世纪晚期开始，关于图书版权的思想逐渐在国内开始传播，并在"新政"施行以后形成了近代版权保护制度，对图书、译著、地图、美术作品的版权加以保护，禁止他人翻刻。以林乐知为例，他是晚清时期较早呼吁并申请版权保护的西方传教士，其所著《中东战纪本末》一书在晚清多次再版。林乐知为此特意致函美国驻上海领事向苏松太道提出抗议，要求禁止翻印此书并予以版权保护，此事被朱维铮视为"近代中国有记录的第一桩涉外版权官司"。

课题组主要以《大公报》为史料收集对象与支撑，兼及其他报刊的整理与研究。其中，较早的报刊文献源自1899年在《清议报》上的《外论汇译：论布版权制度于中国》一文，讨论了"版权"观念应该引入中国的议题。这也是戊戌维新后，国人逐渐以求新、求变的视角去理解"近代化"问题的具体体现。此外，如《申报》《绍兴白话报》《南洋七日报》《外交报》《浙江新政交儆报》《政艺通报》等近代报刊都刊布了关于"版权"问题的文章或官方谕旨。特别是在1902年以后，晚清报刊中关于"版权"问题的讨论日渐增多，这与"新政"时期官方对于"版权"问题立法推动有着密不可分的联系。

通过分析收集的文献资料可知，近代版权问题主要涉及两个方面：

第一是版权意识的普及，特别是在官员中的推广。面对版权问题，管学大臣张百熙曾一度反对施行版权制度，他认为引入版权制度不仅会支付十倍于原著的翻译费用，而且会导致刚刚发展起来的引进和翻译图书事业受到波及，甚至新式学堂所用的西方书籍会进一步减少，以致有被扼杀之虞，其言"今日中国学堂甫立，才有萌芽，无端一线生机又被遏绝，何异劝人培养而先绝资粮"。针对这一疑虑，户部郎中廉泉、晚清著名士人严复，以及身任直隶总督的袁世凯等人都对施行版权给予了积极、肯定性的意见，并最终在他们的推动下扭转了张百熙的意见，推动了版权制度在晚清中国的发展。

延至1906年，商部新订版权规定中不仅对出版的图书给予版权，而且对美术原创作品也给予版权，以为保护。文载"凡书籍图画等类，并有关于美术之物，果系出自心裁，将真实姓名报部者，均可予以版权准其在批之日及殁后三十年，皆得享有独得之利益，惟只以斋名、社名报部者，只准享有三十年版权，过期即行注销，以示区别"。最终，在官方的推动下，近代版权制度施行、推广开来。

第二是版权律法的制定。最初清朝同美国、日本、欧洲的版权争论让国人意识到版权律例制定的重要性，这体现出在近代"版权"观念引入中国后同世界其他国家在互动中的法律调适问题。在推广版权制度后，清廷命商部负责试行编修了《版权律》草案，张元济曾参与到晚清《版权律》和《出版条例》修订的工作中。不过，由于商部试行编订的《版权律》内容较为粗糙，并未呈请施行，但其内容大致以"书籍、图画、演述、雕刻以及属于文艺学术之物皆得予以版权，著作人在世之年及殁后三十年享有之"为内容。直到1910年经过再次筹备和修订，民政部奏请拟定《著作权律》，承继之前的《版权律》以为拓展和完善。最后经资政院对著作权律议案决议并请旨允准后，《大清著作权律》于1910年12月18日正式颁布。这一律法是清末继《大清现行刑律》《大清国籍条例》等近代化律例的又一重要法律条例。

《大清著作权律》颁布后，不仅官方支持的报刊如《云南官报》《四川警务官报》等全文转载，更多商业报刊如《福建商业公报》《成都商报》等也集中论述该法律的颁布与实施，体现出清末官方推动的法律在一定程度上保护并繁荣了商业活动的事实。虽然《大清著作权律》施行时间很短，但它是自19世纪末以来国人探索近代版权制度的一项重要成果，也是中国官方版权制度正式确立的标志，而中国人对于近代版权观念与制度的追寻脚步在新时代继续前行。

（三）课题研究方法及史料运用

1. 研究方法

（1）数量分析法。通过对晚清文献报刊和其他一手档案集中收集，进行数量化分析、统计，形成了既有理论，又有数据支撑的研究样貌。

（2）比较分析法。通过对晚清版权观念引入后，中国人版权理念认知与践行和美国、日本等国对版权观念进行对比研究，结合中美版权商约争论综合讨论。

（3）文献研究法。通过大量阅读相关晚清报刊文献，并进行史料档案长编，在坚实的史料基础上，进一步把握研究方向，服务于课题研究工作。

（4）个案研究法。本课题在宏观论述外，课题聚焦于管学大臣张百熙与户部郎中廉泉关于版权问题的讨论，展现晚清士人版权意识的推广与确立过程。

2. 史料运用

前辈学者对于晚清版权问题的研究已经奠定了一定的学术积累。对于中国版权史的重要研究首推李明山所著《中国古代版权史》《中国近代版权史》和《中国当代版权史》三部曲，详细论述了版权问题在中国的发展、变化，契合了中国不断发展、变化的时代大背景。关于中国版权史的研究文献首推1999年周林和李明山合作编辑出版的《中国版权史研究文献》一书。该书辑录了从宋代直至当代的有关版权的文献资料，也是研究中国版权问题必不可少的史料工具书籍之一。

不过，反观学术论文领域，利用相关编辑史料的成果则相对匮乏。以课题组检索中国知网为例，截至2023年3月，以"晚清版权"作为关键词得出的期刊论文数量仅14篇，而学位论文仅9篇，且大多数为硕士论文。这一现象在一定程度上反映出，学界对中国近代以来版权问题的研究工作尚没有形成蓬勃发展的态势，还需更多学人利用晚清以来的档案史料开展更多元化的研究工作。在论文领域，较为具有代表性的论文如冯秋季所著《西人论说与晚清版权立法》一文，检视了19世纪末至20世纪初，西方在华人士发表的关于版权立法保护的论说，阐明了版权保护与社会进步的关系。作者通过研究认为晚清西人对于版权意识的传播起到了推动作用，指出了版权为著印书者自有之权利，政府保护版权是应尽的责任的观点，在一定程度上促进了晚清知识界人士的观念变革，也影响了一些政府官员对版权立法的态度，从而为晚清著作权法的颁布奠定了社会基础。该文为国家社会科学基金项目"中国版权保护政策研究"（04BXWO15）的系列成果之一，对于晚清版权问题的研究具有一定代表性。还有对于利用报刊研究晚清版权问题的代表性论文，如张天星所著《晚清报刊摘录转载的实践与中国现代版权制度的建立》一文。该文是教育部人文社会科学重点研究基地重大研究项目"中国近代文化转型与文学现代化"（08JJD751072）之子项目"报刊与晚清文学的现代化"阶段成果。文章指出，晚清版权保护意识和要求日渐增强，晚清报刊摘录转载的实践促进了报刊文字版权保护的科学化、规范化，为中国现代报刊文字的版权保护行规法令的形成奠定了基础。又如刘颖慧以版权诉讼案作为切入点，揭示了李伯元所著《官场现形记》被坊间翻刻，后诉诸租界会审公堂获胜的经过，并以《中外日报》和《时报》的广告为中心，是利用晚清报刊研究的代表之一。

本课题的研究认为，晚清以来受"西风东渐"的影响，有识之士在追求近代化的过程中日益重视图书版权保护问题。不仅有如黄遵宪、林乐知等晚清中外人士介绍版权制度于先，而且依托近代报刊为平台，版权问题的讨论、思想的传播与制度的施行渐次展开。虽然如管学大臣张百熙和部分地方督抚对于在中国施行版权制度有所疑虑，认为版权保护会阻碍新学的推广，故暂持否定态度，但是以廉泉、严复为代表的官员则呈积极支持之势。随着张百熙肯定性地复函廉泉施行版权制度所请，加之北洋大臣袁世凯的支持，以及吕海寰和盛宣怀在与美国订约中对版权保护一项较为认可，故而自1903年以后清政府虽然并没有颁布《版权律》或其他正式律例以作规范，但事实性地开始施行版权保护制度，一方面传播了版权思想，使著作权人纷纷呈请版权保护；另一方面则严查滥行翻印书籍事宜，使版权保护呈常规化态势。经过了一段时间的搁置之后，自1908年清政府再次重启对于版权律的编纂与修订工作，并最终在1910年12月18日正式颁行了经过扩充和完善后的《大清著作权律》。虽然这一律法仅施行短短的一年时间，但是它却是晚清以来有识之士孜孜以求，推动近代化改良的成果之一，更是中国近代版权制度正式确立的标志。

（四）课题价值

本课题对于晚清报刊中关于版权问题的专项研究，在学术和应用价值等方面的贡献主要有以下四点。

1. 探索了晚清版权意识传播与确立时限。本课题研究纳入晚清中国追求近代化的大背景下，率先讨论了晚清以降海内外人士对于版权意识的传播。继而以管学大臣张百熙和户部郎中为代表，展现清政府内存在疑虑、消极和支持、进取的两种声音，最终在清政府施行"新政"的大背景推动下，清朝施行版权保护制度，开启了中国近代版权保护的先声。本课题研究与专题论文的写作契合时代发展大背景，对于晚清版权史研究具有参考范式作用。

2. 梳理了晚清报刊中关于版权问题的史料文献。本课题利用《大公报》《申报》《清议报》《外交报》《绍兴白话报》《南洋七日报》《外交报》《浙江新政交儆报》《政艺通报》等报刊中的记载，开展文献整理与研究工作。本报告公布了课题组点校、辑录的1902—1911年《大公报》中关于版权问题的46则记载，不仅体现了本课题坚实的史料基础，而且为学界进一步开展研究提供了便利。本课题还利用了中国第一历史档案馆藏原始资料开展研究，如《京师法律学堂教习汪有龄呈为所著违警律论一书请予版权并作为教科书发行事》，宣统元年五月，档案号：21-0718-0007；《湖北举人拣选知县李锦沅呈为请审定外事警察一书版权事》，光绪三十三年十二月，档案号：21-0718-0002。使用的政书如《清史稿》《大清光绪新法令》等，以及黄遵宪编纂《日本国志》等文献。

3. 丰富了学界关于晚清版权问题的研究。正如在报告中所述，截至2023年3月，虽然学界有如李明山为代表的学人出版了关于中国版权历史研究的厚重成果（专著和编著），但在中国知网以"晚清版权"作为关键词检索得出的期刊论文数量仅14篇，而学位论文仅9篇，呈现研究整体力量较为薄弱、研究缺乏多元化等问题。本课题研究成果和史料整理发布，对于增强学界在这一领域的研究力量，为学人进一步开展晚清版权问题研究，奠定了基础，提供了便利。

4. 研究成果服务于版权工作"十四五"规划，持续提升全社会版权意识。课题成果的发表，将会引发版权史问题在学界的再思考和版权问题影响力，推动大众版权意识的增强，这既是持续推进版权助力文化成果惠及更广大人民群众的抓手，又是弘扬我国版权文化的具体实践。

二、晚清版权保护制度的探索与施行——以晚清报刊的报道为中心

我国虽为书籍刊印大国，图书刊刻翻印普遍，但士人阶层没有相关的知识专利保护观念，缺乏书籍版权意识。近代受"西学东渐"的影响，自19世纪晚期开始，关于图书版权的思想逐渐开始传播，并在"新政"施行以后形成了近代版权保护制度，对图书、译著版权加以保护，禁止他人翻刻。以林乐知为例，他是晚清时期较早呼吁并申请版权保护的西方传教士，其所著《中东战纪本末》一书在晚清多次再版，他为此特意致函美国驻上海领事向苏松太道提出抗议，要求禁止翻印此书并予以版权保护，此事被朱维铮视为"近代中国有记录的第一桩涉外版

权官司"。①

与之同时，林乐知在晚清呼吁和宣传版权思想。如在论述何谓版权问题时，林乐知言及"西方各国有著一新书创一新法者，皆可得文凭以为专利而著新书所得者名曰版权"。②他介绍了美、英、德、法、奥、瑞、俄、挪、比、秘、爱等国版权施行期限，进而与当时中国的情况做对比，其言"今中国不愿入版权之同盟，殊不知版权者，所以报著书之苦心，亦与产业无异也。凡已满期之书尽可翻印，若昨日发行，今日即已为人所抄袭，是盗也。且彼处著书之人，又何以奖励之，而傅有进步乎！"正是在这样的背景下，自19世纪末开始，近代报刊陆续刊登和宣传版权问题，并逐渐形成了近代版权保护制度，最终在1910年颁行了保护版权的正式律法《大清著作权律》。

（一）近代报刊中关于版权思想的传播

在19世纪末期，日本对于近代中国版权观念和制度的形成影响较大，也为后来版权施行于中国提出了借鉴。曾出使日本的黄遵宪就在其所著的《日本国志》中介绍了版权制度，其文曰"凡欲以著作及翻译之图书刻板者，先以草稿缮呈本局（图书局）。本局察其有益于世给予执照，名曰版权，许于三十年间自专其利，他人不得翻刻盗卖"。③此后，在近代报刊中也多有涉及介绍日本版权制度和论述版权应施行于中国的文章。如在《东洋经济新报》发表的《论布版权制度于支那》一文就认为，版权是保护知识的基础，提出了"保护著述者之权利，以酬其著辑之劳，为最要矣"的观点，进而在树立起版权观念后，则版权将成为"供给智识之原动力"。正是在版权制度的保护下，清政府才可以引进和翻译更多西学著作，从而对于推动维新变革有所助益。作为对这篇文章的回应，在1899年第13期的《清议报》上刊载了《读经济新报布版权于支那论》一篇，对版权制度施行于中国给出了肯定性的结论。该文作者认为，版权制度于中国自古所无，是由英美传教士最先将其思想传布于中国。在这期间，广学会的译书工作为版权意识的传播起到了开风气之先的作用，其言："英米之宣教师，有为我译书者，其名曰广学会，实为行版权之嚆矢。今者同学会译著出版之书，坊贾无敢翻印者，此亦

① 李天纲编校. 万国公报文选 [M]. 北京：生活·读书·新知三联书店，1998：25.
② 周林，李明山主编. 中国版权史研究文献 [M]. 北京：中国方正出版社，1999：77.
③ 黄遵宪. 日本国志：卷14 [M]. 天津：天津人民出版社，2015：359.

可以见其制度之实可行矣。"①进而，作者在文章中具体提出了版权制度应率先严格施行于京师和通商口岸的想法，使著者和译者权益得以保护，有利于著书和翻译事业的蓬勃发展，推动先进思想的引进和传播，其言："吾窃以为此版权制度，但于京师及通商各口岸严行之，而于内地则稍宽之，亦未始不可也。盖推原译书之意，于其一方，当保护著者之权利，使之功劳相偿，以动其业。"②

此后，在1901年第14期的《南洋七日报》中转发了《苏报》刊登的《版权宜归重公会说》一文，进一步宣传版权保护思想。在该文开篇，作者就肯定了版权制度对于"文明开化"的积极作用，其文载"吾闻泰西各国，启维新之秘钥，植开化之始基，印文明之迹于脑筋，除锢闭之萌于脏腑，而版权之例，与有功焉"。③作者认为版权制度是国民所赖以自立、国家所恃自强的重要凭借，并专门向国人介绍了英国近代版权制度的完善过程。在谈及当日中国的版权状况时，作者不仅做出了对比，而且认为无版权保护制度施行，将于正确知识的传播大有阻碍。

实际上，晚清社会上书籍翻印之事甚为普遍，而各新式学堂所用课本成为重灾区。据《大公报》报道，苏州城内有书籍刊刻的坊贾，"专以翻刻书籍侵占版权为事，如南洋公学之蒙学课本初二三编、格致读本，以及其余风行之书无不翻刻，减价蒙混出售"。④这种情况不仅会造成新知识的引入与传播日渐困难，而且对于所传播内容的准确性也造成影响。故而，在《版权宜归重公会说》中，作者就对当时的滥行翻印的情况评价道："我中国于版权之例向未明定章程，志士或著一新书，译一新籍，甫经出版，翻者踵起，甚至改头换面，错讹百出，徒求有利于己，枉顾有害于人，其贻误学者正匪浅显也。"⑤有鉴于此，作者提出了施行版权制度，改革目前弊状的办法，其一国家制定专利章程，其二创设版权工会。特别是针对第二点，作者认为由版权工会厘定的版本更加准确，可荟萃著作之才，可改换错诸弊端，最终对新政推行有所帮助，成为"开化之始基"。

随着版权意识的传播和探索的逐渐深入，当时既有对在中国施行版权制度持否定态度者，又有对版权制度积极拥护者，而前者以张百熙为代表，后者以廉泉为典型。

---

① 读经济新报布版权于支那论［N］. 清议报，1899（13）：779-783.
② 读经济新报布版权于支那论［N］. 清议报，1899（13）：779-783.
③ 版权宜归重公会说［N］. 南洋七日报，1901（14）：86.
④ 翻刻书籍［N］. 大公报（天津），1902-08-12.
⑤ 版权宜归重公会说［N］. 南洋七日报，1901（14）：86.

（二）管学大臣张百熙对于版权保护制度的疑虑

正是在19世纪末报刊逐渐宣传确立版权保护制度的大背景下，国人对于版权问题日渐重视，特别是在"新政"推行后，不仅士人阶层对版权问题展开讨论，而且官方也日渐重视版权问题。不过，在清政府内部有不少官员表达了对设立版权的忧虑和反对意见。1902年，当时清政府和美国正在商订《通商行船续订条约》，而在条约文内双方即有约定版权的内容一条。其大意为美国有版权保护定例，"嗣后美人如在中国镌印书籍、图画或译印华文，自系专为华人所用，应由中国极力保护，并自注册日起限期十年，准在中国得享专利，不准他人翻印。"① 然而此事为日本所知，故而照会清政府也要求在中日新订条约中议定版权保护制度事宜。为此时任管学大臣张百熙特致书日本使臣内田康哉，表达了中国不宜施行版权制度的看法。

在电文中，张百熙指出当时中国能通外国学问者人数较少，而每翻译一部著作则需要花费重金，"如英国出一书值十元，敝国用上等译员译之费数千元，再加刷印千部又数千元，是译出变卖已不如英国原售价值之贱矣。"②正因如此，他认为当时翻译之事为官方所操持，"故翻译外书以图利，为敝国卖书人必不能办之事"，故而张百熙认为在当时条件下，中国尚不足以设立版权制度，不仅无益，反而有害，其言"若如此办法，书籍一不流通，则学问日见否塞，虽立版权久之，而外国书无人过问，彼此受害甚多"。③特别是张百熙认为现在于条约内加入版权一事，无疑对尚处于萌芽状态的新式学堂不仅没有帮助，而且有扼杀之虑，其言："今日中国学堂甫立，才有萌芽，无端一线生机又被遏绝，何异劝人培养而先绝资粮！"④不过，张百熙在此电文中只谈及了因引进和翻译花费甚多而不应施行版权制度的理由，而没有论及译成之书的翻印问题，故而在一定程度上有避重就轻之嫌。

与之同时，为了避免在订约中涉及版权事宜，张百熙还曾特意致电前两江总督刘坤一表达了现在不宜施行版权制度的看法，并期望刘坤一设法维持。然而，刘坤一在复电张百熙文中虽然对于张百熙所虑表示理解，但也阐明了"以中国语

① 商约汇志：中美商约版权一事［N］.外交报，1902（27）：12.
② 管学大臣争论版权紧要函电［N］.大公报（天津），1902-10-29.
③ 管学大臣争论版权函电汇录［N］.政艺通报，1902（20）：1-2.
④ 管学大臣争论版权函电汇录［N］.政艺通报，1902（20）：1-2.

文著作书籍及地图，应得一律保护。其东文原书及东文由中国自译，或采取东文另行编辑者，不在版权之列"①的观点，但也转告了张之洞意图"将日本用中文编辑之书，亦准华人重加编订"的想法。刘坤一同意将张百熙所虑转达给正在商谈条约的吕海寰和盛宣怀二人。与刘坤一所述类似，经过商定吕、盛二人复电张百熙告知当前商谈的结果，即"东西书皆可听我翻译，惟彼人专为我中国特著之书，先已自译及自印售者不得翻印，即我翻刻必究之意"，②清晰地阐明了条约内已无法避免版权条文的事实。

张百熙对版权制度的疑虑，随着《大公报》《选报》《鹭江报》等近代报刊的转录，引起了当时官方和知识界广泛的关注。对于版权保护事宜，在1902—1903年的报刊中多有反对的声音，而尤以反对日本订约中有关版权同盟一事为甚。在1902年春季的《浙江新政交儆报》中有作者发表了《交涉刍言：版权平议》一文，其言："以维新三十余年多通西书之国，而近时论者尚叹失策，何况吾国正如蒙稚之时，有不受其遏抑而关碍发达之机，使本国有志者译书之事几于熄耶？"③甚至是日本国士人也有反对版权同盟之论者。在《论版权同盟》一文中作者言及"我邦自一千五六百年以前，所有学问及文明德化均赖中国输入，至近来三百年间，中国文明之来我国进步兀猛，德川将军时代汉学各家于中国各种书籍，无不供其翻译，受益实非浅鲜。明治维新近三四十年间，泰西文明输入我国始，若不过略见一日之长，现当中国派人翻译我邦书籍，即俨然自诩"④，明确表达了反对以中日图书交流行版权之事的看法。

甚至在施行保护版权规定之后，也有地方大员依旧对版权保护持否定意见者。据《大公报》1904年3月1日报道，有督臣电文致函商部及大学堂请撤销版权，而其观点是版权阻碍图书销路，为"奸商"把持，其言："中国编印书籍原为开通风气，岂可给其版权以隘销路。近来书贾屡有禀请者，迹近垄断，有关开化，请贵部嗣后遇有此等事宜一概批驳，以杜奸商把持。"⑤但是随着条约商订进程的深入，虽然以张百熙为代表的清廷内部不乏官员发出了对施行版权制度的反对声音，但是却已呈无法扭转之势。在清政府内部以廉泉、严复为代表的官员纷纷上疏管学大臣，要求给予刊行图书对版权保护，杜绝翻印，以期更好地推动新

① 管学大臣争论版权函电汇录 [N]. 政艺通报, 1902 (20)：1-2.
② 管学大臣争论版权函电汇录 [N]. 政艺通报, 1902 (20)：1-2.
③ 交涉刍言：版权平议 [N]. 浙江新政交儆报：壬寅春季信集, 1902 (4)：8.
④ 论版权同盟 [N]. 政艺通报, 1902 (5)：11.
⑤ 电请撤销版权 [N]. 大公报（天津）, 1904-03-01.

学教育和知识传播。

（三）户部郎中廉泉对施行版权制度的支持

虽然在清政府内有如张百熙发出疑虑的声音，但是也有像户部郎中廉泉等坚定的支持版权制度设立与施行者。廉泉在1903年初接连上疏管学大臣张百熙，表达了对后者坚持暂缓施行版权态度的不认同。廉泉请求仿行日本版权制度，给各省府州县学堂所用教科书授予版权，其言"今京师大学盖与日本文部名异而实同，谓宜仿照日本规制，凡编译教科书者胥吏呈送，京师大学堂详鉴而审定之……今日东西各国法律皆重版权，拟请严定规制，凡书经大学鉴定准与通行者，无论官私局所概不得翻印以重版权"①。特别是廉泉本人和举人俞复、副贡生丁宝书于1902年6月在上海成立文明书局，又在京师和天津成立分局，不仅编印小学教科书，而且对于西学著作多有翻译发行之举。为此，廉泉对于版权制度的拥护既有官员对大趋势下推行新法的支持，又夹杂着出版商人维护自身商业利益的考量。故而他请求"敢援日本文部检定之制，东西各国版权之律，届时恭呈鉴定遵饬印行，以利学堂而杜翻印前者"②，而文明书局已经将编成的《蒙学读本七编》等书上疏请求版权保护。

不仅如此，廉泉还上疏禀明北洋大臣袁世凯请求保护文明书局发行图书的版权，禁止翻印，并获得后者的支持。为推动版权事宜，袁世凯不仅将其图书从上海运至北京的轮船招商局船运费概行全免，而且为文明书局版权事咨文各省督抚，言及"至该局编译印行之书，无论官私局所概禁翻印以保版权，并候分咨各省督抚院，转行遵照抄由批发"③。正是因为有了袁世凯的支持和推动，廉泉所主持的文明书局在当时的报刊中刊发紧急告示，以强调保护发行图书版权，杜绝翻印事宜。其文告曰：

> 凡本局编译印行之书已蒙北洋大臣咨行各省官私局所，概禁翻印以保版权在案，倘仍有人易名翻版或抽印汇刻等情，一经察出定当禀官惩办，以其翻刻之书全数充公为该地方学堂之用，并请官科罚，为该地方学堂经费。如本局未及察知，有人得其翻刻实据，寄示本局并能述其印

---

① 廉部郎上管学大臣论鉴定学堂课本禀［N］. 大公报（天津），1903-01-01.
② 廉部郎上管学大臣论鉴定学堂课本禀［N］. 大公报（天津），1903-01-01.
③ 北洋大臣袁宫保为文明书局事咨各督抚文［N］. 大公报（天津），1903-01-19.

刷之所，能为扣留全书作见证者，本局查明禀官惩办后，以其书银之半
充公，以其半酬告发之人，恐未周知，特此布闻。——上海北京天津文
明书局广告。①

正是在版权势在必行和力行新政大臣的支持下，在1903年以后推行版权保护
事宜逐渐形成共识，对所出版的图书呈请版权保护成为一种新常态。如文明书局
编成并发行的《蒙学读本七编》《理财学纲要》等书即已得到官方的保护，"业经
呈蒙审定颁发图章以重版权而杜冒印"；已经编成，即将出版纳入学堂课本书目
的，如《植物学教科书》《国民体育学》《实用教育学》《教育新论》《教育新史》
等教材则"饬知各行省定为课本，一体通行在案"；而即将付梓的日本大学教科
书《理财学》《西史通释》也在加速印刷，呈请审定颁行。可以说，以文明书局
作为当时的代表，其所刊印的教科书和宣介东西方近代化的著作得到了官方的版
权保护。正因如此，廉泉在《上管学大臣论版权事》一疏中论述道，"嗣后凡文
明书局所出各书，拟请由管学大臣明定版权，许以专利，并咨行天下大小学堂。
各省官私局所概不得私行翻印，或截取割裂以滋贻误而干例禁，则学术有所统
归，而人才日以奋迅矣。伏望迅断施行，学界幸甚！天下幸甚！"②

与廉泉观点类似，严复也表达了对于施行版权制度的支持，提出了"版权废
兴，非细故也"的论断。1903年5月继廉泉之后，严复上疏管学大臣张百熙指出，
今日虽然刊行的图书人得以刻售于普及教育有益，但从长久来看则实有所损于
学界。严复认为著书立说，翻译西学书籍都需要耗费人的巨大精力，"竭二三十
年之思索探讨而后成之"，若书成"乃夺其版权，徒为书贾之利，则辛苦之事谁
复为之？"③这实际上损害了刚刚起步的维新之法，以致最终的结果是"彼外省官
商书坊，狃于目前之利，便争翻刻以毁版权。版权则固毁矣，然恐不出旬月，必
至无书之可翻也"。④

此外，除了有识的官员士人请求施行保护版权之事，在华的西方教会也对施
行版权保护予以积极响应。当上述有地方督抚咨文商部撤销版权并罚办文明书局
之议后，有美国教会之西人对此说大为不平，不仅致函官方询问此事真伪，而且

---

① 文明书局紧要广告 [N]. 大公报（天津），1903-03-12.

② 廉部郎上官学大臣论版权事 [N]. 大公报（天津），1903-05-22.

③ 严幼陵观察上管学大臣论版权书 [N]. 大公报（天津），1903-05-28.

④ 严幼陵观察上管学大臣论版权书 [N]. 大公报（天津），1903-05-28.

欲联合北京、上海等各处书局自发成立版权公会，"凡盗翻新书者由会中自行查办，不复借重官场"，①也由此可见当时晚清社会中保护版权的民间力量。

（四）晚清版权保护制度的施行

在当时一众新派官员士人的支持下，管学大臣张百熙最终认识到了保护版权的重要性，同意保护版权，并由官方审定发给凭证。在回复廉泉《管学大臣批答廉惠卿部郎呈请明定版权由》一文中，张百熙写道："嗣后文明书局所出各书无论编辑译述，准其随时送候审定，由本大学堂加盖审定图章，分别咨行，严禁翻印以为苦心编译者。劝该局益当详慎从事，惠兹学界。"②施行审定图书给予版权政策后不久，京师大学堂印书局也颁定《京师大学堂印书局章程十条》。章程开篇即表明了京师大学堂印书局所享有特别版权，用以大学堂和各省学堂课程教授之用，其文载"本局系管学大臣奏请开办，自有特别之版权。在京在沪各书坊不得改名翻印，亦不得撺取文义别版印行。一经查明，定请管学大臣照章示罚"③。随着张百熙对廉泉禀文的积极回复，版权保护制度得以推行开来。

延至1906年，商部新订版权规定中不仅对出版的图书给予版权，而且对美术原创作品也给予版权，以为保护。文载"凡书籍图画等类，并有关于美术之物，果系出自心裁，将真实姓名报部者，均可予以版权准其在批之日及殁后三十年，皆得享有独得之利益，惟只以斋名、社名报部者，只准享有三十年版权，过期即行注销，以示区别"④。可以说，以1903年为分水岭，随着版权意识的传播与普及，以及官方在争论后逐渐形成的共识，版权保护制度日渐形成并予以施行。

1903年下半年起，一时间各大报刊纷纷刊登版权保护信息，展现出版权保护推行的成效。1903年7月，文明书局译印的《群学肄言》《理财学讲义》成书呈请管学大臣审定，给予版权，以期"全国学校莫不承印用之，以期一道同风"⑤。1903年9月，知县邹海祺向管学大臣呈请版权。经审定，邹海祺编译的《万国史要》《外交史》两种"事皆证实，译笔亦具有条理"，《识字实在易》《万国演义》两种"启蒙开智，颇见苦心"，故而准予版权保护，"如有坊贾翻印渔利，准其就

---

① 拟立版权公会 [N]. 大公报（天津），1904-03-06.

② 管学大臣批答廉惠卿部郎呈请明定版权由 [N]. 大公报（天津），1903-06-04.

③ 京师大学堂印书局章程十条 [N]. 大公报（天津），1903-07-06.

④ 新订版权之一斑 [N]. 大公报（天津），1906-05-05.

⑤ 文明书局译印《群学肄言》《理财学讲义》成书呈请管学大臣审定呈稿 [N]. 大公报（天津），1903-07-09.

近指控惩办"。①同月，附生丁福保编纂教科书成，管学大臣张百熙认为该生于新学锐意进取，应给予版权，禁止翻印，其言："该生好学深思，于畴人家言致功最笃，此外各种科学亦均锐意研求，确有心得，洵为读书励志之士，所呈东文典问答、卫生学问答二种，罄其说惟恐不尽嘉惠，苦心于此可见。应准存案，如有坊卖翻印渔利，仰就近指控，由地方官惩办可也。"②同年十一月，从九品官员梁和所著《机器算学》一书，经商部批复给予版权。③清末京师法律学堂教习汪有龄向民政部呈请其所著《违警律论》一书版权，也很快得到民政部批准，并咨文农工商部给予批文通行各省。④

廉泉还专门为王树枏编辑的《列国战事本末》一书上疏商部尚书载振，请求给予版权。廉泉阐明该书共二十二卷，分别记述有欧洲列国战事历史，包括希腊战事四、罗马战事十、意大利战事一、土耳其战事二、法兰西战事十七、日耳曼战事四、奥斯地亚战事二、德意志战事二、荷兰战事三、比利时战事二、瑞西战事一、西班牙战事四、葡萄牙战事二、英吉利战事九、瑞典战事一、丁抹战事一、俄罗斯战事十二，于国人了解西方各国历史与发展有所帮助。廉泉在叙述编纂该书动因时论及"自述凡例谓五洲之大，惟欧罗巴最强，争地争城偏于环海，故叙欧洲战事而天下万国半括其中"⑤。而之所以编者把俄罗斯列于欧洲诸国最后叙述，是因为"俄罗斯最晚出，虎视群邦，一动一静列国之安危系焉。故是书以俄终篇，亦孔子删书终秦誓之意也"⑥。最后廉泉阐明该著作"文笔雅洁，今为此书取材阅富，精彩焕发"，请求版权保护。

此后根据官方补充规定，学堂内外教习讲义的版权归官方所有。据1907年学部咨行各省大学堂称，"嗣后各班毕业各项讲义，均须装订成册，呈送学部审定，作为教科底本，此项版权应归官有，不能作教习私产"⑦。故此，先有1909年湖广总督保护版权，饬禁"各省市肆、书贾射利翻印"法政学堂校外讲义一事，⑧

---

① 大学牌示 [N]. 大公报（天津），1903-09-05.

② 批示版权 [N]. 大公报（天津），1903-10-01.

③ 准予版权 [N]. 大公报（天津），1903-11-23.

④ 中国第一历史档案馆藏. 民政部批为违警律论一书准予版权并通行各省警员购阅事 [N]. 宣统元年五月二十三日，档案号：21-0718-0010.

⑤ 文明书局编辑欧洲列国战事本末成书上商部请给版权呈稿 [N]. 大公报（天津），1904-08-01.

⑥ 文明书局编辑欧洲列国战事本末成书上商部请给版权呈稿 [N]. 大公报（天津），1904-08-01.

⑦ 版权归官 [N]. 大公报（天津），1907-02-27.

⑧ 藩宪饬禁翻刻法政讲义通饬各书文 [N]. 汉口中西报，1909-12-15.

后有1910年东三省总督锡良就呈请给予奉天法政学堂所编校外讲义给予版权。[①]
自此以后，官私著作呈请版权呈现逐渐常规化的态势。

与版权保护制度推广相并行，各地查禁滥行翻印图书事宜也逐渐跟进。如广东"某书局生意尤佳，盖专翻印他人书籍耳，虽广智、商务之版权亦为所侵害"[②]，此论说展现出版权保护观念日渐深入人心的事实。又如，文明书局所刊行的《群学肄言》一书出版不久就被杭州史学斋的陈蔚文易名翻印，又被上海国民书店翻刻。对于杭州翻印一事，文明书局派人任赴浙江查明情况，一面呈请将翻印之书全数充公，一面禀文盛宣怀请其代为电请浙江巡抚严行查办。[③]对于上海翻印一事，廉泉则亲自修书给上海道台袁海翁，写明"国民书店黄子善翻刻群学肄言已人赃并获，呈控在案，请饬廨员严究惩罚，以保版权"[④]。此后，还有上海简青斋石印书局毕春宝翻印文明书局刊行的《中国地理教科书初级》和《修身教科书》一事，后虽经官府查抄，但未满一月又翻印较前更多。当即由文明书局报知上海虹口捕房，并报告书业公所，查得印石、印纸、印件等物，公议毕春宝系明知再犯，应照三倍议罚，计应罚洋九百元。经上禀道批复将所印各书和玻璃版片当堂销毁，以正视听，文载："简青斋书局翻印该书局修身教科书籍，议罚不悔，仍敢偷印地理教科书诿过别人，实属有违示谕，究竟翻印若干部何人合做，仰会审委员饬提毕春宝到案切实根究，并令缴出已印各书及玻璃版片当堂销毁，仍将办理情形报查抄黏并发。"[⑤]

在国内已经接受并施行版权保护措施的背景下，1903年签订的中美《通商行船续订约》第十一条明确规定版权保护事宜，这也是近代清政府在签订的诸多条约中所关于版权协定的发轫，而这一关于版权保护的条文也被《大公报》所转载，引发了更大的社会效应。其条约文载：

中国政府今欲中国人民在美国境内得获版权之利益，是以允许凡专备为中国人民所用之书籍、地图、印件、镌件者，或译成华文之书籍，系经美国人民所著作或为美国人民之物业者，由中国政府援照所允保护商标之法及章程，极力保护十年，以注册之日为始。俾其在中国境内有

---

① 东督咨请保护版权［N］. 大公报（天津），1910-12-11.
② 粤省书林［N］. 大公报（天津），1903-09-14.
③ 惩罚翻印［N］. 大公报（天津），1903-09-15.
④ 请惩翻刻［N］. 大公报（天津），1904-01-24.
⑤ 文明书局上上海道宪第一禀［N］. 大公报（天津），1906-10-25.

印售此等书籍、地图、镌件，或译本之专利，除以上所指明各书籍地图等件不准照样翻印外，其余均不得享此版权之利益。又彼此言明，不论美国人所著何项书籍、地图，可听华人任便自行翻译华文刊印售卖。凡美国人民或中国人民为书籍报纸等件之主笔或业主或发售之人，如各该件有碍中国治安者，不得以此款邀免，应各按律例惩办。①

在条约签订后不久，美国使臣还照会清政府外务部："此次新订商约载有专条。嗣后中国国家将如何妥为保护，使著作者享有版权利益，不致被人侵害，请将保护条例详细示覆。"②稍后在中日《通商行船续约》中第五条款也有关于版权保护制度的约定。可以说，以管学大臣复函廉泉为起点，又以中美新订条约正式加入保护版权一项为标志，中国近代版权保护制度开始施行，民间保护版权意识日渐普及。

（五）清政府关于版权保护的立法

然而，虽然随着版权意识的普及和保护版权措施的推进，民间书局滥行翻印的情况得到了一定程度的遏制，但是清朝对内尚未颁布明文律法以禁止和惩治侵犯版权的行为。因此，随着版权意识的逐渐深入，清政府不断探索编订保护版权的明文条例。1904年，清廷命商部负责试行编修了《版权律》草案，张元济还曾参与到晚清《版权律》和《出版条例》修订的工作中，并提出了不少修订意见。他对编订条例草稿中的第十九、第四十九两条尤为关注。在第十九条中，张元济认为授予版权之书应该予以保护，既不可翻印，也不可翻译，其言："按有版权之书籍，非特不能翻印，抑且不能翻译。中国科学未兴，亟待于外国之输入。现在学堂所用课本，其稍深者大抵译自东西书籍。"③但是，张元济也提出在现拟草稿中，对于研习洋文书籍给予版权的规定实乃自我提高阻力，以"实际之利权，易彼虚名之保护"，应予以改定。而对于草稿第四十九条"翻印仿制"项，张元济也提出了个人观点，其言："中国幅员如此广大，原著作者之耳目岂能一一周知。且倒填年月，为中国惯行之事。此端一开，必有无穷纠葛。鄙见如原著作者

---

① 中美新定商约（续昨稿）[N]. 大公报（天津），1903-10-15.

② 美使照会外部 [N]. 大公报（天津），1904-03-24.

③ 朱志瑜，张旭，黄立波编. 中国传统译论文献汇编：第1卷 [M]. 北京：商务印书馆，2020：380.

自行呈控，亦应照章科罚，编书局拟增入第二十四条之数语，极应补入。"①

  不过，由于商部试行编订的《版权律》内容较为粗糙，并未呈请施行，但其大致以"书籍、图画、演述、雕刻以及属于文艺学术之物皆得予以版权，著作人在世之年及殁后三十年享有之"②为内容。而其主体原则也为后来颁行律法所继承和借鉴。1908年，虽然民政部编成的《大清报律》第39条中规定"凡报中附刊之作，他日足以成书者，得享有版权之保护"，③对于报刊文章的汇集成书版权有了明确的法律条文保护，但是原有的《版权律》依旧搁置，没有新的进展。直到1910年经过再次筹备和修订，民政部奏请拟定《著作权律》，承继之前的《版权律》以为拓展和完善。最后，经资政院对著作权律议案决议并请旨允准后，《大清著作权律》于1910年12月18日正式颁布。④

  这部晚清的律法在很大程度上参照了日本对于版权保护的规定修纂而成，包括给予版权之范围，版权之期限等均有相似之处，但无论如何，《大清著作权律》的颁布既是"新政"后从现行规定向立法的飞跃，又是从传统图书版权概念扩大到著作物权的转变。在《大清著作权律》开篇就阐明了著作权范围，文载："凡称著作物而专有重制之利益者，曰著作权。称著作物者，文艺、图画、帖本、照片、雕刻、模型皆是。"⑤《大清著作权律》依次对权利期限、呈报义务、权利限制做出了明确的规定，特别是在第三十三、第三十四两条中分别规定："凡既经呈报注册给照之著作，他人不得翻印仿制，及用各种假冒方法，以侵损其著作权。""接受他人著作时，不得就原著加以割裂、改窜及变匿姓名或更换名目发行。"⑥这些规定是承继了自1903年以来实际施行的保护版权规定，并给予了相应的扩充与完善，只不过这一律法在颁行后仅一年，清王朝即走向终点。虽然《大清著作权律》施行时间很短，但它是19世纪末以来国人探索近代版权制度的一项重要成果，也是中国官方版权制度正式确立的标志，而中国人对于近代版权观念与制度的追寻脚步在新时代继续前行。

---

① 朱志瑜，张旭，黄立波编. 中国传统译论文献汇编：第1卷［M］. 北京：商务印书馆，2020：381.
② 新订商部版权律内容一斑［N］. 广益丛报，1906-103：3.
③ 戈公振. 中国报学史［M］. 上海：商务印书馆，1928：353.
④ 宣统二年第一次常年会资政院会议速记录：第二十六至第二十七号［Z］. 上海图书馆藏：42.
⑤ 资政院会奏议决著作权律遵章请旨裁夺折［N］. 大公报（天津），1911-01-04.
⑥ 资政院会奏议决著作权律遵章请旨裁夺折（续）［N］. 大公报（天津），1911-01-08.

（六）结论

晚清以来受"西风东渐"的影响，有识之士在追求近代化的过程中日益重视图书版权保护问题。有如黄遵宪、林乐知等晚清中外人士介绍版权制度于先，而后依托近代报刊为平台，版权问题的讨论、思想的传播与制度的施行渐次展开。虽然如管学大臣张百熙和部分地方督抚对于在中国施行版权制度有所疑虑，认为版权保护会阻碍新学的推广，故暂持否定态度，但是以廉泉、严复为代表的官员则呈积极支持之势。随着张百熙肯定性地复函廉泉施行版权制度所请，加之北洋大臣袁世凯的支持，以及吕海寰和盛宣怀在与美国订约中对版权保护一项较为认可，故而1903年以后，清政府虽然没有颁布《版权律》或正式律例以作规范，却事实性地开始施行版权保护制度：一方面传播了版权思想，使著作权人纷纷呈请版权保护；另一方面则严查滥行翻印书籍事宜，使版权保护呈常规化态势。搁置一段时间之后，1908年清政府再次重启版权律的编纂与修订工作，最终在1910年12月18日正式颁行经过扩充和完善后的《大清著作权律》。虽然这一律法仅施行短短的一年时间，却是晚清以来有识之士孜孜以求推动近代化改良的成果之一，更是中国近代版权制度正式确立的标志。

课题负责人：王学深
承担单位：中国政法大学人文学院

附 录 ━━━━━━━━━

本课题的研究以《大公报》为核心文献，融合了《申报》《绍兴白话报》《南洋七日报》《外交报》《浙江新政交儆报》《政艺通报》等多种报刊的史料开展研究工作。以《大公报》为例，晚清时期（1902—1911）共刊发122件次报道，最早报道于1902年8月12日，最晚报道于1911年8月29日。本课题组现将收集、整理、注释的《大公报》中刊登的晚清版权问题史料拣选较为重要的27则公布如下，以兹学界进一步开展研究所用。

1. 致日本使臣内田康哉函。昨接上海来电，知现议美商约内有索取洋文版权一条，论现在各国有版权会，原系公例，但施之敝国，则窒碍殊多。各国学问所用书籍大概相同，又其国人大半皆通他国文字，故于外国书销行最畅。翻译既易，所费亦不甚多。因有展转窃取射利之举。若敝国，则讲求外国学问者，人数尚少，能精通外国文字者甚鲜，每译一书非用重金不能译就。譬如英国出一书值十元，敝国用上等译员译之费数千元，再加刷印千部又数千元，是译出变卖已不如英国原售价值之贱矣。故翻译外书以图利，为敝国卖书人必不能办之事。近年敝国考求世界公学，皆赖官家之力及二三深识时务之人，设译局用多金以广为劝诱。今日学堂甫立，才有萌芽，各国既深望敝国变法维新，相期共进文明之化，无端又生此一大阻塞，殊属无益。夫使敝国多译数种外国书，使国人读之通外事者较多，将来各种商务大兴，中外共受其利。若如此办法，书籍一不流通，则学问日见否塞，虽立版权久之，而外国书无人过问，彼此受害甚多。此次敝国办理学堂，承贵国之辅助及贵大臣之教益甚。至此事关系于我两国者，尤重于他国，上年，闻贵国有一派人，亦主版权之说，其实，贵国尚有一派人极愿以贵国学问输入敝国为主义，本大臣之所深知。深恐此次美约牵及贵国前一派人，援利益均沾之条，关系诚非浅鲜。亟望贵大臣设法预为维持，或通信上海议约专员，或径达贵国总理外部，总以不提及此条为善。除现议美约已由本大臣电致敝国议约之刘张吕盛诸大臣，请勿允许外特函致贵大臣。敬达，一切专肃，敬颂台祺。张百熙顿首。

★资料来源：《大公报·天津版》，管学大臣争论版权紧要函电·致日本使臣内田康哉氏函，1902-10-29，第1版。

2. 致刘制军电。南京制台刘宫保鉴，闻现议美国商约有索取洋文版权一条，各国必将援请利益均沾，如此则各国书籍中国译印种种为难。现在中国振兴教育，研究学问，势必广译东西书，方足以开民智。各国既深望中国维新变法，相期共进文明，今日中国学堂甫立，才有萌芽，无端一线生机又被遏绝，何异劝人培养而先绝资粮。论各国之有版权会，原系公例，但今日施之中国，殊属无谓。使我国多译数种西书，将来风气大开，则中外商务自当日进西书，亦日见畅行。不立版权，其益更大。似此甫见开通，遽生阻滞，久之将读西书者日见其少，各国虽定版权，究有何益？我公提倡学务，嘉惠士林，此事所关系匪细，亟望设法维持。速电吕盛二大臣，坚持定见，万勿允许，以塞天下之望。幸祷甚。熙。致武昌张香帅电全前。

致商务大臣吕盛电。上海商务大臣吕钦差、盛钦差鉴，闻现议美国商约有索取洋文版权一条，各国必将援请利益均沾，如此则各国书籍中国译印种种为难。现在中国振兴教育，研究学问，势必广译东西书籍，方足以开通民智。风气之变，人才之出，胥赖乎此，非细故也。各国自修好结和之后，深望中国变法维新，相期共进世界文明之化。今日中国学堂甫立，才有萌芽，无端一线生机又被遏绝。论各国之有版权会，原系公例，但今日施之中国则不见保守利权之益，只益阻塞新机之害。使我国多译数种西书，令国人遍读之，则中外各种商务犹当日见发达。彼时我国通习西文之人日众，各国再约中国入此公会尚不为迟。若似此，甫见开通，遽生阻滞，久之将读西书者日见其少，各国虽定版权究有何益，切望二公坚持定见，或即采鄙意，与之力争，万勿见许。无任感祷，专候复音。熙。

南京刘制台覆电。中国振兴实学，诚如台示，非广译东西文书籍不可。惟版权一事，昨接吕盛两钦使电。日本现订约款，只声明日本特为中国备用，以中国语文著作书籍及地图，应得一律保护。其东文原书及东文由中国自译或采取东文另行编辑者，不在版权之列。香帅并欲将日本用中文编辑之书，亦准华人重加编订，电沪续议，尚未议定。至美国如何商议，尚无见闻。惟前准美国送到所索版权一款，内有中国政府允许保护美国人民之书籍、地图、所译之书、所镌之件云云，似所请保护，亦指彼洋文原书及用华文著译者。言之洋文，似未尝不准我用华文译印。兹遵嘱电沪妥为商定，另闻，坤。

吕盛两钦使覆电。宙勘电，敬悉美日商约均有版权一条，意在概禁译印，辩论多次，幸如尊议，东西书皆可听我翻译，惟彼人专为我中国特著之书，先已自译及自印售者不得翻印，即我翻刻必究之意。上海道厅领事衙门早有成案，势难不准。平心而论，自译印其自著之书，本人费许多心血，若使其书一出，即为他人翻印，亦恐阻人著译，既欲广开民智，无论中外人特著一书，及自译自印者，应准注册专利若干年，则新书日出，方免遏绝新机，余皆不在禁例。此不仅为调停商约也，质之我公，以为然否。容俟订定后再行函详。海、宣。

★资料来源：《大公报·天津版》，紧要函电·致日本使臣内田康哉氏函，1902-10-29，第2版。

3. 户部郎中廉泉谨禀尚书阁下……今日东西各国法律皆重版权，拟请严定规制，凡书经大学堂鉴定准与通行者，无论官私局所概不得翻印，以重版权。司员尝与里人举人俞复、副贡丁宝书于上海创立文明书局编译小学教科书若干种，克期成书，敢援日本文部检定之制，东西各国版权之律，届时恭呈鉴定，遵饬印行，以利学堂而杜翻印。前者已成蒙学读本七编，昨经呈阅亦请鉴定施行。司员为学校教育起见，是否有当，伏祈训示，不胜叩幸。司员廉泉谨禀。

★资料来源：《大公报·天津版》，专件代论·廉部郎上管学大臣论鉴定学堂课本禀，1903-01-01，第1版。

4. 北洋大臣袁宫保为文明书局事咨各督抚文。为咨明事，据户部郎中廉泉具禀，京城设立文明分局由沪运京之书请豁免运脚，并请各省保护版权等情。到本督部堂据此，除批据禀该员在沪设立文明书局，编译教科并新学各书，复于京师设立分局以便士林，请将由沪运京之书概行豁免水脚。查招商局轮船装运官书，向免半价，现在兴学为自强根本，但能全免即可照办候行，核议详覆。饬遵至该局编译印行之书，无论官私局所概禁翻印，以保版权，并候分咨各省督抚院转行，遵照抄由批发等因印发外，相应咨明贵部堂院，烦请查照施行，须至咨者计粘抄禀，光绪二十八年十二月十六日。

★资料来源：《大公报·天津版》，本埠·北洋大臣袁宫保为文明书局事咨各督抚文，1903-01-19，第2版。

5. 廉部郎上管学大臣论版权事。户部郎中廉泉谨呈，为书局扩充，出书日广，恳请严定规条，申明版权，并咨行各省学堂局所，一体遵行，以杜伪乱。而维学界事，窃维京师大学者，天下学问之枢纽也，一国之言学者，苟不仰承大学，则旁皇而无所依归，大学之教条，苟不颁行各省，则散漫而莫能统纪。制度不定，规矩不一，东涂西抹，横驾别驱，天下之言学，依违以为是，盗窃以为多，则学术混淆，而真才不出，是以纲维之立不可不严，而宏奖之方不能不讲也。司员自去岁六月创办文明书局以来，所出各书，业经呈蒙审定，颁发图章，以重版权而杜冒印，如蒙学读本七编，理财学纲要，初等植物学教科书，国民体育学，实用教育学，教育新论，教育新史等，皆承采入学堂应用书目，饬知各行省定为课本，一体通行在案。司员只承宠誉，兢惕弥深，盖尚书励学之宏谟，原为国家之长计，而敝局发蒙之成效，不虚编辑之微劳，此岂惟一家之私幸，凡志向维新之士，闻尚书不弃刍荛，虚衷向善如此，谁不感激奋兴，握椠和铅，乐效其一日之长，以自竞于译界哉？独是出版专卖之权，为五洲之公例，各国莫不兢兢奉守，严立法条，所以奖成劳，防冒滥，赏能振学之微权，使天下纵横捭阖之才，跞弛轶群之士，驰说骋辞，争新侈奥，奇伎异能，放言高论之流品，莫不范以国家之止轨，衡于公府之品评，万派同归，千条共贯，秩然有序而不紊，凛然有戒而不违，此东西各国学术之所以日兴，学权之所以有统也。今海内求新之士日多，新学之书日出，采长弃短，应用无穷，诚宜择其平正而无疵，累驯饬而有见闻者，曲加奖励，以便畅行。嗣后凡文明书局所出各书，拟请由管学大臣明定版权，许以专利，并咨行天下大小学堂，各省官私局所，概不得私行翻印，或截取割裂，以滋遗误而干例禁。则学术有所统归，而人才日以奋迅矣。伏望迅断施行，学界幸甚，天下幸甚，再者敝局续行编辑蒙学科学全书二十四种，并特延聘通才，俾译日本大学教科书、理财学、西史通释，各巨帙，备高等大学之用，均已赶行印刷，不日成书，呈请审定颁行，并以奉闻，不胜屏营，待命之至。司员廉泉谨呈。

★资料来源：《大公报·天津版》，来稿代论·廉部郎上管学大臣论版权事，1903-05-22，第1版。

6. 严幼陵观察上管学大臣论版权书。管学尚书大人阁下，窃闻大堂前有饬令各省官书局自行刷印教科书目之事，语经误会以为饬令翻印教科各书，而南洋上海各商埠书坊遂指此为撤毁版权之据，议将私家译著各书互相翻印出售，此事于中国学界所关非尠，复因仰讬帡幪，奋虑逼忆，谨于版权一事，为执事披沥陈之。今夫学界之有版权，而东西各国莫不重其法者，宁无故乎？亦至不得已耳。非不知一书之出，人人得以刻售，于普及之教育为有益，而势甚便也。顾著述译纂之业最难，敝精劳神矣，而又非学足以窥其奥者不办，乃至名大家为书大抵废黜人事，竭二三十年之思索探讨，而后成之。夫人类之精气不能常耗而无所复也，使耗矣而夺其所以，复之涂则其势必立竭，版权者所以复著书者之所前耗也。其优绌丰啬，视其书之功力美恶多少，有自然之淘汰故也。是故国无版权之法者，其出书必希，往往而绝，希且绝之，害于教育，不待智，而可知矣。又况居今之时，而求开中国之民智，则外国之典册高文所待翻译以输入者，何限借非区区版权为之磨砺，尚庶几怀铅握椠，争自濯磨，风气得趋以日上，乃夺其版

362

权，徒为书贾之利，则辛苦之事谁复为之？彼外省官商书坊，狃于目前之利，便争翻刻以毁版权，版权则固毁矣，然恐不出旬月必至无书之可翻也。议者或谓，文字雅道著译之士，宜以广饷学界为心，而于利无所取，以尽舍己为群之义，此其言甚高，所以责备著译之家可谓至矣。独惜一偏之义，忘受著译之益者，之所以谓报也，夫其国既藉新著新译之书而享先觉、先知与夫输入文明之公利矣，则亦何忍没其劳苦而夺版权之微酬乎！盖天下报施之不平，无逾此者。湘潭王壬父曰贤者有益天下，天下实损贤者呜呼？何其言之沉痛也。总之，使中国今日官长郑重版权，责以实力，则风潮方兴，人争自厉。以黄种之聪明才力，复决十年以往，中国学界，必有可观，期以二十年，虽汉文佳著，与西国比肩，非意外也。乃若版权尽毁，或虽未毁，而官为行法，若存若亡，将从此输入无由，民智之开，希望都绝。就令间见小书，而微至完全之作，断其无有。今夫国之强弱贫富，纯视其民之文野愚智为转移，则甚矣。版权废兴，非细故也。伏惟尚书以至诚恻怛之心，疏通知远之识，掌天下之教育，则凡吾民之去昏就明，而中国之脱故为新者，胥执事之措施是赖。窃意版权一事，无损于朝廷之爵位利禄。士所诚求者，不过官为责约而已。则亦何忍而不畀之？其为机甚微，而所收效影响于社会者则甚巨，是用怀不能已，为略陈利害如此，不胜大愿，愿执事有以转移救正之也。自书潦草，无任主臣严复顿首上状，四月二十三日。

★资料来源：《大公报·天津版》，来稿代论·严幼陵观察上管学大臣论版权书，1903-05-28，第1版。

7. 管学大臣批答廉惠卿部郎呈请明定版权由。欲治西学必精西文，欲译新书必深旧学。不读周秦两汉之书，而能通欧亚两洲之驿者，无是理也。近来译本风行日新月异，大都后生初学，稗贩东邻，朝习和文，夕矜迻译，求合于信达雅之旨者，百不一见，无怪《原富》诸书之横绝译林，只义单词皆同环宝矣。该局主其事者多通人胜流，所称新书宜择其平正而无疵累，驯饬而有见闻者，加奖畅行，洵为确论。嗣后文明书局所出各书，无论编辑、译述，准其随时送候审定，由本大学堂加盖审定图章，分别咨行，严禁翻印，以为苦心编译者。劝该局益当详慎从事，惠兹学界。至于书贾之谋毁版权，心最巧诈，即如本大臣前刊暂定应用书目，咨发各省翻刻印行，闻外省遂指为准翻书目，内所刻原有版权各书有意影射殊堪痛恨，此等市侩，设想断非士类所为。因答该司员来呈，纵言及之，亦以见牟利者之何所不至也。此批，光绪二十九年五月初一日。

★资料来源：《大公报·天津版》，专件代论·管学大臣批答廉惠卿部郎呈请明定版权由，1903-06-04，第1版。

8. 文明书局译印《群学肄言》《理财学讲义》成书呈请管学大臣审定呈稿。户部郎中廉泉谨呈，为新书出版呈请审定并乞咨行各省学堂一体遵用事。窃查外国教科用书，向有公家检定之例，其鸿博之儒，专精之术，足以扶树道教，开瀹智职者，每一编脱稿，国辄由有名书肆援据版权成例印刷，整齐送呈文部省，大臣发文，文员查勘，一经文部检定之后，全国学校莫不承而用之，以期一道同风。此外国学校通行之公例也。⋯⋯译书日广，宜择驯无疵之作，由京师入学堂明定版权，颁行天下以整饬学界。蒙口奖借在案。伏思茂实而宏声者，巨匠之亲裁也。体大而思精者，专家之绝学也。最近新著，惟侯官严复所译《群学肄言》四卷，严氏自谓生平极盛之作。窃以为其书实兼《大学》《中庸》精义，而出之以翔实，以格致诚正为治平根本矣。每持一义，又必使之无过不及之差，于近世新旧两家学者，尤为对病之药，而日本大学讲义《理财学》一科最为专门学科，切近有川之书，本斯密·亚丹原著，参以二百年来名论新理，于财富源流剖析精微，取譬浅近，人人易解，译者亲聆教师讲说口吻毕肖，尤切于近时救贫之策。此二书者均已刊印讫工，足供中学堂以上高等大学各科及省士自研考之用。恐远近未及周知，允宜呈由京师大学堂明示审定，咨行各省一体遵用，以应教科庶止学趋明教法，于文明内浸之功，不无裨助。除将原书各备二分呈请审定外，理合据实申闻，伏乞鉴裁，司员不胜惶惧，待命之至。计呈《群学肄言》《理财学讲义》各二部。

　　*资料来源：《大公报·天津版》，来稿代论·文明书局译印群学肄言理财学讲义成书呈请管学大臣审定呈稿，1903-07-09，第1版。

9. 惩罚翻印。文明书局版权呈经管学大臣批准，复由北洋大臣咨明各省，凡官私局所概禁翻印。在案乃该局译印《群学肄言》一书出版未久，被杭州史学斋陈蔚文易名翻印，该局派人赴浙查明。一面呈请将翻印之书全数充公，再行判罚外，复由盛杏苏宫保电请浙抚严行惩罚。盖盛刻之《原富》全书亦被史学斋同时翻印也。兹觅得盛公与严廉二公电报照录如下：严幼陵观察廉惠卿部郎鉴，《原富》已先咨禁，接齐电并群学电请浙抚提办。顷准翁护院电覆，已饬县出示查禁，并将陈蔚文提案判罚取结备案云。

　　*资料来源：《大公报·天津版》，中外近事，1903-09-15，第2版。

10. 坊贾请看。译学馆教习丁福保编纂教科书呈请严禁翻印禀稿并批照录如下：附生丁福保谨呈为编纂教科书籍禀请明示版权，严禁翻印事。窃方今明诏维新，厉而新学，门径最繁，启源导流，开示来学，尤莫妙于问答一体。生员窃本此意，尝就平素研究所得，绅绎东西名论，编成《东文典问答》《卫生学问答》二书，由上海文明书局承印发行，足为学界开新之一助。顾以版权一事，所关綦□。自非呈请示禁，恐玩愒之徒不知惩戒，易名翻刻，贻误必多。伏读本年五月间，文明书局所奉批示，凡该局所出各书无论编辑译述，准随时送候审，定由大学堂咨行，严禁翻印，以为苦心编译者劝等因在案。遵此谨备，《东文典问答》《卫生学问答》各二部呈请审定，并乞明示版权以禁冒滥而防滋误，不胜屏营待命之至。附生丁福保谨呈。光绪二十九年七月奉管学大臣批：该生好学深思，于畴人家言致功最笃。此外各种科学亦锐意研求，确有心得，洵为读书励志之士，所呈《东文典问答》《卫生学问答》二种，罄其说惟恐不尽嘉惠，苦心于此可见。应准存案，如有坊贾翻印渔利，仰即就近指控，由地方官惩办可也，此批。

★资料来源：《大公报·天津版》，中外近事，1903-09-23，第2版。

11.《中美新定商约》第十一款。无论何国，若以所给本国人民版权之利益一律施诸美国人民者，美国政府亦允将美国版权律例之利益给与该国之人民。中国政府今欲中国人民在美国境内得获版权之利益，是以允许凡专备为中国人民所用之书籍、地图、印件、镌件者，或译成华文之书籍，系经美国人民所著作或为美国人民之物业者，由中国政府援照所允保护商标之法及章程，极力保护十年，以注册之日为始。俾其在中国境内有印售此等书籍、地图、镌件，或译本之专利，除以上所指明各书籍地图等件不准照样翻印外，其余均不得享此版权之利益。又彼此言明，不论美国人所著何项书籍、地图，可听华人任便自行翻译华文刊印售卖。凡美国人民或中国人民为书籍报纸等件之主笔或业主或发售之人，如各该件有碍中国治安者，不得以此款邀免，应各按律例惩办。

★资料来源：《大公报·天津版》，中美新定商约（续昨稿）1903-10-15，第5版。

12. 请惩翻刻。文明书局所刊行之《群学肄言》原系有版权之书，近被上海国民书店翻刻已被查获呈控。兹将廉部郎由京致上海道之电文录下：上海道台袁海翁鉴，国民书店黄子善翻刻《群学肄言》已人赃并获，呈控在案。请饬廨员严究惩罚，以保版权，文明书局廉泉。

★资料来源：《大公报·天津版》，中外近事，1904-01-24，第2版。

13.《万国版权年限考》，译稿代论，周仪君译。英国版权法律初定于女皇安纳略，谓近来文学家著有新书往往为发行所印刷，所私自翻刻，其翻刻之书成本较轻，故售价亦廉，而原书非惟不能获利，且将因此不能销售而致亏耗，此弊不除终不足以鼓舞著作之人。今勒为令，凡著有各种新书已出版者，自颁行此律之日起，许其专利二十一年。嗣后凡有新书自出版日起，许其专利十四年，如有翻印而侵人权利者，按其所印之书每张科罚一办士，以一半归公家，以一半赏原告。如专利之期限已满，而著者尚存，则准展限十四年。英国现行之版权，即英女皇维多利亚所定者也。其第三条云自颁行新律日起，凡人著有新书即于生时出版者，许其终身专有版权之利。殁后且可展期七年，自逝世之日始，若已届七年期满而其书距出版之日尚未满四十二年，则可展限以补足之。如所著之书于著者殁后印行，亦可专利四十二年，其版权归于得稿之人，著作家如已将版权出售于人，而未言明，准其享展期之利益者，则购有版权之人只可照旧律专利二十八年。若合同中声明者不在此例。

法国版权约分为两大宗，其一为他人所著之新书，不得翻印。其一为他人所编之曲本，不得私自演唱。专利之期限除著者终身外，殁后推广五十年。著者殁后则遗其版权于妻子，所享权利与著者生时一律相同。凡侵人之版权，除将其书充公外，少者罚款一百佛郎克，多亦不得逾二千佛郎克。贩售翻版书者，则罚款以二十五佛郎克为始，至五百佛郎克为限。充公之书则变价以偿著者之亏耗。

普鲁士之版权其专利年限除著者终身外，殁后展期三十年。如著者以版权委付于印刷所而未订专约者，则印刷所只可专初版之利，再版须有著者允许之凭证方可。印刷所如续缴租费之半，则可许其再版。

奥国之版权自与萨地尼亚忒斯甘南派迫尔各省设立版权公会后，乃定专利年限。除著者终身外，殁后展期十年。

荷兰与比利时之版权初定为永远之期，现改为著者终身外，殁后展期二十年。

丹麦与瑞士之版权初亦定为永远之期，现丹国则定著者殁后展期三十年，瑞国则定展期二十年，期满版权归国家。

西班牙之版权著者可享毕生之权利，殁后可再展期五十年。

俄罗斯之版权许著者终身专利，并殁后推广期限二十五年。如著者已殁而其书之出版距著者殁时尚在五年以内，则可加展期限十年。

德国之版权一千八百三十七年所定，只可专利十年，如有大部丛书以及珍贵之书籍、诗家之著作，则专利之年限较长。至一千八百四十五年，乃定为著者终身专利外，殁后展期三十年。

美国版权法律自一千七百九十年五月十二日始颁示全国，其律中载明无论本国人他国人著有新书以及新绘之地图、新法之图样，均可专利十四年，期满后著者尚存则可展期十四年。一千八百三十一年又定版权之期限为二十八年，期满再展十四年。如著者尚存，则后之十四年仍归著者所得，殁后则归其妻子。律中并载如将他人所著之书私自翻印售卖，则将其书悉数给予著者以偿其所失之利。

★资料来源：《大公报·天津版》，万国版权年限考·译稿代论，周仪君译稿，1904-02-01，第1版。

14. 电请撤销版权。某督臣十一日有电致商部及大学堂云，中国编印书籍原为开通风气，岂可给其版权以隘销路！近来书贾屡有禀请者，迹近垄断，有关开化，请贵部嗣后遇有此等事宜一概批驳，以杜奸商把持，云云。

★资料来源：《大公报·天津版》，时事要闻，1904-03-01，第2版。

15. 查办书局咨文。北洋查办书局咨文探录如下：直隶总督部堂袁为咨明事，案查前据户部郎中廉泉电称，文明书局版权承咨各省保护在案。今闻有人冒称官局翻印多种，恳严行查究以保版权等情，到本督部堂。据此，并准商部咨同前由，当经札行官报局张道孝谦查覆。去后兹据禀称履查职道，自上年奉委兼办官印书局，官印各书迭次面奉宪谕专发直隶本省各学堂官生课本之用，不外出售与别项商办印书局，不同文明书局。编定各书据该局刊刻售书目录两纸，计共一百七十余种。据该郎中声称禀，蒙督院暨管学大臣批准，概禁翻印。究竟单内何书应有版权，何书曾经审定，漫无区别，从未奉有明文。职局承印官书专供直隶全省学堂之需，本有专责，所印各书除学校司编定蒙学课本十五种以外，必须广搜博采于地方，蒙学有益。查文明书局售有《中国历史新智识读本》各种条段，尚明便于蒙课，惟错误太多，兼之有谬妄不敬之处，用特纠正抽换，重印颁发。所印各书前经汇单，禀蒙札发学校司，转发各处皆有公牍可据。职局印书实在情形并无冒称职局翻印等事，似难查禁。理合据实禀明，抑职道更有言者。查版权托始，本为泰西振兴文学善政，然呈经纳部许可书，必无疵，价必核实，方可准行。该局之书如《中国历史》一种，《浏阳二杰文集》一种，《李鸿章》一种，《法国革命战史》《自由原理》两种或亵渎不敬，或干犯法纪，禀请撤销保护版权前案并咨部，罚办等情前来除分咨外，相应咨明。为此合咨贵大臣，烦请查照核办，见覆施行须至咨者，右咨总理学务大臣。按本报前日所登北洋大臣有电请商部及大学堂撤销版权一节，系专指文明书局而言，并非原奏定版权各章全行撤销也，附此更正。

★资料来源：《大公报·天津版》，时事要闻，1904-03-03，第2版。

16. 拟立版权公会。美国教会某书局之西人，因闻有咨行商部撤销版权专利并罚办文明书局之说，大为不平，特至该分局详询颠末。将联合京沪等处各书局，自立版权公会。凡盗翻新书者，由会中自行查办，不复借重官场，已创拟大概，电沪商核云。

★资料来源：《大公报·天津版》，时事要闻，1904-03-06，第2版。

17. 直督袁准学务大臣咨开已令文明书局慎售书籍等因饬官报局查照札。为札饬事，光绪三十年二月初十日准总理学务大臣咨开已令文明书局严饬管事诸人于经手寄售书籍。嗣后务须益加谨慎，咨复查照等因，到本督部堂准此合行札饬。札到该局，即便查照此札计粘抄咨单。总理学务大臣为咨覆事，准贵部堂咨开，案查前据户部郎中廉泉电称，文明书局版权承咨各省保护在案，今闻有人冒称官报局，翻印多种，恳严行查究以保版权等情。到本督部据此并准商部咨同前由，当经札行官报局张道孝谦，查覆，据禀查自奉委兼办官印书局官印各书迭次奉谕专发本省各学堂官生课本之用，不外出售文明书局编定各书。据该郎中声称禀，蒙督院暨管学大臣批禁翻印，究竟何书应有版权，何书曾经审定，从未奉有明文。职局所印各书，除学校司编定蒙学课本十五种以外，必须广搜博采方于蒙学有益。查文明书局售有《中国历史新智识读本》，各种条段尚明，便于蒙课，惟错讹太多，兼有谬妄不敬之处，用特纠正，抽换重印颁发。前经汇单禀蒙札发，并无人冒称职局翻印等事，似难查禁抑，更有言者版权托始本为泰西振兴文学善政，然呈经文部许可方可准行。该局之书如《中国历史》一种，《浏阳二杰》文集一种，《李鸿章》一种，《法国革命史》《自由原理》两种或亵渎不敬，或干犯法纪，禀请撤销保护前案，并咨部罚办等情，前来除分咨外，相应咨请查照核办等因，准此查文明书局编辑蒙学课本颇有条理，张道所谓条段尚明便于蒙课者，洵属平情之论。编书难于著书百倍，惟曾经涉历者能知之。张道之纠正重印，实具苦心，断非为牟利起见，亦为人所共知。版权一事，所以酬私家纂译之勤劳，为东西各国之通例。贵部堂之批准，保护以示奖励，士林称道，殆无异词。惟近来各省因翻版涉讼时有所闻，地方官因无专例，往往任意判断，并无一定办法。现闻商部参酌各国法律，拟定版权专例，将来奏准通行，当可依据。至张道禀称该局售有《中国历史》《浏阳二杰文集》《李鸿章》《法国革命史》《自由原理》各书，或亵渎不敬，或干犯法纪等语。询据该郎中面陈，《浏阳二杰文集》该局未曾售过，《李鸿章》一种所售者系日本人之书，并非梁制。《法史》《原理》两种均系沪局寄售，一因局友不识洋文误行羼入，一为日本译编中国历史一种。既官报局重印颁发当非绝无可取。本大臣访问多人，与该郎中所言大概相同，尚属可信。当令其严饬该局管事诸人，于经手寄售书籍，嗣后务须益加谨慎，勿稍粗疏，除录送先后批示外，相应咨复贵部堂查照备案可也。

★资料来源：《大公报·天津版》，紧要公文·直督袁准学务大臣咨开已令文明书局慎售书籍等因饬官报局查照札，1904-04-07，第1版。

18. 户部郎中廉泉谨呈，贝子爷（编者注：载振）殿下，大人阁下，为声覆文明书局编译寄售各书，并无违碍情节，请将版权法律奏准通行事。窃司员于本月十八日奉到钧札，内开据北洋大臣咨覆据。官报局张道孝谦禀称伏查（中略已见前报）等因，前来为此特札到该郎中速将该道指陈各节详细分别声覆，以凭核夺，咨照施行等因。奉此伏查，司员设立文明书局所有版权历奉管学大臣、北洋大臣批准，文明书局所出各书无论编辑、译述，概禁翻印在案。故先后所出各书皆于末页印有不准翻印字样，为文明书局版权之证。如该道翻印之《中国历史》等书四种，其末页并载有北洋大臣保护版权咨文，该道岂得不知。乃曰：从未奉有明文。又曰：承印官书与商办印书不同，不知官印书局者乃专备印行官局编译之书，非为翻印商局之书，与商人争利而设也。今该道翻印之书，由学校司转发各属，各属皆缴价领书，并非该道捐资印发，则与出售何异！至谓纠正错讹，则宜直告本局，使自改正，或呈请管学大臣、北洋大臣查核，岂有不认版权原案，竟自翻印，迨司员禀查，乃始声明者乎！况《中国历史》一书，文明书局重印之本，曾经校正。该道所据以翻印者，尚是初版耳。至所指《浏阳二杰文集》，文明书局未曾售过。《李鸿章》一种，曾经寄售者系日本人吉田勿来所著，有光绪二十八年九月十六日中外日报告白，及文明书局书目为证。其书名曰《新译日本李鸿章》，并非梁制。《法国革命史》《自由原理》两种，一系日本丸善式会社出版，一系日本译书汇编社出版，此皆西国名儒所著，并非禁书。该译社曾寄样本数册，托沪局代售，有无违碍情节自有译著出版之家任受，与文明书局无关。是该道所指各书除《中国历史》一种已由官报局重印颁发无庸声辩外，其余四种皆非文明书局编译之书，至《浏阳二杰文集》《梁制李鸿章》则从未寄售，有文明书局出入账目可凭。此文明书局编译寄售之实在情形也。司员窃维版权一事，中国尚无专条，今之招股集资设局，编译者皆思书成专利以酬其后，若版权不保，

369

我当辛勤缔造之劳，而他人坐享其成利，则著述译纂之业谁复为之?! 是于文化之启闭所系正自非浅。请贝子爷大人，念私家纂译之勤劳，援东西各国之公例，将版权法律奏准通行，似于朝廷兴学、保商之政教不无裨助。至司员之前次呈请查究翻版者，原疑书贾冒名射利者所为，今据该道禀称等语是翻印各书属实。惟该道自言官印书局与别项商办印书不同，应否咨照北洋大臣量为惩罚之处，出自钧裁，非司员所敢渎请也。特此声覆，并呈《中国历史》一部，《中外日报》一纸，文明书局书目两纸，仰祈察核训示遵行，不胜悚惶，待命之至。司员廉泉谨呈，光绪三十年二月二十一日。奉批，据呈已悉，所称编译各书并无违碍字样，经本部派员调查，该局书目单及经售图籍簿册均尚相符。嗣后于编译寄售各节，务须督饬在局管事诸人，逐一检查，倍加谨慎。如有新出各项书籍，仍应先将稿本随时禀呈学务大臣审定，以符原案。除由本部酌订版权律再行奏明办理，并咨行北洋大臣转饬官书局，嗣后于该局编印各书曾经管学大臣审定准给版权者，毋庸重复排印外，相应批饬该郎中遵照办理可也，此批。

★资料来源：《大公报·天津版》，专件·廉部郎声覆商部请奏订版权法律呈稿并批，1904-04-17，第5版。

19. 文明书局编辑欧洲列国战事本末成书上商部请给版权呈稿。户部郎中廉泉谨呈贝子爷殿下，大人阁下，为文明书局编辑《欧洲列国战事本末》成书，恭呈样本请准给版权以杜翻印事。窃司员设立文明书局编译各种教科应用之书，已于上年十二月汇呈三十九种请保版权，蒙批应准立案在案。今又印成《欧洲列国战事本末》一书，系新城王树枬编辑，都二十二卷，纪希腊战事四、罗马战事十、意大利战事一、土耳其战事二、法兰西战事十七、日耳曼战事四、奥斯地亚战事二、德意志战事二、荷兰战事三、比利时战事二、瑞西战事一、西班亚战事四、葡萄牙战事二、英吉利战事九、瑞典战事一、丁抹战事一、俄罗斯战事十二。其自述凡例谓，五洲之大惟欧罗巴最强，争地争城偏于环海，故叙欧洲战事而天下万国半括其中。又曰，俄罗斯最晚出，虎视群邦，一动一静列国之安危系焉。故是书以俄终篇，亦孔子删书终秦誓之意也。司员窃谓近来翻译之书言不雅驯，阅之往往不能终卷。树枬文笔雅洁，今为此书取材闳富，精彩焕发。往时秀水陶制军谓欧阳公《五代史》后久不见此等文字，其倾倒若此，知非近来寻常翻译之书可比。现由文明书局校印成书，谨呈样本二部，伏乞鉴定，准给版权，不胜悚惶，待命之至。司员廉泉谨呈，光绪三十年六月。

★资料来源：《大公报·天津版》，专件·文明书局编辑欧洲列国战事本末成书上商部请给版权呈稿，1904-08-01，第2版。

20. 商部奏订商标注册试办章程折。美约第九、第十、第十一各款，日约第五款均载明保护商标及书图版权专利各项，请即设局开办注册事宜等情，并将总税务司赫德代拟商标注册章程抄送到部。臣等伏查英约签字系在光绪二十八年间，其时臣部尚未奉旨设立故约，内有由南北洋大臣在各辖境内设立标牌注册局所派归海关管理之语，迨美日约签押，则在臣部开办以后，故并未载有南北洋设局字样。现经臣等公同商酌，拟将标牌注册事宜即在臣部设立总局，选派专员妥慎经理，并令津海、江海两关设立挂号分局商人，以标牌呈请注册，除在总局挂号者照章核办外，其在津沪两关分局挂号者由分局转送总局核办，俟应发执照时仍交原挂号处转给收执，庶事权归一而办法可免纷歧。①

★资料来源：《大公报·天津版》，商部奏订商标注册试办章程折，1904-08-14，第1版。

21. 新订版权之一斑。闻商部所定版权办法略云：凡书籍、图画等类，并有关于美术之物，果系出自心裁，将真实姓名报部者，均可予以版权，准其在批之日及殁后三十年，皆得享有独得之利益。惟只以斋名、社名报部者，只准享有三十年版权，过期即行注销，以示区别。

★资料来源：《大公报·天津版》，要闻，1906-05-05，第2版。

22. 禀议保护版权事宜。东报述，日商等所刊行各种图书现因中国人多有随便翻刻以垄断厚利者，势不免异常受亏。上海一埠为人文荟萃之区，印书局不下数十家，最大者某印书公司合股资本约三十万元，翻刻之业甚盛，销售尤大，而侵害利权极巨，此其版权虽有犹无殊非保护之所宜，为此该商等屡次向政府禀议，拟就中日通商条约内追订保护版权一则，日政府颇为俞允，即应与中国交涉如何设法照料以符该商等，禀议等久已悬案，未见实行，现闻是事自应于近日内由日星使向中国政府咨商，以便立约云。

★资料来源：《大公报·天津版》，杂记，1906-10-16，第3版。

---

① 编者注：考中美订约第十一款曰保护版权。《清史稿》载"即中国书籍翻刻必究之意。与之订明，若系美文由中国自翻华文，可听刊印售卖；并中、美人民所著书籍报纸等件，有碍中国治安者，应各按律例惩办，为杜渐防微之计"。参见《清史稿》卷156，中华书局1977年版，第4594页。

23. 文明书局上上海道宪第一禀。为印局一再翻版查获确据恳求，恩准饬县严提加等惩罚并穷究党与以保版权而重商本事。窃职等招集股本开办文明书局，编译各种教科应用新书，当经禀准前道宪袁蒙给示谕，禁翻印分行廨员一体立案等情，嗣又历禀管学大臣、北洋大臣、商部大臣，蒙批准立案，给予版权，严禁翻印各在案。今于八月初五日查有美租界虹口密勒路寿椿北里二百四十五号门牌，简青斋石印书局毕春宝翻印文明书局蒙学《中国地理教科书初级》、蒙学《修身教科书》两种，允是七月初七日，毕春宝翻印文明书局修身教科书由书业公所议罚洋充公了结，讵未满一月又经查得所翻较前更多，当即报知虹口捕房并报告书业公所。所有查得印石、印纸、印件当日送存公所，八月初六日公所公议毕春宝系明知再犯，应照三倍议罚，计应罚洋九百元，毕春宝言词支吾，意欲张冠李戴，托一二书业无赖之人代为出面，冀为搪塞之计，岂知此次查得之书印本须数百元，岂有无赖之人而能有此资本。况现今翻印之人诚恐有人查访，凡所印之书，随印随发，不存局中。此次所印之数据闻每种至一万余部，公所所议罚款仅据前此所罚五千部之数为比例，已属格外从宽。乃毕春宝不遵公议，以是公所中人同深疾恶，据书业公所正董事席子备致公所同人专函，斥为书业之败类，公所之罪人，应任文明控究公所不能再事干预云云。兹将七月初七、八月初五初六公所记事节略暨席子备致公所专函一并钞黏，呈请核察。此次被翻各书均系新蒙学部审定通饬各省学堂购用者，以是销数较多，乃书业败类视为利薮。此次所翻之人据闻系翻版素著之数人合做，但将毕春宝提案穷究定能水落石出，此辈嗜利无耻之徒，攘夺利权侵害公益，凡书业安分之人莫不视如蛇蝎，同深诛伐。为此恳求大公祖大人恩准严提毕春宝到案，加等惩罚，并穷究其同党各人，勒令追缴印成各书及玻璃版片，一律当众销毁以保版权而重商本。实为公便上禀道宪批，简青斋书局翻印该书局修身教科书籍，议罚不悔，仍敢偷印地理教科书透过别人，实属有违示谕。究竟翻印若干部何人合做，仰会审委员饬提毕春宝到案切实根究，并令缴出已印各书及玻璃版片当堂销毁，仍将办理情形报查抄黏并发。

★资料来源：《大公报·天津版》，专件·文明书局上上海道宪第一禀，1906-10-25，第3版。

24. 版权归官。学部咨行各省大学堂，嗣后各班毕业，各项讲义均须装订成册，呈送学部审定，作为教科底本。此项版权应归官有，不能作教习私产。

★资料来源：《大公报·天津版》，时事，1907-02-27，第2版。

25. 美领力争保护版权。驻沪美总领事以近有新著《西文通史纲要》一书，宗旨纯正，刻已运行来华，以饷学界，诚恐有人私行翻印，特函致沪道，请即给予版权等语。蔡观察因该书系属西文，于中国学界未能普受其益，故未遵允。旋美领以保护版权载明中美续约，复函致沪道据约力争，昨闻观察已将原书送交教育总会核议覆夺。

★资料来源：《大公报·天津版》，1909-07-28，第5版。

26. 饬禁翻印法政校外讲义。全省警务处现奉督宪札饬，内开为札饬事。本年八月二十五日，准民政部咨开警政司案呈，准湖广总督咨称法政学堂呈，称该堂发行校外讲义，已于本年三月初一日起按月发行两册。诚恐各省市肆书贾射利翻印，请咨会民政部立案，并转饬各省巡警道遵照示禁以重版权。嗣后凡该堂印行各种讲义其版权应专属学堂，无论何人及何项公所学堂不准翻印，违经查出必须究罚等。前来查书尚有违碍之处，应即照准通示饬禁翻刻，除照咨立案外，相应将样本一册咨送贵督查照，转饬所属遵办可也等因到本大臣，准此合行札饬，札到该处，即便移行，遵照此札。晓示奉移大差不准需索。

★资料来源：《大公报·天津版》，保定，1909-11-02，第5版。

27.《内阁官报发行章程》。第十三条 凡由印铸局印行各书版权均归局有，各处不得翻刻翻印。

★资料来源：《大公报·天津版》，1911-08-29，第9版。

中国版权研究报告

2022-2023

下卷

中国版权保护中心
组织编写

中国青年出版社

目　录
CONTENTS

第四编 / 版权贸易与产业

第五编 / 版权交叉研究

第二编

民间文艺版权保护

民间文学艺术作品版权开发的法律困境与解决路径研究[*]

费安玲　陶　乾[**]

摘要： 民间文学艺术是中华优秀传统文化的重要组成部分，推动其版权开发工作是实现民间文学艺术价值的时代要求。由于民间文学艺术保护配套立法的缺失，民间文学艺术的版权开发存在理论及实务上的困境。民间文学艺术兼具公共资源属性与财产属性，对民间文学艺术的保护需要以"推动文化传承与创新"作为基本原则，构建公私协动的体系化保护机制。在顶层设计层面，应当加快推进民间文学艺术作品保护条例的立法工作，以民间文艺分层化保护为思路，分为民间文学艺术原始作品、民间文学艺术整理作品、民间文学艺术衍生作品三个层次。对于核心层的民间文学艺术原始作品以"守正"为主要目标，对于民间文学艺术整理作品，以有限保护为原则。对于改编民间文学艺术原始作品和整理作品而产生的衍生作品，需区分独创性表达、在先作品表达与公有领域表达，合理划定保护的边界。

关键词： 民间文学艺术；版权开发；著作权保护；创造性转化

党的二十大报告明确要求："坚持创造性转化、创新性发展，以社会主义核心价值观为引领，发展社会主义先进文化，弘扬革命文化，传承中华优秀传统文化，满足人民日益增长的精神文化需求，巩固全党全国各族人民团结奋斗的共同思想基础，不断提升国家文化软实力和中华文化影响力。"通过制度创新，实现民间文学艺术作品之价值的现代性转换，是文化创新的时代要求，也是回应党的二十大报告推进文化自信自强的要求。

中国有着丰富的民间文学艺术资源，包括民间文学、传统音乐、传统舞蹈、传统戏剧、曲艺等等。对民间文艺资源的版权开发，不仅是传承中华优秀传统文化的一种方式，也是我国加强知识产权运用的一项重要手段。但是，民间文艺资源版权开发中存在诸多法律困境，根本原因在于现行著作权法律制度与民间文学

---

[*] 本报告为该课题研究成果的精减版。

[**] 费安玲，中国政法大学意大利法研究所所长，教授，博士生导师，中国政法大学知识产权创新与竞争研究中心名誉主任，本课题组组长；陶乾，中国政法大学知识产权创新与竞争研究中心主任，法律硕士学院副教授，本课题组组长。

艺术保护之间存在逻辑冲突。2014年国家版权局发布《民间文学艺术作品著作权保护条例（征求意见稿）》，但仅停留于草案的形式，我国目前并无专门针对民间文学艺术的著作权专门保护办法，这与我国促进传统文化产业发展的强烈内生需求极不相符。

有鉴于此，本课题将围绕民间文学艺术版权开发的法律困境与解决路径展开研究，激活民间文艺的版权价值，推动中华优秀传统文化创造性转化和创新性发展。为达成目标，将聚焦民间文艺版权开发的理论困境与实务困境，并进行成因分析，最终提供解决路径建议。

首先，经过理论推导，提出研究假设，指出民间文艺版权开发在法律上的理论困境。通过实证研究，运用案例分析方法，发现民间文艺资源的版权开发现状及实务困境。其次，通过理论分析，挖掘上述困境存在的深层次原因。最后，通过比较研究，运用多学科的分析方法，找到破解当下困境的思路。

一、民间文艺版权开发所涉及的法理问题

（一）民间文艺法律保护路径的理论争议

1. 私法赋权模式的困境

私法赋权模式依托著作权法等，能够调整涉及私人利益的法律关系，为民间文艺的商业性运作提供法律保障，从根本上弥补公法管理模式的不足。然而，仅仅依靠私法赋权模式，会造成民间文艺的公共利益属性的忽视，对民间文艺提供绝对保护具有局限。

（1）私法赋权模式未能明晰民间文艺表达与民间文艺作品的区别，存在"表达"与"作品"之间的概念混淆。

（2）私法赋权模式片面强调民间文艺的资源价值而忽视其文化价值。

（3）民间文艺具有主体多元性、多层次性的特征，这一多层次的权利预设框架超出了版权法的调整范围。

2. 公法管理模式的困境

公法管理模式以非物质文化遗产法为转轴，保护不断创新的民间文艺，彰显了国家责任理念。但是，其良好运行需要政府以"大包大揽"的姿态履行管理、保护的职责，这将直接导致对民间文艺来源群体、传承人等私权尊重不够，存在

对民间文艺商业化、多主体间利益划分等私法关系鞭长莫及等局限。

（1）公法管理模式通过非物质文化遗产法为民间文艺勾勒了宏观保护框架，但缺乏在微观层面对民间文艺来源群体、传承人和创作者权利的尊重和保护。

（2）公法管理模式中，私权保护、利益划分等私法关系规范的缺失不利于民间文艺的商业化发展。

（3）公法管理模式强调永久性保护，压缩了知识产权法中公有领域的空间。①

（二）民间文艺版权开发的理论难题

1. 主体确定困难

主体难以确定是民间文学艺术的特征之一，也是使民间文学艺术与现有著作权保护制度无法兼容的重要原因。我国学界在该问题上的主流观点是民间文艺作品的权利归于特定群体享有。然而，民间文学艺术的创作存在由不同时期的个体创作者的智慧活动组成的可能性，笼统地将集体作为权利归属，抹杀了社群中个人所创造的价值。因此，对于传承人付出的具有独创性的劳动，我们也需考虑给予个体版权保护。

承认个人可作为民间文学艺术的权利主体并不意味着全盘否定群体作为权利主体的法律价值。以所属群体作为权利主体虽然一定程度上能够解决主体无法明确的问题，但群体中往往只有少部分个体参与了作品的创作，其他成员在传承利用及保存管理方面的行为无法定性为创作行为，缺乏赋权基础。社群作为权利主体一方面需配合相应的制度设计构建法律基础，另一方面，基于社群的流动性，在对社群的认定上也存在难处。

2. 客体范围模糊

目前而言，国内外对于民间文学艺术的含义并未形成统一认识，甚至对于民间文学艺术的概念也处于模糊状态。常用概念包括民间文学艺术、民间文学艺术表达（表现形式）、民间文学艺术作品以及民间文学艺术衍生作品，在明确其内涵之前，我们需得厘清几者之间的区别与联系。

在将"民间文学艺术"作为法律概念使用时，我们常将其等同于"Folklore"这个概念。"Folklore"是一个广义上的概念，包括民间文学、民俗文化、民间艺

---

① 廖冰冰. 民间文学艺术概念及法例评析——以1976年《突尼斯版权示范法》为对象 [J]. 社会科学家，2015（3）：120-123.

术以及民间科学与技术等民俗传统文化的方方面面。而民间文学艺术表达"Expressions of Folklore"则是基于"folklore"这个概念之上产生的相对狭义的概念。

1982 年 WIPO—UNESCO 示范条款采用了"民间文学艺术表达"这一称谓，将民间文学艺术表达定义为"由一个国家的某社区或由反映社区传统艺术追求的个人发展并维持的具有传统艺术遗产典型要素的创作作品"。相较于民间文学艺术表达，民间文学艺术作品这一表述更加强调其在著作权法中的作品性质，也就意味着在民间文学艺术表达的范畴内，还应满足"作品"的定义，包括表现形式、独创性等方面的要求。在此需要注意的是，民间文学艺术作品与民间文学衍生作品的区分。民间文艺版权开发势必要面临给版权产品定性的问题，但现实中却由于概念界定的偏差导致无法准确界定法律保护的客体。

3. 权利边界不清

民间文艺法律应当确保公法和私法模式在保护方面各有侧重，发挥其协同作用。我国则体现在非物质文化遗产法与著作权法等私法之间的协同体系构建。然而由于私法的缺位，实践中两种保护方式的混淆及替代认识普遍存在，实质上触及了权利利用边界的问题。[①]实务中出现保护边界模糊，甚至向公权力偏移的状况。

公权与私权边界划分是有待解决的理论难题，于私权本身而言，民间文学艺术权利人能够在何范围内行使权利同样是民间文艺商业化过程中需要面对的问题，其中不可避免涉及行政主体的介入。政府和行政管理机关代表社群作为诉讼主体并未越过私权保护边界，然而在授权阶段却并非如此。当社群被政府或行政机构代表作为授权主体行使权利时，该行为即具有一定行政行为的属性，行政主体介入应发生在平等民事主体之间的授权行为让问题变得复杂。[②]就民间文学艺术的商业化开发而言，授权是最为重要的行使权利的手段，行政手段介入造成权利性质的模糊，客观上也为民间文学艺术的版权开发设置了障碍。

4. 保护期限不确定

关于民间文学艺术的版权保护期限，目前主要有两种观点。其一，社群作为主体的一大特征就是，权利主体具有延续性，而传承中的民间文学艺术作品处于

---

① 魏玮. 民间文学艺术表达的版权法保护困境与出路 [J]. 暨南学报（哲学社会科学版），2015，37（4）：88-98.

② 张平，黄菁茹. 民间文学艺术法律保护的困境与建议 [J]. 西北大学学报（哲学社会科学版），2017，47（1）：51-57.

不断创作之中，因此，民间文学艺术作品不会进入公有领域，应当受到永久保护。这一观点无疑使民间文学艺术保护走向一个极端。其二，版权保护的权利期限通常是以个体作者生命期限为参照进行计算，而民间文学艺术作品的创作主体难以确定，是以版权保护期限难以计算，这也成为否定民间文学艺术版权保护的依据之一。创作主体难以明确导致的保护期限无法计算有一定合理性，然而并不全面。针对多个成员长期创作的多个版本的作品，当各个版本的主体得以明确，版权保护期限也能够适用著作权法规定确定下来。①采用这一方式确定民间文学艺术作品的版权保护期限意味着同一原始版本的不同衍生版本保护期限有所不同。在对民间文学艺术进行版权开发与利用的过程中，依然需要面对在厘清各个版本之间的关联与差异、明确权利结构及公有领域范围等方面的理论及实践挑战。

二、民间文艺资源版权开发的实务困境

（一）民间文艺资源版权开发的产业现状

1. 我国民间文艺资源版权开发的情况

（1）我国民间文艺版权开发的定义及其多样性

我国民间文艺资源的版权开发，是以我国民间文艺为原型，依靠创意和手段对其进行版权方面的利用、挖掘和开发，最终实现并拓展其版权价值。民间文学艺术版权开发是通过对民间文学艺术的改编、整理、表演、使用，产出包括但不限于音乐、美术、文字、视听、摄影等版权作品，并在此版权基础上进一步挖掘民间文学艺术的商业价值，使民间文艺的版权开发延伸至相关下游产业，如玩具、服装、主题公园、文具等。民间文学艺术进行的版权开发主客体存在多样性的特征。除开发资源主体和产出客体多样外，民间文艺资源版权开发涉及的版权领域也十分多元和广泛。

除此之外，民间文艺资源版权开发的合作模式也是多样的，既有开发者自主开发，也有与其他公司合作共同进行版权开发，还有委托其他公司进行版权开发，抑或是可以对一个民间文艺资源进行版权联动开发。综上而言，民间文艺版

---

① 胡开忠. 中国特色民间文学艺术作品著作权保护理论的构建［J］. 法学研究，2022，44（2）：131–153.

权开发具备资源开发主体和产出客体、开发形式和开发模式的多样性特征。

域内，白蛇传、花木兰传说和孙悟空传说的改编演绎作品在我国自始至终都层出不穷。域外，上述题材的动画电影和真人电影《花木兰》等作品也颇受关注。域内域外对我国民间文艺资源的版权开发全面开花，这种趋势将伴随着我国经济和文化的腾飞继续下去。

但是，民间文艺资源版权开发之路并非一帆风顺。在民间文艺版权开发方面冲突一直不断，很多法律与道德问题尚待解决。同时，在域内外民间文艺版权开发看似繁荣的背后透着民间文艺传承困难的种种隐忧。

（2）冲突与纠纷不断、繁荣与凋零并存

以我国民间文艺为源头进行的版权开发及运营致使很多法律和道德层面的冲突产生。

法律层面上，版权意识不足导致版权法律纠纷多发。道德层面上，有些版权开发者为了谋取利益，使民间文艺权利人蒙受经济和精神上的双重损失。民间文艺资源在域外的版权开发也尤其引人深思。目前不在我国著作权法保护范围内的民间文艺被域外版权开发者使用已有文化挪用之嫌。那些被外国版权开发者讲的中国故事也往往不尽如人意，甚至歪曲、诋毁我国文化。

同时，民间文艺版权开发繁荣的背后，其传承呈现凋零之势。许多我国的传统民间文艺由于资金和人才的问题，正有失传和消失的危险。

2. 产业与相关群体的利益诉求

（1）民间文艺的创作者和传承人

民间文艺的创作者和传承人作为民间文艺资源版权开发链条的前端，其利益诉求可以从精神和经济两个方面进行分析。精神诉求上，民间文艺来源民族、族群或社区以及其传承人往往肩负着保护和传承原本民间文艺的责任。利益诉求则是经济利益，文艺留存与传承所需人力、物力均需要资金支持。民间文艺来源民族、族群或社区以及其传承人在民间文艺版权开发产业中如何通过法律构建和政策引导从中获取经济利益是其群体利益渴求之一。

（2）民间文艺的使用开发者

在民间文艺版权开发领域，精神权利的尊重和经济报酬的获得是几乎每个投入了大量时间、资金、人力和物力的民间文艺版权开发使用者的共同利益诉求。虽然这些民间文艺版权开发者一般都有维护经济和精神利益的诉求，但这些利益诉求将会根据版权开发主体或目的的不同而产生不同侧重点。

如若民间文艺版权开发的主体是来源民族、族群、社区或传承人，则多了一份保持民间文艺传承的利益诉求。而除来源民族、族群和社区以及传承人以外的其他版权使用开发者相对而言往往则会更重视对经济利益的追求。如若民间文艺版权开发的目的是基于社会公益目的，使用开发者往往希望在合理降低使用交易成本的同时更大程度实现公共利益。然而，一些民间文艺版权使用开发者只在乎或过于重视经济目的的实现，极有可能导致民间文艺资源版权的过度商业化开发。民间文艺版权开发无论是经由何种主体进行还是基于何种目的，版权使用开发者的群体诉求都应当是恰当合理的，才能契合民间文艺的传承与发展。

（3）民间文艺的消费者

民间文艺的消费者作为产业的最终一环，将影响民间文艺版权开发产业未来的趋向和走势，其利益诉求既包括合理价格，也包括质量上的要求和数量上的期待。消费者必然希望以相对合理的价格对越来越多高质量的民间文艺版权开发作品或商品进行消费。

（4）国家

国家诉求基本不涉及经济利益。其精神方面的诉求与参与民间文艺版权开发的各群体较为一致，包括保护民间文艺的留存，确保民间文艺的传承，规范民间文艺的版权开发，平衡民间文艺作品权利人和使用者的冲突，保障民间文艺消费者的利益。特别面对域外牵涉我国民族形象、历史、习惯和文化等的民间文艺版权开发，维护我国在世界范围内的整体文化利益，国家责无旁贷。

（5）政府及民间机构

政府、文化主管部门和其他有关部门、民间机构等对民间文艺资源的版权开发起到了推动、管理和维权等作用。在司法实践中，与民间文化发源相关的人民政府、文化主管部门和其他有关部门已经在民间文艺版权开发的纠纷案件中被赋予诉讼主体的资格。例如，安顺地戏案中的安顺市文化和体育局及乌苏里船歌案的赫哲族乡政府均被法院判定具备诉讼主体资格。此外，中国民间文学艺术家协会、地方各级的民间艺术家协会、博物馆、文化馆、行业协会等民间组织，也都在民间文艺的保存、传承和版权开发中起到积极推进作用。

3. 政府及民间机构对民间文艺资源版权开发的管理

（1）法律法规和政策引导

中央制定了相关的法律法规对民间文艺的保护、传承和开发进行规定，主要包括2011年颁布的《中华人民共和国非物质文化遗产法》和2013年修订的《传统工艺美术保护条例》。以上法律法规为我国民间文化的保存、保护、传承、管理和使用提供了公法保护。

在知识产权领域，2020年修订的《中华人民共和国著作权法》第六条只规定"民间文学艺术作品的著作权保护办法由国务院另行规定"①，时至今日也没有专门关于民间文艺著作权方面的法律法规正式通过。2014年国家版权局发布的《民间文学艺术作品著作权保护条例（征求意见稿）》一直被各界所热议，情况尚不明朗，其后续发展也将对民间文艺资源版权开发整个产业链产生巨大影响。

2021年《知识产权强国建设纲要（2021—2035年）》《"十四五"国家知识产权保护和运用规划》《版权工作"十四五"规划》、中共中央办公厅《关于进一步加强非物质文化遗产保护工作的意见》强调要完善法律法规和政策来加强对民间文艺的知识产权保护和发展民间文艺版权开发产业，这些政策性引导文件为未来法律法规、地方性法规和规章的制定和发展指明了方向。

（2）其他相关办法

除法律法规的制定和政策的引导之外，政府及民间机构也一直通过多种办法对民间文艺资源的版权开发进行管理。首先，政府及民间机构采取了一些促进并且规范化民间文艺的保护和传承的办法。国务院设立"国家级非物质文化遗产代表性项目名录"，该名录包括了民间文学、传统舞蹈、传统音乐、传统美术、传统戏剧等民间文艺，以便对其进行保护。②其次，政府及民间机构还参与推动民间文艺版权开发积极进行。2022年，中央宣传部和8个试点地区一同开启了民间文学艺术版权保护和促进的试点，不断提升全社会民间文艺保护意识，推动民间文艺版权资源流动和版权产业高质量发展。③最后，政府及民间机构还在与民间文艺版权开发产业相关群体的权益保护方面做了大量工作。如中国民间文艺家协会的网站专设"权益保护"一栏，向公众提供著作权许可使用合同范本。

（二）民间文艺版权开发实践中存在的困境

1. 民间文艺版权开发的法律困境及成因

民间文艺版权开发的法律困境如前所述，其根本成因在于：民间文艺资源"公共属性"与知识产权"私有属性"之间的矛盾，以及由此矛盾引发的价值冲突与规则冲突。目前，就民间文学艺术中的文化艺术表达如何保护缺乏上位法律

---

① 《中华人民共和国著作权法》第六条。

② 国家级非物质文化遗产代表性项目名录［EB/OL］.［2022-11-25］. https://www.ihchina.cn/project.html#target1.

③ 国家版权局. 版权助力中华优秀传统文化传承发展——民间文艺版权保护与促进试点工作正式启动［EB/OL］.［2022-11-25］. https://www.ncac.gov.cn/chinacopyright/contents/12227/357067.shtml.

指引。具体而言，配套立法的缺失造成民间文学艺术制度体系存在漏洞，体现出当前对多元主体的利益平衡机制仍难以形成共识。

2. 民间文艺涉及的矛盾和利益冲突

第一，民间文学艺术作为"公共性资源"与作为特定社群或传承人持有的"私有性财产"之间存在规则适用的冲突。知识产权基于私有制财产理论而构建，民间文学艺术则是具有公共性与集体性的传统文化资源。知识产权保护与民间文学艺术保护，不仅存在权利主体、权利内容、权利限制等制度层面的差异，而且存在个体性与群体性、创新性与继承性、有期限性与无期限性等规则冲突。对民间文学艺术赋予私权保护，须界定保护主体、保护模式、保护边界等问题，避免影响市场经营者对民间文学艺术资源的合理利用。

第二，保障公众"文化获取"与激励衍生品经营者"文化创新"之间存在价值冲突。民间文学艺术衍生开发是一种文化创新形态。民间文学艺术衍生品的"私权利"与公法意义下公民获取文化的权利之间产生碰撞，需界定公共领域与作品的界限、初始作品与后续创作的界限。要避免对权利的过度保护侵蚀公众利益，避免不恰当地把属于公有领域的内容纳入著作权保护范围，阻碍民间文学艺术的传承。

第三，商业性的民间文学艺术"创新性发展"与公益性的民间文学艺术"传承性保护"之间存在利益冲突。应在保护民间文学艺术的同时，促进民间文学艺术的创造性转化与创新；在利用民间文学艺术的同时，增强民间文学艺术的生命力与传承活力。因此，民间文学艺术资源的商业性开发，要避免低俗或泛滥式的开发侵害权利人的精神利益、损害民间文学艺术的完整性。

三、解决民间文艺资源版权开发法律问题的路径

（一）民间文学艺术的公私法协动保护

1. 民间文学艺术的双重属性

（1）人文价值

民间文学艺术是各民族积累和沉淀下来的重要传统文化，作为民族精神与传统文化的重要载体，具有鲜明的文化价值。首先，民间文学艺术具有传统性，形成鲜明的地方性与民族性。其次，民间文学艺术具有集体性。此种创作主体集体

性也反映出民间文学艺术具有记载传统文化与生活方式的人文价值。再次，民间文学艺术具有非物质性。最后，民间文学艺术具有世界性。人文价值使得民间文学艺术具有浓厚的公共利益色彩，作为一种公共产品，公法的保护具有天然优势。

（2）资源价值

民间文学艺术的资源价值在学理上体现为其是否能成为权利保护的客体。首先，作为一种无形资产，民间文学艺术的独创性特征是其具备资源价值是根本标志。由于民间文学艺术创作过程的特殊性，其集体性、传承性特征使其价值更为持久。其次，民间文学艺术是信息类无体物，具有非独占性与非消耗性。民间文学艺术的非独占性与非消耗性为其提供了广阔的商业化前景与经济效益激励。

2. 公私协动体系化保护机制的构造

（1）民间文学艺术体系化保护理念

从文化建设战略与现有保护机制检讨来看，构建公私协动的体系化保护机制不失为民间文学艺术保护的适切路径。民间文学艺术体系化保护理念，将体制机制的构建立基于民间文学艺术公共利益与私人利益并重的全貌，反思传统保护理论与机制的局限性，提出静态保护与生产性保护相结合、静态赋权与动态赋能相呼应、保护与限制兼备的全新体系化保护理论。

（2）民间文学艺术的赋权机制

首先，民间文学艺术权利主体的体系定位。目前民间文学艺术权利主体并未有相应的立法予以明确规定，缺少规范支撑，因而需要依据一定的路径和方法论确定相应的权利主体以及权利主体之间的关系。其一，从权利义务的角度去看，国家、法人或非法人组织、集体、个人等均有可能成为其权利主体。其二，法人或非法人组织可以成为民间文学艺术的权利主体。其三，传统社区中的自然人团体可以作为民间文学艺术的权利主体。其四，作为民间文学艺术的传承人以及非物质文化遗产衍生作品的创作者，应当都是权利人。传承人是指，在非物质文化遗产的传承过程中代表某项遗产深厚的民族或民间文化传统，掌握杰出的技术、技艺、技能，为社群、族群所公认的有影响力的人物。

其次，民间文学艺术权利的属性及其内容。在将民间文学艺术类型化，进而权利化的过程中，宜根据不同特定利益的保护需求，选择公法或私法，或者将二者同时作为权利保护的规范支撑。从权利的权能来看，对于私权化的民间文学艺术权利而言，权利主体应该享有的权利可以分为人格性权利和财产性权利。对此需要根据民间文学艺术的具体表现形态、利益的表现形式，以及权利化的内容，确定其具体的权利内容并选择相应的规范适用方式。从权利的反向即义务层面来说，任何人均有义务保护民间文学艺术，当自然人、法人或非法人组织因履行文物保护义务权益受损或受限时，其应当有权利获得相应的补偿，对此也是需要在民间文学艺术保护体系的框架中予以明确的。

（3）民间文学艺术的公法治理机制

首先，民间文学艺术传承的规范与引导机制建设，应当以不同主体为着力点，充分调动各方积极性，形成民间文学艺术传承的合力。其一，政府管理职能及其规范机制构建。应督促政府部门和司法机关执行法律法规，明确政府部门和司法机关所能采取的有助于权利保护的措施。其二，各级人民政府应当加强对民间文学艺术保护传承的普及推广力度，明确职责分工。通过广泛宣传等方式，使广大人民群众真正意识到民间文学艺术保护与自身利益的密切关系。其三，各级人民政府应当在挖掘和普查工作上加大力度，完善民间文学艺术代表性项目的建档和标准体系。其四，各级人民政府也要加强民间文学艺术保护传承的人才队伍建设。其五，搭建市场和社会力量介入保护与传承的规范机制。在政府之外，必须有包括市场和社会力量等不同主体在内的广大社会公众的共同参与。广大社会公众既是民间文学艺术的缔造者、传承者，也应当是其保护的主体参与者。一方面，引导公众参与保护民间文学艺术，建立公众与民间文学艺术的强烈情感纽带。另一方面，探索民间文学艺术类非遗领域系统保护。此外，充分发挥市场的调节作用，从事非物质文化遗产运作项目的企业应肩负起更多的社会责任。

其次，深掘民间文学艺术的发展规范机制实现生产性保护与创造性转化。第一，尽快出台民间文学艺术产业化商业模式及规范体系。民间文学艺术商业化开发利用不仅能够增强其生命力与传承活力，还是改善民间文学艺术项目生存状况、增强全社会保护文化保护意识、提高古老传统文化弱势地位的重要环节。第二，民间文学艺术的数字化保护及创造性转化机制。为确保民间文学艺术的"生命力"永续，要利用数字信息技术发展新兴数字文化新业态，推动民间文学艺术的创造性转化和创新性发展。

（4）民间文学艺术保护与传承中公私法的协动治理

首先，公法保护的完善与协动。为避免将部分民间文学艺术遗漏，对于民间文学艺术范围的确定不再使用原来的列举式，而是采取开放式。在非物质文化遗产法中专门规定各级文化主管部门在民间文学艺术保护中的职责。加大对传承人的保护力度，应当修改非物质文化遗产法中传承人的认定标准，使其具有可操作性，进一步提高民间文学艺术传承人待遇，构建民间文学艺术传承人保护体制新内涵。

其次，私法保护的完善与协动。知识产权制度是民事立法保护民间文学艺术的核心。在保护主体方面，基于民间文学艺术这一创新源泉而创造的符合著作权法所保护主体的利益应当得到该部法律的保护。在保护客体方面，凡是满足我国著作权法保护客体的民间文学艺术作品都应当得到著作权法的保护。在权利内容方面应当正当使用。应增加关于部分民间文学艺术的著作权保护条款，将符合著作权保护客体的民间文学艺术明确列入著作权法中。知识产权的制度保护存在部分局限性，而反不正当竞争制度可以有效弥补这一缺陷。部分民间文学艺术仅限于家族内部的传承，利用反不正当竞争制度将其作为商业秘密保护无须经过审批和公开，应当在反不正当竞争法当中增加关于民间文学艺术的商业秘密保护相关条款。民间文学艺术的特别权利保护模式应重点考虑权利主体和客体、权利内容和责任承担这四个方面。

（二）民间文艺专门立法的基本思路

1. 民间文学艺术作品的保护原则

（1）事先知情同意原则

在使用民间文学艺术作品之前，为避免事后发生纠纷，规范民间文学艺术作品的使用行为，使用者应获得著作权人的知情同意。民间文学艺术作品的权利主体应当能够了解与掌握使用者对民间文学艺术作品的使用情况、使用作品的目的以及使用作品后可能获得的各种利益，并对作品使用者的申请作出授权决定。

（2）合理利用原则

我国在制定民间文学艺术作品著作权保护办法时，应考虑我国民众有关民间文学艺术作品的使用习惯，既注重保护民间文学艺术作品的著作权，尊重当地民族、族群和社群的自我意愿，也注意推动民间文学艺术作品的传承和利用，更要注重保护我国的文化安全。

（3）惠益分享原则

惠益分享是使用者与著作权人分享由于利用民间文学艺术作品所产生的惠益，包括商业利用或者其他方面利用所获得的利益。民间文学艺术作品权利人以外的人使用民间文学作品时需要根据双方商定的条件进行惠益分享，从而促进民间文学艺术的保护与发展。

（4）民间文学艺术表达的内涵和外延

要完善民间文学艺术的版权保护立法，首先需要确定客体概念。厘清民间文学艺术、民间文学艺术表达、传统文化表现形式及民间文学艺术作品四个概念的含义及互相之间的关系是确定客体概念的第一步。

本报告在第二章节第二小节对民间文学艺术版权开发难题的阐述中详细地解释了以上四个概念的含义并分析了它们之间的联系。立法工作中应首先明确民间文学艺术表达的内涵，其次需要根据知识产权法的立法目标，将有创新意义、能进行商业转化的民间文学艺术纳入保护范围。在立法形式上，可参考著作权法第三条，以"概念归纳+类型列举"的方式明确民间文学艺术作品的内涵与外延。而出于民间文学艺术作品表现形式的多元性，类型列举部分也同样应设立兜底条款。

2. 民间文学艺术作品的权利归属与行使

（1）权利主体

根据民间文学艺术作品的创作过程，可将民间文学艺术作品区分为个体归属或群体归属，并结合民间文学艺术作品来源区域的传统社区、群体是否存在决定该作品版权归属的习惯法，进而确定作品的权利人。另外在集体所有的情况下，需明确共有形式。同时，还建议明确社群中保护著作权的主体，将居民委员会或者村民委员会、各级政府部门、国务院文化行政主管部门等作为维护民间文学艺术作品权利的代表。

（2）表演者、传承人、改编者、收集整理者等其他主体

首先，民间文学艺术作品表演活动中的表演者可以成为邻接权主体。在专门立法中，应体现对这部分虽不是创作主体却对民间文学艺术的存续与传播付出劳动的主体予以相应的保护。其次，民间文学艺术表达的传承人是民间文学艺术表达得以存续发展的关键环节，对传承人权利的保护是有必要的。最后，改编者和收集整理者的独创性劳动应被充分考虑。

（3）权利的行使

民间文学艺术权利所有人在无法行使版权、邻接权，或者行使权利存在实际困难时，将其权利授予版权集体管理机构，由该组织代为行使和管理，权利人享受由此带来的利益。在专门法的立法工作中应充分考虑民间文学艺术作品集体管理组织的构建，探寻通过立法及配套机制实现集体管理组织在保障权利行使中的功能的最佳路径。

（4）民间文学艺术作品的权利保护及其限制

对民间文学艺术作品同样应该给予精神权利及财产权利的保护。在民间文学艺术的立法工作中应贯彻利益平衡原则，在著作权理论下，设置权利的限制如合理使用、法定许可等是调节主体之间利益平衡的重要手段。我国在对民间文学艺

术作品的专门立法中，可以参考1982年WIPO-UNESCO示范条款第三条设置权利的例外，一方面体现了对民间文学艺术商业性开发的鼓励，另一方面体现了对社群习惯及传统的尊重，实现了权利主体、使用人及文化发展与存续之间的利益平衡。

3. 民间文学艺术配套立法与机制

（1）《文化产业促进法》的立法顶层设计

目前缺乏法律层面对文化产业的顶层制度设计。2019年公布的《文化产业促进法（草案送审稿）》仅有"传统工艺振兴"条款（第二十三条），即"国家鼓励和支持加强对传统工艺的传承保护和开发创新"，但是，传统工艺仅仅为传统文化的表现形式之一，该条款范围过窄。建议将该条款修改为"传统文化转化"条款。对于不进入公有领域的民间文化艺术，从境内私权主体利益的平衡角度，建议立法回应《知识产权强国建设纲要（2021—2035年）》中要求加强传统知识、民间文艺等获取和惠益分享制度建设，将国家宏观战略落实到体系化的法律机制。

（2）民间文学艺术与非物质文化遗产保护的协调

对民间文学艺术的保护，能够一定程度上起到对非遗资源的补充保护作用。在机制层面，建议设立主管部门对民间文学艺术的备案许可及收益分配机制等。在具体规则层面，建议制定版权作品与公有领域内容之间的剥离规则等。在合适的时机设立非遗资源著作权集体管理组织，由其来进行集中的使用授权和权利保护。

（3）配套行政规章对民间文艺开发的管理规则

对于进入公有领域的民间文学艺术，建议公法积极介入，以国家力量促进优秀民间文化艺术在全球范围内的传播以及贸易开发。但在此过程中建议完善民间文艺出境的文化审批机制，抵制其他国家的不合理使用。

（三）民间文学艺术版权纠纷中的司法分层保护

民间文学艺术题材作品的法律纠纷主要集中在不当使用民间文艺资料引发的特定社群权利保护问题、民间文艺题材作品之间的抄袭问题、对民间文艺作品的改编引发的版权侵权问题等方面（见表1）。这些问题的出现主要是由于我国当下尚缺乏民间文学艺术领域的专门立法与监管。

表1　涉及民间文学艺术题材作品出版的典型案例

类　型	涉诉主体	原告的诉讼主张	案　号
民间传说和民间故事	罗懿群与民族出版社	原告主张被告出版的《黔北仡佬族民间文学作品集》编选的16篇民间故事构成抄袭	（2019）黔03民初283号
	颜成才与广西人民出版社	原告主张被告出版图书中的民间故事侵犯其署名权、修改权、保护作品完整权、发行权及复制权	（2017）桂民终553号
	张正、王瑜廷与马卉欣	原告主张被告出版的图书《盘古神话》侵犯了其采集整理民间故事出版图书《盘古之神》的著作权	（2008）豫法民三终字第49号
	刘耕源、刘朝晖与中国文联音像出版社	原告主张被告出版图书中收录的越剧"梁祝"唱段侵犯刘南薇改编民间传说而成的剧本署名权、表演权及获得报酬权	（2011）沪高民三（知）终字第1号
民间歌谣	李发源与上海古籍出版社	原告主张被告出版的《榆阳文库·民间歌谣卷》侵犯其整理和收集民间歌谣的著作权	（2019）陕08民初197号
	王海成等与山西教育出版社	原告主张被告出版的《民族唱法歌曲大全》中的民歌《阿拉木汗》简谱侵犯王洛宾署名权	（2020）京0105民初7394号
	万志民与中国国际广播出版社	原告主张被告发行的《名歌经典》中的歌曲《你送我一枝玫瑰花》侵犯其对新疆民歌《相爱》进行记谱配词后产生的著作权	（2007）海民初字第19317号
	王海成等与湖南文艺出版社	原告主张被告出版发行的图书中包含的钢琴曲侵犯原告父亲整理民歌所产生著作权	（2021）苏0312民初15210号
	王海成等与上海教育出版社	原告主张被告发行的《葫芦丝齐奏重奏曲精选（二）》中的CD侵犯王洛宾整理的民歌的著作权	（2021）苏0312民初3826号
民间戏剧和民间曲调	张春溪与中国戏剧出版社	原告主张被告出版的图书侵犯其以民间戏曲为基础进行编印和出版的图书的著作权	（2008）海民初字第10774号
	李晓元与北京日报出版社	原告主张被告出版《扬琴经典作品及演奏要点解析》中收录的《将军令》署名错误，侵犯其署名权、复制权	（2018）川0104民初8478号

1. 民间文学艺术资源的使用与传承

（1）民间文学艺术的作品属性

民间文学艺术具有集体性。对于一项民间文学艺术，无论是被民间所口头传诵，还是被无法查明的作者和创作时间的书面形式承载，都属于著作权法所保护的是文学艺术领域的独创性表达，也就是说，属于作品。在司法实践中，不同法院对于民间文学艺术版权案件能否适用著作权法的规定进行处理有不同态度。

（2）民间文学艺术的集体性与公共性

对于民间文学艺术如何进行保护，则需要区分有源生集体的民间文学艺术和没有源生集体的民间文学艺术。一些民间文学艺术产生于居住在某一特定地域或者具有某种文化共通性的民族、族群或者社群中，故称之为有源生集体的民间文学艺术。还有一些民间文学艺术与民族、族群或者社群没有关联，通常来说产生年代特别久远，比如，历史上的民间传说。那么，这一类民间文学艺术自然应当属于公有领域里的作品，任何人都可以进行使用和开发。

（3）民间文学艺术资源的"守正"传承

民间文学艺术对于其源生集体而言，不仅是一种文化形式，一定程度上说也是一种共通性情感的依托。可以说，源生集体对于民间文学艺术的"原汁原味"的传承是有所期待的。

对于有源生集体的民间文学艺术，其他社会主体在使用民间文学艺术时应当标明来源。为有效保护源生集体对民间文学艺术所享有的著作权法意义上的精神权利，同时为民间文学艺术的使用人提供准确的作品来源信息，主管部门有必要对民间文学艺术进行备案登记，从而为促进民间文学艺术的创造性转化与创新提供便利。

2. 民间文学艺术原始作品的后续利用

（1）民间文学艺术收集和整理者的独创性贡献

从法理上讲，对民间文学艺术作品的整理是否产生新的作品，关键取决于整理后所形成的版本是否能够体现整理人的个性化表达。如果整理的过程中能够体现整理人的归纳、取舍和安排，那么则能体现出整理者的独创性。相反，如果整理后版本仅仅是对民间文学艺术的如实记录，没有整理人发挥独创性的空间的话，则整理人对整理后的内容不享有著作权。

民间文学艺术的内容从最初整理到后续的不断演变，在世代流传的过程中会有不同的整理者，继而产生多个版本。对于同时期的不同整理者，如果源自同一母体民间文学艺术产生了两篇不同的整理版本，双方彼此知悉，且均未对对方的著作权权属提出过异议，则认定两人各自作品的著作权是平行有效的。对于不同时期的整理者，在先的整理者能否向在后整理者主张著作权，取决于后者的整理活动是在前者版本的基础上完成的还是其自行整理完成的。法院按照"接触+实质性相似"规则进行判定。首先看谁先对民间文学艺术进行了整理并且发表，然后再比对被告作品与原告作品之间的相似程度。

（2）整理者对其整理的原始作品版本的有限权利

首先，可以肯定的是，整理者的权利并不及于被整理的民间文学艺术本身。其次，整理人的权利仅仅及于其在整理过程中的独创性贡献。再次，"收集记录人、整理人不得阻止他人对民间文学艺术作品的收集、记录或整理"①。最后，整理者不应在没有正当理由的情况下，拒绝他人以有偿方式使用其整理后的版本。

对于上述最后一点，现行著作权法尚无法定许可的规定，在整理人拒绝许可的时候，使用人直接使用作品会被认定为侵权。对于这种情况，有的法院采取的方式是，判定被告承担侵权损害赔偿责任，但对于原告请求判令停止传播被告涉案钢琴曲的诉讼请求不予支持。

3. 民间文学艺术衍生作品的版权保护

（1）民间文学艺术衍生作品的权属确定

以民间故事、音乐等为蓝本进行二次创作，不同的改编者会形成不同的改编版本。所以，民间文学艺术衍生作品上会有不同的署名。作品在不同艺术形式之间进行转化时，也会出现多个主体合作进行改编的情况。在处理版权侵权纠纷时，确权通常是需要最先进行的工作。如何确定谁是改编者、谁改编在前，则需要结合证据进行判定。法院一般按照著作权法规定的署名规则来判定，即在作品上署名的人为作者，除非有相反证明。

（2）民间文艺衍生作品权利的保护边界

民间文艺衍生作品是今人在民间文学艺术作品基础上创造的新财富，对于改编自民间文学艺术的作品的独创性的要求应该更高。在进行独创性判定时，需要从中剥离出属于公有领域的民间文学艺术资源，划定民间文学艺术初始作品与后续演绎创作的边界，考察演绎作品与民间文学艺术整理者所发表的版本之间的关系。民间文艺衍生作品权利的行使不得侵犯源生集体的著作人身权、整理者就其整理版本享有的版权。如果有证据证明衍生作品是在整理者发表的版本上直接进

---

① 胡开忠. 中国特色民间文学艺术作品著作权保护理论的构建［J］. 法学研究，2022（2）：131-153.

行的演绎创作应当尊重整理者的著作财产权。如果衍生作品只是参考了整理者发表的版本，使用的是民间文学艺术资源，没有利用整理者的那些独创性表达，那么在著作权法的维度下，衍生作品不侵犯整理者的著作权。但从保护民间文艺传承的角度，整理者的贡献功不可没。我国未来的民间文学艺术专门立法有必要设计惠益分享机制，将民间文学艺术的转化收益在转化人与源生社群、整理人之间合理分配。当具有同源性的不同改编作品之间产生抄袭纠纷时，需要对在先的改编者的改编版本与在后的改编者的改编版本进行实质性相似比对。

（四）解决民间文学艺术版权法律问题的解决建议

1. 加强法律层面对文化产业的顶层制度设计

建议立法工作中注重把握多元私权主体之间的利益平衡、公私法之间的保障平衡，以及国家利益与国际文化交流贸易之间的平衡。

2019年公布的《文化产业促进法（草案送审稿）》仅有"传统工艺振兴"条款（第二十三条），即"国家鼓励和支持加强对传统工艺的传承保护和开发创新"。该条款范围过窄，建议将该条款修改为"传统文化转化"条款，即"国家鼓励和支持加强对传统文化的传承保护和开发创新，鼓励在保持优秀传统的基础上，推动传统文化表现形式与现代科技、工艺装备、创意设计的有机融合，推动传统文化走进现代生活"。

对于不进入公有领域的民间文化艺术，从境内私权主体利益的平衡角度，建议立法回应《知识产权强国建设纲要（2021—2035年）》中要求加强传统知识、民间文艺等获取和惠益分享制度建设，将国家宏观战略落实到体系化的法律机制。对于进入公有领域的民间文学艺术，从本土性和国际性的平衡角度，建议公法积极介入，完善商业化、数字化动态赋能机制，以国家力量促进优秀民间文化艺术在全球范围内的传播以及贸易开发。在此过程中，同时建议完善民间文艺出境的文化审批机制。民间文学艺术作品的保护应坚持事先知情同意、合理利用、惠益分享等原则。

2. 民间文艺专门立法所需解决的核心问题

首先，针对民间文学艺术的著作权进行专门保护立法，明确民间文学艺术作品的概念内涵，通过制度来激励那些民间文学艺术创造性转化。其次，建议根据作品创作过程及实际情况确定民间文学艺术作品的权利人，明确民间文学艺术作品的权利归属。此外，建议明确民间文学艺术作品的署名权内涵，并规范署名方式。

3. 民间文艺立法与其他相关法律规范的衔接

为强化知识产权制度在民间文学艺术资源开发与利用中的法律保障作用，建议在专门立法中明确何部分可作为作品纳入知识产权保护体系，何部分应作为公有部分进入公有领域，何者由私法保护，何者由公法保护。除前述专门立法内容外，还需使民间文学艺术保护专门立法与商标法、著作权法、非物质文化遗产法等其他法律法规中的相关内容进行衔接，形成针对民间文学艺术的完整保障体系。

建议在合适的时机设立民间文学艺术资源集体管理机制，由集体管理组织来进行集中的使用授权和权利保护。加快明确民间文学艺术作品权利客体的边界，促进民间文学艺术领域版权保护机制形成。针对民间文化艺术的地域性和历史性，建议司法实践过程中尊重当地风俗习惯，适当引用习惯法。

四、民间文艺作品保护的比较法考察

（一）意大利和德国的民间文学艺术作品保护

1. 意大利对民间文艺表达的法律保护

就意大利而言，对意大利国内保护民间文学艺术（民间文艺表达）产生较大影响的国际公约主要有两个：2003年《保护非物质文化遗产公约》及2005年《保护和促进文化表现形式多样性公约》。意大利在上述两个国际公约搭建的框架下，寻找自身保护民间文学艺术（民间文艺表达）的体系并取得了一定成果。在两个国际公约于意大利国内批准通过的10年后，2017年12月12日，意大利政府公报上公布了第175号法律，即所谓的《表演艺术法典》（Codice dello Spettacolo）。法典颁布后各地纷纷增加了对于民间文学艺术（民间文艺表达）的保护措施，推动了对意大利民间文艺的保护。除了上述两个国际公约，《欧洲联盟运作条约》第167条也对意大利保护民间文学艺术（民间文艺表达）提供了欧盟法层面上的支持和指引。意大利在民间文艺保护领域倾向于在著作权法之外制定特别法，采用特殊权利保护模式以实现对民间文学艺术（民间文艺表达）的保护。

在《意大利宪法》第二条、第三条、第八条所谈及的平等原则之下，民间文学艺术作品应当受到与其他文学艺术作品同等的保护；在此基础上，第六条考虑到一些特殊地区文艺作品的特性，对使用少数民族语言的地区进行特别保护，根植于民族本土特色的地方文学艺术作品之保护具有优先性；第九条直接将"自然风光和历史艺术遗产"的保护列为一项单独的条款。第二十一条规定，任何个体都可以通过多种手段不受约束地表达自己的思想，为民间文学艺术作品存在的合理性奠定基础，自由发展是民间文学艺术作品存续的基本形态，为文艺作品的繁荣发展打开空间，但同时规定在违反法律和公序良俗的情形之下，公权力机关进行介入的例外情形。①

《意大利著作权法》第二条规定了受本法保护的对象。民间文学艺术作品的存在状态并非固定受限的，常以有形或无形的方式存在，作为智力劳动的结果，同样具有第三条规定的"为特定的文学、教育、宗教或艺术等的目的"之特征，因此亦在著作权法的保护范围内。

《意大利文化与景观遗产法典》第二条第三款对"文化遗产"的特征进行概述。民间文学艺术作品在客观层面属于一种文化遗产，在深层次的制度设定层面与文化遗产均具有共同文化表达之内涵，因此从文义解释和目的解释层面，均可论证民间文学艺术之保护可见于《文化与景观遗产法典》的特别法中。意大利法框架内从部门法到特别法对民间文艺保护的三个层次，呈现由上及下层层递进、逐步细化的特点。

2. 德国对民间文艺表达的法律保护

在著作权体系中，德国并未明确规定是否保护民间文艺表达。②尽管在缺乏特殊规定的情况下，民间文艺表达难以整体融入著作权体系，但是，事实上大多数欧洲国家仍采用著作权的一般规则进行保护。2003年《德国著作权法》并未对民间文艺表达进行定义，但是，在规定表演者权时，将民间艺术表达纳入其中，其第七十三条规定"本法意义的表演者是指演出、演唱、演奏或以其他方式表演作品或民间艺术的表现形式的人或艺术家式的参与这些表演的人"。扩张表演者的保护范围是遵循国际条约的要求，通过表演者权路径保护民间文艺表达是国际上较为普遍的做法。通过表演者权保护民间文艺表达不违背著作权及邻接权理论。相较于强行将民间文艺表达认定为作品的困难重重，通过表演者权进行保护不存在理论障碍与制度冲突。这是知识产权领域内可行性最高、成本最低的一种保护方式。

"民间文艺表达"基本被"非物质文化遗产"所涵盖。在德国的具体实践中，

---

① 相关表述参见《意大利宪法》原文［EB/OL］.［2023-01-07］. https://scienzepolitiche.unical.it.
② 德国著作权法（德国著作权与邻接权法）［M］. 范长军，译，北京：知识产权出版社，2013：2-3.

并没有对二者进行刻意区分。故而在德国，对非物质文化遗产的保护在很大程度上即是对民间文艺表达的另一个角度的保护。德国对于非物质文化遗产的保护主要属于各联邦州保留权力事项。在联邦层面，主要是德国联合国教科文组织委员会来协调落实德国国内对非物质文化遗产的保护，并负责推动德国申报世界非物质文化遗产。此外，联邦政府通过赞助联邦文化基金会、文化及教育志愿服务中心联合会等方式来对非物质文化遗产的保护、开发提供帮助，以及对非物质文化遗产保护的科研项目提供资助。^①德国联邦州大多都在其州宪法中明确规定联邦州具有保护文化和促进文化发展的义务。不少联邦州对文化事项有专门立法。德国对非物质文化遗产的保护是多主体多方位的。除了立法与政府机构，尚有以下主体对非物质文化遗产保护起着重要的作用：民间团体、学校及科研机构、教会。在"非物质文化遗产"概念下，以传承和传播为核心的保护理念一方面符合德国民间保存本民族民俗文化的历史传统，另一方面能很好对德国文化民主化政策进行拓展和补充。

国家援助在欧盟竞争法中占有重要的地位，德国作为主要的欧盟成员之一，在国家援助法中也贯彻了对民间文艺的保护理念。欧盟的国家援助制度核心条款体现在《欧盟运行条约》，在欧盟多年的司法实践中，已提炼出对国家援助的更进一步的界定：通过减少通常包含在一个企业预算中的费用而使企业处于优势地位，由国家或通过国家财源所进行的由国家承担财政负担的干预。^②概言之，一项民间文学艺术只要在德国的主管公共当局正式承认为文化或自然遗产，就能适用GBER第53条的国家援助制度予以专门保护，进而获得豁免，且该保护不被视为具有激励效果。

（二）制定民间文艺表达国际公约的利益分歧

国际组织对于民间文艺表达的保护早已起步。尽管包括世界知识产权组织、联合国教科文组织等国际组织为民间文艺表达的保护付出了巨大努力，但是发展中国家与发达国家在关于保护民间文艺表达的相关国际公约中的立场却并不一致，不同国家之间存在一定的利益冲突。总体而言，与科学技术从发达国家流向发展中国家不同的是，民间文学艺术呈现从发展中国家流向发达国家的反向流

---

① 张翼.德国非物质文化遗产保护机制研究 [M]//曹德明.国外非物质文化遗产保护的经验与启示——欧洲与美洲卷：上.北京：社会科学文献出版社，2018：40-45.
② 周海涛.欧盟国家援助制度的现代化及其借鉴 [J].河北法学，2016，34（8）：126-139.

动。因此，在很大程度上，对于民间文学艺术保护的兴起，可以追溯至发展中国家对于发达国家对其民间文学艺术不正当商业化利用的反抗。

1. 民间文艺表达相关国际公约中的利益分歧

1976年2月，在世界知识产权组织和联合国教科文组织协助下通过了《发展中国家突尼斯版权示范法》（Tunis Model Law on Copyright for Developing Countries）（以下简称《突尼斯版权示范法》）。突尼斯版权示范法第六条、第十七条等规定在很大程度上加强了对民间文学艺术作品的版权保护，对于发展中国家面临发达国家的利用与剥削时有很重要的保护意义。《非洲文化复兴宪章》《斯瓦科普蒙德协定》《北京视听表演条约》等均体现了发展中国家对加强民间文艺表达的诉求。

发达国家普遍认为民间文学艺术作品处于公有领域从而反对给予版权保护，这与发展中国家分歧甚大，双方很难达成共识。[①] 文化产业发达国家认为民间文艺属于公共领域，在其单向利用发展中国家的文化遗产获利时，文化所属的国家和民族并没有从中获得回报。[②]这种西方主导的以作者和其创作成果为中心、有限度的保护体系正是造成这种不平衡的原因，并不能满足这些新国家对于本土文化进行保护的特殊需求。[③] 发展中国家的诉求在于加强对民间文艺表达的保护，而发达国家则希望通过公有领域概念从中获利。西方国家难以接受以私权保护民间文艺表达。但在发展中国家与发达国家在知识产权领域的论战中，随着民间文艺的政治意义被不断强调，一种对民间文艺进行单独保护的新思路逐渐进入国际视野。[④]在这种视角下，对民间文艺的态度逐渐从防止第三人不正当利用转变为鼓励传承与传播、避免其消失。

2. 国际法视角下民间文艺作品的保护模式

（1）邻接权保护模式

1964年制定的《保护表演者、音像制品制作者和广播组织罗马公约》以及世界知识产权组织1996年通过的《世界知识产权组织表演和录音制品条约》（WPPT），对《伯尔尼公约》进行了补充，将民间文艺作品纳入了表演者的权利保

① 胡开忠. 中国特色民间文学艺术作品著作权保护理论的构建［J］. 法学研究，2022，44（2）：132.
② 王迁. 著作权法［M］. 北京：中国人民大学出版社，2015：133.
③ Tunis Model Law on Copyright for Developing Countries，Section 6，Section 18（Ⅳ）.
④ Löhr I. Wem gehört die Kultur? Die UNESCO zwischen geistigem Eigentum，Folklore und kulturellem Erbe in den 1960er und 1970er Jahren［M］//Band 15 Global Commons im 20. Jahrhundert. De Gruyter Oldenbourg，2014：139-166.

护范围，以邻接权保护体系来保护民间文学艺术作品，但是忽略了创作者的权利。

（2）特殊版权保护模式

1976年，在世界知识产权组织和联合国教科文组织的帮助下通过了《突尼斯版权示范法》，它采取了特殊版权模式对民间文艺作品进行保护，将普通作品与民间文学艺术组作品区别开来，民间文学艺术作品保护的部分进行单独规定，将其作为特殊的保护客体，在原有的版权模式的基础上规定了特别制度，对原有规则进行了一定程度的修改。而且，还另外设置了特殊责任下的救济制度。

（3）特殊权利保护模式

1982年正式生效的《非洲知识产权组织公约》（以下简称《班吉协定》）缔约国提出在版权法以外规定特殊权利的保护模式，认为应在现行法律之外另行立法进行保护，特殊权利是指赋予传统文化或者具体的民间文学艺术作品新的、并列于著作权的专门权利，在《班吉协定》中缔约国的主张并没有明确特殊权利的主体和内容，难以具体实施。

1982年，世界知识产权组织（WIPO）与联合国教科文组织制定的《1982年示范条款》，规避了传统版权法中必须明确的主体、具有独创性的客体以及提供有期限的保护等基本规定，为民间文艺作品提供了一个特殊的保护模型，即专有权保护。这一模式有待进一步修正。

2002年，在联合国教科文组织的协调下，多个国家和地区共同制定了《太平洋地区保护传统知识和传统文化表达形式的框架协议》，在立法模式上进行了创新，在原有的版权法规则之外单独立法，提出设立全新的"传统文化权"概念。[①]

（4）其他保护模式

1981年，阿拉伯第三次文化部长会议通过了《阿拉伯著作权公约》，规定保护民间创作作品，但是只规定了总的保护原则，由成员国自行规定具体的法律保护形式。

2000年，拉丁美洲安第斯山地区的发展中国家区域合作组织的安第斯共同体制定了《知识产权共同规范》，将民间文学艺术作品纳入"传统知识"，并作为知识产权的保护客体。

2006年，联合国教科文组织通过了《保护非物质文化遗产公约》，将表演艺

---

① 吴汉东. 知识产权法学 [M]. 北京：北京大学出版社，2000：69.

术、传统手工艺纳入了非物质文化遗产的保护对象中①。

结论

民间文学艺术是中华民族的宝贵财富，对民间文学艺术进行版权开发，能够推动中华优秀传统文化的创造性转化和创新性发展，使民间文学艺术以更富活力的方式得到继承与发展。但由于民间文学艺术"公共属性"与知识产权"私有属性"之间的矛盾所引发的价值冲突与规则冲突，民间文学艺术的版权开发中存在诸多法律困境。具体而言，民间文学艺术版权开发的理论难题主要体现在以下四个方面，即民间文学艺术的权利主体难以确认、客体范围模糊、权利边界不清以及权利保护期限的不确定性。除理论上的困境外，民间文学艺术的版权开发在实践中也有许多障碍，法律和道德层面的冲突不断产生。

我国现有保护模式与对应机制以非物质文化遗产法为核心，立基于民间文学艺术的公益性面向，缺乏权利主体私益激励机制。民间文学艺术版权开发的过程中涉及不同权利主体的利益，在平衡民间文艺的创作者、传承者、使用开发者、消费者等利益主体的过程中，应以"推动文化传承和创新"作为基本原则，基于公私法协动原理构建体系化的保护机制。在顶层设计层面，应当加快推进"民间文学艺术作品保护条例"的立法工作。

在立法工作中，应贯彻知识产权保护的立法宗旨——利益平衡原则，以事先知情同意、合理利用、惠益分享为民间文学艺术作品的保护原则。厘清民间文学艺术的概念内涵，明确民间文学艺术受保护的范围。根据民间文学艺术作品的创作过程，确认民间文学艺术作品的权利归属主体。从"推动文化传承与创新"的角度，在专门立法中应当对表演者、传承人、改编者、整理者等为民间文学艺术的存续与传播付出创造性劳动的主体予以保护。由于民间文学艺术作品权利主体的复杂性以及自身具备的群体性等特点，立法工作应充分考虑民间文学艺术作品集体管理组织的构建，以此来保障权利的行使。在促进民间文学艺术的创造性转化与创新性发展的同时，应当尊重社群习惯及传统，确定对民间文学艺术的合理使用规则与法定许可使用规则。

除对民间文学艺术作品保护进行专项立法之外，还需使其与其他法律法规中

---

① 参见《保护非物质文化遗产公约》第二条第二款。

的相关内容进行衔接，形成针对民间文学艺术的完整保障体系。在公法治理机制层面，应当以不同主体为着力点，充分调动各方积极性，形成民间文学艺术保护的合力。我国可设立主管部门对民间文学艺术的备案许可及收益分配机制、代表性传承人代为行使权利机制、主管部门使用许可费的提存机制、非遗资源集体管理机制。同时，应当明确政府管理职能及其规范机制，发挥行政机关规范有效的协调指导功能，确保法律法规切实有效。各级人民政府应当加强对民间文学艺术保护传承的普及宣传工作，并在挖掘和普查工作上加大力度，完善民间文学艺术代表性项目的建档和标准体系。

民间文学艺术公私协动保护体系的构建，有助于保护与传承中华优秀传统文化，激活民间文学艺术的版权价值。在我国提出要深度参与全球知识产权治理的背景之下，加强对民间文学艺术的保护，推动民间文艺版权保护国内立法实践和国际推广联动，有助于增强我国在国际条约制定中的国际话语权，在国际规则的制定中提出中国方案，为国际社会贡献中国智慧。

课题负责人：费安玲　陶乾
课题组成员：张宪　刘水美　陈范宏　林作丽　李倪雨彤　郭子悦　赖远珍
　　　　　　郭潇然　温博宇　郭静怡　黄华珍　于捷　刘宝振　刘继升
承担单位：中国政法大学

民族地区非物质文化遗产版权保护及路径探索*
——以云南省为视角

李丽辉**

摘要：我国目前对于非物质文化遗产版权保护的法律规定显得较为模糊与琐碎，在此类司法纠纷案件中，由于法条的缺位，较难确定非物质文化遗产的主体、客体及保护期限等问题，从而造成司法裁判困难、侵权行为频发。为有效解决这类问题，本文总结当前民族地区非物质文化遗产版权保护存在的问题，并分析此类现象形成的原因，通过实地调研昆明中医药厂、建水紫陶、滇派内画等云南代表性非物质文化遗产，归纳现实实践中存在的诸多问题。其中，如何实现有效的保护是研究的重点，对此，本文提出非物质文化遗产版权保护的法律措施及社会措施，创造性引入非物质文化遗产品牌打造理念，在延续和发展非物质文化遗产的生命、提高知名度、带动当地产业化发展等方面具有积极效益，并从品牌定位、品牌设计、品牌内在、品牌传播、品牌维护、品牌延续与创新六个方面详细阐述，为保护民族地区非物质文化遗产提供有效的借鉴。保护和发展民族地区非物质文化遗产不但能够带来经济效益、带动当地经济的发展，还能增强社会的文化认同和文化自信，扩大非物质文化遗产的知名度和影响力。

关键词：非物质文化遗产；民族地区；版权保护

一、民族地区非物质文化遗产版权保护存在的问题

（一）非物质文化遗产申报制度过于笼统

我国非物质文化遗产种类繁多，而相关法律法规只是针对申报流程做出一些规定，很难到达详尽的效果，不利于非物质文化遗产申报制度的发展。在实际操作中，相关部门在申报之前，会对遗产的真实性进行鉴定、评估，而行政普查作为所有环节中最为核心的一步，整个流程的规范化开展显得尤为重要。因此，健

---

* 本报告为该课题研究成果的精减版。
** 李丽辉，昆明理工大学副教授，本课题组组长。

全行政申报制度，规范申报流程才是非物质文化遗产申报制度长久发展的突破点。随着社会对非物质文化遗产的逐渐重视，目前的保护工作不论从广度还是深度方面都有很大的提升，但仍存在很多问题，如果不及时解决，会造成文化遗产流失等不可挽回的后果。

（二）非物质文化遗产传承人保障制度不够健全

我国非物质文化遗产的法律对于传承人的规定仅指各级政府认定的非遗代表性项目的部分传承人，这就极易忽视民族地区非物质文化遗产传承人。在我国非遗文化的传承与保护的方式主要有两种，一种是家族式传承，另一种是师徒传承，这两种传承与保护方式在非遗文化的传承与保护方面做出了巨大的贡献。然而，随着我国经济的发展，投身于非遗文化的传承与保护工作的人员越来越少，已经逐渐落后于时代的发展。家族式传承虽然保证了传承人的忠诚度，但是一旦没有接班人，就很容易造成非遗文化的流失。就实际措施来看，由于缺少一定的刚性，很多民族地区的非遗保护工作很难看到成效，保护所覆盖的范围仅体现为一定程度的经济支持即物质保障，而对于非遗代表性传承人的身份保障却未提及，这将导致侵害传承人的人身可能会对非遗造成不可弥补的影响。

（三）非物质文化遗产开发缺乏系统规划及法律责任追究机制

我国民族地区具有丰富的旅游资源，具有极大的开发价值，很多民族地区将此资源进行商业化，以获取经济效益。目前我国对于非物质文化遗产的指导方针是"保护为主，抢救第一，合理利用，传承发展"，而很多地方过度开发，忽视了保护和传承。一方面，由于商业利益的驱使，开发方忽略了少数民族非物质文化遗产中蕴含的民族文化特质，一味追求商业价值，导致一些少数民族非遗被简单化、舞台化、形式化地呈现。另一方面，由于区域的限制，各地政府的政策不同，甚至存在地方保护主义的现象，导致对于少数民族非遗的开发政策缺乏系统的统筹和规划。同时，在开发过程中还伴随着侵权现象的发生，比如许多开发企业、个人存在不合理利用甚至窃取、剽窃、毁灭性地开发少数民族非遗，而目前来看对此种现象缺乏法律责任追究机制，将会导致被侵害的非遗得不到有效的法律救济。

（四）非物质文化遗产作品登记数量少、转化率低及市场信息不对称

（1）2019年全国共完成作品著作权登记2,701,564件。从作品登记区域来看，全国排名前六的省（区、市）依次为：北京市1,003,091件，占登记总量的37.13%；

上海市291,803件，占登记总量的10.80%；中国版权保护中心282,541件，占登记总量的10.46%；江苏省246,607件，占登记总量的9.13%；四川省171,060件，占登记总量的6.33%；重庆市157,692件，占登记总量的5.84%。以上登记量占全国登记总量的79.69%。

从作品登记类型来看，全国排名前四的作品类别依次为：美术作品1,288,139件，占登记总量的47.68%；摄影作品1,015,620件，占登记总量的37.59%；文字作品179,314件，占登记总量的6.64%；影视作品88,230件，占登记总量的3.27%。以上类型的作品著作权登记量占登记总量的95.18%。

2019年云南省共完成作品著作权登记1160件，同比增长260.25%，占全国登记总量0.04%，在全国排名第23位。从作品登记区域来看，全省排名前三的州（市）依次为：昆明市561件，占登记总量的48.36%；曲靖市111件，占登记总量的9.57%；昭通市75件，占登记总量的6.47%。以上登记量占全省登记总量的64.40%。从作品登记类型来看，全省排名前四的作品类别依次为：文字作品389件，占登记总量的33.53%；摄影作品348件，占登记总量的30.00%；美术作品280件，占登记总量的24.14%；音乐作品77件，占登记总量的6.64%。以上类型的作品著作权登记量占登记总量的94.31%。

（2）2020年全国共完成作品著作权登记3,316,255件，同比增长22.75%。从作品登记区域来看，全国排名前六的省（区、市）依次为：北京市1,004,676件，占登记总量的30.30%；上海市318,906件，占登记总量的9.62%；中国版权保护中心290,693件，占登记总量的8.77%；江苏省281,984件，占登记总量的8.50%；天津市213,415件，占登记总量的6.44%；山东省201,181件，占登记总量的6.07%。以上登记量占全国登记总量的69.70%。

从作品登记类型来看，全国排名前四的作品类别依次为：摄影作品1,510,914件，占登记总量的45.56%；美术作品1,295,415件，占登记总量的39.06%；文字作品212,797件，占登记总量的6.42%；影视作品191,332件，占登记总量的5.77%。以上类型的作品著作权登记量占登记总量的96.81%。

2020年云南省共完成作品著作权登记11,129件，作品登记数量首次突破一万件大关。虽然同比增长859.40%，但仅占全国登记总量的0.34%，在全国排名第20位。从作品登记区域来看，全省排名前三的州（市）依次为：昆明市6405件，占登记总量的58.30%；红河州1071件，占登记总量的10.49%；丽江市949件，占登记总量的9.40%。以上登记量占全省登记总量的78.00%。从作品登记类型来看，全省排名前四的作品类别依次为：美术作品3951件，占登记总量的35.50%；摄影作品2683件，占登记总量的24.11%；文字作品1970件，占登记总量的17.70%；视听作品1376件，占登记总量的12.36%。以上类型的作品著作权登记量占登记总量的89.67%。

（3）2021年全国共完成作品著作权登记3,983,943件，同比增长20.13%。从作品登记区域来看，全国排名前六的省（区、市）依次为：北京市1,025,511件，占登记总量的25.74%；中国版权保护中心527,432件，占登记总量的13.24%；江苏省371,776件，占登记总量的9.33%；上海市345,583件，占登记总量的8.67%；山东省230,814件，占登记总量的5.79%；贵州省200,929件，占登记总量的5.04%。以上登记量占全国登记总量的67.82%。

从作品登记类型来看，全国排名前四的作品类别依次为：美术作品1,670,092件，占登记总量的41.92%；摄影作品1,553,318件，占登记总量的38.99%；文字作品295,729件，占登记总量的7.42%；影视作品244,538件，占登记总量的6.14%。以上类型的作品著作权登记量占登记总量的94.47%。2021年云南省共完成作品著作权登记23,368件，同比增长109.97%，占全国登记总量的0.59%。

从作品登记区域来看，全省排名前三的州（市）依次为：昆明市12,826件，占登记总量的54.96%；曲靖市2353件，占登记总量的10.08%；红河州2271件，占登记总量的9.73%。以上登记量占全省登记总量的74.77%。从作品登记类型来看，全省排名前四的作品类别依次为：美术作品8442件，占登记总量的36.13%；文字作品6854件，占登记总量的29.33%；摄影作品5545件，占登记总量的23.73%；录像制品1080件，占登记总量的4.62%。以上类型的作品著作权登记量占登记总量的93.81%。

表1 2019—2021年全国及云南作品登记地域数量统计表

2019年				2020年				2021年			
排名	地区	数量（件）	全国占比（%）	排名	地区	数量（件）	全国占比（%）	排名	地区	数量（件）	全国占比（%）
1	北京市	1,003,091	37.13	1	北京市	1,004,676	30.30	1	北京市	1,025,511	25.74
2	上海市	291,803	10.80	2	上海市	318,906	9.62	2	中国版权保护中心	527,432	13.24
3	中国版权保护中心	282,541	10.46	3	中国版权保护中心	290,693	8.77	3	江苏省	371,776	9.33

排名	2019年 地区	数量(件)	全国占比(%)	排名	2020年 地区	数量(件)	全国占比(%)	排名	2021年 地区	数量(件)	全国占比(%)
4	江苏省	246,607	9.13	4	江苏省	281,984	8.50	4	上海市	345,583	8.67
5	四川省	171,060	6.33	5	天津市	213,415	6.44	5	山东省	230,814	5.79
6	重庆市	157,692	5.84	6	山东省	201,181	6.07	6	贵州省	200,929	5.04
小计		2,152,794	79.69	小计		2,310,855	69.70	小计		2,702,045	67.81
全国总计		2,701,564	100	全国总计		3,316,255	100	全国总计		3,983,943	100
1	昆明市	561	48.36	1	昆明市	6405	58.30	1	昆明市	12,826	54.96
2	曲靖市	111	9.57	2	红河州	1071	10.49	2	曲靖市	2353	10.08
3	昭通市	75	6.47	3	丽江市	949	9.40	3	红河州	2271	9.73
小计		747	64.40	小计		8425	78	小计		17,450	74.77
云南总计		1160	0.04	云南总计		11,129	0.34	云南总计		23,368	0.59

表2 2019—2021全国及云南作品登记类型数量统计表

排名	2019年 类别	数量(件)	全国占比(%)	排名	2020年 类别	数量(件)	全国占比(%)	排名	2021年 类别	数量(件)	全国占比(%)
1	美术作品	1,288,139	47.68	1	摄影作品	1,510,914	45.56	1	美术作品	1,670,092	41.92
2	摄影作品	1,015,620	37.59	2	美术作品	1,295,415	39.06	2	摄影作品	1,553,318	38.99
3	文字作品	179,314	6.64	3	文字作品	212,797	6.42	3	文字作品	295,729	7.42
4	影视作品	88,230	3.27	4	影视作品	191,332	5.77	4	影视作品	244,538	6.14
小计		2,571,303	95.18	小计		3,210,458	96.81	小计		3,763,677	94.47
全国总计		2,701,564	100.00	全国总计		3,983,943	100	全国总计		3,983,943	100

2019年				2020年				2021年			
排名	类别	数量（件）	全国占比（%）	排名	类别	数量（件）	全国占比（%）	排名	类别	数量（件）	全国占比（%）
1	文字作品	389	33.53	1	美术作品	3951	35.50	1	美术作品	8442	36.13
2	摄影作品	348	30.00	2	摄影作品	2683	24.11	2	文字作品	6854	29.33
3	美术作品	280	24.14	3	文字作品	1970	17.70	3	摄影作品	5545	23.73
4	音乐作品	77	6.64	4	视听作品	1376	12.36	4	录像制品	1080	4.62
小计		1094	94.31	小计		9980	89.67	小计		21,921	93.81
云南总计		1160	100	云南总计		11,129	100	云南总计		23,368	100.00

从近三年全国及云南作品登记完成情况来看，文化和经济发展状况与作品登记意识和数量存在一定的关联度和规律。一般来说，GDP、财政收入、城镇居民可支配收入、农民人均纯收入、恩格尔系数等11项经济发展水平指标较好、文化产业发展程度较高的地区，作品登记数量较多，著作权人版权保护意识较强，反之则登记数量较少，全面的版权保护意识还有待提升。

此外，云南省非物质文化遗产版权登记作品还普遍存在质量一般，价值转化不高及市场供需信息不对称等问题，目前只有建水紫陶文化产业园区管委会、昆明文化创意产业协会、云南广播电视集中集成播控中心等少数版权相关企业有作品交易情况。一方面原因是全省乃至全国还没有建立统一的综合版权交易平台，另一方面原因是在作品登记的主动性、自觉性方面。云南省广大非遗传承人与全国先进地区相比，差距较大，版权保护意识有待提高。课题组在建水紫陶文化产业园区调研时了解到，某紫陶文化艺术公司的产品，有作品登记证与没有作品登记证，销价相差2000元人民币，即便如此，该公司仍有许多原创作品未主动登记。类似的还有楚雄的彝绣、大理的扎染、丽江的唐卡等。

二、民族地区非物质文化遗产版权保护的困境分析

(一)权利主体模糊与版权主体制度的冲突

在权利主体方面，版权作为私权利，在法律中规定作品的作者都是特定的个人和组织，而非物质文化遗产大多为集体创作，难以明确其真正的权利主体。天津"泥人张传人之争"就是一起关于确认非物质文化遗产权利人的典型案例。"泥人张"作为一项民间技艺，在其存续的180多年间，始终依赖师徒传帮带的方式传承和发展。然而由于权利主体不明确，"泥人张"权利人应归属于张氏族人还是涉案的掌握"泥人张"传统技艺的陈毅谦尚待讨论。由此可见，版权的主体不明确就会造成作品具有的权利义务缺失，会造成维权人无法主张权利的不良影响。

(二)权利内容复杂与版权保护范围有限的冲突

版权保护范围有限可以从以下角度来分析：首先，非物质文化遗产涉及的领域十分广泛，并不是全部的非物质文化遗产都能通过版权来加以保护。我国法律中规定版权所保护的非物质文化遗产，主要是其中的民间文学艺术，而对于社会实践、节庆活动、传统医药等类型无从保护。其次，版权侧重于保护非物质文化遗产的作品，而对于透过作品所反映的精神价值和思想内容则不予保护。最后，非物质文化遗产具有活态性，并随着时代的进步不断传承创新，而版权所保护的作品形式比较固化，比如剪纸艺术，我们要保护的不是剪纸艺人的那些漂亮的剪纸作品，而是剪纸艺人的剪纸技艺及其作为剪纸艺术传承人的审美观甚至习俗、信仰。剪纸作品本身不是非物质文化遗产，尽管它有着别致的图样及外观，但它不能作为著作权保护的客体纳入著作权保护范围之中，更不能作为外观设计获得专利。而剪纸这项技艺或者说艺术是非物质文化遗产的一种表现形式，承载着巨大的文化价值，应该获得相应的法律保护。

(三)民族地区非物质文化遗产与版权保护期限的冲突

我国相关法律规定，版权的保护期是作者终生及直到死后第50年的12月31日，其目的是保护原创者的利益和促进作品的传播，而对于非物质文化遗产的相关权利利用方式尚未作出明确的规定。一方面，将非物质文化遗产的保护期限也

如其他作品那样有期限限制的话，将不利于非物质文化遗产的延续和传承。另一方面，现行法律对于作品的保护具有时间限制，超出保护期限，便不再受法律保护，相应的版权客体将进入公共领域，任何人都可以无须经过权利人同意而无偿自由使用。权利人将无从维权，从而消极保护，不利于非物质文化遗产的长远发展，因此，现行版权法律有限的保护期限无法适用非物质文化遗产的保护。

三、民族地区非物质文化遗产版权保护的调研

(一) 昆明中医药厂

中医药是中国传统文化的代表，在几千年的历史长河中形成了自己独特的理论体系，并流传至今。昆明中医药厂文化总顾问杨祝庆介绍昆中药传承保护的国家级非遗项目"昆中药传统中药制剂"，分享昆中药对这一宝贵的文化遗产所做的保护举措：恢复师带徒制度、注册50多个老字号、专利技术保护、著作权保护、中药品种保护、建档保护等其他保护措施，以及知识产权保护和品牌文化建设方面的情况。经过641年传承发展的昆中药拥有140个药品批准文号，全国独家产品21个，1个国家二级中药保护品种，"云昆"及"昆中药"2个中国驰名商标，知识产权14件。昆中药历史悠久，文化底蕴深厚，十分重视中医药文化的挖掘、传承、保护和创新发展，现已编撰出版《老号话非遗：国家非遗昆中药传统中药制剂的传承》《云药故事》《昆中药的故事》等书籍，整理、记录了精湛的中医药技术和文化，宣传普及中医药健康养生知识，向大众传递品牌故事，更好地服务于广大群众健康。

1. 中医药理论版权保护的现状

（1）中医药理论版权保护意识不强

专利权及商标权对中医药理论保护存在弊端，我国版权保护的作用逐渐凸显，虽然我国早已对版权保护作出了相应的规定，但仍存在主体模糊、侵权认定困难等问题。同时，我国的传统思想讲究"博爱"，个人利益应绝对服从于国家或社会利益，中医的天职是救死扶伤，悬壶济世，正是基于这种博爱的思想，导致很多中医从未想过以此为契机而挣得盆满钵满。改革开放以后，随着中国开放的大门越开越大，版权涉及的领域越来越广，很多国家看到中药得天独厚的优势，纷纷抢占中药资源，版权保护意识渐渐走入大众视野。此外，就业内从业者

而言，中医药生产企业也尚未建立版权保护的观念，中医药从业者也较少接受有关版权理论知识的系统培训，这都极易导致侵权行为的发生。

（2）中医药理论传承人才缺失

第一，高层次专家缺乏。在医疗体系中，我国中医药领域高层次人才较少，名医专家主要集中在省级医院或市级医院，基层医院专家稀缺。第二，骨干成长缓慢。传统中医药的传承是个耗时费力的过程，新一代中医师成长缓慢，流失严重，重点人才梯队断档，缺少带头人和综合性的拔尖人才；高职称高学历人员临床经验不足，对中药的炮制知识不够了解，对中药的药性了解不透。第三，继承人队伍人才流失大。由于中医药事业整体发展水平不高，难以吸引中药人才，人员外流现象严重，同时国家对于中医传承人才的扶持力度较小，而欧美发达国家等制药企业为发展本国医疗水平，高薪聘请高层次人才，造成大量人才流失海外的结果。通过昆明中医药厂实地调研发现，中医药相关产业缺乏中高端文化人才，更加缺少政治素质好、业务水平高、熟悉国内外版权事务的中医药业务骨干。由于对中医药理论版权保护的工作不熟悉，内部部门和联合企业对于版权工作的重要性认识不够充足，版权保护的意识不强，推动中医药理论版权产业发展的积极性不高，数字化的运营能力不够充足。

（3）同行业竞争者的剽窃

中医同行之间剽窃中医临床处方是个不容忽视的问题。根据卫健委《处方管理办法》规定，中药饮片处方的书写，一般应当按照"君臣佐使"的顺序排列，调剂、煎煮的特殊要求注明在药品右上方并加括号。在规范医疗机构、满足群众知情权的同时也加大了处方流失的风险，一方面，中医师通过各种渠道得到同行的临床处方，再根据病人体质对用药用量稍加修改诞生一个新的临床处方，且根据现行法律，不存在侵犯版权的问题。另一方面，中医讲究经验和实践，实习生跟着老师学习，时间一长就会将老师的药方化为己用。中医临床处方是中医师个人学识和经验积累的体现，是中医智慧传承能力的证明，是中医师在行医治疗中优势和竞争力的保障，中医临床处方可以说是中医师的"生存之方"，同行剽窃处方的现象让中医师头疼不已却着实无可奈何，这对在行业内形成科学钻研的风气形成了巨大的障碍，会严重阻碍中医技术的发展。

2. 中医药产品品牌打造的现状

（1）宣传、重视程度不足

公众对于非遗项目的认知度、认可度、美誉度是非遗项目传承的基础。然而，在我国，公众对中医药非遗项目的认知度并不高，主要原因与传播手段单一

412

和滞后有关。与口头语言媒介相比，非遗在传播范围和持久性上有特殊的价值和意义，但相对于智能媒体时代各种新型媒体传播更快、范围更广的特点，非遗的文化传播能力明显落后很多，在短时间的信息传播过程中具有传播速度缓慢、传播通道单一等缺陷，文化传播的效果并不理想。目前，昆明中医药厂对于版权保护的政策体系还不够完善，保护工作尚未形成完善的机制，相关的奖励措施较少，涉及版权的相关部门至今协同配合和沟通交流不够，整体效能发挥不够理想，对版权产业未能更好地保护和管理整体效能发挥不够理想；社会公众和广大企事业单位版权保护理念不强，广大著作权人版权保护意识尚需提升，主动进行版权登记的意愿还不太强烈，需要积极引导。

（2）医药产品同质化严重

伴随着近些年的非物质文化遗产的热潮，社会公众对非遗产品的重视日渐增强，但各地产品良莠不齐，产品同质化严重，究其原因在于对其文化价值挖掘不够深入。就中医药而言，我国的中医药文化在传承发展中不断丰富和充实，形成其所特有的文化底蕴和独有的个性。中医的传承讲究口传心授，主要基于理论知识与临床实践的结合，而我国开展中医药教学的学府都以课堂教育为主，忽视师承教育的重要性，这样容易导致模式化严重，缺乏思考和创新，最终造成中医药产品同质化的结果，严重影响此类非遗产品在消费者心中的地位，不利于品牌效应的发挥。最终呈现出来精品数量少，未实现版权的流通价值、资本价值及使用价值，即没有实现版权的评估、转让、抵押等功能，导致有些企业和个人不重视版权登记。

（3）医药品牌影响力不足

新媒体环境给非物质文化遗产的品牌传播带来更多的可能，但传统中医药的品牌传播渠道仍较为单一，带来品牌影响力不足的问题。相比于新兴产业，中医药的品牌传播内容较为单调枯燥，受众容易对传播内容产生审美疲劳，且传播范围较窄，不利于其品牌形象的建立，虽然目前已经建立相关的网站，但是网站的更新速度较慢，新闻缺失时效性，主要传播途径仍局限于较传统的方式。此外，非物质文化遗产在新媒体技术的运用中，应当发挥新媒体的优势，打造适合非遗发展与展示的传播方式，适应受众的审美情趣，满足受众对信息的需求。但中医药相关理论在新媒体的应用上仍处于发展初期，停留在熟悉适应的阶段，并不能利用新媒体的特性结合自身现状进行品牌传播。

（二）建水紫陶

建水县位于云南省南部，是一个汉、彝、回、哈尼、傣、苗等民族聚居的边陲重镇，距今3500多年前，就开始有人类在这里繁衍生息。约在汉唐时期，建水开始接受汉文化的影响，境内众多文物古迹，都具有汉文化与边地文化相融合的特色。1994年，建水被国务院批准命名为"国家级历史文化名城"和"国家重点风景名胜区"。被世人誉为"中国四大名陶"之一的建水紫陶就产于建水县碗窑村。建水紫陶是在传统陶瓷制作工艺基础上，吸收借鉴了雕刻、镶嵌、石料打磨等工艺通过对泥料、装饰、焙烧、打磨工艺的创新改良，粗料细作而形成的一种特殊陶艺。建水陶因艺而珍，其品质温润如玉，光洁如镜，声清如磬、质硬如铁，具有良好的透气性，无铅、无毒，可广泛运用于日常生活和建筑领域；因文而雅，是一种特殊的文化载体，作品以中国传统诗、书、画、印为主要装饰内容，但对不同书体、不同画类都具有很强的兼容性，艺术家可以结合陶性，根据不同器型、不同表现对象进行再创作，从而得到一种显著的艺术个性，有形有艺，可读可赏。

1. 建水紫陶版权保护的现状

（1）独创性难以把握

我国著作权法规定，作品要具有独创性，即作者独立创作，不受他人影响，且创作出来的作品与他人有明显的区别。而在传统手工艺品的知识产权保护中，手工艺品往往被视为原作的"非独创性"的再现，其本身的"复制品"属性决定其艺术价值依附原作，由此往往使之被视为破坏原作的创作生态，并因此被判定须承担相应赔偿责任而应受到法律的惩戒。例如，手工艺者依据陶器摄影照片制作出陶艺作品，此摄影照片和陶艺作品是否具有"独创性"，这是值得商榷的。

（2）保护期限难以确定

我国著作权法明确规定：著作权的保护期限为作者终生及其死亡后50年，即法定保护期限一旦届满，该作品就会进入公共领域，任何人都可以使用该作品。但是，建水紫陶的形成往往经过数百年甚至上千年的沉淀，时间越长价值就会越高。另外，陶艺作品在二手市场流传后，其保护期限的界定就会出现混乱。

2. 建水紫陶品牌打造的优势

（1）发挥文化底蕴的深厚优势

首先，要将打造出建水紫陶的不可复制的区域特性放在首要位置。该特性主要来源于建水当地特有的五彩泥，泥料的细腻和内含的金属成分的特殊使建水紫陶在成型时的工艺、烧制过程中所需要注意的湿度温度的控制，都与其他陶器大不相同。其次，建水紫陶通过对泥料、装饰、焙烧、打磨工艺的创新改良将陶器与中国传统文化相结合，从而赋予建水紫陶品牌的文化内涵，建水紫陶的艺术家也在文化内涵中逐渐获得消费者的认同。

（2）高端紫陶产品可提升品牌知名度

仅通过市场分工生产制式产品、低端产品，最终将导致自己的产品完全失去特色，埋没于市场中。建水紫陶能够成为如今具有文化内涵的个性化紫陶高端品牌，耗费的不仅是手工艺人大量的时间和心血，更需要对品牌产品不断创新，与时俱进。当地相关政府部门在游云南 App 上首发云南首款文旅数字藏品就是建水紫陶兽耳方尊，进一步促进了文化产业商业价值。建水紫陶数字藏品的发行，推动了建水紫陶版权数字化进程，在新时代赋予建水传统文化全新魅力，利用数字技术将原本厚重的工艺文化遗产以更为时尚的方式进行传递，随着"数字紫陶"区块链综合应用系统前期开发工作的完成，非遗作品走进年轻人的世界，为建水紫陶版权产业守正创新发展打开窗口。目前，区块链系统已经迭代到5.1版本，溯源码迭代到5.3版本，初步实现建水紫陶可认证、可追溯，为名家名作破解知识产权保护难问题，倒逼企业建立健全诚信体系，推动产业持续健康发展。

（3）吸纳当地少数民族特色文化

建水紫陶是一种特殊的文化载体，特殊的制作工艺成就了紫陶广泛的文化兼容性；紫陶为纸，可根据不同器形对中国传统的诗文、字画、刻艺术或西方绘画装饰艺术作再次创作，使每一件产品都具有唯一性和不可复制性。文化的注入使其超越泥性，升华为一种独特的艺术形式。通过访谈发现，制陶人对于创新的理解是认为现在新的发展方向便是增加对少数民族文化的研究。这些制陶人大部分都是新一代的制陶人。他们正在探索如何成功将少数民族图案和文字的结合在紫陶上呈现出来。建水县地处云南省红河州内，红河州是少数民族聚居地，制陶人敏锐察觉到少数民族文化市场发展的可能性，便开始接触当地少数民族的文化，这对于老一辈的制陶人而言是一种很大的创新。将少数民族的文化习俗与制陶技艺相结合形成的紫陶产品都逐渐成为制陶行业的热门产品，一方面，极易引起当地制陶人深刻的共鸣，另一方面，重视少数民族文化这样的发展趋势也被消费者所认可，更进一步丰富建水紫陶文化品牌的文化内涵。

3. 建水紫陶品牌打造的现状

（1）产品同质化严重

建水紫陶产业兴盛需要的是产品丰富、特色鲜明，制作精良，兼具使用功能与文化价值，具有文化陶内涵的产品。通过走访调研发现，多数商家都是在以往经典样式上进行二次创造，缺乏独立创新能力。多数陶工只掌握了建水紫陶的制作技艺，而对建水紫陶的文化内涵、艺术表现缺乏深刻的理解，因而没有形成艺术创新的意识与能力，从业者的综合素质与建水紫陶文化的定位不匹配。此外，面对同质化产品，由于不止一家企业在效仿，维权缺乏有效途径，一是涉及法律条文众多，从业人员不知道从哪方面来维权，二是诉讼过程冗长，会耗费大量的时间和精力，维权成本过高，等等。

（2）缺乏系统有效的人才培养

建水紫陶工艺、文化传承的特性需要从业者具有创造、求精的工匠精神。在建水当地，紫陶传统工艺的传承往往是师徒、父子关系形成的较为封闭的技艺传授方式，在当代文化交流频繁、信息更新快捷、思想观念不断创新的现实背景下，新老艺人的交替、新旧观念的冲突，技艺与经营的矛盾，导致急速扩张的建水紫陶产业的人才培养出现瓶颈。目前建水本地对于陶艺方面的人才培养主要集中于制作技艺方面，而能把建水紫陶做出特点、将品牌做大做强的经营性人才相当稀缺，这就使建水紫陶的市场没有充分向外扩张，仍处于自我的小圈子之中。

（3）文化资源盲目开发

建水紫陶是文人陶、艺术陶，这是建水紫陶区别于其他生活用陶的根本属性。从其使用功能与价格综合来看，竞争优势不足，面临景德镇、淄博、佛山、宜兴、醴陵等传统陶瓷产区的竞争与冲击，其日用品陶瓷的产业规模与销售金额与这些知名产地还有较大差距。经过实地调研发现，建水紫陶有着自成体系的质量标准，与上海交大成立联合研究中心，在品控方面严格把关，以天然的陶土和纯手工制作，不添加任何合成材料，工艺传统，成品具有良好的透气性和防潮性，无铅、无毒，对人体无毒害影响。但是在实际操作中缺乏专门的人员指导。要想做大建水紫陶产业，不能单纯依靠产量的增加与价格的"血拼"。建水紫陶的独特工艺决定了紫陶难以大规模量产及大幅降低制作成本，盲目的规模化生产会带来生产管理的难题。建水紫陶产业的发展应将重点放在文化内涵的塑造方面，从文化品牌的打造角度来思考如何带动发展。

（三）滇派内画

内画最早出现于清代，其特点是以一种特制的细笔，深入玻璃、水晶、琥珀等材质的壶内反向作画。一件内画作品诞生需要经历采风、创作、整理、构思、绘画等过程。在绘画时，作者需气收丹田，将气运至手臂和手腕，再传至笔杆。

同时，作品的整体构思需要随时在脑海中呈现，先在瓶内用笔勾画出轮廓，然后进行上色，将云南山水尽收瓶中。滇派内画自成一派，有三个明显的特点：一是对云南民族文化的挖掘。滇派内画的绘画题材以云南风土人情及独有的少数民族文化为核心创作元素，融入云南的山川美景、民族文化、地方风俗等。二是作画工具的特色制作。运用云南特有的金竹取代了传统笔杆，极大地提升了画笔的韧性与柔软度，增强了绘画舒适感与美化度。据了解，这个画笔是在传统内画工具的基础上改革创新而成的。传统笔杆用的是铁丝，而滇派内画选用的是金竹。新鲜的竹子晒一年半左右，可以保持一定水分又不会太过干燥，弯曲后可以回到原处。经过如此处理的画笔，无论细度、弧度，还是韧性，都更适合在狭小的瓶内空间创作。三是作画颜料的运用。滇派内画运用云南本地的铁矿、铜矿等矿物颜料，使颜料耐腐性强、色彩变化大、环保性能好，有时也会加一些金粉，丰富了色彩的变化性和色彩的民族特色感。

经实地调研发现，滇派内画在品牌打造方面存在以下问题。

1. 缺乏龙头企业带动

在云南，内画艺术品加工生产公司大大小小上百家，经调研发现，滇派内画的主要用途是政府采购、企业伴手礼、社会收藏和文创产品四种。内画生产主要以家庭作坊加工为主，真正形成规模的也就那么几家。这些内画艺术品加工单位还是按照传统的民间艺术品加工业的制作流程和销售方式，产业化发展也缺乏市场科学的导向。大多数内画制作单位都缺乏艺术创新，偶有一两家公司进行了新作品的研发，其他作坊就会进行模仿，生产出来的作品缺乏艺术价值。目前，昆明地区的内画艺术品行业，发展水平较高的公司稀缺，虽在工艺创新、工艺改革、销售推广等方面发展较快，可以算是地方内画产业的成功企业，但是作为一个地区的产业品牌来说，有限的几家内画企业根本不足以形成标杆，能够起到行业引领的作用较小，缺乏龙头企业的带动。

2. 产业发展两极分化

内画艺术品根据其工艺的繁复程度、创作技法、艺术审美等方面确定其经济价值。在内画作品中也有低、中、高三个档次之分，在很多景区或者工艺品店都大力推广的内画艺术品，称为城市特产。但这类城市特产大部分工艺简单，价格低廉，大多由家庭作坊生产，并无太多艺术价值。而真正价值高的内画作品，耗时长、工艺精、价格高、数量少。由此，我们可以发现关于内画艺术作品的中高端市场一片空白，尤其是用于商务用途的中端商品更少。产业发展的两极分化，使内画高端艺术品与低端大路货形成鲜明的对比，也为内画产业发展带来了困境。

四、民族地区非物质文化遗产版权保护的路径探索

（一）完善非物质文化遗产版权保护的法律措施

1. 明晰非物质文化遗产的版权权利归属

改善非物质文化遗产版权的保障措施，最主要的就是权利主体的确定。权利主体通常分为：第一，团体或个人是主体。第二，必须是该地区的团体。此类遗产的形成和发展就是由当地居民在实践生活中形成。[①]基于上述观点，可创建代表团体进行管理经营的专门部门，当非物质文化遗产被侵权或不合理对待时，由该部门出面，保障权利者的利益。而对于在传承中不断丰富更新，难以确定权利主体的非物质文化遗产，可以将民间文学艺术作品的版权归属于该民族集体，同时推广实行民间艺术作品的版权登记制度。

2. 完善非物质文化遗产版权保护的范围

我国的著作权保护范围采取"思想与表达"二分法，保护范围延及表达但不包含思想。在对非物质文化遗产进行版权保护时，应当不受此限制约束，对作为非物质文化遗产的核心、创作的源泉却以非作品形式或无法以作品形式呈现的思想、技能等应给予保护。参考版权延伸性集体管理机构的做法，可根据明确的权利主体授权进行管理，对于无明确主体的非物质文化遗产，该机构也有权对非物质文化遗产进行管理。

3. 细化非物质文化遗产版权保护的期限制度

民族地区的非物质文化遗产属于一个民族具有重大意义的民间文化作品，法律限定的保护期限尚不足够，基于维护该民族族群文化遗产的真实性和完整性，对于其精神权利的保护时间应当是无期限的，但这并非推翻保护期限的存在，针对少数民族非遗中的财产权益，应有期限界定，具体界定上，可以参照知识产权法的相关规定。民间文学艺术的财产权益和发表权保护期限设定为50年，在设定少数民族非遗财产权益有限保护期限时最重要的一点是其保护期限的起算点，民间文学艺术保护期限的起算点可规定为经过相关权利主体的许可，有关民间文学

[①] 严永和. 我国台湾非物质文化遗产法律保护制度述评［J］. 中央民族大学学报（哲学社会科学版）. 2009（5）：59.

艺术被首次商业利用之日。

（二）完善非物质文化遗产版权保护的社会措施

1. 完善传承人保护和传承机制

对于非物质文化遗产的传承人，我国现行法律法规并没有对其概念作出明确规定，但对于非物质文化遗产的传承与发展有着最直接的作用。完善非物质文化遗产的保护法应当首先明确传承人的概念，在具体实践中，承袭家庭祖传技艺的家庭作坊、掌握非遗实物或掌握秘密技艺的民间组织都应当视为传承人。一方面，政府要提高法律对传承人的扶持政策的约束。另一方面，应提高国家、省、市各级传承人对非物质文化遗产的资金资助，激发传承人的积极性。

2. 健全非物质文化遗产责任追究机制

第一，行政法律责任。法律可授权有关行政机关通过行政处罚手段对从事非法行为的个人或单位给予制裁。当少数民族非物质文化遗产受到不法侵害时，相关公民个人、社会团体都可以向文化主管部门提出阻止不法侵害行为的请求，文化主管部门经过调查核实，可以采取行政处罚措施。第二，民事法律责任。设立少数民族非物质文化遗产特别权利后，少数民族群体或个人就有参与民事行为的能力与资格，在权益受到侵害时，能够通过司法渠道获得民事救济。第三，刑事法律责任。行为人违反法律，对少数民族非物质文化遗产造成破坏、损失等构成犯罪的，应当承担以刑罚为处罚方法的法律后果。

3. 打造民族地区特色文化品牌

（1）民族地区品牌打造对版权保护的积极效益

① 品牌打造是对非物质文化遗产生命的延续与发展

民族地区拥有丰富多样的非物质文化遗产，传承着具有鲜活生命力的文化基因，这些文化基因是中华优秀文化的重要组成部分，更是推动乡村振兴重要的智力支持、精神动力和道德滋养。打造非物质文化遗产文化品牌有助于发挥文化遗产的独特优势，铸就"看得见山，望得见水，记得住乡愁"的美丽乡村之魂。

大理白族自治州鹤庆县李小白文化传承有限公司（以下简称"李小白文化"）是一家致力于整合大理白族传统手工艺术资源，集搭建纯手工制作银器的创新研发、生产加工、技术培训、就业帮扶、精品展销及连锁销售于一体的新型民族文化传承公司。2022年6月23日，云南省版权局组织相关人员来到李小白文化，了解并解答了企业版权保护及品牌打造方面的需求和存在的问题。公司创始人同时也是非物质文化遗产传承人的李福明，为大家详细介绍了白族传统手工艺錾刻银器的创新研发、生产加工、制作方式等相关流程。谈及版权保护，李福明有很深的感触，在他看来，对于产品设计者而言，原创作品犹如自己的孩子一般，但是设计师保护原创产品的意识不够强烈，造成了原创作品生产上市一段时间后就出现假冒产品，维权无据。他表示，李小白文化始终追求工艺美术无止境，不断推动中国纯手工制作银器的复兴和崛起，秉承"做全球一流手工银器，造就一批一流工艺美术大师"的理念，聚合云南大理白族非物质文化遗产产业要素资源，希望能挖掘和培育更多创新产品，打造拥有核心竞争力的非物质文化遗产产业品牌，希望能够借助版权之力，推动非遗传承技艺更好实现从文化现象走向文创产业的转型。

② 品牌打造与民族地区人民的生产生活密切相连

民族非物质文化遗产的品牌化开发不仅能够为遗产自身的发展创造条件，也能为当地经济带来收益，进而为地方政府保护非物质文化遗产提供资金支持，同时有助于发展乡村特色文化产业，实现经济价值。在当前乡村振兴的社会大背景下，民族地区的非物质文化遗产资源可谓乡村文化振兴的重要对象，成为深入挖掘乡村特色文化符号，盘活地方和民族特色文化资源，走特色化、差异化发展之路的动力源泉。

③ 品牌打造是增加非物质文化遗产知名度的助推器

民族非物质文化遗产的保护除了各族人民的主动参与，还需要全社会共同的文化自觉，这也是全社会共同的责任和使命。为非物质文化遗产的品牌化创造良好的外部社会环境，这是更好地促进其良性发展必不可少的条件。通过品牌化模式，可以增强其自身发展的社会责任感，加强与社会的结合关系，形成与社会发展相适应的有效机制，为社会发展需要培养传承人才，增强非物质文化遗产的生命力和活力。

（2）非物质文化遗产品牌打造模式探究

首先，文化基因可承载化。非物质文化遗产被视为"记忆中的档案"，是承载文化基因的宝贵记忆。随着城市的快速发展，利用品牌化实现非物质文化遗产的传承和发展，用品牌化承载宝贵文化记忆，不但有助于传承与发展中华优秀传统文化，同时还能提升涵养文化生态性，丰富文化资源，增强文化自信。

其次，文化基因可商品化。非物质文化遗产也是指极精湛的文化基因产品，通常在核心价值上给使用者提供相应的利益和效益，在形式价值上应该根据特定时期实现手工技艺和文化沉淀的水平的提升，借助附加价值，让使用者消费感受被尊重与认同。产品用于消费，商品用于交换。产品关注使用价值，商品关注的

420

是价值。当非物质文化遗产品牌化成为可开发和保护商品时，非物质文化遗产才有助于更好地发挥手工劳动的创造力，使更多的人愿意参与培育和弘扬精益求精的工匠精神。

最后，文化基因可产业化。非物质文化遗产是经代代师徒相传才保留至今的文化基因。文化基因作为非物质文化遗产品牌化的重要组成部分，是一个制造品牌、消耗品牌的过程。在传承文化基因的过程中，非物质文化遗产创造了巨大的经济价值。文化基因作为非物质文化遗产最重要的品牌化构建元素符号，是中华民族历史文化生活中积累的情感财富精华。而现如今，非物质文化遗产的有效传承需要兼具精神与物质双重需要，一旦形成产业化，便可吸纳大量劳动力。

（3）非物质文化遗产品牌打造的原则

① 坚持以人为本的原则

坚持以人为本，最首要的任务就是对非遗的传承者进行良好的保护，重视对传承人的保护，增强人们对非遗的保护意识，更多的人积极地参与到非物质文化遗产的保护中来。同时，还应该根据文化发展情况对非遗进行合理的利用，这两者应该放在重要的位置，我们应认识到：对非遗的品牌化过程是不仅仅阻止非遗的消失，更不是阻止人们对非遗的利用，而是为了更有效地利用好非遗。

② 多样化与差异性原则

民族地区的非物质文化遗产具有多种类型和形式，不仅在不同地区和信仰的群体、个体之间非物质文化遗产的不同，就是同一地区和信仰的群体、个体在不同时期的非物质文化遗产也具备不同的形态。这些均为其多样化的品牌化开发模式提供了良好的基础条件，采取多样化的开发模式和路径才能保证非物质文化遗产的品牌化运作有市场竞争力，才能保证其民族特色，彰显其作为地方文化资源的价值。

（4）建水紫陶转型案例对品牌打造的启示

① 紫陶文化产业与城市建设的融合

在建水县的城乡规划布局中，融合紫陶的文化元素，有利于城市的发展和紫陶文化产业的对外宣传。建水素有文献名邦、滇南邹鲁之称，这也正符合了紫陶的人文关怀，既有儒家的典雅，又有陶器的细腻。紫陶艺术体验中心、紫陶艺术文化墙和紫陶主题园区的建设，为当地的产业布局和升级提供了新的思路。当下，建水紫陶的发展融合在建水县的城市建设中，如建水紫陶街附近涵盖了住宿、酒店、餐厅等各种店铺，形成复合型的特色商业街，能够满足游客的多样化需求。此外，建水县博物馆等公共文化空间展示有建水紫陶烟斗和数十年前的紫陶茶具，配之以详细的讲解介绍，让游客能够更好地了解建水紫陶历史。

② 紫陶文化产业与普洱茶产业的融合

紫陶与普洱茶的融合是最寻常不过的了，建水紫陶普洱茶的茶盒、茶罐、茶缸、茶筒是具有少数民族特点的艺术文化珍品。近年来，随着普洱茶行业的发展，紫陶与普洱茶的结合在消费市场中占据越来越重要的位置。除了保持茶叶的原真性之外，紫陶的茶盒、茶罐、茶缸、茶筒还具有较高的收藏价值，尤其是画面用笔潇洒、刀法流畅的名家之作，更是受到民间收藏爱好者的欢迎。随着中国经济的稳步发展，人们也逐渐将眼光从房地产、股票等行业转向艺术品的收藏，为紫陶文化产业与普洱茶的搭配发展带来了新的机遇。

③ 紫陶文化产业与文化娱乐行业的融合

一直以来，建水紫陶在各个发展时期都体现着它的包容性与特色，诞生于多民族区域的传统手工艺品融合了汉族文化，形成了讲究雅致的装饰风格。随着社会经济的发展，紫陶与文娱产业的融合也是大势所趋。含有陶瓷元素的《青花》《大瓷商》《滴水观音》等影视作品的拍摄成功，为紫陶行业的发展带来很多机遇与经验。如果将此类操作取长补短嫁接到建水紫陶上来，可以多角度地推动建水的文化产业发展。如今，对于建水紫陶文化产业的娱乐开发项目较少，大多依托旅游大省的市场背景，紫陶产品也聚焦于旅游商品，在坚守传统工艺的基础上，根据消费者的需求，在原有的把玩、观赏价值上不断创新，同时利用抖音、微信公众号等新媒体平台全力推广紫陶产品，探索更多新型文旅消费模式，激发紫陶产业新动能。

（5）非物质文化遗产品牌打造的措施

① 品牌定位

第一，价值定位。品牌内容设计的基础是品牌的定位，明确了品牌的定位后，才能够基于品牌定位来对品牌进行产品的包装、设计和营销，品牌构建的一切工作都以此为出发点。非物质文化遗产品牌的定位是基于非物质文化遗产产地的地理位置优势、人文优势与目标市场需求而开展，根据民族地区的特色对潜力进行深度挖掘，识别并错开与竞争者的定位，选择一个适当的目标市场并建立内在联系，确立独特的市场地位。成功的品牌定位能够牢牢把握住目标客户群体的需求，使绝大多数消费者一旦产生这种需求就会第一时间联想到这一品牌。一般从质量、功能、包装、渠道、价格、广告等六个角度对品牌进行系统定位，随后推出个性化品牌，来满足市场的多样化需求。个性化品牌产生于品牌定位，而品牌定位又是以自身优势、竞争者和目标市场的信息流为依据。因此，品牌的个性化实际上是品牌定位决策系统对外部输入信息综合加工的结果。

第二，受众定位。在市场营销的管理战略当中，通常是在市场进行细分的基础之上，按照企业本身的条件和市场的竞争状况选择目标群体，确定目标市场，进而确定品牌定位。因此，打造品牌核心产品前，应就不同产品的市场容量进行调研，找准市场定位。企业针对不同产品的市场容量采取不同的产品结构。市场规模决定品牌的成长空间。因此，企业应当优先考虑市场容量潜力大的品种进行核心品牌产品的打造，市场需要什么样的品牌产品，企业就生产什么。

第三，情感定位。品牌是一个主体在受众心中的主观认知。品牌的意义在于企业的骄傲与优势，是基于服务或品质形成的无形的商业定位。精神文化是品牌文化的核心，它塑造了品牌的核心价值。独特的品牌精神文化是品牌持久生命力和竞争力的源泉。因此，在培育非遗品牌过程中，要树立品牌精神，引起消费者的情感共鸣。一是准确定位非遗文化的精华，并将其保留；二是融合当下行业流行文化；三是与当代消费者的价值观相契合；四是根据非遗历史文化挖掘品牌故事；五是提高创新学习能力。

② 品牌设计

第一，符号。打造品牌视觉形象系统是推动一项非物质文化遗产常用的方法，也是非物质文化遗产实现传承发展的必经之路。CIS（Corporate Identity System）为企业形象战略或者企业形象识别系统，其中包括理念识别（MI）、行为识别（BI）和视觉识别（VI）。而针对非物质文化遗产的品牌发展来说，最重要的是视觉识别，因此，需要完成一套系统的品牌形象设计。深入挖掘非物质文化遗产所在地的历史背景、文化内涵以及文化特征等，将这些收集到的信息进行整合和总结，提取能够代表文化的视觉符号，使用设计软件等现代化手段将文化内涵表现出来，并为文化品牌设计品牌名称，将文化视觉符号进行图形化表现，最终形成品牌标志。此外，在设计品牌形象时要时刻注意与文化内涵相结合，从标志形象的结构、色彩和字体着手，做到三者融为一体，保证品牌形象的审美性和辨识度，从而保障最终所呈现的视觉效果。

第二，产品。品牌设计过程中应当考虑产品开发的新颖性与独特性，在开发产品之前，应面向大众消费者进行市场调研，结合非物质文化遗产的基础来进行产品构架，主要分为两大部分：第一部分是以服务类别为主的产品体系，主要是趣味性手工体验板块，开设以互动、趣味、教育为目的的手工制作非遗体验馆，在专业人员的指导下体验相关文创产品的手工制作，领略中国传统技艺文化。第二部分是具有文化创意特点的标准产品体系，主要是实体产品售卖，包括织锦纪念品、生活服饰、文具及其他周边小产品和中小型家具等产品的销售。主题系列产品的研发可围绕非物质文化遗产的某个文化元素，分为横向的系列产品开发和纵向系列产品开发：横向系列产品开发即同一类型产品设计出不同的尺寸、颜色等；纵向系列产品开发是同一文化主题进行不同类型的产品扩展。将现代设计手段及载体运用到文创产品中，使文化品牌保持生机与活力。

第三，个性。消费者根据自己的主观感受、与其他品牌的比较等，对品牌进行定位，因此，品牌的特色、品牌的个性是大多数品牌的关键战略。它是品牌无形资产的附加值，即消费者认同并支付超出产品本身的那部分价值，特色的程度将决定其价格水平。同时，品牌特色可以增强竞争力，并有助于增加消费者的忠诚度。打造非物质文化遗产文化品牌时，要深入了解潜在消费者的兴趣，结合本地域的特点，形成鲜明的民族特色，创造出个性化的文化产品，并使这种品牌个性深入人心。

③ 品牌内在

第一，品牌形象的塑造。品牌形象是指在企业经营理念的指引下，通过专业平面设计将品牌的内在气质与市场定位进行视觉化表达。优质的品牌形象设计可帮助提升主体的形象、促进品牌的发展。在当今品牌营销的时代，没有特色化的优质品牌形象对于一个现代化企业来说，就意味着企业品牌将覆没于市场之中。当消费者从追求产品的使用价值转变为注重产品的文化价值时，便需要长期的广告传播来完成品牌形象的塑造，通过塑造产品良好的品质或品牌文化形象，满足消费者对产品的心理需求。非遗品牌的定位要聚焦非遗产品的文化价值，挖掘产品蕴含的价值观、审美情趣和情感内涵，进行精准的文化定位，塑造个性鲜明的非遗品牌形象，提高产品的商业价值。

第二，品牌品控的把握。质量的品牌形象内在支撑因素的基本组成，是一个品牌的根本性支撑，是消费者对品牌产生信任和认同的直接原因。良好的产品质量往往可以在消费者心中塑造一个质量过硬的形象，进而产生消费行为。企业产品和服务的高质量促使消费者产生品牌的基本认知，是品牌资产的重要组成。品牌形象的塑造需要依赖产品质量的提升、产品质量意识的提高、质量管理的强化等一整套行之有效的质管体系。此外，对于做非物质文化遗产品牌打造很明确的一点是：品牌打造并非一蹴而就，必须经过稳定的投资与积累过程。然而市场中某些企业往往陷入品牌打造误区，试图通过炒作等捷径快速打响品牌影响力，但是缺乏根基的品牌即使成功也会在短时间内迅速衰退，其所塑造的品牌效应并不具有真正意义上的文化价值。

第三，品牌文化的挖掘。品牌文化定位是指把某种文化内涵融入品牌中，从而与其他品牌构成文化层面上的差异。品牌文化的定位必须围绕品牌文化核心价值而展开。品牌核心价值是品牌所凝练的价值观念、生活态度、审美情趣、情感诉求等精神象征。它是驱动消费者认同、喜欢乃至爱上一个品牌的主要力量，也是品牌形成个性特征的重要因素。我国幅员辽阔，民族地区有自己独特的历史文化和风俗礼节，这些文化内涵与自然景观一起，形成具有独特印记的文化名片。品牌文化的定位必须建立在对企业自身、消费群体以及市场调研分析基础之上，挖掘与目标消费者在精神上形成共鸣的品牌文化，提高品牌价值。一方面，可以复活非物质文化遗产品牌的记忆元素，能够激发消费者的怀旧情结，唤醒消费者与品牌情感联系，加深消费者的非遗品牌认知，可以通过挖掘文化品牌故事、建设文化品牌社群、把握品牌的文化精髓等进行唤醒。另一方面，挖掘文化品牌的故事，品牌故事是指关于品牌的象征性故事，表现品牌的历史与意义，是品牌文化的体现。挖掘品牌故事，有利于塑造消费者对区域品牌的形象认知，沟通消费者对品牌的情感。同时，在深化品牌故事过程中，让当地的老一辈民众参与其中，不仅还原丰富了区域特色文化，也激发了当地民众的保护热情，扩大受众群体，加快非物质文化遗产品牌的传播与发展。例如，谭木匠品牌在利用先进的工艺技术提高产品的实用功能同时，秉承中国传统手工艺精华，奉行"我善治木""好木沉香"的文化理念打造品牌故事，抓住了消费者的潜在需求。

④ 品牌传播

第一，明确品牌推广途径。品牌的定位与开发决定了品牌的价值，而营销与传播决定了品牌价值转化的程度。成功的营销与传播模式不仅能很大程度上提升非物质文化遗产品牌的知名度、美誉度和影响力，还能带动相关文化产业的发展。现今社会是一个信息社会，人们可以很方便地获得各种自己想要了解的信息，作为一个文化品牌，如何将自己的理念、产品特点，文化内涵让消费者知晓，是一个必须认真考虑的问题，也因此，品牌推广是建立品牌的一个很重要的环节。一方面，需要结合传统纸质媒体和网络媒体（尤其是自媒体）等渠道，且可以利用地方特有的节庆事件、展览、促销等营销活动，实现整体的品牌的宣传和推广，尽可能提升品牌的传播速度与辐射面。另一方面，成立民族文化博物馆，将文化遗产原产地动态地保护和保存在其所属社区和环境中，使人们在参观博物馆时对当地非物质文化遗产文化有深入的了解，从而能够更好地理解品牌的文化内涵。

第二，搭建数字发展平台。新兴数字化媒体具有形式丰富、覆盖率高、渠道广、互动性强的特点，这些特点也意味着其具备极快的传播速度，可以促进传统媒体与新兴媒体的结合与成长，对打造非物质文化遗产品牌具有重要作用。首先，要遵循新闻传播规律和新兴媒体发展规律，加强互联网思维，运用好传统媒体与新兴媒体的互补优势，坚持将内容建设作为基础、先进技术作为支持手段，推动传统媒体与新兴媒体深度融合，努力打造一批形式多样、技术先进、竞争优势强大的新主流媒体，构建多元化的现代传播体系，使读者或观众潜移默化地了解该文化，从而促进非物质文化遗产的有效发展。其次，积极利用互联网与移动终端平台推广宣传，进行精准化品牌形象宣传。在对目标消费群体、传播需求分析基础上，开发移动终端、微信公众号等。推广平台需要以品牌为核心，依托互联网，构建品牌的研发、设计、生产、销售的线上产业链。最后，对于特有的工艺流程、图案以及传承人口述史实现精确化记录和充分保持其原貌内容。利用数字资源管理和网络服务功能，将海量数据进行云储存、精准检索等技术介入，实现资源的数字一体化，为非物质文化遗产工艺技艺提供多角度、多层次、多方位的复合资源，让消费者受众群体观感更直接、立体。

第三，创新品牌营销模式。在新媒体技术时代下，信息的即时传播既打破了原有的时空局限，促使消费者快速接收信息，也具有去中心化和碎片化的特点，这说明消费者所接收的信息在一定程度上是非常有限的。要想做到有效的信息推广，就需要做到从消费者的角度出发，针对消费者的内心需求，有计划地采取引人眼球的方式，从大量信息中脱颖而出，吸引消费者主动去了解，从而推动品牌的传播。首先，一个品牌可以有很多个传播平台，但多个平台的品牌营销统一性是十分重要的。非物质文化遗产品牌需要将其各媒介传播平台统一管理，可以以不同形式在不同平台发布同一内容，规划各平台的发布时间，内容应该彰显其品牌的特点，结合节日或当下热点，使消费者能够形成对品牌的良好印象。其次，新媒体时代，消费者具备双重身份，不仅仅是信息的接收人，同样也是信息的发布人，因而品牌宣传内容与消费者的互动性十分重要。非物质文化遗产品牌应当利用网络传播平台和消费者进行互动，精准投放具有品牌特色的宣传内容，与消费者进行线上内容互动，提高消费者的参与度，使其成为宣传、营销的主人。

⑤ 品牌维护

第一，人才保障。首先，应当加大传承人的扶持力度，为非物质文化遗产传承提供保障。传承人是非物质文化遗产的延续者，对传承人进行保护和扶持，就是对文化品牌根基的保护。传承人缺失是当前我国非物质文化遗产传承中普遍存在的问题。提高非物质文化遗产传承人的社会地位，并给予政策支持，能够吸引更多的人投入非物质文化遗产的建设中。除政府的扶持外，非物质文化遗产的可开发性也能吸引社会资金，促进传统文化品牌的发展。其次，激发传承人品牌意识。传统非遗品牌企业一般是家族式经营，虽然有一定的行业影响力和社会资源，但一些老字号企业的传承人年纪偏大，品牌意识不强。随着时代的发展，将非遗品牌老字号转变为现代企业，培养年青一代传承人的品牌商业运营理念，发挥传承人的品牌意识势在必行。传承人以创业者和传承者形象出现在非遗品牌的宣传活动中，讲述非遗品牌故事，提高受众对品牌和产品形象的认可度。

第二，政策保障。非物质文化遗产是人类宝贵的文化遗产，具有不可再生性的特点，在商业化经营时要处理好开发与保护的关系，树立整体性和原真性的原则，对非物质文化遗产进行合理开发，一旦非物质文化遗产枯竭就失去了商业化开发价值。首先，政府应对非物质文化遗产的商业化开发实施引导、监督和扶持，营造良好的开发环境。政府职能部门在发挥监管作用的同时，严格按照市场规律，发挥市场在资源配置中的作用，研究制定非物质文化遗产商业化经营规划和制度，规范商业化发展，制定相关优惠政策，形成政策支撑。其次，进行文化经营体制和机制改革，加大投入，形成投融资扶持政策，设立文化经营专项引导资金，并形成长效机制，做到重点企业重点扶持，建立文化经营发展基金，重点用于贷款贴息对冲工资风险。对非物质文化遗产商业化经营效果良好企业税收和地方征收的各种费用方面给予倾斜并优先提供开发贷款。

第三，组织保障。品牌的组织管理就是围绕品牌的核心竞争力，通过品牌延伸、品牌创新、品牌策略、商标管理等内容来增强品牌的知名度和美誉度，实现品牌价值的保值和增值，从而让企业品牌释放巨大的潜能，巩固和提升企业产品和服务的市场地位，并最终转化为可持续的经济效益。一个民族的非物质文化遗产品牌的塑造，是一个从设计到定位、从营销到发展的长期过程，这个过程需要各个方面的共同努力与配合，这包括政府、民族非物质文化遗产企业、非物质文化遗产传承人等多方协作。在打造品牌的过程中，政府部门是开展非物质文化保护工作的引导者，主要负责搭建平台与给予政策支持。民族非物质文化遗产的传承人是开展品牌管理工作的关键。在对非物质文化遗产开展管理工作的过程中，需要将各个方面的力量进行融合，掌握市场的变化情况，不断调整品牌战略，确保非物质文化遗产能够实现良好的品牌效应。民族非物质文化遗产企业则主要负责产品的管理，保证产品的质量，维护品牌的形象。

⑥ 品牌延续与创新

第一，消费动态性。非物质文化遗产品牌效益的提升，吸引了诸多消费者进行非物质文化遗产的采购，对我国经济产生了积极影响。提供良好的消费体验，需结合消费人群需求，科学设定非物质文化遗产品牌方案。但是从目前情况来看，大部分非物质文化遗产正面临发展瓶颈，在缺少相关文化体系有效经营场所的情况下，无法更多地吸引消费者注意，导致消费者主要以观光为主，提升消费文化氛围和活力乏力。因此，要想提升非物质文化遗产消费，需要从非物质文化遗产文化基因活化和信息化的角度入手。首先，建立博物馆式主题经营场所，在多功能空间经营服务中，让非遗文化和现代文明通过复合共生模式并存，实现物质领域与精神领域的双赢。其次，实现非遗文化基因的信息化，借助互联网技术等，实现展览的动态浏览，以此扩充文化资源品牌化的号召力和影响力。此外，利用品牌促进非物质文化遗产的保护和发展，实现非物质文化遗产的保值增值。在进行品牌开发时，可以结合非物质文化资源，将其划分为多个品牌。例如文化旅游品牌、工艺产品品牌、文艺表演品牌、民俗节庆品牌等。

第二，消费人性化。对于非物质文化遗产来说，因其与实际生活存在距离，单一的营销或者处理，无法给文化消费活动提供理想的价值性。例如，根据当前经济发展情况，开展对应的旅游项目，并发展特色产业，让消费者不但能够体验当地风土人情，同时还能对非物质文化遗产有更深的认识和感受，促进文化消费性价比的提升。全面发展特色产业，把文化资源整合，实现物尽其用，以此提高经济收益。目标人群清晰化经营策略，是让消费群体通过偏爱和重复购买，对品牌产生强烈的连接感与归属感，由此让消费群体对品牌产生感情，全面实现非物质文化遗产品牌消费。

第三，消费服务化。当下，大多数消费者把云南非遗文化产品当作"到此一游"的伴手礼，尚未建立起对云南非物质文化遗产品牌的忠诚度，持续消费的意愿较低，回头客群体占比较少，进行口碑营销的意愿也很低。品牌忠诚度是建立在品牌质量感知、品牌知名度和联想度之后的，属于消费者和品牌之间的强相关关系。若要提高品牌忠诚度，可通过品牌服务来强化消费者对该品牌的感知，从而逐渐构建起品牌忠诚度。首先是对品牌服务的规范。调查表明，许多非物质文化遗产品牌的工作者都是当地的居民，文化程度参差不齐，服务较为随意。可通过规范其行为，进行定期培训以形成服务的统一标准。此外，增加服务的娱乐功能。非物质文化遗产的品牌开发，无论是以特色小吃、服饰等产品形式，还是演艺、保健等服务形式，吸引消费者的，都是产品背后的人文信息，可以依托当地村民的生产生活习俗，逢年过节身着当地的传统服饰进行产品售卖，并引导游客参与其中。通过赋予产品的新文化功能，烘托该产品的文化气息，提供独一无二的服务形式，为消费者创造独特的购买和消费体验，从而提高消费者对该品牌的忠诚度。

第四，品牌创新化。市场环境是不断变化的，面对各种各样同类型的商品，如果不形成品牌忠诚度，消费者在产品选择上往往具有随机性，每一个存在于市场上的文化品牌都必须有危机意识，要知道自己稍微不努力就会被落下，就会被遗忘。创新是一个品牌永葆活力的核心精神，要想在市场上长久地存活下去，就必须不断地进行品牌创新，不断地提醒消费者我还在，而且我变得更好。文化品牌的创新有多种形式，如产品创新、技术创新、传播创新等。非遗品牌在后期经营的过程中，也应当时刻保持品牌的创新性，不断地与时俱进，捕捉市场的最新动向和消费者的审美趣味变化，才能保证品牌在市场上长远立足。

总之，各民族在历史发展中形成了丰富的民族民间文化资源、独特的工艺制作技能和优秀的非物质文化遗产。随着乡村振兴的不断深入推进，大力培育和发展云南特色民族民间文化版权产业，更要进一步激活云南特色非遗传承、民族民间文艺及工艺等领域的版权价值，以版权护航云南优秀传统文化"走出去"为切入点，推动云南优秀传统文化创造性转化、创新性发展。

课题负责人：李丽辉
课题组成员：张云平　孙鸿雁　姚上怡　张丽英　施梦丹　于小钰　郭子恒
承担单位：昆明理工大学
协作单位：云南民族民间文化遗产保护与开发协会　云南品牌企业促进会

参考文献

［1］陈淑姣，白秀轩．非物质文化遗产概论［M］．北京：中国人民大学出版社，2016.

［2］麻国庆，朱伟．文化人类学与非物质文化遗产［M］．北京：生活·读书·新知三联书店，2019：1.

［3］蒋万来．我国非物质文化遗产保护的法律机制［M］．北京：知识产权出版社，2016：2.

［4］吴汉东．知识产权法学［M］．北京：北京大学出版社，2014.

［5］李秀娜．非物质文化遗产的知识产权保护［M］．北京：法律出版社，2010.

［6］陈嘉榕，陈星．"一带一路"背景下的广西民族文化知识产权保护［J］．广西政法管理干部学院学报，2022，37（6）：22-28.

［7］陈勤建．江南民俗类非遗的保护与实践［J］．非遗传承研究，2022（4）：17-24.

［8］彭加汛，李振鹏．潮州大吴泥塑的起源、功能、传承与发展策略［J］．长江师范学院学报，2023，39（2）：50-61.

［9］刘鲁．"再物质化"视角下的乡村地方品牌建构：北京怀柔北沟村案例［J］．地理研究，2023，42（3）：807-821.

［10］强娇娇．"记住乡愁"品牌打造助推乡村振兴路径研究——基于广元市青川县张家村的思考［J］．南方农机，2023，54（6）：118-120.

［11］蒋涛．非遗元素在现代服饰品中的发展策略——以苗绣为例［J］．轻纺工业与技术，2023，52（1）：114-116.

［12］王建华，刘龙堰．乡村振兴战略下非物质文化遗产扶贫的现状及发展策略［J］．浙江艺术职业学院学报，2022，20（3）：124-130.

［13］陈蓉．新媒体环境下非遗的传播策略研究［J］．新闻研究导刊，2022，13（16）：57-59.

［14］白松强．国家文化软实力视阈下中国的非物质文化遗产保护现状——以中日韩三国的世界非物质文化遗产申报为例［J］．文化软实力研究，2017，2（4）：67-77.

［15］王惜凡．苏州非物质文化遗产产业化发展研究［J］．汉字文化，2020（19）：148-149.

［16］吴淑梅．凝聚乡愁记忆彰显闽南特色——"闽南曲艺汇"活动品牌的建

设［J］. 大众文艺，2020（17）：17-18.

　　［17］海博宣. 长三角25家博物馆携手航海非遗大展在中海博开幕［J］. 航海，2020（1）：7-8.

　　［18］吴汉东. 论传统文化的法律保护——以非物质文化遗产和传统文化表现形式为对象［J］. 中国法学，2010（1）：50-62.

　　［19］夏能权. 职业院校融合推进非遗"活态"传承与乡村产业发展的路径探索［J］. 文物鉴定与鉴赏，2019（17）：120-122.

　　［20］马茜. 论江苏省非遗项目"丰县吹糖人"的文化品牌打造［J］. 美与时代（上），2019（8）：38-41.

　　［21］周艳. 非遗主题"立体阅读"的实践与思考——以广州少年儿童图书馆为例［J］. 图书馆研究与工作，2019（8）：51-54.

　　［22］万若冰，高畅，刘聪聪，等. 东北地区非物质文化遗产进校园的现状分析［J］. 中国新通信，2019，21（1）：186-187.

　　［23］张珺. 非物质文化遗产文化品牌打造策略研究——以华佗五禽戏为例［J］. 科教导刊（下旬），2016（6）：131-132.

　　［24］颜艺放，支果. 非物质文化遗产知识产权保护的立法与实践性研究［J］. 法制博览，2022（6）：22-24.

　　［25］蒋思齐. 知识产权背景下的中原非物质文化遗产保护［J］. 河南科技，2021（26）：147-149.

　　［26］彭宏艳. 非物质文化遗产知识产权法保护障碍及对策［J］. 法制与社会，2021（19）：171-172.

　　［27］石傲胜，赵锦锦. 非物质文化遗产著作权保护模式的困境与出路［J］. 河南科技，2020（33）：110-113.

　　［28］刘雪凤，王家棋. 非物质文化遗产知识产权保护研究综述［J］. 南宁师范大学学报（哲学社会科学版），2020（2）：141-151.

　　［29］杨莹. 浅谈知识产权制度在非遗保护中的运用［J］. 淮南职业技术学院学报，2020（1）：114-115.

　　［30］孙丹. 我国非物质文化遗产经济价值开发探析［J］. 合作经济与科技，2019（13）：40-41.

　　［31］李晓清. 非物质文化遗产知识产权保护的实践分析［J］. 文化创新比较研究，2018（15）：162+164.

　　［32］李天才，王军涛. 国内非物质文化遗产知识产权保护研究述评［J］. 情

报理论与实践，2017（3）：126-131.

［33］许雪莲，李松．非物质文化遗产保护中的评估机制与实践［J］．中南民族大学学报（人文社会科学版），2019（5）：38-42.

［34］杨智峰．非物质文化遗产法律保护机制构建探讨［J］．法治与社会，2016（19）：50-51.

［35］曹新明．我国知识产权判例的规范性探讨［J］．知识产权，2016（1）：337-43.

［36］史玲．论我国非物质文化遗产的著作权法保护［J］．理论观察，2015（10）：57-58.

［37］杨长海．非物质文化遗产知识产权保护再思考——以西藏传统文化表现形式为例［J］．河北法学，2014（12）：72-78.

［38］曾莉．非物质文化遗产开发与保护关系研究［J］．集美大学学报（哲学社会科学版），2014，17（2）：10-14.

［39］汤津．非物质文化遗产的商业化利用与知识产权保护［J］．贵州商业高等专科学校学报，2014（2）：40-43.

［40］刘铭秋．非物质文化遗产的保护与发展的国内研究综述［J］．现代交际，2014（1）：78-79.

［41］张兆林．我国非物质文化遗产保护理念的变迁及其现实问题［J］．齐齐哈尔大学学报（哲学社会科学版），2013（1）：22-25.

［42］李墨丝．非物质文化遗产法律保护路径的选择［J］．河北法学，2011（2）：107-112.

［43］韩小兵，罗艺．论日韩非物质文化遗产法律保护对中国的启示［J］．当代世界，2010（11）：66-67.

［44］民族非物质文化遗产概念界定及其法律意义［J］．北京政法职业学院学报，2010（4）：6.

［45］冯晓青．非物质文化遗产与知识产权保护［J］．知识产权，2010（3）：15-23.

［46］王莉霞，陈荣婕，许中媛．非物质文化遗产知识产权保护研究进展［J］．人文地理，2009（5）：7-12.

［47］曹新明．非物质文化遗产保护模式研究［J］．法商研究，2009（2）：75-84.

［48］覃榆翔．挑战与因应：著作权法对非物质文化遗产数字化成果的适配路

径〔J/OL〕.云南民族大学学报（哲学社会科学版），2023（3）：1-11.

〔49〕彭涛.非物质文化遗产"当涂民歌"保护与传承的调查研究〔J〕.参花（上），2023（3）：122-124.

〔50〕王光玲.首创"版权"立法以制度供给力促版权兴业——《广东省版权条例》解读〔J〕.人民之声，2023（2）：43-45.

〔51〕李侠云.文旅深度融合背景下南通非物质文化遗产的保护与传播研究〔J〕.文化月刊，2023（1）：32-35.

〔52〕连云港市非物质文化遗产保护办法〔J〕.连云港市人民政府公报，2022（12）：3-6.

〔53〕杨园.论我国非物质文化遗产的知识产权保护〔D〕.沈阳：沈阳工业大学，2019.

〔54〕张楠.论非物质文化遗产的知识产权保护〔D〕.南京：南京工业大学，2017.

〔55〕赵月明.论非物质文化遗产的知识产权保护〔D〕.长春：吉林大学，2016.

〔56〕孙燕丹.论我国非物质文化遗产的行政法保护〔D〕.哈尔滨：黑龙江大学，2016.

〔57〕张君.论少数民族传统文化知识产权保护的主体〔D〕.昆明：云南大学，2015.

〔58〕张静雅.论民间文学艺术的知识产权保护〔D〕.济南：山东大学，2010.

〔59〕路斐斐.推动民间文化"走出去"保护民间文艺"传下去"〔N〕.文艺报，2023-03-10.

〔60〕邱运华.以版权保护助力民间文艺传承发展〔N〕.中国艺术报，2023-03-06.

〔61〕杨燕玲.文水县非物质文化遗产的传承与保护〔N〕.山西市场导报，2023-02-28.

〔62〕王彬，张影，刘源隆，王添艺.加强文化遗产系统性保护利用增强中华文明传播力影响力〔N〕.中国文化报，2023-03-07.

〔63〕余光燕，王军.黔东南：非遗线路绽放民族文化魅力〔N〕.贵州日报，2021-12-17（012）.

〔64〕李婧，韩锋，朱怡晨，等.世界自然遗产地乡村景观的可持续旅游——以武陵源龙尾巴村介入式示范为例〔C〕.中国风景园林学会.中国风景园林学会2022年会论文集.北京：中国建筑工业出版社，2023：592-598.

民间文艺版权保护问题研究

刘德伟*

摘要： 民间文学艺术作品（以下简称"民间文艺作品"）与一般文学艺术作品不同，它具有集体性、民族性、地域性、传承性、变异性等特点。改革开放以来，民间文艺作品的经济价值逐渐被发现，导致民间文艺作品被非法利用的情况激增；与此同时，很多民间文艺样式由于后继无人而面临消亡的风险。因此民间文艺作品的著作权保护显得尤为必要和急迫。我国民间文学艺术资源十分丰富。1990年通过的《中华人民共和国著作权法》规定"民间文学艺术作品的著作权保护办法由国务院另行制定"，但《民间文学艺术作品著作权保护条例》一直未能落地。民间文艺的特殊性，使对其立法保护和司法实践存在学术争议和操作难题。因此，系统梳理民间文艺版权保护理论和实践中存在的问题，深入调查侵权案例，了解它们发生的前因后果，对于《民间文学艺术作品著作权保护条例》的制定有重要的参考价值和促进作用。本文主要从以下几方面对我国民间文艺作品版权保护问题进行分析。1. 分析民间文艺的特殊性及其版权保护的迫切性。2. 分析中国民间文艺作品版权保护理论和实践中存在的主要问题。3. 对《民间文学艺术作品著作权保护条例》重点条款进行解析，提出相关建议。4. 结合实际，提出运用版权保护传承发展民族民间文化艺术的方法和建议。

关键词： 民间文艺作品；民间文艺作品特殊性；民间文艺版权保护；民间文艺作品著作权保护条例；民间文艺版权保护组织

一、民间文艺分类、特性及其版权保护的迫切性

民间文艺是人民群众在日常生活中集体创作的、具有特定区域性的文学艺术，表现了不同区域、不同民族、不同时代的价值导向、道德规范、情感取向和审美情趣，具有鲜明的人民性特征。民间文学艺术作品则是在民间文学艺术传统的基础上加工而成，是民间文学艺术的展示形态，作为民间文学艺术的某种载体和具体表现方式存在，是中华传统文化的重要组成部分，反映了特定群体在生产

---

* 刘德伟，中国文联民间文艺艺术中心研究员，中国民间文艺家协会中国起源地文化研究中心智库专家委员会主任，本课题组组长。

生活中思想情感的表达和多样文化的传承。一般来说，民间文艺分为民间文学、民间艺术、民俗文化三个主要类型。

（一）民间文学作品的特殊性

民间文学是指人民群众口头创作、口头流传，并不断地集体修改、加工的文学，包括神话、民间传说、民间故事、歌谣、长篇叙事诗以及小戏、说唱文学、谚语、谜语等体裁的作品。中国民间文学是多民族的民间文学，各民族的民间文学存在相互交流、互相影响的现象。我国是一个统一的多民族国家。汉族人口数量多，文明发展也较早。但它一开始就不是单一的民族，在历史发展中才形成了统一的民族。在它的整个文化形成中，也包含本来各自独立的、又各具特色的文化成分。同时在汉族本身的融合、发展中，和许多周围的民族在文化上互相影响和互相促进。因此，汉族的民间文学，与其他各民族民间文学相互交错、连接，特别是民族间接触较早或居住交错、毗邻的民族产生的影响痕迹更为显著。各民族民间文学的相互接受大都是以自己民族的生活和文化为基础，进行选择、取舍、改造、加工。

民间文学是广大人民群众长期生产生活的产物。随广大人民社会生活的需要产生和流传，它生动地反映了人们各方面的生活和相关的思想、感情，它直接或间接地为人们的生活服务，给人以知识、教诲、鼓舞和希望，其中有些本身就是生活的构成部分。与作家文学相比，民间文学有其独特性。由于它的作者人数众多和生活在底层，他们能够更广泛、深切、生动地反映社会生活。它的社会功用，也和书面文学有很多不同的地方。许多民间谚语就是劳动人民生活和劳作的教科书。不少劳动号子，是人们在各种劳作中调整呼吸、动作和鼓舞情绪不可缺少的表达。许多世代相传的古老神话和传说，不但传述了一定的历史知识，还培养维系着国家民族团结的感情。许多保卫乡土、保卫祖国的英雄传说，永远给广大人民以鼓舞和力量。

民间文学具有以下四个主要特点：

1. 集体性。民间文学作品是集众人之智，采百家之思，由特定地区的集体创作而来的智慧结晶，彰显着鲜明的集体特性，并通过一代又一代参与者的集体劳动，不断发展成熟、稳定流传。因此，哪怕随着时代的变迁，其内容出现了不同程度的"更新"，却也仍然没有完全脱离原有的框架，依旧属于集体享有，具有集体性。

2. 地域性。民间文学作品的创作离不开对其影响深远的传统文化背景，我国幅员辽阔，文化资源丰富，各个民族和地区的文化都各具特色，通过民间文艺作品这一载体被有形或无形地记录和表达出来，传递了一种"地域象征"，具有浓厚的地域性。

3. 传承性。在民族、家族内部世世代代传承，并非一蹴而就的静态留存，而是持续不断的动态创造。许多民间故事和传说就是在其漫长的发展过程中被一代又一代的人们不断丰富和创新，由此得以绵延不绝且更具生命力和现实意义。因此，传承性是民间文学作品与生俱来的一大特性。

4. 变异性。民间文学作品多以口头相传的形式不断流传，其内容处于不断流变的过程当中，并且随着时代的不断发展进步，民间文学作品也在传承中不断创新，且新鲜元素的持续融入也使民间文学作品不断推陈出新，焕发新的生命力，因此具有变异性的特点。

(二) 民间艺术作品的特殊性

民间艺术，是指掌握了既定传统风格和技艺，由老百姓所创作或制作的表演艺术、民间美术和手工艺作品。事实上，民间艺术是针对学院艺术、文人艺术的概念提出来的。广义上说，民间艺术是劳动者为满足自己的生活和审美需求而创造的艺术，包括了民间工艺、民间美术、民间音乐、民间舞蹈和戏曲等多种艺术形式；狭义上说，民间艺术指的是民间造型艺术，包括了民间美术和民间手工艺的各种表现形式。按照材质分类，有纸、布、竹、木、石、皮革、金属、面、泥、陶瓷、草柳、棕藤、漆等不同材料制成的各类民间手工艺品。它们以天然材料为主，就地取材，以传统的手工方式制作，带有浓郁的地方特色和民族风格，与民间信仰和民俗活动密切结合，与生产生活密切相关。一年中的四时八节等岁时节令、从出生到死亡的人生礼仪、衣食住行的日常生活中都有民间艺术的陪伴。按照制作技艺的不同，又可以将民间艺术分为绘画类、塑作类、编织类、剪刻类、印染类等等。

从创作者的角度看，民间艺术是以农民和手工业者为主体，以满足创作者自身需求或以补充家庭收入为目的，甚至以之为生计来源的手工艺术产品。从生产方式看，民间艺术是以一家一户为生产单位，以父传子、师带徒的方式世代传承的。从功能上看，它包括了侧重欣赏性和精神愉悦的民间美术作品，也包括了侧重实用性和使用功能的器物和装饰品。作品的题材和内容充分反映了民间社会大众的审美需求和心理需要，造型饱满粗犷，色彩鲜明浓郁，既美观实用，又具有求吉纳祥、趋利避害的精神功能。

（三）民俗文化的特殊性

民俗文化，是一个国家或民族中为广大民众所创造、享用和传承的生活文化。它起源于人类社会群体生活，并在特定的民族、时代和地域中不断形成、扩大和演变，为民众的日常生活服务。民俗是一种来自于人民、传承于人民、规范于人民、深藏于人民的行为、语言和心理的集合体，具有广泛的社会性、集体性和传承性。中国地域广大、民族众多、历史悠久，在漫长的生产和生活过程中逐渐积淀出丰富多彩、千姿百态的民俗。它凝结着中华民族的民族精神和情感，承载着中华民族的文化血脉和思想精华，它既是中华文明的符号，也是中华软实力的载体，是维系社会稳定、促进民族团结、推动国家统一进步的独特力量。经过五千年历史长河的不断积淀和洗礼，很多民俗至今仍活态地在民间传承、传播、发展、变化，很多已被列入世界非物质文化遗产名录之中，成为人类精神文明的共同财富。

民俗文化是流动的、发展的，它在社会的每个阶段都会产生变异，并在变异中求得生存和发展。当中国社会处于经济转型的关键时刻，民众思想观念和生活方式的转变必然表现在民俗文化的变化上，这是不以人的意志为转移的客观现实。寻找民俗文物，留下民众生活的历史，已成为一个重要的课题。中国是一个历史悠久的民俗文化大国，民俗文化不仅是历史的延续，还将会继续延续下去。正是这种民俗文化，在它形成和发展过程中，造就了中华民族的精神传统和人文性格，因此弘扬中国民俗文化传统，对增强中华民族的凝聚力，有着十分重要的意义。

关于民俗的范围与分类，不同的民俗学家由于不同的学术背景和特定的课题需要，有不同的说法。自然状态的民俗丰富多彩，千头万绪。民俗学产生不久，学者们就尝试提纲挈领地把握它们。中国民俗学界的两种方法分类如下。乌丙安在《中国民俗学》中把民俗分为四大类：经济的民俗、社会的民俗、信仰的民俗、游艺的民俗；陶立璠在《民俗学概论》中则分为这样四类：物质民俗、社会民俗、口承语言民俗、精神民俗。张紫晨在《中国民俗与民俗学》中采用平列式方法把中国民俗分为十类：（1）巫术民俗；（2）信仰民俗；（3）服饰、饮食、居住之民俗；（4）建筑民俗；（5）制度民俗；（6）生产民俗；（7）岁时节令民俗；（8）生仪礼民俗；（9）商业贸易民俗；（10）游艺民俗。当代各种地方志性质的民俗志的分类方法有纲目式的，也有平列式的。

民俗文化具有以下特征：第一，自发性。从民俗文化的创作过程来讲，自发性体现在其创作的任性而作、随处可作的特点上。民俗文化大多是无名无姓的人在其生活过程中创造的，因此，它时常是在自我娱乐、自我消遣的轻松前提下随口说来、随手作来，并在流传过程中，率性而作、随心而改，不必顾虑人们是否接受、作品内容是否成熟、是否有吸引力等等。第二，传承性。传承性首先体现为一种言传身教。其次体现于口口相传。在民俗文化作品的散播和接受过程中，"面对面"是其重要特点。民间文化作品一般都要实地表演、亲身展示或者付诸行动等，这些表现形式散播于村坊市井、街头巷尾，也出现于庭院房中、流传在欣赏者自己的口里。第三，俗化和程式化。喜闻乐见的形式秉承着一定的民族文化的传统形式，往往在长期的民间文化流传过程中形成了便于民众接受的程式化的审美形式。

（四）民间文艺版权保护的迫切性

民间文学、民间艺术、民俗文化三个主要类型民间文艺作品的上述特殊属性，使得对其实施版权保护存在较大难度，故而《民间文学艺术作品著作权保护条例》迟迟未能颁布。但是，时代的发展，对民间文艺作品的法律保护提出了迫切要求。

1. 捍卫国家文化安全的必然要求

经济全球化带来了文化一体化，发达国家与发展中国家的文化交流也越来越频繁。但是，由于发达国家在经济、科技以及话语权上的优势地位，他们常常歪曲使用发展中国家的民间文艺资源，并且借口民间文艺作品归属的群体性和公有性而拒绝支付报酬，并进行淡化其他国家传统文化内涵的改编。最著名的例子是1998年美国迪士尼公司出品的动画片《花木兰》。中国传统文化中木兰出于孝道替父从军的文化内涵在该片中被消解，取而代之的是美国式的价值观念。这部曲解中国民间文化内涵、借用中国文化元素吸引眼球的影片，为美国公司赢得了巨额票房，但是作为文化元素提供者的中国却没有得到任何报酬。可是在国际文化交流成为常态的21世纪，我们又不能因噎废食地拒绝文化输出，因此，民间文艺作品著作权的保护就显得尤为必要。保护民间文艺作品的著作权，能够保证民间文艺作品被正当合法使用。首先，故意歪曲使用民间文艺作品的行为将被禁止；其次，使用者将会被告知应该如何正当使用民间文艺作品，包括采录、整理、改编等诸环节；最后，民间文艺作品的权利归属将会得到明确界定，非权利人使用民间文艺作品需要支付相应的报酬。从国际角度来看，民间文艺作品著作权的保护意味着我国的民间文艺作品在国际文化交流中的合法权利将能得到保护，有利于促进国际文化的平等交流。从中国自身的角度来看，我国的民间文艺作品不仅体现了中华民族的民族精神与民族意识，更是我国文化主权的重要载体之一。因此，保护民间文艺作品的著作权也是强调我国文化主权、保证我国国家文化安全的必然要求。

2. 打击侵权行为、鼓励文化创新的必然要求

创新是市场经济体制下获得物质利益、促进行业发展的重要方式。但是由于《民间文学艺术作品著作权保护条例》尚未出台，我国民间艺术的创新成果得不到法律保护，常常被抄袭、复制和无偿使用。这种情况造成了抄袭、复制、剽窃成本低，省时省力且利益可观，因此侵权行为屡屡发生，且由于侵权行为的肆意猖獗，民间文艺家的创作热情严重受挫、创作动力不足，导致有的民间文艺门类存在日益走下坡路的态势。在本课题调研中，根据宁夏回族自治区民间文艺家协会反馈的情况可以看出，宁夏民间文艺作品著作权保护存在不少问题。比如，剪纸领域的侵权现象很普遍：近年宁夏民间文艺家协会举办的剪纸展中，有的人用机器刻出来的剪纸参赛，谎称是自己的手工创作。剽窃他人作品，或者将机器生产的产品当作手工工艺品，都未付出创造性劳动，就能攫取物质利益，而法律监管体系的缺乏，使这些明目张胆的"不劳而获"或"少劳多获"的侵权行为愈演愈烈。因此，民间文艺作品的著作权保护尤为必要。《民间文学艺术作品著作权保护条例》的出台能够有效地遏制和打击侵权者的违法行为，为民间文艺家的创作和创新提供法律保障。因此，民间文艺作品的著作权保护是打击侵权行为、鼓励文化创新的必然要求。

3. 濒临失传的民间文艺门类亟待挽救

现代社会的高度市场化使得某些民间文学艺术的门类快速发展起来，并产生了巨大的商业价值。但与此同时，也正因为市场的选择，另一些民间文学艺术门类由于不容易获利而遭到冷落，甚至到了后继无人、即将消亡的地步。湖南省江永县及其附近地区流传的"女书"是世界上唯一的女性文字，目前只有少数传承人；高密地区的民间绝活"扑灰年画"如今只掌握在一些老人手里，年轻人并不愿意学。这些入选国家级非物质文化遗产名录的民间文艺门类尚且如此，更不用说那些尚未入选的，存在于偏远地区的民间文艺门类了。民间文艺作品的持有者无法从中获利，且民间文学艺术长期以来不为主流社会所认同，致使如今的很多年轻人拒绝继承传统的民间文学艺术，宁愿外出打工，选择投靠大都市，放弃在传统生活环境中，以传统方式学习民间文学艺术。年青一代缺乏传承意识固然是民间文艺发展受阻的原因之一，但重要的原因还是在于我国对民间文艺作品的保

护力度不够，使其原有的价值不能在新的环境中完全体现。这就敦促我们必须争分夺秒地开展对民间文艺作品著作权的保护工作，以保证民间文艺各门类能够彰显它固有的社会和经济价值，使之得到很好的继承并持续发扬光大。

4. 司法实践中无法可依的僵局亟待打破

由于《民间文学艺术作品著作权保护条例》尚未正式出台，目前的民间文艺作品侵权纠纷的处理情况比较复杂。原因是涉及民间文艺作品的司法实践陷入了无法可依的僵局。由于无法可依，民间文艺界的许多侵权行为最终不了了之；即使进入了诉讼程序，也只能勉强往现有的法律上靠，维权的理论基础非常薄弱。在本课题搜集到的大部分案例中，侵权纠纷的审判都是依据《中华人民共和国著作权法》（以下简称《著作权法》），但由于许多民间文艺作品不符合其中"作品"的定义，因而面临败诉的结局；另一些民间文艺作品即便能勉强归到"作品"中，由于民间文艺作品的特殊性，最终的审判结果也不理想。如果从《著作权法》颁布开始算起，民间文艺领域的侵权纠纷无法可依的局面，已经持续了30多年，我国民间文艺作品的保护进度远远落后许多发展中国家。迅速打破这一僵局，切实有效地保护我国的民间文艺作品，已成当务之急。

5. 民间文艺家的切身利益亟待保护

随着文化体制改革的深化，不少非经营性文化事业单位改制为文化企业，使得原来的"单位人"变成"社会人"；民营艺术团体和自由职业者也越来越多。这种状况在民间文艺领域尤其突出。民间文艺领域的一个重要特点是，民间文艺家大多是个体，不属于某个单位。这种状况使民间文艺作品著作权的保护更加困难。因为个人的力量和精力有限，应对侵权行为势单力薄，维权难以取得实质性进展。在保护民间文艺家的利益方面，近年来也有一些成功的探索。改革开放以来，民间文艺界出现了"北（京）漂一族""景（德镇）漂现象"，即为了更好地进行民间文艺作品创作，民间艺术家群体移居北京、景德镇等城市开展创作。他们相比较于当地民间文艺家来说，遭受侵权的可能性更大，同时维权力量却更为薄弱。各地民间文艺家协会在这方面对他们的帮助无疑是雪中送炭。近年来，北京民间文艺家协会向优秀"北漂"民间文艺家敞开大门，在京长期生活工作的非北京户籍文艺家都可以申请入会。来自内蒙古的剪纸艺术家孙二林多年前来到北京，积极参与北京民间文艺家协会的活动，在这个平台上，她获得了多次走出国门的机会，艺术上获得了长足的发展，作品得到了很好的保护。借助集体组织的力量，民间文艺家能够更加高效地维护自己的合法权益。但是并不是所有的民间文艺家都这么幸运，大部分民间文艺家还急需法律、制度保障和相关机构的帮助，以持续有效地保护自己的合法利益。

（五）民间文艺作品与非物质文化遗产法律保护的区别

鉴于民间文学艺术作品与非物质文化遗产均是传统文化不可或缺的一部分，因此有学者主张将其归入非物质文化遗产一类。该方法尽管在一定程度上弥补了法律保护的缺失，但实际上这二者性质有所不同。根据2003年联合国教科文组织颁布的《保护非物质文化遗产公约》，其中第二条第一项、第二项通过列举的方式，对非物质文化遗产的概念和内容做了明确规定。相应地，我国在2011年颁布的《中华人民共和国非物质文化遗产法》（以下简称《非物质文化遗产法》）中对非物质文化遗产的定义也采用列举的方式，内容大致与公约相同。区别在于我国规定了"其他非物质文化遗产"的兜底条款，给予将来法律规定需要新增的非物质文化遗产项目留下空间。该空间的存在也对提出此类主张的学者给予了法律依据。

从国际公约以及我国法律所列举的相关内容上看，非物质文化遗产具有非物质性，该特性表明非物质文化遗产保护的重点是非物质的因素和精神内涵，它的存在更加偏向于保护非物质形态下精神领域的创造活动及其结晶，其价值体现也偏重于最终呈现的精神层面的内涵和传统意识，而不是它们存在的各类载体，而民间文学艺术作品更多强调的是载体本身，并非仅仅精神层面。由此可见二者虽有交集，但存在明显的区别。因此，民间文艺作品更适宜由版权（私法）保护，而非遗则由国家颁布的《非物质遗产保护法》（公法）实施保护。

需要加以说明的是，相对于民间文学艺术作品而言，民间技艺（非作品本身）一般都被纳入非物质文化遗产领域，受到非遗法的保护。

二、民间文艺版权保护存在的主要问题研究

民间文艺固有的特殊性决定了立法工作的复杂性。主要体现在保护主体和客体的不确定性、保护对象归类、范围、时间难以界定、财产权得不到保证、诉讼难度高、维权能力弱以及作品源的保护和流的发展平衡问题等几个方面。

（一）民间文艺作品著作权的权利主体不明确

民间文艺作品的一个重要特征是其创作主体的群体性。民间文艺作品存在于

特定的群体当中，比如属于特定民族的民歌，其主体便是这一民族的所有成员；属于特定地域的地方戏曲，其主体就是这一地域的所有民众。民间文艺作品的传承多是代代相传、口口相传的，比如民间手工艺多是通过家族实现传承，民间故事多是通过口头讲述来实现传承的。《著作权法》第九条规定著作权人包括作者和享有著作权的公民、法人或者其他组织。对于民间文艺作品来说，民间手工艺如剪纸、蜡染等作品可以确定作者，但民歌、戏曲等就难以确定作者。当这些难以确定的作者的权利受到侵犯时，由谁和凭什么来主张并维护他们的权利就成了一个有争议的问题。《乌苏里船歌》是在赫哲族民间曲调《想情郎》和《狩猎的哥哥回来了》等基础上改编而成的作品。但在 1999 年 11 月南宁国际民歌艺术节上，主持人强调《乌苏里船歌》是郭颂创作的。该台晚会录成 VCD 在全国发行时，仍然注明郭颂是《乌苏里船歌》的作曲者。黑龙江省饶河县四排赫哲族乡政府认为郭颂及相关单位侵犯了其著作权，伤害了每一位赫哲族人的自尊心与民族感情，遂向北京二中院提出诉讼，要求被告郭颂及中央电视台停止侵权、公开道歉、赔偿损失。在此案中，赫哲族乡政府是否具有原告资格是一个重要的争议点。对此，法院判决书中指出："四排赫哲族民族乡政府既是赫哲族部分群体的政府代表，也是赫哲族部分群体公共利益的代表，在赫哲族民间文艺作品的著作权可能受到侵害时，鉴于权利主体状态的特殊性，为维护本区域内赫哲族公众的权益，在体现我国宪法和特别法律关于民族区域自治法律制度的原则，不违反法律禁止性规定的前提下，原告作为民族乡政府，可以以自己的名义提起诉讼。"这份判决书表明，民间文艺作品的权利主体可以是个人的，也可以是集体的。确定好创作主体是为司法实践中由谁担任原告提供依据。确认存在的难点是民间文艺作品产生于地区成员的集体创作，当难以确定具体的创作人时应如何认定创作主体。目前，学界对于民间文学艺术作品的创作主体如何认定主要有以下几种观点：其一，个人作者观；其二，集体作者观；其三，二元作者观。其中，个人作者观与集体作者观的内容分别否定了群体劳动和个体劳动在作品产生过程中的作用，因而是片面的。而二元作者观，则是对集体和个人并存的肯定，既没有一味地强调个人，也没有否认群体智慧的存在。该观点不仅反映出对群体性特征的肯定，而且也给予在民间文学艺术作品的传承和发展中起中心作用的个人以承认。

我国著作权制度下所规定的著作权的主体是指依法享有著作权的人，根据创作作品的事实依法可以获得著作权的原则，著作权首先属于作者。从法律上来看，既包括自然人，也包括法人和其他组织。这就意味着《著作权法》中的作品通常需要有确定的作者，产生争议时可以避免因作者无法确定而导致无法裁判的情况发生。然而，民间文艺作品的形成和发展是一个接续性的持续创造，在时代的变化和技艺的革新中不断被不同的人完善和更新，其创作主体不固定，也就无法明确到个人或几个人。正是因其自身特征的特殊性，民间文艺作品在著作权制度之下权利主体即创作主体的确定才变得复杂化，给立法带来一些争议。民间文艺作品的创作产生、流传、传承以及现状，都决定了作品的创作主体不是简单的个体化，而且流传年代久远的作品，又由于代代相传中添加了新的元素，使民间文艺作品的创作主体带有非常特殊的不确定性。因而，在司法实践中常常出现这样一种情形：民间文艺作品往往会因难以确定创作主体而陷入僵局，或成为对方抗辩的理由，使自身法律权益无法得到确切保障。

（二）民间文艺作品著作权的权利客体不明确

民间文艺作品著作权的权利客体就是民间文艺作品，我们将其分为有载体的民间文艺作品和无特定载体的民间文艺作品。从我们调查搜集到的案例的审判结果来看，有载体的民间文艺作品（如剪纸、蜡染）遭受侵权时更容易得到保护，而没有特定载体的民间文艺作品（如民歌、戏曲）遭到侵权时，维权的成功率不高。举例来说，郭宪诉国家邮政局和白秀娥诉国家邮政局两案，被侵权的是两人的剪纸作品，是有载体的民间文艺作品，最后两人都维权成功，得到经济上的赔偿和署名上的承认。而《乌苏里船歌》案和"安顺地戏"案中的民歌和戏曲是没有特定载体的民间文艺作品。四排赫哲族乡政府强调他们要保护的是民歌的曲调，最终维权成功。而安顺市文化与体育局则坚持保护"安顺地戏"这一戏曲种类，但法院认为戏曲种类不是作品，难以得到著作权法的保护，安顺市文化与体育局败诉。

（三）保护对象归类和范围、期限界定问题

由于传统著作权制度保护之下的作品的形式都具有相对稳定和固定的形式，可以较为容易和可操作性较强地进行保护。作品自作者个人创造完成即产生了著作权，相应的作品的形式即被固定下来，如小说创作后小说文本就是作品形式，歌曲创作后歌谱就是作品形式，创作的文艺作品都基本固定在了一定形式的载体之上，具有稳定性和直接性。然而，民间文艺作品的表现形式带有特殊的多样性、复杂性、广泛性和多变性，使立法对作品范围的归类和范畴以及期限的界定有一定的难度，对民间作品的搜集、归类和登记等前期工作也是一个难点。

（四）作品源的保护和流的发展平衡问题

著作权制度的目的就是既要保护创作者的利益以激发创作热情，也同时兼顾创作作品在社会被使用、流转以促进文化资源传播与再创作。对于民间文艺作品的保护，如果人们仅仅注重各种智力创作之流的保护，而忽视对它们源头的关注，则对知识产权保护而言，是一种缺陷。如今，在商业化领域，民间文学艺术作品被大量无偿利用，谋取经济利益，这无疑十分不利于鼓励对民间文艺作品的挽救，更不利于推动立法。

与此同时，我们也必须清醒地认识到这样一个事实：源的保护固然是重要的，也是首要的，但是文化的重要不仅在于保护，更重要的意义是在于它的传承与发展。民族的发展依靠的就是不断创新的动力，这便需要依靠一代一代去传承文化，不断给文化的领域里注入新的活力，这就涉及对于民间文化的利用的方式问题，如果过多地设置条框来保护民间文化，必然使创新文化和流传文化的人失去动力，引发过多不便和麻烦，因而在民间文艺作品著作权条例的立法上，平衡源的保护和流的发展问题是关键，也是难点。

（五）署名权较易得到承认，但财产权利常得不到保护

民间文艺作品权利主体的群体性，意味着民间文艺作品从产生开始就存在于民众中间，并且依靠民众得以传承。正如有学者分析的："民间的文化世界不是私人和个人世界，不是独白世界和私密空间，它的现实基础结构在于它是被我们分享或共享的，是人与人相互交流的文化存在，是集体的世界，社会的世界。"基于这一特征，涉及民间文艺作品侵权案件的判定，往往注重署名权的承认，而忽视财产权利。似乎过分强调财产权利会对民间文艺作品的正常传播产生负面影响。也正因为如此，民间文艺作品权利主体的经济权益常得不到应有的保护。

1990年10月，由吕金泉设计、委托景德镇市光明瓷厂生产的陶艺作品——金秋叶图案装饰青花五头茶器荣获首届"瓷都景德镇杯"国际陶瓷精品大奖赛二等奖，在全国艺术展评会上被中国陶瓷工业协会评为二等奖。之后景德镇市光明瓷厂既未征得作者许可，又未向作者支付任何报酬，便大量仿制该获奖作品并广为销售，获利颇丰。吕金泉得知此事后，于1996年起诉景德镇市光明瓷厂，并根据光明瓷厂的获利情况索赔30万元。一审法院支持了这一索赔请求。被告申诉后，二审法院强调必须承认金秋叶茶具的设计者是吕金泉，但赔偿金额大大减少：景德镇光明瓷厂支付吕金泉设计费2万元。与此相似的还有何叔水与玉泉岛酒店关

于《国色香远》花瓶的纠纷。2006年11月，玉泉岛酒店向何叔水购买了名为《国色香远》和《醉沐春风》的两只花瓶，后以其中一只破损为由退还。2007年，何叔水发现玉泉岛酒店小卖部在出售复制的《国色香远》花瓶，于是起诉玉泉岛酒店，索赔30万元。景德镇中级人民法院根据玉泉岛酒店的获利情况，判决其赔偿何叔水29万元；玉泉岛酒店不服判决，上诉至江西省高级人民法院，二审法院以口头协议不具有法律效力，且玉泉岛酒店复制的花瓶还没有卖出等为由，撤销了一审判决，即玉泉岛酒店不向何叔水支付赔偿金；何叔水不服此判决，向最高人民法院申请再审，最高人民法院最终判定玉泉岛酒店侵权，但经济赔偿额度减少为7万元。在上述案件中，两位原告的索赔请求实际上都是根据被告的获利状况提出的，但是经历几次审理，最终都没有得到完全的支持，有关方面对于民间手工艺的传播和利用的考虑是其重要原因。

（六）诉讼战线长，大量耗费维权者的时间和精力

在调查搜集到的案例中我们发现，容易获利和方便复制的民间文艺作品的著作权极易和频繁地受到侵犯，导致民间文艺家不得不花费大量的时间和精力在诉讼上。即便如此，还是无法杜绝侵权行为的再次发生。"洪滨丝绵画系列侵权案"就是容易获利的民间艺术作品著作权受到侵犯的典型案例。洪滨丝绵画是马鞍山市的一种独特的手工艺品，虽然袁洪滨申请了专利，但侵权事件依然层出不穷。1995年袁洪滨与赖鸿山相识，此后赖鸿山频频到洪滨丝绵公司参观，并结识掌握专利技术秘密的原洪滨公司副总经理郭海新，后来郭跳槽到赖的公司。1997年，袁洪滨在苏州发现洪滨丝画的仿制品，经查这些仿制品正是赖的公司生产的，于是起诉赖、郭二人。此案先后上诉于合肥市中级人民法院、安徽省高级人民法院、北京市高级人民法院，最终于2002年胜诉。袁洪滨维权路上的另一案例是起诉横江丝雨公司侵权。马鞍山横江丝画公司法定代表人孙传林曾于1989—2005年期间，"三进三出"洪滨丝画公司工作，2007年成立了自己的公司，擅自利用从洪滨丝画公司学来的技术制作、销售丝画产品，对"洪滨丝画"的生产、销售和管理产生了不良的影响。洪滨丝画公司于2013年10月起诉横江丝画公司。一审判决侵权成立，袁洪滨胜诉；但被告向安徽省高院提出上诉，并就袁洪滨的专利"丝绵画的制作方法"向国家知识产权局提出"无效宣告请求"。洪滨丝画工艺独特、成本不高、销售渠道广，适合规模生产销售，利润可观。这些特点使许多商家觊觎其巨大的经济价值，从而引发了上述一系列的侵权官司。可以看到，自从洪滨丝画手工艺术公司成立以来，侵权诉讼就一直如影随形，显然需要耗费大量

的人力物力财力应对。随着信息技术的发展，民间美术作品越来越方便复制。如果作者不维护自己的权益，侵权者就可以不支付报酬，随意使用他人创作的作品，从而以很低的成本获得更大的利润。因此，民间美术作品的著作权是侵权者经常光顾的目标，权利人或者放弃维权，或者在这条看不见尽头的维权路上坚持下去，无论是哪一种选择，究其原因，除艺术作品的特殊性外，更重要的还是由于没有保护民间文艺作品的专门条例，导致维权无法可依，艰难异常。

（七）民间文艺工作者个人维权意识薄弱，能力有限

从上述案例当中可以看到，追究侵权行为的权利人主要分为四类：第一类是集体，比如黑龙江省饶河县四排赫哲族乡政府和安顺市文化与体育局；第二类是企业，比如洪滨丝画公司；第三类是涉及较大利益的个人，比如景德镇诸侵权案中的原告；第四类是受到多次侵权的个人。集体、企业以及涉及较大利益的个人由于拥有经济实力，故能够负担维权成本以保全自己的经济利益；屡次受到侵权的个人坚持在维权战线上战斗，就不仅是为了争取经济利益，更主要是为了维护个人权益的尊严。一个现实的问题是，个人的维权成本并不低，包括需要付出的时间和诉讼所产生的相关费用。这导致许多民间文艺家在面对侵权行为时缺乏诉诸法律的勇气和经济能力。另外，民间文艺家普遍日常忙于创作和生计，同时因教育水平的限制，维权意识较为淡薄，给侵权者造成了可乘之机。据报道，南京著名剪纸艺术家、国家非物质文化遗产代表性传承人张方林设计的"十二生肖"造型剪纸，作为2014年央视马年春晚最后一首歌《难忘今宵》的舞台背景，第一次集体在广大电视观众面前亮相。2013年央视春晚中也曾使用过这套剪纸中的小花蛇。由于这套剪纸形象可爱、喜庆，迅速遭遇了盗版，一些银行的信封上、大门上，还有南京的一些商业街区、快餐店等张贴的海报、橱窗贴画，都是这个剪纸小花蛇。但是这些使用方没有一个人告知张方林，甚至都不知道是张方林设计的。虽然张方林本人对此很宽容，认为这对于剪纸文化的传播有积极的作用，但是从中也可以看出个人在侵权行为汹涌而来的情形下的弱小和无奈。

（八）民间文艺版权保护理论的学术争议问题

在几年来的学术讨论中，关于民间文艺是否属于公有领域的知识财富、是否需要版权保护，一些学者发表了不同观点，其中之一是认为版权制度与民间文艺作品保护存在法理冲突。具体观点如下。

第一，保护时效与历史传统的冲突。中国现行的知识产权保护都有其明确的

保护时效，针对中国公民的作品著作权的保护期较长，为作者终生及其死亡后50年，一般的专利则只有10年（实用新型专利权和外观设计专利权）或者20年（发明专利）；然而，民间文艺作品是长期历史发展的文明积淀，源远流长，常常无法确证其产生的确切年代，因而也就无法量化其保护时效，使民间文艺作品的知识产权保护陷入操作上的困境。唯其如此，部分学者主张延长民间文艺作品知识产权保护的时效，但这只是"时间点"意义上的相对延长，并非治本之策。当然，从理论上而言，可以把民间文艺作品知识产权保护的时效定位为"永久"，但又有悖于法律的严谨精神。

第二，整体权利与局部权利的冲突。现代知识产权制度已经形成一个严整的法律体系，分工精细，对于商标权、专利权、著作权等知识产权的不同部分予以保护，形成了相应的专项法律，不同的专项知识产权法律因其保护对象的不同，也形成了各具特点的保护理念与保护制度，并不统一；而民间文艺作品作为一种历史文化遗产，具有突出的整体性，无法只保护某一方面而不及其余，很难按照现代知识产权的标准进行归类，使在涉及民间文艺作品知识产权纠纷时，不同的权利主体、开发主体往往根据不同的法律主张不同的权利诉求，以维护自身的利益。这就使中国现行的知识产权法律在涉及民间文艺作品保护时，常常无法兼容，漏洞百出，难以执行。

第三，集体权利与专属权利的冲突。知识产权制度非常强调专属权利，主张只有特定的、明确的民事权利主体才能拥有对于相关知识产权的专有权利；知识产权的主体一般为特定化的智力成果的创作人，如自然人、法人等，主体人数较少，并且比较明晰，可以确证。而民间文艺是民众在长期的历史发展进程中集体创造的结果，具有鲜明的集体性，其所属权绝非个人所能垄断；民间文艺作品的权利主体一般为某一民族或者群体，主体人数为不确定的多数。因而，在实践中，民间文艺作品知识产权保护常常难以落实具体、确定的权利主体，陷入主体缺位的法理困境。

第四，创新、专有理念与传承、共享理念的冲突。西方现行的知识产权法律将人类的智力成果大体上分为两类："创新性智力成果"与"积存性智力成果"，前者被认为是人类创新性智力劳动的成果，是知识产权法律保护的对象；后者则被视为人类历史发展进程中世代累积而成的文化传统、文明积淀，被排斥于知识产权保护的范畴之外。中国的知识产权法也基本沿袭了这一理念，重在保护具有独特创新性的智力成果，具有突出的创新性、专有性取向。一些研究者也认为"以创新性智力成果为客体的知识产权的创设具有某种必然性，甚至可以说是人类社会中一种无可回避的选择"。中国的民间文艺作品作为长期历史积淀的文化成果,具有突出的传承性、传统性与共享性,在知识产权保护创新性、专有性理念主宰之下,民间文艺作品通常被认为不具有知识产权的属性,其产权自然也难以落实。

第五,权利属性的差异。首先,是公权与私权的差异"知识产权是一项私权,一项具有深刻物权性特征的私权。"从法理的角度来看,知识产权本质上属于民事权利,保护的重点是私权;民间文艺作品权利本质上属于公共权利,保护的重点是公权。因而,就法律的性质而言,知识产权法属于私法,民间文艺作品保护法则属于公法,两者有着较为本质的差异。其次,是财产权与文化权的差异。知识产权主要体现为财产权,可以根据市场机制予以量化。虽然部分知识产权比如署名权、发表权等不直接体现为产权人的财产收益,但在产业化的运作中会关联间接的财产利益;民间文艺作品的权利内容则主要体现为群体共享的文化权利。

针对上述观点,也有学者提出不同意见。如北京大学中文系教授陈连山认为,民间文艺作品理所当然应该享受著作权保护。事实上,民间文艺学界的错误认识是民间文艺维权意识薄弱的重要原因。一些学人认为:"民间文艺一直没有著作权保护也顺利存在到现在,所以不需要保护。"这是完全错误的。在历史长河中,民间文艺的确没有著作权也存在下来了,但是没有人知道损失了多少。如果没有敦煌文献,我们恐怕无法知道变文是什么样的。在现代化的今天,其他艺术都得到著作权保护,独独民间文艺没有法律保护,将造成更大悲剧。旧的民间文学理论认为民间文艺作品是集体创作,因而权利主体不明确,这也值得商榷。过去说"民间文艺作品是集体创作"基于三个理由,其一是口头艺术难以找到第一个创作者;其二是作品流传中人人可以加工;其三是个别作品的确是集体创作的。但这三条都不是充分理由。所以,"民间文艺作品集体创作"的概念应该放弃。当前的表演理论研究表明,传承人每一次的讲述都是一次创作。针对每一次的表演,创作者是十分明确的,权利主体也是明确的。也许侵权者会以自己的行为也是一次"创作",进而逃避法律制裁。但是,他的"非社区成员"身份会暴露他侵权实质。当然,对于那些没有明确作者的作品,沿用"集体所有"也可以。

综上所述,民间文艺版权保护的确存在立法依据不完备和法理上的纠结,由此也带来司法公正性的困难,这是一个系统性难题。解决这一难题,既需要在立法宗旨上科学把握,也需要对保护对象加以区分(如把传统民间文艺作品与当代民间文艺作品细化分类），通过制定具体、细化的实施细则逐步解决。

三、《民间文学艺术作品著作权保护条例（征求意见稿）》解析

为了加强社会治理，保护民间文学艺术作品的著作权，保障民间文学艺术作品的有序使用，鼓励民间文学艺术传承和发展，国家版权局于2014年9月发布《民间文学艺术作品版权保护条例（征求意见稿）》（以下简称《条例》）向社会征求意见。然而，由于《条例》中部分内容尚不清晰，相关制度设计还不明确，且尚未有与之配套的实施细则，所以时至今日仍未颁布。

(一)《条例》重点条款解读

以《条例》第五条为例。虽然它规定了民间文学艺术作品的著作权归属于特定的民族、族群或者社群，但对民族、族群或者社群界定不清；对著作权主体规定的模糊性导致著作权主体的权利难以实现，作品使用者的义务难以履行，著作权行政管理部门的职责也无法落实。

1.《条例》第五条存在的著作权主体模糊问题

《条例》的第五条规定了民间文学艺术作品的著作权属于特定的民族、族群或者社群。"民族"是历史上形成的有共同语言、共同地域、共同经济生活以及表现于共同民族文化特点上的共同心理素质的稳定的人们的共同体；"族群"是指在较大的社会文化体系中，由于客观上具有共同的渊源和文化，因此主观上自我认同并被其他群体所区分的一群人，其中共同的渊源指世系、血统、体质的相似；共同的文化指相似的语言、宗教、习俗等；"社会群体（简称社群）"是指人们按一定社会关系结合起来，进行共同活动，具有心理上的交互作用和一定文化表现的集体。从上述的解释中不难总结出民族、族群和社群的共同点在于：（1）都是由多人组成的群体，有文化背景的相同点；（2）群体的形成经过了漫长的历史周期；（3）关系的结合大多源于心理认同；（4）具体的人数和明确的地域边界无法确定；（5）不能明确且法律尚未拟制其性质为自然人、法人还是社会组织。

既然民族、族群和社群的结合是文化、历史、心理等因素共同作用，每个特定群体很难靠具体且客观的标准来区分，这就导致民间文学艺术作品的著作权归属呈现的是不确定的状态。而著作权利是由著作权主体享有的利益。《著作权法》赋予著作权主体一定的行为自由，目的是通过法律的设置使著作权主体合法权益

得到满足；如果没有相应利益存在，著作权法律就没有将其类型化后作为权利规定在法律中的必要。显然，当一个权利的主体并不确定时，该权利也就没有被实现的动力及可能，其创设自然就失去了意义和价值。

2. 著作权主体模糊带来的消极影响

（1）著作权主体身份不明，相关权利难以行使

《条例》著作权主体规定模糊导致民间文学艺术作品著作权主体身份难以确定或证明。一方面，由于民族、族群和社群不能明确具体人数和地域范围，《条例》对著作权主体的界定不明导致无法确定著作权人；另一方面，民族、族群和社群的联结因素有很多，且内容较主观，然而《条例》对著作权主体身份的证明方式未作出规定，也没有形成统一的标准和途径，这显然将提高期待获得文学艺术作品著作权的人证明自己权利主体身份的难度；同时，民族、族群和社群的主体性质不明确，也就是说《条例》并没有规定法人和社会组织对民间文学艺术作品是否享有著作权，使著作权主体在范围上产生了混乱。由于权利主体难以确定，权利主体自然无法正常行使著作权以及基于著作权产生的救济请求权。《条例》规定了著作权包括：①表明身份；②禁止对民间文学艺术作品进行歪曲或者篡改；③以复制、发行、表演、改编或者向公众传播等方式使用民间文学艺术作品。但是不确定的是：以复制、发行、表演、改编或者向公众传播等方式使用民间文学艺术作品的这项权利，应当是由民族、族群或者社群中的任何个人行使，还是由民族、族群或者社群中的特定个人行使，还是应当由全体民族、族群或者社群中的多人行使，又或是应当由全体民族、族群或者社群共同行使。且当民间文学艺术作品遭到歪曲或者篡改时，无法确定谁可以提起诉讼禁止这一行为并取得赔偿，赔偿的款项应当归属于谁所有。

（2）其他人难以通过合法方式取得民间文学艺术作品的使用权

《条例》著作权主体规定模糊还会为他人通过合法方式使用作品造成困境。使用者无法确定使用民间文学艺术作品前，应当取得著作权人的许可并支付合理报酬还是向国务院著作权行政管理部门指定的专门机构取得许可并支付合理报酬；如有人需要使用民间文学艺术作品，他选择取得著作权人的许可并支付合理报酬，谁有权作出许可？谁有权获得报酬？国家行政机关需要通过申请才可使用吗？因此，因为法律给使用者设置使用作品的程序上的义务，却没有明确著作权主体，所以自然导致使用者履行义务不能，最终就算使用者的行为违法，对其的惩罚也将不具备合理性。

（3）行政管理部门管理职责的取得于法无据

《条例》第五条并没有将国务院著作权行政管理部门列为民间文学艺术作品的权利主体，其对民间文学艺术作品的管理职责无从取得。从法理上说，国务院著作行政管理部门不是著作权法律关系的主体，因此它不应享有使用、收益、支配等权能，在全体权利受到侵犯时也不享有诉权；同时，民间文学艺术作品附着的著作权，作为一项私权利，国务院著作权行政管理主管部门管理该权利的法理依据也是不足的。因此《条例》对于通过什么手段去规制民间文学艺术作品的使用应当予以明确。

3. 作品类型没有兜底性条款

《条例》第二条列举了民间文学艺术作品的四个类型，包括言语或文字形式表达的作品，音乐形式表达的作品，动作、姿势、表情等形式表达的作品和平面或立体形式表达的作品，但并未规定兜底性条款，这就使无法涵盖以后可能出现的新的表达形式，而对于尚未形成作品的民间素材可否成为保护范围也在条例制定过程中引发了较大争议。该争议引发的进一步思考问题是：实践中对民间文学艺术内不完全符合作品特征的表达形式作为民间素材被他人利用的现象较为普遍，如不加以保护则有可能最终导致改编作品被歪曲或篡改。

（二）制定民间文艺著作权保护条例的建议

1. 明确民间文艺著作权保护条例的立法宗旨——兼顾保存、保护和发展

《著作权法》总则指明立法的宗旨是："保护文学、艺术和科学作品作者的著作权，以及与著作权有关的权益，鼓励有益于社会主义精神文明、物质文明建设的作品的创作和传播，促进社会主义文化和科学事业的发展与繁荣"，概括来讲，著作权的宗旨分为两方面：一是保护；二是通过保护促进作品的合法传播、鼓励创作和促进文化的发展。这同样也是我国在制定《民间文学艺术作品著作权保护条例》时需要遵循的基本准则。

除了保护和发展，民间文艺作品还涉及保存问题。与其他文学、艺术和科学作品相比，民间文艺作品具有其特殊性，即民间性与集体性。民间性是指民间文艺作品产生于民间社会，与人类社会的发展进程同步，是人类文明的重要组成部分。正如有学者论述的："民间文学艺术是人类文明的重要组成部分，是民族文化特性的反映以及维系民族存在的动力和源泉，也是保持文化多样性必不可少的部分。"集体性是指民间文艺作品是由群体而非个人拥有的，因此在市场经济和全球化背景下，民间文艺作品由于"无主"而最容易被非法使用，在这个过程中

还有人故意歪曲民间文艺作品原貌来吸引民众眼球、攫取经济利益，导致真正的民间文艺作品消失或异化。因此《条例》首先应当考虑民间文艺作品的保存问题。保存、保护与发展是民间文艺权益保护的三大宗旨。

2. 明确民间文艺作品版权保护的权利归属及其行使主体

目前中国民间文艺作品著作权保护中最突出的问题就是在某些情况下权利的主体和客体不清晰，导致民间文艺领域出现侵权行为频发、权利保护不到位。所以《民间文学艺术作品著作权保护条例》首先要明确规定民间文艺作品的权利主体和客体。民间文艺作品的创作主体具有群体性与民族性的特点，并且民间文艺作品的创作过程持续时间很长，常常是经过几代甚至几十代人的发展才逐步完善，民间文艺作品在这一发展完善的过程中成为该区域或该民族的文化表现，个性特征逐渐消失。因此，有学者指出："民间文学艺术专有权应归属于创作民间文学艺术的特定群体，从而使民间文学艺术的权利主体也具有群体性的特点，这个群体可以是一个民族，也可以是本民族的某个村落，还可以是某几个人。"但问题在于，侵权行为发生时，不可能由群体的所有成员同时提起诉讼，所以应该由地方政府或民族自治组织作为权利主体的代表对侵权行为提起诉讼，从而有效地维护民间文艺的作品权利人的合法权益。但另一方面，我们也看到，许多民间文艺家在集体创作的文艺作品基础上进行了创新，形成了有个人特色的作品，比如赵梦林的京剧脸谱、袁洪滨的丝绵画等等，这样的作品也属于保护的范畴。另外，民间文艺中家族传承的形式也广泛存在，比如"泥人张"彩塑艺术就有着160年的传承历史，经历了五代传人，这样的民间文艺形式，其权利主体应该是其家族传承人。严格来讲，家族传承也是群体传承的一种。因此，《民间文学艺术作品著作权保护条例》在确定权利主体时，应该将上述几类人都包含进去，即群体（包括家族）和个人，并且认定地方政府或民族自治组织可以作为诉讼主体，维护本地区或本民族的民间文艺权利人的合法权益。而且，《条例》第四条和第八条分别规定的"主管部门和授权机制"也可以看作对上述版权主体归属如何确立的回应。

民间文艺作品的权利客体则应该包括两方面，即无载体的民间文艺作品和有载体的民间文艺作品。在此前的司法实践中可以看到，涉及后者的诉讼常可以依据《著作权法》得以解决。而涉及无载体的民间文艺作品，如"安顺地戏"和《乌苏里船歌》两案由于无法可依，导致两案结果完全不同。由于《著作权法》中除第六条外，没有具体关于民间文艺作品的条款，因此即使是有载体的民间文艺作品，在寻找相关维权法律依据时依旧困难重重。基于此，在《民间文学艺术作品著作权保护条例》中，我们认为应该将无载体的和有载体的民间文艺作品都归到权利客体中来，使民间文艺作品的各类案件能够真正有法可依，不再游走于法律的边缘。

3. 规定民间文艺作品的保护期限

民间文艺作品的保护期问题也是一个存在争议的问题。《著作权法》第二十一条规定公民作品权利的保护期为"作者终生及其死亡后五十年，截止于作者死亡后第五十年的 12 月 31 日；如果是合作作品，截止于最后死亡的作者死亡后第五十年的 12 月 31 日。"针对有载体的民间文艺作品，这种规定是可以适用的。但是无载体的民间文艺作品，则具有群体性以及在流传中不断完善的特点，无法确定具体作者，这种保护期的规定显然不具有操作性。如果强制规定一个保护期限反而不利于对原创作品的保护，更不利于其发展繁荣，因此，可以考虑对民间文艺作品的权利保护设定为没有期限，从而与传统的版权法保护期限加以区分。《条例》第七条规定的"民间文学艺术作品的著作权的保护期不受时间限制"是对上述考虑的体现。

4. 确定民间文艺作品著作权内容

《著作权法》第十条列出了十七种人身权和财产权，如署名权、修改权、复制权、出租权、翻译权等，这些权利都是著作权人享有的。《民间文学艺术作品著作权保护条例》也应该对民间文艺作品著作权的权利内容有所规定。在调研的案例中，我们认为当下民间文艺作品著作权保护中的一个重要问题是"署名权较易得到承认，但财产权利常得不到保护"，即人身权和财产权在民间文艺保护中出现了割裂的现象。有学者认为，民间文艺作品在传播过程中，由于得到加工而逐步丰满和成熟起来，如果过分强调财产权，很可能导致民间文艺作品的传播途径受阻，失去民间沃土的滋养，反过来影响民间文艺的传播和发展。因此，《民间文学艺术作品著作权保护条例》要强调身份权而淡化财产权。基于此，对民间文艺作品的财产权，有学者提出了三个原则：一是民间文艺作品经济权利的确认与权利行使中的"惠益分享"原则。惠益分享理论是指应由利益创造者和相关的贡献者共享利益。套用到民间文艺作品上，就意味着民间文艺作品的权利主体有权与使用民间文艺作品进行创作，从而获取经济权利的人分享利益。二是财产权适用的前提是"以营利为目的"。原因是民间文艺作品是现代文化创新的源泉，如果使用人不是利用民间文艺作品来营利，就不需要征得民间文艺作品权利人的许可，也不用支付费用。即使是以营利为目的的使用，支付费用应该是在营利之后而非使用之时。三是"利益平衡"原则。即平衡民间文艺作品的创造者、传播者和使用者三者之间的利益。总而言之，民间文艺作品的版权保护初衷应是尽量减少甚至是杜绝滥用原创作品及鼓励表达形式的创新，二者之间的平衡既要设定权利内容又要进行适当的权利限制。

四、运用版权保护传承发展民族民间文化艺术

如何运用版权保护民间文艺作品，我们认为应从建立民间文艺版权保护组织、细化作品对象归类与登记工作以及针对作品利用涉及的不同目的分别开展保护等三个方面开展。

(一) 建立民间文艺版权保护组织

在民间文艺家的权益屡屡受到侵犯的情况下，作为民间文艺工作者之家的全国及地方各级民间文艺家协会必须从协会宗旨出发，积极发挥一级机构的职能和作用，以集体的力量维护会员的正当权益。我们认为各级民间文艺家协会主要可以从两个方面发挥作用：一是推动建立一个民间文艺作品著作权保护组织。这就涉及目前许多法律专家所提倡的民间文艺作品著作权集体管理制度。所谓民间文艺作品著作权集体管理制度，是指民间文艺作品权利人授权著作权集体管理组织，代为管理著作权或者与著作权有关的权利的制度。二是该组织得到民间文艺作品权利人的授权之后，可以自己的名义对其所代理的权利进行管理，包括以组织的名义对侵权人提起诉讼，监督民间文艺作品被使用的情况，与民间文艺作品的使用人或组织进行谈判，并发放授权许可、收取使用费，并按照要求将使用费分配给各个有关权利人。类似的著作权集体管理组织目前在国内已有5家，即中国音乐著作权协会、中国音像著作权集体管理协会、中国文字著作权协会、中国摄影著作权协会和中国电影著作权协会，这些组织的宗旨、机构和管理方式对民间文艺作品著作权集体管理组织的成立，有重要的参考价值。

全国及地方各级民间文艺家协会的权益保护部门的职能不仅是侵权行为发生时去"救火"，还应该关注如何防范侵权行为的发生。这就要求各民间文艺家协会在日常工作中和平时举办的相关活动中，将维权理念渗透进去，增强民间文艺家的法律意识和维权意识。各地方民间文艺家协会还可以与地方版权行政管理机关和司法机关合作，为民间文艺家提供法律知识培训与咨询服务，比如提醒民间文艺家注意作品的专利申报与版权登记，遭到侵权后注意及时和正确地采集证

据，等等。

（二）开展作品对象归类与登记工作

著作权保护的民间文艺作品对象范围多样化而复杂化，需要各民族地区做好严谨的申报工作，国务院主管部门进行审核，从而归类，使民间文艺作品的表现形式直观化、固定化、易操作化，为实践中作品的使用、流转或侵权问题都带来了便利和保护依据。

对于我国民间文学艺术作品的保护范围，民间文艺作品保护借鉴国际立法——1982年《保护民间文学表达形式、防止不正当利用及其他侵害行为国内法示范法条》中的相关规定，结合我国各地区现有的条例和实际国情，在制定相关民间文学艺术作品版权保护的立法中，民间文艺作品的版权保护的范围应当包括：文学表达作品、音乐表达作品、艺术活动表达作品和美术工艺作品。

（三）不同使用目的下民间文艺作品的保护

对于民间文艺作品在著作权保护下的使用问题涉及著作权制度人身权和财产权保护问题，特别是民间文艺作品作为一种体现民间文化和民族思想情感的表达形式，如果人身权和财产权受到了侵权，则侵害的不是简单的个人，而是整个民族或群落。因此，就人身权和财产权的两个方面，相关民间文学艺术作品版权保护的立法可以就不同的使用目的对民间文艺作品进行权益保护。

1. 本民族群体在该地区内使用作品。群体及其成员对自己的民间文学艺术作品在该群体内有自由继续使用、交流和传播，以及通过创造和模仿等方式继续发展这些作品，因为这些作品本身便是属于这个群体的共有财产，是他们的前人和他们共同创作的结果，并且他们和他们的后人将继续对这些作品进行保持、传播、发展和丰富。

2. 采风搜集人使用作品。采风搜集人作为民间文艺作品发源地和流传的群体之外的重要传播者，法律上如何规定其对于民间作品的利用模式非常的重要，采风搜集人是较为直接深入了解和采集民间地区文化艺术的主体，他们对民间文化的传播和流传拥有着非常重要的地位，发挥着十分重要的作用，是作品由集中地发散到外界更广地区范围的重要渠道和途径。采风搜集人往往是民间文化的热爱者，他们对民间作品的搜集的初衷往往也是为了让更广的地区和人们感受到中国久远和富有特色的民间文化和艺术，在搜集和收编之上，他们也无形地凝结了自己的劳动成果，对于民间作品的汇编或者是在此民间元素的基调之上创造的作品，在使用的过程中，必须注明采集原料的出处和原创作品的相关信息，对于使用的权限则可以不需要经过原创作品群体权利人的许可，这是充分考虑了有利于文化传播的方式。

3. 教育文化目的使用作品。教育文化方面的利用模式应该是相对而言较为限制最为宽泛的领域，文化就是要使更多的人了解、学习和改进，教育文化的利用模式主要为将民间文艺作品收纳入教科书或其他文化知识读本之中，通过阅读人群来传播和弘扬民间传统文化，这些层面上的利用则完全可以通过法定许可的方式来利用。再者，即便是通过媒体渠道来宣传我国的地区的民间文化，这些方面的利用可以通过经权利主体的允许来实现，对于商业化的媒体宣传则应当支付一定的费用。这涉及了作品的使用许可权问题，这可以看作对民间文学艺术作品进行发展和传播的一种鼓励。文化在一定意义上说，得以流传和传承就是它最大的现实意义，没有后人对民间文学艺术作品进行利用、表演和传播，许多民间文学艺术作品也许就会面临濒临消失的局面。但如果未经许可，任何人都可对其进行利用，就会导致对民间文学艺术作品的滥用，因此，使用许可权的制度必须制定得易于操作化和现实化，减少因使用而发生的纠纷。

4. 商业化的目的使用作品。对于最为广泛利用的商业化利用领域，立法方面则需制定得较为详尽和具有可操作性，因为如今引起大量纠纷和困境的主要就是商业化的利用不当和侵害权利的问题。商业化的利用上，商家是有商机和有利可图的，免费获取民间作品而单方面增加自身收益，无疑对民间作品是一种无成本的获利，不仅使民间作品的权利主体得不到应有的保护和文化维护的补偿，也有可能令歪曲和毁损民间文化形象的情况得不到规制和保障，必须设立相关机构收取一定的费用，使著作权人群体所应有的劳动智力成果获得报酬和利益所应有的基本权利。

5. 国外的商业利用使用作品。目前，国际上虽对保护民间文学艺术达成共识，但欧洲及西方发达国家认为民间文学艺术属于公有领域，可以自由复制和表演，无须经过许可和交付使用费，而一些具有丰富民间文学艺术资源的发展中国家却主张对民间文学艺术予以版权保护或其他保护。鉴于此，发达国家对民间文学艺术大规模无偿性地利用，从中获利，却不对民间文学艺术的发源地、创作民族进行任何经济补偿，甚至对民间文学艺术进行任意地歪曲、篡改，伤害了创作民间文学艺术民族的感情。因此，对于国外的利用我国民间文艺作品制作的作品或引用我国的相关民族文化元素，应通过我国的文化或其他主管机关申请许可，在我国审批其没有对我国造成不良影响或作出歪曲形象的前提下批准利用我国民间作品题材，并需向我国支付一定的费用。这就特别需要保护我国民间文艺作品的完整性权利，不少发达国家对发展中国家的民间文学艺术作品进行商业利用，美国利用我国的花木兰的民间故事所制作的电影就是一个很典型的例子。而另外一些为了迎合市场需求而对民间文学艺术作品的原有形式、内容进行歪曲、滥用的商业利用，破坏了民间文学艺术作品的真实性，也对民间文学艺术作品起源群体的感情和尊严造成了伤害。

课题负责人：刘德伟

课题组成员：万建中　林继富　陈少峰　李竞生　曹莹　唐磊

承担单位：起源地文化传播（北京）中心

协作单位：中国文联民间文艺艺术中心

　　　　　中国民间文艺家协会中国起源地文化研究中心

参考文献

［1］谢瑾勋.民间文学艺术作品保护路径研究［D］.北京：北方工业大学，2020.

［2］李昕彤.民间文学艺术作品著作权保护困境与对策［D］.兰州：兰州理工大学，2022.

［3］曾钰诚.民间文学艺术作品著作权保护问题再思考——以《民间文学艺术作品著作权保护条例（征求意见稿)》为视角［J］.广西政法管理干部学院学报，2016，31（2）：63-67.

［4］中国文联权益保护部编著.中国文联文艺维权手册与案例选编2009—2012［M］.北京：中国文联出版社，2014.

［5］黄玉烨.中国民间文学艺术的司法保护状况及问题分析［M］//中国民间文艺家协会.中国民间文艺权益保护.北京：中国文史出版社，2012：101、108、111.

［6］刘德伟，李竞生.民间文化起源地探源与文化创意产业研究［M］.北京：知识产权出版社，2021.

民间文学艺术作品著作权权利人基本诉求

——以湖北利川民歌《龙船调》登记确权纷争为例

左尚鸿*

摘要： 民间文学艺术作品著作权保护专项立法进程中有一个被忽视轻视的重要问题，是30年来的立法保护议案中没能真实全面地反映民间文学艺术作品著作权权利人的基本诉求。深入研讨湖北利川民歌《龙船调》登记确权纷争，能够切实感受到相关立法保护行动任务之艰巨，需要正视问题产生的根源并作出积极回应，确保"十四五"时期专项立法的针对性、适用性和可行性。

关键词： 民间文学艺术作品著作权；《龙船调》登记确权；权利人诉求；立法保护

民间文学艺术作品著作权并不像民间文学艺术本身那样历史悠久，而是近60年来才出现的一个内涵复杂、涉及广泛的新兴法学概念，是全球一体化和国际文化冲突及政治博弈的一个重要产物。由于过去代表世界主流意见的世界知识产权组织（WIPO）基于"私有财产"保护理念和联合国教科文组织（UNESCO）基于"人类共同遗产"保护理念的不同，由于发达国家与发展中国家之间多年来对民间文学艺术作品著作权立法保护缺乏实质性协作互动，对待民间文学艺术作品著作权保护行动的态度和观念迥异甚至形成对立对抗，导致许多国家和地区相关专门立法保护行动收效甚微，远不及预期。如今，民间文学艺术作品著作权保护专门立法对于世界各国来说，依然是一个充满变数的国际议题。在此国际大背景下，中国民间文学艺术作品著作权保护专项立法探索行动也同样踌躇不前。著作权法于2001年、2010年和2020年先后修订三次，其第六条"民间文学艺术作品的著作权保护办法由国务院另行规定"至今处于待办状态，三十载没能落地实施，足见这项工作的复杂性和紧迫性。2014年9月，国家版权局推出《民间文学艺术作品著作权保护条例（征求意见稿）》（下称"征求意见稿"），但因国内各方面意见不统一而最终不了了之。深入分析研究新世纪以来的立法实践可以发现，国内专家、学者往往局限于对国内外已有理论、观念和法条的研讨评判，对民间文学艺术作品的现实存在状态调查研究不足，对其传承、发展的体验感知不深，

---

* 左尚鸿，湖北省版权保护中心编辑，本课题组组长。

对现实生活中民间基层权利人关注不够，往往将其视为"匿名的""跨时空的"笼统模糊对象而忽视轻视权利人权益期望，所以多年来的立法保护议案和理论研究，不能真实全面反映当下我国民间文学艺术作品著作权权利人的基本诉求。

民间文学艺术作品著作权专项立法已列入国家"十四五"版权规划和"知识产权强国"战略，有关部门正积极总结经验并努力推进。然而，要做到专项立法适用有效，首要的一步应该是确立"走向大众，倾听声音，了解诉求"这个立法原点，确立全面准确把握民间文学艺术作品著作权权利人的基本诉求这个立足点，从而形成上下一体的社会互动。调查发现，我国进入司法程序的民间文学艺术作品著作权侵权诉讼案件并不多，1949 年至今能够查阅到资料的有 300 件左右。但这只是冰山一角，现实生活中涉及此类侵权纠纷大量存在。当下，我国民间文学艺术作品著作权权利人急需知晓的是：到底什么是民间文学艺术作品？谁是其真正的权利人？能有哪些权利又该怎样实现？等等。但是很显然，现行著作权法并不能全面回答解决这些问题，而且还因此形成了一个社会"怪圈"：文化管理部门以非物质文化遗产和公有资源为由，避免甚至排斥权利人的个人诉求；司法部门以没有明确法条依托为由，希望涉事各方进行社会化调解；版权管理部门则以涉及私权不便行政为由，支持纠纷各方多打官司，同时希望法官发挥聪明才智，进而为相关立法保护提供更多判例参照。民间文学艺术作品著作权权利人大多处于信息资源劣势，面对此种情形往往无所适从，从而形成相关法律纠纷的"冰山"现象。这从某种程度上说，限制了他们正当权利的行使，也影响到了当前整个中国民间文学艺术作品的保护、创新与发展。这里，以湖北利川民歌《龙船调》在 2017—2022 年申请作品著作权登记引发的权属纷争为例，探讨涉事权利各方的基本诉求，以期有利于当前的专项立法保护工作。

一、湖北利川民歌《龙船调》登记确权纷争

民间文学艺术作品著作权纠纷中，最有代表性的应该是民间音乐，湖北利川民歌《龙船调》的登记确权纷争堪称典型。《龙船调》源自鄂西民间流传的活形态民歌"种瓜调"，1956 年前后原利川县（今利川市）文化馆干部周叙卿、黄业威搜集整理为原生态民歌《种瓜调》，1958 年底原恩施地区歌舞团创团团长毛中明、歌舞队队长杨玉钧等据此改编为再生态民歌《龙船调》。由于《龙船调》在音调、节奏、曲体结构、音调旋法和"穿歌子"手法使用等方面，集中体现了鄂

西武陵山区的传统民歌特色，因而得到当地群众热烈欢迎和广泛传唱。后经1959年新中国成立十周年湖北地市专业剧团歌舞汇演及湖北人民广播电台录播，以及时任湖北省省长张体学亲定歌剧《洪湖赤卫队》韩英扮演者和民歌《洪湖水，浪打浪》演唱者王玉珍学唱表演，从而成为湖北数十年对外文化展示的保留曲目，并由此走向全国乃至全世界。

《龙船调》唱响全国以后，本该立即重视著作权保护问题，但由于以往著作权保护意识淡薄，在大家心目中，基本上都是谁唱得有名气，《龙船调》就算是谁的。这种局面，若不考虑著作权人的权益问题，其对传播发展有利的一面就是《龙船调》越传越远，改编演绎形式也越来越灵活多样，形成了一种与地方文化品牌和经济社会发展融为一体的独特的"龙船调"文化现象。60多年来，这些演绎《龙船调》的重要作品高达300多件。除了20世纪60年代当红歌唱家王玉珍将其唱到日本外，还有同时期的歌唱家刘家宜演唱、中国唱片社唱片发行的《龙船调》；有中国电影乐团歌唱家王洁实、谢莉斯的轻音乐通俗唱法《龙船调》；有方石创作的《新编龙船调》及小提琴协奏曲《龙船调》；有王原平创编的《新龙船调》；有陈国权编创的多声部合唱《龙船调》；等等。还有各种不同文艺形式的演绎，包括小说、歌舞、戏剧和电影等。随后还经历了歌唱家李谷一、宋祖英、张也、李丹阳等民族唱法，以及在国内外各种不同唱法版本的流行。1991年10月，UNESCO还将《龙船调》列为世界25首优秀民歌之一。这些作品的改编演绎形式纷繁多样，但都有一个共同特点，那就是：都没有明确、完整地给予《龙船调》原创作者署名，也从未征求过他们的任何意见。

特别是歌唱家宋祖英于2002年12月20日在悉尼歌剧院、2003年11月23日在维也纳金色大厅和2006年10月12日在美国肯尼迪艺术中心等世界知名音乐殿堂演唱之后，湖南不少媒体、知名人士甚至有地方领导都宣称《龙船调》为湖南民歌，从而引发湖北、湖南两省长达十年的激烈争辩。2006—2016年，经过《湖北日报》《恩施日报》《中国文化报》《文化遗产》《音乐研究》《音乐创作》等报刊系列报道和公开讨论，特别是2011年5月《龙船调》被列为国务院公布的第三批国家级非物质文化遗产"灯歌"子项目"利川灯歌"的代表性曲目，争论才一锤定音，全国各界趋向一致地认为：《龙船调》为湖北利川民歌，是以毛中明、杨玉钧为代表的原恩施地区歌舞团编创集体根据周叙卿、黄业威收集整理的利川灯歌《种瓜调》编创而成的民歌作品。没有周、黄等人搜集整理的原生态民歌《种瓜调》，就没有今天的经典民歌《龙船调》；同时，没有毛、杨等人慧眼识珠和专业化改编并精心打造成《龙船调》，《种瓜调》则可能永远不为世人所知，只能在民间文化资料库中被束之高阁。从《种瓜调》到《龙船调》，不是简单的改名，而是传统民歌发展创新的一次质的飞跃，是改编民歌"继承中有发展、发展中有创新"的成功范例。这些创造性艺术劳动，为优秀民间文学艺术作品的传承和发展做出了贡献。在与湖南论争过程中，利川市本地加大了对外宣传力度和申报国家级非物质文化遗产保护项目步伐，整理推出了大量与当地经济社会发展高度融合的文献资料。但有专家认为也存在一个问题，那就是突出了周、黄等利川本地文化干部的原生态民歌搜集整理者的作用，而没有利用历史、学术应有的客观态度，在一定程度上轻视或有意无意地忽视了毛、杨等专业人士在《龙船调》改编形成过程中的关键作用，引起了多年来不愿以权利人身份现身的后者的愤愤不平。

2017年4月15日，武汉音乐学院退休教师毛中明（1932—　）和湖北省商务厅退休干部杨玉钧（1940—　），在杨玉均丈夫、原湖北省物资学校（今湖北省城建职业学院）党委书记薛复元（1931—2020.12）和时任中国音像著作权集体管理协会代理总干事周亚平的陪同下，正式向湖北省版权局版权登记部门现场递交了歌曲《龙船调》的作品著作权登记申请，请求将全部版权登记确权在毛、杨二人名下。同时，二人还提交了一系列辅助性证明材料，包括：1959年《歌曲〈龙船调〉词曲改编、排练、原唱者和参与者名单》以及分别按了红印泥指纹的全体人员的手写《证明》；介绍详细过程的《歌曲〈龙船调〉改编创作始末》；1959年《龙船调》表演现场及之后的系列资料照片；1959年9月2日《湖北日报》第3版"省音乐舞蹈曲艺汇演盛况"的大篇幅报道复印件；等等。厚厚一大沓，应该说是新世纪以来，湖北省版权局版权登记部门工作人员接收的资料最多、印证最全的申请登记确权作品之一。

近年来，涉及民间文学艺术作品著作权申请登记确权的例子越来越多，类型越来越多样，而且还经常涉及商标、地理标志捆绑及地方品牌打造。湖北利川民歌《龙船调》就是其中代表之一。但是，这类作品在省级及以上版权局作品登记机构申请登记确权的成功率很低。由于涉及公众利益且年代久远，加上没有原始的可视化资源供直观评鉴，所以这类作品往往会被工作人员以"存在争议"为由不予登记。然而，毛中明、杨玉钧特别是杨玉钧丈夫薛复元执着坚持，通过多种方式不断解释说明，并于2017年5月中旬再次向湖北省版权局版权登记部门庄重提交《龙船调》登记确权申请。同时针对争议，毛、杨二人在原有材料基础上又增加提供了2009—2013年湖北、湖南涉及歌曲权属纷争期间各级报刊刊载的记者采访及有关知名人士回顾性文章。这些文章通过毛中明、杨玉钧、杨建知等亲历亲为者之口，以实录形式讲述了《种瓜调》演变成《龙船调》的创作及首唱首演全过程。特别是针对2011年11月5日《恩施日报》刊登的由国家一级作曲家、恩施扬琴第五代非遗传承人孙邦固（1941—2012，20世纪80年代曾任恩施州歌舞团团长）撰写的大篇幅图文通讯《〈龙船调〉是怎样来的》，三人还亲自撰写、署名发表于2012年2月18日《恩施日报》第6版的《〈种瓜调〉如何变成为〈龙船调〉——〈龙船调〉创作、首唱及演出过程实录》，对孙邦固之文中少数内容偏差进行了进一步澄清。再次申请作品登记，除了第一次申请时的原班陪同人员外，还邀请了熟悉当年录制《龙船调》歌曲情况并监制过相关电视专题节目的湖北广播电视台著名音乐人、导演尹建平等人，座谈会上，毛、杨二人再次表达诉求。

湖北省版权局版权登记部门专题研究讨论后认为：《龙船调》歌曲影响广泛，毛中明、杨玉钧二人对其著作权的登记申请，可能对该经典歌曲的社会认知、权利归属及传播使用等产生重大影响。面对十多位知名老人的当面或书面的集体诉求，省版权局版权登记部门在支持其通过法律途径维护正当权利的同时，决定派出专题调研组，于2017年6月14日至17日，先后走访了解了宜昌市文化局及市作协，走访了恩施州文化局（版权局）和该局离休老领导马德略及州属湖北省民族歌舞团，走访了利川市文化局、市人大常委会副主任周峥嵘、市文化馆及柏杨坝、谋道、汪营等乡镇文化站及周边村民群众，与歌曲诞生发展过程中的30余位亲历者进行了座谈交流，全面调查了解了《龙船调》的形成和传唱过程及传承现状，同时调研组还查阅了大量资料，听取了恩施州、利川市等相关部门及有关专家、领导的意见建议，走访了武汉音乐学院部分知名教授及湖北省歌剧舞剧院有关老领导。通过民歌流传脉络的梳理，形成了专题报告，版权登记部门根据有关规定，给予了严肃、谨慎的办理。由于《龙船调》歌曲著作权归属问题分歧严重，版权登记部门又召集毛中明、杨玉钧夫妇等人座谈，详细告知并耐心解释了相关分歧情况，并根据国家版权局2011年10月24日印发的《关于进一步规范作品登记程序等有关工作的通知》（国版字〔2011〕14号）中关于"对申请人提交的作品的著作权归属存在争议的，登记机构应作出不予登记决定"的规定，2017年6月23日做出正式办理意见：由于存在巨大争议，歌曲《龙船调》著作权不予登记。

"不予登记"意见做出后，毛、杨二人表示很不理解，认为他们在《龙船调》歌曲改编、创演和传播传承过程中发挥的关键作用，没有获得相应认可肯定，不能容忍社会上使用该歌曲时不署名、随意署名甚至是错误署名，以及被人有意无意地误导甚至彻底否定其编创史实等现象。随后，薛复元代表毛、杨等人，致信文化部、中国文联、湖北省委领导及各级相关部门领导，呼吁为其诉求的民歌《龙船调》上"法律户口"（版权登记）予以支持。这给版权登记工作造成很大压力。其中重要的一点是，毛、杨二人年事已高，来去不便，情绪特别容易波动。薛复元信件反映，没有毛、杨等专业音乐人士的改编创作，就没有经典歌曲《龙船调》，根据著作权法规定，毛、杨等人享有相应著作权，对版权部门不予登记确权表示"费解"；对非遗保护和毛、杨等当事人年老体衰表示忧虑。2018年6月下旬，国家信访局办信二处向湖北省信访局转办了此件。2018年7月3日收到编号为2018017号的信访件后，湖北省版权局于7月4日立即作出回复并再次给出相同的办理意见。

但是，毛、杨、薛等人继续向有关部门寻求支持，直到2021年元旦前夕薛复元先生不幸病逝，登记确权纷争才逐步偃旗息鼓。后来，杨玉钧老人通过微信向工作人员诉说悲戚：1959年薛复元是恩施地委宣传部青年领导干部，为《龙船调》改编及送省表演鞍前马后，二人因此有了60多年的忠贞不渝……2021—2022年，杨玉钧还多次询问登记确权政策，热切希望在有生之年能看到有关法律法规。

二、湖北利川民歌《龙船调》相关权利各方的诉求

民歌《龙船调》登记确权纷争，源于多个权利主体的不同诉求，湖北省版权局版权登记部门在政务办件及信访回复中均认为：《龙船调》自20世纪50年代末被搬上舞台以来，唱遍全国及世界各地，赢得无数赞誉，成为恩施土家族苗族自治州乃至湖北省的一张亮丽文化名片。长期以来，《龙船调》被视为经典民歌和国家级非物质文化遗产"灯歌"子项目"利川灯歌"的代表性曲目，为全社会所共有共享，对其使用无须授权和付酬。而且经梳理发现，《龙船调》歌曲著作权归属问题，争议由来已久，特别是在2011年《龙船调》传统文化资源申请国家级非物质文化遗产项目时达到高峰。目前，除毛、杨二人权属诉求外，还存在其他三种明确的意见或诉求。下面，我们就来分析一下《龙船调》权利各方的具体诉求。

（一）原生态民歌《种瓜调》搜集整理者的诉求

民间文学艺术经典作品往往是千百年来人民群众集体接续创作形成，《龙船

调》也不例外。其源头就是流传于湖北恩施土家族苗族自治州利川市柏杨坝、汪营、谋道等乡镇"灯歌"之一的"种瓜调"。对此，目前文化艺术及学术界认识一致。

所谓利川灯歌，是当地汉族及土家族、苗族杂居地区群众逢年过节"玩灯"活动中以"彩龙船"为道具的民间演唱形式。它发轫于明末清初江汉平原的玩灯活动"彩莲船"，至清末民国时期依然兴盛。玩灯活动花样百出，玩法各具特点。其中彩莲船又称彩龙船，纸糊篾扎的船身很轻，中间坐着（实为站着）幺妹儿，两旁各扶一陪妹儿，桡夫子（艄翁）前后左右划桨，船后跟一装扮夸张的媒婆子。表演时，艄翁领唱，余者和之，共同踩着锣鼓点子踮脚抖肩载歌载舞。彩龙船曲调唱腔简易上口，以"十二月调"最为常见，唱词多为风趣的"见子打子"，见什么唱什么，即兴演唱。"种瓜调"就是当地群众喜闻乐见的活形态"灯歌"作品之一。

1953年8月，受家乡荆州江陵县江汉平原鱼米之乡民俗文化熏陶并参加过省文工团短期训练班学习的周叙卿（1934—1982），被分配至恩施地区利川县文化馆任音乐干部。利川歌舞资源丰富，山歌、号子、摆手舞、肉连响、撒叶儿嗬等形式多样，仅山歌就有五句子、连八句、喊喊腔等不同句式调式。此外，还有扬琴、灯戏等多种曲艺形式。周叙卿曾踏遍各区乡公社，搜集整理了《柑子树》《筛子关门眼睛多》等20余首当地灯歌。"种瓜调"是其中之一，又称"瓜子仁调"，为周叙卿从一浣衣村妇处偶然听得，之后他向当地农民歌手丁鸿儒请教并请其演唱。有职业敏感的周叙卿迅速记下主旋律和四季种瓜的10段歌词，后经反复核唱，整理出了彩龙船歌舞唱腔《种瓜调》的首个词曲脚本。

由于民歌在传唱过程中绝大多数都只有碎片化、模式化的唱腔曲调，没有固定歌词，更没有固定歌名，所以搜集整理后的民歌歌词基本确定，民歌名称则大多由整理者自己取名，或根据需要随机换名。1955年底利川县文艺馆举办全县农村业余文艺汇演，周叙卿建议柏杨坝排练由他改编的"龙船舞"节目参演。排练中，县文化馆舞蹈干部黄业威（1928—1994）建议去掉彩龙船、桡等实物道具，仅以二人虚拟动作的表演唱形式演绎节目，随后还参加了1956年2月恩施地区首届民间歌舞汇演。节目中，民间艺人王国胜、张顺堂以二人对唱后，以一个唱、一个吹木叶、最后再合唱的方式演唱，获评汇演优秀节目。为便于记录曲词和传唱传演，歌曲经润色后被正式定名为《种瓜调》。其定型主歌词为：

正月是新年哪（咿哟喂），瓜（呀）子才进园哪（哟喂）。

二月起春风哪（咿哟喂），瓜（呀）子才定根哪（哟喂）。

三月是清明哪（咿哟喂），瓜（呀）苗成了林哪（哟喂）。

四月是立夏哪（咿哟喂），瓜（呀）儿上了架哪（哟喂）。

五月是端阳哪（咿哟喂），瓜（呀）儿把新尝哪（哟喂）。

六月三伏热哪（咿哟喂），瓜（呀）儿正吃得哪（哟喂）。

七月秋风凉哪（咿哟喂），瓜（呀）儿皮色黄哪（哟喂）。

八月中秋节哪（咿哟喂），要（呀）把瓜儿摘哪（哟喂）。

九月是重阳哪（咿哟喂），瓜（呀）子已下场哪（哟喂）。

十月瓜完了哪（咿哟喂），瓜（呀）种要留到哪（哟喂）。

其副歌作为引子、过门或收尾等，以"穿歌子"形式穿插行唱，但其唱法繁多，唱者可依其喜好随机做出选择。查阅当地各种资料显示，似乎并没有固定样式。这里只列举四种较为稳定的流行副歌词：

（1）今哪叶儿梭，明哪叶儿梭，洋鹊叫哇包左恩啦果，包左恩啦果。

（2）金打银儿梭，银打银儿梭，阳雀叫哇咿呀喂子哟，那个咿呀喂子哟。

（3）今儿叶儿梭，明儿叶儿梭，洋雀叫哇抱着恩哪哥哇，抱着恩哪哥哇。

（4）金哪银儿嗦，银哪银儿嗦，阳雀叫哇八哥鹦哪哥，八哥鹦哪哥。

由上述歌词可知，《种瓜调》是我国民间流传广泛的"十二月调"缩变体式，分十个月唱叙种瓜得瓜过程，是一首典型的农事歌。其基本唱法分上下两句，为"穿歌子"循环唱法。目前，可查得的最早的《种瓜调》五线谱记谱为：

毫无疑问，作为活态民歌集体创作主体，农民歌手丁鸿儒的传承传唱，民间艺人王国胜、张顺堂等登台表演，包括那位浣衣村妇在内的利川民众，都对《种

466

瓜调》的传承和发展起到了重要作用。但在《种瓜调》浮出民间并成名的过程中，武汉音乐学院教授孙凡认为，周叙卿、黄业威等基层文化干部对其发现、搜集、整理和作品化定型，做出了重要贡献。根据著作权法第十条、第十五条和第十八条规定，《种瓜调》及相关节目作为音乐舞蹈类汇编改编作品，属于周叙卿、黄业威等人根据县文化馆工作安排而形成的职务类作品，利川县文化馆可以享有一定期限内的相关财产权利，但周叙卿、黄业威等人作为词曲搜集整理者和歌舞编创者，对原生态民歌《种瓜调》和当年的"龙船舞"歌舞节目享有署名权、修改权和保护作品完整权等精神权利，但现行著作权法并未明确谁可以享有民歌命名权。

《种瓜调》被恩施地区歌舞团改编为《龙船调》并唱响全国后，黄业威等人结合利川当地传唱习惯和专业化《龙船调》不易被群众传唱的实际，又学习《龙船调》并增加了对白穿插，调整了词曲内容，形成了当地升级版的"种瓜调"《龙船曲》。然而，"文革"时期，曾经搜集整理大量民间情歌的周叙卿被视为"牛鬼蛇神"，"造反派"将其搜集整理的大量民歌资料付之一炬。《龙船曲》再改编曲目在当时是否真实存在，或者说后来经黄业威还是周叙卿之手进行了再改编及本土化，目前无文献可查。经受折磨摧残、精神分裂的周叙卿，于1982年10月30日夜跳江自尽，享年48岁。

近20年来，利川市委、市政府对周叙卿、黄业威等人搜集整理《龙船调》的原生态民歌《种瓜调》的贡献给予了充分肯定。在周叙卿之女周峥嵘2006年至2011年担任利川市委常委、宣传部部长期间，当地文化部门还组织了系统整理和广泛宣传。特别是在2003年前后，在发现湖南省人民政府门户网站"网上湖南""湘味湘情"等页面将《龙船调》标注为"湖南民歌"后，利川市进行了严正交涉，后来可能意识到确有版权问题，湖南省政府办公厅信息中心就删掉了相关说法。全国律师协会知识产权委员会副秘书长斯伟江对此表示："湖南省政府这么做，很明显有侵犯署名权和保护作品完整权的嫌疑。"当时，利川市拍摄音乐电视《龙船调》，而与此同时湖南省湘西州政府出资，也在凤凰古城为宋祖英拍摄《龙船调》MTV。周峥嵘说："湘西州政府试图在MTV上把《龙船调》署名为湖南民歌，但遭到了利川市人民政府的交涉反对，最后在中央电视台播出时做了个折中，仅在MTV里署上'民歌收集整理者周叙卿'。"2009年9月，利川市举办首届龙船调艺术节，市政府特意邀请宋祖英来开幕式献唱，但宋祖英因"临时有事"改变计划。经过近十年的宣传、推广和争取甚至是"斗争"，在利川，"龙船调"俨然成为当地的统一文化标志，从一个文化品牌逐渐演变成支柱型经济品牌。当

467

然，也有专家认为，其中存在为了宣传而对周、黄贡献有所夸大的问题，但其贡献和作用不可否认。所以，当听说毛中明、杨玉钧等人要对《龙船调》申请登记确权后，时任利川市人大常委会副主任周峥嵘表示十分愤怒，坚决反对。

原生态作品《种瓜调》搜集整理者周叙卿、黄业威等后人及聂成等利川灯歌非遗传承人对《龙船调》权属的诉求，以周峥嵘为代表。他们认为，毛中明、杨玉均等人只是以《种瓜调》为基础进行改进提升，并非独立创造创作。因此，反对将《龙船调》版权登记在其个人名下。其诉求主要有三点：1.《龙船调》改编自原生态民歌《种瓜调》，没有原利川县文化馆音乐干部周叙卿、舞蹈干部黄业威等人将民间活形态的"种瓜调"记录编谱并以节目向上报送，就不会有后来《龙船调》的全国唱响。《种瓜调》的发现者、搜集整理者周叙卿及其后人对其歌词、记谱等享有相应著作权。2.1959年及以后的《龙船调》歌舞节目，改编自利川市选送节目"龙船舞"，周叙卿、黄业威是后者的词曲编创、节目编导并享有著作权，任何改编演绎都应标明原创作者。3.灯歌"种瓜调"曾使用《龙船曲》名称，且《龙船曲》与毛、杨改编的《龙船调》曲谱相似，同时两种名称至今在利川柏杨坝、汪营等乡镇并存，因此周、黄二人也应享有对《龙船曲》进行著作权登记确权权利。不过针对第三条诉求，因为无法提供创作证明资料、具体时间且与《龙船调》曲谱基本相同，有专家学者认为，《龙船曲》可能是《龙船调》回归柏杨坝等核心传承地后又形成的民间变异歌体。而毛中明、杨玉钧则直接斥为"伪作"，称其不仅曲谱照搬，而且根据语言专家及1956—1958年语言文字改革和使用标准审核，存在多处错用滥用简化字、繁体字的地方。

（二）再生态民歌《龙船调》改编及首演首唱者的诉求

民间文学艺术作品从口耳相传的活形态，到搜集整理初步定型的原生态，最后发展到经典化的再生态，往往都有专业人士直接参与再创作从而实现脱胎换骨。这是一个民间文学艺术作品彻底脱离碎片化进而实现可版权化和广泛传播及经典传承的至关重要的演变过程。

1958年底，根据湖北省委统一部署，恩施地委宣传部和地区文教局组织举办了系列文艺汇演，涌现出一大批民族民间优秀歌舞节目，特别是利川县代表队周叙卿记录整理、黄业威编导的《龙船舞》歌舞节目（又称灯歌《种瓜调》歌舞）得到好评并获奖。汇演结束后，地委宣传部和地区文教局领导指示，由地区歌舞团创始负责人毛中明带领创演职人员，深入利川县各公社进行采风巡演，力争将原生态的"种瓜调"改编打造成能代表恩施地区参加全省汇演的精品节目。大家边采风、边排练、边演出，从音乐、舞蹈、道具等各方面，进行全面组合构思、整理加工和改编排练。在编导过程中，大家认为歌曲的"种瓜"意味消失，传统的"龙船"意味更足，于是顺理成章地将再改编创作节目及歌曲定名为《龙船调》。

1959年年初，中共湖北省委宣传部部长曾淳到恩施调研并在地委宣传部部长陈任远等陪同下，专程来到原恩施县（今恩施市）城关舞阳坝东方红电影院，观看了由恩施地区歌舞团专场演出的《龙船调》《黄四姐》《摆手舞》《闹年歌——撒尔嗬》《地花鼓》《耍耍》《采茶舞》《莲香》等一组具有恩施地域特色的歌舞节目。演出第二天，曾淳部长就在地委办公楼召开全体演职人员座谈会，给予《龙船调》改编演出高度评价，鼓励并要求大家抓紧编排像《龙船调》这样有民族地域特色的一组优秀节目参加国庆十周年全省文艺汇演，会后还与全体演职人员合影留念。

此后，大家对《龙船调》等节目编排精益求精，并由地区文教局领导冯恒和地区歌舞团团长毛中明带队，如期参加了1959年9月在武汉湖北剧场举行的全省文艺汇演，这是第一次将《龙船调》搬上现代化大舞台。在汇演节目单上，《龙船调》是第三个节目，此外还演出了毛中明改编的《柑子树》《黄四姐》《闹年歌——撒尔嗬》等22个歌舞节目。据称，当时《龙船调》演完后掌声欢呼声经久不息，谢幕达七次之多，不得不多次返场演唱。全省汇演结束后，《龙船调》节目组还应邀到湖北人民广播电台做了录音，优美动人的歌声通过电台的滚动播出，开始了全省全国的传唱历程，最终成为社会公认的经典民歌之一。

武汉音乐学院教授、民族音乐理论家刘正维认为，《龙船调》在专业化和经典化过程中，毛中明、杨玉钧等人的作用至关重要。毛、杨二人认为，有责任为大家讲清楚歌曲成名过程的真实历史，有义务在耄耋之年站出来保护湖北文化品牌，并且根据著作权法规定，依法享有作品相应著作权并愿意公开表达自己的诉求：

1. 民歌《龙船调》是经过专业化改编创新创作的经典音乐作品，不应视为原生态灯歌《种瓜调》的翻版续篇，二者完全不是同一作品。民歌记谱整理与民歌改编演绎是两种性质根本不同的智力劳动，民歌记谱整理是文化工作者对民间流传的活形态民歌的客观忠实记录，记录者基本不做任何加工改动且尽可能保持"原汁原味"或原生态，而民歌改编演绎则是通过音乐工作者创造性的专业化艺术劳动，对民歌原型词曲加工再创作（包括程度大小不等的改动或部分创作）而形成新的再生型艺术作品。由毛中明、杨玉钧为代表的集体改编创作的《龙船调》从词、曲两方面来看，都已脱离了原生态民歌《种瓜调》母体，形成了一首

469

新的再生态民歌艺术作品。毛中明为1956年中央音乐学院民乐系首届毕业生，同年任中南音乐专科学校（今武汉音乐学院）教师，为贯彻毛泽东主席《在延安文艺座谈会上的讲话》"到群众中去"的精神，1958年从武汉借调到偏远的鄂西恩施地区，同时带领中南音乐专科学校附属高级中等音乐专科学校应届毕业生杨玉钧、杨建知、关绍刚、叶彤芳等，负责筹建恩施地区文工团（后为歌舞团），推动恩施地区文化艺术提升。根据上级要求，歌舞团将改编《种瓜调》视为重要课题任务。源自利川灯歌十二月调的"种瓜调"因为没有固定名称而常被当地群众笼统地称为灯歌或灯调，其曲调简单，仅上下两句，单乐段曲式，五字句形式，其歌词围绕农民种瓜，从正月唱到十月，单调冗长，缺乏时代生活气息。经过精心构思，毛中明将其压缩为正月新年、三月清明和五月端阳等三个典型习俗场景，将唱十个月也相应压缩为只唱三个月，同时在前面加上了过门调和音乐伴奏，中间还大胆增加了老艄公和妹娃儿（幺妹儿）诙谐风趣的表演对白等情节。这段风趣对白本来是写了旋律用唱来表现的，但在巡演排练中，演员王福全、乐队队员关绍刚建议用恩施方言来表演，毛中明觉得效果不错就采纳了意见。于是，歌词也相应调整为"妹娃儿去拜年""去踏青""去赶场""艄公你把舵扳哪，妹娃儿我上了船，喂呀左哪个喂呀左，将妹娃儿推过河哟"等系列内容。为渲染气氛，还把最后一句由一人独唱改为众人合唱："妹娃儿要过河哇，哪个来推我嘛？"老艄公拉长语气回答："我来推你嘛！"等等。艄公、妹娃的方言对白增加了歌曲艺术魅力，成为观众最喜爱的亮点之一。两人在表演中一问一答，轻提软踩，台风亲和，生活气息浓郁，形象生动饱满。为提升曲调审美，让词曲朗朗上口、通俗易唱，毛中明等人还对原曲基调作了重要改编，用加花、加彩等装饰音等专业化手法，展现了歌曲的整体完美。

例如：

（1）头句的第一节 $\overset{\frown}{3\ 3}\ \underset{(正月)}{1}$ 改编后成为 $\overset{\frown}{3}\ 1\ \underset{(正月里)}{1}$

（2）原曲第三小节 $\underset{(咿)}{3.}\ \underset{(哟)}{\overset{\frown}{2\ 1\ 2\ 1}}\ \underset{(喂)}{6}\ |$ 改编后成为 $\underset{(咿)}{\overset{\frown}{3\ 5\ 3\ 2}}\ \underset{(哟)}{\overset{\frown}{1\ 2\ 1}}\ \underset{(喂)}{6}\ |$

（3）原曲第八小节 $\underset{(金打银儿锁)}{\overset{\frown}{1\ 6\ 5\ 1}\ 6}\ |$ 改编后成为 $1\ 1\ 3\ \overset{\frown}{1}\ 6\ |\ 3\ 3\ 3\ \overset{\frown}{1}\ 6\ |$

（4）改过后的 $1\ 1\ 3\ \overset{\frown}{1}\ \overset{\vee}{6}\ |\ 3\ 3\ 3\ \overset{\frown}{1}\ \overset{\vee}{6}\ |$ 作了一个小6度音程的大跳。

这样创编改造，既符合鄂西方言声腔及其音乐文法，又给旋律带来了更大的情感魅力。同时，歌曲后面扩展的乐段中"喂呀左！嗬呀喂呀左！"这些衬词、帮腔，吸收了歌舞团在巡演中搜集到的鹤峰县"放排号子"和恩施县"搬运号子"中的音乐元素及相关反馈意见，使节奏更明快，韵律更流畅，对比更鲜明。由于毛中明、杨玉钧编创的"新《种瓜调》"内容与种瓜毫无联系，而且更突出了当地五月端阳划龙船风俗，于是决定将歌曲改名为《龙船调》。这些专业化的改编创新，绝不是粗懂音乐的一般基层文化干部能够胜任的，需要深厚的专业化音乐功底才能实现。因此，毛、杨二人认为，《龙船调》是新作品，与《种瓜调》有着根本性的区别：《种瓜调》以农民种瓜的农事活动为主题，由忠实记录和客观整理民间活形态的灯歌曲词而成，是在"利川灯歌"这一活形态母型曲调下定型而成的众多原生态灯歌作品之一，利用这一曲式完全可以再唱出"栽秧调""薅草调"等无数首劳动歌。但是，《龙船调》经过了专业化创编，变成了一个以端阳舞龙船为主题的节俗生活化民歌，摆脱了一般生活情趣，提升到了高度审美的艺术境界，其曲式和主歌词均具有不可随意套用和更改的歌曲独特性和艺术表现唯一性。因此，不应将《龙船调》与《种瓜调》混为一谈。

2. 毛中明、杨玉钧等享有民歌《龙船调》著作权，《种瓜调》搜集整理者周叙卿等后人及利川市政府不应忽视甚至否认其贡献，也不应反对其享有相应著作权，更不应该反对甚至干涉其进行作品登记确权申请。原灯歌节目"龙船舞"及其原生态民歌《种瓜调》，搜集整理及编创者周叙卿、黄业威等享有其相应著作权，这不能否认。但是，从原利川县文教局及文化馆选送至上级的恩施地区文教局，恩施地区歌舞团负责人毛中明、歌舞队长杨玉钧等按上级要求进行改编提升和专业创作，是经过正式程序进行的，属于当然授权，无须再经授权。《龙船调》是集体智慧的结晶，其创编是一个集思广益、博观约取的过程。其中，毛中明担任词曲编创和指挥；杨玉钧负责舞台编导和首演、首唱；民间艺人向彪受邀担任老艄公；关绍刚、杨建知、叶彤芳、胡继舜担任音乐伴奏；王福全、谭儒汉、朱云清、谭少平、刘友政、熊金生、周春香、汤成华、赵世玲、李淑琼、姚仲仙、王敦敏、田开珍、高明倩、潘伯春、向桂梅、苏惠英、谭绍菊、崔金文19人担任伴唱。根据著作权法第十三条、第十八条等规定，即使是集体性的职务作品，毛中明、杨玉钧等人也享有著作权中的精神权利或相应人身权。然而，时过境迁，原恩施地区歌舞团已发展演变为湖北省民族歌舞团，上述名单中的向彪、谭少平、熊金生、谭绍菊等已经去世，但其他多数人仍健在，他们不仅是歌曲《龙船调》创编和首演首唱的亲力亲为者，也是历史见证人，而且对于毛、杨申请登记

471

确权完全支持。这一点，不仅有2012年4月7日《恩施日报》刊发的由记者岳琴采写的报道《亲历者说:〈龙船调〉由集体再创作》中，原恩施地区歌舞团团长、主创毛中明，主创、首唱、"妹娃"扮演者杨玉钧，主创、首演及音乐伴奏杨建知，首演音乐伴奏关绍刚和叶彤芳，首演演员李淑琼，改编及首演亲历者谭儒汉，首演演员王敦敏，首演伴唱朱云清等亲力亲为者的公开表示支持，而且杨建知、叶彤芳、关绍刚、朱云清、姚仲仙、李淑琼等参演人员还亲手写亲历并亲笔签名且摁红手印予以支持。曾任恩施地区文教局副局长的马德略也公开表示支持，面对调研组，他毫不掩饰:"我当时是地委宣传部通讯干事，与歌舞团同志经常接触，见证了他们采风、改编和巡演过程。"曾在恩施地委宣传部任职29年并组织参与整个创演过程的薛复元、原恩施州政府秘书长孙立群等老同志，也支持毛、杨的说法。

3. 毛中明、杨玉钧等支持利川市打造"龙船调"地方文化品牌，但反对有意无意地抹杀其对《龙船调》的主创作用及重要贡献，反对几十年来后续再创作或相关演绎作品对其署名权的全面无视及其他不尊重行为。《龙船调》主创、首唱杨玉钧认为，恩施是其第二故乡，从1958年中南音专毕业跟随老师毛中明分配到恩施，至1983年调离，在恩施工作生活了26年。其中，在地区歌舞团的19年里，她与同事们跋山涉水，将《龙船调》唱到了恩施140多个公社，几乎唱遍了原恩施八县的村村寨寨。即使是如今垂垂暮年，只要有机会，她仍会作为志愿者演唱或教唱《龙船调》。所以，对《龙船调》倾注一生热情，为之倍感骄傲，对恩施州及利川市打造地方文化品牌予以高度关注并给予力所能及的支持。由于毛中明与杨玉钧等人在当年被认为是"出身成分"不好，在当时政治环境中，不愿公开署名，《龙船调》节目及民歌大都是以省内"利川民歌"、省外"湖北民歌"标注。这种顾虑，在《龙船调》编导中也有体现。例如，为了避免"资本主义情调"和打情骂俏的"庸俗"舞台表现，特意把年轻小伙子"艄公"塑造成"老头子"，老与少的对话，极大地减轻了"被挑刺"的风险，也更能体现人性之美。在选用副歌穿插演唱时坚决弃用"嗯哪哥""鹦哪哥"而创编新词，也考虑到这方面问题，因为"嗯哪""鹦哪"在鄂西方言中分别是男女亲嘴的摹声动作，过于挑逗。歌舞团特请当地搬运号子的领唱者向彪扮演"老艄公"，一则他年龄大，二则他多才多艺，嗓音极佳。但是，由于当年没像《乌苏里船歌》那样始终明确署名，导致2010年前后在与湖南做《龙船调》权属论争过程中，出现大量有意无意地对毛、杨等主创人员贡献的抹杀否认。甚至在各界取得基本一致认识的今天，仍有一些网络媒体时不时提出所谓质疑否定。特别是利川市人民政府及该市文化界人士搬出民间"听说"资料和指不出刊期的《恩施报》报道来做"证据"，推出所谓《龙船曲》先于《龙船调》存在、《龙船调》名称在地区歌舞团改编前就已在民间存在的论调，试图彻底否定二人的历史贡献。毛、杨认为，试图占有资源或攫取财富，对他们这帮耄耋老人来说毫无意义，申请《龙船调》登记确权，是希望大家尊重历史、尊重人格、尊重版权。

4. 毛中明、杨玉钧等还认为，《龙船调》著作权中的精神权利是明确的，提供证据资料也很充分，湖北省版权局版权登记机构应予登记确权。二人第一次登记申请要求全部版权登记在其名下，第二次申请之后则说可以调整为只申请精神权利等部分权利。这样做有法可依。著作权法第二十二条明确规定：作者署名权、修改权、保护作品完整权的保护期限不受限制。薛复元在 2018 年 6 月 15 日给国家有关领导的信中反映，2011 年 12 月以来，他们曾向文化部、中国文联和省委宣传部、省文化厅、省文联等部门报告情况，但没能得到相应回应。有专家特别是中国音像著作权集体管理协会领导建议向版权局申请登记确权，但被以"存在争议"为由而不予登记。也有人建议打一场官司，起诉侵权者以确定著作权归属，可是，涉诉的人太多分布太广，加上时间久远和亲历者个个年老体衰，根本无法承受任何官司的来回折腾，甚至有法官直言"案子难搞，注意身体"。对此，省版权局及其登记机构回应称：做出"不予登记"决定是非常慎重的，而且在面对《龙船调》不同权利主体的不同诉求时同样感受到当下法律法规支撑力量的不足。特别需要说明的是，尽管有关方面对将《龙船调》著作权归属于毛、杨个人持有不同意见，但对两位老一辈文艺工作者在该歌曲的挖掘、整理、改编、提炼和传播等方面付出的艰辛努力和作出的重要贡献则是广泛认同的，各媒体对这段历史也有相对客观公正的报道和记载，这是谁也无法否认的。在相关创作改编材料及署名为毛中明、杨玉钧、杨建知的《歌曲〈龙船调〉的创作纪实》一文中均有"《龙船调》是集体智慧的结晶"等明确表述或可得出类似结论，这与登记申请内容不尽完全一致。大家相信，毛中明、杨玉钧对《龙船调》申请版权登记，绝不是为了个人名利，而是出于对中华优秀传统文化传承传播的责任感和使命感。但如果在权利归属有争议的情况下依然将《龙船调》版权登记在个人名下，则不仅是违反作品登记程序的问题，更可能会对该经典民歌的传播使用带来严重负面影响，这种情况想必是有违毛、杨申请登记初衷的。因此，希望杨、毛、薛三位老人能对这一做法给予理解支持。另外，还需要说明的是，著作权在本质上属于一种私权，世界各国对著作权普遍采取"单轨制"的司法保护，我国根据国情对著作权实行的是司法保护与行政保护并行的"双轨制"模式。即便如此，按

"依法行政"原则及著作权属于私权的本质特性，我国著作权的行政保护仍然受到严格限制。版权部门的行政执法和管理行为只有在著作权法等法律法规有明确规定的情况下才能实施，也就是说，并不是与著作权有关的争议或事项都属于著作权行政管理部门的职权范围，如当事人之间的著作权权属纠纷及行为人仅应承担民事责任的侵权行为，著作权行政部门就不得以公权力身份介入，否则就是违法行政。司法是社会公平正义的"最后一道防线"，在因前述情形导致权益受到损害而著作权行政保护途径又受到制约时，权利人可以选择通过司法途径维护自身合法权益。对此，毛中明、杨玉钧表示："都这年岁了，官司是再也打不动了。"

（三）利川市人民政府作为非遗保护主体对登记确权的诉求

利川市被称为"龙船调的故乡"，这里不仅将《龙船调》作为一号文艺精品打造，而且还与当地社会经济高度融合，几乎涉及当地产业发展的各个方面。针对毛中明、杨玉钧登记确权申请，利川市人民政府做了继湖南省政府及湘西州政府交涉后的再次严正应对，并于2017年7月3日向湖北省版权局递交《关于利川民歌〈龙船调〉登记确权的函》称：《龙船调》版权应为利川市人民政府持有，"不支持"毛、杨二人的登记确权行为，并提出以下意见或诉求。

1. 毛中明、杨玉钧申请版权登记证据不足。二人参与《龙船调》改编工作，是在1958年恩施地区文艺汇演利川代表团演出《种瓜调》获奖后进行的。事实上，《恩施报》以《活跃文娱生活 繁荣文艺创作 专区戏曲音乐舞蹈会演大会闭幕》为题报道了此次汇演，且已提到《龙船调》节目。毛、杨声称"在汇演后，深入利川农村调查，经过多次认真推敲，决定把新《种瓜调》改名为《龙船调》"不属实，且二人不能提供利川代表团汇演时《种瓜调》原唱节目资料及节目单，仅单方声诉《龙船调》歌曲及名称全是其改编创作的。对此，毛、杨二人称：1958年地区汇演没有《龙船调》节目名；查阅1958年所有《恩施报》，在他们演出前也没有提到过《龙船调》这一名称。因此，专项立法应该明确民间文学艺术作品的"命名权"归不同形态作品的创作者。

2. 《龙船调》早于毛中明、杨玉钧改编之前即存在。根据利川市一些民间艺人及老文化工作者回忆和提供的资料，在1958年地区文艺汇演前，该市民间已有《龙船调》名称出现及相关内容传唱。当时利川县文化馆干部周叙卿、黄业威是原生态民歌《种瓜调》的搜集整理者，为《龙船调》成名做了大量工作，奠定了版本基础。《龙船调》脱胎于《种瓜调》，虽经多次改编加工，但仍保留了《种瓜调》基本旋律、风格及利川方言土语等地方传统文化因素。

3. 国家工作人员改编成果不应归个人所有。民歌是劳动人民口头创作并在流传过程中不断经过集体加工提高的。毛中明、杨玉钧在当时作为恩施地区歌舞团领导干部和科班出身的专业音乐工作者，根据上级安排对恩施地区民间文学艺术进行改编提升，对来自民间和基层文艺工作者的作品给予指导辅导，使其尽善尽美，责无旁贷。对来自民间的东西进行改编后，声称归个人所有，其做法欠妥当。对此，毛、杨二人认为，原单位及管理部门明确放弃权利，为社会共享共有，作为民间文学艺术作品申请全部版权是否妥当和有效，有待出台新法规予以澄清，但作为改编者、主创者和首演首唱者，根据现行法律规定，应享有相应精神权利，应得到最起码的人格尊重。

4. 《龙船调》版权应归利川市人民所有。长期以来，利川市一大批民间艺人和文化工作者及国家、省、州内文艺工作者对《龙船调》的整理、改编、提高、传承和传播付出了艰辛劳动，利川市人民政府为维护《龙船调》品牌的影响和地位也做了大量工作。2014年《龙船调》荣登湖北省"十大区域特色文化品牌"榜，2011年5月，"利川灯歌"成功申报为第三批国家级非遗项目"灯歌"子项目，《龙船调》则被明确为代表性曲目。因此，《龙船调》是非遗项目核心组成部分，其所有相关知识产权都应归利川市91万全体人民所有，权属主体依法推定为利川市人民政府。利川市人民政府还表示，感谢多年来为《龙船调》做出贡献的所有组织和个人，但反对个人持有其版权或被登记在个人名下，希望省版权局慎重登记确认其版权归属问题。

（四）恩施州政府部门及相关组织机构的诉求

恩施州、利川市、柏杨坝等都称自己是"龙船调的故乡"，都与《龙船调》民歌著作权保护直接关联。但是，不同层级的主体在民歌《龙船调》著作权保护方面的意见或诉求不尽相同。根据著作权法第十三条、第十八条规定，《龙船调》是以恩施地区歌舞团名义组织改编创作的，恩施地区歌舞团享有其著作权财产权，但毛中明、杨玉钧等主创人员享有署名权等精神权利。1958年，恩施地区歌舞团由毛中明、杨玉钧等师生草创，其设施简陋，蜗居办公，但也是符合法定程序的正规单位，业务上归口原恩施地区文教局管理。如今，恩施地区歌舞团已演变成湖北省民族歌舞团。因此后者可以宣称在有效期内拥有民歌《龙船调》的著作权财产权。

但是60余年过去了，目前恩施州文旅局、州文联和湖北省民族歌舞团等有关领导认为，《龙船调》已演变成为重要的地方品牌和文化资源，歌曲编创毛中明、杨玉钧等老一辈立下了汗马功劳，其贡献不可抹杀，精神权利也须得到应有尊重。这一诉求，希望最终会出台的《民间文学艺术作品著作权保护条例》予以明确或恰当处理。不过，这并不代表他们支持将已经社会资源化了的《龙船调》以个人名义登记确权，否则不利于其进一步传承发展。在国内，《龙船调》应归全社会共享共有，在国外使用及国内被歪曲滥用时，应由各级政府代表国家行使相应权利并进行保护，而署名权等精神权利受侵害时，相关权利人可以携手地方政府部门予以制止或单独诉诸法律。

三、正视民间文学艺术作品著作权权利主体的基本诉求

从《龙船调》登记确权纷争中，我们能够切实感受到民间文学艺术作品著作权保护的特殊性、复杂性和专项立法的紧迫性。新时代提出要传承弘扬优秀传统文化，推动传统文化知识产权的可持续发展，需要以分析研究承载传统文化的这类民间文学艺术作品为前提，明确其主客体对象及其关系，厘清争议纠纷的根源，正视并积极回应权利主体的基本诉求，以确保当前正积极推动的专项立法的针对性、适用性和可行性。

（一）区分文化与作品，防止民间文学艺术作品非遗化

混淆民间文学艺术创新作品与非物质文化遗产资源，不能明确区分二者之间的互动关系，往往是导致民间文学艺术作品著作权纠纷的一个重要原因。防止非遗化，应该包括两个方面：一是防止将保护对象仅局限于非遗中的活态民间文学艺术作品；二是防止将民间文学艺术作品全面非遗化。

非物质文化遗产与民间文学艺术作品之间交叉互动，但又互不包含；同时二者的保护目的也存在显著不同，非物质文化遗产项目保护以公共利益为出发点，民间文学艺术作品著作权保护则主要倾向于私有或群体利益。非物质文化遗产法第二条规定：非物质文化遗产是指各族人民世代相传并视为其文化遗产组成部分的各种传统文化表现形式，以及与传统文化表现形式相关的实物和场所。包括：传统口头文学以及作为其载体的语言；传统美术、书法、音乐、舞蹈、戏剧、曲艺和杂技；传统技艺、医药和历法；传统礼仪、节庆等民俗；传统体育和游艺以及其他非物质文化遗产。很明显，非遗资源中有大量已经成为传统文化组成部分的活态民间文学艺术作品，其中很多为具有久远传承历史的文化遗存，是现当代

文化创新发展之源。2014年"征求意见稿"第二条称：民间文学艺术作品是指由特定的民族、族群或者社群内不特定成员集体创作和世代传承，并体现其传统观念和文化价值的文学艺术的表达。纳入著作权法保护范围的民间文学艺术作品，是继承传统或吸收传统因素而形成的集体创新作品，其中不少是非遗项目的当下表现形式。但是，著作权法要保护的核心或关键，只是其中的创新性因素或表达，并不会像非物质文化遗产法那样专注遗产和传统。不过，非遗项目具有活态性，并不排斥创新，能够持续吸收再生态民间文学艺术作品的创新性因素从而形成新的传统，这就导致许多民间文学艺术作品著作权权属纠纷的出现。例如，再生态民歌《龙船调》改编自原生态灯歌《种瓜调》并吸收了鄂西传统文化因素，但《龙船调》闻名于世后又返回源头传承地，被当地民众推崇学习，从而又形成比《种瓜调》更受欢迎的活形态灯歌"新传统"，并借机与当地文旅产业融合发展。所以，改编创新者毛中明和杨玉钧、搜集整理者周叙卿及后人、作为非遗保护主体的利川市政府之间，因《龙船调》权属起争议，应该说各有各的理由。

既然不同形态的民间文学艺术作品紧密相连，就不能将立法保护对象只局限于非遗项目中的活形态作品，更不能将活形态、原生态和再生态三种民间文学艺术作品形态截然分开，而且也根本就分不开。2014年"征求意见稿"规定的民间文学艺术作品定义，在某种程度上，受到了WIPO《保护文学艺术作品伯尔尼公约》的影响。后者把民间文学艺术作品创作人或权利主体定格在"不特定成员集体"之中，把作家、艺术家及一般人民大众个人基本排除在民间文学艺术作品创作人之外，把没有进入传统和没被视为遗产的现实生活中的民间文学艺术创作，以及根据活态传统搜集整理及据此直接改编演绎的涉及民间文学艺术的个人或集体创作，都统统排斥在外，从而导致了民间流传的活态作品与改编演绎的再生态作品、进入传统的民间文学艺术新作品与没有进入传统的个人或集体创作的新作品之间的对立、对抗，最终也导致了"保护条例"的定义局限于那些"抓不上手、见不着样、管不到边"的所谓"匿名"的活形态非遗传统表达形式类型，而不是形态稳定、可资参照、具有可版权性的具体的民间文学艺术作品，以至于多年来国内专项立法根本无法落地实施。

因此，在确定立法保护客体时，没有必要将民间流传的活形态民间文学艺术作品与搜集整理的原生态民间文学艺术作品、改编演绎的再生态民间文学艺术作品截然分开。如果是这样，民间文学艺术作品著作权立法保护对象就一目了然了：不仅包含民间流传的灯歌"种瓜调"等活形态作品，还包含搜集整理的《种瓜调》这样的原生态作品以及《龙船调》等改编改造的再生态作品。一段时间里，中央民族大学教授陶立璠等专家学者认为，《民间文学艺术作品著作权保护条例》保护对象应明确为"利川灯歌·种瓜调"这样的活形态作品，而《乌苏里船歌》、王洛宾改编的西部歌曲以及上述所说的《种瓜调》《龙船调》等这类收集整理的原生态作品或改编演绎的创新性再生态作品，都不应该纳入条例的保护对象，应视为作家、艺术家及普通作者创作的一般作品。①这样的界定很纯粹，也基本符合2014年"征求意见稿"要求，但并没有从根本上解决现实问题的角度入手，而是"搬运"国际概念和国外标准，漠视国内民间文学艺术作品权利人的实际诉求，缺乏深入调研民间文学艺术作品著作权保护现状的简单粗暴的做法。口耳相传的"活态"传统及其品类，已经有非物质文化遗产法和地方民族民间文化保护法规等保护，还有必要再来个第三层成文法律法规的保护吗？再说，凭什么将一般民众和艺术家根据传统整理或改编的作品截然分开？如果真是这样确立"条例"的保护对象，那真的要像中国人民大学教授郭禾所说的，"国家没有必要就民间文学艺术作品著作权保护问题制定专门的行政法规"了，甚至应该立即把著作权法第六条内容删掉。②当然，中央民族大学教授李耀宗等认为：根据活形态作品进行搜集、注释、整理、汇编、译注等产生的"客观记录"式的原生态作品，应该列入立法保护范畴，而根据原生态作品进行演绎、改编、再创造的再生态作品则不应视为立法保护对象。③这也正是潘鲁生、邱运华等历届中国民间文艺家协会领导在全国两会期间强烈呼吁立法保护民间文学艺术作品著作权的基本出发点。④笔者认为，这还不够到位。从《龙船调》登记确权纠纷中可以看到，任何知名的民间文学艺术作品权属关系都会涉及其中创作集体中的重要个人作者，因此民间文学艺术作品著作权保护专项立法很有必要将改编演绎的再生态作品也列为立法保护对象。因为将民间文学艺术因素占主导地位的再生态作品放在一般作品中，它就是个"异类"，随时随地都会涉及版权纠纷，而且往往是版权纠纷的"引爆点"。将民间文学艺术作品作者固化为普通民众是一种唯心主义和主观主义。试问，专业创作家就不可以作为普通民众传承发展和享有民间文学艺术？在国内300多个民间文学艺术作品著作权案例中，涉案作品全是这一类别，没有例外。总之，民间文学艺术作品著作权立法保护没必要管得太宽，但也没必

---

① 葛伟. 专家热议民间文学艺术作品著作权保护［N］. 中国艺术报，2008-07-04.

② 郭禾. 关于民间文学作品的著作权保护［N］. 光明日报，2009-12-02.

③ 葛伟. 专家热议民间文学艺术作品著作权保护［N］. 中国艺术报，2008-07-04.

④ 潘鲁生. 民间艺术家的知识产权谁来保护［N］. 中国艺术报，2018-03-15；路菲菲. 推动民间文化"走出去"保护民间文艺"传下去"——访全国政协委员邱运华［N］. 文艺报，2023-03-10.

要把自己限制得太死。如果只是笼统给民间文学艺术作品定义，那既可能导致非遗公法和版权私法相冲突或两不管，又有可能使实际保护因为缺乏针对性、精准性和可操作性而被架空，就可能让"征求意见稿"继续难以定案，更可能让议案中的保护措施"落不到实处"。

明确立法保护的客体对象，要重视两个方面：一是要分清民间文学艺术作品与活态非遗资源，确保客体作品化。著作权法保护客体对象十分明确，就是文学、艺术和科学作品。民间文学艺术作品著作权立法保护的客体对象，同样不能是某种传统文化或某一文艺类别，必须是具体的民间文学艺术作品及其著作权。"利川民歌""利川灯歌"等作为非遗保护对象，所指均为一个活态传承的文化艺术品类，不能算是具体作品，只能由非遗保护法及其他相关法律来保护。但每个不同内容的"利川灯歌·种瓜调"则是具体的口传作品，受著作权立法保护。2010年，贵州省安顺市文化和体育局起诉导演张艺谋等三被告，指出电影《千里走单骑》将"安顺地戏"歪曲为"云南面具戏"，要求维护"安顺地戏"署名权，但均被一审、二审法院驳回，其症结就在于混淆了"安顺地戏"非遗剧种类别和被电影"借用"的"安顺地戏"传统剧目或具体作品间的关系。"安顺地戏"既非署名权的权利主体，亦非署名权的权利客体，判决其不受著作权法保护并无不当。但如果说侵犯了《战潼关》《千里走单骑》等具体剧目或作品的版权，则另当别论。非遗法规要确保传统、技艺等不失传，而版权法保护的是具体有价值的作品版权不被滥用。因此，非遗项目要进入版权保护范围，必须像联合国教科文组织《保护非物质文化遗产公约》所说的那样，对民间传承的活态表达进行抢救性的"立档、保存"，使其文字化、定格化、数字化或虚拟场景化，也就是要作品化。

二是不将活形态、原生态、再生态截然分开，确保客体全面化。长期以来，像"利川灯歌·种瓜调"这样的活形态作品，其流传的基本方式为口传心授和宗族、社区传承，其法律保护视野中存在的基本形态为非遗项目，为非遗法规保护。但是，依照忠实记录原则搜集、整理后的《种瓜调》等原生态作品，无论是文字、录音还是视频形态，因其需要精神性投入和创造性表达，所以具有双重特性：既有非遗性质，又有个人或集体创作的版权特征；既可纳入非遗范围，又可纳入版权保护视野。同时，由于活形态作品受地域族群限制，外部传播力差，而经搜集整理的原生态作品则可突破限制，成为再生态作品《龙船调》等改编演绎的创作之源，而再生态的知名创新性元素会很快被活形态再吸收。三种形态互动发展，紧密相连，不能截然分开，且囊括了应保尽保的民间文学艺术作品：上一级形态是下一级形态的创新资源并规定着下一级的基本内容，下一级形态是上一级形态的传承延续并提升发展着上一级形态。当然，利用情节、母题等元素进行创作创造的融生态作品，民间文学艺术因素不占主导地位或不占主体，应该列入一般作品，就没必要列入专项立法保护对象。因此，判定民间文学艺术作品的要素应该包括内容与传播形式，而不应仅仅局限于作者。

（二）区分作者与非作者，防止著作权权利主体泛化

防止民间文学艺术作品非遗化的进一步理解，就是要防止泛化权利主体从而使改编演绎的再生态创新作品成为完全共享共有的无主作品或者权利主体笼统模糊的集体作品。江汉平原灯歌文化"采莲船"融合鄂西竹枝词、船工号子及方言习俗等，形成鄂西灯歌传统，接着经由利川柏杨坝、汪营等乡镇民众的集体传承创新，形成了利川灯歌传统，然后再经由原生态的民歌《种瓜调》，形成了经典化的再生态民歌《龙船调》。在活形态、原生态到再生态这一链条中，顺向发展则形态越来越稳定，版权主体和权属关系越来越明确；逆向发展则形态越来越碎片化、版权主体和权属关系就越来越笼统模糊。三者持续循环，便形成了一个具有一定周期性的闭环发展链条。《龙船调》改编创演者之所以有明确的权利诉求，就是因为其创造了新的价值并拥有现行法律所规定的明确的署名权等人身权利；之所以与相关方面存在争议和确权纠纷，就是因为目前对非遗的活态化传承及创新性成果在民间文学艺术作品著作权保护中的界定不清晰、不明确，导致其作为权利主体被泛化，从而被视为与完全共享的近似"无主"作品或权利主体笼统模糊的活形态、匿名化的群众集体作品等同。因此，《龙船调》被列为国家非遗子项目"利川灯歌"的代表曲目后被视为地方共有共享作品，是否将权属明确的著作权人主体地位泛化，是有利还是有弊，值得深思。

然而，在鼓励非遗活态传承的当今时代，源自传统表达的再生态创新作品一旦成为流传广泛的经典作品，源头地区的活态传统表达或者核心传承地的活态传统文化，因其特殊的文化链条关系、适宜的传播环境和独特的亲和感，就会迅速吸收消化再生态创新作品中的热度元素，从而形成活态新传统，甚至会与版权主体明确的再生态创新作品融为一体。民歌《龙船调》经过毛、杨等人的改编、首唱和在原恩施约95%的人民公社的巡演，以及歌唱家宋祖英等人在国内外演唱，其源头或核心传承地利川市柏杨坝等地群众必然会着迷似的学习其创新元素，继而形成当地民间传唱的新的利川灯歌"龙船调"传统——一个携带传统又夹杂创新因素的新的灯歌传统。很显然，新灯歌传统中的"龙船调"和再生态民歌《龙

船调》之间，可能在专业人士眼中并不是一回事，但在民间却难以区分其权利主体谁是谁非，而且民间传承主体对这一点也丝毫不关心。其结果是，再生态的创新作品《龙船调》被视为利川灯歌这一非遗项目的核心部分，导致权利人毛中明、杨玉钧等人连争取署名权这一最基本的登记确权行动都显得困难重重，甚至根本无法实现。前文提到的标明为黄业威记谱整理、丁鸿儒演唱的新的原生态民歌《龙船曲》极有可能就是由这类民间活态口传作品整理而来。其基本使用的是《龙船调》新曲谱，唱词内容却依旧是十月种瓜农事内容，这就导致毛、杨等人应该享有的精神权利被彻底肢解或完全泛化。

防止民间文学艺术作品权利主体被泛化或著作权人精神权利被笼统模糊化，首先要解决精神权利问题，特别是命名权和署名权问题。命名权是民间文学艺术作品著作权保护专项立法应该予以明确规定的一项重要精神权利。很多知识产权法学专家学者在讨论立法保护时，因为缺乏对民间文学艺术作品存在状态的深入了解，往往忽略这项权利，导致所谈对象空洞抽象。名称是作品进入法律保护视野的第一识别元素，就像公民进入社会接受法律保护一样，稳定的名称可以伴随终身。然而，民间文学艺术作品绝大多数都没有名称或者没有固定名称，这就给立法保护的作品识别带来了难题。从前述《龙船调》的名称争论中，我们能清晰地看到这一点。目前，世界已有国家立法明确权利人的作品命名权，如越南2015年颁布实施的《民法典》第三次修订版，就特别规定了作品的"命名权"。[1]明确命名权，可以给权利人更多主动权，同时有利于作者或权利主体身份的确定。除命名权之外，署名权也是解决权利主体泛化问题的关键。《龙船调》确权纠纷启示我们，防止权利主体泛化需要注意以下三个方面。

第一，对于活形态民间文学艺术作品，可以延续惯例，只标明出处来源，代表核心传承地民众集体行使署名权。防止活形态作品权利主体泛化，就必须标注具体、明确。不应将"利川民歌"标注为"湖北民歌"，因为利川以外的民众不是"利川灯歌"的核心传承人群体或权利人主体，将非权利主体的民众集体纳入署名范围，就是泛化权利主体的表现。当然为明确全国方位，可以用"湖北利川民歌"等标注。

第二，对于原生态、再生态作品，除标注来源出处外，还要给予搜集整理者、改编演绎者明确署名。长期以来，几乎所有出版物及媒体上有关《龙船调》

---

① 参见胡刚、施扬：《越南著作权保护情况概述》，中国贸促会专利商标事务所"贸法通"微信公众号发表于2023年2月28日。

481

的介绍中，都只标明是"湖北民歌""利川民歌"或偶尔标注为"周叙卿记谱整理"等，从未提及是原始民歌还是改编而成，更是完全不提真正的专业化改编者是谁。这就是个标准的权利主体泛化的例子。其实，"××民歌"的方式，并不是合理的署名方式，它只是标明了民歌的来源，而不是原生态、再生态民歌权利人及代表本身。在利川民间，几乎所有民众都认为"龙船调"就是一种泛指、一种统称，指的就是利川灯歌或灯调，偶尔也被看成《种瓜调》等，它们之间是可以画等号的。由于当时特殊的历史原因，毛中明、杨玉钧没有署名，或没有要求署名，长期以来因各种因素也未主张过作为改编者的权利，更没有追究过后来被署名为"利川民歌"或完全不署名及随意署名的行为，但这并不意味着他们就放弃了应该享有的相应权利。所有创造性劳动都值得尊重，我们在支持和保护民歌发源地知识产权的同时，也应对民歌整理者、改编者所付出的创造性劳动和应享有权利给予充分的尊重和保护。著作权法第二条、第二十二条等规定，作品完成即自动享有相应著作权，尤其是作者署名权等精神权利，还具有永久性。所以，大多数民间文学艺术作品标明著作权权利人主体的规范署名方式，应该是有来源出处，有搜集整理者，有改编者及首演首唱者等信息。当然，若标注烦琐，也可做后续补充或其他方式的必要说明，以示尊重。

第三，对于政府部门及其他组织机构代行权利主体，要防止代行权利时大包大揽。很多民间文学艺术作品承载着民族地域传统文化，往往被视为活态非遗项目的重要组成部分，所以作为非遗保护主体的政府及相关组织机构，参与部分活态民间文学艺术作品著作权保护管理具有一定正当性，可以在非遗公法的规定下代行主体权利。这一点，在《乌苏里船歌》和"安顺地戏"两案中，都得到法院的支持。在无明文规定情况下，法院选择将原告赫哲族乡政府和安顺市文体局确认为具有合法维权的主体资格，判决中都在一定程度上确认了原告维护涉案民间文学艺术作品著作权精神权利的正当性：前者判决中，被告方被要求在指定媒体刊登"发表音乐作品《乌苏里船歌》系根据赫哲族民间曲调改编的声明"；后者一审判决中，承审法院曾重申："安顺地戏"作为我国非遗项目应当依法予以尊重与保护。但是，政府部门及其他社会组织机构不能由此认为，涉及民间文学艺术作品著作权法的非遗事项可以大包大揽，认为原生态、再生态等创新作品"都归我管"。被法院认可的政府、部门及其他社会组织机构的相关权利，不是作者权利，而是一种被认可且有限的代表权或代行权利。所以《乌苏里船歌》和"安顺地戏"两案中，法院并非完全支持原告及其经济诉求，而是更倾向于对当地群众精神权利的一种尊重。毕竟，政府、部门及其他社会组织机构很多情况下并没有参与民间文学艺术作品的直接创作，不是真正意义上的作者，不能代表原始作者行使所有的著作权权利。不涉及非遗或地方传统文化的，政府、部门及其他社会组织机构更是不能以非遗公法名义越俎代庖，因为那主要是著作权法等私法保护的对象，否则就是对私权的侵占。

（三）确立保护原则机制，防止有效权利公共化

当前，我国有大量非遗项目面临传承保护难题，同时也有很多民间文学艺术作品面临著作权保护困境，但二者形成的原因是完全不同的。前者肇始于市场经济，即当传承人仅依靠掌握的技能无法维持正常生计时其传承即告危险。非物质文化遗产法所要保护的通常就是这种在市场中逐渐式微的传统技艺及其作品母型或表达类型，目的是让更多人参与传承，从而重建生态使其弘扬发展。而民间文学艺术作品著作权保护问题，则主要源于对其著作权滥用或不规范使用。著作权法所保护的通常是在市场中能够带来利益的智力成果即作品，从设定知识产权的目的看，就是为了禁止他人未经许可而使用。显然，防止失传对著作权法来说可以兼其责任，但不是根本目的，其核心功能是保护创新从而让传统文化得到提升发展。非遗作品的传承要求更多的人了解并能使用它，而知识产权制度则是禁止他人未经许可而随意使用。二者在保护机制方面也有显著区别。很多民间文学艺术作品具有承载传统文化的功能，又有著作权法规定的一般作品特点，因此其著作权保护机制的建立，需在兼顾基础上明确其保护原则，防止其有效权利完全公共化。

1. 确立分类指导原则，建立确权认定机制

著作权法第十二条规定：作者等著作权人可以向国家著作权主管部门认定的登记机构办理作品登记。然而，民间文学艺术作品多是经过集体接续创作和世代传承的，很多时候没法确定具体作者也没有统一确定名称。这就需要通过专项立法来确定作者及其申请登记确权的基本原则：著作权属于产生创作作品的作者个体及其继承人、作者组织；在不知道确切个体、组织的情况下，属于产生它的群体，包括民族、社群或特定地域等，群体可以选择参与传播传承的代表人或由政府部门认定的非遗传承人等作为作者代表；在无法确定创作群体时，国家可以指定政府部门及组织机构作为权利主体代行作者权。对于像《龙船调》这样存在纠纷争议的再生态民间文学艺术作品，可以委托专门的组织机构，从历史、学术等多个角度进行研判，在明确传承及发展链条上不同作品的权利主体及权利内容后，允许各权利主体申请相应权利的确权登记。因为存在纠纷而任其无限拖延，

显然不是好办法，既不利于保护活态非遗项目，也不利于保护民间文学艺术作品著作权，更愧对老一辈文艺工作者的辛勤付出。当然，民间文学艺术作品也可以从活形态、原生态到再生态三个不同层次，分门别类地确定其著作权及其内容。对于活形态作品，可以鼓励传承群体组织或作为代行权利的政府部门、社会组织主体进行搜集记录整理，形成原生态化的"存档、记录"，进而成为符合登记标准的作品并为其命名，亦即实现作品形态化，再进行登记确权。对于搜集整理的原生态作品，个人或组织机构享有著作权法规定的发表权、署名权、保持作品完整权以及命名权、出版权等部分权利，但必须尊重传承地民众的基本权利。而对于改编演绎的再生态创新作品，需要尊重活态传统，同时还需要原生态作者授权并与其分享相关经济收益，在保证不侵权情况下，其享有法定的一切权利，具有一般作品所具有的各项权利。三种形态作品自其生成之时就自动享有相应著作权，是否再申请登记确权，完全由权利人决定。当然，也应该允许放弃权利。湖北省民族歌舞团就认为，《龙船调》历经60余年传唱，应该"从群众中来，到群众中去"，为社会所共享，从而也可以不进行登记确权。

2. 确立法定许可原则，建立权利转移互动机制

除了少部分涉及宗教信仰、风俗习惯等特定内容外，绝大多数民间文学艺术作品自带公开共享属性，这与一般作品有很大不同，因此除了需要对特定内容予以特别尊重外，绝大多数民间文学艺术作品可以定性为公开作品，尤其是在当今网络信息时代，外国人可以随时学唱《龙船调》，而中国人也无须许可而随时传讲阿拉伯民间故事《一千零一夜》，并没有国内部分专家学者所说的那样，有所谓严格的地域或人群界限。因此，法定许可原则是可以适用于民间文学艺术作品著作权保护方面的。目前，法定许可原则也是民间文学艺术作品著作权立法保护的重要议题，其基本模式可概括为两方面：一方面，三种形态作品都享有不可转让的精神权利，而其相应或可能的物质权利，则无须授权即可共享利用，但需要使用者根据经济收益给予一定比例的补偿。活态灯歌"种瓜调"被视为公开作品，在尊重地域传统基础上，可以进行无须授权的搜集整理和改编演绎再创造，且后二者各自享有相应著作权，但据《乌苏里船歌》等判例经验，汇编改编及演绎作品均须注明来源或标明准确出处。同时，改编演绎的再生态作品与搜集整理的原生态民间文学艺术作品之间的权利转移，可以参照一般作品著作权转移方式和原则进行；而只是吸收民间文学艺术情节、母题等元素且这些元素不占主体地位的融生态作品，视为一般作品，在不歪曲滥用并尊重活形态、原生态、再生态原作的情况下，不必套用这里所说的法定许可原则。另一方面，法定许可还存在

一个允许反向使用的特殊情况：原生态和再生态作品中的经典化和创新因素，可以在无须授权情况下，被核心传承地的活态传统或者活形态作品免费吸收使用。例如，《龙船调》优美曲调中的创新因素被利川灯歌"种瓜调"几乎全盘吸收，并演化成为新的活态灯歌"龙船曲"，从而出现《龙船调》《龙船曲》并存现象。根据法定许可原则，今后改编演绎作品若有新的创新元素，源头传承地的活态作品均可免费吸收，从而形成新的地域活态传统，创造出新的更多的活态民间文学艺术作品，以推动民间优秀传统文化持续传承发展。

3. 确立不定期报备原则，健全作品质量提升机制

这里主要针对的是活形态民间文学艺术作品。所谓不定期报备，就是在著作权有效期限内，不定期向版权机关指定组织机构报备民间传承的最新形态的民间文学艺术作品。鉴于作者精神权利的永久性，有专家学者针对活形态民间文学艺术作品代代传承和接续创作的特殊性，提出也应给予其著作财产权永久性保护。2014年"征求意见稿"第七条还规定："民间文学艺术作品的著作权的保护期不受时间限制。"其实，这是根本行不通的。不要说这类民间文学艺术作品创作及传承主体会不断地变动组合，就是作品本身也会因为历久流变而面目全非。例如，《龙船曲》借用了《龙船调》曲谱，就不再是早期"种瓜调"的唱法，原来的"种瓜调"只存在档案资料之中。再说，让一个群体"躺"在某个传统里，不思进取而一代代"吃老本"，也不符合"劳动创造幸福"的社会规律和基本常识。最好的办法是，根据著作权法第二十二条、第二十三条规定，将活态民间文学艺术作品传承创作群体视为一个社会组织，并参照法人或者非法人组织的作品著作权50年保护期限，规定50年有效期过后不予保护，除非在有效保护期内不定期地向指定机构报备或公开公布其最新的活形态作品。同时规定，更新的活形态作品保护期限同样是自报备或公开公布之日起以后的50年为保护期限，并以此类推。在目前我国的作品登记确权工作中，实际上已存在这类例子。那些不断升级版本的计算机软件作品、逐步更新完善内容的系列性一般作品著作权人，都被允许在同一作品名称下不定期修改，或以新名称形式重新进行登记申请，其保护期限也相应后移或拉长。2014年"征求意见稿"第九条规定："经备案的民间文学艺术作品著作权文书是备案事项属实的初步证明。"但这还不够，还应规定连续报备的有效期限。此时，专门机构应及时公示报备信息。对于未备案的，并不影响其有效期内的著作权。但在有效期内未报备而导致过期的，该作品即自动进入公共领域，其物质权利应被社会共享。

4. 明确补偿性原则，建立惠益分享机制

民间文学艺术作品许可使用的经济补偿及侵权案件的赔偿问题，因为没有统一的量化标准和可资借鉴的分享机制，加上难以拿出有效的损失证据，所以权利人往往无法在诉请中提出具体要求，导致了众多民间文学艺术作品侵权案件仅限于署名权等精神权利，而难以达到物质权利的诉求目的。前述《乌苏里船歌》和"安顺地戏"两案中，都涉及著作权的市场利用问题，但遗憾的是，法院判决都不支持赔偿或补偿要求。《龙船调》权属纠纷数十年，到目前为止，更是从未提及经济权利诉求。这似乎成了民间文学艺术作品著作权纠纷案件中的棘手问题和敏感话题。为此，专项立法有必要引入惠益分享机制，以推动原创社群集体与演绎创新主体之间达成某种利益平衡，以利于整个民间文学艺术版权产业的持续健康发展。承载传统文化的活形态作品及原生态、再生态作品，可以在专门立法中明确为法定许可使用对象，无须知情、同意和授权等获取过程或手续，但应落实补偿性规则，即按所得收益的一定比例向上一级特别是活态传统权利主体分别支付合理报酬。例如，1999 年南宁艺术剧院编排的大型壮族舞剧《妈勒访天边》，间接受益于原广西民族出版社干部黄自修搜集整理的原生态壮族传说《妈勒带子访太阳》，广西高院二审判定前者给予 3 万元补偿。①对于较早收集整理的原生态作品或"文档化保存"的公开作品，如果能够认定在后的作品与其存在某种利用关系，就应当以惠益分享原则并明确一定的收益比例来平衡权益关系，妥善解决纠纷。这样既可保护民间文学艺术创新作品著作权，也可鼓励和支持民间文学艺术传承发展。

5. 坚持协作保护原则，完善集体管理机制

加强集体管理组织建设，更好地服务于著作权保护，目前看来也是一个重要协作方式。目前，我国依法成立的著作权集体管理组织有中国文字著作权协会、中国音乐著作权协会、中国音像著作权集体管理协会、中国摄影著作权协会、中国电影著作权协会，并在各自领域里发挥着重要作用。《著作权集体管理条例》第二条规定：著作权集体管理是指著作权集体管理组织经权利人授权，集中行使权利人的有关权利并以自己的名义进行的下列活动：（1）与使用者订立著作权或者与著作权有关的权利许可使用合同；（2）向使用者收取使用费；（3）向权利人转付使用费；（4）进行涉及著作权或者与著作权有关的权利的诉讼、仲裁等。对

---

① 广西壮族自治区高级人民法院民事判决书（2008）桂民三终字第 15 号。

于民间文学艺术作品著作权来说，其中的第一款可以在专项立法中以"法定许可"形式统一约定。同时，除这些功能以外，还可以增加代为报备及代行公示等职能，以提升全国民间文学艺术版权产业市场发展运行的专业化服务水平。当然，由于民间文学艺术作品大多体系性、综合性较强，容易造成不同集体管理组织之间业务交叉冲突，因此也可以成立专门的中国民间文学艺术作品著作权集体管理组织，作为协作维护民间文学艺术作品权利人合法权益的专业机构。另外，还可以支持中国文联及其中国民间文艺家协会等组织机构建设民间文学艺术作品信息数据库，设立民间文学艺术公共基金，成立专门基金委员会，等等，鼓励和引导社会各方面参与民间文学艺术作品著作权保护，共同推进我国民间文学艺术版权产业发展和国际交流合作。

课题负责人：左尚鸿
承担单位：湖北省版权保护中心

第四编

版权贸易与产业

我国数字版权交易与保护模式研究

孙宝林*

摘要： 在推动数字经济高质量发展、建设文化强国的时代背景下，促进数字版权交易与保护是落实国家顶层设计的重要举措。数字版权交易是指作者及其他权利人在数字化复制、传播方面对作品版权的转让和授权许可的行为，交易模式包括以平台企业为交易中心和纽带、通过展会平台方式促成交易、交易双方自行披露信息三种。数字版权保护是指在静态的制度规范层面和动态的行为模式层面对数字版权进行保护，保护模式包括以公共服务体系为支撑、以市场化法律服务为基础两种。目前，数字版权交易潜在多种风险，创作者在交易中的地位过于劣势，平台对行业资源的掌握过于集中，产品对消费者审美偏好过于迎合；同时，数字版权保护面临多重困境，保护手段运用不充分，创新技术运用不到位，维权途径运用不便利。系统性完善数字版权交易与保护模式，应当建立全国版权交易服务机构和统一版权交易数据平台，规范版权交易信用监管体系，创制版权保护多元共治规则，从而优化版权服务运行机制、版权信息共享机制、版权交易诚信机制和版权价值激励机制。

关键词： 数字经济；数字版权产业；数字版权交易；数字版权保护；大数据平台；版权侵权

2021年10月，习近平总书记在中共中央政治局第三十四次集体学习上发表重要讲话时强调，要把握数字经济发展趋势和规律，完善数字经济治理体系，健全法律法规和政策制度，完善体制机制。在党的二十大报告中进一步指出，要建设现代化产业体系，坚持把发展经济的着力点放在实体经济上，推进新型工业化，并将"加快建设网络强国、数字中国"放在突出重要的位置上。

推动数字经济高质量发展、建设文化强国，是党和国家远景规划的重要内容。2021年9月，中共中央、国务院印发《知识产权强国纲要（2021—2035年）》强调，以精品版权等为代表的知识产权是国家发展战略性资源和国际竞争力核心要素。2021年12月，国家版权局印发的《版权工作"十四五"规划》中提出要求，至2025年，版权产业增加值占国内生产总值的比重要提高到7.5%左右，核

---

* 孙宝林，全国政协委员，中国版权保护中心党委书记、主任，本课题组组长。

心版权产业增加值占国内生产总值的比重要提高到 4.75% 左右。2022 年 8 月，中共中央办公厅、国务院办公厅印发《"十四五"文化发展规划》，多次提及数字文化产业、数字版权产业相关内容。

在此背景下，研究推进版权产业的高质量发展，特别是数字版权产业的交易与保护，是落实与数字中国、文化强国战略相关顶层设计的重要举措。本课题以习近平总书记重要讲话精神为指导，聚焦版权工作"十四五"规划，通过深入研究和梳理新发展格局下的版权确权、授权和交易机制，以及新业态新领域版权保护模式，总结提炼经验，寻求降低和控制风险、促进交易的解决方案，探索适合互联网特点的版权保护机制。本课题的研究成果有利于创建数字版权产业良好生态环境，为理论界与实务界的后续深入研究打下坚实基础；有利于关联主体把握数字版权产业的前进方向，抓住数字时代赋予的机遇实现跨越式发展；有利于推动我国版权事业进一步满足人民日益增长的精神文化需求，促进我国数字经济高质量发展的目标得以实现。

本课题的研究创新点主要归纳为以下两点。

其一，研究对象的新颖性。本课题自 2022 年上半年立项后，对最新国家政策紧密跟进，对相关产业及代表性企业进行兼具典型性、新颖性的差别选取，对参与主体、主流模式、典型案例等方面的资料进行深度访谈与搜集，以最新实践反映当前真实问题，依托深度材料为新问题的解决提供新方法。

其二，研究思路的创新性。本研究报告尝试从我国版权交易服务机构的功能建设切入，寻找我国数字版权交易和保护模式完善的突破口。"加强我国版权交易服务机构功能建设"作为一个颇具新意的视角，将为探索我国版权交易服务机构功能的发挥路径提供具有启发性的研究思路。

一、数字版权交易与保护模式的现状分析

（一）数字版权交易与保护模式概况

1. 数字版权交易与保护的内涵

数字版权交易，从本质上来看仍然是版权交易。版权交易是对作品版权的转让和授权许可，其交易对象是版权，并非物质载体。相较于传统版权交易，数字版权交易因数字技术的参与呈现独有的特征：其一，数字版权交易呈现交易对象

的无形性，即作品载体的无形性，交易过程无需有形载体流转；其二，数字版权交易中创作者和消费者的广泛性，大量且广泛的网络文学的写手与读者成为数字版权交易的相对方；其三，数字版权交易方式的数字化，数字版权交易除传统的线下交易方式外，还广泛地通过数字交易平台开展交易。

数字版权保护，从狭义上说，是指在制度规范层面对数字版权的静态保护；从广义上说，还包括在行为模式层面对数字版权的动态保护。2001年著作权法第一次修订中增设了信息网络传播权，2006年国务院公布了《信息网络传播权保护条例》。①近年来，立法者将司法实践中与数字版权产业和市场息息相关的因素纳入立法考量范畴的趋势愈加明显，譬如，著作权法第三条关于作品范围的规定不断扩大，现行的"作品"概念，囊括了符合作品特征的其他智力成果。著作权法关于作品类型的相关规定彰显了对数字版权产业新生事物的包容性与接纳度，从而不断强化数字版权保护力度。

2. 数字版权交易与保护的主体类型

（1）数字版权交易的主体类型

以数字版权交易的参与程度为划分基准，数字版权交易主体可以划分为直接参与者和间接参与者。

数字版权交易的直接参与者包含上游供应方、中游分发交易方、下游需求方。上游供应方，是法律关系中的授权方，既可以是作品的直接创作者，也可以是经转让或许可取得权利的其他权利主体；中游分发交易方，是促成上下游各方实现数字版权交易的中间方，主要分为著作权集体管理组织、由政府背书的版权交易中心（贸易基地）以及其他从事版权交易、代理活动的企业；下游需求方，指版权购买方、消费者，涵盖自然人、法人和非法人组织等各类民事主体。上游供应方、中游分发交易方、下游需求方三者角色并非相互排斥、泾渭分明的，同一数字版权交易主体有可能同时身兼上游供应方、中游分发交易方、下游需求方三种角色。

数字版权交易的间接参与者包括技术提供方、政府等间接影响交易活动或为交易活动提供间接支持的参与主体。数字版权交易具有极强的数字技术依赖性，因而，技术提供方是数字版权交易必不可少的一环。政府通过行政法规、部门规章等制度引导、规范数字版权交易活动，间接成为数字版权交易的参与者。值得

---

① 黄先蓉，李晶晶. 中外数字版权法律制度盘点［J］. 科技与出版，2013（1）：14-26.

一提的是，由于政府可以兼具行政管理主体和平等民事主体的双重身份，政府在交易活动中既能通过法律、政策引导相关交易主体，成为数字版权交易的间接参与者；同时，又能以国有资产投资成为上游供应方和中游分发交易方，或者购买数字版权而成为下游需求方，进而成为数字版权交易的直接参与者。

（2）数字版权保护的主体类型

现阶段，我国数字版权保护的主体结构，呈现以公权力机关为主，以市场主体为辅的态势。就公权力机关而言，数字版权保护的主体可以分为三类：一是立法层面的主体；二是行政层面的主体；三是司法层面的主体。

立法层面的主体，主要是指全国人大及其常委会与地方各级人大及其常委会。例如，2022年9月，广东省十三届人大常委会第四十六次会议审议通过《广东省版权条例》，该条例围绕完善版权创造、运用、管理、保护及服务的"全链条"做出规定，已于2023年1月1日起正式施行。

行政层面的主体，主要是指国家和地方版权主管部门。版权主管部门是版权行政执法部门，承担版权行政管理工作，一般包括国家版权局和地方各级版权局。例如，国家版权局联合工业和信息化部、公安部、国家互联网信息办公室等四个部门在全国范围内开展打击网络侵权盗版的"剑网行动"，自2005年开始已连续开展多年，旨在保护数字版权、支持依法维权、严惩侵权行为。

司法层面的主体，主要是指最高人民法院和地方各级人民法院。从2014年北京、上海、广州三家知识产权专门法院试点成立开始，到2017年武汉、成都、南京等地知识产权法庭陆续设立，直至2019年1月1日最高人民法院知识产权法庭挂牌，知识产权大司法框架体系基本形成。[①]法院的司法案例，对澄清司法导向、指引产业链上中下游的数字版权交易行为，发挥着重要作用，增加了数字版权保护方面的安全系数。

3. 数字版权交易与保护的不同模式

（1）数字版权的交易模式

一是以平台企业为中心和纽带的交易模式。这是最典型、最重要的交易模式，是指企业运用自身在业内具有影响力、号召力的流量优势与技术资源，开发符合产业与市场发展规律的合作路径，为作者与消费者之间打通交易渠道，从而实现数字版权价值兑现与流转的交易模式。目前不少代表性企业已经发布了自有

---

① 易继明. 夯实知识产权大司法体制的基础［EB/OL］.［2023-08-04］. https://ipc.court.gov.cn/zh-cn/news/view-1853.html.

版权交易平台，平台在数字版权的交易活动中参与度不同，有的平台全面参与数字版权交易业务，有的平台提供数字版权交易的组织和技术支持服务。

二是通过展会平台方式促成的交易模式。这是非常经典、难以替代的交易模式，是指通过各类展会平台促进数字版权价值得以实现的交易模式。有的展会是围绕书籍、音乐、电影等交易客体而开展的行业类展会，有的展会是以地域为依据进行划分。此外，展会往往与学界联动紧密，在企业洽谈的同时，也经常邀请专家学者参与各类交流活动，有助于学界与产业界良性互动，促进版权成果转化，构建"产学研"一体式发展的绿色通道。

三是交易双方自行披露信息的交易模式。这种模式虽然占比并不多，但被视作一种最原始、最基础的交易模式，是指通过信息披露和双方洽谈完成的交易模式。在部分尚未形成较大规模的数字版权零散交易场合，自行披露信息的方式显得尤为重要，由于没有正式且充分的信息流通及交换通道，零散交易往往需要权利人自我主动披露。数字版权产业出现许多新兴业态，在这些新业态的版权交易肇兴之初，以自我披露的零散交易为主。

（2）数字版权的保护模式

一是以公共服务体系为支撑的保护模式。版权公共服务是指由代表公共利益的国家行政管理机构、法人及非法人组织、自然人等主体，在公共领域内围绕版权创造、运用、管理、保护及服务等方面向社会提供支持的各种活动，是公共文化服务的核心内容。[1]2012年，由中国版权协会、中国版权保护中心以及音乐、音像、文字和摄影著作权集体管理组织等构成的中国版权公共服务体系初具规模。[2]

二是基于市场化法律服务的保护模式。方式之一为律师及法律服务对于数字版权保护流程的介入。执业律师根据市场情况与案件具体情形，为客户提供法律服务，对数字版权交易的上、中、下游各环节提供相应的法律风险提示，以最符合市场与法律的方式来解决问题。方式之二为对数字版权市场监测等技术手段进行的市场化运作。法律服务提供者往往可以运用登记、预警、监测等技术手段，向消费者提供一站式版权保护，并与公证处、调解中心、维权机构等进行联动。

---

[1] 来小鹏.「十四五」时期着力完善我国版权公共服务体系的思考与建议 [J]. 中国出版，2022（3）：27.
[2] 中国版权公共服务和社会服务框架体系基本形成 [EB/OL].［2023-08-04］. http://www.gov.cn/gzdt/2012-06/25/content_2168835.htm.

（二）重点观察之一：网络文学产业

1. 市场规模和发展方向

（1）网络文学的市场规模

在经济规模方面，近六年，中国网络文学的经济规模持续扩大，但同比增长率略有波折，反映出网络文学发展稳定但后劲不足的现状。

在用户规模方面，2016年到2021年间，中国网络文学总用户规模增长稳定。

（2）网络文学的发展方向

一是盗版问题有待解决。当前网络文学的盗版网站数量巨大，甚至有知名盗版网站作者向外公开了自己网站的全部源代码，并附上网站创建的教程。在盗版的侵蚀下，正版市场出现了用户流失、创作者流失、日常运营成本提升、经济收益受损等一系列问题，原创内容生态遭到破坏，动摇了网络文学行业的发展根基，更对整个数字版权产业造成不利影响。

二是作品质量有待提升。相比于传统文学，网络文学的更新速度要明显更快，在高频率高体量的更新要求下，网络文学的作者很难去像传统文学的作者那样仔细思考与构思作品内容，更不用说后续的文字打磨。尽管企业和政府的诸多举措对提升当前网络文学市场的作品质量有一定作用，但是相对于网络文学市场的整体大环境来说，质量上的提升仍然十分有限。

三是IP改编有待优化。由于网络文学可供改编的IP数量极多，而行业内一流的制作公司和制作人员有限，一些急功近利的网络文学公司安排过多网络文学IP同期进行改编开发，导致作品质量不高。此外，当前网络文学行业在IP运营方面的人才数量不足以支撑庞大的IP数量，为适应网络文学IP产业发展，应培养更多熟悉市场环境、精通IP运营技巧的人才。

2. 核心交易主体

（1）个人或工作室

一切文学作品都是由作者创作的，作者是整个网络文学产业链上游的供应商之一，向整个产业源源不断地提供内容。

工作室分为两种，一种是作者本人成立的个人工作室，另一种工作室是由管理团队与多名作者共同组成的。

（2）网络文学公司

网络文学公司，指依托网络文学作品发布平台而与作者建立相应契约关系的资源集成组织，在市场中主要表现为网络文学网站。网络文学公司与作者签约，根据合同获取相应程度的版权授权并进行相关交易活动。

（3）IP改编公司

IP改编公司是通过帮助网络文学公司进行IP改编与运营，由此获取网络文学作品的部分版权的公司的统称。根据IP改编方向不同，有着不同种类的IP改编公司，大致有出版社、游戏公司、有声书公司、影视公司等。

3．主流交易与保护模式

（1）交易模式

网络文学的版权交易以平台企业为中心和纽带的交易为主，同时，也存在少数的作品通过行业内举办展会进行版权交易。此外，对于一些特殊的交易内容，交易双方仍以信息披露和双方洽谈的方式完成版权交易。

网络文学作者与网络文学平台签订的合同通常分为三种：分成合同、买断合同与保底合同。分成合同方式下，作者的收益完全与作品创造的价值挂钩，作品未上架时，作品没有收益，作者也就没有报酬。买断合同方式下，只要作者有文字创作就可以获得相应的报酬。保底合同方式下，作者拥有稳定的收入，平台会有一定的亏损风险，平台一般会和已经有一定成绩的作者签订保底合同。

（2）保护模式

一是司法保护。主要有两种保护途径：民事诉讼和刑事举报。这两类途径一般都是由当事人主动触发，其可以选择向法院提起诉讼或向公安机关举报。由于司法保护的维权成本和时间成本较高、判决赔偿额较低，实践中的运用效果并不突出。

二是行政保护。为整治网络文学盗版乱象，中央与地方政府频频出台政策对网络文学的版权进行保护。例如，2016年11月，国家版权局发布《关于加强网络文学作品版权管理的通知》，整治国内网络搜索引擎、社交平台、应用商店等版权侵权高发区的网络环境，完善了网络文学侵权的检举渠道。

三是行业保护。网络文学平台每年都会因盗版造成大量损失，一些网络文学平台便从自身出发，寻找网络文学版权保护的破局之路。例如，2020年6月，网络文学巨头阅文集团在官方微博上发布"正版联盟"公告，宣布联合行业伙伴坚决打击一切侵权盗版行为，并推出多项举措维护正版权益。

（三）重点观察之二：数字音乐产业

1．市场规模和发展方向

（1）数字音乐的市场规模

在经济规模方面，近三年，我国数字音乐行业的经济规模呈稳定增长态势，且同比增长率持续上升，显示出当前数字音乐市场仍有较强的发展活力。

在用户规模方面，近五年，中国的数字音乐用户规模稳定上涨，但在 2020 年，数字音乐相对于其他行业的发展速度有明显减缓。

（2）数字音乐的发展方向

一是将用户社群进一步差异化。国家一直在加大对数字音乐产业的反垄断力度，要求网络音乐公司解除独家版权。所谓独家版权，是指网络音乐公司和版权方签订相关协议，规定版权方的作品只对自己旗下的平台授权，是用来扩大版权优势从而在市场竞争中取得有利地位的一种手段。解除独家版权后，数字音乐公司无法通过对知名音乐人的版权垄断来强迫用户对音乐平台进行选择，意欲在竞争中获得优势，就要发展旗下平台特色，对用户社群进行进一步的差异化，其发展方向之一是签约独立音乐人，一些出色的独立音乐人具有黏性极强的粉丝群体，通过签约更多的独立音乐人可以获取粉丝流量。

二是付费音乐市场重要性进一步提升。随着短视频平台的迅速发展，不少音乐人开始转向传播效率更高、用户基数更大的短视频平台上发布作品、直播和与用户互动，这严重挤压了数字音乐行业中的音乐社交市场，寻找新的收入增长点来填补音乐社交市场产生的收入空缺已经成为数字音乐公司迫在眉睫的发展任务。与此同时，随着数字音乐付费模式的逐渐成熟，以及用户版权意识的不断加强，中国数字音乐市场的音乐付费率的攀升是必然的，国内的付费音乐还有着很广泛的发展空间，相比于音乐社交业务的前路坎坷，音乐付费业务的内在潜力十分可观，音乐付费业务在行业内的重要性会有所提升。

三是数字音乐传播与短视频进一步结合。当前网络短视频行业发展迅速，短视频已经成为越来越多的公司品牌传播的重要手段之一。根据《2021 中国音乐营销发展研究报告》中的数据，当前短视频已经成为数字音乐行业宣传推广的最有效、最受认可的渠道。网络短视频作为一门新兴行业，各数字音乐公司对于网络短视频平台的宣传运营还缺乏经验，没有形成固定的体系，相关人才还十分缺乏，尤其是缺乏专业宣传人才，难以策划出有创意的传播点。在数字音乐行业的未来发展中，将数字音乐传播与短视频进一步结合，培养相关的宣传人才，探索短视频时代的行业模式，是各个数字音乐公司的发展方向。

2. 核心交易主体

（1）创作者与工作室

数字音乐行业持有作品版权的个人主要分为作词者、作曲者和演唱者三种，三者分别持有作品歌词、曲调、唱声的版权。

此外，还有一些专门从事歌词与曲调创作、歌曲演唱的工作室，这些工作室接到客户的订单后，把创作好的作品交付给客户，通过售卖作品的版权进行营利。

（2）音乐平台

数字音乐公司在与创作者签订版权交易合同后，数字音乐公司旗下的数字音乐平台获得授权，可以对自身音乐库中的音乐继续进行版权交易。与版权交易关系密切的有付费音乐、数字专辑、歌手周边、音乐数字藏品以及版权转授。

（3）唱片公司

唱片公司是负责音乐制作与出版的公司，有的唱片公司也有明星包装、宣传推广、演出策划等业务。在音乐创作者将作品授权给唱片公司后，唱片公司便成为版权交易的主体。具有代表性的唱片公司主要有环球音乐集团、华纳音乐集团、索尼音乐娱乐公司、滚石国际音乐公司以及百代音乐公司。

（4）集体管理组织

著作权集体管理组织是指为权利人的利益依法设立，根据权利人授权、对权利人的著作权或者与著作权有关的权利进行集体管理的社会团体。在数字音乐领域，经国家版权局批准并经民政部登记的著作权集体管理组织有且只有中国音乐著作权协会一家。

3. 主流交易与保护模式

（1）交易模式

数字音乐行业主流的交易模式是以平台企业为中心和纽带的交易模式。同时，数字音乐行业也会举办具有版权交易功能的行业展会，供交易双方在展会上洽谈与交易。

数字音乐创作者或是唱片公司为了将手头的音乐上架平台，会与数字音乐平台签订相关的版权交易合同，允许数字音乐平台使用数字音乐创作者或是唱片公司拥有的著作权的部分权能。数字音乐平台则按照合同内容为数字音乐创作者或是唱片公司提供平台资源，将音乐上架平台，有时也会参与该音乐在平台上的宣发工作。此外，数字音乐平台有时会与其他行业的公司签订数字音乐的版权合同，如直播公司、广告公司等，允许其使用平台数据库中包含的音乐。

（2）保护模式

一是行政保护。我国的数字音乐产业发展之初，有大量未经授权的音乐作品在数字音乐平台上传播，而随着人们的版权意识不断增强，如今各个平台都重视起音乐版权问题并建立了较为完善的音乐版权举报机制。这一从无到有的过程，离不开版权主管部门出台的数字音乐版权政策，这些政策推动了数字音乐版权保护事业不断发展。

二是行业保护。当前，行业内的数字音乐公司纷纷建立自己的版权体系，包括与著作权人洽谈版权交易合同，完善版权举报功能，以及联系侵权方下架未经授权的音乐等。此外，数字音乐行业有许多保护行业版权的机构，如国家版权局和中国音乐家协会共同发起成立的中国音乐著作权协会、国家版权局批准成立的中国音像著作权集体管理协会等。

三是技术保护。常见的有人工智能识别技术，当用户将含有数字音乐的作品上传到音视频平台时，经过人工智能和网络检测员的双重检测，审核作品是否有侵权行为，从而避免音乐版权被侵害。还有一种新兴的技术手段——区块链技术，在音乐作品中植入非对称加密和哈希算法，这种算法无法被不法分子修改和复制，相当于音乐作品的一张身份证。

（四）重点观察之三：数字藏品产业

1. 市场规模和发展方向

（1）数字藏品的市场规模

在经济规模方面，自从2021年（元宇宙元年）开始，国内各种数字藏品平台纷纷涌出，相关艺术作品的数量也呈指数级增长。《2022年中国数字藏品行业研究报告》提到，中国数字藏品市场规模2021年达到2.8亿元人民币，2022年国内数字藏品总额及数量一年之间大幅增长。

在用户规模方面，现阶段国内数字藏品的用户规模较小，但是暗含较大发展潜力。

（2）数字藏品的发展方向

一是开发范围从数字出版物拓展到为实体产业数字化赋能。我国在数字藏品产业运行方面的整个流程都较为模块化，创作和发行主要由平台决策。各个平台之间可交易的数字藏品仅限平台内交易，平台的自由裁量权极高，由此导致市场当中可供选择的产品类型有限，数字藏品内容开发容易陷入单纯复制现有模型的桎梏。未来，国内的数字藏品开发应不拘泥于数字出版物本身，而是着手为实体产业进行数字内容的赋能，使数字藏品逐渐成为"文化破圈"的新手段，为各行各业带入新的营销方案和增收渠道。

二是以"数字藏品+"的多重形式推动数字文化兑现价值。较为新颖的模式有：①虚拟皮肤/虚拟地产/游戏道具等，使用场景限定在某一虚拟世界。例如，西安数字光年打造的沉浸式体验平台《大唐灵境》，其发行的专属建筑藏品是大唐灵境中特定坐标的96格建筑空间。[①]②数字藏品+权益。例如，元屿发行的鼓浪屿数字纪念藏品，藏品内容除了一份数字图片还带有线下权益，买家可享有厦门轮渡鼓浪屿船票使用权益一次。[②]③数字藏品+实物。例如，布星云发行的特步"国速1号"，买家将获得布星云元宇宙里的一份AR数字藏品和一双定制实体跑鞋。[③]④数字藏品+定制化内容。例如，阅文集团推出了国内首个可阅读网文IP数字藏品《大奉打更人之诸天万界》，随机附赠作家手写签名寄语。

三是不断强化数字藏品的收藏周期和价值。数字藏品脱胎于NFT概念[④]，为了避免配套政策不全引发的市场混乱，国内很多数字藏品平台都要求持有180天后才可以转赠，且用户在获得转赠后持有满2年才允许进行第二次转赠，这种规定通过限制流通，极大地降低了数字藏品暗含的炒作风险。消费者购入数字藏品主要是因为其带有科技性、创新性、独特性等"新概念"特质，未来数字藏品的发展趋势必然是在内容的创新性、形式的可玩性等方面更新，各种新的尝试会促进形成更加全面的行业规范。

2. 核心交易主体

（1）内容版权方

内容版权方主要是指手中持有开发依据或原型的组织、单位或企业，例如，各类博物馆、IP原创者或组织等，以及针对原型进行二次创作的艺术家。这一类交易主体在市场中是各类数字藏品的灵感来源，更是版权所有方，在整条产业链中处在上游地位。

（2）技术提供方

技术提供方主要指提供区块链技术保障以及制作数字藏品模型的企业主体。在数字藏品的生产、发行、流转、回溯等环节，涉及各种数字化的知识产权应用

---

① 京东科技助力中国首个文旅电商元宇宙，大唐灵境东市开市在即［EB/OL］.［2023-08-04］. https://news.bjd.com.cn/2022/10/13/10184952.shtml.

② 数字创新平台"元屿"、文体旅服务平台"来玩一厦"上线［EB/OL］.［2023-08-04］. https://baijia-hao.baidu.com/s?id=1733940081051923579&wfr=spider&for=pc.

③ 聚焦 | 运动品牌的元宇宙营销合集［EB/OL］.［2023-08-04］. https://baijiahao.baidu.com/s?id=1758039863349026897&wfr=spider&for=pc.

④ NFT，指非同质化代币（Non-Fungible Token），是以唯一的方式标识某人或者某物的技术，尽管我国目前数字藏品与NFT紧密结合，但并不意味着数字藏品一定要使用NFT技术。与虚拟货币等同质化代币相比，使用NFT技术的国内数字藏品也不具有同质化代币的资金属性及社交属性，与虚拟货币划清了明确的界限。

与转移，而这些都需要技术支持，技术提供方正是实质上维护数字藏品产业发展的中坚力量，他们的存在使数字藏品的广泛发售得以成为现实。

（3）交易平台方

交易平台方主要是指公开进行数字藏品售卖的平台，一般有收藏、转卖、寄售等功能，在数字藏品市场搭建起产品和用户方之间的桥梁。现有发展较为稳定的数字藏品发售平台大多由互联网大厂背书，占领了市场的主要份额。市场内部的交易规则首先在这部分主体之间形成了一些默认条款。

（4）用户方

用户方就是数字藏品的消费者，其消费目的除了收获某一种具体的产品之外，更是为了购买一种文化的新体验，是数字藏品交易中最广泛、最应当被保护的群体。用户方对于数字藏品的版权和具体处分边界需要在行业持续发展的过程中，形成新的规则。

3. 主流交易与保护模式

（1）交易模式

数字藏品主流的交易模式有两种：一种是版权方主动与较为成熟的交易平台合作，具体的数字藏品开发由持有版权的主体提出需求并由平台对该数字藏品的开发进行立项，具体技术提供和流程监督也由平台负责对接；另一种是以技术提供方作为重要的沟通主体，串联起版权方和交易平台之间的供需，拿到版权完成产品设计，为平台提供可售卖的优质数字藏品，牵头促成交易。

（2）保护模式

一是技术保护。由于数字藏品依托区块链技术开发，所以其本身的保密性和不可复制性，对于其承载的内容具有天然的保护。区块链版权认证系统，是能够通过区块链去中心化技术特性以及防篡改特性，让用户的作品在区块链中得到存证，目的就是防止丢失、篡改的情况发生，并以作品在区块链中进入的时间来增加作品归属的权重。[①]

二是行政保护。国家利用强制监管手段对数字藏品产业进行干预。数字藏品生产并销售后的权益保护主要分为以下三步：①将数字内容登记确权，把数字藏品的权属证明和相关持有权益、指纹信息等存储在区块链上；②面向全网、全平台、全门类的作品进行全时段侵权监测，将侵权证据保存在区块链上；③对接律

[①] 区块链技术——数字藏品的版权保护绝佳利器 [EB/OL]. [2023-08-04]. https://baijiahao.baidu.com/s?id=1738864987279564552.

所等合作机构提供法律维权服务。

三是行业保护。为从顶层设计中建立监管数字藏品的行业规范，上海文化产权交易所与新华网、中国国际文化交流中心、中国网络空间安全协会等共同倡议，发起了"国家级数字文创规范治理生态矩阵"，以及"国家级版权交易保护联盟链"，目标是共建高效的中国数字文创和数字知识产权等领域规范性流通环境，打造合规、开放的应用生态。[①]

二、数字版权交易的潜在风险与优化方式

（一）数字版权交易的潜在风险

1. 创作者在交易中的地位过于劣势

数字版权交易市场上有大量的个人创作者，这些创作者手中没有渠道资源，其作品需要依托各种互联网平台为媒介进行呈现与传播。在这一过程中，小到创作者登录平台时点击的用户协议，大到创作者与平台公司直接签署的版权合同，都是对创作者版权归属的认定与划分。相对于大平台依托的资本集团，仅仅掌握作品资源的个人创作者的力量极其弱小，这使绝大多数个人创作者在数字版权交易中完全处于劣势地位，无法很好地与大型公司和平台做利益谈判。

此外，创作者处于数字版权交易的产业链源头，对于行业的中下游业务了解不多，对未来作品的使用形式也没有长远的展望。在与深耕产业链多年的大平台进行版权交易的过程中，创作者常常盲目地接受平台提出的不合理诉求，相信平台给予的不切实际的承诺，直到合同真正落地实践，甚至是合同签订多年后创作者才有所察觉，追悔莫及。

2. 平台对行业资源的掌握过于集中

与创作者在数字版权交易中的劣势地位相比，大型平台在定价权与利益分配上有着绝对的优势。平台的利益分配机制是按照平台自身的商业逻辑进行设计，在利益规则上有着偏向平台方的天然倾向。即便创作者对平台的利益分配机制有所异议，交易的主动权也仍然掌握在平台一方。在平台对产业资源的把控下，可

[①] 国家级数字文创矩阵成立《数字文创规范治理公约》重磅发布［EB/OL］．［2023-08-04］．https://baijiahao.baidu.com/s?id=1735943304686734338.

供创作者做出的选择很少。尽管创作者与平台之间达成的合作是建立在双方意愿之上的，由于创作者和平台之间力量悬殊，创作者并不能就合同中的格式条款跟平台讨价还价，只要合同条款不违反法律强制性规定，行政力量很难介入交易过程，维护创作者的权益。

创作者作为数字版权产业链源头，其利益无法得到有效保障，将造成数字版权产业的源头衰减甚至枯竭，导致市场内产品总体质量下滑，从而影响市场整体收入。这样的市场关系下，大平台掌握的行业资源越来越集中，最终生成大平台的行业垄断状况，不利于行业良性竞争和可持续发展。

3. 产品对消费者审美偏好过于迎合

从作品质量的角度看，以迎合消费者审美偏好为目的而创作的作品，相比于以作品本身质量为考量而创作的作品，质量上常常是有所不足的。从创作者的角度看，越来越多的创作者投身于迎合消费者审美的作品创作中，而消费者对作品的接受能力是有限的，消费者接受到的迎合消费者审美的作品越多，接受其他作品也就自然越少，从而对那些创作其他类型作品的创作者造成了无形的打压，由此，会有更多的创作者为了生计选择创作迎合消费者审美偏好的作品，从而陷入对时代、市场、创作者都不利的恶性循环。

（二）数字版权交易的优化方式

1. 为创作者提供更专业的支持服务

对于创作者在交易时无力抗衡或产生纠纷时投诉无门的问题，有关部门应当推动相应组织机构的设立，为创作者提供支持与服务。例如，创作者无法看出合同中隐藏的陷阱，通过专业人士对合同内容的解读并提出保留部分权利、调整授权期限等建议，为创作者建立一条通往公平交易、解决纠纷的通道。

2. 加强对平台版权交易的监督管理

与数字版权有关的交易平台主要分为两类，一类是基于市场自发形成的平台，如大型互联网公司；另一类是与国家主管部门密不可分的交易平台，如国家版权局批准成立的交易中心。就前者而言，版权主管部门要警惕个别先发展平台过度地集中行业资源，不合理地提高准入门槛，阻碍市场充分竞争。就后者而言，版权主管部门应当加大扶持力度，助推中小平台成长，鼓励市场充分竞争。对于利益分配机制饱受诟病的平台，应当由版权主管部门与平台取得直接联系，对其利益分配规则、定价规则、交易流程等进行询问，并提出改进建议。

3. 从业者加强自身的价值判断能力

数字版权产业的从业者应积极参与行业培训，结合自身的工作内容不断学习，加强自身的价值判断能力，通过多环节联动协调，满足产业整体的优质发展需要。对于众多创作者来说，要以积极向上的精神风貌努力创作出对时代发展有所帮助的优秀作品。平台应该明确自身肩负的促进社会发展的责任与使命，并以此为标准开展未来工作。

三、数字版权保护的现实困境与发展路径

（一）数字版权保护的现实困境

1. 保护手段运用不充分，难以适应产业模式新发展

一是行政执法效果颇丰，但威慑力存在时空局限。专项行动是行政执行的重要手段，其局限性还有待打破。其一，执法广度有限。专项行动在执法力量的分配上有所侧重，对于专项行动未予以重点监管的领域，存在执法广度无法涉及的问题。其二，执法力度有限。对于版权的侵权行为，在行政执法上仍采用较为常规的处置侵权内容、整治侵权账号等手段，难以针对产业发展新态势采取富有针对性的惩戒措施。其三，执法效果有限。专项行动难以实现可持续的、常态化的保护，在行动未能开展的时间段里，相关侵权行为有可能进一步乘虚而入、卷土重来。

二是平台欠缺强制措施与有效手段。与数字版权交易及保护息息相关的平台方，作为产业链的一环，有着通过运营达到直接或间接盈利的目的。平台作为权利人，平台企业通常具有行业领先的技术和较为完善的内部管理体系，善于较早地发现侵权行为，甚至可能锁定侵权人的位置。尽管如此，碍于主体权利和能力的限制，平台主要依靠公权力机构采取具体措施。平台所拥有的优势并不能很好地在后续打击侵权人、防范类似侵权行为上起到应有作用。从主观态度上看，平台方往往对产业新模式进行观望与鼓励，而非运用相关手段予以打击。从客观行动上看，即使平台方对侵权行为进行威慑与打击，仍收效甚微，平台欠缺严格意义上的强制执行力。

三是制度设计未能平衡作者、业界、读者间利益。当前的版权保护手段更多聚焦于作者、业界的相关利益，将读者置于制度考量的次要位置。在此情况下，

读者势必更倾向于选择获取难度低、充分吸引眼球的渠道，而这些渠道往往都与盗版作品相挂钩。①因此，就制度设计而言，在考虑作者与业界利益、兑现数字版权利益的同时，也应同步将读者利益放到与之相当的重要位置上，努力做到利益平衡。毕竟，数字版权的价值不仅在于账面数字上的兑现，也在于让更多读者充分汲取相关数字版权作品的文化养分。

2. 创新技术运用不到位，阻碍版权保护发挥新效能

一方面，版权保护的创新技术欠缺推广，大众了解程度有限。当前，已有多个版权业务平台可以利用区块链、数字水印等创新技术为市场提供版权确权、维权、流转等版权服务。除此之外，国内不少科技公司均拥有自有知识产权保护或维权系统以及区块链技术系统。但是，长期以来，这些知识产权保护系统往往藏于幕后，平台方缺乏面向普罗大众的针对平台功能应用方法以及相关技术运行方式的宣传，继而导致权利人难以了解平台使用程序。

另一方面，较之传统的著作权保护方式，权利人对运用创新技术进行版权保护的认可度低。当前，以区块链为代表的创新技术主要在著作权确权、维权等业务板块发挥作用。由于这些创新技术依托的平台品质良莠不齐，收费不透明，缺乏公信力主体的有效引导，导致权利人分辨困难，继而对运用平台以及相关创新技术产生质疑。权利人对创新技术应用缺乏信心的现状，也限制了版权保护创新技术的应用，使其在版权保护中的效果发挥不畅。

3. 维权途径运用不便利，延长违法行为造成新损害

一是当事方沟通不畅，效果欠佳。在商业实践中，维权活动往往由权利人个人或权利人法务部门发放带有维权属性的函件进行通知。函件接收方有可能判断函件仅仅具有恫吓性质，继而采用不予回应的策略。另外，双方沟通不畅，认为对方诉求不合理或态度不友善，继而选择中断沟通，难以在萌芽阶段化解争议，进一步导致侵权行为。

二是行政举报与监测时效性、监测覆盖面有限。行政执法往往采用举报与监测相结合的方式，但监测平台存在一定局限性，运用当前的互联网监测技术，无法做到100%完全覆盖。再者，监测平台在资料报送上难以完全实现"零时差"。并且，对于监测平台的数据，行政执法部门必然会进行数据的二次确认，也延长了侵权行为的存续时间。

---

① 吴志强. 数字版权保护是铠甲还是镣铐？[J]. 出版参考，2016（9）：10-11.

三是纠纷调解人员的争议化解能力有限。与普通纠纷调解不同，版权纠纷调解，尤其是与数字版权相关的纠纷调解，需要参与调解的人员首先熟悉数字版权产业以及相关政策的内容。但是，目前版权纠纷调解在我国仍处于起步阶段，缺乏数字版权纠纷调解专业人员，在人员储备并不充分的前提下，我国数字版权纠纷调解效率与权威性势必受到影响。

（二）数字版权保护的发展路径

1. 合理借鉴域外经验推动中外联合执法

一是注重紧跟立法与实践动态。要紧跟域外最新立法与实践动态，在我国后续立法与产业实践中予以重点关注。二是注重思考制度在我国施行的必要性与可行性。我国数字版权产业势头强、问题新、发展快，呈现出与域外市场相区别的特点，应当根据我国数字版权产业发展实际情况，合理地借鉴域外经验。三是持续推动中外数字版权联合执法。中外联合执法有利于对境外服务器侵权问题等棘手问题进行有效处理。

2. 积极推动社会组织担任版权交易纽带角色

一是积极建设数字版权公共服务体系。通过加强版权公共服务体系的全面建设，使相关社会组织承担起对接现实市场的桥梁与纽带的作用。社会组织也可借由自身在相关领域的优势，向构建以数字版权保护为特色业务的组织迈进。二是加强数字版权调解人才选拔与培养。对相关法律法规及政策进行准确解读与把握，将是数字版权调解人才选拔与培养过程中的重中之重。

3. 高效运用信息技术手段支撑版权保护

一是大力推进技术开发运用。对技术标准进行统一，向着各大平台、各类标准相互融合、相互兼容的方向迈进。不断推进数字版权保护相关技术整体发展与更新升级，为数字版权保护提供强有力的技术支持。二是积极打通技术运用各环节。建立好政策与制度，深度地进行市场化运作，做到打通技术运用各环节，对企业整体功能进行提升，高效运用技术手段支撑版权保护，继而推动数字版权保护的发展。

四、数字版权交易与保护模式的系统性完善

(一) 建立全国版权交易服务机构，完善版权服务运行机制

1. 现有版权交易服务的主要模式

现有版权交易服务主要包含十种模式，[①]具体如下：（1）撮合式。这种模式参照电商运营模式，将买方和卖方连接起来，一方面根据买方的采购需求推荐，另一方面将卖方产品精准提供给买方，实现版权收益最大化。（2）自助式。这种模式以集中托管和标准化合约为主要特点。（3）管网式。这种模式按照使用量来计费，建立了上游权利人、中游运营平台和下游使用者之间的信用结构和期限使用规定。（4）碎片式。这种模式创建了一种标准化的交易方式，使用户可以方便地获取所需素材。（5）索引式。这种模式是在碎片化的基础上对信息的索引进行再创造，从而提供某种服务，其中最为经典的就是知识服务。（6）弥散式。这种模式的传播通道就是它的授权通道，受众在哪里看的作品就在哪里购买，一旦买下就获得使用授权。（7）和解式。这种模式更适应互联网传播中的版权贸易过程，在用户创造和上传内容的环境下，版权交易和许可更加灵活和便捷。（8）开放式。这种模式促进信息的传递和共享，使版权得以更好地发挥社会意义。（9）消费式。这种模式在时尚领域中常见，包括设计师众包、商品众筹等。（10）消费权益众筹。这种模式运用消费券的形式将消费权益转化成一种权益凭证，用户可以通过消费众筹平台进行众筹购票，实现交易和消费兑换。

2. 版权服务运行机制以提升利益平衡性为主要目标

版权交易机制旨在实现版权的商品属性，通过合理、合法的交易路径对版权进行利用，这是其基本目标和核心价值取向。[②]作为版权交易活动的准则和指南，版权交易机制应能够协调权利人、传播者和社会公众的利益冲突，以实现利益的平衡。平衡的实现是动态的过程，需要不断调整和适应变化的环境与需求，以确

---

① 殷秩松. 互联网时代版权交易的十种模式［EB/OL］.［2023-08-04］. https://mp.weixin.qq.com/s/6vjG7D-4CZitAw6Gl9nUYw.

② 刘玲武，曹念童. 版权交易机制外部生态的内涵、构成因素及优化策略研究［J］. 出版与印刷，2021（5）：1-8.

保版权交易机制的有效运行和持续发展。因此,优化策略的制定必须坚持利益平衡原则。①版权交易服务机构是版权交易机制的重要运行主体,在制定版权交易服务策略时,应当以提升版权交易中的利益平衡性为主要目标。

版权交易服务机构必须全面考虑、平衡协调可能出现的冲突,并兼顾各方的权益,以充分发挥其作用。只有在统筹兼顾的前提下,版权交易机制才能有效运行,确保各方的权益得到合理保护和利益得到合理分配。优化版权交易服务机构的运行机制,推动版权市场的健康发展。

3. 探索建立统筹协调的全国版权交易服务机构

全国版权交易服务机构的建立,有利于促进版权交易的规范化、便利化和高效化,有利于提供全面性、统一性的版权交易服务,有利于实现版权资源的优化配置和各方权益的合理保护。

为推动全国版权交易服务机构的建设,可以通过加快版权交易资源集聚、提高交易流转效率与完善交易基础设施等措施,搭建一个集中的交易平台。该平台将聚集各类版权资源的权利人、购买方和中介机构,提供交易信息发布、交易撮合、合同管理、交易监管等全方位的服务。同时,全国版权交易服务机构还可以提供相关的法律法规咨询、权益保护和纠纷解决机制的服务,提升交易的合法性和公平性。此外,全国版权交易服务机构可以与各地区的版权交易机构和平台加强合作,形成联动效应,实现全国范围内的版权资源流通和交易,通过央地合作互动,推动全国版权交易服务体系的整体发展。

(二)建立统一版权交易数据平台,完善版权信息共享机制

1. 版权交易大数据平台的现实需求

一是版权交易的安全隐患突出。相对于有形财产交易,版权交易由于缺乏公示制度,交易安全隐患尤为突出,曾出现较多版权重复交易的案例,有必要从法律层面采取措施以予以制止。创建版权交易大数据平台相当于在版权市场建立公示制度,提高了版权交易市场的安全性。

二是版权交易的信息壁垒明显。传统的版权交易方式存在信息不对称的问题,交易双方难以获取对方的真实信息,形成版权交易的信息壁垒。建立一个统一的版权交易大数据平台可以提高版权交易的透明度,使版权所有者和版权使用

---

① 刘玲武,曹念童. 版权交易机制外部生态的内涵、构成因素及优化策略研究 [J]. 出版与印刷,2021(5):1-8.

者通过交易平台建立有效沟通，提高交易效率。

三是版权交易的侵权现象多发。版权所有者可分别就同一作品上的不同权利进行交易或约定使用期限，版权使用者之间、版权所有者与使用者之间的权利归属争议频发。通过统一的版权交易大数据平台，用户能够查询到清晰的版权流转信息，平台提供版权追溯和侵权查处的途径，为维护版权权益提供有力支持。

2. 版权信息共享机制以提升信息对称性为主要目标

由于版权信息的不透明和不对称，版权所有者和版权使用者之间存在信息差，加大了交易难度。统一的版权交易大数据平台的建设可以通过智能合约等技术，实现版权交易的自动化和去中介化，降低交易成本，提高信息透明度。此外，版权交易大数据平台还可以通过数据挖掘技术，分析大量的版权数据，为版权所有者和版权使用者提供更全面的信息，减少信息差，提高信息传递的效率。

同时，版权交易大数据平台也是版权信息共享平台。版权所有者通过平台公开的信息，了解其他版权人的作品和思路，学习其他版权人的经验和技巧，提高自己的版权素养和创作水平。版权交易大数据平台的建设能够打破"信息孤岛"局面，为版权交易主体之间建立有效、稳定连接。

3. 探索建立以信息共享为核心的统一数据平台

第一，需建立聚合型的版权交易中心，作为版权交易大数据平台的核心。首先，版权交易中心需建设标准化版权数据库。例如，根据版权数据的类型分别建库，如文字作品、视频作品、图片作品等，形成聚合型数据库。其次，版权交易中心需建立权利认证机制，在交易前对版权所有者的身份进行认证。再次，建立统一的版权价值评估体系，在交易时规范版权交易价格，避免版权垄断的现象出现。最后，在交易结束后，定时进行使用情况跟踪和实时技术监测，维护双方的交易成果。

第二，需要以信息共享为中心，促进版权交易智能化。版权交易需要建立智能合约机制，主要包括以下方面：其一，智能合约技术可以将版权所有者、版权类型、版权期限、版权使用范围等信息存储在区块链上，提高版权信息的安全性和透明度。其二，智能合约技术可以自动化处理版权交易的确认环节，双方通过签订线上合约，确认交易内容，在线上平台即可完成交易。其三，智能合约技术可以自动化处理版权交易的支付和结算环节，当版权交易达成时，智能合约机制会自动执行支付，将款项转移给卖方，并向平台支付交易费用。

第三，需优化风险管理机制和平台反馈机制，及时调整业务模式。这样做的目的在于预防潜在的侵权风险以及减少因风险发生所带来的严重后果。就风险管理机制的优化而言，版权交易平台应依托现有互联网数字技术，搭建技术层面的风险预警反应机制，针对可能发生的交易风险或侵权风险，及时反馈平台处理，加快信息处理的流转效率。就平台反馈机制的优化而言，应及时完善风险应急与处理的制度规范，落实风险处理的责任制度，及时调整自身的业务导向，满足用户的多样化需求。

（三）建立版权领域信用监管体系，完善版权交易诚信机制

1. 版权交易信用体系的现实需求

版权信用治理的客体是版权失信行为。由于传统版权交易缺乏透明度和规范性，在版权成果的转化运用过程中，诸如许可、转让、质押融资、投资或者证券化等环节中，经常出现重复授权、虚假交易、盗版交易等问题，属于版权失信行为。因此，需要加强版权交易市场的监管和管理，防范和遏制此类版权失信行为，建设版权交易的诚信环境，维护良好竞争秩序。

2. 版权交易诚信机制以提升监督实效性为主要目标

版权交易中遵循诚实信用原则，是实现版权交易可持续发展的基石。版权交易诚信机制的确立，要以信用监督实效性为主要目标。一方面，要规范信用监管体系记录的交易信息，公开权利人权属情况、历史授权记录、被授权方的权属范围、实际利用情况等交易信息，最大限度地保证交易主体的交易安全，合理规避交易风险，促进版权所有者和版权使用者共同进行版权监督；另一方面，要建立版权市场主体信用评估机制，不仅审查静态的权属信息公示，还要审查动态的交易信息，通过人工智能识别技术、过滤筛选机制、人工重点监测等方式，对版权交易主体进行实时监控，及时发现和处理不良行为，作为信用评估和排名的事实依据，并将不良行为者列入黑名单，对信用较好的交易主体予以奖励，促进版权交易诚信机制的良性运转。

3. 探索建立市场主体版权交易信用监管体系

版权交易信用监管体系可以立基于版权交易信用惩戒机制，对违反版权法律规范的市场主体进行信用惩戒，例如，公示违法主体信息、限制违法主体交易、撤销权利认证等。同时，对信用记录良好的市场主体进行奖励，例如，给予优惠政策、减免手续费等方面的支持。此外，还需建立版权交易信用修复机制，设计合理的信用恢复流程，对记录不良的市场主体给予适当的宽限和支持，鼓励市场主体改正错误，重新拥有良好的信用记录。

（四）建立版权保护多元共治规则，完善版权价值激励机制

1. 版权保护主体交互关系的现实情况

基于我国现有规范体系，版权保护关涉多元主体，主要包括：其一，具有行政管理职权的行政机关。例如，国家版权局，县级以上地方主管版权的部门。其二，社会团体，即不以营利为目的、非政府非企业属性的社会组织。例如，中国版权协会。其三，面向社会提供公共服务和市场服务的事业单位，可以在一定区域、一定程度上通过市场配置资源。例如，中国版权保护中心。其四，负责版权交易、转让、保护等方面工作的国有企业和非国有企业。例如，经国家版权局批准设立的若干家国家级版权交易中心。其五，著作权集体管理组织。例如，中国文字著作权协会、中国摄影著作权协会、中国音乐著作权协会、中国音像著作权集体管理协会、中国电影著作权协会等。其六，通过互联网途径为他人进行互联网应用提供技术服务和内容服务的技术平台。例如，腾讯公司、字节跳动公司等。

就数字版权保护而言，中国版权保护中心具有独特的地位和优势。中国版权保护中心是中宣部（国家版权局）的直属事业单位，是国家级版权登记机构，也是我国唯一的计算机软件版权登记和版权质押登记机构；同时，中国版权保护中心是版权鉴定机构，内设中国版权保护中心版权鉴定委员会。中国版权保护中心兼具公益性与市场性，一方面为数字版权保护提供权属登记服务和网络维权服务，另一方面也为数字版权保护的技术更新升级提供技术研发支撑。中国版权保护中心承担着利益平衡者角色，在为版权权利人提供登记确权、交易授权、纠纷维权、规则护权等服务的同时，对互联网平台发挥监督作用，防止互联网平台以行业垄断地位和信息技术优势对版权权利人产生侵权行为。

互联网平台是数字版权的技术支撑载体，既是数字版权得以实现的信息技术提供者，也是数字版权的交易者。因此，互联网平台既是数字版权共治规则的制定主体，也是数字版权共治规则的规制对象。互联网平台为数字版权的产生和运用提供了网络环境，通过技术手段控制着数字版权的交易过程，具有强势地位。

2. 版权价值激励机制以提升保护精准性为主要目标

《版权工作"十四五"规划》中指出，要广泛整合运用社会力量，加强与版权协会、版权保护中心、版权服务机构、著作权集体管理组织的协作，逐步构建全社会共治的版权保护机制。由此，奠定了版权保护多元共治的总基调。

在政府与市场的交融、公法与私法的交融不断加深的时代背景下，市场治理

和行业监督不再由主管部门的"一言堂"决定，而是要共同依托行政秩序的稳定性和社会力量的技术性，实现可持续发展和良法善治。版权保护工作中，在处理各类互联网平台与版权协会、版权保护中心、版权服务机构、著作权集体管理组织的关系时，坚持共治理念，并围绕"适度保护"为中心，确立共治规则。

数字版权的适度保护，意指对于数字版权不能缺乏保护，也不能过度保护。其根本原因在于数字版权保护与数字版权交易是辩证统一的关系，而非割裂的二元主体。保护与交易相辅相成，保护的目的是促进数字版权交易，交易的开展离不开数字版权的多重保护模式。适度保护才能促进数字版权交易，过度保护将会扼杀数字版权交易。

3. 探索建立以非单方强制性规则为基础的共治场域

非单方强制性，一方面指以中国版权保护中心为代表的版权保护主体不能单方强制版权权利人、互联网平台等管理对象；另一方面指互联网平台不能单方强制版权权利人。因此，非单方强制规则，是由中国版权保护中心牵头，联合其他版权保护主体，与互联网平台共同制定的保护版权权利人合法权益、促进数字版权交易的共治规则。

版权具有"自动赋权"的属性，脱离交易的版权没有生命力。只有处于交易过程中，版权才能发挥其价值，体现商品流通属性，得到各方重视与保护。版权的交易过程依托互联网平台的信息技术，互联网平台以营利为目的，基于技术优势而具有天然的强势地位，一旦形成互联网巨头的垄断局面，互联网巨头掌握市场话语权，极易对版权权利人造成权益侵害。因而，要防止互联网平台与国家版权主管部门授权的机构对数字版权市场形成"分治"模式，对于互联网平台的垄断态势要防微杜渐，否则，一旦垄断性互联网平台操控数字版权市场，整个数字版权运行生态将陷入"二律背反"状态——关停垄断性互联网平台将导致数字版权失去运行土壤，对社会造成极大负面影响；放任垄断性互联网平台以强势地位和霸王条款追逐利益，将对版权权利人和其他市场消费者造成巨大的权益损失。

简而言之，规则的制定要具有可行性、实用性和前瞻性，针对数字版权的非单方强制规则，最终要促进以中国版权保护中心为代表的版权保护主体与互联网平台对数字版权市场的共建共治与共享。

结语

在传统工具与现代技术、现实环境与虚拟空间的时空交融背景下，版权保护主题日渐成为国家科技战略、人才战略、教育战略的交汇点。伴随互联网、大数据、云计算、人工智能、区块链等新兴技术的应用，数字版权产业成为极具魅力与前景的产业，在我国的创新驱动发展战略和知识产权强国战略中发挥着关键性作用。数字版权产业不仅要关注保护，更要关注交易和运用。在知识产权强国纲要引领下，以数字化驱动经济发展的浪潮在不断向前翻涌，数字版权保护是数字版权产业繁荣的基础，数字版权交易则是发展数字版权产业的根本手段。

现阶段，在数字版权交易方面，我国的交易主体包括上游供应方、中游分发交易方、下游需求方等直接参与者，以及技术提供方、政府等间接参与者；在数字版权保护方面，我国的保护结构呈现以公权力机关为主、以市场主体为辅的态势，其中，公权力机关的保护主要包括全国人大及其常委会与地方各级人大及其常委会为主的立法保护、国家和地方版权主管部门为主的行政保护、最高人民法院和地方各级人民法院为主的司法保护。数字版权交易和保护的对象是具体的数字版权产业中的产品。

本文选取数字版权产业中具有代表性的网络文学产业、数字音乐产业、数字藏品产业作为分析对象，从宏观的理论层面进入微观的现象层面展开细致探查，发现不同的数字版权产业存在不同的发展问题：其一，在网络文学产业中，盗版形势严峻问题有待解决，文学作品质量有待提升，IP改编体系有待优化；其二，在数字音乐产业中，数字音乐的用户社群有待进一步差异化，付费音乐市场重要性有待进一步提升，数字音乐传播与短视频有待进一步结合；其三，在数字藏品产业中，数字藏品的开发范围有待从数字出版物拓展到为实体产业数字化赋能，数字藏品的经济效益有待以"数字藏品+"的多重形式推动数字文化兑现价值，数字藏品的收藏周期和收藏价值有待持续强化。在个性化发展问题之上，整个数字版权产业发展面临共性的难题：一方面，在数字版权交易实务中，创作者在交易中的地位过于劣势，平台对行业资源的掌握过于集中，产品对消费者审美偏好过于迎合，应当为创作者提供更专业的支持服务，加强对平台版权交易的监督管理，加强从业者的价值判断能力；另一方面，在数字版权保护实务中，保护手段运用不充分难以适应产业模式的新发展，创新技术运用不到位阻碍版权保护发挥新效能，维权途径运用不便利延长违法行为造成新损害，应当借鉴域外经验推动中外联合执法，推动社会组织担任版权交易纽带角色，推动信息化手段的高效运用从而为版权保护提供技术支撑。

网络文学、数字音乐、数字藏品等数字版权产业的勃兴预示着数字版权交易和保护进入新的阶段，在Web3.0的发展背景下，只有不断革新版权保护理念，提升数字版权保护技术，促进数字版权交易和运用，才能更好地实现数字版权产业带动经济发展的愿景。持续完善数字版权交易和保护模式，需要遵循"主体+行为"的系统思维：一是优化数字版权服务运行机制，以提升权利人、传播者和社会公众之间的利益平衡性为主要目标，探索建立统筹协调的全国版权交易服务机构；二是优化数字版权信息共享机制，以提升版权所有者和版权使用者之间的信息对称性为主要目标，探索建立以信息共享为核心的统一数据平台；三是优化数字版权交易诚信机制，以提升版权交易信息的信用监管体系、版权市场主体的信用评估体系的监督实效性为主要目标，探索建立版权交易信用的"黑名单"惩戒制度和"绿色通道"奖励制度；四是优化数字版权价值激励机制，以提升不缺乏、不过分的数字版权"适度保护"精准性为主要目标，探索建立由国家版权局管理下的中国版权保护中心牵头、由版权协会、版权服务机构、著作权集体管理组织和各类互联网平台共同组成的数字版权共治场域。

展望未来，针对性地以版权交易服务机构为纽带，发挥其带动市场主体提升供给侧质量、助推产业升级、提供高效便捷服务的专业职能，才能实现保障功能优化、特色服务定位、协同区域联动、创新发展模式和释放市场活力的终极目标，真正创建以点成线、以线化面的版权交易市场管理与服务体系，提高数字版权的交易和保护水平。

课题负责人：孙宝林

课题组成员：高烨　那玲　雍婷婷　刘雅琳　彭璐　李冬玥　罗佳　张平
　　　　　　辜凌云　罗晨昊　王景玉　康安宁　曹爽

承担单位：中国版权保护中心

国际音视频版权交易创新趋势及我国应对策略

唐 鑫*

摘要： 随着数字技术变革和数字经济的深入发展，全球音视频等传媒产业进入"数智时代"，网络音视频版权产业快速发展，音视频版权交易模式正经历数字化变革，音视频版权交易市场呈现一些新趋势，尤其是区块链等新技术的应用重塑了音视频版权交易机制。但是，国际音视频数字权交易在应用区块链技术时，在作品独创性认定、真实作者确认、修改权行使、作品合理使用等方面出现了一些新的现实困境。为促进音视频版权交易市场长期、健康、有序发展，建议下一步在改革管理体制、法律法规修改、加强管理部门联动协调、优化监管机制、深化国际合作和交流等方面集中发力，探索构建具有中国特色的数字音视频版权交易机制，为国际音视频版权产业的发展贡献中国方案。

关键词： 音视频版权；国际版权交易；数字化

一、国际音视频版权交易现状

在世界经济发展史中，技术进步与更新是影响产业发展的重要力量。21世纪以来，随着计算机、互联网技术的迅速发展，版权产业及版权交易的面貌发生了深刻变化，网络版权交易逐渐成为主流。随着数字技术变革和数字经济的深入发展，以大数据、人工智能、物联网、区块链以及5G为代表的现代信息技术与网络音视频版权产业的结合日益密切，网络音视频版权交易①风起云涌、方兴未艾，全球音视频等传媒产业进入"数智时代"，国际音视频版权交易模式正在经历数字化和智能化的重塑。

(一) 网络音视频版权产业快速发展

视频版权产业方面，"十三五"期间，网络长视频版权保护不断深化，用户

---

* 唐鑫，北京市社会科学院市情研究所所长，研究员，本课题组组长。

① 遵循WIPO（世界知识产权组织）指南的定义精神，本报告中的"版权交易"指的是狭义上的版权定义，指音频、视频等版权作品的生产、传播、展示、销售等"核心版权产业"，不包括"相互依赖的版权产业"（如硬件设备设计、硬件平台生产等），以及"部分性版权产业"（如主题公园地产开发、工程设计、授权产品设计等）。

付费意识逐渐提升，精品网剧、综艺等内容拉动市场稳定增长，并成为提升会员付费水平的有力杠杆。2020年，中国网络长视频市场规模①达1197.2亿人民币，同比增长17%，相比2016年（641.5亿元），市场规模接近翻番增长。用户规模达8.72亿人，同比增长20.6%，相比2016年增长60%；移动端长视频用户规模大幅增加，从2016年的5亿人增长为2020年的8.7亿人。国内头部长视频平台付费会员数突破1亿，但近年会员规模增长速度逐步放缓。同时，网络短视频飞速发展，2020年中国短视频市场规模为1506亿元，同比增长49.6%，"十三五"期间市场体量扩大78倍；用户规模达8.73亿，同比增长12.9%，短视频用户月度人均使用时长达42.6小时，用户黏性持续提升②。打赏付费是网络短视频头部平台的首要盈利来源。

音频版权产业方面，2020年中国网络音乐市场规模达333亿元，同比增长18.5%，比2016年（143亿元）增长132%③；用户规模达6.58亿，手机网络音乐用户规模达6.57亿。网络音乐用户付费意愿增长，消费金额不断提高，2020年网络音乐付费用户规模首次突破7000万，达到7192万人，付费用户渗透率达10.9%，较2016年增长5.9个百分点。"十三五"期间音乐平台多业态融合发展，国内音乐版权市场正版化、规范化的趋势逐渐加强，版权开发运营步入正轨。网络音乐版权运营收入规模达30.4亿元，占比达9.1%，而2016年版权收入规模仅为3.4亿元，占比仅为2.4%，版权生态建设日益完善。

从国际版权交易情况来看，根据国家统计局公布的数据，我国版权海外项目输出数少于项目引进数，国际版权交易主要以图书为主，录音、录像、电影、电视节目等占比较低，2020年音视频版权海外输出项目数占版权输出总数的1.76%，且占比呈逐年下降趋势。尽管我国的版权服务市场在人口规模、经济体量、网络技术创新和移动终端普及层面都具备规模优势和竞争优势，版权产业商品进出口额也实现了逐年递增，但核心版权产业商品出口占比仅0.2%，版权占服务贸易比重较小，而音视频版权出口比例则更低。

---

① 中国网络长视频市场规模含用户付费、广告、版权分销及其他收入，包括综合类长视频平台动画内容的业务收入，在加总计算时将去除与网络动画市场规模重合部分。

② 数据来源于《中国网络版权产业发展报告（2020）》。

③ 网络音乐市场规模包含网络音乐平台流媒体播放、音乐下载、音乐演艺Live、在线K歌及互动社交等业务收入，但不包括直播和短视频平台通过音乐业务获得的收入。数据来源：艾瑞咨询、中国音像与数字出版协会、腾讯研究院综合测算。

（二）版权交易经历数字化变革

版权产业知识密集，受新技术发展、法律制度变革与国际版权保护规则影响，正在释放巨大的数字衍生价值。根据世界知识产权组织核心版权产业口径，音乐、电影和视频，与数字技术紧密相连，数字音乐、网络视频等新业态在全球范围普及，逐渐成为音视频消费核心层的主流市场，音视频版权交易数字化普遍实现。核心版权产业中，流媒体音乐网站成为音乐版权数字化交易的普遍载体，2020年全球流媒体音乐收入达到134亿美元，占全球录制音乐总收入的62.1%；电影和视频网站则成为电影和视频版权数字化交易的普遍载体，全球最大流媒体播放服务提供商网飞（Netflix），已接入200多个国家和地区，全球用户总计达2亿人。

一是数字技术便利版权创作。网络技术和智能终端使音视频内容创作突破了时间、空间和介质的限制，实现了自由共享创作和创作方式的便利化，社会进入了人人皆可创作的自媒体时代，用户创造内容（User Generated Content，UGC）模式兴起。同时，人工智能生成物开始被投入消费市场产生版权价值，版权创作呈现智能化趋向。在视频创作领域，版权交易的视频内容类型从传统影视剧、综艺、电影等拓展到短视频、直播、中视频等，并产生了成品型内容和素材型内容的区隔。二是数字技术促进版权交易。数字技术为降低音视频版权交易成本、优化交易模式、扩大交易规模带来了新的契机。数字化、云存储以及网络技术的应用优化了音视频版权内容存储模式，为版权交易平台提供了基础技术支持。大数据分析、人工智能算法推荐等功能的应用，实现了音视频版权内容定制化，使企业音视频内容产品投放呈现精准化、个性化，不仅降低交易价格，也降低了创作成本与投资风险（MIKL S-THAL J & TUCKER C，2019）。三是数字技术优化版权管理。版权企业利用数字技术实现对音视频版权资产的合理运营，利用加密技术保护自身数字化版权产品。版权公共服务机构利用数字技术提升服务水平，提升了版权登记、授权以及维权的效率。例如，中国版权保护中心推广的数字版权唯一标识符系统（Digital Copyright Identifier，DCI）以及中国音乐著作权协会音乐作品版权信息系统（Documentation Innovation Visionary Art，DIVA）。版权监管部门利用数字技术对市场活动中大量信息的收集和处理，能够快速发现原本不易被察觉的侵权行为，并对之进行记录和曝光。近年来国家版权局的"剑网行动"在打击盗版、培养良好的社会版权意识等方面的成效明显。

（三）数智技术赋能版权交易机制升级

基于整个社会技术背景的变化，音视频等传媒产业进入"数智时代"，音视频版权交易模式正在经历数字化和智能化的重塑，在内容生产、集成分发、商业变现及消费方面呈现平台化、移动化趋势。

在视频领域，以往版权交易基本围绕广播电视机构和影视制作机构而展开，在视频网站发展起来后，长视频平台成为视频版权交易的重要力量；近年来，短视频平台、直播平台、MCN机构和个体创作者等交易主体也加入视频版权交易市场。为适应视频版权供给侧的变化，目前视频版权交易以平台化运营为主，基本是从事专业内容生产、拥有众多内容储备的机构进行运营，平台交易模式由"淘宝模式"拓展到"多维服务模式"。我国视频版权交易平台从2014年开始兴起，依托上海文广集团上线的秒鸽传媒交易网和依托长沙广电集团上线的节目购具有代表性。这两个平台以影视节目为主要交易内容，借鉴淘宝模式运营，将互联网电子商务概念运用到媒体内容交易，以平台化的交易模式来构建内容交易，可以在线搜索、筛选、浏览、比价、议价、放入购物车，版权价格可咨询客服协商或按定价购买。同时，移动互联网的发展也推动视频版权交易平台走向移动化，如华中国家版权交易中心推出"万有影mall"小程序并在其上出售影视作品的"点播权"；湖南广电集团旗下的马栏山国际视听版权交易中心推出"芒起来"App，为包括视频产品在内的版权内容提供版权认证、在线交易、监测维权等服务。随着短视频、直播等内容的兴起，短视频平台或第三方服务机构也在构建新的版权内容交易平台，为中小内容创作者和广告主提供交易服务，如抖音的巨量星图、微播易、新榜内容产业服务平台等，通过聚合海量中小内容创作者，促成直播或短视频等内容营销，版权内容的结算方式或采用分账模式，或采用固定收益占比。 这与之前的集中采购有了本质的区别。集中采购模式中采购成本完全发生在播出之前，对音视频版权的价值判断只能依据以往的数据和经验进行预测，风险自然比较高。而分账模式之后版权价值产生在播出之后，作为播出平台的视频网站和内容生产者根据播出效果进行分账风险共担利益共享。分账模式的出现使版权交易行业的理性化程度大幅提升。这类新兴版权交易平台为版权交易带来了新探索和新模式，内容的实时播放数据等成为衡量版权内容价值的重要指标，数智技术更是赋能版权交易，形成智能化交易模式。

在音乐领域，音乐版权行业资源向头部公司和平台集中倾向明显。国家版权局2015年出台《关于责令网络音乐服务商停止未经授权传播音乐作品的通知》

后，数字音乐平台逐渐减少，基本形成如今腾讯、网易云等平台独大的局面。在音乐版权交易的链条里，国际音乐版权巨头公司有环球音乐、索尼百代和华纳音乐等，国内主要是腾讯音乐、网易云音乐等平台和太合音乐、滚石、英皇娱乐等公司。

（四）版权产业数字化治理程度加深，释放数据价值潜力

伴随数字产业化和产业数字化进程加速，世界主要国家提升了版权数字化治理程度，各国都在探索更加优化的版权产业数字治理模式，驱动传统产业向数字化、网络化、智能化转型升级。在此方面，美国推动修改更高标准的国际版权保护规则、扩大版权保护范围，构建了美国式的版权保护与执法标准。迪士尼、华纳兄弟以及网飞（Netflix）、YouTube等版权巨头纷纷提出数字版权产业的全球竞争力提升计划。在法治保障层面，发达国家针对新技术带来的主体利益冲突与发展模式不平衡，采取有效治理举措。针对技术变革引发的新作品类型、使用方式及保护标准变化，世界知识产权组织于1996年通过了《世界知识产权组织版权条约》和《世界知识产权组织表演和录音制品条约》，为国内立法者提供了全球性的解决方案（莱温斯基，2017）。随后，《与贸易有关的知识产权协议》（TRIPS）的签署将版权国际保护标准提升到新的高度，而《欧盟版权保护期延长指令》以及《全面与进步跨太平洋伙伴关系协定》（CPTPP）、《区域全面经济伙伴关系协定》（RCEP）等自由贸易协定中的版权保护条款则为后TRIPS时代数字网络版权保护提供了更全面、更严格的标准，实现客体范围扩张与保护内容的丰富。同时，为应对版权产业数字化治理的平台化趋向，各国也纷纷借助法律制度平衡版权产业主体间的利益。美国《数字千年版权法》（1998）首次引入"避风港规则"和"红旗标准"等概念，区分平台的主观过错以及技术提供行为的性质，为界定第三方平台责任提供了免责依据，促成了美国数字版权产业以超过10%的速度增长（孙那，2018）。近年来，针对大规模数字化带来的海量作品授权困境以及不断恶化的网络版权侵权与传统媒体版权利益剥夺，美国通过了《音乐现代化法案》（2018），为网络环境下数字音乐作品的许可使用提供了新的授权模式；欧盟和澳大利亚分别通过了《数字单一市场版权指令》（2019）以及《新闻媒体和数字平台强制议价法案》（2021），为网络服务提供者和数字平台设定更严格的事前审查和内容付费义务。

二、音视频版权交易生态新趋势

随着数字技术的蓬勃发展，无论是交易主体、交易模式还是背后的版权交易支撑技术乃至新型线上版权交易平台，都呈现新的时代特色。新的音视频作品的传播方式、商业模式、平台等应运而生，作品和权利呈现片段化、阶段化、分散化、规模化、社交化、国际化等特点。DRM数字版权管理系统、数字水印系统等原有技术体系不断革新升级，区块链技术、视频指纹技术等新兴技术手段开始探索应用，数字技术的发展使音视频版权交易生态得到优化，音视频版权交易市场呈现一些新趋势。

（一）版权资源管理智能化与版权认证实时化

在早期视频版权方主要是通过人工编目、拆条的方式来管理海量的视频版权资源，耗时耗力效率较低。如今随着技术革新尤其是人工智能技术的快速发展智能编目和智能拆条等技术手段让视频版权资源管理实现了智能化。具体来看，AI技术可以基于语音识别、文字识别、人物识别等内容识别技术，对视频版权资源进行结构化处理，形成源数据信息构建丰富的视频标签体系，并实现对版权资源的智能编目和拆条。例如，天脉聚源在人工标注的基础上引入了百度智能云VCA（Video Content Analysis）技术对视频版权资源进行多维度处理并通过交叉对比等技术输出精准的结构化标签信息，实现视频版权资源的智能拆条。基于智能编目和智能拆条所构建起来的标签体系版权方可以进一步实现精准的视频版权搜索。同时，视频帧搜索技术的应用进一步提高了视频版权资源搜索的精准性，相比传统依靠关键词检索视频标题和标签的方式，帧搜索技术可以直接检索到关键词所在的视频帧更快速地找到相匹配的视频版权资源。"视频只有被颗粒化到帧级别才可按秒交易，供需会呈指数级增长。"

多重版权认证技术体系的发展，使音视频版权拥有了更为多元且颇具公信力、可信度的线上版权认证方式并实现了快速、批量版权认证。区别于以往烦琐且耗时的线下版权认证程序，区块链技术使视频版权线上实时、快速认证成为可能。目前线上视频版权认证技术体系主要有三种：DCI体系认证（Digital Copyright Identifier）、可信时间戳认证和区块链版权存证认证。前两种认证体系提出时间较早且分别由中国版权保护中心、国家授时中心两大权威机构做背书具有较强的公信力。而随着区块链技术的快速发展，区块链版权存证认证体系迅速成为新兴版权认证方式。基于区块链视频作品可以通过哈希算法得出与其唯一对应的哈希数字，同时结合非对称加密技术实现视频作品与版权方的唯一对应关系。不同于其他两种认证方式，区块链可以实现对视频作品创作过程的实时"上链"存证为版权方提供更为有力、可信的版权认证服务。在三种线上版权认证体系的支持下，视频版权可以实现线上快速认证，尤其是在区块链技术支持下版权认证可以实现秒级响应。例如，中国版权保护中心推出的DCI标准联盟链就借助迅雷区块链技术实现了视频版权确权"上链"请求的秒级确认。同时，版权方或版权代理方可以将视频版权管理平台对接版权认证体系直接实现视频版权的快速批量认证。这为版权方在之后的版权交易过程中进行版权侵权监测和维权打下了良好的基础，从源头上为规范视频版权交易市场提供了条件。

（二）区块链技术开始重塑音视频版权交易机制

在版权交易环节，版权交易机制的不完善一直阻碍着音视频版权交易市场的发展，音视频盗链、盗播等行为的出现也扰乱着整个交易市场的秩序。目前各方尝试搭建了许多版权交易平台，期望能构建较为完全的交易机制，但是由于缺乏合适的技术体系支持，众多版权交易平台最终几乎沦为了版权信息展示平台，其所有交易仍是依靠线下面议。随着技术升级尤其是区块链技术的发展，音视频版权交易机制有了重塑的可能性，行业"授权难"这一问题得到一定的解决。

区块链作为一种分布式数据库其核心技术包括非对称加密、共识机制、智能合约等，为音视频版权交易的线上交易提供了保障。一方面，区块链提供了"去中心化"和"透明化"的交易机制，解决了视频版权买卖双方信息不对称的可信度问题。基于区块链的分布式存储结构区块链上的每个节点都能参与视频版权交易记录过程，且基于区块链的共识机制无法单独篡改已经"上链"的记录。这就给视频版权交易提供了"去中心化"交易的可能性。同时这种分布式存储的结构也让视频版权信息实现了买卖双方的信息统一支持"透明化"的交易。目前"版权家"所提供的区块链版权交易支持就可以完整记录视频版权在买卖双方之间的交易过程，并通过版权区块链联盟在节点社区中广播，实现版权流转过程的全透明。另一方面，区块链提供了自动化交易支付及分成的可能性。基于区块链的智能合约技术，买卖双方可以在可信环境下自动执行交易合约而无须第三方平台介入，减少了交易干扰，在一定程度上降低了交易成本。目前国内还未有较为成功的行业实践案例，但是海外区块链初创企业已经有了相关布局。例如，英国区块链初创公司BigCouch聚焦电影版权分账的问题，联合英国帝国理工大学推出了FilmChain项目。该项目可以通过智能合约技术按照分账比例自动分配每一位电影版权利益相关者的版权收入。国外的Ujo Music音乐平台将区块链技术应用在数字音乐版权交易，以以太坊区块链为基础链，以"智能合约"为基础运行技术，在该音乐平台上，每一个上传的数字音乐都被经过复杂计算生成一个专属代码作为权属证明，这个代码将用来追踪其作品的传播途径，做到实时溯源。该平台允许音乐作品上传者设置作品传播的途径以及条件，根据自己的意愿设置该歌曲在下载、在线播放、演绎作品、进行作品再创作等不同授权方式下的不同价格，消费者根据需要确定授权方式以后，可以根据设置好的"智能合约"直接使用"以太币"进行线上支付，大大提高了数字音乐授权许可的效率。该平台还设有自动化分配机制，每次授权交易得到的收益都可以按照预先制定的"智能合约"进行报酬分配，有效避免团队之间因报酬分配问题产生的纠纷。创作者可以根据以太坊区块链中的分布式账本随时查看数字音乐版权的交易情况，继而对不同授权方式的价格进行及时调整，以便取得最大化的产品收益。

（三）技术赋能侵权行为有效判定与追溯

关于如何追溯视频版权侵权现象、判断侵权行为并采取维权措施，目前数字水印技术和视频指纹技术（视频DNA技术）是应用最为广泛的两种技术。数字水印技术应用时间较早，主要是通过向视频内容添加隐藏水印以支持盗版追溯。相比之下，视频指纹技术并不需要对视频内容做侵入式修改，只需要提取视频特征生成一串可唯一标识当前视频的指纹字符后对侵权内容进行计算识别实现侵权追溯与判定，版权方可以通过全网爬虫监测不间断筛查侵权内容实现盗版追溯。例如，2019年《复仇者联盟4：终局之战》上映期间，通过视频指纹技术提取该影片特征，实现影片全网盗版链接追踪打击电影版权盗版行为。值得一提的是，在区块链技术的支持下，视频版权"上链"后具有的"不可篡改性"，更支持了维权监测。例如，百度推出"区块链音视频版权保护解决方案"可以在版权"上链"后提供"视频DNA"提取服务，并基于此通过互联网爬虫等技术进行全网监测不断进行"视频DNA"计算对比，实现侵权行为判定与追溯。

针对"如何快速且低成本实现视频版权维权"这个问题，目前行业通过多种技术手段追溯侵权行为并提供维权方案。其中，对接司法系统实现"一键式司法申诉"，成为视频版权维权的重要趋势。尤其是在区块链技术的支撑下，版权方拥有了安全可靠的存证、取证技术体系。例如，"版权家"就将其区块链体系对接了北京互联网法院的"天平链"，版权方通过版权家的区块链将版权信息及侵权信息"上链"存证，并将数据对接至北京互联网法院"天平链"，可实现及时取证并进行侵权申诉。

（四）NFT丰富音视频版权交易内容

NFT[①]作为区块链技术发展的新阶段，是一种特殊的具有稀缺性的链上数字资产，通过智能合约实现虚拟资产权属的分布式记录与转移，已成为国际数字版权交易领域热门的新兴模式。NFT已较为广泛地应用于艺术、影视、游戏、新闻等领域，音乐、视频成为NFT版权交易的热点。据统计，境外市场2021年全年NFT总交易量超过660万笔，总交易额接近340万以太币。NFT大大丰富了数字音视频版权交易内容。对于新闻出版机构来说，其拥有各类图片和音视频等资源的版权，在NFT技术框架下，每一篇新闻报道、音视频甚至标题都能被NFT化，其稀缺性会吸引买家竞标，从而获得可观的收益。美联社、《纽约时报》等传统主流媒体均将其特色内容以NFT的形式进行交易，同时交易过程也会不断衍生新的创意作品和数字原生作品以丰富交易内容。同时，NFT进一步丰富了音视频版权交易模式。依照目前数字技术发展趋势，未来社会将在很大程度上基于混合现实存在，音视频版权交易也逐渐被赋予了向虚拟全景维度转变的责任。NFT在版权交易模式上的创新在于对音乐、视频等数字作品资产化，将版权交易延伸至元宇宙和虚拟空间之中。创作者可以在计算机生成的纯仿真多维空间中添加具有独创性的NFT角色和对象，将音视频作品向更加真实、立体的高维形态转移，用户以沉浸式体验模式欣赏、竞拍、购买NFT作品。

（五）版权价值形成模式重塑版权交易主体利益分配格局

版权是"他用型"权利，而非"自用型"权利（李琛，2013）。作者按其构思与创意灵感进行创作，转化为相应载体，比如视频、音乐作品等，形成"原生版权"。而通过版权交易以及市场传播、大众接触，版权价值才能够得到实现。版权价值不是一次性创造出来的，其价值大小取决于复制传播过程。传统媒体企业对于音视频版权资源多是单一开发或利用。随着搜寻技术的进步，搜寻成本降低，复制传播力度加大，新媒体环境下跨媒介平台开始对音视频版权资源进行轮

① NFT，英文Non-Fungible Token的缩写，一般指基于以太坊标准ERC721、ERC1155发行的非同质化权益凭证，是区块链技术下的数字资产证书，具有唯一性、可流动性和不可篡改性。

番开发，促使演绎作品产生，版权产业价值链拓展，版权价值实现倍数放大。聚合平台、深度链接的出现，加快了网络复制传播速度，使人们能够方便快捷地获取所需版权作品。在新媒体环境下，以数字技术为基础的各种媒介传播方式为音视频版权的立体经营和深度挖掘提供了良好的平台，复制传播速度的加快使版权价值大幅提升。版权企业通过数字媒体、网络、手机网站、游戏等传播媒介来进行多角度、多层次、全方位的传播开发，在原创音视频作品的基础上复制传播形成了一系列演绎作品，这促进了原生版权产品价值的增值和版权产业价值链延伸发展。

基于此背景，随着版权产业的发展，版权交易链各主体的利益关系随着版权产品复制传播发生了深刻变化。在多元化的版权开发中，原创者可在版权运营中尽可能多地控制其拥有的权利，在初始阶段给予运营商及相关权利人应有的版权利益，并约定随版权产品传播版权价值的扩大调整版权合同，均衡其分成利益，使版权产业链实现价值最大化。同时，"共享版权"逐渐被各方接受。如阿里就提出开放的版权战略，通过全媒体产业链运作，实现版权产业价值链向前、向后进行延伸拓展，在创作者和使用者之间实现权利共享，最大化其版权价值。当版权产业的参与主体成为利益分享的主体时，一方面，就要保护创作者的权益，确保其持续输出优质版权内容；另一方面，要最大化满足参与方的诉求和需求，促使版权产业传播扩大并实现长期可持续发展。这就要求版权法律关系不仅平衡好创作者与作品的关系，还要平衡好原创者与中间商、作品使用者、社会公众等版权交易链环各主体之间的关系。

三、音视频版权交易面临的痛点与问题

区块链技术在数字音视频版权交易中得到了广泛应用，但由于区块链技术尚处于发展阶段，其在数字版权交易应用中尚存在作品独创性认定、真实作者确认、修改权行使、作品合理使用等方面的现实困境，这是在国际音视频数字版权交易中应用区块链技术时亟待关注的重要问题。

（一）数字版权难确权

区块链技术无法对音视频作品的独创性进行准确认定。我国著作权法中明确说明作品要有独创性，"独"指的是作品由自己本人独立创作，自己享有作品的

专属权利，"创"指的是作品具有创造性，也就是与其他人的作品不相同或者不完全相同，只有二者俱备，才称之为原创作品。"独创性"是作品的最重要、最低限度的特征，其主要就是指作品必须源于创作者本身。如果说作品是在其他作品的基础之上改编的，那也必须有能够和其他作品加以区分的明显特征，而不是只有细微差别，只有这样才能够符合作品必须具备的"独创性"要求。只有符合"独创性"的实质特征，才能够成为著作权法所保护的作品。区块链技术主要依赖的是哈希算法，也就是说，区块链技术对作品进行认证时根据作品的内容、作者信息为其生成专属的哈希值。对于作品任何形式的修改都会产生一个对应的新的哈希值。但正是由于该特征，作品的独创性在认定上存在极大风险。因为细微性的修改并不能使作品产生与其之前作品的显著差别，仍然应当认定为原有作品的范畴，而不应当认定为属于新作品。但是在哈希值上的反映则是截然不同的，对作品仅仅进行细微的修改后就产生一个全新的哈希值，而通过哈希值就可以认定一个"独创性"作品，这显然只能够在理论状态下得以实现。通过哈希值来对应作品的"独创性"显然难以在实践中得以实现。一旦产生了争议之后，区块链作为技术支撑的电子证据的证明力显然不够，依然需要司法机关对音视频作品的内容、形式进行全面细致的审查之后才能够认定作品是否具有"独创性"（贾引狮，2018）。

（二）侵权行为难遏制

区块链技术虽然为解决目前数字版权侵权严重的局面带来了福音，但是区块链技术也不一定能有效遏制侵权行为的发生，甚至会诱发假冒署名现象。按照著作权法的相关规定，作品署名人在作品完成时即享有对作品的排他性权利。这也就意味着权利人对作品所享有的权利并不需要任何公权力的介入，自然而然地享有。但是，版权在一定程度上缺乏权利凭证作为证明，且权利人在实现著作权时又不能像物权一样通过占有的方式来实现，一旦著作权产生争议就需要寻找到真正的权利人。区块链技术因具有"不可篡改"特征，看似可以最大限度地保障权利人的合法权益，但是其背后也有一定的问题存在。基于区块链技术的数字音视频版权确权原则是默认为第一位将作品上传到区块链上的作者为原创者。而目前国际社会对于知晓、认可区块链技术的人群还比较少，一旦权利人并不在区块链的网络节点中，也就无法享受到区块链技术给予其的权利认证。在现实中，有的人并不愿意把音视频作品上传到网络上，而他人把这个原创者的作品上传到区块链平台上，就会成为经过认证的"原创者"。这就会导致作品和作品的真正权利人难以一一对应。另外，由于没有统一的基于区块链技术的数字版权注册平台，各个平台之间的数据库并不能够得到有效的分享，或许会发生甲的作品在这个平台登记以后，乙又拿着甲的作品去另一个平台进行注册的情况。NFT交易平台并不要求NFT创建者为作品版权人的情况下，NFT作品的权利归属往往并不明晰。目前，国际上诸多原创者的作品，被他人形成NFT，并在不知情或者未经同意的情况下进行交易。NFT作为一种新兴业态，自2021年逐渐走入大众视野，当下知悉与运用NFT的作者数量不多，一旦权利人不在NFT平台之中，则无法享受NFT带来的权利认证便利。相反会产生他人假冒署名进行作品NFT登记、未参与创作的第三人盗用作者身份，而真正的著作权人却极有可能陷入维权难题。由于区块链技术具有匿名性，区块链上的用户都通过节点上传作品、进行交易，如果侵权人通过区块链上的节点进行侵权行为，创作者在维权时只能够找到匿名者，而很难找到侵权者本人进行维权。这将为后续数字音视频版权交易埋下潜在问题与隐患，不利于音视频版权交易的健康可持续发展。

（三）交易价值难发挥

区块链技术对于数字版权保护虽然具有很多优势，但是任何技术都是一把双刃剑，对于音视频版权价值的发挥具有一定的限制作用。首先，区块链技术的时间戳会把作品创作的整个过程进行记录，也就是会作为"作品"保护起来，其他公众在对同样的观点进行表达时会受到一定的限制，导致创作灵感可能被扼杀在摇篮当中，这不符合著作权设立的初衷。其次，区块链技术的不可篡改性也在一定程度上限制了作者对于音视频作品修改权的行使。基于区块链技术进行创作时，作品创作的每一步都会进行记录且不可包括作者在内的任何人进行修改，因此区块链技术的不可篡改性与著作权中作者的修改权是对立的存在。最后，区块链"智能合约"的存在限制了法定许可、合理使用的空间。

近年来，智能合约凭借自动化、强制执行性和匿名性的显著优势，在全球范围内都得到大规模运用。智能合约只要达到交易双方预设的条件匹配的情况，就可以实现自动化执行，不需要任何人的操作。这样的一种高效便捷的交易方式的确在促进数字版权交易的飞速发展中起到了极大的促进作用。但是版权领域不同于其他方面，它既具有私权的属性，又具有鲜明的公权特征，创作人在完成作品以后，其最大的目的显然是获取和其智力劳动相符合的报酬，但是作品也具有其社会属性，应当担当一定程度上的社会责任，因此著作权法中就规定了"合理使用制度"。该项制度的出发点就是为了防止创作人"躲进小楼成一统"，一旦作品背后的社会价值被挖掘出来，在法律规定的情况下是可以合理使用的。然而，智能合约却对合理使用制度提出了极大的挑战。合理使用制度就意味着在一定程度上免除了创作人通过其作品获取一定报酬的权益，而创作人发起的智能合约使用其版权的进程中，必然会提出一定的报酬，这两者在本质上是对立的，面对这样的冲突局面，如果在现实状态下尚可以通过协商来实现各方当事人共赢，但是区块链技术具有不可篡改的特征，即使创作人愿意出于社会公共利益的考量做出让步，放弃自己的部分或者全部权益，但受制于区块链的制度性障碍仍然难以实现这一设想。

（四）价值评估难统一

版权价值评估体系不完善制约了版权潜在交易。数字经济时代，核心版权产业被深度开发，版权产业面临版权价值评估标准缺失、专业的版权资产评估机构和人才不足的挑战，投资者难以洞察新型数字版权产品的价值空间（蔡晓宇，2015）。目前我国视频版权大规模交易仍然以"版权人"与"版权需求方"的线下"一对一"谈判模式为主，较依赖买卖双方的"定价博弈"。线上版权管理系统不完善，授权服务简化，授权效率不高，没有实现真正的数字化创新管理。从版权交易平台搭建主体上看，版权交易市场参与主体与利益存在复杂性。著作权集体管理组织、各地版权交易中心、电视台、互联网平台、第三方市场机构等都参与到交易平台的建构中，但也在一定程度上形成各自为政的局面，版权市场分散程度较高，彼此关联度不高，音视频版权内容交易仍以各自拥有的版权内容为主。而视频内容制作机构分散，版权归属不清晰，版权溯源的难度比较大。从版权交易平台的服务项目上看，版权交易相关的版权"集成、确权、评估、维权"等项目开发有限，国外发达国家已经建立了较为标准化的视频版权交易模式，但国内还没有形成行业规范，尤其是没有形成视频价值评估标准，不能给予版权方及购买方有效的版权保护和价值评估。尤其是音视频版权评估方面，目前国内版权价值评估体系尚不成熟，视频版权交易平台也没有构建起一套统一标准的价值评估体系，导致版权定价缺乏依据。头部版权方不尊重市场规律漫天要价，形成了资本利用版权赋予的垄断地位遏制公平竞争与创新的不合理局面，中长尾版权资源价值长期被忽视。版权价值评估没有标准化，这在一定程度上也削弱了中长尾版权资源价值，导致版权采购不均衡。以视频网站版权采购为例，由于国内版权价值评估体系的不成熟，目前视频网站对中长尾版权的价值认知还较弱，其版权采购更多集中在头部版权资源。可以说，目前国内音视频版权交易市场还存在诸多问题，并未建立成熟的运作模式。

（五）交易行为难稳定

一方面，NFT版权交易引发市场泡沫。现象级的NFT"破圈"应用使NFT迅速走进公众视野，在世界范围内引发了广泛关注。当下版权价值评估机制尚不完善，NFT版权交易平台资质审查缺乏统一标准，无形中提高了购买者的认知门槛与交易复杂程度，大大提高了版权交易的不稳定性，稍有不慎便容易制造版权泡沫。由于NFT化的音视频作品本身属于文化类产品，又与网络虚拟资产紧密相连，因此其价值可能脱离现实而虚高，过度宣传更使炒作现象频发。投机性资本的介入在一定程度上造成了NFT版权交易市场泡沫，炒作行为容易引发欺诈性风险。在此情况下，NFT版权交易并非基于作品消费，相反是为了保值、增值，最终转售所有权而获利。加之针对NFT的监管仍处于较为空白的阶段，对NFT数字作品权利和责任的相关规定不甚明朗，此时大范围地将数字作品映射上链存在较大的炒作风险。另一方面，NFT版权交易平台运作不稳定。目前大部分NFT数字作品交易平台以联盟链为基础进行版权交易。联盟链与公有链的区别在于其只针对某个特定群体的成员和有限的第三方有效，NFT数字作品在脱离原有市场后，将失去一部分的价值。由于NFT版权交易平台资质审查缺乏统一标准，在交易平台或者技术服务提供方因为破产、停止经营等原因无法继续原有业务的情况下，NFT上记载的权益很可能无法延续，以2021年8月腾讯公司推出的幻核NFT交易平台为例，该平台仅上线一年便宣布停止NFT数字作品发行，在此情况下用户通过幻核平台交易的数字作品的价值将大打折扣。这容易引发NFT在数字版权交易中的信任危机，为版权交易带来较大的不稳定性因素。

（六）交易机制需完善

数字化带来的创新分散性与去中心化使创新的主体从具有集中性的创新机构向具有不同目标、动机和能力的创新集体转变。作品创作主体的多元化以及赋权规则的不明晰，不仅导致版权侵权责任判定难，而且在版权交易机制、评估机制尚不完善的情况下，催生了新的交易障碍。在技术系统工作的效率方面，区块链并不能保证原创作品在上链之前的权益归属，数字指纹对识别算法的要求特别高，不同来源的版权数据之间难以打通，数据孤岛降低了技术的有效性。区块链上的数据会在每一个节点上都进行储存备份，但是随着区块链的不断延伸，区块的数目也在成倍增多，海量的数据对其存储空间的要求也不断增大。当下比特币区块链处理金融交易时一秒钟可以处理七笔，这样的效率显然不足以支撑日益增长的版权交易需求。另一方面，版权交易机制不健全降低版权交易效率。版权登记的非强制性使得版权公示信息供应不足，催生大量孤儿作品，导致非故意侵权时有发生。不仅如此，数字版权授权机制弹性不足，降低授权效率。重混（Remix）、用户创造内容（UGC）等新型创作模式在推动粉丝经济、鼓励公众参与创作、增加文化多样性中发挥着积极作用，但其创作合法性的前提是获得权利人授权或向权利人付费。传统的以契约自由为主，集体管理以及非自愿许可为补充的授权机制难以应对大规模的数字版权授权需求，导致交易成本上升。全国性统一的数字交易平台的缺失加剧了作品信息的搜寻成本。

（七）治理模式迎挑战

一方面，网络版权服务平台的治理难度显著增强。随着版权产业数字化转型步伐加快，互联网平台从最初接入和空间存储服务提供者，转向音视频内容服务提供者，并与传统版权企业形成竞争关系。网络空间下，私人领域与公共领域的边界出现模糊和交替，共治需求突破传统边界。处于数字化转型中的政府管理部门尚无能力监管海量的版权交易信息，便将部分公法审查义务交给网络服务提供者，使其具有某种公权特征的"私权力"（马长山，2018），成为版权市场辅助监管者，承担防止版权侵权的审查义务，但其身份中立性备受质疑，传统的"避风港规则"难以适应不断强化的平台审查义务。而作为版权市场参与者，网络服务平台基于自身利益和运营需要，制定各种交易程序、规则和纠纷解决机制，并多以格式条款形式出现，消费者议价空间受限，存在垄断和不正当竞争之嫌。而大型网络版权服务平台往往通过免费方式扩大市场，借助提高技术和创新的方式获取收益，不符合传统意义上垄断企业的特征。面对数字平台海量的监管范围与垄断行为的隐蔽性，"市场份额"和"市场集中度"等传统的衡量市场竞争强度因素，难以囊括数字环境下平台竞争经济效率的衡量标准，数字版权平台自我规制以及其在监管部门的指引下形成的协同监管尤为重要。实践中，数字音乐版权产业的反垄断监管问题突出，以腾讯音乐与网易云音乐的"独家版权问题"为典型。另一方面，版权公共数据共享治理水平难以满足市场需求。版权公共数据主要表现在登记数据与版权流转数据方面。我国著作权集体管理组织发展相对滞后，管理信息透明度不足，使其难以在大规模数字版权交易许可、费率结算以及纠纷解决中发挥集中管理优势。国家版权管理部门数字化建设仍停留在以管理者为中心的流程数字化层面，尚未向更高级的、以服务对象为中心的数据化管理发展，未能实现数据共享和数据治理。虽然开放公共数据早已成为政府管理公共数据的共识，但版权公共数据依然存在数据孤岛，公共登记机构与各著作权集体管理组织之间，以及与各类私人版权登记组织的登记数据尚未实现共治共享。

（八）法律规制难适应

随着区块链技术在数字版权保护领域的不断深入，越来越多基于区块链技术的产品开始投入市场，伴随而来的就是法律规制问题。一方面，音视频作品使用方式非标准化导致版权权项供给不足。目前我国司法实践中对于区块链技术及其产品的法律法规甚少，对于这个行业也没有一定的准入标准，这在某种程度上不利于保护当事人的权益（王清和陈潇婷，2019）。新技术不断更新着作品重现和利用的方式，版权法"以用设权"的模式跟不上多变的作品使用方式。随着作品类型不断拓展，诸如人工智能生成内容、虚拟现实场景、直播画面等智力成果能否纳入著作权法保护体系，存在较大争议，新型使用方式是否应该被纳入版权人权利控制范围是司法实践中始终面临的难题。此外，版权诚信机制建设不足，无法从根源上消除网络环境下盗版、洗稿、剽窃、版权蟑螂、合理使用抗辩理由的滥用等现象。另一方面，面临国际规则协调与海外贸易制约。2008年我国颁布实施《国家知识产权战略纲要》以来，我国版权政策在制度供给、司法机制以及执法措施上都有了较大提升，但以《全面与进步跨太平洋伙伴关系协定》（CPTPP）和《区域全面经济伙伴关系协定》（RCEP）为代表的自由贸易协定（FTA）均对我国版权保护提出了更高要求。版权保护期的延长、对加密卫星信号的保护、网络服务提供商注意义务的重构、强化版权侵权民事行政救济力度、排除比例原则的适用、改变"以量定罪"的盗版刑事入罪标准等，都将是我国完成RCEP版权条款下国内履约以及未来加入CPTPP时符合版权条款要求所要面临的问题。我国参与国际版权条约制定的主导性仍有待加强，在已经与25个国家和地区签署并实施的17个FTA中，仅有10个FTA设有知识产权章节，涉及具体的版权条款仅为6个，且多数FTA版权条款实质约束力较弱，难以构建标准化、体系化的版权战略（刘慧和马治国，2020）。

四、我国音视频版权交易发展策略与建议

新技术的出现带来音视频版权交易模式的变革，也引发了一系列的新问题，

给传统管理模式及法律的适用性带来一定的挑战。无论新技术怎么变革发展，应该本着"保护原创+鼓励放大"的利益平衡原则，设计合理的版权交易制度，既保护创作者的权益，又确保传播渠道畅通，满足受众群体的使用，增加版权价值，促进音视频版权交易市场的长期、健康、有序的发展。

（一）完善数字版权交易管理机制

由于区块链技术具有"去中心化"的特征，在一定程度上排除了公权力的监管。而区块链自身难以对存储数据的真实性进行审核，也难以承担起对作品的"独创性"进行实质性审查，这就需要公权力科学有效的介入。

首先，整合行政管理体系，建构大版权管理模式。版权管理组织对于区块链技术的介入要在有序的基本要求下进行，不能够照搬以往混乱无序的管理方式。目前我国对于知识产权领域，包括音视频版权的管理模式，具有鲜明的分散式特点，存在多头管理、重复执法等问题。音视频版权的管理内容主要涉及确权、用权和维权三个角度，而区块链技术恰好可以打破原有的管理界限，有机整合当下分属于不同行政部门管理下的知识产权，建构覆盖多个领域的大版权管理模式，既降低管理成本，也能够促进交易市场的发展。

其次，明确版权管理组织在区块链中的功能定位。要防止版权管理过程出现"一管就死，一放就乱"的现实问题。区块链下的版权管理组织不能再是一个无所不能的强权控制机构，其主要作用应当是监督与管理的作用。针对作品"独创性"认定难题以及真正的作者难以确定等现实问题，可以选择"联盟链"的方式，将创作者、版权管理组织以及第三方机构都纳入区块链网络中，该区块链网络要以创作人为中心搭建。版权管理组织依然要承担其对作品"独创性"的认定工作，因为只有将该问题解决后，才能够实现后续的有价值的版权交易活动。此外，版权管理组织也要承担其对于真正作者的审查认定工作，一旦出现多人对版权的归属产生争议的情况，版权管理组织在这个网络链上就要组织相关人员通过举证、质证等方式来解决该项争议，从而确保版权归属的确定性。同时，版权管理组织还要发挥对于智能合约的监管工作，一旦作品符合"法定许可"和"合理使用"的范畴，就必须由版权管理组织通过区块链分布式账本的交易记录对使用者提供的智能合约与相关的证据进行核实，一旦证据确凿就可以实现退款程序，使"法定许可"和"合理使用"制度和区块链高度结合。

最后，实行有竞争的版权集体管理制度。一方面，发挥政府在其中的应有作用。强化政策引导作用，通过舆论宣传强化整个行业参与者的自律意识，让所有参与者在区块链中都能够严格遵守相应的规则；加大惩治力度，对于在区块链中破坏规则的情况，如行业参与者在区块链中出现了恶意侵犯他人版权的行为，政府有权将其账号拉入"黑名单"，通过实名认证的方式来保障每一个公民只能在区块链中拥有一个账号，一旦出现违规行为就可以视其严重程度，采取封号一个月至数个月直至永久封号的措施。另一方面，适当引入国外版权竞争性管理经验，鼓励各组织自由竞争，给予原创者和用户更多的自由选择权。解除版权集体管理组织与原创者之间的专有许可关系，允许原作者既可以授权集体管理组织管理作品，也可以按自己的意愿管理作品。这种原创者管理与版权集体管理组织共同管理的方式可以避免版权集体管理组织授权许可的垄断性，满足部分使用者对于作品的特殊需求，较好地平衡了原创者、版权集体管理组织、用户之间的利益关系。

（二）加快音视频版权管理数字化转型步伐

以促进版权产业数字化交易为重点，优化数字版权标准、确权授权、交易评估和信用体系，规范数字版权登记管理，增进版权公共信息融通，推动版权交易效率和融资增值，提升社会数字版权保护意识。政府要从传统的制定产业政策为主向营造高质量竞争环境为主转型，加强版权数据标准制定，推动版权信息开放共享，处理好数据开放与数据隐私保护的关系，考虑数据开放对企业相关权益的影响，充分实现版权数据资源的市场价值。

在创作管理端，优化著作权登记与著作权集体管理制度，实现著作权公共数据共享。适度放开著作权集体管理组织的数量与类型限制，促进著作权集体管理收费标准的形成与管理模式的透明化。在区分数据类型的基础上，优化平台企业构成数据垄断的认定标准。允许私人登记组织参与著作权登记工作，赋予其登记效力，打破著作权数据孤岛，构建全国性互联互通的著作权信息数据库。进一步优化区块链技术在著作权登记领域的使用与监管，提升区块链技术在音视频版权登记效力认定、登记数据可融通性等实用性功能，完善技术的适用标准，明确技术使用主体的责任规范。

在版权运用管理端，进一步优化数字版权价值评估体系，提升版权融资渠道。建立涵盖版权产品、版权资产和版权产业贡献的多层次数字版权价值评估体系。明确版权价值抽象的考量因素以及针对不同版权类型的评估规范，培育一批具有公信力、评估资质实力、不以营利为目的的公共评估机构。在版权保护管理端，进一步推动版权领域信用机制建设，构建版权信用评价体系。加快建立健全版权诚信管理制度，出台版权保护信用评价办法，强化对盗版侵权失信行为的联合惩戒。针对版权领域的重复侵权，多次大量进行虚假版权登记以及明显的投机诉讼等严重失信行为实施限制政府性资金支持、限制补贴性资金支持、纳入版权诚信黑名单等惩戒措施，提高版权领域失信成本。

（三）开发统一标准的著作权集体管理系统

从适应数字音视频版权趋势来看，建议利用新技术突破传统的线上著作权集体管理结构的制约，开发统一标准的著作权集体管理系统，对数字版权建立明确的公示制度，进而形成便捷的数字著作权一站式集体管理，实现高效的信息交流、共享。其核心理念是根据著作权交易的专业性和区域性，若设置统一入口，可将所有著作权交易组织和小平台进行集合，一站式实现著作权集体管理，并可将数据库用于数字作品确权、授权、交易、维权等，具有数字版权的登记、公示和查询功能。数字技术著作权集体管理数据库中的具体应用表现为以下几个方面：第一，在系统构建中利用区块链技术优势，以区块链去中心化、分布式记账、多方验证、不可篡改等特性解决数字作品创作保全、确权和交易等全过程管理。同时，可以对数字使用进行智能监测和维权。第二，利用"AI+大数据"实现著作权集体管理透明化，破除著作权集体管理的信任困境。可以为各个权利人提供自己的系统后台，及时查阅到其作品的所有使用动态数据，包括授权期限、使用精准收费与计费、精准结算与分配、维权进度等。第三，为使用人提供远程信息系统的检索服务。供使用人查阅的资料如有任何变动，应当及时更新，彻底实现著作权集体管理的透明化。第四，集成中心通过技术手段科学、准确地捕捉授权信息，能为使用人提供个性化的授权服务，既能增加权利人、使用人对管理组织的信任，又可以最大化权利人的利益。同时，也可以为著作权集体管理中的跨境问题提供解决路径（Lu Haijun，2016）。

在登记环节，授予创作者自由选择权，创作者可以在该平台上将自己对原创作品的权利进行登记，以更好地维护好自身的合法权益。当然，由于创作者自作品完成时即取得其对作品的排他性权利，即使不登记也不会影响到作品的权属。因此在实践过程中，静态化的权属登记可以不作强制性的规定，可以由当事人自由选择，但是动态化的版权交易登记则必须进行强制性的规定，以防由于产权不明而可能产生的诉讼风险。任何数字作品需要进入市场交易都必须在该平台上进行登记，防止出现"一物多卖"的情况。在这个平台上，数字作品的创作时间、创作人以及相关的交易活动都可以一目了然。公开透明的公示制度可以让数字版权交易的所有意向方准确把握数字版权的权利属性，降低交易风险，提高交易意愿。此外，针对区块链中存在难以确定真正的作者的问题，也可以通过公示公信制度来加以解决。众所周知，在公示公信制度中包含了异议登记制度，那么在区块链中引入异议登记制度显然是公示公信制度的应有之义。一旦相关的权利人发现在区块链中有人抢先对相关的作品进行登记的话，就可以行使异议登记的权利。异议登记后，被异议的对象就自动进入一种冻结状态，归类到权属不明的作品之中，该类作品不能进行任何形式的交易活动，已经在线上完成的交易活动也应当暂时认定为一种效力待定的状态。这样的制度规定，可以减少版权交易领域的权属纠纷，让新技术起到有效保护真正权利人的作用。

（四）探索合适的版权交易与保护模式

法律法规及其适用性在版权产业发展过程出现的新问题面前具有滞后性，需要细分网络复制传播行为，界定法律性质和法律责任，建立适度的版权交易和保护模式。

音频版权交易领域，鼓励音乐版权"独家版权+转授权"模式。独家版权模式可以促进音乐平台维护版权、购买版权、重视版权，版权所有人可以依法向盗版行为提起诉讼，是打击和杜绝盗版的一把利剑，有效推动音乐版权正版化，维护版权人的合法权益，但会造成网络音乐服务的垄断局面，不利于音乐作品的广泛传播和创新创造，影响听众和网民对音乐的使用。而转授权模式在保护正版版权产品权益的基础上，通过各平台共同承担版权费用，各方进行合作分销的方式合理配置优质音乐版权资源。该模式只需要一个平台就可以获得需要的音乐作品，不需要同时使用多个音乐平台，解决了音乐平台内容供应问题。建议针对音频版权交易实行差异化"独家版权+转授权"优势互补模式，实现对创作者的最优激励。该模式在保护正版权益的基础上，各平台共同承担版权费用合作分销，既可以满足音乐作品原创者的利益，也可以扩大音乐作品的传播，音乐版权内容实现效益最大化。正如美国最高法院判决著名的"环球电影诉索尼案"中，明确指出版权合理使用是法院裁决的重要原则，对享有版权的作品进行复制使用也属于合理使用，虽然对原创作品并没有增加任何东西，但是对作品的影响也可能是积极的。目前包括腾讯音乐、网易云音乐在内的多家音乐平台采取的是相互授权模式，可将此种模式推广成为音频版权交易新常态。

视频版权交易领域，建立网络聚合平台与深度链接的利益分享机制。聚合平台深度链接的形式具有隐藏化、技术化的特点，非法窃取正版视频网站的内容资源，较大影响了正版视频经营网站的收益，对网络正版产业有一定危害，其运营模式破坏了版权法"利益平衡"原则。但是聚合平台可以加快信息传播速度，让广大用户高效、便捷地获取所需资源，观看视频更为便利，有其生存的必要，同时也是网络发展的需要。美国洛杉矶联邦地区"伯恩斯坦诉杰西潘尼"案与网络聚合平台、深度链接情况类似，法院最终判定网页设置多重链接属于合理使用不构成辅助或直接侵权。可以借鉴美国数字化版权合理使用的司法实践，建立网络聚合平台与深度链接的利益分享机制，本着"利益平衡""合理使用"的原则，与正版视频网站原创者进行合作，通过传播分享视频资源，扩大用户群体，进而在流量、广告等其他方面获得合法收益，使其经营合法化，实现原创者、社会公众、网络服务提供平台三者之间的利益平衡。

（五）提高平台数字版权治理能力

目前NFT的发行与流通主要通过交易平台进行，提高NFT版权交易平台的治理能力是规范版权交易行为的重要内容。

一是打通著作权登记与著作权集体管理数据库。目前很多企业尝试运用数字技术管理音视频版权交易。例如，通过植入隐式的视频水印码技术、音视频指纹识别技术和防盗链技术，对用户上传作品予以校验，同时可以在海量的音视频内容中匹配出相似的音视频，提高了盗版核验效率。此外，形成"黑产知识图谱"，通过数字技术工具，对网络上未经授权传播的文字、图片、音乐、视频等作品予以识别、固证、拦截，实现作品全网监测、电子固证、及时维权等链条式的版权保护。建议由国家版权局牵头建设著作权登记和著作权集体管理综合数据库，应用"联盟链+云数据库"的方式实现音视频版权高效管理（见图1）。将数字技术

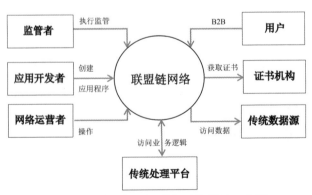

图1 "联盟链网络+云数据库"管理示意图

与数据库相结合，把权利人、使用人对数据库的每一次操作看作一次交易，构建一种基于区块链网络的日志式数据库应用平台，实现著作权管理在区块链上确权、存储、查询、授权、交易、维权等功能的全网追溯，以此打破著作权数据孤岛供各个非营利性著作权机构共享使用，营利性著作权机构付费使用。这样不仅有利于著作权人利益的实现、为著作权使用者明确著作权提供便利，也有利于监督我国著作权集体管理组织的管理行为，提高信息的公开透明度，树立为著作权人和使用人所信任的形象。

二是设定NFT版权交易规则。平台应当事先明确数字音视频版权交易规则，要求创作者实名登记，相关身份信息在录入NFT平台后进行加密处理。尽管平台对身份信息的利用需要得到授权并告知用途及范围，但在特定情况下仍应履行相应的披露义务。我国NFT市场尚处于起步阶段，开放式地允许NFT作品自由流通与转卖可能会诱发炒作行为。NFT版权交易平台应当对作品的持有时间进行规定，以此规范二次交易行为，避免NFT版权交易泡沫的出现。

三是引导交易平台建立NFT侵权"通知—删除"规则。NFT技术框架下未产生新的版权侵权方式，仍是对发行权、复制权、信息网络传播权等权利的侵犯。因此可以借鉴传统音视频版权领域"通知—删除"规则的内容，即权利人在版权受到侵犯时，要求NFT交易平台采取删除、屏蔽、断开链接等必要措施，平台在收到通知后未采取必要措施的应当承担连带责任。具体言之，当权利人认为自身作品被抢先NFT化或者认为权属登记信息有误的情况下，可以在上传身份信息和证明资料后向版权交易平台发出异议通知。此时，被异议的作品将暂时停止交易，已完成的交易活动也处于效力待定状态。NFT平台还应主动承担一部分权利来源的形式审查职能，对于知道或者应当知道存在侵权行为的，有义务下架相关NFT作品，以此提高NFT版权侵权的规制能力。

（六）积极开拓著作权人维权渠道

在当前互联网平台的音视频版权交易中，互联网平台通过与著作权者签订协议条款，占有其平台上内容产品的知识产权，并承诺对平台以外的主体的侵权行为进行代理追责。而著作权者若不同意平台关于著作权归属和代理的协议条款，则无法上传其作品。在互联网平台的强势协议下，著作权人的合法权益无法被保障。互联网平台侵权行为具备侵权主体众多、侵权行为隐蔽、数字化内容产品极易被修改等特点，加之当前判例中的侵权赔偿额度普遍较低、公证侵权行为的公证费用较高，法律诉讼所耗费的财力和人力增加了著作权人的负担，因此当前著作权人的维权成本较高、维权意愿较低，这在客观上降低了侵权者的侵权成本，变相"鼓励"了侵权行为的发生。集体组织管理机制可在一定程度上破除当前平台对音视频版权的垄断局面，可借助其规模效益，对平台施加较高的议价权，有效规范平台的协议条款与收益分配，为著作权人开拓向互联网平台维权的渠道，有效保障著作权人的合法权益。通过引入第三方版权代理机构，著作权人通过将其著作权的授权与追责委托给著作权集体管理机构，借助著作权集体管理机构对平台的侵权行为进行追责、对版权收益的合理分配进行协商。目前，我国已经成立音乐、音像、电影等著作权协会，在音视频著作权集体管理领域成效初显。但同时，面对短视频、直播等新形态互联网平台内容作品，需要进一步为完善著作权集体管理制度，倒逼互联网平台重新调整与著作权人的权责分配制度。

（七）完善版权交易数字化转型的法治保障

随着区块链技术带来的对原有法律制度的冲击越来越明显，需要修改完善音视频版权制度性规定以更好地规范和促进区块链技术发展，同时完善法律法规堵住数字技术发展带来的系统性和制度性漏洞。探索建立适应版权交易数字化转型发展需要的立法机制和执法体制，强化法治思维在数字版权交易领域的运用，构建更具包容性的版权法律制度，及时有效实现权利人合法权益。

一是要重新审视著作权法的理论前提。在保护著作权人利益为核心宗旨的基础上，综合考虑创作主体的大众化与创作动机的多样化，惠及更为广泛、不同偏好的社会群体。目前欧美已经就区块链进行了针对性立法，建议先在著作权法中开展关于区块链运用的修法工作，待时机完全成熟时再制定专门的区块链相关立法，及时梳理总结区块链技术在数字版权交易过程中产生的问题，寻找到当下版权制定与区块链契合的节点。特别是要将现实生活中大量存在的著作权法的许可制度和合理使用制度延伸到区块链中，打破现有的技术壁垒，最大程度地发挥作品背后所蕴藏的社会价值。

二是要提升著作权法合理使用条款的开放性与灵活性。著作权法（2020）通过设定开放性作品条款、确立"视听作品"概念、扩大"广播权"范围等修改，使得诸如人工智能生成物、网络游戏画面、网络游戏直播以及短视频等新型版权业态纳入法律保护体系。相应地，针对越来越多难以获得许可的分散化和非标准化利用行为，著作权法也应当设置免于承担侵权责任的"宽出"利用标准，诸如机器学习、用户创造内容以及混创等新型作品利用方式，可以通过合理使用免除责任（蒋舸，2021）。

三是要在尊重版权人意思自治的前提下，为版权交易提供稳定性和便利性的法律保障。重视版权登记的标识与过滤功能，提供更多版权交易登记环节的保护和激励措施。在法律执行层面，构建更趋严格的数字版权保护体系和完善的数字生态治理。建立版权诉讼证据开示制度和数字版权司法损害赔偿保护监测体系，明确赔偿额的计算方法和规则以及版权许可费证据的认定规则。扩宽低成本确权维权渠道，运用大数据、区块链等技术手段进行全链条的监管，包括源头追溯、在线识别、实时监测与取证，防止侵权认定中完整证据链的缺失。引入版权纠纷仲裁解决机制，提高纠纷解决效率。严格法定赔偿的适用标准，提升惩罚性赔偿的适用频率，强化版权犯罪刑法制裁力度，同时防止加强知识产权保护立法倾向下的保护制度滥用。

四是要将"智能合约"纳入《民法典合同编》的规制范围中。智能合约本质上是一组计算机代码，从形式上来说还是没有脱离双方意思表示一致后达成合约的范畴，究其实质仍然是一种合同，在当下并未纳入任何法律框架下。建议在《民法典合同编》中新增章节规制智能合约，包含智能合约的订立、效力以及合约履行中产生的全部问题，特别是对相关的合理使用问题要做出较为具体的规定，可以在智能合约中加入一个事后监管程序，一旦作品符合合理使用的基本要求，即使合约已经强制履行完毕，当事人仍然有权请求版权人无条件返还其之前支付的版权费用。这样的制度设计，一方面保持智能合约的原有色彩，另一方面也保障了消费者合理使用的需求。

（八）优化版权交易数字化转型国际战略综合布局

以提升版权产业数字化转型国际战略综合布局为契机，积极参与国际版权数字化治理，扩大中国版权文化影响力。我国的音视频版权交易数字化转型要从战略层面"内外兼修"，不仅要聚焦国内的做法，而且要重视版权国际化战略，推动高水平、多层次的版权国际合作。一方面，积极参与WTO/TRIPs和WIPO框架下版权国际规则，特别是数字版权规则的制定与完善。推动包括强化版权保护、完善执法体系以及促进版权交易的相关议题，转变"条约义务在先，国内履约在后"的惯性思维，主动寻求版权保护期延长和保护加密卫星信号的应对措施，强化网络服务提供者的注意义务，改变"以量入刑"的盗版刑事入罪标准。加深与"一带一路"沿线国家的FTA版权谈判，既要达到国际条约的基本原则和最低要求，又要根据本国实际情况选择特定的保护客体、保护对象、保护期限和救济途径。另一方面，实现版权产业政策性开放向制度性开放转型。考虑在文化、体育和娱乐业等领域适度降低音视频数字版权产业的外资准入门槛，积极参与国际版权贸易数字化平台构建，促进音视频版权贸易多元化。鼓励音视频制作公司、流媒体服务商"抱团出海"，鼓励音视频制作公司、头部音乐平台、视频平台与国际知名音乐集团、视频平台开展"内容共创"，达成战略合作。探索通过海外视频版权交易、电视频道合作运营、节目内容合拍、海外投资机构并购等方式，积极开展国际合作。

课题负责人：**唐鑫**

课题组成员：王立滨　李原　贺禹琪　刘小敏　田蕾　汪潇瀚

承担单位：北京运智世界城市研究院

协作单位：北京丰德传媒广告有限公司

参考文献

［1］宋歌．NFT 在数字版权交易中的应用［J］．中国出版，2022（18）：11-15.

［2］张雨晴．新媒体网络环境下的数字音乐版权问题研究［J］．法制博览，2022（26）：151-153.

［3］吴凤颖，周艳．数智时代视频版权交易平台化运营模式的创新升级［J］．出版发行研究，2022（7）：43-48+14.

［4］张颖，毛昊．中国版权产业数字化转型：机遇、挑战与对策［J］．中国软科学，2022（1）：20-30.

［5］吴佳兴．基于区块链技术的数字版权保护研究［D］．石家庄：河北经贸大学，2021.

［6］王薇．内容银行 3.0：版权交易升级再造［J］．国际品牌观察，2020（36）：20-23.

［7］刘晓．升级与变革，视频版权交易技术新生态［J］．国际品牌观察，2020（36）：49-55.

［8］唐宁．数字音乐版权研究［D］．北京：中国音乐学院，2020.

［9］薛晗．基于区块链技术的数字版权交易机制完善路径［J］．出版发行研究，2020（6）：51-56+26.

［10］魏建，田燕梅．产业链传播创造价值：版权的价值形成与保护模式的选择［J］．陕西师范大学学报（哲学社会科学版），2020，49（1）：133-144.

［11］蒋舸．论著作权法的"宽进宽出"结构［J］．中外法学，2021（2）：327-345.

［12］Lu Haijun. Chinese collective management of copyright：The need for extensive changes［J］. Queen Mary Journal of Intellectual Property. 2016, 6（2）：175-206.

［13］马长山．智能互联网时代的法律变革［J］．法学研究，2018（4）：20-38.

［14］王清，陈潇婷．区块链技术在数字著作权保护中的运用与法律规制［J］．湖北大学学报，2019（5）：155-156.

［15］刘慧，马治国．中国自由贸易协定中的版权战略构建研究［J］．大连理工大学学报（社会科学版），2020（5）：109-114.

［16］蔡晓宇．版权价值评估机制建设研究［J］．中国出版，2015（11）：44-49．

［17］贾引狮．基于区块链技术的网络版权交易问题研究［J］．科技与出版，2018（7）：95．

［18］李琛．著作权基本理论批判［M］．北京：知识产权出版社，2013．

［19］［德］莱温斯基．国际版权法律与政策［M］．万勇，译．北京：知识产权出版社，2017．

［20］孙那．中美数字内容产业版权政策与法律制度比较［M］．北京：知识产权出版社，2018．

［21］MIKL S-THAL J & TUCKER C. Collusion by algorithm：does better demand prediction facilitate coordination between sellers？［J］．Management science，2019，65（4）：1552-1561．

［22］国家版权局网络版权产业研究基地．中国网络版权产业发展报告（2020）［R/OL］．（2021-05-17）［2023-11-25］．https://www.ncac.gov.cn/chinacopyright/upload/files/2021/6/9205f5df4b67ed4.pdf．

"一带一路"背景下我国出版版权贸易商业模式研究

谢　丹*

摘要: "一带一路"倡议提出至今已经十年,我国与各国间的政策沟通、设施联通、贸易畅通、资金融通、民心相通等合作共建有序推进,推动我国的出版版权贸易取得了明显成绩,对其中的商业模式、经验教训、共性要素的梳理与总结,可为后续进一步做好出版版权贸易提供参考性意见与建议。通过数据监测与案例整理,归纳总结近十年来我国出版版权贸易的发展态势、特征与不足,从可持续发展角度构建"三位一体"的版权贸易商业模式,对于我国加快"一带一路"合作共建,在国际社会"讲好中国故事,传播中国声音"具有十分重要的作用。本课题研究发现,近十年来,我国出版版权贸易中的图书品种不断增多,贸易范围持续扩大,贸易逆差不断缩小。聚焦到我国与"一带一路"沿线国家版权贸易,整体呈现顺差趋势,版权输出数量大于版权引进数量。版权输出经历了迅猛增长、井喷到逐步回稳、提质增效的发展过程。但也存在不足,如精品输出不够,版权输出质量仍有待提升;翻译和出版人才不足等问题;需要结合输出国家或地区的文化需求特色,从政府层面加大政策引导、从行业层面搭建贸易信息平台、从企业层面集中优势进行高质量内容创作与精品输出。

关键词: "一带一路";版权贸易;版权输出;版权引进;商业模式

一、"一带一路"背景下我国出版版权贸易现状分析

(一)"一带一路"建设概述

2013年9月,习近平主席在国际交流合作中,提出建设"丝绸之路经济带"和"21世纪海上丝绸之路"的合作倡议,简称"一带一路"倡议(the Belt and Road Initiative)。"一带一路"倡议秉承"和平合作、开放包容、互学互鉴、互利共赢"的丝路精神进行共建合作,是开放性、包容性的区域合作倡议。

---

* 谢丹,北京印刷学院讲师,本课题组组长。

"一带一路"倡议从提出到现在已经十年，建设成效日益明显，合作范围不断扩大，合作领域更为广阔，合作金额逐步增加。据国家发改委2023年初数据显示①，截至2022年底，我国已与150个国家、32个国际组织签署200余份共建"一带一路"合作文件。据最新统计②，2013年至2022年我国与"一带一路"沿线国家货物贸易进出口额年均增长8.6%，与沿线国家双向投资累计超过2700亿美元，在沿线国家承包工程新签合同额超过1.2万亿美元，我国企业在共建国家建设的境外经贸合作区已为当地创造42.1万个就业岗位，这些充分说明十年间"一带一路"合作共建已结出丰硕果实，为推动我国出版版权贸易提供了良好前提。

（二）近十年来我国版权贸易发展情况

1. 近十年来我国出版版权贸易整体成效

本课题研究了近十年出版版权贸易的数据变化规律，发现在"一带一路"倡议的大环境下，我国出版版权贸易逐步向好，贸易逆差的局面被渐渐扭转，版权引进数量在逐年降低，版权输出数量在逐年增长，基本实现了版权贸易均衡，我国出版走出去取得了一定成效，文化软实力与国际影响力得到了提升。

据《中国新闻出版统计资料汇编》显示，2013—2021年近十年间，我国出版物版权引进数量由2013年的18,617种降低为2021年的12,220种，我国出版物版权输出数量由2013年的10,401种增长为2021年的12,770种，出版物版权输出引进比从2013年的55.87%增长至2021年的104.50%，实现了版权贸易从逆差到顺差的转变。其中，图书版权引进数量由2013年的16,625种逐步降低为2021年的12,005种，图书版权输出数量由2013年的7305种逐步增长为2021年的11,795种，图书版权输出引进比从2013年的43.94%增长至2021年的98%，实现了图书版权贸易从逆差到均衡的向好趋势（见表1、表2）。说明我国出版业在"一带一路"的大环境下，出版"走出去"取得了明显成效，输出引进比实现了从逆差转顺差的向好变化过程，也反映出我国文化强国、出版强国战略的深入推进与落地见效。如表所示：

---

① 国家发展改革委. 高质量共建"一带一路"取得新进展［EB/OL］.（2023-01-18）. https://finance.eastmoney.com/a/202301182616835718.html.

② 人民日报评论部. 把"一带一路"建成繁荣之路——推动共建"一带一路"高质量发展［EB/OL］.（2023-09-06）. https://politics.gmw.cn/2023-09/19/content_36842127.htm..

表1 我国2013—2021年出版物版权贸易对比[1]

年份	版权引进（种）	版权输出（种）	输出引进比（%）
2013	18,617	10,401	55.87
2014	16,695	10,293	61.65
2015	16,467	10,471	63.59
2016	17,252	11,133	64.53
2017	18,120	13,816	76.25
2018	16,829	12,778	75.93
2019	15,977	14,816	92.73
2020	14,185	13,895	97.96
2021	12,220	12,770	104.50

表2 我国2013—2021年图书版权贸易对比

年份	版权引进（种）	版权输出（种）	输出引进比（%）
2013	16,625	7305	43.94
2014	15,542	8088	52.04
2015	15,458	7998	51.74
2016	16,587	8328	50.21
2017	17,154	10,670	62.20
2018	16,071	10,873	67.66
2019	15,684	13,680	87.22
2020	13,919	12,915	92.79
2021	12,005	11,795	98.25

---

[1] 本表及以下各图表数据均来源于国家新闻出版署发布的年度产业分析报告。

出版物版权贸易和图书版权贸易近十年的变化趋势如图所示（见图1、图2）：

图1　我国2013—2021年出版物版权贸易对比及变化趋势

图2　我国2013—2021年图书版权贸易对比及变化趋势

2. 近十年来我国与沿线国家版权贸易整体分析

（1）整体呈现较好的发展态势

"一带一路"倡议提出以来，我国与"一带一路"相关国家版权输出呈现增长势头，对版权贸易起到了推动作用，呈现出三个特征。

一是版权贸易数量实现了快速增长。据统计，"十三五"期间，我国与"一带一路"相关国家的版权贸易数量呈现快速增长势头，从2016年的3808项①增长

---

① 魏玉山. "一带一路"国际出版合作发展报告（第2卷）[M]. 北京：中国书籍出版社，2020：9.

到2020年的10,729项①，增长了近两倍，经历了迅猛上升到井喷，再到逐渐恢复平稳的一个过程。

二是版权贸易呈现明显的顺差趋势，版权输出效果喜人。我国与"一带一路"相关国家签订的版权合同数量呈现顺差势头。"十三五"期间，我国与"一带一路"相关国家的版权输出数量远远高于版权引进数量，2016年我国向"一带一路"沿线国家版权输出3222项、引进586项。2021年我国向"一带一路"沿线国家版权输出8539项、引进1623项②，版权输出引进比在5∶1左右，远远高于全国整体版权输出引进1∶1.3的比例。版权贸易顺差与我国对翻译出版给予的支持分不开，如丝路书香工程、亚洲经典著作互译计划、中国图书对外推广计划等系列资助政策，推动出版走出去不断加快。

三是图书依然是版权贸易的核心产品。我国与"一带一路"相关国家版权贸易涉及图书、电子出版物、录音、录像、电影、电视节目、软件等多种产品形态，但图书依然是版权贸易的核心产品。比如2018年，我国图书版权输出占年输出版权数量的92.9%，占引进数量的97.6%③。

（2）经历了三个阶段的发展过程

我国与沿线国家版权贸易可分为初步发展期、井喷增长期、回落稳定期三个阶段。

① "一带一路"版权贸易的初步发展期

2013—2016年是我国与"一带一路"沿线国家版权贸易的初步发展期。这个阶段我国版权对外输出有所增长，但势头并不是很快。这个阶段是我国与"一带一路"沿线国家开放合作的探索期，主要是签订各个领域合作备忘录，铁路公路、港口码头、水电站物流基地等各项基础工程建设如火如荼，中欧班列也是逐步承担起了区域间贸易的重要角色，基础性领域的起步与迅猛发展，营造了良好的合作氛围，加深了我国与"一带一路"沿线国家的政治互信、文化互信，拉近了双方的好感。我国与"一带一路"沿线国家的版权贸易进入初步发展期，版权输出、版权引进数量都有了一定增长，比如2014—2016年，我国与"一带一路"沿线国家版权贸易量占我国版权贸易总量比例由2014年的5%提高到2016年的15%④。

① 魏玉山."一带一路"国际出版合作发展报告（第3卷）[M].北京：中国书籍出版社，2021：8.
② 魏玉山."一带一路"国际出版合作发展报告（第4卷）[M].北京：中国书籍出版社，2022：8.
③ 魏玉山."一带一路"国际出版合作发展报告（第1卷）[M].北京：中国书籍出版社，2019：10.
④ 姜旭，侯伟."一带一路"成图书版权贸易"新丝路"，版权输出热潮来了[N].中国知识产权报，2017-09-04.

② "一带一路"版权贸易的井喷增长期

2017—2019年是我国与"一带一路"沿线国家版权贸易的井喷式增长期。我国分别于2017年、2019年举办了两届"一带一路"国际合作高峰论坛,得到了国内外的高度关注,"一带一路"国际交流合作进入蓬勃发展期。2019年是新中国成立70周年,我国70年来的建设成就、发展规律、先进经验吸引了很多不发达国家的关注,我国向"一带一路"沿线国家的版权输出进入井喷期,版权输出达到高峰。"十三五"期间,2016年我国与"一带一路"相关国家的版权贸易总量为3808项,其中版权输出3222项、引进586项,2019年我国与"一带一路"相关国家版权贸易总量为11,282项,其中版权输出9429项、引进1853项,"十三五"后期版权贸易总数是前期的3倍。

③ "一带一路"版权贸易的回落稳定期

2020—2022年是我国与"一带一路"沿线国家版权贸易的回落稳定期。2020年以来,线下的国际交流合作机会相对减少,对于版权贸易产生了一定的影响。各大出版机构在版权输出快速增长之后,逐步放缓节奏,进入精耕细作、提质增效阶段,我国版权输出数量略有回落。2020年,我国与"一带一路"相关国家的版权贸易总量为10729项,其中输出9118项、引进1611项,与2019年相比分别减少553项、311项和242项。2021年,我国与"一带一路"相关国家的版权贸易总数量为10162项,其中,版权输出8539、引进1623项,同比分别减少567项、减少579项、增加12项。

3. 近十年来我国与沿线国家版权贸易国别分析

为更细致观察"一带一路"版权贸易的变化趋势,本课题强化了国别分析,以俄罗斯、新加坡、韩国三国为例,作为三个典型代表,通过十年数据观察我国与这三个国家的图书版权贸易变化趋势(2018年官方数据缺失),探查其中的变化规律(见表3、表4、表5)。

表3　我国与俄罗斯2011—2021年图书版权贸易对比

年份	向俄罗斯图书版权引进 (种)	向俄罗斯图书版权输出 (种)	输出引进比 (%)
2011	57	40	70.18
2012	61	104	170.49
2013	84	125	148.81

续表

年份	向俄罗斯图书版权引进 （种）	向俄罗斯图书版权输出 （种）	输出引进比 （%）
2014	98	226	230.61
2015	87	135	155.17
2016	104	360	346.15
2017	93	309	332.26
2019	75	947	1262.67
2020	115	882	766.96
2021	97	1000	1030.93

表4　我国与新加坡2011—2021年图书版权贸易对比

年份	向新加坡图书版权引进 （种）	向新加坡图书版权输出 （种）	输出引进比 （%）
2011	265	221	83.40
2012	293	292	99.66
2013	330	532	161.21
2014	213	416	195.31
2015	242	555	229.34
2016	262	403	153.82
2017	259	363	140.15
2019	236	404	171.19
2020	277	809	292.06
2021	267	549	205.62

表5　我国与韩国2011—2021年图书版权贸易对比

年份	向韩国图书版权引进（种）	向韩国图书版权输出（种）	输出引进比（%）
2011	1098	507	46.17
2012	1232	310	25.16
2013	1619	695	42.93
2014	1216	642	52.80
2015	883	654	74.07
2016	1067	719	67.39
2017	183	540	295.08
2019	404	836	206.93
2020	446	539	120.85
2021	441	458	103.85

我国与俄罗斯、新加坡、韩国的近十年图书版权贸易变化趋势如图所示：

近十年来，我国与俄罗斯关系较好，版权贸易向好趋势最为明显（见图3）。

核心特征是：我国向俄罗斯的图书版权输出数量呈现飞速增长态势，版权输出数

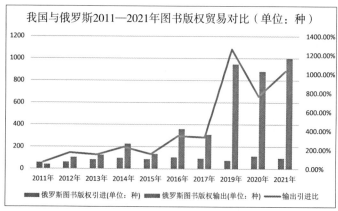

图3　我国与俄罗斯2011—2021年图书版权贸易对比及变化趋势

量远远高于版权引进数量，版权引进相对平稳。图书版权输出从2013年的125种增长到2021年的1000种，增长了7倍。2019—2021三年间，我国向俄罗斯版权输出的数量大幅度增长，图书版权输出数量井喷式上涨。回顾当时的宏观环境，不难发现，2019年是中华人民共和国成立70周年，也是我国与俄罗斯建交70周年，恰逢重要节点，两国进一步互学互鉴、互利共赢，国际合作交流力度进一步加大。而版权引进数量变化相对不大，2013年与2021年分别是84种、97种。版权输出引进比从2013年的1.49倍增长到2021年的10.31倍，版权输出远远超过版权引进，实现了明显的图书版权贸易顺差，反映出在中俄互惠互利、两国交流合作关系良好大背景下，我国出版"走出去"取得了明显成效。

近十年来，我国与新加坡关系日渐升温，版权贸易有逐步向好的发展势头（见图4）。核心特征是：版权输出实现了翻倍，版权引进相对稳定，版权贸易实现了从逆差到顺差的升级。我国向新加坡的图书版权输出数量实现了翻一番，从2011年的221种增长到2021年的549种。2020年恰逢中国与新加坡建交30周年，我国向新加坡图书版权输出数量有了明显上涨，同比上年增长了1倍多（为近十年最多）。而版权引进数量相对变化不大，2011年与2021年分别是265种、267种。版权输出引进比从2011年的83.4%增长到2021年的2.06倍，版权输出超过版权引进，实现了一定的图书版权贸易顺差。

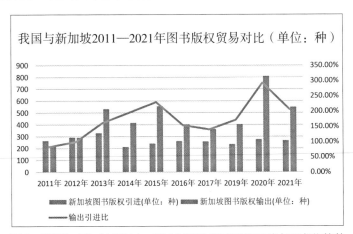

图4　我国与新加坡2011—2021年图书版权贸易对比及变化趋势

近十年来，我国与韩国版权贸易整体数量下降，基本实现了均衡（见图5）。核心特征是：版权引进大幅下降，版权输出小幅下降，实现了贸易逆差到贸易均衡的变化。版权引进数量从2013年的1619种下降到2021年的441种，下降了

72.76%。版权输出数量从2013年的695种下降到2021年的458种。2021年版权贸易输出引进比为1.04倍,实现了图书版权贸易的均衡。2022年是中韩建交30周年,也是中韩文化交流年,相信在这一大背景下,我国与韩国的版权贸易会有向好势头。

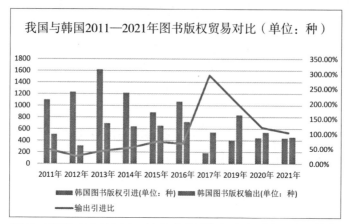

图5　我国与韩国2011—2021年图书版权贸易对比及变化趋势

对比我国与以上三个国家近十年来的出版版权贸易数据,可以发现,出版版权贸易的整体态势与均衡程度,在很大程度上与两国之间的国际关系呈密切的正向关系,这为我国出版单位后续选择出版版权贸易的国家或地区提供了方向性建议。

(三) 近十年来我国与沿线国家版权输出情况

1. 版权输出顺畅,品种与范围都有了很大增长

近十年来,我国向沿线国家的版权输出数量远远高于版权引进数量。特别是"十三五"期间,我国举办两届"一带一路"国际合作高峰论坛、迎来新中国成立70周年等重大活动,主场外交获得了世界目光的关注,也促使我国向"一带一路"沿线国家版权输出的进度加快,我国出版业走出去成效明显。

从数据上来看,2016—2019年,我国向"一带一路"沿线国家版权输出数量从3222项增加到9429项,增长了近两倍。2020年、2021年我国向"一带一路"沿线国家的版权输出数量略有回落,分别是9118项、8539项,但是相比于"十三五"初期,已有了成倍的增长。

从合作结果来看,2019年,我国有273家机构与79个"一带一路"相关国家

出版机构开展出版国际合作，其中版权输出超过100项的机构有27家。

2. 输出区域以东南亚、南亚、中东欧为主

近年来，我国向"一带一路"沿线国家的版权输出区域进一步扩充，合作国家和地区范围进一步拓展，集中在东南亚、南亚、中东欧等区域。2019年，我国输出数量前十的"一带一路"国家为越南、俄罗斯、韩国、马来西亚、印度、新加坡、泰国、黎巴嫩、哈萨克斯坦、埃及。其中，对俄罗斯、波兰、意大利、罗马尼亚等欧洲出版业较为发达的国家，版权输出实现稳定增长；对阿联酋、黎巴嫩、埃及等国家，版权输出数量呈现快速增长势头，其背后推进力来源于我国与这些国家经贸合作与国际交往的力度加大，成为我国拓展的新兴市场。孟加拉国、阿尔及利亚等国家的版权合作实现从无到有，是值得关注的潜在市场区域。同时，我国对阿拉伯、中东欧等新兴市场国家也加大了版权输出力度。

3. 输出品种集中在特色领域与文化领域

从类型来归纳，我国向"一带一路"国家版权输出的品种集中在主题出版、经典名作、传统文化、少儿童书、汉语语言、实用工具书等领域。

（1）主题出版物

主题出版是我国向"一带一路"相关国家版权输出的重要品种。2018—2021年，我国大事多、喜事多，经济的腾飞、社会的进步、科技的发展，为世界提供了中国方案。2014年，法兰克福国际书展，短短三年时间，《习近平谈治国理政》多语种图书首发式隆重举行，后续举办了多场研讨会。截至2017年底，《习近平谈治国理政》已出版21个语种、24个版本、共发行642万册、覆盖世界160多个国家和地区[1]，成为改革开放以来在海外最受关注、最具影响力的中国领导人著作。中国国际出版集团配合重要外交活动，在7个"一带一路"国家展现《习近平谈治国理政》《摆脱贫困》《之江新语》等主题出版物。《东方主战场》《全球治理的中国担当》《中国学者谈新常态下经济增长》等主题图书，在印度实现了版权输出。《悬崖村》是一部精准扶贫为题材的现实主义原创文艺作品，该书已覆盖俄罗斯、巴基斯坦、沙特阿拉伯、黎巴嫩、阿联酋、罗马尼亚等"一带一路"沿线国家及地区，入选丝路书香工程等多项国家级"走出去"项目。

（2）经典名作与网络文学

我国一批优秀的作家作品，特别是在国际上获得过大奖的作家经典名作在

---

① 环球网.《习近平谈治国理政》畅销海外多国［EB/OL］.［2017-09-18］. https://baijiahao. baidu. com/s?id=1578847718502420936&wfr=spider&for=pc.

"一带一路"沿线也受到了广泛关注。如诺贝尔文学奖得主莫言的《生死疲劳》《檀香刑》等著作,成功被翻译为多国语种进行版权输出。外研社将余华、刘震云、苏童、莫言等名家名作输出至阿尔巴尼亚、波兰、罗马尼亚、匈牙利等国家。刘慈欣《三体》三部曲在目前版权输出的25个国家中,多数为"一带一路"国家,仅中东欧就有波兰、捷克等8个版本,外文版全球销量200万册。我国的网络文学在东南亚等区域的国家比较畅销,关注度较高,版权输出数量较大。

(3)传统文化书籍

代表我国传统文化的出版物也成为我国与"一带一路"国家版权输出的内容品类。《论语》《孟子》《老子》《屈原》《唐宋诗选》、四大名著等,被列入"大中华文库",实现了版权输出,在阿拉伯国家出版发行。内蒙古出版集团利用地域优势,向蒙古国翻译输出儒学经典系列精品图书,推动中国和蒙古国文化交流深入开展。四川人民出版社《不断裂的文明史》实现了多语种输出,在"一带一路"国家受到关注。

(4)青少年读物

少儿出版是版权输出的一大品种。中国首位国际安徒生奖得主曹文轩的经典名作《青铜葵花》《草房子》等图书也被多语种翻译,实现了版权输出,被意大利、尼日利亚等国家的市场关注。《青铜葵花》荣获美国"弗里曼图书奖"等多项重要国际奖项,已实现19国的版权输出,成为凤凰传媒历史上输出国家、语种最多的图书。2018年,我国参加意大利的博洛尼亚国际童书展,展出430种图书,达成800多项版权输出意向协议。2019年,接力出版社举办"中国—东盟少儿出版阅读论坛",邀请越南、马来西亚、新加坡、印度尼西亚、柬埔寨、尼泊尔、斯里兰卡等国的12家出版机构深度研讨,加大了出版合作与版权输出。

(5)汉语语言

随着孔子学院在全球的机构日益增多,"汉语热"成为流行趋势,在"一带一路"沿线国家得到了追捧。汉语学习教材和中国文化经典译本成为诸多国际会展上中外出版机构签约合作、版权输出的关注对象。高等教育出版社与泰国开发了"体验汉语"系列教材,得到了不错的反响。四川辞书出版社授权俄罗斯尚斯国际出版公司在当地出版发行《学生字典》《学生笔顺规范字典》《成语词典》三种汉语学习字词典。云南人民出版社与缅甸金凤凰中文报社合作出版《汉缅大辞典》,为加快两国的文化交流提供了语言读物。河南科技出版社与尼日利亚瑞哈布有限公司开展"中尼汉语教材出版合作"项目,满足了非洲汉语热的学习需求。

（6）实用工具书

针对非洲、拉美等区域，我国版权输出以农林经济类的实用图书为主。浙江出版联合集团持续推进对非走出去，"非洲农业与医疗实用技术书系"已合作出版14种图书，其中，农业技术书由种植业向畜牧业、渔业等领域拓展，医疗技术书出版了英语、法语、西班牙语、斯瓦希里语等多个语种，便于供非洲多个国家使用。

4. 合作方式多样、合作主体多元

我国向"一带一路"相关国家版权输出的合作方式包括：专题项目、重点资助、国际活动、海外分支机构等。

（1）专题项目

专题项目合作包括文库、互译项目等形式。2013年到2017年8月，中国已与"一带一路"沿线29个国家和地区签订了政府间互译协议，如中俄经典与现代作品互译出版项目已推出经典图书57种，中阿典籍互译出版项目完成29种图书的翻译出版。2019年，亚洲文明大会召开，会后我国与相关国家发起亚洲经典著作互译计划，与新加坡、巴基斯坦、韩国、伊朗、老挝等国家签订互译出版协议。北京师范大学出版社的"北京扎耶德中心文库""中阿友好文库""一带一路友好文库"等均取得较大进展，与沙特阿拉伯、卡塔尔、约旦、科威特等多个阿拉伯国家密切合作，加大版权输出。外语教学与研究出版社通过推动"中华思想文化术语工程"，与波兰、亚美尼亚等中东欧国家展开合作，加大版权输出。

（2）重点资助与联合出版

我国与"一带一路"沿线国家出版机构联合开发选题、合作翻译出版图书，逐渐成为版权贸易之后推动出版交流的主渠道。目前，中国实施的经典中国国际出版工程、丝路书香工程等项目，向"一带一路"沿线各国出版机构开放，吸纳50多家出版机构主动与中国出版机构合作翻译出版图书300多种。同时，中国图书"走出去"基础书目库首批入库图书200种，通过集中推介，引起"一带一路"沿线国家出版机构浓厚兴趣。

（3）国际活动

国际活动比如国际书展、国际论坛等。据统计，我国出版机构每年参加"一带一路"沿线国家国际书展或举办图书展销周等40多个。中国主宾国活动已在斯里兰卡、印度、罗马尼亚、阿联酋等沿线7个国家书展上举办，已有累计超过40个沿线国家参加北京国际图书博览会。参加系列国际会展、国际研讨会，成为版权输出的重要平台与途径。

（4）海外分支机构

海外分支机构包括成立海外分社、主题编辑部、中国书架、海外书店等。中国外文局实施了中国主题图书海外编辑部项目，通过建立和发展海外编辑部，与对象国出版机构开展深入合作，共同推出具有地区针对性的中国主题图书，推进本土化发行。中国出版机构在俄罗斯、波兰、土耳其等国家新成立出版分支机构20家；中国书架已在"一带一路"国家落地4家，尼山书屋海外落地25家。

（四）近十年来我国向沿线国家版权引进情况

1. 总体呈现小幅增长

近十年来，我国向沿线国家的版权引进呈现小幅增长态势。2016—2019年间，我国向"一带一路"沿线国家版权引进数量从586项增加到1853项，增长两倍。2020年、2021年我国向"一带一路"沿线国家的版权引进略有回落，分别是1611项、1623项。

2. 引进来源以东南亚、欧洲为主

从地理区域上来看，我国与"一带一路"沿线国家版权引进的区域比较集中，主要是东南亚、南亚、欧洲等。版权引进的国家以韩国、俄罗斯、印度、意大利等艺术文化特性明显、出版业相对发达的国家为主。《被解放的耶路撒冷》《约婚夫妇》《疯狂的罗兰》等经典意大利文学作品，被引入中国，为广大读者所喜欢。参与互译项目的国家，也是近年来版权引进的主要来源。

3. 引进品种集中在经典著作

我国向"一带一路"相关国家版权引进的品种类型集中在经典名作、少儿童书、艺术作品等领域。我国与印度签署中印经典和当代作品互译项目，《中国与印度》《苏尔诗海》等经典译著在国内市场受到关注。四川人民出版社先后从印度引进"瑜伽文库"系列图书，得到了国内市场多年来的热捧。

4. 合作方式以互译、海外分社为主

我国向"一带一路"相关国家版权引进的合作方式包括：互译项目、国际活动（书展/论坛）、本土化分支机构（分社）等。我国与阿拉伯国家加大互译力度，已实现互译中阿图书121种，传统文化、伊斯兰教经典、儿童文学等图书成为双方版权贸易的主要方式，也是我国版权引进的主要方式。

二、"一带一路"背景下我国版权贸易典型案例与共性要素分析

（一）版权贸易资助项目案例

目前我国支持出版"走出去"的国家级资助项目有十几个，本课题将选择部分影响力相对较大的资助项目进行分析，观测效果。

1. 中国图书对外推广计划

"中国图书对外推广计划"（CBI），起源于2004年的中法文化年，是我国最早的图书翻译资助项目。该计划资助的图书范围为：反映中国当代社会政治、经济、文化等各个方面发展变化，有助于国外读者了解中国、传播中华文化的作品；反映国家自然科学、社会科学重大研究成果的著作；介绍中国传统文化、文学、艺术等具有文化积累价值的作品。2009年，"中国图书对外推广计划"被"中国文化著作翻译出版工程"所代替，既资助翻译费用，也资助出版及推广费用。

"中国图书对外推广计划"在"十一五"期间取得了长足进步，截至2011年3月，同美国、英国、法国、德国、俄罗斯等54个国家322家出版社签订了资助出版协议，涉及1558种图书、项目总量6167项、金额超过8100万元。

2. 经典中国国际出版工程

2009年10月，"经典中国国际出版工程"启动，采用项目管理方式资助中国学术名著系列、名家名译系列图书。2013年开始，资助金额从1500万元增加到3500万元，除了资助学术、文学，还增加了科技出版和对外汉语教材等。2013—2017年五年间，经典中国国际出版工程共资助了203家出版机构的980个项目、1989个图书品种，涉及44个语种。

获资助图书类别：展示中国特色的哲学社科类图书共有927种，占总数的46.6%。体现中华文化精神的当代文艺类图书共有664种，占总数的33.4%。传统文化类图书共有177种，占总数的8.9%。"主题类"图书共有159种，占总数的8%。

获资助图书语种：英文图书共资助761种，占总数的38.3%；韩文图书共资助206种，占总数的10.4%；法文图书共资助183种，占总数的9.2%等。

获资助的出版机构区域：资助了国内（不含港澳台地区）大部分地区的出版机构。同时，企鹅出版集团、圣智学习集团、法国毕基埃出版社等32家海外出版

机构和版权代理机构直接申报的130个品种也获得了资助。

近三年情况：2020年、2021年、2022年分别有70个、92个、173个项目入选经典中国国际出版工程立项公示名单。目前该工程仍在继续，每年吸引国内外多个出版机构进行图书项目申请，助力我国图书版权输出。

3. 丝路书香工程

（1）丝路书香工程整体情况

丝路书香工程是中国新闻出版业唯一一个进入国家"一带一路"倡议的重大项目，是专门针对"一带一路"国家翻译出版我国优秀作品的出版项目。2014年12月该工程正式获得中宣部批准立项，目前仍在持续，涵盖重点翻译资助项目、丝路国家图书互译项目、汉语教材推广项目、境外参展项目、出版物数据库推广项目等。

2015—2018年，该项目资助的语种从最初的30个增加到42个，获资助的出版机构数量从84家累计增加到158家。项目涉及汉语教材推广、重点图书展会、数字出版产品、国际营销渠道、人才培养项目、出版本土化、国际合作出版七大类别。"十三五"期间，丝路书香工程共资助近3000个项目，版权输出到80多个国家和地区。"十三五"期间丝路书香工程的政府资助重点从大力扶持规模发展到逐步调整结构、提质增效的过程。

（2）重点翻译资助项目评析

"十三五"以来，丝路书香工程重点翻译资助项目共立项资助2375个项目，年资助量保持在250—450项，多数保持在300项左右（见图6）。

图6　丝路书香工程重点翻译资助项目情况

"十三五"期间，重点翻译资助项目涉及的国家：涉及75个"一带一路"国家和地区，种数排名前十的国家分别为俄罗斯193种、印度104种、新加坡99种、埃及83种、波兰73种、越南73种、黎巴嫩68种、哈萨克斯坦60种、马来西亚54种以及蒙古国54种，合计861种，占"十三五"时期资助总数的50%以上；资助20—50种的国家有16个，占资助总数的约30%。

"十三五"期间，重点翻译资助项目涉及的语种：涉及55个语种，其中有10个语种的资助项目量超过40个。联合国常用语言英语、俄语、阿拉伯语共涉及699个项目，其他7种语言均为小语种，涉及400个项目。

"十三五"期间，重点翻译资助项目涉及的出版机构数量：共有196家出版机构。其中获得20个以上资助项目的机构有21家，占总数的1/10。有2家受资助项目数量超过100项，总数占资助总量的近1/5；获支持出版单位中，除传统出版社以外，还有中教图等进出口公司，以及人民天舟和尚斯等民营公司。

"十三五"期间，重点翻译资助项目涉及的图书类别：主题类、社科类、传统文化类、文艺类、少儿类和科技类图书。其中，主题类包含习近平新时代中国特色社会主义思想、习近平总书记相关著作；社科类和文化类项目支持我国较新的研究成果翻译出版的同时，对大众市场需求的普及性文化类作品也有扶持；文艺类图书除全面涉及小说、诗歌、戏剧、散文、文学理论等体裁，对科幻作品、网络文学等类型文学进行重点支持；少儿类图书将幼儿和青少年作为翻译图书的推荐重点对象，绘本、儿童文学、少儿科普等内容形式将同时展现在某一对象国读者眼前；科技类针对我国自然科学和工程技术各领域具有国际领先水平或国内一流水平研究成果的精品图书进行资助，为全球科学技术研究提供中国视角。

4. 图书版权输出奖励计划

（1）"图书版权输出奖励计划"整体情况

"图书版权输出奖励计划"旨在对版权输出且在海外实际出版的图书进行奖励，设普遍奖励和重点奖励。

据资料显示，"奖励计划"一期、二期、三期实施顺利。2015年，"图书版权输出奖励计划"一期顺利实施，对2011—2013年在海外实际出版的482个图书项目进行奖励。其中，重点奖励项目112项，普遍奖励项目370项，拨付奖励资金725.2万元。2016年，"图书版权输出奖励计划"二期启动实施，资助2014—2015年在海外实际出版的696个图书项目进行奖励，其中重点奖励项目99项，普遍奖励项目597项，拨付奖励资金547.55万元。2018年，32家单位80种图书获得图书版权输出奖励计划三期重点奖励，91家单位583种图书获得普遍奖励。

2. 重点奖励项目评析

项目类别：涉及社科、科技、文艺及少儿动漫四类。在一期、二期重点申报项目中，比例最高的是社科类图书（一期为42%，二期已达61%），充分体现出主题出版、文化自信、中国传统文化等人文诉求的图书产品，在出版"走出去"过程中日益得到重视，我国的国际影响力与对外文化传播能力进一步提升。

版权输出国家和地区：一期来看，版权输出项目数量最多的国家为韩国，占比约26%；其次为泰国，约17%；接下来的德国约14%。二期版权输出项目数量最多的国家为美国，占比约15%；其次为韩国约12%，英国和俄罗斯均为9%。在政府资金和政策扶持下，我国加大中国梦等主题图书的版权输出，向美、英、德、法、俄罗斯等出版业较发达国家走出去的步伐日渐坚实，我国与大国之间的话语权、影响能力、交流合作能力也得到提升。

版权收入和销量：版权收入高（大于50万元）的项目较少，绝大部分还是版权收入低（5万元以下）的项目。市场销售高（大于20万册）的图书仅是个别，绝大多数是低销量（小于1万册）的图书项目。说明在宏观政策环境和资助支持下，我国的图书版权输出存在一定的规模，但是质量有待提升，需要精耕细作。

（二）版权贸易出版机构实践案例

1. 主题出版案例：人民出版社、外文出版社、五洲传播出版社

（1）人民出版社

人民出版社早在20世纪中叶就开始开展主题出版对外输出。1951年，人民出版社出版《毛泽东选集》，后被翻译成英文在世界多个国家出版发行。2005年之后，人民出版社开启同世界各国出版机构的联系与合作交流，加快走出去步伐。

主题出版主要著作：集中在老一辈无产阶级革命家著作、反映改革开放成就、传统文化、习近平新时代中国特色社会主义思想等领域。如《握手风云——毛泽东与国际政要》《大外交家周恩来》《邓小平文选》等系列图书，被翻译成英语、阿拉伯语、日语、俄语等进行版权输出。《万里画传》《习仲勋画传》等实现多语种输出；反映我国改革开放成就的作品，如《中国对外开放四十年》《中国改革为什么成功》《一带一路：中国崛起的天下担当》等，均实现了英语、日语、韩语、俄语、哈萨克语、吉尔吉斯语的多语种版权输出；阐述我国传统文化的作品，如《中国传统文化通论》《论孔子》《论国学》《论儒道禅》等，实现了英语、阿拉伯语、俄语等多语种的版权输出。诠释习近平新时代中国特色社会主义思想的作品，如《平"语"近人——习近平总书记用典》累计输出28个语

560

种，英语、阿拉伯语、俄语、日语等均已实现海外出版，引起世界各国的广泛关注与热议。

（2）外文出版社

2017年开始，外文社在包括德国、西班牙、印度等国成立10家海外编辑部。截至2021年底，共策划选题112种，出版87种。

主题出版主要著作：集中在介绍中国共产党、当代中国发展、"一带一路"、改革开放、脱贫攻坚等主题，全方位展示中国形象；《红船精神：启航的梦想》《中国的绿色发展之路》《中国新名片》《从富起来到强起来：如何看待改革开放》等，通过多语种版权输出，展示中国建设发展成就。

（3）五洲传播出版社

五洲传播出版社的宗旨是"让世界了解中国，让中国了解世界"。近十年来，该社建设两个海外编辑部、搭建了数字阅读平台，取得了一定成效。

主题出版主要著作：出版"中国共产党"丛书、"全球治理的中国方案"丛书、《中国社会主义道路为什么成功》《中国改革开放40年》等重大出版项目，多语种向世界介绍中国共产党、中国特色社会主义的理论和实践成就；出版中国国情、传统文化、当代中国发展等领域的200多种阿拉伯语图书；承担"中阿互译""中科互译""中沙互译"等国家级互译项目；设立"丝路书香·中国书架"和"that's books"数字阅读平台。

2. 语言出版案例：外语教学与研究出版社、译林出版社、中国教育出版传媒集团

（1）外语教学与研究出版社

2017—2019年，年版权输出总量在200种以上，其中"一带一路"合作占比50%至70%。截至2020年底，外研社与46个"一带一路"国家出版机构展开合作，累计对外授权输出语种37个，累计版税收入超过1500万元。

出版项目及著作："中华思想文化术语"项目，目前已出版8辑。"术语"系列已形成阿尔巴尼亚语、法语、僧伽罗语等27个语种的版权输出。《中医文化关键词》《敦煌文化关键词》《看不懂的中国词》等陆续输出多个版本，"中外互译项目"承接22种互译图书的出版，《汉语小词典》《红楼梦》《走近中国》等深受海外读者喜欢；

（2）译林出版社

作为翻译类的专业出版社，译林社的版权贸易经历了版权引进为主（2006年之前）、版权引进与输出并举（2007—2014年）、面向"一带一路"国家加大版权输出（2015年至今）三个阶段。2015—2019年，实现累计版权输出226种，其

中，"一带一路"输出占比从45%提升至83%。

出版主要著作："中国当代作家走近土耳其"系列，输出余华、叶兆言、苏童、鲁敏的8部土耳其版文学作品。《当代中国》系列图书，呈现当代中国发展面貌。合作出版《中国配饰》，讲述少数民族的配饰及风土人情。

（3）中国教育出版传媒集团

2010年，集团旗下高等教育出版社与泰国教育部合作开发《体验汉语中小学系列教材（泰语版）》，成为第一套被纳入外国国民教育体系的汉语教材。截至2020年底，累计销售450万册，版税收入近2000万元。2010年，旗下人民教育出版社研发针对海外主流高中市场（9—12年级）的《跟我学汉语》，被评为"全国优秀国际汉语教材"，版权输出至俄罗斯，列入俄罗斯联邦教育采购清单。截至2020年初，《跟我学汉语》全套销售超过132.8万册，码洋超过7060万元，版权输出至英国、俄罗斯、越南、印度、印度尼西亚等国家。

出版主要著作：汉语学习教材，针对中小学生的《体验汉语中小学系列教材（泰语版）》、针对高中生的《跟我学汉语》；汉语考试类用书，如《HSK考试大纲》《BCT标准教程》等。

3. 少儿出版案例：中国少年儿童新闻出版总社、接力出版社

（1）中国少年儿童新闻出版总社

中国少年儿童新闻出版总社加大少儿主题图书的原版创作，发力版权输出和国际出版合作。2014年，中少总社将"伟大也要有人懂"系列图书的英语版权输出给美国博特教育出版公伯，开启少儿出版走出去步伐。截至2020年底，中少总社与50多个国家和地区的180家出版机构建立合作，输出语种也日益增加。2016—2020年，图书输出语种41个，单一语种输出37个。

出版主要著作："伟大也要有人懂"系列图书，实现了英语、意大利语等10多个语种的翻译出版，《伟大也要有人懂——一起来读马克思》英语版的发行在国际市场逐步形成品牌影响。"中少阳光图书馆""九神鹿"的原创图画书在"十三五"期间实现版权输出749种，覆盖30多个国家和地区；《羽毛》《雨伞树》《外婆住在香水村》等重点图书实现单本书对外输出10多个语种；卡通漫画类图书以"植物大战僵尸2"IP为依托，输出系列图书630种。

（2）接力出版社

2016年，接力出版社在埃及开罗注册成立埃及分社，专注于海外童书市场。接力出版社埃及分社不仅有接力出版社的书，还有从中少总社、春风文艺出版社等出版机构购买版权的图书，不断扩大中国文化在阿拉伯青少年读者中的影响。

截至2018年底，接力出版社有561种图书版权输出到26个国家和地区。

少儿出版主要著作：包括曹文轩、郑春华、秦文君、沈石溪等儿童文学名家的作品，以及韩煦、张宁等新秀插画家创作的图画书。建立埃及分社出版图书，对于童书在阿拉伯青少年的吸引力，是很有利的出版交流平台。

4. 文学出版案例：北京出版集团"十月作家居住地"项目

2015年，北京出版集团成立"十月文学院"，针对海外市场推出"十月作家居住地"项目。截至2020年底，在海内外建立12处作家居住地，包括纽约、莫斯科、布拉格、爱丁堡、加德满都等，创新出版成效，对外输出版权。

项目成效：推动北京文学海外翻译介绍与传播，在海外"十月作家居住地"城市及辐射城市开展精品图书海外推广。开拓"十月"文学成果的对外翻译和版权输出——十月翻译版权交流平台，实施十月翻译版权交流计划、外国翻译家驻留计划等。捷克汉学家、翻译家李素完成《天·藏》翻译，爱丁堡大学翻译教授狄星，翻译石一枫作品《特别能战斗》，也将实现版权输出。

（三）"一带一路"背景下版权贸易特征、作用机理与共同要素分析

1. "一带一路"背景下出版版权贸易特征

（1）文化需求差异化，版权贸易类型多样化

"一带一路"沿线国家呈现经济社会水平不均衡、结构不平衡的状态。比如，石油丰厚的海湾国家，他们的经济条件相对较好，教育层次、教育群体更为广泛，对于版权输出的内容，更看重品质和质量，关注领域更多的是高等教育、科技创新、数字经济、绿色发展等新兴产业技术，对于新技术的渴求更为迫切。文化产业相对发达的国家，如波兰、匈牙利等中东欧国家，国民受教育水平整体较高，文化领域领先世界水平，版权输出则以文学、音乐为主。韩国、新加坡、马来西亚等东亚、东南亚国家，近年来出版业蓬勃发展，与我国有着类似的文化渊源，版权输出则是以文化方面的内容居多。经济水平相对低，文化、出版等行业发展相对落后的部分国家，如非洲的部分国家和地区，出版市场尚未成熟，行业发展缓慢，对于版权输出的内容和质量，则是以相对容易理解的语言文化类产品为主，价格区间相对低。

（2）主题多样化，以先进理念、经典文化居多

我国与"一带一路"国家的版权贸易，主题比较多样，涉及政治、经济、少儿、文学、科技等多个领域。政治领域内则是主题出版较多，单单是主题出版方面，就包括中国共产党建党百年系列、马列主义毛泽东思想、习近平谈治国理政

系列，反映当代中国发展成就和改革开放成绩的系列，如中国模式、中国方案、改革开放四十年；反映我国脱贫攻坚、精准扶贫的相关作品等，类型多样。文化领域包括反映我国传统文化，如儒家文化经典、孔孟老子庄子等系列，反映我国饮食文化、风土人情等。文学领域包括莫言、余华等当代文学作品的输出，也包括刘慈溪等科幻小说、曹文轩等青少年文学的版权输出与国际出版合作。

（3）主体多元化，呈现百花齐放态势

参与"一带一路"出版合作的机构有政府部门、行业组织、出版印刷发行企业、文化科技公司、学术科研单位等等，呈现主体多元化的态势。比如，2018年成立的"中国—中东欧国家出版联盟"，是在中国国家新闻出版署指导下由外研社、中国出版集团、中国人民大学出版社、五洲传播出版社等国内出版机构，联合阿尔巴尼亚奥努弗里出版社、波黑读书俱乐部出版社、保加利亚东西方出版社等海外出版机构，在共商共建共享原则上成立的，当下已有45家成员单位，成为推进我国和中东欧国家教育文化出版双向交流的国际性行业组织。民营出版单位、文化科技公司也加快了向"一带一路"沿线国家版权输出的步伐，比如尚斯在俄罗斯建立出版社，开拓俄语市场。龙之脊文化传播公司在菲律宾成立海外分公司，面向菲律宾传播中国传统文化。古联公司的"籍合网"打造国家级古籍整理和数字化综合服务平台"中华经典古籍库"，向国际知名大学，如耶鲁大学、哈佛大学、多伦多大学、柏林国立图书馆等提供数字资源服务。

（4）模式多样化，初步实现了多渠道、多平台合作

我国与"一带一路"沿线国家开展出版合作、进行版权贸易的模式也比较多样，包括中外互译项目、专项出版合作项目，建立海外的主题编辑部、中国书架、海外分社及展会平台论坛等多种方式。我国与多个"一带一路"国家签订了合作备忘录，进行中外互译，如2019年，人民文学出版社"中外作家同题互译项目"的意大利语、西班牙语项目成果《食色》《房屋与鸟》等亮相北京国际图书博览会。2021年北京国际书展期间，中国—阿尔巴尼亚经典图书互译项目推出新成果——《道德经》《活着》（阿文版）、《艺术阿尔巴尼亚》《阿尔巴尼亚古老传说》（中文版）。专项出版合作项目，如高等教育出版社的体验汉语泰国中小学系列教材、社会科学文献出版社的中国人文社科学术交流平台、中国人民大学出版社的东南亚中国主题图书翻译项目、安徽少年儿童出版社的"立体中国 立体丝路"立体书项目。接力出版社成立埃及分社，五洲传播出版社在海外成立中国书架，多家出版社在海外成立主题出版编辑部等。法兰克福书展、博洛尼亚书展、北京国际书展等系列性国际书展、定期召开的行业国际论坛，均成为中外出版机

构加大出版合作、版权贸易的重要平台。

2."一带一路"背景下版权贸易作用机理

我国与"一带一路"国家加大交流合作，在政策、经济、贸易、资金、民心五方面互联互通、开放合作，建立人类命运共同体，既是应对全球疫情、经济增长乏力、动能不足，金融危机持续性影响的重要举措，也是为全球治理提供新的路径与方向、为全球均衡可持续发展增添动力的重要平台。加大我国与"一带一路"沿线国家版权贸易，既是基于李嘉图比较优势理论、迈克尔·波特国家竞争优势理论的文化交流实践探索，也是加大文化认同、信息共享的有效措施。

综合来看，我国与"一带一路"沿线国家版权贸易的作用机理是：基于我国与"一带一路"沿线国家在政治互信、文化认同前提下，汇集两国政治经济文化领域比较优势、聚焦特色资源而开展的文化交流、信息共享、合作共赢的活动过程。

3."一带一路"版权贸易共同要素

（1）政治互信

政治互信是实现版权贸易的基础与前提。有了良好的政治互信氛围，才有经济贸易合作的加持，进而推动文化、出版等领域的双向交流与合作。从"一带一路"版权贸易的变化趋势也可以看出，在2013年之前，我国与"一带一路"国家版权贸易数量、金额均比较少，2017年、2019年两届"一带一路"国际合作高峰论坛的推动，使版权贸易在2019年达到一个高峰，体现了良好的政治氛围对于版权贸易的重要性与必要性。

（2）文化认同

文化认同是推动版权贸易不断深入的人文基础。对比我国与东南亚国家和欧洲国家的版权贸易数据，可以发现我国与东南亚国家有着比较相似的文化底蕴与价值基础，版权输出内容以儒家经典、四大名著等较多，版权贸易的数量、金额也相对较大，版权贸易、文化交流的内容也相对深入。而我国与西欧、非洲等国家和地区，在文化交流沟通方面没有特别深厚的基础，版权贸易的底子薄弱，发展空间有限，未来需要进一步加大经贸合作文化交流，构建文化认同氛围，进一步夯实版权贸易的人文基础。

（3）特色资源

版权贸易不是一味地单向输出，其理想状态是相互取长补短、共享各自的优势资源，实现贸易双方在信息、知识等精神层面的双向交流与沟通。特色资源是双方进行版权贸易的核心共通要素。我国版权贸易的特色资源是建设成就系列的主题出版、国际获奖的文学作品、中国传统文化作品等，国际各国也都有自己相对成熟和特色的领域，比如韩国日本的动漫、意大利的文艺与歌剧等。我国与意大利版权贸易过程中，我国诺贝尔文学奖得主莫言的系列文学作品《檀香刑》《生死疲劳》、安徒生奖得主曹文轩的《青铜葵花》《草房子》、刘慈欣雨果奖获奖作品《三体》，在意大利市场实现了版权输出。而意大利的经典作品《被解放的耶路撒冷》、系列诗歌、剧本、文学评论和哲学作品，则被引入国内翻译出版。

（4）精品输出

我国与"一带一路"沿线国家版权贸易，经历了从数量到质量的升级过程，在2019年达到一个小高峰。近三年来，更多的出版机构开始关注版权输出的市场效益与质量，版权贸易进入提质增效阶段。出版机构更加关注内容与质量，提供精品内容，加大版权输出，以更接地气的市场需求为出发点，打造符合海外市场需求的精品内容，实现质的提升，更好地被市场认可、接受和阅读。

（5）互惠互利

"一带一路"倡议是共商共建共享的联动发展构想，强调的是双方的互惠互利、平等性、和平性特征，并非我国单向的对外输出或援助。合作过程中，贸易双方本着合作共赢的态度，遵循市场规律，通过市场化运作实现参与各方的利益诉求。同样，"一带一路"版权贸易，也是基于贸易双方的大众文化需求而产生的，最终的目的是实现双方教育、文化、出版等领域优质资源共享与互惠互利。

（6）可持续发展

"一带一路"为全球均衡可持续发展增添了新动力，提供了新平台。"一带一路"涵盖了发展中国家与发达国家，实现了"南南合作"与"南北合作"的统一，有助于推动全球均衡可持续发展。我国加大与"一带一路"沿线国家的版权贸易并非一朝一夕之事、并非阶段性举措，而是长期性的、可持续发展的合作过程。版权贸易双方的合作也将是逐步深化，不断拓展的过程。要从盲目追求市场，到关注输出的市场效果，并优化调整，实现长期可持续发展。

三、"一带一路"背景下我国出版版权贸易、商业整合模型构建与发展策略

（一）我国出版版权贸易商业整合模型构建

1. 构建"三位一体"的版权贸易商业模型

在我国与"一带一路"国家版权贸易的实证数据、案例分析、特征归纳、共

性要素提炼等各个环节的综合研究基础上，可以剖析出版权贸易的作用机理是：在政治互信、文化认同前提下，汇集两国政治经济文化领域比较优势、聚焦特色资源而开展的文化交流、信息共享、合作共赢的活动过程。核心是三点：宏观层面发力建设的政治互信与文化认同，中观层面搭建平台的文化交流与信息共享、微观层面聚焦特色的内容输出与合作共赢。因此，从可持续发展角度来看，要构建"政府引导——行业搭台——企业发力"三位一体的版权贸易模型，在政府层面加大政治互信的作用力度，开展战略合作意向的引导、版权贸易资助政策等宏观环境的优化；从行业联盟层面加大信息交流，提供更通畅的信息交流平台与合作机会的搭建；从企业层面集中特色优势，基于贸易双方各自的相对优势与特色资源，针对目标国家或地区开展精品内容打造与输出，有力推动版权贸易活动深入开展。版权贸易商业模型如下图所示（见图7）：

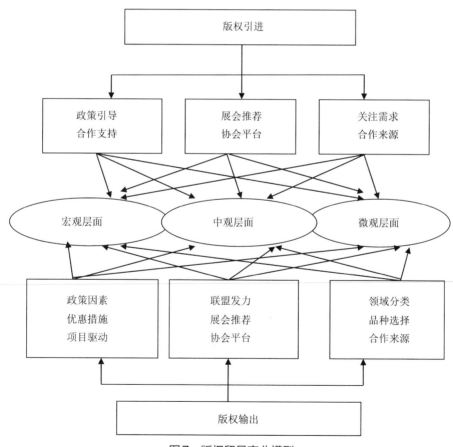

图7　版权贸易商业模型

2. 商业模型整合要素说明

在"政府—联盟/展会—企业三位一体"的版权贸易商业模型中，分为宏观、中观、微观三个层面，各个层面都担任了不同的角色，发挥各个主体在模型中的功能。

（1）宏观方面：政府的整体战略布局、政策制定、项目支持

在"三位一体"版权贸易模型中，宏观层面的政府指导，有着非常关键的先天作用。我国政府对于"一带一路"国家的合作意向、重点合作领域，将影响着版权贸易的内容类型与合作走向。政府层面的政策开放力度与各项举措，对于推动版权贸易的繁荣，有着至关重要的作用。国家之间的互译项目、建立海外中国主题编辑部、建立海外分支机构、多种类型的翻译资助奖励等系列项目支持举措，将推动版权贸易进入一个新的发展阶段。

（2）中观层面：产业联盟与展会的辅助

在"三位一体"版权贸易模型中，中观层面的联盟或展会的辅助，对于出版机构走出去，是一个极其重要的资源聚合平台。当一些出版机构没有太多精力、能力去联络海外出版机构或其他合作方时，产业联盟的成立、展会或论坛的举办，为国内外出版机构的交流合作搭建了良好的合作平台，是不可忽略的中观要素。

（3）微观层面：企业的特色优势发力

在"三位一体"版权贸易模型中，微观层面的企业发力是版权贸易成功的最后推动力。政府的引导、联盟/展会/论坛的搭台，均是推动贸易进程的外力因素，最核心的内在推动力在于各出版机构自身的优势资源与核心竞争力。通过特色内容、精品内容的输出，实现版权输出与版权贸易合作的实现。出版工程项目的承担单位要充分利用自身优势和特色资源，量力而行、特色出击，通过建立合作长效机制、提升合作内容质量、拓展合作渠道平台、推动合作项目对接、创新合作方式方法等举措推动中国与"一带一路"沿线各国出版合作长远发展。

（二）我国出版版权贸易存在的问题

1. 内容类别不均衡

我国出版版权贸易在引进方面，品种类型涉及很多方面，数量也较多。但是在版权输出上品种相对有限，集中在政治、文化、少儿、汉语为主，内容类型相对单一①。

---

① 李诗言：近十年来我国图书版权贸易情况及发展对策［J］. 出版发行研究2018（1）：83–87.

能够反映我国最新科技成果、社会经济进步成效等科技类内容的版权输出相对缺乏，这既是对海外市场研究不够透，对中外交流的文化需求把握不够准导致，也将使我国的国际话语权作用发挥受限。大部分仍局限于纸质类型的版权合作，数字出版产品的版权合作较少。

2. 区域分布相对单一

我国出版贸易的版权引进来源多为欧美发达国家，以英语为基础的美国、英国一直是中国版权贸易引进数量最大的国家，占中国对外图书版权总量的1/4，对于其他国家或地区的引进相对比例较低；我国出版贸易的版权输出则是以汉文化圈辐射的东南亚、南亚等亚洲区域及周边的国家为主，向欧洲（俄罗斯除外）、非洲、拉美等区域的国家实施的版权输出较少，不少国家还未覆盖，甚至是空白。

3. 高水平的翻译出版人才不足

目前，我国的翻译资格考试累计获证人员也不过10万人次，其中以英语、法语居多，高水平的职业翻译供不应求，精通小语种的翻译出版人才缺乏。我国大多数出版社都没有专门的版权贸易机构，设立版权贸易机构的人员也不足。能够既懂得翻译技巧、又具备较强文化功底与语言能力的高水平翻译人才的缺失，将导致不少作品翻译质量不够而无法在海外市场产生强烈的效果，导致部分优秀的中文作品因翻译问题而无法顺利地走出国门。

（三）我国出版版权贸易发展策略

1. 精准对接需求，实施针对性强的版权贸易内容输出

"一带一路"沿线国家，政治环境、经济发展水平、文化出版业发达程度均有很大的不同。在版权贸易过程中，要分类甄别，精准了解海外市场需求，实施针对性的贸易措施。针对东南亚、东亚等区域的国家，人文相近、地缘相通，可以加大亚洲文明的共识与共性，传播东方文化的魅力。针对海湾地区国家，加大资本合作、数字出版、智能技术、数字资源平台等新兴出版资源的互联互通，提升内容质量，实现精品输出。针对经济基础薄弱的国家，要结合实际的市场需求，加大实用技术、中医、机械加工等技术类内容的版权输出。

2. 聚焦特色优势，打造精品内容版权输出

我国出版业走出去的根本目标就是将代表中国形象的鲜活故事、代表中国现阶段高精尖科技水平的中国力量赋予优秀出版物传播向海外。但是当下的版权贸易，特别是"一带一路"倡议的前期，有追求数量、盲目输出、忽视市场效果的

不足。当下，很多出版单位更加关注我国的特色文化精品、关注出版社自身的优势资源，聚焦特色内容与优势资源，深度开发海外市场，将精品走出去作为工作要义，宁可少也要精，以精品呈现特色，传达时代强音。

3. 充分利用各项政策、项目、国际活动，打造版权输出平台

近十年来，为了支持出版业走出去，国家发布了多项支持政策，如中国图书对外推广计划、中外图书互译计划、丝路书香工程、中国当代作品翻译出版工程、图书版权输出奖励计划等，以及各类国际知名书展、各个国家的书展、图书博览会、国际性的出版联盟论坛等，这些都为出版机构加大与"一带一路"国家的版权贸易搭建了平台。出版企业可以充分借助外部资源，找准定位、精准申报、有的放矢，重视并用好政府出版奖励或资助工程、各项行业论坛或联盟，借助平台力量，加大版权输出。

4. 加强翻译人才培训，提高内容质量

好的译者可以是优秀作品的宣讲者，甚至还能赋予作品新生。我国出版业在加大版权贸易的过程中，其作品的国际竞争力、市场吸引力与翻译质量密不可分。要努力凝聚了解中国文化的海外汉学家、译者，加强培养高级翻译人才，使作品以地道的本土语言及表达方式进入本地主流营销渠道，实现作品在海外市场的本土化。刘慈欣的作品《三体》系列已向多个国家实现输出并落地，其销量、版税收入都使许多输出图书望尘莫及，与作品高质量的翻译密不可分。

5. 选准合作伙伴，互惠互利、合作共赢

版权贸易的活跃、市场对作品的广泛认可，不单是版权输出方的作用，也是版权引入方的功劳。我国出版机构在向"一带一路"沿线国家版权输出时，要选择专业对口、实力相当的合作伙伴，强强联合、互惠互利，通过输出方的内容优势、引入方的渠道宣传推广优势，实现共赢的市场效果。比如人民教育出版社在进入俄罗斯市场时，选择了俄罗斯教育出版社进行合作，双方就《跟我学汉语》系列进行版权贸易，俄罗斯教育出版社的教材市场占有率在俄罗斯全国为80%左右，为产品迅速占领市场铺平了道路。

6. 加大市场评估，持续优化调整，实现可持续发展。

"一带一路"倡议，是我国与沿线国家长期开放包容、合作共赢的一项长期国际交流合作意愿，是长期的、可持续发展的过程。各个出版机构在版权贸易过程中，要加大对后期海外市场销售情况的关注与跟踪，加大市场评估与动向反馈。根据海外市场的实际喜好需求，相应地调整版权输出的类型与内容，少而精，循序渐进地加大合作广度、深度与力度。通过持续优化调整，来更清晰地把

握海外市场需求，对应提供精品内容，实现版权贸易在数量与质量上的齐头并进，促进版权双方的互联互通、合作共赢。

总结与展望

（一）研究结论

本课题通过实证数据分析、典型案例分析、特征归纳与共同要素提炼、模型构建与发展策略等环节，完成了全部研究内容。由理论到实践、由宏观到微观，有数据支撑、有案例剖析，有现状阐述，有学理总结，实现了最初虚实结合的研究构想。由虚的理论应用到实的数据与现状，再由实的案例归纳到虚的共同特征、作用机理与共性要素，最后在共同特征、共性要素构建的基础上，构建版权贸易商业模型，进行模型说明，并据此提出发展策略。

研究结论集中在以下几个方面：

1. 近十年来，我国出版版权贸易整体形势向好，取得了明显成效。从最初明显的贸易逆差，过渡到逆差缩小，最后实现版权贸易平衡与小幅的顺差。

2. 近十年来，我国与"一带一路"沿线国家出版版权贸易整体呈现顺差态势。其中，我国向部分国家和地区的版权输出实现了数倍增长，历经了初期发展、"十三五"期间井喷、后疫情时代回落三个阶段的发展过程。从国别来看，版权贸易顺差结果与两国关系基本呈现正向的关系，足以说明政治互信、文化认同是出版版权贸易活动频繁的根基与土壤。例如，俄罗斯是我国版权引进较少、版权输出较多的国家，贸易顺差最为明显；新加坡是我国版权引进变化不大、版权输出近三年较为明显的国家，贸易顺差处于中位；韩国是我国版权引进逐年降低、版权输出近三年略有提升的国家，最终是贸易平衡的状态。

3. 近十年来，我国出版版权贸易项目与政策，多数是以先期资助为主。只有"版权输出奖励计划"例外，是出版之后的后期资助。从资助范围及影响来看，资助已经对各大出版机构版权输出产生了很强的吸引力，每年的申报单位比较多，起到了一定的物质奖励与精神鼓励的作用。从资助效果来看，不少版权输出停留在先期阶段，后续的市场追踪与销量并不出众，有5%的优秀项目其市场反响与销量良好。出版社则是从各个品类选择了1—3家代表性机构，进行出版著作、输出效果等的探索与总结。

4. 近十年来，我国出版版权贸易活动呈现百花齐放的发展势头，主题多样化、主体多元，在政府大力支持下，实现了全员参与的局面。版权输出主题多元，有主题出版、传统文化出版、文学作品、语言词典等几大类；主体多元，有政府机构、行业组织、出版单位、文化科技单位等；模式多元，有中外互译项目、海外主题编辑部、海外分支机构、专项出版合作项目等。但也存在内容质量有待提升、精品输出不够、输出持续性的市场效果不理想等问题。

5. 通过数据、案例等分析，剖析出版版权贸易的作用机理是在政治互信、文化认同前提下，汇集两国政治经济文化领域比较优势、聚焦特色资源而开展的文化交流、信息共享、合作共赢的活动过程。因此，从可持续发展角度来看，要构建"政府—行业—企业"三位一体的版权贸易模型，由政府层面加大政治互信的作用力度，开展战略合作意向的引导、版权贸易资助政策等宏观环境的优化，从行业联盟层面加大信息交流，提供更通畅的信息交流平台与合作机会的搭建；从企业层面集中特色优势，针对目标国家或地区开展精品内容打造与输出，有力推动版权贸易活动深入开展。

6. 从发展策略上来看，要加大需求的把握、特色的凝练、翻译人才的培养、市场效果的评估等，确保版权贸易的数量与质量，实现较好的市场效果，并不断优化、可持续发展。

（二）展望

为更好地观测"一带一路"倡议对于我国版权贸易的推动作用，接续的研究应该进一步细化，针对"一带一路"沿线国家进行区域细分，从若干属性类似的区域，来调查追踪实际的版权输出或引进的效果，从而更准确地把握市场动态、实现更精准的内容投放。同时，可以加大数据的追踪对比，比如对比"十四五"期间与"十三五"期间版权贸易的变化幅度，从而形成政策对于版权贸易实践的影响因子观测，从定量上测评影响效果与市场效果，则效果更佳。

课题负责人：谢丹
课题组成员：张立　刘玉琴　胡学亮　陈霞玲
承担单位：北京印刷学院

数字版权与文化金融创新研究
——国家文创实验区文化金融服务中心实践

张元林*

摘要： 文化繁荣是国家社会发展进步的主要标志之一，文化产业是推动文化繁荣和文化影响力扩散的主要力量，壮大文化产业离不开金融工具的有力支持。在文化产业发展过程中，需要积极研究金融工具和金融创新，并推动与文化产业深入融合。北京朝阳国家文化产业创新实验区自成立以来，为区内文化企业提供了有力的政策扶持，并通过设立文化金融服务中心，在文化企业股权融资、银行借贷、上市并购等领域提供直接帮助。随着区块链技术应用成熟及国家数字经济、数据要素等产业政策相继落地，数字版权已经开始在文化企业发展和文化金融服务中展现出巨大潜力。本文从文化金融和数字版权现状及发展趋势切入，以数字版权公共服务平台的构建为核心，对数字版权助力文化金融的必要性、可行性及未来潜力进行论述，提出数字版权将成为文化产业除股权、债权外的关键性金融支持工具。

关键词： 数字版权；文化金融；模式创新

北京朝阳国家文化产业创新实验区是2014年7月，为深入贯彻落实党的十八大、十八届三中全会和习近平总书记系列重要讲话特别是视察北京重要讲话精神，围绕首都"四个中心"城市战略定位，文化部和北京市采取部市战略合作的方式，以"北京商务中心区（CBD）—定福庄国际传媒产业走廊"一带为核心承载区，共同推动设立的全国首个国家文化产业创新实验区。国家文创实验区成立以来，以制度创新为着力点，大胆实践，先行先试，改革创新，致力于提升首都文化产业规模化、集约化、专业化发展水平，服务北京经济社会转型升级，服务京津冀区域协同发展，服务首都"全国文化中心"建设，为全国文化产业创新发展探索路径和作出示范。

国家文化产业创新实验区成立以来，区内文化产业发展活力持续释放，产业发展质量稳步提升，各项指标不断攀升。企业数量方面，截至2020年，实验区登记注册文化企业达到3.48万家，新增1.88万家，文化市场保持了繁荣活跃的状

---

* 张元林，北京京朝文金企业管理服务中心（有限合伙）总经理，本课题组组长。

态；文化产业园区发展方面，实验区现有59家文化产业园区，新增园区39家，主要是老旧厂房等存量空间的转型利用，"腾笼换鸟"成果丰硕；上市企业方面，区域内有上市挂牌企业52家，新增48家。2015—2019年，实验区内文化企业累计实现税费收入272.41亿元。2019年，1111家规模以上文化企业实现收入1362.2亿元，同比增长7.5%，占朝阳区文化产业收入的50.4%，约占北京市10%，占全国的1.2%。2020年1—9月，实验区规模以上文化企业实现收入686.9亿元。区域内汇聚了200余家高新技术企业，掌阅科技、宣亚国际等52家上市（挂牌）企业，得到App、太合音乐等5家文化类独角兽企业，以及万达文化等164家文化类总部企业，其中外资文化总部企业92家，实验区引领全国文化产业创新发展成效显著。

在国家文化产业创新实验区的带动下，截至2020年，朝阳区登记注册文化企业达到6.8万家，其中规模以上文化企业1999家，占全市的38%，占全国的3.3%，注册企业数、规上企业数均居全市首位。2019年，朝阳区规模以上文化企业实现收入2703亿元。目前，在朝阳区汇聚了76家上市（挂牌）文化企业，聚集了阿里文娱等253家文化企业总部，其中外资文化总部企业127家，掌阅科技、华韵尚德等16家企业和10个项目被认定为2019—2020年度国家文化出口重点企业和重点项目，数量分别占全市的40%和56%，成为全国文化品牌企业总部基地。

六年多来，国家文化产业创新实验区在文化金融融合发展上始终坚持"搭建体系、务求实效"两手抓两手硬，努力突破体制机制障碍，扎实解决企业融资困难。经过不断的探索，建设形成了"依托两大载体、提供两个支撑、形成两个闭环、满足两类需求"的文化金融服务模式，逐步构建起多层次、多渠道、宽领域的文化金融服务创新体系，积极助力文化金融"北京模式"创新发展。一是2016年8月率先发起成立全国首个文化企业信用促进会，打造"信用评级、快捷担保、见保即贷、贴息贴保"信用融资服务闭环。四年来，累计为朝阳区748家文化企业提供贷款融资149.34亿元，降低企业融资成本近1/3，其中银行贷款平均利息从5%左右降至3%左右，担保费用从2%左右降至1%左右，企业获得融资服务的平均工作周期缩短为30天。二是2018年8月建成北京市首个文化金融服务中心，形成"创业孵化、风险投资、投贷联动、上市培育、政策支持"的股权融资服务闭环，通过放大社会资本、金融杠杆撬动作用，推动"政策+金融"产业促进机制发挥效力。同时与北京市"投贷奖""房租通"等政策进行市区联动和叠加，进一步放大引导作用。三是设立北京市首只区级文化产业发展基金，投资了一批文化精品项目，引导社会资本助力文化产业发展。

随着产业环境变化和新技术新模式的加速涌现，文化金融的工具与方法也在不断发生深刻变化。2020年11月，文化和旅游部发布了《关于推动数字文化产业高质量发展的意见》，提出"促进文化产业与数字经济、实体经济深度融合""扩大优质数字文化产品供给，促进消费升级，推动数字文化产业高质量发展"。文化产业的数字化浪潮已经来临。当前以信息技术为代表的新科技飞速发展，不断催生新的产品形态和消费场景，作为精神产品生产消费产业，文化产业与科技的联系最为紧密，受科技影响最为显著，特别是虚拟现实、混合现实、数字孪生、人工智能、区块链、高速通信、互联网等新技术与文化产业的深度融合，有可能深刻变革传统的文化生产消费方式，带来产业范式的演变颠覆，一个代表未来趋势的新兴数字文化产业正在加速形成和高速成长。作为服务于文化产业的文化金融服务，必须也理应在数字化认知、数字化工具和数字化实务上跟上文化产业数字化的趋势，走向文化金融的数字化。

在文化金融业务中，股权和债权是服务文化企业金融需求最主要的手段与方式，此外，文化金融也针对文化企业的核心资产和业务载体——版权进行过很多业务创新探索，希望在版权金融上取得突破。但是长期以来，版权产业仍然停留在保护维权的困境中难以突围，版权作为企业核心资产的价值并未得到充分释放，常规版权运营手段贫乏、效率不高，国家大力扶持、产业热烈期待的版权金融也无从入手。据国家版权局《中国网络版权产业发展报告（2020）》统计，2020年，我国包括网文、新闻、游戏、动漫、音乐、视频等在内的网络版权产业市场规模达到11,847.3亿元，比上年同期增长23.6%。在文化产业大发展和互联网技术进步等多重因素推动下，以版权的开发、销售、使用、再授权等为主体的版权产业已经发展成为规模庞大、市场活跃的国民经济支柱性产业，随着NFT、数字藏品等技术与模式的广泛探索，版权作为文化企业的核心资产和业务载体，其开发和运营价值进一步凸显。国家"十四五"规划纲要提出，充分发挥区块链在促进数据共享、优化业务流程、降低运营成本、提升协同效率、建设可信体系等方面的作用，到2023年年底形成一批可复制、可推广的区块链创新应用典型案例和做法经验。随着信息技术特别是区块链等技术的不断发展，版权产业运营水平低下的现状有望得到根本改变，版权金融也有可能借助新的技术基础设施实现在模式和机制上的新突破。

因此，本研究课题拟以新技术条件下文化金融服务的数字化为问题对象，重点选取版权作为文化金融数字化服务升级的突破口，充分论证基于新技术的数字版权服务的必要性和数字版权金融的实现机制，提出平台建设的可行性方案并进行原型开发，并对潜在风险与问题进行分析，对未来进一步完善数字文化金融机制提出展望，以完善文化金融服务中心服务体系，推动实验区文化产业高质量发展。

一、数字金融

（一）数字金融定义及发展趋势

数字金融（Digital Finance）的概念是在近年来互联网技术和金融的结合中演化形成的。一方面，新商业模式和技术创新为金融提供了更多的解决方案，市场要求金融行业提供更便捷、更智能、成本更低的金融服务；另一方面，以人工智能、大数据、云计算、区块链、物联网为代表的技术发展使得大量数据得以生成、收集、管理和共享，数字时代的到来深刻改变了传统金融的业务模式。一般而言，数字金融泛指传统金融机构与互联网利用数字技术实现融资、支付、投资和其他新型金融业务模式，是金融业数字化的总称。

数字金融与"互联网金融""金融科技"等概念既有类似又有侧重上的不同。相比于数字金融，"金融科技"的重心在于"科技"，其重点是通过科技赋能金融，强调通过技术手段推动金融创新，从而形成对金融市场、机构以及金融服务产生重大影响的商业模式等。而根据中国人民银行给出的定义，"互联网金融"指的是传统金融机构与互联网企业利用互联网技术和信息通信技术实现资金融通、支付、投资和信息中介服务的新型金融业务模式。总体而言，数字金融概念涵盖面更为广泛，并且更加偏向"金融"，其目的是通过对数字技术的使用，使金融体系更具包容性。

数字金融是在传统金融基础上依托数字技术衍生的新业态，并伴随技术、社会的发展而不断创新发展。展望未来，业界和学界普遍认为，数字金融领域以下几个重要发展方向值得关注。一是从普惠功能向宏观功能发展。当前，数字金融的热点依然主要集中在普惠领域，未来随着金融科技的发展，数字金融将在推动中国经济可持续发展上发挥更突出的作用。二是从面向个人向面向产业转变。2004年支付宝账户体系上线被视为中国数字金融的起点，从这一点可以得见，直接面向个体的金融业务一直是数字金融的主要领域，而随着产业数字化的加快发展，数字金融越来越在直接赋能产业业务上带来更多创新。在国内国际双循环发展格局下，数字金融模式创新将由消费金融向产业金融迁移，小微金融、供应链金融及"三农"金融等领域，将成为数字金融商业模式创新的主阵地。三是从境内向境外发展。当前，我国数字金融的创新主要集中在境内业务，随着人民币国际化，资本项目跨境流动更加活跃，数字金融将在这一过程中持续创新和发展。四是数字金融监管体系不断完善。一直以来，数字金融的发展步伐始终要快于改革和监管体系建设，为了更好地有序推进数字金融发展，监管缺失、规则不清晰等问题已经成为数字金融发展的制约。目前，中国金融科技行业已经从早期的野蛮生长转变到了监管覆盖、持牌上市，未来，金融监管部门将强化监管、顺应数字金融发展的监管需求。五是数字金融信息安全成为焦点。数据是数字金融发展的核心要素。金融数据更是事关国家经济安全的重要战略资源。近年来，随着政府、社会信息安全意识的不断提高，数据信息安全问题受到重视，成为数字金融发展中的关键环节。

（二）国内外典型数字金融模式

数字金融在金融数据和数字技术双轮驱动下，金融业要素资源实现网络化共享、集约化整合、精准化匹配，进入了英国演化经济学家卡萝塔·佩蕾丝提出的"技术—经济范式"的金融与经济协同发展阶段，推动数字经济和实体经济深度融合，实现金融业高质量发展。当前，数字金融业务模式和业态在不断进化之中，目前主要包括数字支付、数字货币、数字证券、数字保险、数字理财、数字信贷、智能投顾等金融业态。

数字支付是电子支付的重要内容，是现代支付体系的最新主导力量之一和最主要的创新方向。所谓数字支付，主要是指借助计算机、智能设备等硬件设施和通信技术、人工智能和信息安全等数字技术实现的数字化支付方式。当前，我国数字支付呈现从线上到线下、从 PC 端向移动端、从 C 端向 B 端的扩展迁移，支付机构的竞争正在从流量争夺转向场景战争。近年来，我国移动支付交易规模连续多年居全球首位、数字支付用户规模持续增长。截至 2020 年 6 月，我国网络支付用户规模达 8.05 亿。与中国市场相比，美国在移动支付方面还存在巨大发展空间。

数字货币是指对货币进行数字化。数字货币是以国家信用作为基础发行的货币，是货币的一种形态。近年来，随着网络技术和数字经济蓬勃发展，人们对零售支付便捷性、安全性、普惠性、隐私性等方面的需求日益增强，不少国家和地区的中央银行或货币当局积极探索法定货币的数字化形态，全球央行数字货币研发进入加速期。2019年7月8日，国务院正式批准中国人民银行数字货币的研发，中国人民银行加快推进法定数字货币的研发步伐。数字人民币是由中国人民银行发行的数字形式的法定货币，是人民币的电子版。如果把微信支付和支付宝第三方支付平台等金融基础设施，视为"钱包"；数字人民币是支付工具，是"钱包"的内容。从投资项目上来看，区块链和加密货币领域是近年来美国金融科技的热点，以2020年区块链和加密货币领域前十大融资项目为例，就有4家位于美国。

数字证券是数字经济条件下证券业务的创新。证券领域数字金融参与者主要包括以下几类，一是大型综合类券商通过自建团队、合作开发等方式，发展互联网证券业务；二是以线上业务为主的纯互联网券商，主打流量运营；三是从其他领域切入证券业务的互联网企业，以互联网平台为基础专注产品开发，提供一站式服务。从国内外发展情况来看，国内多数证券公司的金融科技应用多停留在系统建设表层，通过数字技术提供并优化远程开户、在线交易、智能投顾、智能客服等服务，但与境外领先机构相比数字技术的应用水平仍存在较大差距。当前，金融科技广泛应用于证券行业经纪交易等标准化业务上，在投行、合规风控等依赖人力和经验的业务上尚未大规模应用，而外资投行摩根大通、花旗集团积极探索数字技术在财富管理、支付与结算、数据分析、合规监管、数字货币等领域的应用并取得积极成效。

数字保险指的是保险行业运用互联网渠道和数字技术，充分了解客户的需求痛点，实现保险业务咨询线上化、产品定制化、定价精准化、运营自主化、销售场景化、风控智能化，打造数字化转型服务闭环，建立一个整合企业业务流、数据流、产品流的生态解决方案。2019年，随着技术渗透和模式变革在保险产业链的深化，保险行业以数字化转型来寻求全新的盈利增长点，我国数字保险已经由第一阶段"互联网保险"，全面转入第二阶段"科技赋能"，通过运用云计算、大数据、AI、区块链、IoT等数字技术，实现产品设计、营销与分销、核保与承保、理赔与服务、资产管理等环节数字化转型，重塑保险服务价值链。此外，随着监管层《互联网保险业务监管办法》等文件的颁布出台，立体化的数字保险制度体系逐步构建。

二、文化金融

（一）文化产业、文化企业的发展趋势

文化产业的资源消耗低、环境污染少、科技含量高，具有低碳经济、绿色经济的特点，被视为国民经济转型升级和提质增效的有力支撑。当前，文化产业正深入融合到国民经济的大循环中，成为新常态下促进经济转型升级的新动力。

党的二十大报告提出，繁荣发展文化事业和文化产业。立足当前，展望未来，我国文化产业和文化企业呈现以下发展趋势：

1. 产业规模不断壮大，市场主体更加活跃。近些年来，我国文化及相关产业增加值增长速度较快，产业规模持续增长，朝着国民经济支柱性产业的目标不断迈进。国家统计局数据显示，十年来，我国文化产业增加值从2012年的18,071亿元增长到2020年的44,945亿元，年均增速12.1%，占同期GDP的比重从3.36%上升到4.43%。文化产业的市场化发展和市场体系的构建离不开市场主体，近些年来，文化及相关产业规模以上企业总体数量呈现稳步增长的态势，成为推动文化产业实现较快发展的主体力量，有力支撑了我国文化产业的发展。数据显示，2012年到2022年，全国规模以上文化企业数量从3.6万家增长到了6.5万家，年营业收入从5.6万亿元增长到11.9万亿元。

2. "文化+"不断深入，文化产业积极拥抱数字化。当前，文化产业新业态蓬勃发展，产业间边界日趋模糊。2014年，国务院出台《关于推进文化创意和设计服务与相关产业融合发展的若干意见》，为推动文化产业与相关产业融合发展装上加速器。目前，文化产品和服务的生产、传播和消费的数字化、网络化进程加快，"互联网+文化"成为文化产业发展的重要趋势。国家统计局数据显示，2021年，在全国规模以上文化及相关产业中，数字文化新业态特征较为明显的16个行业小类实现营业收入39,623亿元，比上年增长18.9%；两年平均增长20.5%，高于文化企业平均水平11.6个百分点；占文化企业营业收入的比重为33.3%，比上年提高0.8个百分点。从2020年"推动数字文化产业高质量发展"的提出，到2021年"实施文化产业数字化战略"被写入"十四五"规划，再到2022年5月中共中央办公厅、国务院办公厅印发《关于推进实施国家文化数字化战略的意见》，数字文化产业的重要性不断凸显。

3. 文化政策引领作用凸显，现代公共文化服务体系日趋完善。近些年，中央和国务院进一步加大对文化产业政策的扶持力度，制定出台了一系列针对性强、含金量高的政策文件，综合改革效果突出。据不完全统计，从2012年到2017年重点的78项文化政策制定主体来看，除了文化部制定的15项政策，其他部门单独出台政策较少，而由国务院及各部委联合发布的政策则达到63项，政策内容涉及文化消费、知识产权建设、数字创意产业、市场监管、对外文化贸易、文化法律法规等各个领域，呈现出较强的综合性特点与部门合作发展特点。

4. 文化产业投融资体系不断完善，产业投资主体日益多元。我国文化产业投资规模持续扩大，政策性、开发性金融支持力度持续加大，政府与社会资本合作模式、地方政府专项债券等政策工具在文化和旅游领域得到有效推广和应用。文化产品进出口连续多年保持顺差，出入境旅游取得大幅跨越。2021年，我国对外文化贸易额首次突破2000亿美元。文化产业和旅游产业博览会等平台作用不断凸显，国家对外文化贸易基地建设持续推进，更多优质文化和旅游企业走出国门。后疫情时期，文化和旅游部会同相关部门出台了《关于促进服务业领域困难行业恢复发展的若干政策》及系列金融支持文化和旅游行业恢复发展的政策，同时持续推动减税降费、稳岗就业等纾困政策在文化和旅游领域落细落实，文化金融对于纾解中小微型文化产业资金压力、扶持文化产业发展具有重要意义。

（二）文化金融行业现状与创新

文化和金融的融合催生了文化金融。文化金融是指基于文化产业的金融活动及相关体系。作为一种新的业态，文化金融不是简单意义上的文化产业与金融业的融合，而是指在文化资源资产化、产业化发展过程中的理论创新架构体系、金融化过程与运作体系、以文化价值链构建为核心的产业形态体系及服务与支撑体系等形成的系统活动过程的总和。

目前，我国已初步形成有一定覆盖面和支撑力的文化金融服务体系。文化金融发展支持了文化企业成长壮大，促进了文化企业规范治理，推动了文化创新创造。文化产业在与资本共舞中实现了新的嬗变，金融资本在与文化资源融合过程中也拓展了更加广阔的价值空间。

1. 文化金融政策不断健全完善。2009年，《关于金融支持文化出口的指导意见》出台，作为我国第一个具有专门政策性质的文化金融政策文件，首次在国家战略层面较为完整地规定了金融支持文化产业的内容。2010年，我国第一个国家层面的文化金融专门战略性政策文件《关于金融支持文化产业振兴和发展繁荣的指导意见》出台。2020年，《关于加强金融支持文化产业健康发展的若干措施》印发。从零星散见到主题聚焦，我国文化金融政策不断发展完善，形成了以专门政策为主干、地方政策完善配套的政策体系，政策工具不断丰富与系统化。如今，文化金融政策推动文化产业和金融业全面对接，形成了多层次、多渠道、多元化的文化产业投融资体系。

2. 文化金融产品和机构专业化程度不断加强。一方面，金融机构参与文化产业投资的参与度、频次加深，很多银行成立突出文化产业特色的支行、专营支行。如2013年杭州银行设立全国首家文创金融专营机构。目前，北京银行、民生银行都有专营机构用以服务文化产业。此外，文化主题基金、文化担保公司和文化产权交易所等也在加速发展。另一方面，在文化金融产品创新上，既有以文化企业信用为基础设计的，还有以文化资产、企业收益权等为基础设计的，如创意贷、影视通宝、文保同等银行产品和影院收入、主题公园收入等资产证券化产品等，文化金融创新实践不断涌现。这些文化信贷专营机构、专属产品，促进了文化金融专业化水平提升和文化金融的快速发展。

3. 文化产业投融资市场发展快速，有力地支持了文化产业创新与产业链升级。2013年以来，21家主要银行文化产业贷款余额平均增长率达到16.67%，高于同期人民币贷款余额增长率2.98个百分点。此外，在我国私募股权投资快速发展的进程中，一批文化产业主题投资基金也相继成立，在发展最快的2016年，当年备案的文化基金数量达206只，股权投资基金成为多层次文化资本市场的一支重要力量。与此同时，文化企业上市提速，仅2010年就有16家文化企业在境内外资本市场上市，创年度上市数量新高。2011年底到2012年又有9家国有文化企业在A股上市，加快了国有文化资产证券化进程。2015—2017年，文化企业迎来新一轮上市潮，其中影视公司备受各方关注。"新三板"推出后，文化企业逐步掀起了挂牌热潮。2018年以后，文化企业信贷融资继续保持较稳定发展，但股权融资热度有所下降。受部分行业监管加强、局部过热泡沫消化，以及"资管新规"出台、"新三板"流动性不足等金融市场整体环境影响，文化类股权投资基金新设数量大幅减少，文化企业"新三板"挂牌数量缩减，上市数量也出现下滑，文化金融市场在结构调整中继续前行。

（三）文化金融面临的问题与挑战

经过十多年的发展，我国文化金融产业发展快速，初步形成完整的文化金融扶持体系和一批专业的文化金融机构。但整体来看，我国文化金融发展水平还不高，发展不充分、不平衡的问题仍然存在。加快文化金融依然面临挑战：

一是以政府为主导和主要推动力，市场参与度相对不足。我国文化金融产业在诞生之初，就与政策引导密不可分。当前，我国通过政策引导、组织推动、政策优惠、资金支持等举措，初步形成了一套自上而下的文化金融扶持体系。整体来看，文化产业是各个产业门类中为数不多的获得密集金融政策支持的领域。我国文化体制改革是在政府主导下进行的，文化产业起步晚、底子薄，因此，文化金融发展中政府的积极作为有其现实必要性。但是与此同时，文化金融活动实质上是一种以资金供求形式表现出来的市场化的文化资源优化配置过程，因此政府作用的发挥需要以使市场在资源配置中起决定性作用为前提，以提高政策效能，避免政策空转，甚至引起政策"负能"。只有实现市场和政府作用的有机结合，才能推动文化金融健康发展。

二是原创性创新不足。金融创新是金融发展的动力源泉。金融创新与文化创新结合而来的文化金融创新，是金融创新的深化，也是文化创新的延伸，更是推动文化金融发展的重要动力。目前，文化金融创新除了机构创新、产品创新外，还出现了以众筹为典型代表的互联网金融创新。但是总体来看，目前已开展的文化金融创新主要仍表现为拓展型创新、模仿型创新和整合型创新，原创型创新还较少，在立足文化产业本身特性上的创新还不足，对文化金融内在规律与发展机制的认识还有待进一步深化。如在文化保险领域，不少文化产业保险产品都是"新瓶装旧酒"，产品的专业化和系统化水平还需提升。

三是具有高风险性。文化金融派生和服务于文化产业。作为一种满足消费者精神需求的产品，文化产品消费具有需求弹性高、主观性、易变性和多样性等特点，对文化产品的娱乐价值、文化价值和市场反应也往往难以准确预估和评判。因此，文化产品的收益本身具有很高的不确定性。这也加大了派生于此的文化金融产品的风险性。另外，文化消费与人民群众日常生活息息相关，关注度高、影响力大，容易受到资本追捧和热钱进出，这也放大了文化金融的风险。

四是体制机制障碍制约了发展。整体来看，我国文化企业依然存在融资渠道狭窄、融资金额有限等问题，企业发展主要依靠自身积累。从体制机制方面来看，文化产业具有经济和意识形态双重属性，政府部门往往对其实行特别而密集的管制政策，以保证其在特定政治和文化背景下的社会效益，因此，长期以来，文化产业依循计划经济下的路径依赖前行，市场化程度不高，相关改革不够深入，导致一些核心资源难以进入市场，文化和金融"两张皮"，给金融资本的进入和金融产品的创新带来了阻碍。

三、数字版权

（一）版权及其数字化

版权是文化产业的主要成果与核心资产，版权数字化即文化产业的主要成果与核心资产的数字化。

版权产业具备数字化天然优势，具有巨大的数字衍生价值。近年来，受数字化转型影响，版权产业领域的内容创造、交易模式与管理等与科技进一步深度结合，以人工智能、大数据、区块链和云计算为代表的新技术，影响和改变着传统版权行业的创作、流通、交易、管理、服务等全链条，拓展了新兴的版权产业市场。

从对应的作品类型来看，版权数字化有两种模式，一是传统作品的数字化，将纸质版书籍转化为电子书；二是原生的数字作品，如以数字化方式生产制作的软件、游戏等。数字版权产业的盈利模式以会员付费、版权运营与广告组成，用户付费模式多元化、付费规模总量不断提升。总体来看，版权行业数字化发展呈现出以下特点。

1. 版权行业数字化规模不断扩大。版权产业以知识信息为基础，存在客体多样性的特点，具备产业数字化的天然优势。如今，在新闻和文学作品，音乐、戏剧作品和歌剧，电影和视频，广播和电视等核心版权产业，已经普遍进入了深度数字化阶段。在技术推动下，各类新型版权产品层出不穷，网络文学、短视频、视频直播等极大丰富了数字版权的形式。据中国新闻出版研究院发布的《2022—2023中国数字出版产业年度报告》：2022年，我国数字出版产业总收入达到13586.99亿元，比上年增加6.46%。其中，互联网期刊收入29.51亿元，电子书69亿元，数字报纸（不含手机报）6.4亿元，博客类应用132.08亿元，网络动漫330.94亿元，移动出版（仅包括移动阅读）463.52亿元，网络游戏2658.84亿元，在线教育2620亿元，互联网广告达6639.2亿元，数字音乐达637.5亿元。有预测数据显示，到2030年，90%的图书都将是数字版本。2021年，我国数字阅读产业总体规模达415.7亿元人民币，增长率达18.23%，人均电子阅读量为11.58本。从全球来看，2020年，我国流媒体音乐收入达到134亿美元，占全球录制音乐总收入的62.1%。

此外，近年来，视觉和美术艺术作品的数字化之路也在加速开启，如以NFT

形式为代表的版权数字化产品备受海内外关注。与此同时，随着新技术的快速发展，大量图片、文字、视频、音频等也以数字化形式加快传播，由于侵权行为的隐秘、类型的多样，加之权利归属难以确定、侵权证据容易灭失、侵权后果难以界定，也带来了更为隐蔽的数字侵权问题。

2. 数字版权产业保护体系逐步完善。数字版权产业在近年的发展中，随着多方主体的参与和加入，形成产业形态不断发展完善、产业链条越发明晰、产业模式逐步稳定的发展特点。

随着政策和市场的助推和发展，数字版权产业中的数字版权管理体系趋于稳定，形成以国家版权局为主导、以法律法规为防线的版权管理体系。在法律体系方面，《中华人民共和国著作权法》《信息网络传播权保护条例》《互联网著作权行政保护办法》等法律法规中涉及了对数字版权作品的相关司法解释及法律规定。其中，2020年最新修订的著作权法中增设了对视听作品、信息网络传播权和著作权集体管理组织的补充说明和规定，意味着我国的数字版权产业的法律保护体系日渐完善，提升了对新媒体数字版权作品的保护力度和集体管理组织的管理规范，从而促进数字版权产业整体的健康发展。

3. 版权产业数字化带来了更为多样的内容创作主体、产业经济和范围经济特征更为凸显。内容创作是版权产业发展的核心，在数字技术的助力下，版权的创作方式到创作内容发生了巨大改变，如今，内容创作不仅突破了时间、空间和介质的限制，也不再是作家、艺术家等专业群体的专属，带来了权利主体的极大多元化。此外，版权产业以内容创作和运营为核心。随着数字化转型带来的版权内容创作与传播方式的改变，版权创作呈现原始成本高、边际成本低的特点，版权产业规模和范围经济特征更加显著。随着数字技术影响的不断加深，版权消费也发生了深刻改变，随着版权产业数字化的不断深入，消费者的版权消费也在从固定化向碎片化转变，由大众化向定制化、个性化转变等。

（二）数字版权服务平台

1. 数字版权服务平台的必要性分析

当前，随着数字内容的极大丰富，数字版权发展面临诸多新的挑战。建设数字版权服务平台，能够规范数字作品交易、传播和使用的市场秩序，推动数字版权市场更好更快发展。

一是数字版权确权存在难题。数字技术便利了版权创作，带来了数字版权形式的多样化和权利主体的多元化，但也带来了著作权权属确认的复杂性。每个人都可以成为版权人去创造网络作品，也可以通过互联网来获取各种版权内容，与此同时，我国著作权制度遵守"自动取得"与"自愿登记"原则，传统的"著作权登记"存在费用高、耗时长的问题。以中国版权保护中心推出的版权数字登记为例，完成版权登记需要30个工作日。程序多、费用高、时间长导致不少创作人选择不登记，加大了确权难度。作品的快速创作和使用频率的增加，造成了传统版权的管理模式难以适应数字版权产业发展需要的局面。此外，在数字化环境中，数字版权流转速度快，权利人频繁变更，一般而言，数字版权本身又具有易复制、易篡改的特点，进一步增加了权属确认的难度。

二是数字版权存在收益难、侵权取证难问题。从传统的版权收益机制来看，存在收费价格低、收费周期长等问题，缺乏相应的纠纷解决机制。与此同时，数字版权侵权存在取证难问题。数字版权容易被修改和篡改，并且证据容易出现灭失，对数字版权侵权案件的取证，一般需要通过公证处进行公证取证，不仅时间花费多，而且成本花费高，加大了权利人的取证难度和侵权执法成本。尽管目前的数字版权管理模式拥有了一定的技术手段来应对版权盗版问题，但对于版权内容规范、暗网侵权技术、视频搬运和视频剪辑等问题，仍不能有效解决。同时，数字版权保护管理软件使用的复杂性也为合法消费用户带来了困扰。

三是数字侵权存在获赔额度难以确定的问题。根据我国著作权法，在实务中，版权侵权损害赔偿的认定一般有三个层次，分别为权利人实际损失、侵权人违法所得和法院根据侵权的行为的情节做出法定赔偿。在网络环境中，数字版权存在侵权传播途径多、速度快且隐蔽等特点，对权利人的实际损失或者违法所得不仅存在认定困难，权利人也很难对自己的损失进行举证。总之，数字版权产品的产生给数字版权管理提出了更高的准确性、便利性、时效性、主动性等要求，而目前的数字版权管理具有集中许可和中心化版权管理的特征，不能满足多元化、碎片化、个性化的版权许可要求，著作权集体管理制度也有透明度不足的问题。

综上所述，随着版权产业数字化进程的加快，版权领域面临的挑战主要是由技术发展带来的，传统版权制度难以有效解决，亟须通过新的技术手段应对数字版权领域的技术困境，为数字版权保护提供登记确权、授权交易、监测维权等全链路的管理与保护。

2. 数字版权服务平台的可行性分析

近年来，基于新技术的数字版权服务与管理平台的实务实践不断出现。从这些创新案例中可以看到，数字技术在版权服务中的应用，有效降低了交易成本、优化了交易模式、扩大了交易规模，促进了版权交易。当前，区块链技术已经迈进3.0时代，通过去中心化互信网络与去中心化互信机制的建立，深刻影响和推动着更大的产业变革。而随着区块链技术的不断成熟和应用，在数字版权保护领域，区块链已成为一种强有力的技术支撑。中国版权保护中心自2015年起开始探索区块链技术在数字版权唯一标识（DCI）系统中的应用，2019年联合了国内多家头部互联网平台成立DCI标准联盟链。2020年1月，科技部正式批复国家重点研发计划"区块链技术用于数字产品知识产权保护与服务"专项。区块链已然成为数字版权管理最有潜力和被看好的研究方向之一。

一是可有效解决数字版权登记确权问题。目前，数字版权登记方式主要有作者或代理方到版权保护中心，提供作者及作品相关信息对作品进行登记备案两种方式。这些方式都需要人工办理相关手续，并且时间周期相对较长。随着数字作品数量的不断增长，以人工为主的传统登记方式已经无法满足业务需求。利用区块链的分布式数据存储，共识机制和"时间戳"技术等，可以准确、及时、完整地记录数字版权从产生、使用、交易、许可和转让等一系列过程，有效解决数字版权确权难题。作为去中心化存储机构账本的区块链具有较高的安全性，由于区块链技术的去中心化数据存储特点，每个区块节点都具备单独的存储备份功能，并且其区块的时间戳是制作数字签名时认证机构服务器上的时间，具有不可篡改性。因此，借助区块链技术，即使作品经过了复杂的流转过程，但是每一环节都被准确记录，可以有效解决数字版权登记确权难题。如在实务层面，杭州互联网法院在探索网络文学、网络作家"上链"，实现"登记即确权"。

二是解决数字版权交易难题。数字版权的授权、开发和使用与变现往往关系密切，在现实情况下，出版机构及其他内容发行方往往通过一次打包的形式获得版权人的相关作品，版权人由于在互联网中处于弱势地位，往往难以实现对授权后作品使用情况的追查与维护，授权后不可控的问题成为当下数字版权保护的痛点和难题。区块链技术的出现则为数字版权授权管理提供了智能、可控、安全的解决方案。区块链技术采用了去中心化分布式存储结构，可以在无信任的环境中实现点对点的数字版权交易，减少了版权授权管理中的相关中介或集中管理组织的参与，可以有效降低版权交易成本。同时基于智能合约所具有易拓展的特性，可以根据具体不同的应用环境和情形衍生不同的新版本，根据交易双方洽谈的合约条件进行预置，一旦满足条件交易立即自动执行，有效推动了版权授权的交易流程。

三是有效解决数字版权检测维权难题。区块链技术在数字版权服务中监测维权的应用，主要有对侵权证据的固定和对侵权损害后果的评估两方面。区块链技术具备证据保管功能的基础，可以为数字版权存在性及其流转过程提供证明，每次交易的价格、数量都会被记录、上链，并且"时间戳"可以确定每次授权交易的信息，确定实际损失和侵权违法所得，为数字版权侵权判赔额提供了参考依据。2018年浙江省杭州互联网法院首次对采用区块链技术存证的电子数据的法律效力予以确认，明确了区块链电子存证的审查判断方法，有力说明了区块链技术的应用改变了以往数字版权保护工作中提取证据困难和电子凭证法律效力有待确认的困境，对区块链存证技术的认可也大幅降低了司法维权过程中的证据保全成本。

可以看到，基于登记备案的数字版权管理模式的良性循环将会使网络上受版权保护的数字内容占比越来越大，逐渐规范和优化网络版权市场，将著作权人、数字内容提供商、数字内容运营商等紧密连接，建立互信机制，达到利益分享目的，从而形成完整优化的产业链条。

3. 数字版权服务平台建设的原型设计

2021年起，基于上述对数字版权必要性与可行性的深入分析，国家文创实验区文化金融服务中心与中链融信（北京）科技有限公司、天津滨海国际知识产权交易所有限公司等机构联合，共同开发了国家文创实验区文化金融服务中心数字版权服务平台。

从业务模块来看，数字版权服务平台应提供四大基本的板块业务，包括版权登记、侵权监测、司法维权和版权经纪。

从功能上看，服务平台所承担的版权登记，至少需要具备以下功能：一是对数字作品的相关版权信息进行管理；二是对数字作品的信息进行查重审核，确保作品的独创性；三是对审核通过的作品发放DCI码、DCI标以及数字作品登记证书，完成确权；四是发布已进行版权登记及合同备案的作品信息（见图1）。

从技术实现来看，区块链技术可以将作者创作的所有过程记录下来，通过加盖时间戳和哈希值，为作者的每一次创作提供精确记录，保护版权人的合法权益。数字版权权利人只需要将作品的相关信息、文件类型、作品名称、作者信息、操作权限等内容上传至区块链，系统按照既定的计算机程序，对内容加盖时间戳，对作品嵌入密码，再通过哈希算法计算散列值，将相关数据编写入区块链，完成对数字作品的登记确权。而点对点的记录方式使版权登记后只会产生唯一的哈希值，该哈希值与作品一一对应，不会将作品的原始数据保留在系统中，系统在进行版权登记的同时释放了存储空间。主链本身的不可篡改性有效防止了

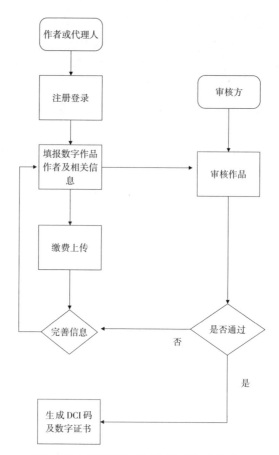

图1 数字版权服务平台版权登记功能流程

黑客攻击和盗版的发生，从源头上给作品加固了一层保护膜。这种保护方式相当于给原创作品一个电子身份证，明确每一个作品的归属，不可篡改永久有效。

侵权监测和司法维权功能的实现，是利用区块链技术所具备的永久存储、不可篡改、可追溯的特点，可有效为数字版权作品提供电子凭证，通过版权区块链与司法链的跨链链接，直接调取与数字版权维权相关的有力证明，实现快速审判。相比较传统数字水印等易被篡改、难以追踪的数字版权标识，利用区块链技术为数字版权维权提供有效支撑，可以通过数字作品的唯一标识进行高效追溯版权作品的流转与使用，节省举证维权的时间成本和人力成本，同时针对互联网中高频传播节点的疑似侵权信息进行追溯查询可以实现侵权预警，改变当前版权所有人事后被动维权且信息贫乏的困境。

版权经纪业务是平台通过为著作权人提供交易链服务，让创作者的收益得到最大程度实现。基于版权登记和确权，数字版权服务平台可向所有著作权人提供交易链服务，著作权人可以此开展保荐及发行、版权转让、版权授权、版权交易等业务。此外，平台通过法律意见书、资产评估、尽职调查等风险控制手段，辅助符合标准的机构或个人实现文化IP的资产化运营。版权经纪可开展的范围十分广泛，以现实中最具典型性的需求——版权授权为代表，数字内容商等市场主体如果想要使用权利人的作品，需要得到版权授权。在传统场景中，版权授权后容易产生到期续约、超过许可范围使用等纠纷。通过数字版权服务平台，可以实现对合同的备案管理和到期提醒，降低双方的交易风险（见图2）。

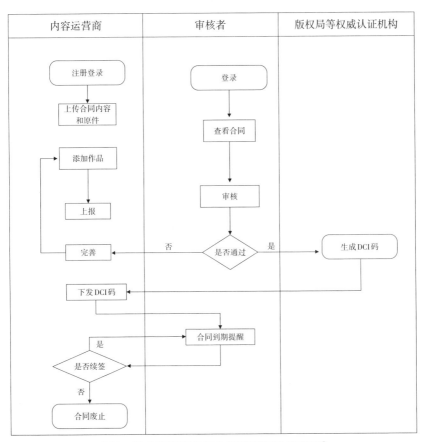

图2 数字版权服务平台版权经纪功能流程①

————————————

① 以合同备案为例。

从数字版权服务平台设计模式来看，数字版权服务平台体系应该至少具备基础层、数据业务框架层和应用层几个层次。其中基础设计层是整个服务平台的底层框架，包含了服务器等硬件和操作系统等软件。其上是用以支撑整个体系的算法模型、交易体系、支付体系和安全体系及智能合约协议技术等，在业务层面，则由业务中台、区块链和数字型资产中心、交易平台、基础平台和校验平台组成。作为对服务响应处理的集成层，这一层主要是对版权登记等业务服务进行封装，以实现各业务功能的复用。应用层则处于整个平台设计的最外层，也是用户登录数字版权服务平台后可直接进行操作的部分，通过 Web 或 H5 等前端表现形式呈现在用户面前，从而降低区块链技术使用复杂度。此外，版权服务技术标准等也是数字版权服务平台的支柱性内容，贯穿整个平台的建设之中（见图3）。

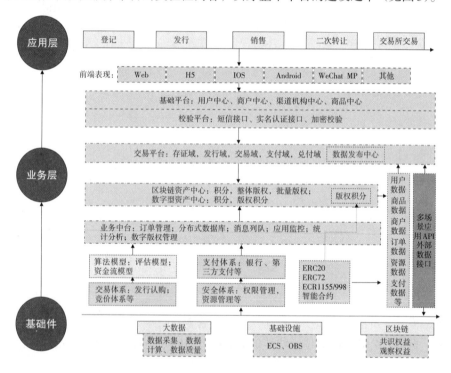

图3 数字版权服务平台设计模式

4. 数字版权服务平台的版权金融机制

作为一种交易活动，金融的本质是价值流通。利用区块链技术中的"智能合约"技术，可以有效地解决数字版权在交易流通过程中所面临的定价不公平、结算周期长等问题，并实现合同的自动履行，能极大地提高交易效率，降低交易成本。"智能合约"技术是由合约模块、执行模块、区块链模块组成的数字形式的可自动执行的协议。数字版权交易当事人在协商好数字版权价格、使用权限等合同条款的情况下，将这些条款内容编写成相应的计算机语言，当作品使用人支付使用费时，使用人便获得作品相应的著作权，许可费用自动分摊给平台中介机构和著作权人。相较于传统的"一揽子许可"交易模式，"智能合约"技术可以实现权利人对每一次作品使用收益的获取，与此同时，交易数据的全透明可以打破平台中介机构与权利人之间的信息不对称，进而平衡版权人与公众之间、平台中介机构与版权人之间、公众与平台中介机构之间的利益。

随着技术演进，区块链产生了NFT（Non-Fungible Token）技术协议，基于此技术协议生成的凭证也被称非同质化通证。与比特币、以太坊1.0等上一代区块链技术生成的凭证不同，非同质化通证不可分割，两两不同，相互之间不可代替，其功能是能够完美地实现对某一不可分割权利的标识和确认。当应用在版权行业时，可以用来标识某个版权权利，并能够通过NFT的流转，实现版权权利的转让；同时，借助区块链的智能合约（满足条件即可自动执行、无需人工干扰的程序），NFT技术协议可以延伸出永续版税等功能，由于NFT的唯一性能够追溯到版权权利流转的全过程，并在版权权利每次流转交易时为版权人分配版税，解决了传统模式下版权方无法确保收取版税的问题，极大地完善了版权行业的运营工具。

以NFT场景下的数字版权价值流转为例，NFT的元数据可与特定作品相联系，如某一独特的数字资产（艺术品、音乐或者游戏资产等），在加密艺术家等创作者手中便是以数字化形式表达且具有特定使用价值的NFT作品，作品入链时会被赋予唯一的数字所有权证书，即完成数字版权登记。随后，智能合约发挥自动执行功能，在数字版权创作者与被许可人或转让人之间搭建起桥梁，数字版权流转可直接追溯到源头创作者。在价值评估和交易环节中，通常有拍卖模式、固定价格模式、拼单模式和一家模式，在我国通常采取固定价格模式。在数字版权服务平台上，公开透明的技术特性保证创作者能够知晓其作品任何一次流转情况及应得版税收入，通过NFT智能合约的可编程性，赋予创作者对其作品流转时就增值部分求偿的自动执行功能，可有效减轻数字版权市场中创作者相较于传播者议价能力弱导致的利益失衡。

在交易撮合环节，区块链"去中心化"的特点为交易过程中的中间环节做了减法，实现交易双方"点对点"的直接交易。相较于以往的通过第三方平台来进行数字版权交易，导致交易双方信息不对称的情况，区块链技术的应用摆脱了第

591

三方平台的束缚，提高了交易效率，降低了交易成本，实现交易双方的直接接触，最大程度地为版权人提供交易便利。区块链本身的不可篡改性使版权人在创作作品过程中的所有变化细节通通被打链记录在区块链中，系统从最初的确权阶段便可构建版权数据库。通过对整个创作变化的分析，自动制作出智能合约。版权服务商可在任一阶段参与进来，追踪作品的使用，从而利用智能合约进行版权交易。

使用智能合约来促进交易，以及分配和支付给版权人，可以立即使其获得即时和透明的报酬。通过使用潜在许可证持有人能够理解的语言，智能合同还可以在跨越不同用途和不同管辖区的受保护作品的许可条款标准化方面发挥作用。尽管没有出版商、演出机构、音乐公司等传统中介机构，但基于区块链系统的平台可以说是一种新形式的营利性中介，允许作者、艺术家和音乐家决定价格，并直接向感兴趣的观众许可他们的作品。这些平台的存在可以在一定程度上改善未经授权访问在线内容的问题，以及由于访问和分发此类内容的方便性而产生的侵权问题。

未来，随着区块链技术的快速发展，还将产生新的技术工具、应用场景与商业模式，不断推动版权行业向数字化、智能化迈进，特别是通过区块链的确权、NFT以及智能合约等功能，能够解决版权权利无法数字化、无法便捷转移、无法精细管理、无法流转定价等长期以来制约版权产业和版权金融发展成熟的问题，为版权权利开发利用以及版权金融创新提供了可能性。从实务层面来看，基于区块链技术的"数字版权联盟链"已在北京、广东等数字产业发达的地区开始部署应用。作品创作出来后，通过区块链技术形成"版权链"和"身份链"，所有的与版权相关的事务如版权登记、版权交易和融资应用等，均可在一个平台上集中实现。

5. 数字版权服务平台风险分析

一是"智能合约"技术本身尚不完善，存在泄露、被攻击等风险。区块链通过运用非对称密钥加密技术使得系统能够安全运行不被黑客攻击，但随着计算机技术的发展，任何系统如果不再继续研究技术加强自身的防御体系，那么该系统随时都会被破解，变得不再安全。对区块链而言，当系统51%的节点被攻破时，那么整个系统就将彻底崩溃。由于区块链本身的不可篡改性，导致"智能合约"一旦上链就无法进行更改和撤销，这就要求在编程的过程中及时检查智能合约的漏洞问题，加强对合约内容的审计工作，避免在自然语言与计算机语言转换过程中，出现"智能合约"无法与实际合约相匹配的问题。此外，法律层面上，对于

"智能合约"的性质问题存在不同的观点，有学者认为"智能合约"是全新的合同类型，现有的法律是否能够将其纳入规制范围有待进一步探讨，也有学者认为它仅仅是合同的履行方式之一。虽然观点不一，但是在"智能合约"技术的实际运用过程中，其自动性、可执行性、匿名性的技术特点所产生的与传统合同订立、履行不同的效果是需要重点关注的。版权转让合同的自动履行是否剥夺了交易双方的撤销权，如何保证"合理使用""法定许可"制度等问题有待解决。

二是数字版权服务平台业务模式仍待完善。区块链技术能为数字版权保护提供电子证据，但是，其采用的哈希值、时间戳只能记录作品上传到区块链平台的时刻，并不能辨别作品是否符合著作权法上的版权作品。例如，尽管某人创作完成的作品通过区块链平台进行了版权登记，但如果作品不满足著作权法规定的独创性等限制条件，仍将不受著作权法保护。此外，目前已落地的基于区块链技术搭建的数字版权保护平台，基本是属于私有链的商业模式，即某个科技公司开发的区块链技术平台对上传作品进行数字版权认证，对疑似侵权作品与库内版权作品比对，从而确定侵权与否。因此，在司法实务中，数字版权服务平台提供的数字版权登记并不具有直接的法律效力，更多的是在版权侵权诉讼中，作为辅助证据。

三是依然存在抄袭盗版等潜在风险。区块链技术中的哈希算法主要是将信息转换成固定长度的二进制字符串。信息完全相同的两段数字版权内容，经换算便成了无差异的两段字符。此算法适用于版权直接侵权，比如未经版权人许可直接转载文字作品。然而，以"洗稿"的方式转载，即经过字段拆分重组，换算后的字符串就会呈现杂乱与原字符串无关联，经过区块链平台也无法辨别侵权与否。最后，难以认定作品的创作者身份。比如，A盗窃B的作品抢先在区块链平台进行版权登记，此时，该作品就只有此份上传版本，无其他手稿或者文件证明版权归属B，且通过该作品就能获知创作过程。从《中华人民共和国著作权法》第十一条之规定可以解读出，署名在作品上的公民、法人或者其他组织为作者，可以初步认定数字版权的归属，除非有相反证明。因此，这种情况下就很难判定版权归属。

6. 数字版权服务的政策监管和扶持

为了适应我国新版权业态、商业模式、作品权利类型的快速发展，我国已经在版权客体与权项的完善、版权技术保护措施实施、网络版权侵权保护与版权刑法保护、版权产业融合发展等方面建立起应对技术发展与社会需求的法律政策体系。国家以著作权法完善为核心，借助《信息网络传播权保护条例》、侵权责任法、网络安全法等法律法规强化数字版权保护力度，相继出台了电影产业促进法、《电子出版物出版管理规定》、《关于推动传统出版与新兴出版融合发展的指导意见》等促进版权产业融合发展的法律法规，在《国家知识产权战略纲要（2008—2020）》和《知识产权强国建设纲要（2021—2035）》指引下，构建起了版权产业数字化转型的制度保障。但是，随着相关实务的不断发展创新，仍需要政府积极发挥监管和服务角色，通过立标准、划底线，以制度建设和治理能力提升，引导和鼓励数字版权服务更好更健康发展。

一是加快建设区块链技术标准，强化版权部门之间沟通合作。当前世界包括我国在内还没有任何一个国家建立统一的区块链技术标准体系，这就使区块链技术的应用没有一套统一的规范和管理体系。每一个应用区块链技术的系统都有自己的准则，在作品的认定、侵权行为认定和版权交易过程中，容易导致界定模糊的问题，这不利于数字版权市场管理。为方便数字版权管理，应当首先建立一套统一的行业规范和技术标准体系，充分发挥区块链应用于数字版权保护管理的社会和经济价值。国家或地方的版权局应加强各地区、各机构的交流合作，其本身也应该成为系统上的一个节点参与管理运作，分享版权登记信息，监管区块链上标记的每一个版权交易活动。各大区块链版权登记或交易平台应与中国版权保护中心进行协同合作，在各自的系统中采用统一的标记符号和作品独创性认定标准，统一版权登记证书及版权交易和使用许可的智能合约形式与内容，各平台或机构之间将信息整合完成对接，建立统一的版权数据库，共享所有版权信息。

二是加强审核和监管，以制度建设支撑数字版权服务更好发展。政府相关部门相关政策的制定对互联网信息内容起着重要的规范和监管的作用，在网络信息内容生态治理建设中负有主体管理责任和审查义务。但是利用区块链技术的数字版权保护应用中参与的用户节点具有匿名性的特点，为保证作品信息的安全实行加密传输。区块链的这些特性可以提升版权交易授权的安全性，但也给信息内容的监管和审查增加了难度，政府职能部门和网络服务平台难以监督和管理经过了区块链加密授权的数字出版内容在互联网上的传播过程，难以控制不良内容和信息的传播，极容易造成监管和审查缺位的情况。目前，区块链技术在数字版权领域的相关研究和应用尚处于测试和探索阶段，法律制度对区块链技术本身也处于观望和试探阶段，技术本身与当前的著作权法的相关规定和原则存在一些难以适配和调和的问题，因此现有立法中尚未对数字版权领域中的区块链技术应用作出相应的司法解释或明文规定，在司法实践中也尚未出现足够多的具有参考性的指导案例。

三是支持和鼓励统一的数字版权服务平台建设，打破数据孤岛。现有的利用区块链技术进行版权认证登记的平台各自为政，不同的版权登记平台在技术认定和登记标准之间存在各式各样的差异，在作品的检测认证、版权登记程序和收费标准等方面未形成统一通用的行业标准，这导致了当前区块链版权登记平台的认证和确权缺乏普遍的公信力。不同区块链平台的版权登记数据由于存在数据壁垒，逐渐形成区块链数据孤岛，使经区块链技术保护的版权内容仅在有限范围内安全可控，区块链数据孤岛极大限制了后续的数字版权授权交易与侵权追溯，最终导致数字版权产业生态环境的恶性循环。

四、数字文化金融趋势展望

趋势一是数字文化金融政策日渐完善，推动数字文化经济变革。政策供给是新经济发展的重要驱动力之一。近年来，在数字经济国家战略背景下，与数字文化经济发展相关的政策加快出台，推动数字文化金融发展加速。尤其是2020年之后，数字文化经济相关政策出台的密度明显加大。在《中共中央关于制定国民经济和社会发展第十四个五年规划和二〇三五年远景目标的建议》中提出了文化产业数字化战略。中共中央办公厅、国务院办公厅印发的《关于推进实施国家文化数字化战略的意见》是我国数字文化发展的里程碑，成为数字文化经济发展强有力的政策支撑。当前，我国出台的数字文化产业专门政策包括原文化部发布的《关于推动数字文化产业创新发展的指导意见》和文化和旅游部发布的《关于推动数字文化产业高质量发展的意见》等。在文化产业主管部门和各级地方政府的文化发展规划中，对文化产业数字化和数字产业化方面都有较多的涉及，如文化和旅游主管部门和各级政府推出的《"十四五"文化产业发展规划》《"十四五"文化旅游发展规划》等。这些政策都将利好数字文化金融发展，为产业带来推动力。

趋势二是新兴数字技术广泛应用，助力数字文化金融发展。数字文化金融离不开数字技术的发展，大数据、人工智能、云计算、区块链、XR、数字孪生、物联网、5G/6G等技术，既是数字经济发展的底层技术，也是数字文化金融的底层技术。近年来，我国数字经济领域技术迭代迅速，创新研发密度大大增加，技术爆发态势明显。虽然大多数文化企业还不能很熟练地使用大数据、云计算技术、区块链技术以及相关平台，但2020年之后，数字技术的通用化正在加速，居民文化消费的数字化程度大大提高，文化消费场景不断创新，数字文化投融资规模不断扩大。目前我国文化产业投融资的主要领域是数字文化相关企业和项目，占文化产业融资总规模的60%以上。百度、阿里巴巴、腾讯等数字经济的典型代表企业不仅实际从事影视、游戏等文化产业的项目运营，而且以投资者身份投资了很多文化企业和项目，是文化产业资本市场的重要力量。未来，文化企业大部分的文化生产设备和传播媒介数字技术应用程度将进一步提高，为数字金融发展奠定更为坚实的基础。

趋势三是文化数据资源作为生产关键要素的重要性不断凸显。数字经济的一个重要特征是数据要素与劳动力、土地、资本一样成为生产要素。在《中共中央关于坚持和完善中国特色社会主义制度　推进国家治理体系和治理能力现代化若干重大问题的决定》中，数据作为生产要素的定位首次在重大政策文件中被确定下来。2020年4月，中共中央、国务院印发《关于构建更加完善的要素市场化配置体制机制的意见》，提出要"加快培育数据要素市场"，数据作为生产要素在政策文件中被广泛使用。数据资源在文化生产领域同样具有要素作用，尤其是文化数据资源，已经是经济活动中可确权、可评估、可交易的资产。文化数据资源要素化，在具体的经济活动和产业层面体现为价值化和资产化。文化资源价值化和资产化水平的高低，决定了文化经济数字化程度的高低。目前，金融机构和资本市场已经关注到了文化企业生产方式的变化和文化资产结构的变化，以文化数据资产为中心的金融服务体系正在构建，形成以文化数据资产评估评价体系为中心的基础设施。在这个领域，数据资源与数字资产的结合应是未来数据要素价值的重要方向。

课题负责人：张元林
课题组成员：邓欣海　水贺鹏
承担单位：北京京朝文金企业管理服务中心（有限合伙）
协作单位：中链融信（北京）科技有限公司

参考文献

［1］黄益平，黄卓．中国的数字金融发展：现在与未来［J］.经济学（季刊），2018，17（4）：1489-1502.

［2］欧阳日辉．数字金融蓝皮书：中国数字金融创新发展报告（2021）［M］.北京：社会科学文献出版社，2021.

［3］杨涛，金巍．中国文化金融发展报告（2021）［M］.北京：社会科学文献出版社，2021.

［4］西沐．文化金融：文化产业新的发展架构与视野［J］.北京联合大学学报（人文社会科学版），2014，12（1）：50-57.

［5］蓝轩．我国文化金融发展的回顾与展望［J］.文化产业研究，2020（1）：2-13.

［6］张颖，毛昊．中国版权产业数字化转型：机遇、挑战与对策［J］.中国软科学，2022（1）：20-30.

［7］赖利娜，李永明．区块链技术下数字版权保护的机遇、挑战与发展路径［J］.法治研究，2020（4）：127-135.

第
五
编

版权交叉研究

版权纠纷调解人才培养机制研究

张　平*

摘要： 调解是纠纷解决的重要方式，也是解决版权纠纷的重要途径。调研发现，调解人才是构成调解成功率的决定因素之一，但同时也存在较大的数量缺口。为提高培养对象的调解质量、提高调解人才的培养效率、增加相关调解人才的数量，需构建完善的版权纠纷调解人才培养机制。在专业性、全面性、实操性三方面的要求下，明确培养能力包括事实采集与法律分析、沟通及其他基本素养，资源需求包括教师、组织及宣传推广资源，在此基础上搭建教师特色—能力需求—物质投入培养环，形成稳定的人才输送—培养—应用体系。其中，组织资源承担起整体机制构建的基础性支撑作用，因此需要具有高专业性、高协调性、高稳定性的特点。

在明确了培养机制构建的方向以及培养组织筛选的条件后，版权纠纷调解人才培养的具体方案应包括培养内容、培养方式、人才输送、记录与评估、人才的准入与准出等内容。应对当前版权纠纷调解人才培养的现实障碍，应当首先构建标准统一、计划有序的培养机制，并借助相关组织、高校等平台力量，实施培养方案。在人才的输送与应用上，可以与相关单位建立委托培养、定向培养的合作关系，并建立先行示范合作单位，推送调解人才。

关键词： 版权纠纷；纠纷调解；人才培养；培养机制；培养方案

调解是纠纷解决的重要方式。相较于其他的纠纷解决方式，调解具有便利性等优势。具体而言，调解没有严格的程序要求，当事人可以根据纠纷的特性以及自身解决纠纷的需要协商调解的程序和步骤，包括当事人主张范围、事实的证明责任以及程序开展的方式等。[①]

同时在法治背景下，调解的"整体性思维"较之裁决的"切片性思维"更能实现法律实施和纠纷解决的公正性、合理性、和谐性和经济性，因此在诉讼内外

---

* 张平，北京大学粤港澳大湾区知识产权发展研究院执行院长，教授，博士生导师，本课题组组长。

① 倪静. 知识产权纠纷调解理论与实务 [M]. 北京：法律出版社，2020：251.

的整个民事纠纷解决机制中具有优先适用的地位。①

调解解决纠纷符合中华传统观念，具有坚实的人文土壤。无讼、息诉是儒家法律文化的重要理念，儒家文化主张君子应该真正关注的并非个人的权利，而是面子、人情与社会后果。调解预设的社会秩序安排体现了儒家追求自然和谐的理想，通过调解，当事人既解决了纠纷，又维持了双方人际关系。②因此，调解制度的构建有利于实现中华传统观念中的对柔性解纷的选择性偏好，与中国传统儒法合一、礼法合一、调判合一的正义体系密不可分。

调解纠纷解决方式的推广、应用具有强大的政策支持。后发型国家的基本定位和显著特征深刻影响了现代国家强化基础性权力的路径选择，当下基层治理中"调解优先"的出现是后发型国家加强基础性权力的战略性选择。③因此中共中央、国务院出台多项政策法规推动调解制度的形成与落实。如《法治社会建设实施纲要（2020—2025年)》提出积极引导人民群众依法维权和化解矛盾纠纷，坚持和发展新时代"枫桥经验"，充分发挥人民调解的第一道防线作用。《中共中央关于坚持和完善中国特色社会主义制度　推进国家治理体系和治理能力现代化若干重大问题的决定》提出完善正确处理新形势下人民内部矛盾有效机制。坚持和发展新时代"枫桥经验"，完善人民调解、行政调解、司法调解联动工作体系，完善社会矛盾纠纷多元预防调处化解综合机制等。

调解纠纷解决方式具有显著的实践效果。根据最高人民法院2021年2月发布的《中国法院的多元化纠纷解决机制改革报告（2015—2020)》显示，当前多元化纠纷解决制度体系基本形成，明确了婚姻家庭、知识产权等领域诉讼和调解对接工作。2016年至2020年，各级法院共受理人民调解协议司法确认案件167.7万件，其中93.3%确认有效，充分体现了诉讼外解决纠纷的质效。人民法院调解平

---

① 张立平. 为什么调解优先——以纠纷解决的思维模式为视角［J］. 法商研究，2014（4)：118-126. 其中，切片性思维：将当事人所争议的民事权利义务关系从纠纷所涉及的整体社会性事实及其所关涉到的其他社会连带关系中抽离出来，置于既定的规范视野之下，以规范所设定的标准和方式进行检视，以寻求纠纷解决的结果。整体性思维：将当事人纠纷的解决置于经济、法律、道德、习惯、心理、社会等多维视野之中，在对纠纷的性质、发生的原因、矛盾的程度、所关涉到的其他社会关系、事实查明的状况等予以整体性考察的基础上，才能在符合或不违背法律规范的前提下，针对纠纷解决的具体需要寻求妥善的解决方案，通过适当的技巧和方式，促成当事人在权利义务关系的处理上达成基于自主意志的合意。

② 龙宗智. 关于"大调解"和"能动司法"的思考［J］. 政法论坛，2010（4)：98-105.

③ 王清，刘海超. 国家建设视角下"调解优先"的形成逻辑——基于珠三角地区D镇的案例研究［J］. 经济社会体制比较，2022（3)：142-152.

台上线以来，截至2020年底，3502家法院全部实现与调解平台对接，调解平台应用率达100%。累计调解案件超过1360万件，平均调解时长23天。[①]在诉讼外解决纠纷的多种方式中，调解发挥着举足轻重的作用。

调解是解决版权纠纷的重要途径。版权纠纷具有一般民事纠纷案件数量多，法院审理压力大的困境。在"北大法宝"检索平台中，以"著作权权属、侵权纠纷；著作权合同纠纷"为案由，文书类型限定为判决书、裁定书、决定书与调解书进行检索，相关著作权纠纷已经从2010年的4326件增加到2021年的10万余件，10年来案件数量增长了近26倍。[②]虽然全国法院人员也有所增加，但是增幅明显赶不上案件数量。[③]在近期十四届全国人大会议上最高人民法院院长所作的《最高人民法院工作报告》中也明确了案件压力不断增大的现实情况。积极适用调解方式解决版权纠纷、缓解法院压力具有现实的紧迫性与需求。

调解方式解决版权纠纷具有明确的政策指引。党的十八大以来，党中央、国务院出台了若干政策法规等规范性文件，为版权纠纷调解提供了较为全面的政策支撑。例如《知识产权强国建设纲要（2021—2035年）》提出加强知识产权等方面的行政调解，及时妥善推进矛盾纠纷化解；《国务院关于印发"十四五"国家知识产权保护和运用规划的通知》提出完善知识产权纠纷多元化解决机制，建立健全知识产权调解制度；《关于加强知识产权纠纷调解工作的意见》提出充分发挥调解在化解知识产权领域矛盾纠纷中的重要作用等。

一、版权纠纷调解人才培养机制构建的必要性

作为纠纷解决方式之一的调解不仅对传统民商事领域纠纷的解决发挥着重要的作用，对于版权领域而言同样具有强大的生命力和需求。为更好地研究、发挥调解的现实作用，课题组进行了相应的文献研究、现状研究、理论研究。通过调研发现在多家调解组织中，调解人才都成为调解成功率的决定性要素之一，但同时也具有较大的数量缺口。为提高版权纠纷调解的效率、成功率，在版权领域更

---

① 中华人民共和国最高人民法院：打造新时代"枫桥经验"法院升级版——最高法发布人民法院调解平台应用成效和多元化纠纷解决机制改革报告．[EB/OL]．[2023-03-09]．https://www.court.gov.cn/zixun-xiangqing-287481.html#.

② 最后检索日期：2023年3月9日。

③ 程金华．中国法院"案多人少"的实证评估与应对策略［J］．中国法学，2022（6）：238-261.

好地实现调解对司法、行政的支撑作用，版权纠纷调解人才培养机制的构建具有其必要性。

（一）版权纠纷调解人才缺口较大

1. 调解制度对人才的依赖性强

从调解制度的历史沿袭与演进上看，调解主体始终是调解制度的核心。基于中国古代"和为贵""止讼息争"的传统，调解早在西周时期就已经成为纠纷解决的重要方式。根据记载，承担调解职能的主体大多为官员或具有权威地位的家族掌事。如《周礼·地官》所载官名中记载的"调人"，秦汉的啬夫，唐代的里正、坊正，宋代的保甲长，元代的社长等。清朝则更加重视调解，诞生了一种特别的调处形式——官批民调。此时的调解制度就已经显现出较强的人才依赖性，但主要与调解主体的政治地位、家族地位等权威地位相关，体现出传统封建社会制度的影响。新中国成立后，调解制度进一步发展。主要由于当时法治建设正处于不断完善与发展的时期，民事司法也提倡运用调解化解民事纠纷，有学者总结为"调解为主"时期[1]。在法治建设不断完善的过程中，纠纷解决方式的选择更凸显出对当事人自由的尊重，但调解制度的重要性仍未减弱。人民调解员的能力和水平，则直接影响调解工作的合法性和有效性。[2]

人民调解的性质与具体调解方式同样体现出对人才的依赖性。调解，尤其是人民调解，属于非诉讼纠纷解决方式之一，强调对纠纷当事人进行说服教育、规劝疏导，促使纠纷各方互谅互让、平等协商，消除纷争。由于调解的非强制性，现代调解的成功与古代依赖调解主体所承载的制度权威、家族权威不同，更多地体现出"说服""信任"的作用。有学者基于中华法系的基本格调——法律儒家化，对汉代立法修辞的"说服性"进行研究，提炼出立法权威之上叠加的道德权威与知识权威使其更有利于达成说服的修辞目的。[3]同时，在基层治理有关"说服"的研究中，还充分强调了非正式资源如：人情、面子、关系、情感等发挥的重要作用。[4]而上

---

① 张立平，谢米隆.我国民事诉讼调解政策的历史变迁与演进逻辑——基于历史制度主义分析［J］.重庆社会科学，2022（8）：89-100.

② 刘振宇.中国特色人民调解制度的传承与发展［EB/OL］.［2023-03-12］.http://www.moj.gov.cn/pub/sfbgw/zlk/201911/t20191108_174221.html.

③ 侯迎华.权威与说服——儒家化在汉代立法修辞上的体现［J］.学习与探索，2022（12）：75-81.

④ 钱坤，张云亮.基层治理中的"说服"何以有效？——基于鄂东、皖南两个案例的比较分析［J］.农林经济管理学报，2022（21）：249-256.

述影响说服效果的重要因素，恰恰无法脱离主体而展开，调解"面对面"的开展方式更放大了对调解人员个人对道德权威、知识权威与非正式资源选择与运用的即时效果。调解的成功无法脱离调解员所承担的重要作用。

2. 版权纠纷调解人才后备力量薄弱

课题组曾参与国家版权调解办公室可行性的分析研究，调研选取了6家在全国范围内开展调解工作且具有相对代表性的版权纠纷调解相关机构，分别是北京知识产权法院、北京互联网法院、中国互联网协会纠纷调解中心、中国专利保护协会知识产权纠纷人民调解委员会、重庆市知识产权纠纷人民调解委员会、中国（深圳）知识产权保护中心。综合来看，相关版权纠纷调解工作均表现出版权纠纷案件总量较大，但是进入调解程序的案件比例较小，调解成功率较低的特点。一方面是由于人民群众对调解解决案件的信心不足，另一方面也凸显出调解人员能力有待提高、调解人员数量不足等问题。

根据《中华人民共和国人民调解法》规定，人民调解员由人民调解委员会委员和人民调解委员会聘任的人员担任。课题组通过查阅人民调解网、中国法律服务网、中央人民政府网以及各地的版权调解中心等网站，发现兼职调解员数量一般多于专职调解员数量，版权纠纷相关调解人员数量较少。专家调解员多为具有法学背景的专家、学者、退休法官与律师，但仍为全部调解员的少数，与调解组织接收的调解请求相比仍存在供需不平衡的问题，一定程度上影响了版权纠纷调解的成功率。同时，针对版权纠纷调解，多名学者已经提出培养专业人才的紧迫性。如华东政法大学副教授倪静认为：我国并不缺少能解决民事纠纷的经验丰富的人民调解员，但能在版权等纠纷调解中处理复杂问题的专家型调解员则非常少。[1]同济大学法学院院长蒋惠岭认为：专业人才是调解事业发展的重要挑战。虽然我国已有一定数量的人民调解员，但大多从事社会调解。随着版权调解这类专业调解的发展，我国需要大力培养专业调解人才。[2]

（二）版权纠纷调解人才要求较高

1. 一般民事调解员解决版权纠纷存在困难

版权纠纷与一般民事纠纷相比具有其特殊性、复杂性。首先，著作权客体与

---

① 倪静，陈秋晔. 公共行政服务语境下版权纠纷调解机制的建设 [J]. 知识产权，2015（4）：124-128.
② 版权争议调解亟需专业人才 [EB/OL]. [2023-03-18]. http://home.ciptc.org.cn/ucenter/blogview/460.shtml.

一般民事客体不同，其具有无形性特征，相较于一般民事客体而言外在表征存在不同。著作权客体"作品"必须依靠一定的载体存在，存在着客体与载体的区分。同时文学艺术领域的创造需要满足体现人一定的思想感情、一定程度的独创性要求、一定形式表现等构成要件的要求①，才可以成为著作权法保护的客体。在判断是否构成作品时，不仅需要恰当运用较为抽象的独创性判断标准，还需要注意保护范围的"表达"到底是哪些内容，避免将公有领域的知识、信息、主题、思想等内容归入个人专有权的范围而侵蚀社会公众自由利用的权利。而与专利权、商标权不同的是，著作权并不需要经过申请、批准等程序确认产生，我国著作权法采自动取得制度，这也就意味着大多数纠纷解决的首要问题就是明确请求保护的智力成果是否构成作品。

其次，著作权领域存在较多特殊的制度内容。如著作财产权的有期限保护、著作人身权的死后延续性、发表权作为人身权但仍有期限限制、著作权特殊限制的内容、著作权权利归属的特殊规则，等等，这些制度内容与一般民事规则相比不仅不同，很多内容甚至完全相反。一方面是因为知识产权因拟制而产生，具体的权利内容、权利保护、权利限制规则都是"选择"的结果，另一方面是因为大多数一般民事规则都脱胎于传统习惯，更符合一般民众的思考路径。

再次，著作权侵权的判断逻辑与一般民事侵权不同，侵权更加难以界定。在判断著作权侵权时，采用"侵权+实质性相似"的判定方式，此时的判定难点与是否构成作品的判断存在相似之处。同时对"损害"来说，民事侵权中的损害一般是"看得到"的，如一件物品被抢夺、损坏，一定的财产损失或人身损害，因而对是否存在损害大多不存在争议，更多的争议点在于损害与相关纠纷当事人之间的连接。但是对于著作权侵权纠纷而言，由于其客体的无形性特征，两个以上的主体可以同时使用作品，对著作财产权来说其不存在外在"可观"的损害，一般表现为对可获得财产价值的减少。同时又由于互联网等科学技术的发展，传播手段更加多元、传播速度更快，损害更加成为难以界定的内容。

2. 科技发展等环境因素引起新生版权问题

知识产权的产生无法脱离工业革命、科技发展带来的影响，著作权也不例外。尽管首部著作权法《安妮法案》产生之初时，更多是为了保护出版商的利益，复制权得到更多的强调，但作品在著作权法中的核心地位一直无法动摇。因

---

① 张今. 著作权法（第三版）[M]. 北京：北京大学出版社，2020：14-16.

而当科学技术不断发展带来作品载体、传播方式的不断更新之时，大量有关客体类型、权利范围、专有权利与公共利益平衡等的问题出现、等待着人们进行回应与解答。这些版权问题不仅对于调解员来说存在处理困难，同时也是民事审判的难点。

典型的问题如：人工智能生成物的可版权性问题、网络游戏直播是否属于著作权法保护的客体，如果是那么属于哪一类别、短视频侵权规制问题、NFT相关版权问题以及数据保护的版权解答等等。近期引起全网关注的人工智能对话机器人ChatGPT同样引发了大量的问题，多数人对此的态度也存在不同。比如2023年2月22日知名科幻杂志《克拉克世界》（Clarkesworld Magazine）[1]通过官方社交平台宣布暂停接收投稿，原因是本月收到500多篇来自人工智能聊天平台自动生成的文章，严重影响了审核进度。北京、四川、上海等多个城市的高等院校都发现学生使用人工智能工具撰写论文的情况。[2]同时，多家知名学术期刊也已作出反应。《科学》（Science）明确禁止将ChatGPT列为论文作者，且不允许在论文中使用ChatGPT所生成的文本。《自然》（Nature）的态度略微缓和，允许在论文中使用ChatGPT等大型语言模型工具生成的文本，但不能将其列为论文作者。[3]同样的，多位教授、学者也已经针对ChatGPT是否能拥有作者的身份、ChatGPT生成文本内容是否可以获得著作权保护、人工智能生成物的权利归属如何确定、对于类似ChatGPT的人工智能生成物未来有怎样的法律保护路径选择，以及对普通用户而言如何防范和规避侵权法律风险等问题进行了讨论，目前仍然存在较大的分歧。[4]

上述提到的新型版权问题多与"工具"相关，具体版权纠纷的外在形式仍表现为对基本权利的侵犯。一方面，随着工具适用的普及，上述特殊版权纠纷具有普遍化的趋势，具体侵权判断仍依据"接触+实质性相似"标准，无法脱离前述侵权判断时的难点。另一方面，虽然科技进步引起更多"新问题"，但对新问题的讨论仍然需要从"老问题"出发，换言之，对上述问题的解答仍然要从版权基

---

① Clarkesworld是全球知名的科幻杂志、奇幻月刊，多篇初投稿文章斩获雨果奖、星云奖等重磅奖项。

② 作弊！科幻杂志一个月收到500篇投稿：全由ChatGPT生成［EB/OL］．［2023-03-18］．https://baijiahao.baidu.com/s?id=1758516433447521158&wfr=spider&for=pc.

③ ChatGPT引发著作权问题新思考［EB/OL］．［2023-03-18］．https://baijiahao.baidu.com/s?id=1757858534522731866&wfr=spider&for=pc.

④ ChatGPT爆火，带来哪些版权问题？［EB/OL］．［2023-03-18］．https://baijiahao.baidu.com/s?id=1757954821470762460&wfr=spider&for=pc.

础理论中寻找答案，或回归或调整。实务界与理论界对基础理论的讨论也对版权纠纷调解人才提出更高的要求，其对基础理论知识的认识也需不断深化。

（三）版权纠纷调解人才培养机制构建门槛较高

1. 版权纠纷调解人才培养机制的专业性、全面性

版权纠纷调解人才培养机制构建最终的目标是提高培养对象的调解质量、提高调解人才的培养效率、增加相关调解人才的数量。对提高调解质量与调解成功率这一目标而言，需要从调解失败的案例出发，分析总结失败原因，提炼应对措施。课题组曾经在国家版权调解办公室可行性分析研究的调研中，通过对6家版权纠纷调解相关机构现实情况的总结以及与工作人员的沟通，发现当前调解成功率较低，一方面是由于版权纠纷损失判断标准不够明确，另一方面更多与调解人员具体能力不足相关。因而具体培养机制的构建必须以人为中心，着眼高质量调解背后的能力需求，对比分析多种培养方式，选择最佳的培养路径。

对于提高调解人才的培养效率这一目标而言，依赖培养机制的体系化完善。在管理学上，效率是指在给定投入和技术等条件下，最有效地使用资源以满足设定的愿望和需要的评价方式。对培养机制的构建来说，既需要明确具体的资源投入，包括教师人才资源、物质硬件资源、宣传资源、组织资源等，又需要综合分析相关资源与能力提升之间的对应关系，形成具有针对性的教师特色—能力需求—物质投入培养闭环，构建多样化的培养内容。

对于增加相关调解人才的数量这一目标而言，目前基本存在两种发展方式，即对现有其他调解人才进行能力培养或筛选并构建稳定的培养对象输送渠道，如高校、律所、司法行政机关等。但基于当前调解人才普遍缺乏的现实情况，方式二应作为主要选择，方式一为辅助。因而在整体人才培养机制中还需增加人才后备池选择、培养合作关系搭建、人才输送的具体内容，最终形成稳定的人才输送—培养—应用体系。

基于上述分析，搭建完整、全面的版权纠纷调解人才培养机制，实现人才培养目标至少需要细化培养能力、明确资源需求、搭建教师特色—能力需求—物质投入培养环，形成稳定的人才输送—培养—应用体系这四方面的内容。

2. 版权纠纷调解人才培养机制的实操性

课题组通过检索对比现有与调解人才相关的培养手册、调解规范等内容，基本存在以下几方面的特点。第一，以调解或知识产权调解为研究中心，未明确版权调解的特殊性。第二，具体调解规范一般包含调解原则、调解范围、调解与诉

讼的衔接、调解员的权利与义务等内容，而对于调解人员培养的相关内容着墨较少。第三，包含调解人员培养内容的文件如《知识产权纠纷调解工作手册》相关内容多具有概括性、原则性等特点，具体要求的落实仍需要搭建更加细化的培养方案。

根据《知识产权纠纷调解工作手册》，调解人员培养基本需要包含培训的目标、培训的原则、培训的主体、培训的对象、培训的形式、培训的内容、培训的清单、培训的师资、培训的记录与评估等内容。对培养目标的实现需要结合前文版权纠纷调解人才培养机制的专业性、全面性要求与上述内容进行对比，细化对《知识产权纠纷调解工作手册》中相关内容的实操性要求。具体而言，包括明确具体的培训主体、搭建培训师资来源名册、提炼具体师资的擅长内容、依据培训内容匹配相应培训方式并落实资源需求，形成稳定培训体系及课程内容。除此之外还需加大对培养机制的地区性宣传推广，增强培养机制落实的广泛性，最终达到提高各地区版权纠纷调解人才培养的效率，增加相关人才的数量并提高调解成功率的效果。

3. 版权纠纷调解人才培养机制对培养组织的依赖性

上述有关版权纠纷调解人才培养机制具体构建要求的四个方面的阐述中，相关资源需求承担起整体机制构建的基础性支撑作用，而其中教师人才资源、物质硬件资源、宣传资源又需要组织资源的支撑，即《知识产权纠纷调解工作手册》调解员的培训中关于培训的主体的要求。根据手册内容，知识产权纠纷人民调解员的培训由知识产权管理部门配合司法行政部门负责组织，分析知识产权管理部门、司法行政部门的职能与优势地位，有利于进一步明确培养组织的细化要求。

目前知识产权相关管理部门基本包括国家及各地区知识产权局、版权局。国家版权局负责全国的著作权管理工作，具体职能包括贯彻实施著作权相关法律法规；查处在全国有重大影响的违法行为；批准设立、监督指导著作权集体管理机构；负责一切与涉外有关的著作权活动等。司法部门一般是与行政机关并列的国家机关，指各级人民法院和各级人民检察院，行使审判权和法律监督权。司法行政部门是人民政府的职能部门之一，属于行政机关的一种，如司法部、司法厅、司法局等，承担指导、管理并开展人民调解和法律服务工作的职能。根据相关职能内容，版权局、司法部门、司法行政部门分别对著作权管理、版权纠纷审理、法律纠纷调解相关情况的掌握具有一定的优势地位，关注的重点与具有的资源条件也有所不同。

对于版权调解人才培养机制的构建，由于既需要具有搭建教师特色—能力需

609

求—物质投入培养环的资源与条件，同时还需要实现教师资源、人才来源、人才输送三方面的沟通合作需求，因此培养组织不仅需要专业性也需要具有一定的协调性。同时由于《知识产权纠纷调解工作手册》中对调解员培训系统性、常态性、长效性的专业化的期待，相关培养组织也应当具有可以稳定实施培养方案的软件以及硬件资源。

二、版权纠纷调解人才培养机制的重点方面

版权纠纷调解人才的培养思路，从本质上看，主要是指培养能够完全符合版权纠纷调解岗位能力需求的专业型和应用型人才，其不仅要拥有过硬的专业理论知识，更要掌握熟练的调解技能与沟通技巧，尤其是结合版权纠纷的特殊性，充分提炼当事人的诉求，把矛盾化解在一线的能力。培养对象既要全面系统地学习专业知识，构建起比较完善的理论体系；还要经由实地、实训，切实在调解活动中增强理论与实践之间的连接。为提高培养对象的调解质量、提高调解人才的培养效率、增加相关调解人才的数量，构建具体明确的培养机制实为必要。从调解人才培养的具体流程上看，包括构建培养方案、人才池选拔、能力培养、培养方案的推广与人才输送、明确效果并改进等阶段。因此对于版权纠纷调解人才培养机制而言，培养目标、培养资源、培养对象、培养方案是需要重点明确的内容。

（一）版权纠纷调解能力的培养目标

1. 事实采集与法律分析能力

根据前文对版权纠纷的特殊性的论述，版权纠纷调解人才不仅需要具有一般民事法律知识，同时更应该熟悉基本的著作权相关法律知识，能够进行一定的基础性法律分析工作，在调解之前首先完成事实情况采集与法律基础问题分析的工作。

对事实采集而言，调解员应分别向双方当事人询问纠纷的有关情况，了解双方的具体要求和理由，根据需要询问纠纷知情人，向有关方面调查核实。当事人选择调解解决纠纷一般体现出对高效、非冲突性的需求以及寻求问题解决的积极态度，但由于对事实的认识不同、对结果的期待不同而希望为自己争取更多的利益。因此在事实采集阶段需要充分听取当事人的意见，明确无法达成一致意见的冲突点。此时需要完成信息采集、总结行为、明确诉求与争议点等工作内容，因

此对调解员的信息收集、关键内容抓取、提炼总结等能力具有一定要求。

对法律分析而言，调解员应根据纠纷的情况，讲解法律政策，宣传公德情理，摆事实、讲道理，帮助当事人分清是非、明确责任。调解员需要熟知著作权相关基础法律知识与常发的著作权纠纷类型，能够熟练解决不同的著作权纠纷。具体而言在进行调解之前就需要明确有没有权利，是不是构成侵权，损失与利益衡量如何计算的基础判断。但需要注意，调解并不能起到终局裁判的作用，普遍也无法根据事实材料得出完全明确的结论，此时更应注重说理、拆分、讲解的过程，化解矛盾即可。

2. 沟通能力

"法官是司法调解的策划者、指挥者和主导者，但这并不意味着法官在调解中始终能发挥最佳调解者的角色。"①由于调解的软性说服特征，因而在整体的调解流程中，沟通技巧很大程度上会影响当事人对事实的披露程度、其他相关人员对信息的提供以及双方当事人对核心期待、诉求的表达。而事实采集和诉求表达又是影响法律分析与调解成功的关键基础因素，所以沟通技巧在版权纠纷调解培养中占据了重要的地位。

具体而言，沟通技巧可以包括引导、倾听、肯定、回应、软性反驳等内容。在事实采集阶段，首先需要向当事人阐述保密性原则的内容以及坚定执行的态度，为沟通方营造敢于表达的安全场域，本阶段的重点在信任的搭建，因此应更多引导当事人进行表达和披露，多采用倾听、积极回应的应对方式，语句多用肯定句。在诉求表达与底线探索阶段，需要调解员前期已经对事实具有大致的判断，构建与相关法律问题、公德情理等分析性内容的衔接，形成较为具体的调解方案。在沟通过程中，重点在倾听的基础上说理，引导当事人构建较为合理的诉求，并不断向调解方案靠拢。在协商解决阶段，需要调解员在了解当事人诉求的基础上发现或构建调解共识，表达调解成功的积极效果以及矛盾持续存在的消极影响，帮助达成调解协议，促使调解结果的进一步落实。

3. 调解人才的其他基本素养

除了以上两点能力目标，版权纠纷调解员还需具备一般调解人员的基本素养，依据调解的基本原则开展调解工作。《中华人民共和国人民调解法》要求，调解员在调解民间纠纷时应遵循当事人自愿、不违背法律法规和国家政策、尊重

---

① 广东省高级人民法院民四庭. 发挥司法能动作用 积极化解社会矛盾——广东海事审判的司法服务观 [J]. 人民司法, 2010 (11): 9-12.

当事人权利、对调解内容保密。除专业知识和调解技能外,《知识产权纠纷调解工作手册》还具体列举了职业操守、形势政策、信息技术等培训内容。《全国人民调解工作规范》同样明确人民调解员培训应包括政治理论、社会形势、法律政策、职业道德、专业知识、信息化运用、调解技能的内容。

综合上述原则性、具体性要求,对于版权纠纷调解人才的培养,同样需要具有以上调解人才基本素养的培训内容。具体包括:学习政治理论知识,具有基本的政治素养和政治常识;了解社会形势,熟悉社会共通的价值观念以及普遍的价值选择;深刻学习宪法、人民调解法、民法典等基础法律法规,及时更新法律法规以及政策信息变动;铭记职业道德,尊重当事人,对调解内容保密,坚持原则,明法析理,主持公道;掌握基本的电子化、信息化技术,包括办公自动化设备及软件,调解办案设备及软件等的应用,能够独立查询相关版权信息。

上述调解能力所针对的具体版权纠纷主要为国内主体之间多发的常见纠纷类型,在具体的版权纠纷调解实例中,还存在大量与域外主体进行沟通协商并达成合作协议的纠纷调解案件,如北京高院、中国互联网协会调解中心成功调解国际四大唱片公司与搜狐、搜狗音乐作品著作权系列案[1]。并且早在2009年韩国三大电视台访问中国版权保护中心之时,双方就已明确积极开展合作,针对版权纠纷调解工作,进一步完善相关机构的组成、程序、规章等制度建设的目标。[2]因此,在发生与域外主体的版权纠纷时,出于合作交流及共同发展的考虑,调解也成为主要的纠纷解决措施,此时除前文所述的几种能力需求外,更加考验版权纠纷调解人才的协调及谈判技巧。

(二)版权纠纷调解培养的相关资源

1. 教师资源

在教师特色—能力需求—物质投入培养环的构建中,教师资源最为重要、稀缺,是需要重点解决的问题。根据《知识产权纠纷调解工作手册》,知识产权管理部门、知识产权调解组织可聘请知识产权司法和行政管理部门的专家、知识产权资深律师、专利代理师等担任调解员的培训师和业务。同时,根据版权纠纷调

---

[1] 北京高院、中国互联网协会调解中心成功调解国际四大唱片公司与搜狐、搜狗音乐作品著作权系列案 [EB/OL].[2023-08-20]. https://www.isc.org.cn/article/24816.html.

[2] 韩国三大电视台访问中国版权保护中心 [EB/OL].[2023-08-20]. https://www.ncac.gov.cn/chinac-opyright/contents/12227/343011.shtml.

解所需的事实采集能力、法律分析能力、沟通能力以及其他调解基本素养，可以明确人才培养内容中理论部分包括民法、著作权法、人民调解法等基础法律知识、普适性心理学基础理论等，实践部分包括法律分析技巧、观点提炼与信息提取技巧、引导倾听、肯定、回应等沟通技巧，同时还需强调对调解人员职业道德素养的培训。因此具体的教师种类包括但不限于法学专家、心理学专家、马克思主义哲学专家、律师、资深调解员。在确定教师来源后，需逐一分析其擅长内容，提供不同授课方式，由教师选择并且多次尝试、反馈，最终匹配培养效果最好的授课方式。为实现教师资源的稳定支撑作用，可以由培养组织牵头，与对应高校、律所等教师来源构建一对一合作关系，同时根据授课内容匹配典型案例，提炼总结典型版权纠纷类型及其应对方式，提高人才培养效果。

2. 组织资源

根据前文分析，资源需求承担起整体机制构建的基础性支撑作用，而其中教师人才资源、物质硬件资源、宣传资源又需要组织资源的支撑。培养组织需要承担筛选、联络培养教师，寻找培养人才来源，构建稳定合作关系，最终搭建形成稳定人才输送—培养—应用体系的中心性、枢纽性责任。结合《知识产权纠纷调解工作手册》对培训主体的要求，培养组织需要具有高专业性、高协调性、高稳定性的特点。

当前人才培养的主要体系为知识产权管理部门配合司法行政部门，指导、协调、汇总辖区内知识产权纠纷调解员培训工作。但具体落实过程中，培训工作大多仍由具体人民调解组织承担，因此存在培训效果不显著、培训重点不明确、培训方案不具体、培训流程不完善等各种问题。核心在于调解组织自查自纠的困难性大、怠惰情绪明显，需要提高培养主体的组织地位、政治地位、管理地位，形成统一的培训体系，同时还需注意相关主体负担任务的饱和程度，合理选择。根据前文对版权局、司法部门、司法行政部门职能内容的总结，上培训工作主体分别在著作权管理、版权纠纷审理、法律纠纷调解相关情况的掌握方面具有一定的优势地位，在具体落实上可以选择由其下属机构或相关组织实施。课题组曾对建设全国性的版权纠纷调解工作公共服务机构，即国家版权调解办公室可行性进行分析研究，其性质、地位、目标、职能与版权纠纷调解人才培养组织的要求也具有一定的适应性。

3. 宣传、推广资源

为促进各地构建更加完善的版权纠纷调解培养方案，拥有更多的版权纠纷调解人才，纠纷更加高质、高效解决，版权纠纷调解人才培养方案的宣传、推广与应用在整体培养机制中同样承担着重要的作用。目前较为普遍的宣传方式包括传统媒体宣传和新媒体宣传，传统媒体宣传包括利用广播、电视、报纸、杂志等媒体的宣传，新媒体宣传包括利用互联网、移动互联网、微信、微博、视频网站等新型媒体的宣传。在具体宣传方式的选择上应当结合宣传目标进行有针对性的比较。对于宣传目标而言，一方面人才培养方案具体的实施主体、应用主体多为人民调解组织、行业性专业性调解组织以及相关国家机关，主体具有特殊性且类型统一、范围集中；另一方面对版权纠纷调解人才培养机制的宣传推广，也有利于加强与社会公众的联系，增加潜在被调解主体的数量，增强调解信心。因此在宣传方式的选择上需要综合考虑传播的广泛性、有效性和针对性，结合不同宣传需求选择多种宣传方式。在宣传内容上需要注意对培养机制整体框架以及培养方案的特点、亮点的突出展示，并且附以相关实例。在人才培养组织的选择上，是否具有一定的宣传资源与宣传经验也应当作为考量因素之一。

（三）版权纠纷调解的培养对象

1. 培养对象来源

根据前文分析，当前版权纠纷调解人才后备力量薄弱，人才缺口较大，不仅缺乏调解主体，潜在发展对象数量同样较少。结合现状要求，版权纠纷调解人才培养的目标包括提升版权纠纷调解质量以及增加相关调解人才的数量两方面。因此首先需要重视对现有版权纠纷调解员以及其他调解员调解能力的培训，其次还需挖掘潜在的培养对象，进行后备力量的补足。对现有调解员而言，需要逐一分析总结其调解能力的发展领域与增长空间，有选择有针对性地进行培训。对于潜在培养对象的选择，包括法律人才调解技能培训、沟通人才法律知识培训以及其他主体的综合培训三种类型，因此高校法律专业人才，传播学、新闻学、应用心理学相关人才以及具有丰富沟通经验和调解经验的人才均具有培养空间。在选择培养人才时应综合培养对象参与意愿、可分配时间与精力、其他能力薄弱程度、个人品德与基本素养以及可承担调解年限等条件进行分析，对时间充裕、参与意愿强烈且主体稳定性高的培养对象，可在一定程度上放宽能力要求。

2. 培养对象数量

对培养对象数量而言，以满足纠纷需求，并且与其他资源数量相适应为标准。需综合分析本组织历年版权纠纷调解数量与调解总时长，并结合同一地区法院接收版权案件数量进行对比分析，适当调整培养数量目标。

（四）版权纠纷调解的培养方案

1. 培养内容

在具体人才培养的方案中，培养内容为重点部分，需要匹配培养目标以及相关能力需求进行具有针对性的设置。根据前文分析，版权纠纷调解人才一般需要事实采集能力、法律分析能力、沟通能力以及其他调解基本素养，对于涉外版权纠纷还需针对专人进行语言、协调及谈判能力的综合训练。人才培养内容包括理论知识培养、实践技巧培养以及职业道德培训三部分。具体内容上，理论知识包括民法、著作权法、人民调解法等基础法律知识、普适性心理学基础理论；实践部分包括法律分析技巧、观点提炼与信息提取技巧、引导、倾听、肯定、回应等沟通技巧。

由于调解对实践性、经验性的要求较高，因此具体培养内容的安排与一般人才培养存在较大不同。首先，培养流程的设置基本要与调解流程保持一致，客观上为被培养人构建更加真实、具体的调解环境，形成直观的调解感受。其次，除了进行理论知识、实践技巧以及职业道德内容的理论性讲解外，还应增加现场调解观摩，实训演练等实践培训，注重理论与实践的结合。再次，在培养资料的选择以及培训教师的要求上，应强调基础性、实用性。同时可以筛选总结典型著作权纠纷、常发著作权纠纷、疑难著作权纠纷及解决等模块，形成版权纠纷调解手册，并对具体法律知识及应用进行提示。在培养时限上，应当以能够独立开展调解工作为目标，设置合理的课程数量。

对于涉外版权纠纷调解人才的培养，除了对语言能力、协调能力及谈判能力提出更高的要求，具体操作上更依赖人才的选择，即事先完成涉外版权纠纷调解人才的筛选，并在此基础上进行提高或补足。这一方面由于在涉外版权纠纷调解中，沟通及基本法律知识的熟知乃是调解顺利进行的前提，并且上述两部分能力是可以事前评估并得出稳定结果的。另一方面是由于涉外版权纠纷调解数量较少，对人才的需求更具有针对性，出于对培养效率的考虑无须对所有调解人才进行全方位的培训。需要注意的是，域外版权纠纷除了纠纷内容更为复杂之外，由于纠纷主体的特殊性，更需要衡量具体纠纷内容背后的深层次影响，此时强调对国内外具体情形以及我国的政策内容的深刻理解，完成一项能够带来深远影响的域外版权纠纷调解往往是群策群力的结果。

2. 培养方式

培养方式的选择需要与教师偏好以及授课内容相适应，匹配效果最佳的授课方式。根据《知识产权纠纷调解工作手册》以及《全国人民调解工作规范》，对于调解人才而言，目前主要的培养方式包括集中授课、网络视频、研讨交流、案例评析、实地考察、现场观摩、旁听庭审、实训演练几种类型。集中授课、网络视频、研讨交流、案例评析主要着眼理论知识培养，实地考察、现场观摩、旁听庭审、实训演练主要着眼理论与实践的结合。

对培养能力需求而言，其中事实采集能力与沟通能力对实践性要求较高，应当在获取一般理论知识的基础上提供更多的实践条件，因此更应注重采用实地考察、现场观摩、旁听庭审、实训演练的培养方式。而法律分析能力很难在脱离法律知识的基础上得到更好的提升，集中授课、网络视频作为主要培养方式，同时辅以研讨交流、案例评析的形式增强调解主体对法律知识的运用能力以及案例分析能力。对人才培养整体性而言，上述培养方式不存在优劣之分，只是针对的侧重点与优势存在不同。为实现最终的培养目标，需要综合选择多种培养方式。同时，具体培养方式的安排还应当考虑培养组织相关教师、物资等基础资源的具体情况，与培养内容结合构建最佳的培养方案。

3. 人才输送

人才稀缺是版权纠纷调解工作推进最大的阻碍之一，根据前文对两种增加调解人才的发展方式的分析，由于当前调解人才普遍缺乏的现实情况，筛选并构建稳定的人才培养输送来源应作为主要解决路径。结合版权纠纷调解的能力培养目标，高校法学专业人才，传播学、新闻学、应用心理学相关人才，以及具有丰富沟通经验和调解经验的人才如律师、法官、基层群众自治组织如居委会成员等均具有培养空间。同时，调解组织经费保障不足、工作场地与办公设备欠缺等情况也是影响调解人才数量的重要原因。因此，为形成稳定的人才输送—培养—应用体系，不仅需要解决培养对象从哪来的问题，还需要解决如何来、到哪去的问题。

具体而言，针对培养对象来源筛选，高校具有先天的人才来源优势。高校相关专业尤其是法学专业，已经承担了绝大部分版权纠纷调解所需法学理论知识的相关培养内容。同时，由于法学专业人才对辩论、沟通等实践能力的重视，大部分高校开设了如模拟法庭等沟通技能课程，也与版权纠纷调解人才的沟通能力需求相匹配。并且由于大学生人生观中奉献意识比重高[①]，实习工作选择中能力提升需求显著，对调解组织经费保障不足带来的人员短缺问题，可以通过与高校建

① 李艳飞. 当代大学生人生观的现状分析与教育对策［J］. 思想理论教育，2021（12）：96-101.

立定向培养的合作关系，重点突出调解工作的能力提升作用与社会价值感来缓解。而对于人才到哪去的问题，则更多依赖培养组织在高校、调解组织或机构之间的协调与沟通。

4. 记录与评估

《知识产权纠纷调解工作手册》对调解员培训的记录与评估提出了明确的要求，具体内容包括：调解员的培训情况由所在调解组织进行汇总统计。知识产权管理部门、知识产权纠纷调解组织每年对培训情况进行评估，评估内容包括培训方案、培训师资、培训效果等。评估结果作为改进培训工作、提高培训质量的参考依据。对于人才培养机制构建而言，实现最佳培养效果，形成最高效的教师特色—能力需求—物质投入培养环、最稳定的人才输送—培养—应用体系需要经过多次实践与探索。因此对培养机制的各个方面均需要在前期规划的基础上不断记录、评估、反馈并且改进。

对于记录而言，重点为培养对象的情况记录，但仍应注意培养对象对教师能力、培养方案等内容的综合反馈。具体而言，首先在进行人才培养之前就需要对培养对象的能力指标进行评估，可以包括参与调解数量、调解案件难易程度与种类、调解时长、调解当事人的评价、自我评估等几个方面，明确应当提升的能力需求。其次，在参与培养过程中，需要综合记录培养方式、培养内容、培养时长、培训师资等内容，必要时还应附有具体的学习心得。最后，记录完成培训之后的调解实践情况，与调解前进行对比。

对于评估与改进而言，重点在于培养目标的具体化、可检验化。能力评估的有效性离不开培养目标的有效性与记录内容的丰富度和准确性，改进要点的总结提炼也与前述内容息息相关。对于统一的版权纠纷调解人才培养机制而言，提高培养对象的调解质量、提高调解人才的培养效率、增加相关调解人才的数量为前进的主要目标。但对于具体调解组织、调解员与其他培养对象，需要进行组织内培养需求与目标细化以及个人能力需求与目标细化，对培养组织及专人的调解情况进行广泛而具体的把握。对于反馈而言，需注意反馈主体的权威性、反馈内容的针对性与有效性。

5. 人员的准入与准出

考虑到版权纠纷调解员具有一定的能力门槛，调解工作具有一定的强度要求，以及目前调解人员缺乏的现状，对调解人员准入准出应当设置一定要求，避免只关注人才准入却忽视调解效果或者人才过度流失的情况出现。具体可参考《知识产权纠纷调解工作手册》与《中国专利保护协会知识产权纠纷人民调解委员会诉前人民调解员管理办法》中有关调解员选聘资格、调解员续聘、解聘等方面的内容。

同时为了留住调解人才、吸引更多培养对象加入调解工作，需直面版权纠纷调解组织、机构当前面临的几重困难并进行完善。具体而言，对版权这类复杂、专业性的纠纷而言，调解必然耗费相当的资源，缺乏物质保障将导致调解工作受到很大制约。但是，若向当事人收费又"无法可依"，还面临"非公益性"的质疑。另外，以上海版权纠纷调解中心为例，调解员主要为合同聘用人员，既没有公务员编制，也没有事业单位编制。由于版权纠纷调解具有较强的专业性和复杂性，受调解中心职业空间和职业前景限制，大多数大学毕业生工作短暂时间就选择离开，严重影响了队伍的稳定性。①因此，对资金来源缺乏、人员编制不足导致稳定性较低的问题应当给予一定程度的关注与回应。

三、版权纠纷调解人才培养的现实障碍

（一）培养需求认识不足，培养机制构建缺乏关注

根据前文分析，当前司法审判压力较大。自实施立案登记制以解决立案难的情况开始，法院受案数增幅又大大提高，可谓"爆炸式"增长，进一步加重了法官的审理负担，部分地区的"人案矛盾"真实存在而且非常严重。②同时员额制改革的推进虽然让法官的司法能力和审判效率显著提升，但造成了超审限情况频频发生、调解方式结案的比例下降等问题。③法院案件数量成倍增加的同时，办案法官的人数却在相对减少，"人案矛盾"越来越激化，又进一步造成了"法官流失"的现象，形成人案数量不匹配的恶性循环局面。部分学者已经注意到这一情况并提出具体的解决思路，其中就包括多元化纠纷解决机制的推进尤其是调解

---

① 倪静，陈秋晔. 公共行政服务语境下版权纠纷调解机制的建设 [J]. 知识产权，2015（4）：124-128.
② 石春雷. 立案登记制改革：理论基础、运行困境与路径优化 [J]. 重庆大学学报（社会科学版），2018（5）：125-138.
③ 调研发现：部分法院不堪重负，案件积压严重；5年时间牺牲在工作岗位的法官达95名！[EB/OL].［2023-03-18］. https://mp.weixin.qq.com/s/4Ql1MHRAaD6dLTjY4Q1_DQ.

的应用。①经过历史分析、理论分析，本文发现调解制度对人才的依赖性较强。司法部原副部长刘振宇在《中国特色人民调解制度的传承与发展》一文中也提到：人民调解员的能力和水平，直接影响调解工作的合法性和有效性。经过走访调研，当前版权纠纷调解人员数量不足、调解人员能力有待提高仍为调解组织的普遍现象，构建具体的版权纠纷调解人才培养机制具有相当程度的紧迫性与必要性。

在具体培养机制的构建中，需满足专业性、全面性、实操性等方面的要求，培养组织的筛选也为研究的重点内容之一。但课题组通过检索对比现有与调解人才相关的培养手册、调解规范等内容，基本均未明确版权调解的特殊性；重点阐述调解原则、调解范围、调解员的权利与义务等内容，对于调解人员培养的相关内容着墨较少；内容多具概括性、原则性，没有从宏观上构建统一培养机制、形成人才输送—培养—应用体系，无法解决调解人才来源后备力量不足等问题。少量国家机关及调解组织已经认识到版权纠纷调解人才培养的重要性，展开了一定的培训工作。如2022年9月首都版权协会举行调解员培训会，分别以"人民调解工作技巧""北京版权调解平台使用规范""新著作权法下的数字版权""司法调解流程规范"为题进行授课。②但培训工作更多聚焦于版权管理③、纠纷调解④等领域，缺乏对版权纠纷调解独特性、专业性的关注。版权纠纷调解人才培养需求的认识不足，具体统一培养机制的构建存在空缺。

（二）培养要素配备不足，培养组织不明

根据前文分析，版权纠纷调解人才培养组织需要具有高专业性、高协调性、高稳定性的特点。既需要有搭建教师特色—能力需求—物质投入培养环的资源与条件，又需要实现教师资源、人才来源、人才输送三方面的沟通合作需求，还需要满足调解员培训系统性、常态性、长效性的专业化的期待，匹配稳定实施培养

① 调研发现：部分法院不堪重负，案件积压严重；5年时间牺牲在工作岗位的法官达95名！[EB/OL].[2023-03-18]. https://mp.weixin.qq.com/s/4Ql1MHRAaD6dLTjY4Q1_DQ.
② 北京大力推进版权调解工作[EB/OL].[2023-03-18]. http://www.iprchn.com/cipnews/news_content.aspx?newsId=135964.
③ 聚焦成都版权行业难点热点 这场培训"干货"满满获点赞[EB/OL].[2023-03-18]. https://www.sohu.com/a/605062590_120237.
④ 复合应用型调解人才培养的"湘大模式"[EB/OL].[2023-03-18]. https://k.sina.com.cn/article_3363163410_c875cd1202001amdz.html.

方案的软件以及硬件资源。就目前来看，大多调解人员的培训工作由具体人民调解组织承担，存在培训效果不显著、培训重点不明确、培训方案不具体、培训流程不完善等各种问题。核心在于调解组织自查自纠的困难性高、怠惰情绪明显，需要提高培养主体的组织地位、政治地位、管理地位，形成统一的培训体系。根据《知识产权纠纷调解工作手册》，当前人才培养的主体主要为知识产权管理部门与司法行政部门，包括版权局、各级人民法院与人民检察院、司法部、司法厅、司法局等。但综合对比以上主体的具体职能、资源以及现实情况，仍然无法完全匹配版权纠纷调解人才培养组织的要求。

对各级人民法院与人民检察院而言，符合高专业性、高稳定性的要求，但其日常工作内容已经达到超饱和的状态，在组织协调及资源提供等方面缺乏承接人才培养工作的可能，在整体人才培养体系中可以承担指导、监督、提供教师资源等内容。对各级司法行政部门而言，具有统筹推进法治社会建设，指导调解工作；规划公共法律服务体系建设，统筹布局法律服务资源，指导监督律师、法律援助和基层法律服务管理工作等职能。因此其在教师资源、人才来源、人才输送的协调上具有一定优势，但其主要负责司法行政工作，与具体版权纠纷关联度较低。对版权局而言，具有接受委托起草著作权相关法律、行政法规；查处重大违法行为；监督管理作品登记、质权和版权合同登记；组织开展全国版权宣传教育活动等职能，符合专业性、稳定性要求，同时在查询版权信息、开展宣传活动上具有一定优势，但仍需提升教师资源、人才来源、人才输送的协调性。在这三类主体中，著作权管理部门对承接版权纠纷调解人才培养工作适配度最高，但仍需完善协调性。同时，对培养组织的构建除了可以筛选某一主体承担组织职能外，也可综合联动多个主体，分别承担不同的职能要求，相互沟通协调，实现最佳的人才输送—培养—应用体系。

（三）培养对象储备不足、人才来源支持不够

根据前文，各地版权纠纷调解组织均存在调解人员能力有待提高、调解人员数量不足的情况。对版权纠纷调解人才的充实，首先需要重视对现有版权纠纷调解员以及其他调解员调解能力的培训，其次还需挖掘潜在的培养对象，进行后备力量的补足。但在能力提升方面，对于版权纠纷调解员而言，目前缺乏针对版权纠纷特性的规范统一的调解人才培养机制与具体培养方案。同时由于调解人员流失的普遍性，表现为人民调解委员会数量从2000年的96.4万个逐年下滑至2019年的73.5万个，组织规模萎缩了23.76%，调解人员数量从844.5万人一路下滑至

337.8万人，人员规模萎缩了60%之多①，使吸收其他领域调解人员从事版权纠纷调解的可能性较低。在人才挖掘方面，调解人员来源有限且大多数纠纷调处机构对调解人员的选聘并没有专门的规定，实践中多为退休人员、教师或社区工作人员，与日益增长的矛盾纠纷数量难度相比，专业调解力量能力明显不足。②同时调解组织长期存在经费保障不足、工作场地与办公设备欠缺等情况③。缺乏激励措施而本职工作繁忙，调解员参与调解的积极性与投入度难以保证④，更不必说吸引更多的调解人才。为挖掘更多潜在的培养对象，构建稳定的人才来源支持，对调解人员准入要求的明确、资金等各项资源的丰富，以及对潜在对象的激励都成为亟待解决的问题。

（四）针对版权纠纷特性，缺乏规范统一的培养方案

由于对版权纠纷调解人才培养需求的认识不足，目前版权调解人才的综合培养机制与规范统一的培养方案均存在空缺。人才培养是指对人才进行教育、培训的具体过程。在教育领域，人才培养方案是学校落实党和国家关于人才培养总体要求，组织开展教学活动、安排教学任务的规范性文件，是日常教学的行动指南，是实施人才培养和开展质量评价的基本依据。对版权纠纷调解人才培养而言，实现从培养理念到培养目标到具体落实的进阶，同样依赖规范统一的培养方案的构建与实施，培养方案承担着实现培养机制实操性要求的作用。

首先，构建规范统一的版权纠纷调解人才培养方案具有现实需求。根据走访调研与文献研究，版权纠纷调解人才数量不足、能力较低为各调解组织、调解机构的普遍情况，但鲜见对相关人员的培训与引进。现有与调解人才相关的培养手册、调解规范也多缺乏对版权纠纷的独特性，培养措施的具体性、明确性、实操性、人才培养的可检验性的关注，存在内容不统一、规定不细致、具体操作不能且无法落实等问题。

---

① 王璐航. 社会治理视域下人民调解制度的现代化发展研究［J］. 社会科学战线，2021（11）：263-268.
② 张卫星. 新时代法治中国建设中诉源治理的实施进路研究［J］. 江苏大学学报（社会科学版），2022（6）：95-105.
③ 王璐航. 社会治理视域下人民调解制度的现代化发展研究［J］. 社会科学战线，2021（11）：263-268.
④ 张卫星. 新时代法治中国建设中诉源治理的实施进路研究［J］. 江苏大学学报（社会科学版），2022（6）：95-105.

同时，尽管部分地区已经认识到版权纠纷调解人才培养的重要性，某些机构采取了一定的培训措施，如2022年9月首都版权协会举行的调解员培训会，但多为点对点的单次培训，没有统一培养方案，也较难供其他组织借鉴并重复实施。还有部分机构为扩大调解员队伍，公开征集符合条件的律师及相关优秀专业人士担任版权纠纷调解员[①]，并且在工作职责中表明应参加调解员培训，提升调解业务水平，但对如何培训无具体展开。除此之外，还有一些地区版权调解工作进程较慢，目前基本启动对版权纠纷调解委员会的筹备工作，还未开展具体调解与人才培养任务，但已经提出高标准做好版权纠纷调解工作，完善调解机制等具体要求[②]，版权调解人才培养也是重点内容之一。

版权纠纷调解人才培养是个普遍性问题，各地区各调解组织、法院及相关机构或多或少都存在这一需求，综合分析版权纠纷特性、人才培养共性，以具体目标为指引构建内容具体、明确，措施实操性强、可重复，培养结果可检验、可评估的人才培养方案即为此中之义。

四、版权调解人才培养机制的完善建议

（一）逐步形成标准统一、计划有序的培养机制

综合上述分析，版权纠纷调解人才培养机制的构建具有相当程度的紧迫性与必要性，但由于对版权纠纷调解人才培养需求的认识不足，目前仍存在空缺。规范统一培养机制的构建有助于实现提高培养对象的调解质量、提高调解人才的培养效率、增加相关调解人才的数量等目标。对版权纠纷调解人才培养机制与培养目标进行进一步拆分，至少需要明确以下内容，包括细化培养能力；明确资源需求；搭建教师特色—能力需求—物质投入培养环；形成稳定的人才输送—培养—应用体系；综合分析版权纠纷特性、人才培养共性，以具体目标为指引构建内容具体、明确，措施实操性强、可重复，培养结果可检验、可评估的人才培养

[①] 速来，深圳市版权纠纷人民调解委员会公开征集调解员啦［EB/OL］.［2023-03-18］. http://www.scs.org.cn/news_detail.php?id=291.

[②] 湖北省版权保护协会举行迁址揭牌仪式［EB/OL］.［2023-03-18］. http://www.legaldaily.com.cn/index/content/2023-02/20/content_8823925.html.

方案（见图1）。

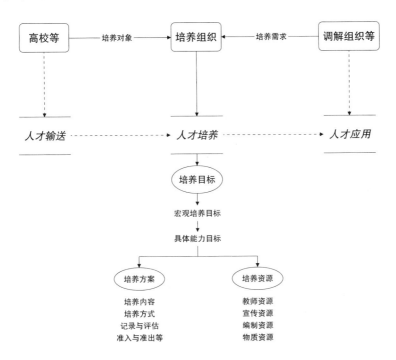

图1 版权纠纷调解人才培养机制框架示意图

对于培养能力而言，包括事实采集能力、法律分析能力、沟通能力及其他调解人员的基本素养。对于资源需求而言，包括教师资源需求、组织资源需求、宣传推广资源需求、人员编制需求及其他软件、硬件资源需求。教师资源需与能力需求对应，包括但不限于法学专家、心理学专家、马克思主义哲学专家、律师、资深调解员等。组织资源需具有高专业性、高协调性、高稳定性特点，目前的培养组织中，著作权管理部门对承接版权纠纷调解人才培养工作适配度最高，但仍需完善协调性。也可综合联动多个主体，分别承担不同的职能要求。宣传推广资源需要综合考虑传播的广泛性、有效性和针对性，结合不同宣传需求选择多种宣传方式，同时需匹配相应的资金、电脑设备等物质条件。

对于人才来源而言，高校法律专业人才，传播学、新闻学、应用心理学相关人才以及具有丰富沟通经验和调解经验的人才均具有培养空间。同时由于高校具有人才输送的天然优势，可以与其建立定向合作关系，形成稳定人才来源。对于培养方案而言，培养内容需与培养目标以及相关能力需求匹配，主要包括理论知识培养、实践技巧培养以及职业道德培训三部分。培养方式包括的适合理论知识的培养方式与偏好实践能力的培养方式，为实现最终的培养目标，需要综合选择多种培养方式，并且考虑培养组织相关教师、物质等基础资源的具体情况。同时，为实现最佳培养效果，形成最高效的教师特色—能力需求—物质投入培养环、最稳定的人才输送—培养—应用体系，对培养机制的各个方面均需要在前期规划的基础上不断记录、评估、反馈并且改进。

（二）借助相关组织、高校等平台力量，实施培养方案

根据整体培养机制的框架，可以看到培养组织在整体框架中承担的内容较多，任务较重，除了规划培养任务、明确宏观培养目标外，还需配备相关资源并承担具体培养工作。但基于上述分析，现有的培养组织均无法完全匹配版权纠纷调解人才培养组织的要求，著作权管理部门对承接版权纠纷调解人才培养工作适配度最高，但仍需完善协调性。同时若由培养组织承担具体的人才培养工作，现有的人员编制、办公设备与系统、办公场地等资源或无法满足具体需求，但上述条件的准备耗时较长且投入较大，具体推进存在一定困难。因此在具体实施人才培养方案时，除了由相关著作权管理部门或司法行政机关承担培养组织的主要职责外，可以综合现有多种主体资源，分配剩余职责任务、承担不同内容，做到资源的高效合理利用。

对职责任务的分配，重点着眼于相关主体具备的培养资源类型、充实度、与培养目标的匹配程度以及目标实现的可能性。从教师资源入手，主要来源包括高校、法院、律所、人民调解组织及相关机构等类型，上述主体对具体培养任务的承担均具有一定优势与缺陷。除法院与相关机构在前文已经重点阐述外，律所与各人民调解组织解纷能力高低不一且主体站位不高，同时相关资源有限，承担人才培养工作存在困难。而对于高校，其教师资源与相关物质资源较为丰富，教师资源与培养能力目标的匹配较高，承接人才培养工作具有一定优势地位。具体而言，由于高校部分课程内容与版权纠纷调解所需法学理论知识的相关培养内容一致，并且大部分高校法律专业开设了如模拟法庭等沟通技能课程，符合版权纠纷调解人才的沟通能力需求。同时，对其他调解能力及调解人才基本素质的培养，可以由培养组织牵头，与高校建立定向合作关系，利用高校教室、电脑等场地设备与其他物质资源，由其他律师、法官、人民调解员承担培训工作。具体合作关系及人才培养模式的搭建，可以借鉴湘潭大学"四位一体"即平台建设、师资建

设、教材建设、课程建设为一体的复合应用型调解人才培养体系的内容。[①]

（三）与相关单位建立委托培养、定向培养的合作关系

根据前文，实现提高培养对象的调解质量与增加相关调解人员数量的目标主要有两种方式，即对现有其他调解人才进行能力培养或筛选并构建稳定的人才输送关系。因此，调解组织及其他培养对象来源均具有一定的人才培养需求。但基于走访调研与理论研究，上述单位普遍缺乏相关教师资源、物质资源等培养资源。同时对培养机制的理解认识不足，制定具体培养方案并落地实施存在一定困难。对调解人员能力提升及调解员数量增加的需求，单位内部实现的可能性较低。由此，回归版权纠纷调解人才培养机制的整体框架，由站位较高的培养组织提取各方人才培养需求，明确宏观及具体人才培养目标并匹配相关资源制定具体培养方案更具现实可能。此时解决的是人才来源、人才输送的问题。

对于调解组织而言，其人才培养需求高、调解人员具体明确，在完成人才输送及培养工作之后，调解员可以直接回归原单位从事调解工作，通过多次实践检验培训效果并总结经验与问题。

对于高校而言，与培养组织建立委托培养、定向培养的合作关系，不仅能够完成对学生法律实践技能、沟通技能的培养要求，还有助于从法学理论知识到具体问题分析、从理论到实践的应用，对于其他专业人才的法律知识培训也有利于加强法学与其他学科之间的协同。同时，人民调解的公益属性也有利于实现大学生奉献社会的人生价值目标。对于完成版权纠纷调解人才培养内容的相关人才，可以组成具体人员信息名录，以便实现调解人员从人才培养到人才应用的流通。

（四）建立先行示范合作单位，推送调解人才

调解人才培养是人才应用的前置程序，培养调解人才最重要以及最根本的目的仍是输送人才到纠纷一线，帮助更快速、更成功地解决更多版权纠纷。基于前述分析，来自调解组织的培养对象在完成培训任务之后基本会返回原单位继续进行调解工作，但着眼于调解人员缺乏的普遍情况，充实现有版权纠纷调解员队伍的更重要的方式仍是输入"新鲜"调解人才。在人才培养与人才应用的关系中，对于高校等组织、单位人才而言，调解、沟通、法律分析等能力的培训不仅是为

[①] 复合应用型调解人才培养的"湘大模式"[EB/OL].[2023-03-18]. https://k.sina.com.cn/article_3363163410_c875cd1202001amdz.html.

相关组织机构配备调解人才提供后备支撑，上述多种技能也是法官、律师等法律职业所需的基本素养，调解人才培养是调解人才应用的必要不充分条件，即与高校建立的委托培养、定向培养合作关系的作用，不局限于调解人才推送领域，也可以为高校法律人才培养工作服务。这一方面有利于版权纠纷调解人才培养方案的推广实施，进而极大程度上丰富版权纠纷调解人才储备池。但另一方面也意味着完成培养任务的培养对象与调解组织之间仍需搭建"桥梁"，才能实现人才推送与人才应用。因此，对于已经完成培养任务的版权纠纷调解人才，如何更好地实现人才推送、人才应用也是需要重点考虑的问题。

具体而言包括信息名录构建，调解人员需求收集，调解人才推送与应用等内容。首先，培养组织通过与相关单位建立委托培养、定向培养的合作关系，构建完成调解人才储备池，组成具体调解人才信息名录。其次，收集法院与调解组织等组织、机构的调解需求，由培养组织进行沟通协调。最后，实现调解人才与调解组织、版权纠纷与调解人才之间的对接。具体实施也可以参考亳州市"法院推送+市场局协调+调解员接单+法官跟踪指导"的案件推送体系[1]，进行客体转换，以及青岛市输送万名调解员进社区的具体经验[2]。

结语

调解是纠纷解决的重要方式，也是解决版权纠纷的重要途径。对于当前法院审理压力大、案件多、调解人员流失、调解员能力不足的现实问题，本文通过历史分析、文献分析、理论分析的方法明确了人才在版权纠纷调解中的重要性、对版权纠纷调解而言人才培养的必要性，进而提出构建具体人才培养机制的需求，同时根据人才培养机制构建的专业性、全面性、实操性的要求，针对版权纠纷调解人才培养的三个宏观目标具体展开分析，明确构建培养机制至少需要细化培养能力、明确资源需求、搭建教师特色—能力需求—物质投入培养环、形成稳定的人才输送—培养—应用体系这四方面的内容。在具体资源需求中，组织资源为最

---

① "法院推送+市场局协调+调解员接单+法官跟踪指导"护航知识产权［EB/OL］.［2023-03-18］. https://www.thepaper.cn/newsDetail_forward_17140373.

② 百场培训会输送万名调解员，青岛劳动纠纷可社区办［EB/OL］.［2023-03-18］. https://baijiahao. baidu.com/s?id=1693099660448109558&wfr=spider&for=pc.

基础的内容，需要重点解决。经过分析，组织资源需求承担起整体机制构建的基础性支撑作用，还需要承担筛选、联络培养教师，寻找培养人才来源，构建稳定合作关系，最终搭建形成稳定人才输送—培养—应用体系的中心性、枢纽性责任，因此需要具有高专业性、高协调性、高稳定性的特点。在明确了培养机制构建的方向以及培养组织筛选的条件后，本文进一步对培养机制构建中的培养目标、相关资源、培养对象与培养方案展开分析，细化了版权纠纷调解人才培养的具体方案，主要包括培养内容、培养方式、人才输送、记录与评估、人才的准入与准出等内容。最后，通过了解现实情况，总结具体问题，对应宏观培养机制与具体培养方案，提出逐步形成标准统一、计划有序的培养机制；借助相关组织、高校等平台力量，实施培养方案；与相关单位建立委托培养、定向培养的合作关系；建立先行示范合作单位，推送调解人才的具体解决建议。实现了培养机制的宏观性、培养方案的具体性、培养问题及建议的针对性，以期为后续人才培养计划的实施提供现实指引。

课题负责人：张平
课题组成员：曹爽　张王茹
承担单位：北京大学法学院
协作单位：中国政法大学民商经济法学院

规避著作权技术措施的刑法规制

谭 洋*

————————————

摘要： 刑法从属性理念对于规避著作权技术措施入罪条款具有指导作用，《刑法修正案（十一）》措辞含糊，规避著作权技术措施入罪条款应被解释为制裁直接规避著作权接触控制措施和提供规避手段的行为，前者是为了恢复著作权人在数字时代对作品的控制，后者作为规避行为的底层架构，因其社会危害性、风险刑法的要求和世界主要国家均予以刑事制裁的原因，对其入罪具有正当性。基于规避后的行为可受侵犯著作权罪的规制，应对直接规避著作权保护措施做非罪化处理。重构该入罪条款时，应对规避著作权技术措施的行为单独入罪，新增提供规避著作权技术措施手段罪和直接规避著作权接触控制措施罪，前者刑罚应重于后者，二者在主观要件上均需满足以营利为目的，构建"数额+情节"的双中心结构来评价二者的社会危害性和确定其入罪标准。

关键词： 规避；技术措施；著作权接触控制措施；著作权保护措施；提供规避手段

网络时代，数字化作品以近乎零成本的方式传播，侵权频发使得著作权人逐渐失去对作品的控制，著作权人开始采用技术措施来保护其数字化作品，此即"解决技术所引发的问题还得靠技术本身"[①]，并由此形成了作品保护的三重奏，即首先，著作权人通过著作权和邻接权法保护作品，进而通过技术措施保护其作品，最后通过提供法律救济来制止规避著作权技术措施的行为，[②]要求对规避著作权技术措施行为提供法律救济的规定在国际条约层面来源于《世界知识产权组织版权条约》（以下简称"WCT"）和《世界知识产权组织表演和录音制品条约》（以下简称"WPPT"），WCT和WPPT分别在第十一条和第十八条要求各缔约国"规定适当的法律保护和有效的法律补救方法"以制止规避保护著作权的技术措施的行

————————————

* 谭洋，广东技术师范大学讲师，本课题组组长。

[①] ［匈］米哈依·菲彻尔. 版权法与因特网（上）［M］. 郭寿康，万勇，相靖，译. 北京：中国大百科全书出版社，2009：557.

[②] ［德］西尔克·冯·莱温斯基. 国际版权法律与政策［M］. 万勇，译. 北京：知识产权出版社，2017：408.

为，上述国际条约确立了反规避原则，①该原则随后陆续进入各个成员国的国内法。我国作为WCT和WPPT的成员国，在著作权法（2001）、《计算机软件保护条例》（2001）和《信息网络传播权保护条例》（2006）中规定了对规避技术措施行为予以刑事制裁的条款，但我国直到2020年，《刑法修正案（十一）》才将规避著作权技术措施行为作为侵犯著作权罪的一种新行为类型纳入刑事制裁的范畴。

《刑法修正案（十一）》在2021年3月1日生效，但目前最高法、最高检对于侵犯知识产权罪的最新司法解释仍在制定中，②最高法和最高检在2023年1月18日发布了《〈关于办理侵犯知识产权刑事案件适用法律若干问题的解释（征求意见稿）〉向社会公开征求意见》（以下简称"2023年'两高'征求意见稿"），其中第九条第二款规定：对提供规避手段的行为应以侵犯著作权罪入罪，此司法解释征求意见稿是否涉嫌违反罪刑法定原则，存在争议。与此同时，截至2023年3月24日，笔者从主流司法案例数据库中均无法检索到因规避著作权技术措施行为而被入罪的案例。譬如，在北大法宝"司法案例"库中，选择"案由"为"侵犯著作权罪"，在"全文"中输入"技术措施"并在"结果中检索"，审理年份为2021年、2022年和2023年，得到的7个结果均与规避技术措施入刑无关。再如，在中国裁判文书网设置如下条件，在"高级检索"栏中设置案由为"侵犯著作权罪"、全文为"技术措施"，裁判年份为2021年、2022年和2023年，最终得到的7个结果也均与规避技术措施入刑无关。

刑事司法解释尚在制定中，法院也未公开此类案例，作品保护三重奏之法律保护，尤其是刑事保护，存在诸多不确定性，有必要予以明确。

一、规避著作权技术措施入罪的正当性和行为类型

（一）规避著作权技术措施入罪的正当性

20世纪80年代，著作权似乎被技术变革冲击得奄奄一息，但到世纪之交，著

---

① ［澳］彼得·达沃豪斯，约翰·布雷斯韦特. 信息封建主义 ［M］. 刘雪涛，译. 北京：知识产权出版社，2005：215.

② 国家知识产权局：深入实施《关于强化知识产权保护的意见》推进计划 ［EB/OL］. ［2022-11-13］（2022-10-28）. https://www.cnipa.gov.cn/art/2022/10/28/art_75_179971.html. 该推进计划第13条指出："发布《最高人民法院 最高人民检察院关于办理侵犯知识产权刑事案件适用法律若干问题的解释》，进一步明确侵犯知识产权犯罪法律适用标准（2023年12月底前完成）。"

作权却变得比任何时候都强大，也即，财产并不是那种有真正本质的东西，它只是一项为实现多种目的而存在的人类制度，我们的财产观念被塑造，以服务于我们特定的目的，①即著作权法的目的之一显然是保护作者的权利，但是信息技术的广泛传播弱化了著作权人对作品的控制，作为反制手段，著作权人采用加密技术或编码技术等技术措施，以保持对信息传播的时间和地点的控制，②特别是在著作权保护期临近结束，著作权人更有激励采取技术措施以在实质层面上延长其保护。③

为了防止权利人和规避技术措施行为人之间毫无意义的军备竞赛，法律需要对技术措施提供法律保护，这在道德和观念上能够得到支持，例如，法律禁止可能的入侵者拆毁土地所有人为防止他人侵入而在其土地周围所竖立的篱笆，公众会认为所采取的法律规范具有天然的正当性，这同样可以适用于法律禁止规避技术措施的行为。④

曾先后担任世界知识产权组织版权部部长以及负责版权事务的助理总干事且全程参与了WCT和WPPT外交会议筹备和谈判进展的米哈依·菲彻尔博士指出，WCT和WPPT要求各缔约国"规定适当的法律保护和有效的法律补救方法"，至于具体为何种法律保护方式，主要取决于各缔约国的法律制度的特殊传统和原则，鉴于制造、进口及发行非法的规避设备也是盗版行为，故也需要规定刑事制裁，⑤受上述观点影响，美国、德国、丹麦、英国、澳大利亚、新加坡和日本都对规避著作权技术措施的行为规定了刑事责任，⑥法律保护方式可以在版权法或专门法或更一般（如反不正当竞争法）的法律中规定，⑦结合我国当前互联网侵权案件的现状，我国立法者认为，故意规避著作权技术措施的现象尤为突出，已

---

① [美]斯图尔特·班纳. 财产故事 [M]. 陈贤凯，许可，译. 北京：中国政法大学出版社，2017：440-444.

② [澳]彼得·达沃豪斯，约翰·布雷斯韦特. 信息封建主义 [M]. 刘雪涛，译. 北京：知识产权出版社，2005：215.

③ [美]威廉·M. 兰德斯，理查德·A. 波斯纳. 知识产权法的经济结构（中译本第二版）[M]. 金海军，译. 北京：北京大学出版社，2016：53.

④ [美]威廉·M. 兰德斯，理查德·A. 波斯纳. 知识产权法的经济结构（中译本第二版）[M]. 金海军，译. 北京：北京大学出版社，2016：52.

⑤ [匈]米哈依·菲彻尔. 版权法与因特网（下）[M]. 郭寿康，万勇，相靖，译. 北京：中国大百科全书出版社，2009：801.

⑥ 王迁. 版权法对技术措施的保护与规制研究 [M]. 北京：中国人民大学出版社，2018：222-224.

⑦ [澳]山姆·里基森，[美]简·金斯伯格. 国际版权与邻接权——伯尔尼公约及公约以外的新发展 [M]. 郭寿康，刘波林，万勇，等，译. 北京：中国人民大学出版社，2016：867-868.

经具有明显的社会危害性，致使权利人经济利益受损，故应予以入罪。[①]

（二）刑法从属性理念的指导作用

侵犯知识产权罪中的概念、制度和规范应仅由刑法作独立判断，还是应从属于知识产权部门法，这对于准确适用规避技术措施入罪条款非常重要，故有必要首先确定刑法和知识产权部门法之间的关系。

1. 刑法与知识产权法关系的定位

关于刑法和知识产权部门法之间的关系大致有两种学说，包括刑法独立性学说和从属性学说。刑法独立性学说认为，解释刑法时以刑法自身的任务和目的为由，不必顾及其他法律的概念及规定，[②]各部门法有其规范目的，如民法意在通过意思自治妥善处理民事主体之间的财产流转和人身关系，刑法旨在惩罚犯罪。各部门法对其统辖的领域具有独立性。针对违法性判断，独立说坚持违法多元论，即刑法有其规范目的，并异于民法，面对同一行为，刑法可以基于自身目的作出判断，并不依赖民法。对于其他违法行为和刑事违法行为的关系而言，刑事违法行为的判断应独立于其他违法行为，刑事司法人员应当对涉嫌刑事违法行为的构成要件要素、案件事实和处理结论作独立判断，[③]由此可推导出，刑法具有独立于知识产权部门法的特征，可以在其规范目的内独立地对其构成要件予以解释，而无须考虑前置法知识产权各部门法的规定。

而刑法从属性说认为，刑法作为二次法、保障法，对于民事争议的处理，刑法应当从属于民法，当仅涉及私法领域的争议时，刑法不应当介入。针对违法性判断，从属说以严格的一元违法说为基础。严格的违法一元说认为，某法域适法行为在其他法域不能被认定是违法的，某法领域违法行为在其他法领域不能被认为是正当的。[④]从属性说认为，刑法只能依赖民法等部门法。对刑法属性认识的不同导致了违法判断方法的分歧，刑法兼具独立性和从属性已成共识，存在争议的是"独立性>从属性"，抑或"独立性<从属性"。[⑤]

本文认为，在处理刑法与知识产权法二者之关系上，刑法从属性说更具合理

[①] 倪朱亮，陈阳. 规避保护技术措施行为的刑法规制研究 [J]. 西南政法大学学报，2023，25（4）：53-69.

[②] 杜文俊. 财产犯刑民交错问题探究 [J]. 政治与法律，2014（6）：46.

[③] 张明楷. 避免将行政违法认定为刑事犯罪：理念、方法与路径 [J]. 中国法学，2017（4）：50-56.

[④] 童伟华. 日本刑法中违法性判断的一元论与相对论述评 [J]. 河北法学，2009，27（11）：169.

[⑤] 简爱. 从"分野"到"融合"刑事违法判断的相对独立性 [J]. 中外法学，2019，31（2）：438.

性，即侵犯知识产权罪应从属于知识产权各部门法，对侵犯知识产权罪的构成要件、规范目的等问题的阐释必须依赖知识产权各部门法的规定。这种从属性理念在相关单位向全国人大常委会作出的《刑法修正案（十一）（草案）》的说明、汇报中显得尤为明显。2020年6月28日，全国人大常委会法制工作委员会副主任向全国人大常委会作《刑法修正案（十一）（草案）》的说明，该说明指出，为与知识产权领域等法律的制定修改进一步衔接，需要对刑法作出相应调整，以增加法律规范的系统性、完整性和协同性，①2020年12月22日，全国人大宪法和法律委员会副主任委员周光权教授代表宪法和法律委员会向全国人大常委会提出关于《刑法修正案（十一）（草案）》的修改意见，根据实践需要，与修改后的著作权法、商标法等衔接，来修订侵犯知识产权罪，②由于刑法不具有直接设定法律关系、创设法益的功能和作用，其意义仅在于为已然由前置法所确立并保护的法律关系或法益提供法秩序的最后规范保护，③故在解释和适用侵犯知识产权罪时，只有从知识产权各部门法出发才能得出恰当的结论。

2. 刑法从属性理念的运用——以技术措施及其保护对象的界定为例

只有保护作品的技术措施才属于著作权法上的技术措施，在此情况下规避技术措施行为才可能受到刑事制裁，因而有必要准确界定著作权法上的技术措施及其保护的对象。

不同于传统著作权保护措施，著作权人通过设置有效的技术措施来保护其著作权，从"重结果"转变为"重预防"，④侵权人欲利用该数字化作品，则先要规避该技术措施，如在浙江广播电视集团与千杉公司案中，⑤被告千杉公司通过技术手段解析了原告浙江广播电视集团对其视频设置的特定密钥Key值，从而获取到无法公开检索的视频文件地址，并对该视频文件地址设置链接，用户可在被告的平台内点击观看涉案作品而无须发生任何跳转或链接提示，技术措施作为作品

---

① 全国人大常委会法制工作委员会副主任李宁，关于《中华人民共和国刑法修正案（十一）（草案）》的说明，2020年6月28日在第十三届全国人民代表大会常务委员会第二十次会议上。

② 全国人大宪法和法律委员会副主任委员周光权，全国人民代表大会宪法和法律委员会关于《中华人民共和国刑法修正案（十一）（草案）》审议结果的报告，2020年12月22日在第十三届全国人民代表大会常务委员会第二十四次会议上。

③ 田宏杰. 强化知识产权保护的又一里程碑［N］. 检察日报，2021-01-06.

④ 李绍昆. 规避著作权保护技术措施行为的刑法适用探讨［J］. 山东警察学院学报，2021，33（6）：74.

⑤ 浙江广播电视集团与上海千杉网络技术发展有限公司、小米科技有限责任公司侵害作品信息网络传播权纠纷，杭州互联网法院民事判决书，（2018）浙0192民初5193号。

的"防火墙",承担着自力防范著作权侵权的职责,[1]准确界定技术措施及其保护对象是适用规避技术措施入刑条款的前提。

(1)与纯粹技术上的"技术措施"的区分

应将纯粹技术上的"技术措施"与著作权法上的技术措施区分开来。在微播视界公司和百度公司案中,法院指出,纯粹技术意义上和著作权法上的"技术措施"存在两点差异,其一,著作权法上的技术措施用于作品、表演、录音制品等著作权法上的特定客体,其二,著作权法上的技术措施具有阻止对上述特定客体实施特定行为的功能,[2]实践中应防止误将纯粹技术上的"技术措施"纳入著作权法甚至侵犯著作权罪的规制范畴中。

(2)技术措施保护的对象是作品

技术措施保护的对象是作品、表演、录音录像(以下统称作品)。在精雕公司诉奈凯公司案中,[3]上诉人精雕公司自主研发了精雕CNC雕刻系统,JDPaint软件是该系统的组成部分,JDPaint软件通过编程计算机生成Eng格式的数据文件,再由控制软件接收该数据文件并将其变成加工指令,精雕公司对Eng格式的数据文件采取了加密措施,被上诉人奈凯公司Ncstudio软件能够读取JDPaint软件输出的Eng格式数据文件,上诉人认为被上诉人非法破译了Eng格式的加密措施,属于故意避开或破坏其著作权技术措施的行为,二审法院指出,上诉人对Eng格式的数据文件加密,只是对JDPaint软件所输出的文件加密,而非对JDPaint软件采取加密措施,此种技术措施并非著作权法意义上的技术措施。从中可以看出,著作权法上的技术措施所保护的对象应是作品,若被保护的对象不是作品,则该技术措施并非著作权法上的技术措施。

但实践中,我国部分法院仍存在错误地将未保护作品的"技术措施"等同于著作权法上的技术措施的做法,典型方式如设置防止跳过作品中的广告的"技术措施"。在段某某侵犯著作权罪案中,检察机关和法院多处使用"技术措施",并认为被告段某某为提高用户黏度,利用"技术措施"屏蔽著作权人设置在部分影

---

① 戴锦澍. 规避著作权技术措施行为的刑法规制 [J]. 汕头大学学报(人文社会科学版),2019,35(8):58.

② 京微播视界科技有限公司诉百度在线网络技术(北京)有限公司等侵害作品信息网络传播权纠纷案,北京互联网法院民事判决书,(2018)京0491民初1号。

③ 北京精雕科技有限公司诉上海奈凯电子科技有限公司著作权侵权纠纷案,上海市高级人民法院民事判决书(2006),沪高民三(知)终字第110号。

视作品的片头广告。①再如，在迅雷公司诉飞狐公司纠纷案中，法院认为，原告采用"技术措施"防止未经授权的第三方跳过广告抓取视频，被告通过破坏原告设置的"技术措施"从而屏蔽了原告视频的广告。②

问题在于：著作权人设置的防止跳过作品中广告的措施，是不是著作权法上的技术措施？上述两个法院均作出了肯定的回答。本文持否定意见。防止未经许可跳过作品中广告的"技术措施"，该"技术措施"不是为了防止或限制作品不被浏览、欣赏或观看，更进一步说，该"技术措施"并不是保护作品本身，而是在于保护著作权人在该广告上的利益，故该"技术措施"并非著作权法上的技术措施，而著作权人的诉由应当是行为人实施了不正当的竞争行为，可求诸反不正当竞争法的保护。

最后，即使是保护作品的"技术措施"也不一定就是著作权法上的技术措施。《信息网络传播权保护条例》（2006）首次规定了著作权法上技术措施的含义，该条例第二十六条第二款规定，技术措施，"是指用于防止、限制未经权利人许可浏览、欣赏作品、表演、录音录像制品或者通过信息网络向公众提供作品、表演、录音录像制品的有效技术、装置或者部件。"该条例的2013年版本仍沿用该规定，著作权法（2020）第四十九条则直接照搬了上述规定。《信息网络传播权保护条例》旨在保护著作权人、表演者、录音录像制作者的信息网络传播权，由于版式设计者和广播组织者不享有信息网络传播权，故《信息网络传播权保护条例》并不保护二者在其客体上设置的"技术措施"。

但是，立法者在2020年的著作权法第四十七条第一款第三项赋予了广播组织者信息网络传播权，有疑问的是：广播组织者在其广播、电视③上设置的"技术措施"是否属于著作权法上的技术措施？对此问题的回答将直接关系广播组织者是否可以主张规避技术措施的行为入刑。

本文认为，广播组织者在其广播、电视上设置的"技术措施"不属于著作权法上的技术措施。立法者在著作权法第四十九条第三款中将技术措施保护的客体

---

① 段某某侵犯著作权案，上海市徐汇区人民法院刑事判决书，（2017）沪0104刑初325号。

② 深圳市迅雷网络技术有限公司与飞狐信息技术（天津）有限公司著作权权属、侵权纠纷案，广东省深圳市中级人民法院民事判决书，（2016）粤03民终4741号。

③ 关于广播组织权的保护客体存在争议，主要包括节目说（广播、电视节目）、信号说（载有广播、电视节目的信号），本文并不打算对此争议予以讨论，请参见王迁. 广播组织权的客体——兼析"以信号为基础的方法"[J]. 法学研究，2017，39（1）：100-122；卢海君. 论广播组织权的客体[J]. 苏州大学学报（法学版），2019，6（4）：24-29.

限定于作品、表演和录音录像制品上，并不包括广播、电视，至于说为何立法者未将广播、电视纳入其中，本文猜测，可能是立法者直接将《信息网络传播权保护条例》中的技术措施条款纳入著作权法（2020）中时，未考虑到2020年著作权法刚刚为广播组织者赋予了信息网络传播权。

因此，即使广播组织者在其广播、电视上设置了"技术措施"，该"技术措施"用于阻止他人未经许可的转播、录制、复制或通过信息网络传播其广播、电视，该"技术措施"也不属于著作权法上的技术措施，若他人未经许可破解该"技术措施"，也不构成著作权法上的违法行为，广播组织者也无法主张规避技术措施的行为应予以入刑，从而构成侵犯著作权罪。当然，广播组织者可考虑借助反不正当竞争法对此种规避技术措施的行为予以规制，若广播组织者想要使其在广播、电视上设置的"技术措施"获得著作权法的保护，唯有通过下次修法，以将著作权法第四十九条第三款中的技术措施扩展适用到广播、电视上。

（3）对象多为数字化作品

著作权人通常在网络环境下设置技术措施，规避行为也多发生在网络环境下。著作权法（2001）第四十七条第六项规定了反规避技术措施条款，即未经许可的规避行为，且"法律、行政法规另有规定的除外"，若规避行为构成犯罪，则应被追究刑事责任。此后国务院在《计算机软件保护条例》《信息网络传播权保护条例》中对于反规避技术措施条款作了进一步规定。

《计算机软件保护条例》规定对于故意避开或破坏技术措施的行为触犯刑法的，应承担刑事责任。2001年颁布的《计算机软件保护条例》第二十四条规定，"故意避开或者破坏著作权人为保护其软件著作权而采取的技术措施的"，可依照侵犯著作权罪、销售侵权复制品罪追究行为人的刑事责任，国务院于2011年、2013年对《计算机软件保护条例》的两次修订均未修改该规定，并予以继承。2006年颁布的《信息网络传播权保护条例》为保护著作权人、表演者、录音录像制作者的信息网络传播权，对权利人采取的技术措施提供保护，但未有刑事责任的规定，2013年的修订也未修改技术措施的相关条款。从著作权法、《计算机软件保护条例》（2001）和《信息网络传播权保护条例》（2006）的规定可知，著作权人通常是在网络环境下设置技术措施。

技术措施保护的对象多为数字化作品。由于著作权法中的技术措施问题是在信息技术相对发达、作品被转换成电子数据后所引发的，故技术措施都与电子技术相关，①为验证上述结论，本文检索了规避著作权技术措施的民事案件，截至2022年11月1日，在"北大法宝—司法案例—高级检索"全文检索"避开（并且）破坏（并且）技术措施"，在"案由"里选择"著作权权属、侵权纠纷（16783）"，得到最高法、高院、中院、基层法院、专门法院审结案件的数量，分别为5、118、4906②、11635、28件，剔除重复、不相关的，笔者按照"法院级别""相关度"通读了法院判决，最终可知，规避技术措施行为多发生在网络环境下，针对的对象是数字化的作品。应注意，由于我国著作权法区分发行权和信息网络传播权，所以，在网络环境下向公众提供作品，侵犯的是信息网络传播权而非发行权，司法实践中，部分法院忽视了这一区分。

（三）行为类型：直接规避接触控制措施和提供规避手段

规避著作权技术措施的行为，可以分为四种，③即直接规避接触控制措施、直接规避著作权保护措施、提供规避手段用于规避接触控制措施和提供规避手段用于规避著作权保护措施。后两者又统称提供规避手段的行为，除了直接规避著作权保护措施外，刑法应当对其他三种行为予以入罪。

1. 接触控制措施的本质性规定和控制的行为类型

（1）本质性规定

技术措施根据其功能可分为接触控制措施和著作权保护措施两种。司法实践基本也采用此种分类方式，如在外语教研社诉小太阳公司案中，法院将技术措施分为访问控制技术措施和保护著作权人专有权利的技术措施，④著作权接触控制措施旨在防止未经许可的"接触"，判断某项技术措施是不是接触控制措施，关键是该技术措施的功能在于限制他人利用作品使用价值的行为。⑤

---

① 郭禾. 规避技术措施行为的法律属性辩析 [J]. 电子知识产权，2004（10）：11.
② 北大法宝限制了检索结果，一次检索最多可展示2000条，理由：防止竞争对手爬取数据，以及根据其用户调研，向绝大部分用户提供2000以内的检索结果可以实现其检索目的。本研究根据"法院级别""相关度"来阅读检索所得案例，绝大多数与规避著作权技术措施民事案件的主题不相关，或者法院论之极少。
③ 此种分类在典型国家的立法和理论界中已达成共识。典型国家立法可参考：美国《版权法》17U.S.C.§1201（a）、§1201（b）. 相关学者的研究请参考王迁. 版权法对技术措施的保护与规制研究 [M]. 北京：中国人民大学出版社，2018：22-42.
④ 外语教学与研究出版社有限责任公司诉广州小太阳教育科技有限公司著作权侵权纠纷案，广东省高级人民法院民事裁定书，（2016）粤民申3308号。
⑤ 刘颖. 版权法上技术措施的范围 [J]. 法学评论，2017，35（3）：101.

从外延上来看，根据我国著作权法的规定，接触控制措施是防止未经许可的浏览、欣赏，接触所控制的行为类型并不周延，至少存在以下疑问：防止未经许可"运行"计算机程序的技术措施应归属于何种类型？接触所控制的行为类型通常又有哪些？

（2）控制的行为类型

首先，需要明确防止计算机程序未经许可"运行"的"技术措施"的定位问题。防止计算机程序未经许可"运行"的"技术措施"是否属于著作权法上的技术措施？若属于，属于何种类型的技术措施？

不同于非计算机软件的作品、表演、录音录像制品，公众对于计算机软件的使用，不在于欣赏、阅读计算机程序的撰写的科学性、优美性和严谨性等表达方面的美感，而在于"运行"该程序。通过"运行"该程序，实现计算机程序预定的功能，譬如，在田艳丽侵犯著作权罪案中，法院指出，被害人销售的涉案工程计算软件，其价值不在于对其软件内容的阅读，而是软件的运行、计算等使用功能，而该软件已经加密保护，若没有加密锁，软件则不能运行，软件和加密锁缺一不可，被害人在向客户销售涉案软件时也同时销售加密锁，[①]故防止计算机程序未经许可"运行"的"技术措施"属于著作权法上的技术措施，可将对计算机软件的"运行"纳入与浏览、欣赏等同的接触控制措施中。

其次，接触所控制的行为类型通常包括但不限于：其一，破解"账号+密码"的技术措施。在张某甲侵犯著作权案中，迅雷公司是迅雷7.1.8.2300软件的著作权人，该软件具有加速下载、离线下载、加速网上看电影、加速玩游戏、云播放等会员功能，用户要实现上述会员功能，需向迅雷公司购买账号和密码，费用为10元每月，被告通过网络向用户提供涉案软件破解版本，即"迅雷7破解版软件"，用户使用"迅雷7破解版软件"后即可无限期享受迅雷7的会员功能。[②]其二，对作品真实地址予以加密。对作品真实地址予以加密，防止未经许可对作品设置链接或访问。譬如，在真彩多公司和腾讯公司案中，原告腾讯公司为防止其视频内容被非授权播放，设定视频播放地址的鉴真密钥ckey和视频播放密钥vkey值，没有ckey值或值错误、没有vkey值或值错误，均无法播放视频，且上述两类

---

① 田艳丽侵犯著作权二审刑事判决书，北京市第一中级人民法院刑事判决书，（2019）京01刑终173号。

② 张某甲侵犯著作权案，苏州工业园区人民法院刑事判决书，（2014）园知刑初字第0005号。

密钥无法通过显见的链接地址获得，^①在腾讯公司诉千杉公司案中，原告腾讯公司也通过密钥鉴真获取视频密钥的技术措施来保护视频剧集的播放地址。^②

其三，将作品以特定格式存储作为技术措施。譬如，在书生公司和超星公司案中，原告超星公司将其电子图书设置为pdg格式，被告书生公司的书生阅读器等其他阅读器在正常情况下无法打开pdg格式的电子图书，此种特殊的文件格式即权利人为保护其作品所采用的技术措施。^③当著作权人主张该特定格式构成技术措施时，著作权人应负举证责任。譬如，在外研社和小太阳公司案中，上诉人外研社主张".wyt"格式本身即为一种技术措施，二审法院认为，该种格式只能说明外研社采用了与其他文件格式不同的表达方法，外研社未能阐明其采取了何种技术措施，法院进一步指出，即使上诉人小太阳公司生产的点读笔可以读取".wyt"格式文件，只能说明小太阳公司生产的点读笔是为了实现对软件的兼容，无法说明小太阳公司的点读笔是主要用于避开或破坏技术措施的装置或部件。^④

其四，限制作品播放时间以作为保护作品的技术措施。在湖南快乐阳光公司和河北乐推公司案中，原告对涉案节目设置了如下技术措施："免费试看2分钟，观看完整影片请开通会员"的VIP会员收费观看限制，法院认为，原告限制播放时间的技术措施具有阻止未经许可获取完整视频的效果。^⑤

（3）直接规避接触控制措施入罪的必要性

首先，在数字化时代，控制"接触"具有重大的经济意义。数字化形式的作品严重削弱了著作权人对于作品的控制，仅控制复制行为已无法保证其利益，控制对作品的"接触"成为顺理成章的事情，这也是相较于著作权保护措施，著作权法应主要保护接触控制措施的原因之一，^⑥在数字时代，通过控制对作品的"接触"实现作品之上的财产利益，是对著作权人的重要激励。

---

① 上海真彩多媒体有限公司与深圳市腾讯计算机系统有限公司著作权权属、侵权纠纷，上海知识产权法院民事判决书，（2018）沪73民终319号。

② 深圳市腾讯计算机系统有限公司与上海千杉网络技术发展有限公司著作权权属、侵权纠纷，广东省深圳市南山区人民法院民事判决书，（2016）粤0305民初3636号。

③ 北京书生数字图书馆软件技术有限公司与北京世纪超星信息技术发展有限责任公司不正当竞争纠纷上诉案，北京市第一中级人民法院民事判决书，（2010）一中民终字第9152号。

④ 外语教学与研究出版社有限责任公司与广州小太阳教育科技有限公司著作权侵权纠纷案，广州知识产权法院民事判决书，（2015）粤知法著民终字第16号。

⑤ 湖南快乐阳光互动娱乐传媒有限公司与河北乐推网络科技有限公司侵害作品信息网络传播权纠纷，湖南省长沙市中级人民法院民事判决书，（2018）湘01民初5677号。

⑥ 刘颖. 版权法上技术措施的范围［J］. 法学评论，2017，35（3）：102.

其次，刑法禁止直接规避接触控制措施的行为具备可行性。有研究指出，"直接规避行为"发生的时间地点具有相当程度的隐蔽性，当直接规避行为人未对被破解的作品进行传播时，著作权人不愿、执法者难以去寻找规避行为人，故"直接规避行为"难以被规制，①事实上，不单是直接规避行为具有隐蔽性、难以被发现，许多知识产权侵权行为都具有上述特征，上述情形并不构成刑法不予以介入的现实约束。

最后，具有严重社会危害性的直接规避接触控制措施的行为应受刑法制裁。有研究指出，"直接规避行为"社会危害性程度低，应排除对"直接规避行为"的刑法规制，其认为，在"规避措施—非法传播"链条中，前者是后者的预备行为，规制"非法传播获利"即足以为著作权人提供有效保护。②应当承认，规避技术措施后非法传播作品会影响著作权人的利益，但这并非意味着直接规避行为本身不具有危害性，在很多情形下，行为人直接规避技术措施本身会极大地损害著作权人的利益，譬如，在武汉地大公司与武汉适普公司计算机软件纠纷上诉案中，武汉地大公司在规避著作权人武汉适普公司为涉案软件设置的技术措施后，将破解后的计算机软件重复安装在自己所经营的57台计算机中，导致著作权人的软件销售额减少了305万元。③上述案例中，可以看出，在某些情况下，行为人直接规避接触控制措施仍然会极大地损害著作权人的利益，具有严重的社会危害性。所以，一概地认为"直接规避行为"社会危害性程度低、不具备应受刑罚处罚性并不正确，严重的直接规避接触控制措施的行为应受刑法制裁。

2. 规避行为的双层架构

根据规避的方式，将规避技术措施的行为分为直接规避行为和提供规避手段的行为，此即规避行为的双层架构。

（1）表层架构：直接规避行为

直接规避行为，是指行为人基于自身对作品或表演、录音录像制品的需要而实施的规避行为，行为人既可凭借自身的技术能力来实施规避行为，也可以借助他人提供的硬件、软件、技术或设备等方式来实施规避。

---

① 周邦朝，温捷潇. 规避著作权技术措施行为的刑法规制研究 [J]. 北京政法职业学院学报，2022（4）：46.

② 周邦朝，温捷潇. 规避著作权技术措施行为的刑法规制研究 [J]. 北京政法职业学院学报，2022（4）：46-47.

③ 武汉地大空间信息有限公司与武汉适普软件有限公司计算机软件侵权纠纷上诉案，（2008）鄂民三终字第23号。

（2）底层架构：提供规避手段

提供规避手段，是指侵权人向他人提供旨在规避的技术、装置或部件的行为，也称为"间接规避行为"或"预备行为"。

司法实践中，侵权人向他人提供规避的部件多为解密软件。譬如，在万泰可思公司与谭金平案中，原告万泰可思公司是涉案建筑设计软件的权利人，原告向公众提供该涉案软件，试用期为30天，试用期过后，用户若需要使用该涉案软件，则需向原告寻求授权激活。被告谭金平通过淘宝网销售破解该涉案软件的设备，该破解设备为U盘，用户在其设备中插入该U盘后，可避开运行涉案软件的授权激活要求。①再譬如，在李小平侵犯著作权罪案中，公安机关从被告李小平处扣押疑似涉案金蝶软件解密程序等内容的移动存储介质、疑似涉案金蝶软件解密工具各一个。②

侵权人向他人提供规避的手段可以是计算机软件和规避方法的综合。譬如，在求知公司诉新浪公司案中，著作权人求知公司通过"一个注册码注册一个模块"等内容的服务模式向用户提供涉案软件，侵权网络用户在新浪公司经营的博客网站发布涉案软件破解程序的文章，文章中详细说明了破解的步骤和方法，在链接中提供破解补丁等破解文件。③

（3）作为底层架构的提供规避手段入罪的正当性

侵犯著作权罪是否仅仅打击直接规避行为，而不打击提供规避手段的行为？《刑法修正案（十一）》的规定似乎并不明确。鉴于《刑法修正案（十一）》刚实施不久，再次启动对侵犯知识产权罪的修改并不现实。对此，有研究指出，可将以营利为目的提供规避手段的行为按照侵犯著作权罪的共犯来定罪。但是，利用共犯理论将其入罪存在理论上的困难。共犯要求在主观上有共同的犯罪故意、客观上实施了共同的犯罪行为，由于提供规避手段的行为人自身的独立性，对使用规避手段的公众的行为不具有认识，也并不知道具体实施规避行为的主体，因而难以确定该行为人和相应的公众具有共同犯罪的故意。况且，若作为正犯的单个公众没有达到刑事违法性的程度，那么作为提供规避手段的行为人也不可罚，这

① 万泰可思（广州）软件系统有限公司与龚亚、谭金平侵害计算机软件著作权纠纷，重庆市第二中级人民法院民事判决书，（2021）渝02民初97号。
② 李小平侵犯著作权、对非国家工作人员行贿案，杭州市西湖区人民法院刑事判决书，（2013）杭西知刑初字第1号。
③ 广州求知教育科技有限公司诉北京新浪互联信息服务有限公司侵害计算机软件著作权纠纷案，广州知识产权法院民事判决书，（2016）粤73民初1387号。

没有体现出"一帮多"模式下网民行为聚合所造成的巨大危害。[①]

2023年"两高"征求意见稿第九条第二款做出了最新尝试，将提供规避手段的行为作为侵犯著作权罪予以入罪，值得赞赏。本文认为，提供规避手段入罪具有正当性，《刑法修正案（十一）》规避技术措施条款应被解释为包括打击提供规避手段的行为，理由如下。

其一，提供规避手段比直接规避行为社会危害性更大。技术措施的技术性决定了提供行为的重要性，技术措施具有一定的技术性，得以阻碍一般公众去侵犯著作权人的作品，一般公众不具备规避技术措施的能力，[②]一般公众在实施直接规避行为时，往往需要借助他人提供的设备、程序、技术或服务等手段。譬如，在单某某侵犯著作权罪案中，被告单某某向他人购买了解析工具程序，并利用该程序来规避著作权人对其影视作品设置的付费会员技术措施，链接近1.9万部影视作品并提供在线观看服务，[③]再如，在李小平侵犯著作权罪案中，被告是通过网络向他人购买的破解工具，才得以破解涉案金蝶软件，并在破解后，将涉案金蝶软件予以销售，金额达18万余元，[④]在叶海仁侵犯著作权罪案中，法院更是直接指出破坏技术措施和向公众提供规避手段之间的区别，前者影响范围小，社会危险有限，后者传播范围广，社会危害大，[⑤]若没有人实施此种提供规避手段的行为，网络作品在一定程度上是安全的，且能够最大限度满足版权人的经济利益，[⑥]有研究并不赞同，该研究指出，直接规避行为和提供规避手段的目的都是破坏或绕过技术措施，提供规避手段与实际的规避行为仍有距离，且存在阻止实际危害发生的时空，其社会危害性只是现实的危险而非实际危害结果，而直接规避行为的危害结果是现实的，不是潜在的，因此，两者社会危害性相同，[⑦]但显然，提供规避手段的目的是帮助他人去规避技术措施，其直接目的并非规避技术措施，况且，提供规避手段的行为面对的往往是不特定的公众，这种潜在的风险

① 郭力琼. 论规避著作权技术措施与帮助犯正犯化——对《刑法修正案（十一）》相关规定的分析 [J]. 知识产权研究，2021，28（1）：249.

② 田刚. 侵害技术措施行为的入罪化思考 [J]. 中国刑事法杂志，2011（5）：37.

③ 单某某侵犯著作权一审刑事判决书，上海市第三中级人民法院刑事判决书，（2020）沪03刑初11号。

④ 李小平侵犯著作权、对非国家工作人员行贿案，杭州市西湖区人民法院刑事判决书，（2013）杭西知刑初字第1号。

⑤ 叶海仁侵犯著作权案，北京市石景山区人民法院（2012）石刑初字第330号。

⑥ 王燕玲. 论规避技术保护措施之刑事制裁 [J]. 知识产权，2013（5）：93.

⑦ 班克庆. 规避版权技术措施行为犯罪化的立法问题研究 [J]. 广西社会科学，2014（6）：116.

转换为实际危害结果的可能性大，而一旦发生转换，则将产生巨大的危害。

此外，提供规避手段往往是有组织、有计划、有目的的，呈现职业化特征，且行为是不断重复进行的，其现实和潜在的危害性都远远超过直接规避行为，①行为人提供的规避手段往往是可反复实施的，面向的是大量不特定性公众，因此，与直接规避行为相比，提供规避手段的行为在社会危害性上更大。虽然从侵犯著作权罪中规避技术措施的字面意思来看，刑法仅打击直接规避行为（故意避开或破坏技术措施的行为），无法解读出刑法也打击提供规避手段的行为，但举轻以明重，对社会危害性小的行为尚且提供刑事制裁，对社会危害性更为严重的提供规避手段的行为更应提供刑事制裁。

其二，刑法对风险社会的回应。工业社会自20世纪中期以来发生微妙变化，带来了核危机、生态危机等足以毁灭全人类的巨大风险，显示出向风险社会过渡的种种迹象，②对实际或可能使用的科技的风险进行政治和经济"管理"遮盖了科技发展和使用的问题，③而现代刑法以对抗风险为己任，其保护的触角日益从法益侵害阶段前移至危险形成阶段，④侵害技术措施犯罪属于抽象危险犯，该罪是立法者基于风险社会理论将所保护的法益及其处罚提前化的结果，⑤基于对风险的防范，从源头上防止提供规避手段所带来的不可控危害，侵犯著作权罪也应当对提供规避手段的行为实施刑事制裁。

其三，对提供规避手段的行为予以刑事制裁是许多国家的普遍做法。美国、欧盟、澳大利亚等都无一例外地将制造、出售、进口、传播专门用于规避技术措施的软、硬件设备作为首要的禁止对象，⑥譬如，美国《版权法》将提供规避著作权接触控制措施和提供规避著作权保护措施的行为均纳入刑事制裁。⑦

---

① 班克庆. 中外版权技术措施刑法保护的立法比较 [J]. 人民论坛，2014（17）：104.

② [德]乌尔里希·贝克. 从工业社会到风险社会（上篇）——关于人类生存、社会结构和生态启蒙等问题的思考 [J]. 王武龙，编译. 马克思主义与现实，2003（3）：26.

③ [德]乌尔里希·贝克. 风险社会 [M]. 何博闻，译. 南京：译林出版社，2004：16.

④ 劳东燕. 公共政策与风险社会的刑法 [J]. 中国社会科学，2007（3）：137.

⑤ 胡春健，陆川. 提供规避著作权技术措施行为的刑法应对 [J]. 中国检察官，2021（14）：25.

⑥ 贺志军. 论我国技术措施规避行为之刑法规制 [J]. 法学论坛，2009，24（3）：111.

⑦ 参见美国《版权法》17U.S.C.§1201（a）（2）、（b）（1）。

二、直接规避著作权保护措施的非罪化

本文认为，不应对直接规避著作权保护措施的行为入罪，理由如下。

（一）著作权保护措施所保护的专有权的类型

著作权保护措施旨在保护著作权人的专有权。根据我国著作权法的规定，保护技术措施是防止未经许可通过信息网络传播的行为。问题在于：保护所控制的行为类型是否仅限于信息网络传播行为？譬如：防复制的技术措施可否纳入保护技术措施中？

虽然我国著作权法下的著作权保护措施仅包括防止未经许可通过信息网络向公众传播的技术措施，但是，有些技术措施还可防止未经许可的复制，譬如，用户可在某网站阅读该网站的文字、浏览该网站的图片、欣赏该网站的电影电视剧等，但是著作权人对网站设置了防止复制的"技术措施"，用户不可复制文字、下载图片、电影、电视剧等，那么，此类防复制的"技术措施"是否属于著作权保护措施？

本文认为，上述防复制的"技术措施"属于著作权保护措施，该防复制的"技术措施"旨在保护该著作权人对网站所载文字、图片、电影、电视剧等作品的复制权。著作权保护措施的本质在于防止未经许可对作品的使用，这种使用落入著作权人的专有权的范畴之中，控制的行为类型包括但不限于包括：复制、通过信息网络向公众传播等受著作专有权控制的行为。

（二）非罪化缘由的澄清

1. 规避后的行为可受侵犯著作权罪规制

侵权人破坏技术措施之后，通常会进一步复制或通过信息网络传播涉案作品，例如，在说玩互娱公司和镜心智能公司案中，被告说玩互娱公司破解了原告镜心智能公司对涉案游戏软件设置的关卡等技术措施，然后将破解后的游戏软件上传至被告的游戏客户端中，供网络用户使用该破解版游戏软件。①

---

① 厦门说玩互娱科技有限公司、上海镜心智能科技有限公司侵害计算机软件著作权纠纷，福建省厦门市中级人民法院民事判决书（2021）闽02民初2333号。

对于规避行为和后续复制、发行等行为相结合的案件，在法律适用上已有普遍共识，即对行为整体做出刑法评价即可，无须对其中的规避行为单独评价，[①]由于行为人在主观上有着侵犯著作权的明确目的，规避技术措施的行为仅仅是侵犯著作权的准备阶段，[②]如果行为人在实施规避行为后尚有非法复制作品的行为，则先前的规避行为可被后续的实行行为吸收，以侵犯著作权定罪即可。[③]如上述说玩互娱公司和镜心智能公司案所示，如果行为人规避技术措施后对作品的利用行为落入受著作权专有权控制的行为，如复制权或信息网络传播权等专有权，在符合相应的罪量条件时，可由我国刑法第二百一十七条侵犯著作权罪第一项予以规制。

所以，规避后对作品的特定利用行为可以受到侵犯著作权罪的规制，规避是手段，后续对作品的利用行为才是重点，而后续对作品的利用行为在符合罪量条件下，可得到规制，无须再对直接规避著作权保护措施的行为予以刑事制裁。

2. 对规避行为可能构成合理使用而不应入刑的反驳

行为人在直接规避著作权保护措施时，其行为可能构成合理使用。在著作权的民事保护层面上，讨论此问题有其意义。但是，在我国著作权刑事保护层面，规避著作权保护技术措施，大量（刑法上对"量"的要求）复制、传播作品，不可能属于合理使用。即使在侵犯知识产权罪已大多修订为情节犯的情况下，对该罪的入罪还是应坚持一定的罪量限制要求，不能动辄论之以犯罪。[④]

所以，在侵犯知识产权罪对入罪有量的要求的情况下，对规避著作权保护技术措施是否入刑问题的探讨上，不存在合理使用的讨论空间。

三、规避著作权技术措施入罪行为的构成要件分析

（一）共性问题

1. 以营利为目的的认定

行为人故意以商业规模的方式提供规避手段并收取费用，应被认定为在主观

---

① 胡春健，陆川. 提供规避著作权技术措施行为的刑法应对 [J]. 中国检察官，2021 (14)：24.
② 郭禾. 规避技术措施行为的法律属性辩析 [J]. 电子知识产权，2004 (10)：15.
③ 杨彩霞. 规避著作权技术措施行为刑法规制的比较与思考 [J]. 政治与法律，2012 (12)：53.
④ 田宏杰. 强化知识产权保护的又一里程碑 [N]. 检察日报，2021-01-06 (3).

上具有营利目的。行为人直接规避接触控制措施，在生产经营活动中使用著作权人的作品，在主观上应被认定为具有营利目的。

2. 数额犯和情节犯

侵犯著作权罪下的数额犯种类包括：违法所得数额和非法经营数额。情节犯的考量要素包括：复制品数量、作品被网络传播的数量、作品被实际点击数、注册会员数量。

（1）难以适用的违法所得数额

违法所得数额的界定一直存在争议。最高检在1993年的司法解释中指出，违法所得即销售收入，[①]最高法在1998年的司法解释中指出，违法所得数额是指获利数额。[②]学界意见也存在不一致，有学者指出违法所得数额实际上就是非法获利数额，获利就是产出和投入的差额，[③]何谓获利并不清楚，从经济学角度看，获利包括净利润和毛利润，净利润和毛利润相差较大，[④]产出即收入，投入即成本，何谓成本？对此，有研究指出，针对违法所得数额的计算，目前主要有两种观点，一种是违法所得数额仅限定于实施犯罪过程中的直接收益，一般只扣除原材料或所售商品的生产成本；另一种是不仅应扣除生产成本，还应扣除房屋、水电、物流等与侵权行为相关的犯罪成本。[⑤]在上述学说下，违法所得数额或者是收入减去生产成本，或者是收入减去生产成本和犯罪成本之和。但相反观点认为，对于违法所得数额不应扣除成本，原因在于，诸多犯罪均涉及犯罪投入，在认定犯罪时也不会减去投入，此部分投入也难以计算，故违法所得数额的计算不应减去行为人为犯罪而付出的各种投入。[⑥]

本文认为，对于规避技术措施入罪的行为，应设立不同于侵犯著作权罪的独立罪名，后文将予以详述，在新设的独立罪名中，不应采用违法所得数额作为入罪的构成要件。理由在于以下两点。

其一，违法所得数额的赔偿方式不仅在知识产权民事损害赔偿中极少得到适

---

① 最高人民检察院《关于假冒注册商标犯罪立案标准的规定》（1993）第二条。
② 最高人民法院《关于审理非法出版物刑事案件具体应用法律若干问题的解释》（1998）第十七条第二款。
③ 高铭暄，王俊平. 侵犯著作权罪认定若干问题研究［J］. 中国刑事法杂志，2007（3）：6.
④ 陈志鑫. "双层社会"背景下侵犯著作权罪定罪量刑标准新构——基于306份刑事判决书的实证分析［J］. 政治与法律，2015（11）：33-34.
⑤ 北京市石景山区人民法院课题组，詹文杰，李婧，刘阳鸿，赵丹阳. 基于公开文书的电子软件知识产权犯罪数据分析研究［J］. 法律适用，2022（8）：130.
⑥ 胡云腾，刘科. 知识产权刑事司法解释若干问题研究［J］. 中国法学，2004（6）：139.

用，①在知识产权各部门法中，侵权人的违法所得数额是损害赔偿的法定计算方式，权利人通常无法举证证明侵权人的违法所得数额，该计算方式在民事损害赔偿中难以被适用已为共识。在侵犯著作权罪中也同样如此。行为人在实施犯罪时，极少记录犯罪投入、产出的财务账目，侦查机关查获待销售的侵权产品，无法查获记载犯罪成本、收入的财物凭证，导致违法所得金额无法查清，实践中几乎没有以"违法所得数额"定罪的。②

其二，网络环境下，区分行为人规避技术措施行为的收入和成本几无可能。规避技术措施的行为多发生在网络环境下，且针对的往往是数字化作品，行为人提供的规避手段多为方法或技术服务，技术服务多体现为破解软件，行为人将破解软件售卖给相关公众，破解软件的价格包括了直接成本（如购买计算机硬件、软件等设备的成本、研发成本等）和间接成本（如房租、水电等），侦查机关基本没有可能将直接成本和间接成本从价格中剥离出来。

（2）非法经营数额的认定

最高法和最高检在2004年的司法解释中规定了非法经营数额的计算方式，具体为：实际销售价格、标价或实际销售平均价格、被侵权产品的市场中间价格。③非法经营数额作为侵犯知识产权罪的重要构成要件，在实践中适用比例较高，通过对600份假冒注册商标罪裁判文书的研究，笔者认为，应调整非法经营数额计算方式的顺序和计算依据，总体调整为：实际销售价格、实际销售平均价格、标价、被侵权产品的市场价格。④

对于规避技术措施非法经营数额的计算，应分开来计算。若行为人实施了规避接触控制的技术措施，并在规避的同时进行了生产经营活动，则以其收入或未支出的成本作为非法经营数额，典型的场景，如行为人规避了权利人的计算机软件，将被规避的计算机软件安装在其公司的数台电脑上，若行为人利用该软件进行了生产经营活动，则可以其收入作为非法经营数额；若该权利人存在对外许可计算机软件的费用，则行为人由于规避计算机软件而节约的许可费用可作为其非法经营数额。

---

① 吴汉东. 知识产权损害赔偿的市场价值基础与司法裁判规则 [J]. 中外法学，2016，28（6）：1482.
② 刘惠，王拓，邱志英，吕晓华. 侵犯知识产权犯罪数额探析 [J]. 中国检察官，2012（9）：43.
③ 最高人民法院、最高人民检察院《关于办理侵犯知识产权刑事案件具体应用法律若干问题的解释》（2004）第十二条。
④ 谭洋. 非法经营数额计算方式改进的实证研究——基于600份假冒注册商标罪裁判文书 [J]. 中国物价，2019（8）：89-92.

行为人提供规避手段时，若提供的是硬件设备，则提供规避手段非法经营数额的计算方式依次为：实际销售价格、实际销售平均价格和标价，由于提供规避手段的行为并非假冒行为，这里并不存在被侵权产品，故无被侵权产品的市场价格。若提供的是软件，则提供规避手段非法经营数额的计算方式依次为实际销售价格和标价，应注意，由于软件作为无形产品，可无限复制，故不存在尚未销售的规避软件，故也不在未销售的情况下的实际销售平均价格。

（3）有待发展的情节犯

针对违法所得数额和其他严重情节的适用，实证研究显示，在侵犯著作权罪的2126个案件中，以其他严重情节定罪量刑的案件为2122件，占所有案件的99%左右，其中又以非法经营数额占据大多数，[①]鉴于《刑法修正案（十一）》实现了侵犯知识产权罪的法益侵害评价模式从多元化向以情节犯为主导的全面更新，[②]针对规避技术措施社会危害性的评价，有必要进一步完善情节犯的犯罪评价模式。

（二）提供规避手段入罪的构成要件分析

1. 规避装置、部件的判定：从功能性限制到目的性限制

从功能性限制到目的性限制的变化。《信息网络传播权条例》（2013）第四条第二款规定，对于规避装置或部件的要求是"主要用于"避开或破坏技术措施，即从功能性方面界定了规避装置或部件的范围，此即功能性限制。2023年"两高"征求意见稿第九条第二款也采用了此种功能性限制的表述。从各国立法看，装置须具有规避技术措施的"主要目的或主要作用"，但不需具有"特别设计或者适合于"规避的要求，若采用后者，则很少有装置构成违法的对象，即，作为行为对象的产品、装置或部件必须具有规避技术措施的唯一或最主要的功能。[③]著作权法（2020）并未沿用《信息网络传播权条例》的做法，著作权法第四十九条第二款未对装置或部件做过多限制，仅规定"有关"装置或部件，但从目的性方面规定了装置、部件"不得以避开或破坏技术措施为目的"制造、进口或向公众提供。从目的性方面对装置或部件所做的限制，其所发挥的功能与上述功能性限制基本相同。

---

① 李智琛. 互联网环境下盗版单机游戏的刑法规制［D］. 武汉：中南财经政法大学，2020.

② 魏昌东. 情节犯主导与知识产权刑法解释体系转型［J］. 中国刑事法杂志，2022（1）：17.

③ 班克庆. 中外版权技术措施刑法保护的立法比较［J］. 人民论坛，2014（17）：103-104.

鉴于功能性限制和目的性限制所发挥的功能基本相同，且许多国家立法采用功能性限制，即规避装置和设备的主要目的和用途是规避，仅具有有限的用于其他方面的目的或用途，①因而有必要进一步明确功能性限制的具体内容。若规避装置、部件不具有其他有价值的功能，则在实质上符合主要功能标准，若行为人在提供该规避装置、部件时存在宣传、暗示，或不采取必要防护措施以防止他人采用该装置、部件用于规避，则从形式上可确定该装置、部件主要功能在于规避。②

2. 技术措施有效性的判定主体和程度

著作权法第四十九条第三款规定，著作权人对作品设置的技术措施应当是有效的技术措施。有效性的特征是判断某项"技术措施"是否属于著作权法上的技术措施。"有效"使公众接触或利用作品有一定阻隔，若为无效的技术措施，规避它并未增加侵犯著作权的风险，对无效的技术措施适用刑法毫无意义，③正如明明有两扇门的房间，若只对其中一扇门上锁，他人可非常容易从另外一扇门进入，此锁显然无法起到防止他人进入的目的，即，若技术措施在效果上完全不具备防卫能力，法律绝不应赋予该技术措施以规避禁止权。④

技术措施有效性的判定包括主体的选择和有效性的程度。在主体的选择上，应将普通用户作为判定主体。在未清华与得力富公司案中，最高院将普通计算机用户作为技术措施有效性的判定主体，⑤被上诉人得力富公司对涉案计算机软件设置了技术措施，任何人欲破解该技术措施，需要同时设定 DEBBUR 和 DEBBUR3AXIS 两个键值，普通计算机用户无法根据常规的计算机知识和技能破解该技术措施，因而可认定被上诉人得力富公司采取了有效的技术措施。

同时，技术措施的效应是相对的。技术措施的有效，是指通常情况下不易被避开或破坏，而非在任何情况下绝对地不被避开或破坏，即相对性。⑥

---

① ［德］约格·莱因伯特，［德］西尔克·冯·莱温斯基. WIPO因特网条约评注［M］. 万勇，相靖，译. 北京：中国人民大学出版社，2008：190.

② 田刚. 侵害技术措施行为的入罪化思考［J］. 中国刑事法杂志，2011（5）：39.

③ 杨彩霞. 规避著作权技术措施行为刑法规制的比较与思考［J］. 政治与法律，2012（12）：59.

④ 郭禾. 规避技术措施行为的法律属性辨析［J］. 电子知识产权，2004（10）：16.

⑤ 未清华与得力富企业股份有限公司侵害计算机软件著作权纠纷上诉案，最高人民法院民事判决书，（2020）最高法知民终1206号.

⑥ 丁文联，石磊.《北京精雕科技有限公司诉上海奈凯电子科技有限公司侵害计算机软件著作权纠纷案》的理解与参照——计算机软件运行输出的数据文件格式不属于著作权法规定的技术保护措施［J］. 人民司法（案例），2016（26）：23.

（三）直接规避接触控制措施入罪的构成要件分析

1. 主观要件

在主观上，该罪要求行为人应当具有营利的非法意图，并且应要求行为人需意识到自己的行为是在规避他人设置的技术措施，并且希望或放任技术措施被规避的结果的发生。

2. 功能主义视角下规避行为的界定

（1）本质性规定

对于"规避"的定义，应采用功能性的而非技术专门化的定义，以避免可能很快就会过时，①规避行为是使技术措施保护特定知识产权的功能失效的行为，②美国《版权法》对于规避接触控制措施和著作权保护措施中的规避行为做了详细的列举，所谓规避接触控制措施，是指未经许可对加扰的作品解扰，对加密的作品解密，或以其他方式避开、绕开、移除、停用或破坏技术措施，③其中的规避行为包括解扰、解密、避开、绕开、移除、停用或破坏。所谓规避著作权保护措施，是指避开、绕开、移除、停用，或以其他方式破坏技术措施，④其中，规避著作权保护措施中的规避行为仅比规避接触控制措施中的规避行为少了解扰和解密两种行为。

有研究指出，美国《版权法》对规避接触控制措施中的规避行为的列举非常宽泛，且"破坏"也已超出了规避本身的含义，应从功能的角度来界定规避行为，即只要是使得接触控制技术失去控制他人接触作品的功能的行为，都属于规避行为。⑤

（2）规避行为的表现形式之一：避开

避开接触控制措施会导致权利人采取的技术措施无法发挥作用，采取的是一种绕开、躲避的方式，避开行为包括如通过欺骗手段获得技术措施信任等，在地

---

① ［匈］米哈依·菲彻尔著. 版权法与因特网（下）［M］. 郭寿康，万勇，相靖，译. 北京：中国大百科全书出版社，2009：801.

② 田刚. 侵害技术措施行为的入罪化思考［J］. 中国刑事法杂志，2011（5）：33.

③ 参见美国《版权法》17U.S.C.§1201（a）（3）。

④ 参见美国《版权法》17U.S.C.§1201（b）（2）（A）。

⑤ 张燕龙. 非法规避版权保护技术措施类行为的刑法应对——以美国法为对象的比较研究［J］. 电子知识产权，2019（3）：45.

大公司和适普公司案中，^①原告适普公司是涉案软件的著作权人，利用网卡物理地址唯一性原理设置涉案软件的加密措施，用户若要使用该涉案软件，除购买外，还需提供安装该软件的计算机网卡号（若用户未对网卡号修改，则每台计算机的物理地址具有唯一性），进而由适普公司根据该网卡号进行加密授权，产生软件许可证文件"*.lic"，用户再将软件许可证文件"*.lic"拷贝到所安装软件的根目录，若网卡号和许可证文件"*.lic"中的12位授权加密码（HOSTID）相符，涉案软件方可运行。

被告地大公司从原告处购买7套涉案软件，只能将该7套涉案软件安装在7台计算机上，但被告未经许可，将涉案软件复制后安装在其余的50台计算机上，通过修改其余50台计算机上的网卡号，使其与7台计算机上的网卡号一样，再将7台计算机上许可证文件"*.lic"复制到相应的50台计算机上，从而使在50台计算机上的网卡号和许可证文件"*.lic"相符，得以使涉案软件在50台计算机上运行。被告修改50台计算机上网卡号的行为，避开了原告对涉案软件设置的加密技术措施，使其技术措施失去作用，属于典型的避开行为。

（3）规避行为的表现形式之二：破坏

破坏技术措施的行为体现为侵权人通过技术手段破解、解除著作权人设置的技术措施，采取的是直接面对该技术措施，通过破解、解除等方式使著作权人设置的技术措施瘫痪、失去作用。

譬如，在凉屋公司和新云公司案中，被告新云公司破解了原告为游戏设定的保护性计费程序，进而上传了破解版的游戏，游戏玩家进入破解版的游戏后无须付费即可获得大量游戏货币，有无限复活次数等，^②使原告为其游戏设置的保护措施失去作用。

（4）规避行为的刑事推定

在规避著作权技术措施的民事案件中，法院会根据具体案件事实推定被告实施了规避接触控制措施的行为。譬如，在湖南快乐阳光公司和河北乐推公司案中，原告对涉案作品设置播放时间的技术措施，被告却能够通过其运行的网站播放完整涉案作品，在被告未能举证其未破坏技术的情况下，法院推定被告网站在

---

① 武汉地大空间信息有限公司与武汉适普软件有限公司计算机软件侵权纠纷上诉案，湖北省武汉市中级人民法院民事判决书（2008），鄂民三终字第23号。

② 深圳市凉屋游戏科技有限公司、武汉新云网讯科技有限公司侵害计算机软件著作权纠纷，广东省深圳市中级人民法院民事判决书（2021），粤03民初931号。

播放涉案作品时破坏了原告对涉案作品设置的技术措施，[1]又如，在真彩多公司和腾讯公司案中，原告腾讯公司对涉案作品设置了技术措施，以防止未经许可接触涉案作品，被告真彩多公司未向法院证明其采用何种手段绕开原告的加密措施而直接通过被告的软件在线播放涉案作品，[2]再如，在上海地创公司诉北京万户公司等案中，原告通过在其软件中设置序列号来控制用户的使用期限，但被告在被许可使用期限届满后仍可继续使用，由于被告未能举证其在使用过程中系系统出错导致在到期后仍能正常使用软件，故法院推定被告采用了技术手段破解了原告软件的序列号。[3]上述案件中，原告分别对作品设置了观看时间限制的技术措施、防观看技术措施和序列号控制使用期限的技术措施，但被告均未能举证其采用何种合法措施得以避开时间限制、防观看限制和使用期限限制，从而在线播放完整作品、观看作品以及在许可期过后仍可使用涉案作品，故法院采用推定的方式，认定被告实施了故意避开或破坏接触控制技术措施的行为。当然，在规避著作权技术措施的刑事案件中，对于规避行为，同样可以采用刑事推定的方式。

四、规避著作权技术措施刑法规制的构想

（一）单独入罪

本文认为，应对规避著作权技术措施的行为单独入罪。理由在于：

其一，侵犯著作权的专有权和规避技术措施的行为在性质上并不相同。侵犯著作权罪的前五项行为均为侵犯著作权专有权的行为，直接规避接触控制措施和提供规避手段的行为并未侵犯著作权专有权，本质上是著作权法上的违法行为，二者性质不同，有必要将侵权行为和违法行为的刑事制裁区分开来。

其二，从立法趋势来看，网络科技的发展，将帮助行为予以实行行为化是当前的立法思路，可单独增设非法提供侵害著作权技术措施的装置、技术服

---

① 湖南快乐阳光互动娱乐传媒有限公司与河北乐推网络科技有限公司侵害作品信息网络传播权纠纷，湖南省长沙市中级人民法院民事判决书，（2018）湘01民初5677号。
② 上海真彩多媒体有限公司与深圳市腾讯计算机系统有限公司著作权权属、侵权纠纷，上海知识产权法院民事判决书，（2018）沪73民终319号。
③ 上海地创网络技术有限公司等诉北京万户名媒科技有限公司等侵犯计算机软件著作权纠纷案，上海市浦东新区人民法院民事判决书，（2008）浦民三（知）初字第453号。

务罪。[①]

本文建议，增设第二百一十七条之一，即"提供规避著作权技术措施手段罪"；增设第二百一十七条之二，即"直接规避著作权接触控制措施罪"。

（二）主观要件：以营利为目的

对于上述二罪，本文认为，在主观上均应要求以营利为目的。理由在于：首先，符合TRPIS协议第六十一条的法定要求，即各成员国应对具有商业规模的故意假冒商标或盗版的案件进行刑事制裁。其次，限制刑事打击的范围。非营利目的的规避行为，既可能构成规避行为的法定例外，譬如破解技术措施的行为若仅仅是为了解决产品兼容性问题，多数国家会认定其为合法行为，[②]也有可能构成合理使用，若构成违法行为，则可采用民事保护等方式予以规范。最后，与侵犯著作权罪、销售侵权复制品罪在主观要件上保持一致。

（三）对直接规避和提供行为规定不同的刑罚

鉴于提供规避手段行为的社会危害性大于直接规避接触控制措施的行为，对于二者是否应当设置不同的刑罚？甚至，在提供规避手段行为的内部，是否应当继续区分？譬如，有研究指出，应区分提供物理规避设备和规避软件的行为，前者只破坏某一具体作品的外部保护模式，后者则实现对某一类包含同一编码、译码的作品的侵害。后者在社会危害性上更大，对其定罪量刑应更为严苛，[③]以及，避开行为仅使技术措施对自身失去效用，但对他人仍有效用，破坏行为则不然，破坏行为导致技术措施对任何人均失去效用，故危害性更大，[④]是否应对破坏行为施加更为严厉的刑事制裁？

对于提供规避手段行为和直接规避接触控制措施的行为是否应设置不同的刑罚，有研究指出，从国外立法状况来看，两种行为是两个独立的犯罪，但一般均适用相同刑罚，仅个别国家规定提供规避手段行为的刑罚高于直接规避行为。[⑤]

---

① 王燕玲. 论规避技术保护措施之刑事制裁 [J]. 知识产权，2013（5）：93.

② 黄武双.《关于办理侵犯知识产权刑事案件适用法律若干问题的解释（征求意见稿）》修改建议 [EB/OL].［2023-03-27］. https://mp. weixin. qq. com/s/ScnAwIuzplUrVXpA3w9OYw.

③ 张富强，王影航. 论版权技术保护措施的刑法保护 [J]. 中国出版，2015（6）：49.

④ 徐家力，王克权，许常海. 网络领域提供规避著作权技术措施行为的入罪问题研究 [J]. 辽宁经济，2022（9）：87.

⑤ 班克庆. 规避版权技术措施行为犯罪化的立法问题研究 [J]. 广西社会科学，2014（6）：116.

本文认为，对提供规避手段的行为和直接规避接触控制措施的行为提供不同的刑罚，前者的入罪门槛应低于后者。申言之，就入罪数额和情节严重与否而言，相对于提供规避手段，直接规避接触控制措施的入罪数额应更高、情节应更严重，以体现立法者对提供规避手段的从严的刑事打击力度。最后，最高院和最高检可考虑区分物理规避和软件规避、避开和破坏行为，以确定最优的刑罚。

（四）构建"数额+情节"的双中心结构的评价模式

1. 由数额中心主义转向"数额+情节"的双中心结构的评价模式

加强知识产权刑事保护的重要方式是降低犯罪门槛，但仅通过降低犯罪数额的方式将会始终困扰最高司法机关，即何种数额将实现最优的打击力度，司法机关将不得不通过周而复始的调查、调研等方式来确定最低的入罪门槛。在侵犯知识产权罪中，应认识到犯罪数额只是众多犯罪情节中的一个重要情节，而绝不是全部，[①]应重视情节的作用，避免"唯数额论"，[②]为多样化行为样态提供多元化的罪量评价标准，是知识产权犯罪司法认定中的难题，[③]《刑法修正案（十一）》对侵犯知识产权罪增加了情节要素，也彰显立法者希冀摒弃数额标准，转而构建情节体系的理念转向，[④]但是，也不能从数额中心主义大步跨越到情节中心主义，仍不可抛弃数额标准，明确的数额有助于区分一般违法行为和刑事犯罪，较情节要素更易掌握，且能限制刑罚权的发动。所以，本文认为，基于侵犯知识产权罪的现有结构，在规避技术措施入罪条款中，应构建以"数额+情节"双中心结构的评价模式。

总体而言，"情节+数额"的结构是指，在满足一个较低的数额标准基础上，同时适用特定的情节作为定罪量刑的具体标准，此种配置在司法适用中呈现了情节、数额两者的互动关系，[⑤]此外，既然违法所得数额存在争议，且在侵犯知识产权罪的司法实践中极少得到适用，故建议放弃将违法所得数额而将非法经营数额作为规避技术措施入罪条款的构成要件。

---

① 刘宪权. 侵犯知识产权犯罪数额认定分析 [J]. 法学，2005（6）：38.

② 余高能. 对我国侵犯知识产权犯罪刑事立法系统性的考量 [J]. 知识产权，2013（12）：64-65.

③ 田宏杰. 强化知识产权保护的又一里程碑 [N]. 检察日报，2021-01-06.

④ 彭学龙，张成. 侵犯商标权罪评价标准的变革与完善："情节严重"的体系化解释 [J]. 知识产权，2022（8）：109.

⑤ 于志强，王鼎. 情节要素的适用路径变革与探索——以情节与数额关系为着眼点 [J]. 政法论坛，2019，37（2）：145.

2. 提供规避著作权技术措施手段罪的构想

对于提供规避著作权技术措施手段的入罪，本文建议新设一款罪名，具体为：

第二百一十七条之一：提供规避著作权技术措施手段罪

以营利为目的，提供规避著作权技术措施手段的，非法经营数额较大或者有其他严重情节的，处五年以下有期徒刑，并处或者单处罚金；非法经营数额巨大或者有其他特别严重情节的，处五年以上十年以下有期徒刑，并处罚金。

应说明，为体现对提供规避著作权技术措施手段的刑事打击力度，相对于侵犯著作权罪，对基础刑和升格刑都相应予以提高。

同时，最高法或最高检可出台司法解释，作如下规定：

以营利为目的，提供规避著作权技术措施手段的，非法经营数额在三万元以上，属于"非法经营数额较大"的情形，应当以提供规避著作权技术措施手段罪判处五年以下有期徒刑，并处或者单处罚金。

以营利为目的，提供规避著作权技术措施手段的，非法经营数额在一万元以上不满三万元的，符合下列情形之一的，属于"其他严重情节"，应当以提供规避著作权技术措施手段罪判处五年以下有期徒刑，并处或者单处罚金：

（一）以提供规避手段为业；

（二）直接导致著作权人因重大经营困难而破产、倒闭的；

（三）提供规避装置的数量、实施提供行为的次数在500份（次）以上的。

以营利为目的，提供规避著作权技术措施手段的，非法经营数额在十五万元以上，属于"非法经营数额巨大"的情形，应当以提供规避著作权技术措施手段罪判处五年以上十年以下有期徒刑，并处罚金。

以营利为目的，提供规避著作权技术措施手段的，非法经营数额在八万元以上不满十五万元的，符合第二款"其他严重情节"之一的，构成"其他特别严重情节"，应当以提供规避著作权技术措施手段罪判处五年以上十年以下有期徒刑，并处罚金。

针对上述司法解释，需作以下说明：

第一、第三款将非法经营数额较大、巨大的数额起点定在3万、15万元，相较侵犯知识产权罪的原有规定，犯罪数额降低，入罪门槛降低。升格刑的起点数额是基础刑的起点数额的5倍，遵循以往知识产权刑事犯罪司法解释的规定。但2023年"两高"征求意见稿普遍将升格刑的起点数额调整为基础刑的起点数额的10倍，对于规避技术措施条款也不例外（第九条第三款）。在《刑法修正案（十一）》提高对侵犯知识产权罪的基础刑和升格刑的背景下，两高通过司法解释调整基础刑和升格刑起点数额的倍数关系，这将在一定程度上消解侵犯知识产权罪的打击力度。所以，升格刑的起点数额和基础刑的起点数额的倍数关系，需要进一步准确界定。

第二款采用"数额+情节"双中心的评价结构，将非法经营数额起点定为1万元，还需满足列举的其他严重情节。此种双中心评价结构，一方面将数额定为1万元，显著地降低了犯罪门槛，另一方面还需满足其他严重情节，能够更加全面地评价行为人的社会危害性。

第四款对第二款做了略微改动，即将非法经营数额定为8万元以上不满15万元，起始数额是取15万元一半（7.5万元）四舍五入的整数，即8万元，情节若满足第二款，则构成"其他特别严重情节"。

提供规避装置的数量、实施提供行为的次数[①]能够评价行为人的社会危害性，如以提供直接规避接触控制措施的手段为例，在叶海仁侵犯著作权案中，被害人享有《古剑奇谭》游戏的著作权，其在网络上提供免费的客户端，玩家购买激活码后可运行该游戏，被告则通过网店向玩家销售该涉案游戏的破解程序文件，该破解文件使玩家不用购买激活码即可运行该游戏，破解程序文件的数量达到2983个，[②]再如，在张某甲侵犯著作权罪案中，被告向用户提供破解迅雷公司"账号+密码"的破解版软件共计1811件，经营额是14745.85元，[③]上述两个案例中，行为人提供的规避软件分别为2983和1811个（件），对竞争秩序和权利人的权利造成了较大危害，在满足其他要件的情况下，构成犯罪。至于本文提出的数量（500份或次）则主要是依据2007年"两高"司法解释的规定，[④]"两高"可根据实际调研等情况确定一个最佳的打击数量。

此外，对于提供规避手段社会危害性的评价，可以作品被非法传播的数量作为主要评价指标，[⑤]鉴于被非法传播的作品是直接侵权人而非提供规避手段的行为人实施的，从因果关系角度和在二者不构成共犯的情形下看，不应将直接侵权

① 戴锦澍. 规避著作权技术措施行为的刑法规制［J］. 汕头大学学报（人文社会科学版），2019，35（8）：66.
② 叶海仁侵犯著作权案，北京市石景山区人民法院，（2012）石刑初字第330号。
③ 张某甲侵犯著作权案，苏州工业园区人民法院刑事判决书，（2014）园知刑初字第0005号。
④ 最高人民法院、最高人民检察院《关于办理侵犯知识产权刑事案件具体应用法律若干问题的解释（二）》（2007），第1条。
⑤ 胡春健，陆川. 提供规避著作权技术措施行为的刑法应对［J］. 中国检察官，2021（14）：25.

人导致的后果归因于提供规避手段的行为人，但作品被非法传播的数量可作为对提供规避手段的行为人的量刑情节。[①]

最后，本文认为，"向公众提供"不应当作为此罪的构成要件，因为行为人即使不向公众提供，仅向特定的人提供，倘若数额较大、情节严重，依然具有较大社会危害性，但是否向公众提供仍可作为量刑的考虑因素，一般来说，向公众提供规避手段的社会危害性大于向特定对象提供规避手段的社会危害性。

3. 直接规避著作权接触控制措施罪的构想

对于直接规避著作权接触控制措施的入罪，本文建议增设一条款，具体内容为：

第二百一十七条之二：直接规避著作权接触控制措施罪以营利为目的，直接规避著作权接触控制措施的，非法经营数额较大或者有其他严重情节的，处三年以下有期徒刑，并处或者单处罚金；非法经营数额巨大或者有其他特别严重情节的，处三年以上十年以下有期徒刑，并处罚金。

同时，最高法或最高检可出台司法解释，作如下规定：

以营利为目的，直接规避著作权接触控制措施的，非法经营数额在五万元以上，属于"非法经营数额较大"的情形，应当以直接规避著作权接触控制措施罪判处三年以下有期徒刑，并处或者单处罚金。以营利为目的，直接规避著作权接触控制措施的，非法经营数额在三万元以上不满五万元的，符合下列情形之一的，属于"其他严重情节"，应当以直接规避著作权接触控制措施罪判处三年以下有期徒刑，并处或者单处罚金：

（一）行为人多次实施直接规避行为的；

（二）造成被规避作品著作权人直接经济损失五十万元以上的；

以营利为目的，直接规避著作权接触控制措施的，非法经营数额在二十五万元以上，属于"非法经营数额巨大"的情形，应当以直接规避著作权接触控制措施罪判处三年以上十年以下有期徒刑，并处罚金。

以营利为目的，直接规避著作权接触控制措施的，非法经营数额在十三万元以上不满二十五万元的，符合第二款"其他严重情节"之一的，构成"其他特别严重情节"，应当以直接规避著作权接触控制措施罪判处三年以上十年以下有期徒刑，并处罚金。

[①] 徐家力，王克权，许常海. 网络领域提供规避著作权技术措施行为的入罪问题研究 [J]. 辽宁经济，2022（9）：87.

与第二百一十七条之一（提供规避著作权技术措施手段罪）不同之处主要在于：直接规避著作权接触控制措施罪的入罪数额起点（5万元）高于提供规避著作权技术措施手段罪（3万元）；提供规避著作权技术措施手段罪的刑罚要严于直接规避著作权接触控制措施罪。

最后，"其他严重情节"是可扩展的，本文认为以下两种情节可被认定为构成其他严重情节，即行为人多次实施直接规避行为①和造成被规避作品著作权人直接经济损失50万元以上。前者为营利目的多次实施规避，且满足相应数额，应予以刑事制裁，后者则借鉴"两高"2004年司法解释对假冒专利罪和侵犯商业秘密罪的处理。实践中，直接规避著作权接触控制措施通常会给权利人造成直接损失，譬如，被告规避接触控制措施使用了原告50套软件，按照被告向原告购买的7套正版软件的价格6.1万元/套计算，原告因被告的规避行为导致软件销售额减少305万元，法院认为该数额属于原告的实际损失。②

展望

充满技术措施的未来世界并不必然预示着无秩序或大灾难，更乐观的前景是，作者能更多地传播其作品且获酬，增强法律控制的技术措施可以使作者自我开展商业活动，作品的控制主体由出版商变成作者，不仅增强了实施版权在道义上的吸引力，而且为公众提供更多、更丰富的版权作品，③能否实现上述图景，则在很大程度上取决于规避著作权技术措施的刑法规范效果。

课题负责人：谭洋
课题组成员：曾凤辰　王文敏　周恒
承担单位：广东技术师范大学

---

① 杨彩霞. 规避著作权技术措施行为刑法规制的比较与思考 [J]. 政治与法律，2012（12）：59.
② 武汉地大空间信息有限公司与武汉适普软件有限公司计算机软件侵权纠纷上诉案，湖北省武汉市中级人民法院民事判决书，（2008）鄂民三终字第23号。
③ ［澳］山姆·里基森，［美］简·金斯伯格. 国际版权与邻接权——伯尔尼公约及公约以外的新发展 [M]. 郭寿康，刘波林，万勇，等，译. 北京：中国人民大学出版社，2016：870.

"十四五"时期主题出版物版权国际传播力提升路径研究*

叶文芳**

摘要： 主题出版是以实现中华民族伟大复兴为目的，以中华优秀传统文化、革命文化和社会主义先进文化为核心，涉及政治、经济、文化、社会等多个领域，探索治国理政方针政策，弘扬传统文化、科学技术、爱国主义和时代主义精神的出版活动。主题出版物主要包括主题出版图书和主题出版音像电子出版物，其版权的国际传播力对提升中国形象和国际影响力具有重大历史意义。"十三五"时期和"十四五"前期，各大出版社的主题出版物申报数量持续增加，典型主题出版物的版权输出范围、输出的语言种类不断增加，国际影响力不断提升，但与此同时，我国主题出版物版权输出的种类、形式并没有实现突破，为了客观评价我国主题出版物版权的国际传播力水平，提升我国主题出版的国际影响力，促进国内出版单位的主题出版物版权国际传播力有效提升，以美国战略管理学家迈克尔·波特关于产业国际竞争力评价的钻石模型为理论基础，从生产竞争力、市场竞争力和传播效益三个维度构建主题出版物版权国际竞争力评价指标体系，形成三个一级指标，19个二级指标，并以层次分析法和模糊综合评价法，对我国主题出版物版权国际传播力进行实证评估。评估结果表明，我国主题出版物的市场竞争力综合得分为3.718，传播效果综合得分为3.508，版权国际传播力综合得分为3.919，说明我国主题出版物版权国际传播力目前处于强和一般之间，仍需进一步加强和改善，通过主题出版物版权国际传播力制约要素的系统分析，提出主题出版物版权国际传播力的优化路径。

关键词： 主题出版物；国际传播力；版权输出；层次分析法；模糊综合评价法

主题出版物是能够展示中华民族悠久的文化发展历程和民族传统的典型代表，是中国文化"走出去"的排头兵，天然具备彰显中国道路自信、理论自信、制度自信、文化自信的属性，研究主题出版物的出版情况及版权国际传播力的

---

* 本报告为该课题研究成果的精减版。

** 叶文芳，北京印刷学院出版学院副教授，中国版权协会版权研究中心副主任，本课题组组长。

现状、存在的问题，从而进一步提高主题出版物的版权国际传播力，具有重要的理论意义和现实意义。本研究以主题出版物版权国际传播力为研究对象，以文献研究法、系统分析法、定量分析法为主要研究方法，首先对主题出版物、国际传播力等相关概念和文献进行阐述和总结，厘清主题出版物概念和内涵的演变。其次本研究对"十三五"时期和"十四五"前期的主题出版物的出版情况和版权输出情况做了全面的总结和论述。然后以美国战略管理学家迈克尔·波特关于产业国际竞争力评价的钻石模型为理论基础，从生产竞争力维度、市场竞争力维度以及市场传播效果等维度构建主题出版物版权国际竞争力评价指标体系，并根据层次分析法和模糊综合评价法，对我国主题出版物版权国际传播力进行实证评估，从国际生产力、市场竞争力、传播效果等方面分析制约我国主题出版物版权国际传播力发展的因素。最后，本研究从主题出版物的生产竞争力、主题出版物的版权市场竞争力和主题出版物版权输出政策环境三个方面全面系统论证提升主题出版物版权国际传播力的优化路径，以期有效提高"十四五"期间我国主题出版物的版权国际影响力。

一、相关概念界定

本研究首先系统回溯近20年我国学术界对主题出版、版权输出及国际传播力等方面的相关文章，采用Cite Space文献分析方法，全面系统地呈现主题出版物的研究热点以及演变情况，并以文献为基础，全面系统归纳主题出版物、版权国际传播力等核心概念在文献资料中的发展和内涵演变。

（一）主题出版及主题出版物

"主题出版"概念和内涵的界定是随着出版工作的演变而逐渐发展并成熟起来的。1999年王一方首次提出"主题出版"的概念，他把"主题出版"界定为"某一类别或者板块的出版活动"。2003—2007年，相关行政部门使用"重点选题""重点图书""重点出版物"的表述去指代相应的重大出版活动。《2008年全国图书音像电子出版管理工作》中"主题出版工作"正式取代"重点出版"。在"十二五"期间，主题出版得到国家的大力支持，主题出版物开始"走出去"，学术界也开始关注主题出版的内容，其中"主题出版是指围绕党和国家工作大局，就一些重大会议、重大活动、重大事件、重大节庆日等主题而进行的选题策划和出版活动"的界定比较有代表性。"十三五"期间，主题出版的发展速度和发展质量都有了明显的提高，"主题出版"的概念和内涵在学术界和业界基本形成共识，并且对"主题"的内容逐步细化，从"以特定'主题'为出版对象、出版内容和出版重点的出版宣传活动"①到主要"围绕党和国家中心工作、对党和国家的一些重大理论与现实问题、重大事件和重大活动而开展的出版工作"及"出版机构围绕党和国家政治、经济、文化、社会、生态等方面的工作大局及重大事件、重大活动、重大题材、重大理论问题等，进行的传播中华优秀传统文化、革命文化、社会主义先进文化的选题策划和出版活动"②。

另外，2018年发布的《主题出版发展报告（2018)》以及2019年发布的《主题出版学术报告（2019)》对主题出版进行新的扩展，除国家政策理论类选题、马克思列宁主义相关选题外，还将科技文化类、中华优秀传统文化类以及部分大众通俗类的选题也纳入主题出版的范围中，使主题出版的外延不断延伸，也使主题出版更符合时代需求。

目前我国已迈入新的发展阶段，国家政治、经济和文化不断发展，人民物质和精神文化的需求已发生巨大变化，因此，应该多维度多角度地界定主题出版，对主题出版研究的深度和广度也应进一步加大。基于此，本研究认为，主题出版是以实现中华民族伟大复兴为目的，以中华优秀传统文化、革命文化和社会主义先进文化为核心，涉及政治、经济、文化、社会等多个领域，探索治国理政方针政策，弘扬传统文化、科学技术、爱国主义和时代主义精神的出版活动。

《出版管理条例》第二条规定：出版物是指报纸、期刊、图书、音像制品、电子出版物等。所以本研究中的主题出版物主要包括符合主题出版范围的主题出版图书和主题出版音像电子出版物。

（二）传播力

关于传播力的含义和组成，一些学者提出了四种观点，分别是：能力说、实力说、效果说和综合说，这些观点对传播力的本质进行了比较全面的总结。就能力说而言，将传播力理解为传播者与受众对信息的解读与编码的能力，但此观点更多地将注意力集中在"动作"上，仅关注现象，而忽略了对信息传递给受众的影响。实力说将传播力理解为"传播主体和传播力量的生产竞争力"。但是，在

---

① 周慧琳. 努力做好新形势下的主题出版工作［J］. 出版参考，2017（1）：5.
② 万安伦，曹培培，都芃. 中外出版交流：进程、特征及启示［J］. 科技与出版，2020（11）：12-18.

传播的过程中，传播主体的实力是影响传播力的因素之一，但并不是决定传播力的唯一因素，传播效率的高低、传播效果的好坏等因素都会对传播力的水平产生很大的影响。效果说传播力的本质应该是内在实力，对传播力进行考察和评估时，传播效果是传播力高低的具体体现。然而，如果仅仅关注影响力和传播效果，很可能会导致出现唯效果论的各种缺陷。综合说是将上述两种或多种因素结合在一起来界定传播力。

在这种情况下，传播力的定义已不能从一个单一的视角进行。传播力是一个复合的概念，它不仅指的是一种传播信息的能力，还包括了最后的传播效果，也就是传播效果能否对受众产生影响，能否达到传播主体的目的，达到最大限度的有效传播。在此基础上，本研究把传播力从传播主体的生产力、内容的传播力和内容的实际传播效果三个方面进行了归纳。

（三）版权国际传播力

国际传播力可以被看作一个国家为了某些目的，在世界范围内实现信息沟通、互动的效力与能力。版权国际传播力则可被认为是一个国家开发不同的内容资源生成版权产品，通过多元的输出渠道和方式，输出出版物产品、内容信息以及权利，将本国的文化内容有效地传递给他国市场及公众的能力和在此过程中产生的效果和各方面的影响。从文化传播的角度看，出版物版权输出是通过形式多样的版权许可或转让将出版物所承载的内容信息传递给其他国家的公众，从而实现文化输出，将中国故事传递给外国读者，进而提升中国国家形象，提升外国公众对我国文化的认同感，获得社会效益。从产业贸易的角度看，出版物版权输出目的是通过版权国际贸易等方式进入国外市场并实现出版物的国际传播，获取出版物销售的经济效益和版权收益。综上所述，版权国际传播力的本质是出版物版权的生产竞争力、市场竞争力和传播效果的有机结合。

二、"十三五"时期及"十四五"前期主题出版物的出版及版权国际传播力

2015年起，为了更有针对性地做好主题出版工作，我国开始大力推进主题出版工作常态化、系统化、规范化，自此每年中宣部都会发布该年度主题出版的选题重点方向，鼓励各大出版社积极开展主题出版工作、深度挖掘主题出版资源，

并对申报主题出版重点出版物的单位及出版物进行严格审查，最终形成主题出版重点出版物目录，同时对成功入选的出版物给予政策、资金、宣传上的专项支持。中宣部主题出版重点出版物是目前业界公认品质最高、申报数量最多的国家级主题出版工程。作为一项国家级主题出版工程，将其生产和传播的真实情况作为评价我国主题出版物生产实力和传播实力的重要指标是具有一定代表性的。

（一）"十三五"时期主题出版物的出版及版权输出

"十三五"时期，在有关部门的大力支持和推动下，主题出版已成为出版业的支撑性产业，主题出版工作已初见成效，但是从版权国际传播角度来看，主题出版物的版权输出数量与立项数量之间没有呈现明显的正相关性。

1."十三五"时期主题出版物的出版情况

"十三五"时期主题出版物的选题不断丰富，各大出版社的申报数量不断增加，主题出版重点出版物的立项数量稳中有进。

（1）"十三五"时期主题出版物的选题情况

"十三五"以来，随着主题出版内涵的不断扩展，我国主题出版物的选题类型也逐渐向复合化趋势发展。根据"十三五"时期中宣部发布的明确主题出版选题重点的系列通知，主题出版重点出版物的选题应是围绕中央重大部署和重要时间节点进行的，其确定的选题中既有围绕党和国家重大决策部署、重大战略任务等方面开展的选题，也有围绕经济社会发展、国防安全建设等方面开展的选题；既有围绕习近平新时代中国特色社会主义思想开展的选题，也有围绕培育和践行社会主义核心价值观开展的选题；既有围绕党和国家重大决策部署、重要工作举措开展的选题，也有围绕解决人民群众关心关注的实际问题开展的选题。从"十三五"期间的主题出版选题结构来看，中国共产党历史以及中华人民共和国发展史类的选题占比为33%，马克思列宁主义以及毛泽东思想研究类占比为21%，两者合计超过一半，足以证明两者在主题出版选题结构中的重要地位。

（2）"十三五"时期主题出版物的申报和立项数量

"十三五"期间，我国主题出版的申报数量呈显著增长趋势。根据国家版本馆 CIP（Cataloguing In Publication，图书在版编目）数据中心的有关数据显示，我国主题出版物的数量在2003—2019年期间实现了近5倍的增长，而据国家新闻出版署发布的《2020年新闻出版产业分析报告》，2020年我国52种年度印数达到及超过100万册的一般图书中，主题出版类占30.8%，较2019年增长了6.4个百分点①。2016年作为"十三五"的开局之年，比2015年的申报数量超出390种，增长率达到27.8%；2020年作为"十三五"的收官之年，比2019年的申报数量超出376种，增长率达到20.25%。

但是主题出版的重点选题立项数量并没有和申报数量呈高度正相关：2016年成功入选主题出版重点出版物名单的图书96种，音像电子出版物24种；2017年成功入选主题出版重点出版物名单的图书77种，音像电子出版物20种；2018年成功入选主题出版重点出版物名单的图书69种，音像电子出版物12种；2019年成功入选主题出版重点出版物名单的图书77种，音像电子出版物13种；2020年成功入选主题出版重点出版物名单的图书110种，音像电子出版物15种（见表1）。可见"十三五"期间，成功立项的主题图书的数量呈现先递减后递增的趋势，反映出主题出版行业重质不重量，坚持精品化、高质量发展的主旨。与此同时，音像电子出版物的选题立项呈现明显的下降趋势，2016年、2017年音像电子出版物类的选题均有20种及以上，分别占当年立项总数的20%、20.6%；而2018—2020年音像电子出版物类的选题分别只占立项总数的14.8%、14.4%和12%。

2. "十三五"时期主题出版物的版权输出情况

目前，我国尚缺乏统一的主题出版物的版权输出的统一统计数据，课题组以每年度的主题出版物具体名录为基础，用人工搜索的方法对输出数据做了分析和汇总。

（1）"十三五"时期主题出版物的版权输出数量

根据课题组的统计，2016—2018年主题出版图书版权输出数量分别为5项、5项、10项；2019—2020年主题出版图书版权输出为25项和32项，主题出版图书版权输出总体呈现增长态势，但输出图书品种数量不多。根据采集书目数据来看，在2023年亚马逊网站中，在售的主题出版图书里，外文版本179种，中文版本124种。在外文版图书中，仅有68种为中国主题出版物版权输出的出版物。相较于国内丰富的主题出版物的出版量，主题出版物版权输出数量明显不足，主题出版物版权国际影响力很难提高。而电子音像出版物的版权输出数量持续低迷，只有2019年输出一项，可见主题出版数字内容的开发、推广与输出亟待加强。具体数据如下（见表1）。

---

① 李杨，林芝，宋奕雯."十四五"主题出版高质量发展的路径思考——基于《出版业"十四五"时期发展规划》的视角［J］. 出版与印刷，2022（3）：55-63.

表1　主题出版重点出版物选题申报、立项及版权输出数据

年份 （年）	申报数量 （项）	成功立项 数量 （项）	立项图书 数量 （项）	立项音像 电子出版物 数量 （项）	立项出版物 版权输出量 （项）	立项图书 版权输出量 （项）	立项音像 电子出版物 版权输出量 （项）
2015	1401	125	100	25	6	6	0
2016	1791	120	96	24	5	5	0
2017	1762	97	77	20	5	5	0
2018	1545	81	69	12	10	10	0
2019	1857	90	77	13	26	25	1
2020	2233	125	110	15	32	32	0

（2）"十三五"时期主题出版物版权输出的国家地区及语言种类

根据中国新闻出版研究院的出版物对外贸易数据，新中国成立以来，欧美等发达国家与我国版权贸易频繁，"一带一路"倡议提出后，版权输出格局逐渐发生变化，版权输出中心由欧美国家逐渐向"一带一路"沿线国家倾斜，但总体输出重心仍在欧美国家。"十三五"期间，我国对外版权输出覆盖的国家和地区的范围总体呈现逐渐扩大的趋势。

从版权输出国家和地区来看，总体来说，与我国版权贸易合作密切的国家较为稳定。根据国家版权局相关数据整理显示，2016年出版物版权输出数量前十的国家和地区依次为：中国台湾地区、美国、韩国、中国香港地区、俄罗斯、日本、英国、德国、新加坡、法国，总计占比66%；2017年出版物版权输出数量前十的国家和地区依次为：中国台湾地区、中国香港地区、美国、韩国、德国、英国、日本、俄罗斯、新加坡、加拿大，总占比约为53.5%；2018年出版物版权输出数量前十的国家和地区依次为：美国、中国香港地区、韩国、英国、俄罗斯、德国、日本、新加坡、法国、加拿大，总占比约为45.6%；2019年出版物版权输出数量前十的国家和地区依次为：中国台湾地区、中国香港地区、美国、俄罗斯、韩国、英国、新加坡、德国、日本、法国，总占比为53.6%。总体看来，我国版权输出的国家和地区前十位的数量占比由2016年的66%降低到2019年的53.6%，呈现分散化的趋势，说明2016年我国版权输出国家和地区集中度较高，

2019年集中程度降低，反映我国出版物版权输出国家和地区向多样化趋势发展。

具有典型代表意义的主题出版图书《习近平谈治国理政》第一卷2014年出版时，主要包含中、英、法、俄、阿、西、葡、德、日9个语种，其版权语言涉及的主要是发达国家和地区，2023年《习近平谈治国理政》第一卷已输出37个语种的版权，发行范围覆盖180多个国家和地区。《习近平谈治国理政》第三卷2020年以中英文版出版发行后，版权输出力度不断加大，目前输出国家不仅包括欧美等主流版权输出国，还包括阿尔巴尼亚、波兰、罗马尼亚、白俄罗斯、乌克兰、阿富汗、柬埔寨、尼泊尔、老挝、孟加拉国、泰国、印度、巴基斯坦、斯里兰卡、塔吉克斯坦、吉尔吉斯斯坦和蒙古国等国家。可见，版权输出的语种呈现分散化发展趋势，语种丰富度越来越高，这说明我国主题出版物版权输出国家和地区覆盖度不断扩大，输出重心逐渐向"一带一路"沿线国家转移。

（3）"十三五"时期主题出版物版权输出的出版单位

2016年起，越来越多的出版单位都开始重视主题出版，进入主题出版赛道的出版单位已达到323家，出版主题出版物的数量开始增加（见表2）。"十三五"时期，主题出版重点出版物成功立项638种，其中图书成功立项529种，电子音像出版物共立项109种，成功立项的出版单位约200个，成功立项的出版单位排名前五的是：人民出版社、学习出版社、中国人民大学出版社、党建读物出版社、中共党史出版社，均为中央级出版社，其成功立项数分别为：28个、18个、14个、11个和9个，总占比为12.5%。

表2　2016年出版单位申报主题出版物数量

排名	出版单位	数量（种）
1	人民出版社	169
2	外文出版社	150
3	中共中央党校出版社	65
4	解放军出版社	63
5	中国社会科学出版社	63
6	中共党史出版社	55
7	人民日报出版社	46
8	中国人民大学出版社	42

排名	出版单位	数量（种）
9	喀什维吾尔文出版社	41
10	社会科学文献出版社	40
11	中国方正出版社	40

据相关数据统计，2016年版权输出数量前十的出版单位依次为：广西师范大学出版社、中国人民大学出版社、中国少年儿童新闻出版总社、辽宁科学技术出版社、安徽美术出版社、高等教育出版社、北京语言大学出版社、外语教学与研究出版社、北京晋江原创网络科技有限公司、外文出版社。2019年版权输出数量前十的出版单位依次为：中国少年儿童新闻出版总社、中信出版集团、中国人民大学出版社、浙江大学出版社、高等教育出版社、北京晋江原创网络科技有限公司、北京尚斯国际文化交流有限责任公司、五洲传播出版社、外语教学与研究出版社、广西师范大学出版社[1]。

除中国人民大学出版社以外，重点的主题出版单位位列版权输出前十排行榜的寥寥无几，这说明我国主题出版物的出版数量多，但是版权输出的数量少，重点主题出版单位的对外版权输出能力处在不均衡的状态。

（二）"十四五"主题出版物的出版及版权输出

"十四五"时期是我国出版事业发展的新时期，也是主题出版高质量发展面临新的机遇和挑战的时期。如何扩展渠道让更多读者看到和了解到真实的中国，如何在世界人民面前构建真实可靠的中国形象是出版事业面临的重要议题，做好主题出版物的国际传播，提高主题出版物版权的国际竞争力，将有效提高中国精神、中国理念在世界的认同度，进一步推动构建人类命运共同体。

1. "十四五"前期主题出版物出版现状

国家相关政策的出台推动各类出版社积极参与到主题出版的工作中，市场需求的持续增加促使主题出版不断创新，主题出版市场整体呈现繁荣发展的态势（见图1）。

---

[1] 甄云霞. 输出能力增强 版贸格局喜变 [N]. 中国出版传媒商报，2020-12-19.

（1）文化建设类主题读物广受欢迎

根据开卷零售市场中主题出版图书的品种数据，2021年第一季度与2020年第一季度相比较，主题出版图书册数的比重出现小幅上扬。从出版物市场相关数据来看，在出版行业仍然不景气，新书表现疲软的情况下，主题出版物在市场中的各项指标总体呈现上升趋势，主题出版不断发力，市场规模不断扩大，逐渐成为"十四五"新时期出版业发展的一大亮点。

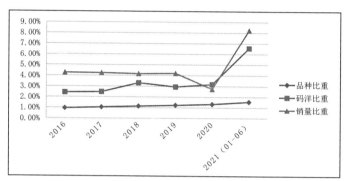

图1　2021年主题出版物在市场中的比重

与此同时，在2016年至2021年这六年中，一共成功立项532种主题出版重点出版物，其中文化建设类选题成功立项数最多，共有182种，占总选题量的34.2%；第二到第九位分别是发展史类选题、治国方略/理论选题、社会建设选题、发展成果选题、党政军队建设选题、对外建设选题、经济建设选题、法治建设选题；生态建设选题在已搜集到的选题数据中成功立项数最少，仅有9种，占比仅为1.69%（见图2）。

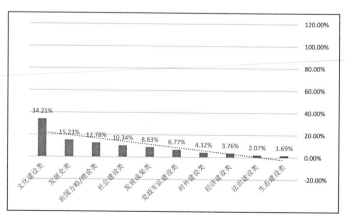

图2　近六年中宣部主题出版重点选题内容分类总体情况

（2）出版主体逐渐向各类出版社转变，中央及军队出版社优势明显

"十三五"收官之年已有550家出版单位参与到主题出版市场的竞争中，且在"十四五"前期保持着增长趋势，更多的出版主体参与到主题出版的赛道中，促使主题出版物选题和形式的不断丰富。

2021年，中央及军队出版社的出版物占到主题出版总数的62%；地方出版社的出版物大约为出版总数的25%；高校出版社的出版物仅占总数的14%。从码洋占有率数据来看，中央及军队出版社一骑绝尘，占据了主题出版91%的码洋，其余类型出版单位的码洋占有率合计不足9%，这主要是因为中央及军队出版社在主题出版的选题方面以及内容的权威性方面相比其他出版社而言，更具备先天优势。

（3）主题出版物选题丰富度不断提高

根据中宣部公布的入选主题出版重点出版物的名单目录来看，各个出版社开始深入挖掘并发挥自身优势，并与主题出版相结合，从不同的领域和不同的角度去体现党和国家工作内容和工作重点、发展战略等。每年中宣部都会根据当年的国家工作内容、重点等发布当年的主题出版重点选题，将主题出版重点选题与不同领域的内容相结合，促进主题出版选题不断丰富：如2021年是实施"十四五"规划开启全面建设社会主义现代化国家新进程的第一年，也是中国共产党成立100周年，中宣部为2021年的主题出版工作提出了以下五个选题重点：第一是立足新形势新要求，推动习近平新时代中国特色社会主义思想出版传播向纵深发展方面的选题；第二是聚焦主题主线，大力营造共庆百年华诞、共创历史伟业的浓厚氛围；第三是把握育新机、开新局的主基调，激发干部群众奋斗"十四五"、奋进新征程的强大精神力量；第四是立足培育时代新人、弘扬时代新风，深化社会主义核心价值观宣传阐释；第五是向世界展示真实立体全面的中国，为我国社会主义现代化建设营造良好外部环境。各大出版社纷纷将自身优势与重点选题相结合，创造出一系列高质量的主题出版物，如中共党史出版社出版的《中国共产党的一百年》、法律出版社出版的《中国共产党对国家制度和法律制度的探索实践和经验》、经济科学出版社出版的《中国共产党经济思想史（1921—2021）》等，均为主题出版的繁荣发展贡献了自身的力量。

（4）主题出版选题内容由"大"变"小"

"十四五"前期，主题出版物的出版呈现新的亮点，开始从"小切口"出发展现宏大主题，避免理论的堆砌，而是落到实处，注重以小见大。2021年主题出版中重点的选题是庆祝中国共产党的百年华诞，在170种类似选题中，既有从宏

大叙述出发的出版物，如党建读物出版社出版的《中国共产党组织建设100年》、人民出版社的《中国共产党一百年大事记》以及红旗出版社的《世纪之问：百年大党何以引领时代》等；也有一些从"小切口"入手的出版物，如浙江教育出版社的《红船启航》、贵州人民出版社的《讲给孩子的百年党史故事——从石库门到天安门》以及少年儿童出版社的《鲜红的党旗：写给青少年的建党故事》等。这些"小切口"的出版物同样取得了亮眼的成绩。

（5）科技类和少儿类主题出版亮点突出

科学技术作为一个国家发展的命脉，已成为当今世界发展的重点议题，并日益成为强国竞争的焦点。传播科学精神、展示我国科技成就是主题出版的主要任务之一，因此近年来，科技类的主题出版选题占比不断上升，科技类的出版社也逐渐成为主题出版工作的中坚力量，如2021年江苏凤凰科技出版社出版的《60万米高空看中国》、浙江科技出版社推出的《为了万家灯火：中国共产党百年抗灾史》、科学出版社等15家出版社合作出版的"中国科技之路"丛书等主题图书都是精品力作。

另外，"十四五"以来，少儿类主题出版成为我国图书市场发展的一个新亮点，它肩负着把少年儿童培养成有理想、有道德、有文化、有纪律的一代新人，是使党和国家事业后继有人的重要工作。从近年少儿出版市场的情况看，少儿类主题出版的题材和体裁逐渐丰富，实现了从"单一型"向"复合型"发展，出版物内容也显示了融知识和趣味为一体的特色，同时也带有一定的教育意义。

2."十四五"前期主题出版物版权输出及国际传播现状

"十四五"前期，随着构建人类命运共同体理念对外传播的不断深入，体现中国价值、文化追求的主题出版物的出版和版权输出越来越受到重视，国家新闻出版署对出版企业给予了系列支持，不仅鼓励出版单位积极参与国际书展，还继续鼓励和发展系列"走出去"项目，如丝路书香工程、经典中国国际出版工程等，使主题出版环境开放程度进一步增加，其他国家对我国主题出版的兴趣也逐渐增加，主题出版"走出去"向前迈出一大步。

（1）主题出版物版权输出形式多元化发展

"十四五"前期，主题出版重点出版物选题申报数量持续增加，从2021年的2232项增加到2022年的2240项，重点出版物版权输出数量均为15项。随着融媒体的发展，主题出版重点出版物中的音像电子出版的输出受到关注，2021年和2022年均有所斩获（见表3）。同时，主题出版开始多元化发展，2021年，由中宣部、中央广播电视总台联合创作的专题片《平"语"近人——习近平喜欢的典故

(第二季)》广受好评，同年人民出版社出版《平"语"近人——习近平喜欢的典故（第二季）》的视频书，实现主题出版物的多媒体出版，2023年《平"语"近人——习近平喜欢的典故（第二季）》的视频书实现英语、法语、阿拉伯语、豪萨语、斯瓦希里语等多语种版本的版权输出，专题片不仅在非洲40个国家的66家主流媒体广泛落地播出，而且在全球80多个国家的209家主流媒体播出，实现主题出版物版权输出的多元化。

表3　主题出版重点出版物选题申报、立项及版权输出数据

年份	申报数量（项）	成功立项总数（项）	立项图书数量（项）	立项音像电子出版物数（项）	立项出版物版权输出总数（项）	立项图书版权输出数（项）	立项音像电子出版物版权输出数（项）
2021	2232	170	145	25	15	13	2
2022	2240	160	140	20	15	14	1

（2）主题出版物版权输出语言种类持续增加

"十四五"前期，主题出版物品种逐渐呈现多元化态势，内容由党政方针、军事、政策理论等，逐步扩大到文化领域的20个大类，版权输出语种扩展到阿拉伯语、维吾尔语、哈萨克语、德语等40多种外语及少数民族语言：如《习近平扶贫故事》已经输出42个外语语种版权和中文繁体版权，包括俄文版、葡文版、蒙古文版、尼泊尔文版、法文版、意大利文版、西班牙文版；《习近平讲故事》实现30个外文语种的版权输出。可见主题出版图书已经成为"走出去"新增长点，主题出版图书版权国际传播力正在逐步提高，国外读者对中国主题出版物的需求不断增强。

（3）主题出版物版权国际传播力有待提高

讲好中国故事，传递中国声音，为解决人类面临的共同问题提供更多更好的中国智慧、中国方案、中国力量，是中国出版社和出版人的责任。在大量出版社投身于主题出版的同时，一些问题也逐渐凸显，如很多出版社缺少版权输出的经验，主题出版物的版权输出数量较低，实现版权输出的出版物出现了"文化折扣""文化鸿沟"等现象，呈现"走出去"容易、"走进去"难的海外传播情况，主题出版物版权的国际传播力有待提高。

三、主题出版物版权国际传播力评价体系构建

由于主题出版物的版权国际传播力缺少客观的评价机制，主题出版物版权国际传播力难以被科学、系统地评价，不利于出版社主题出版物的出版和版权输出。本研究以经济效益与社会效益相结合原则为基础、坚持科学性与可操作性相统一、系统性与针对性相结合的原则，构建一套科学、系统的主题出版物版权国际传播力评价体系，以期全面地评价主题出版物版权国际传播效果，进一步提高主题出版物的版权国际影响力。

（一）构建的基础和思路

美国哈佛商学院迈克尔·波特（Michael Potter）教授在其著作《国家竞争优势》中，系统地阐述了以"钻石模型"为核心的企业获取竞争优势理论，并对如何获取竞争优势进行了分析。波特的钻石模型被广泛地用于分析一个国家的某种产业如何在国际上具有较强的竞争力，其研究表明，一个国家某一产业的竞争力主要取决于四个方面：生产要素，需求条件，相关支撑产业，企业的战略结构和同行的竞争。波特教授以这四个基本元素为基础，又添加了政府政策和机遇两个元素，这两个元素有别于其他四个元素，具有很大的变量，机遇是不可控的，而政府政策对它们的影响也不容忽视。①

版权的国际传播力评价和波特的竞争优势理论存在共通点，但是版权的国际传播力除了包含波特竞争优势理论中国际竞争力的内容，还具有传播效果等特殊内容，是出版企业硬实力与软实力相结合的体现。版权的国际竞争力，指企业的生产和传播能力，版权的国际传播效果指产品的传播效力。因此版权的国际传播力不仅受到波特"钻石模型"中的生产要素，需求条件，相关支撑产业，企业的战略结构和同行的竞争这些要素的影响，还受到传播效力要素的影响。因此，本研究以波特教授"钻石模型"为研究基础，通过结合国际竞争力和国际传播效力两个层面，从主题出版物版权生产竞争力、主题出版物版权市场竞争力、主题出版物版权传播效果三个维度系统地构建主题出版物版权国际传播力评价体系（见图3）

---

① ［美］迈克尔·波特. 国家竞争优势［M］. 李明轩，邱如美，译. 北京：中信出版社，2007.

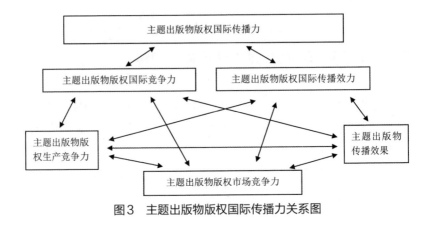

图3 主题出版物版权国际传播力关系图

（二）主题出版物版权国际传播力评价体系的层次及指标要素

主题出版物版权生产竞争力、市场竞争力、传播效果三方面相辅相成，相互影响，三者呈高度的正相关性，生产竞争力决定了市场竞争力和传播效果。根据波特教授的钻石模型和产业竞争力指标，版权生产竞争力、市场竞争力、传播效果三个层面仍需细化和标准化。

1. 生产竞争力

主题出版物版权生产竞争力是指在版权产品生产过程中与其他产品相比存在的竞争优势。作为一种文化产品同时作为国家意识形态的重要体现，与其他一般商品相比，主题出版物的出版和版权输出的要求会更高，因此作为主题出版物的内容生产者和供给者的出版机构是否有能力生产出高品质的主题出版物成为评估主题出版物版权生产竞争力的关键要素。提升主题出版物版权生产竞争力，需要从源头出发，整合优质的出版资源，创造适合的出版、发行条件，汇集优秀的出版人才，在同行的良性竞争中出版高质量的主题出版产品，进而推动版权输出。根据波特的"钻石模型"，生产要素、相关支撑产业要素、企业的战略结构和同行的竞争要素越充足，政府出台越多的支持政策，主题出版物版权生产竞争力越强。版权国际传播力指标体系在"生产竞争力"一级指标下，以"钻石模型"中的生产要素以及企业的战略结构和同行的竞争要素为蓝本，设置了"企业人数"指标、"人员素质"指标、"内容品质"指标、"企业资金实力"指标、"企业渠道能力"指标、"出版企业规模"指标；依据"钻石模型"中的相关支撑产业要素设置了"产业基础"指标；依据"钻石模型"中的政府行为要素设置了"政府支持"指标，形成八个具体二级指标。

2. 市场竞争力

主题出版物版权市场竞争力是指主题出版物在国际市场上传播、到达和覆盖的能力以及其对他国读者产生的影响。提升主题出版物版权市场竞争力，除了需要出版物产品优秀，还需要了解他国公众的需求，打造符合其需求的出版物版权产品。主题出版物版权输出语种数量、输出的国家和地区覆盖度也是主题出版物版权市场竞争力的重要参数，能非常直观地表明主题出版"走出去"的程度。输出语言种类越丰富，覆盖的国家和地区越多，越能体现主题出版物版权市场竞争力，进而提升中国在国际社会的话语权，展现中国的大国风范。但仅覆盖国家和地区是不够的，还需到达读者的手中，因此到达度也是主题出版物版权市场竞争力有效指标。到达度指主题出版物版权产品在他国的传播程度，具体体现在出版物曝光度、是否引起读者的激烈讨论、读者是否成为出版物甚至是出版社的"跟随者"等，它标志着主题出版物产品是否深刻地影响着他国读者，具象化了主题出版思想在他国的输出深度和广度，即主题出版"走进去"的程度。只有当主题出版物版权不断向外输出覆盖更多的国家和地区，达到更多读者手中甚至是心中，才能不断提升主题出版物版权国际竞争力，才能影响更多的读者，让世界知道中国主题思想、学习中国主题思想、灵活运用中国主题思想。因此，在"市场竞争力"一级指标下，依据"钻石模型"中的需求条件要素，设置了"需求规模"指标、"需求结构"指标；依据出版物传播实践的到达情况，设置了"版权输出语种版本数量"指标、"版权输出国家和地区覆盖度"指标和"主流零售终端媒体覆盖度"指标；依据出版物传播实践的传播对象情况，设置了"宣传报道阅读数"指标、"宣传报道评论数"指标、"输出版权出版物销量"指标、"出版企业社交媒体粉丝数"指标，构建九个具体二级指标。

3. 传播效果

主题出版物版权传播效果，即传播效益。传播效果是传播力的主要表征，因此评估传播力，传播效果指标是不可缺少的。作为文化产品，主题出版物具有物质产品属性和精神产品属性，其产生的效益也被划分为社会效益和经济效益两种，且经济效益始终是首位。因而主题出版物版权输出产生的社会效益更被出版业所看重。从版权效益来看，主题出版物的版权输出作为一种对外贸易活动，版权输出必须接受市场的考验，其获得的经济效益不仅是传播力强的体现，同时也为出版企业出版发行更优秀的主题出版物产品提供了经济支持，推动了主题出版物版权生产竞争力的提升，因此对于经济效益而言，最直观的指标就是主题出版物版权输出的版权贸易额。主题出版物版权输出想要获得可持续性发展，还需要从社会效益的角度进行观察，主题出版物版权输出获得的社会效益主要体现在国家形象认可度。因此在"传播效果"一级指标下，出版物传播效果可分为经济效益和社会效益，从经济效益层面设置了"版权贸易额"指标；从社会效益层面设置了"国家形象认可度"二级指标（见表4）。

表4　主题出版物版权国际传播力指标体系

目标层	一级指标	二级指标
主题出版物版权国际传播力评估体系	生产竞争力	企业人数
		人员素质
		内容品质
		产业基础
		政府支持
		渠道能力
		出版企业规模
		资金实力
	市场竞争力	需求规模
		需求结构
		版权输出语种版本数量
		版权输出国家和地区覆盖度
		主流零售终端覆盖度
		宣传报道阅读数
		宣传报道评论数
		媒体粉丝数
		输出版权出版物销量
	传播效果	版权贸易额
		国家形象认可度

（三）主题出版物版权国际传播力评价指标权重确定

本研究运用层次分析法确定主题出版物版权国际传播力评估指标的权重。首先从版权输出实践出发对出版物生产、版权输出的影响因素进行分解，提取一级指标和二级指标；其次通过邀请出版行业的专家通过问卷调查的方式对指标进行评分，从而最终确定主题出版物版权国际传播力评价体系各指标的权重。

1. 指标权重分配原则

权重是针对某一个指标而言的相对概念。指标的权重通常指的是某一指标在指标评价体系中的相对重要程度。在对指标权重进行计算时，要遵循科学性和系统性的原则，要根据不同指标的重要程度确定好权重而不能均等分配，这样才能在评价实践中，给予设计人员、评价人员较为科学的参考。

2. 指标权重计算方法

本选择层次分析法确定指标权重。研究者为便于比较，引入1—9的标度法（见表5）。

表5　1—9标度表

标度（C_i）	描述
1	两个元素相比同等重要
3	两个元素相比较，一个元素比另一个元素稍微重要
5	两个元素相比较，一个元素比另一个元素明显重要
7	两个元素相比较，一个元素比另一个元素强烈重要
9	两个元素相比较，一个元素比另一个元素极端重要
2，4，6，8	上述相邻判断的中间值
倒数（$1/C_i$）	若元素i与元素j比较得到至C_i，那么元素j与元素i相比取值为$1/C_i$

3. 一级指标权重计算

第一步，建立主题出版物版权国际传播力层次结构模型（见图4）。

图4　主题出版物版权国际传播力评价体系一级指标层次结构图

675

第二步，构造判断矩阵。通过发放问卷，根据专家打分情况得到最终的判断矩阵表格，如下（见表6）：

表6　AHP数据

	生产竞争力	市场竞争力	传播效果
生产竞争力	1.000	0.250	0.200
市场竞争力	4.000	1.000	0.333
传播效果	5.000	3.000	1.000

把表格中的数据转化为矩阵，如下：$A=\begin{bmatrix} 1 & 1/4 & 1/5 \\ 4 & 1 & 1/3 \\ 5 & 3 & 1 \end{bmatrix}$，数字代表指标之间的相对重要性，数字越大代表相对重要性越强。

第三步，标准化、计算特征向量并得到权重值。针对生产竞争力、市场竞争力、传播效果总共三项构建三阶判断矩阵进行AHP层次法研究，分析得到特征向量（028，908，531.858），并且总共三项对应的权重值分别是：9.642%，28.423%，61.935%。

第四步，一致性检验。在构建判断矩阵时，可能会出现逻辑错误，因此需要通过使用一致性检验是否出现逻辑错误，一致性检验使用CR值进行分析，CR值小于0.1则通过一致性检验，否则说明没有通过一致性检验。利用公式$\lambda max=\sum_{i=1}^{n}(A\omega)i/n\omega i$，算出矩阵A的λmax的值为3.087。利用公式CR=CI/RI进行计算，其中CI=（λmax-n）/n-1，n为矩阵的结束，若计算得到CR的值小于0.1，说明上面构造的矩阵满足一致性要求，所求得的权重有效，反之则无效（见表7）。

表7　AHP层次分析结果

项	特征向量	权重值（%）	最大特征值	CI值
生产竞争力	0.289	9.642		
市场竞争力	0.853	28.423	3.087	0.043
传播效果	1.858	61.935		

CI值已经计算得出，RI值可对应下表进行查询得到（见表8）。

表8　随机一致性RI表格

n阶	3	4	5	6	7	8	9	10	11	12	13	14	15	16
RI值	0.52	0.89	1.12	1.26	1.36	1.41	1.46	1.49	1.52	1.54	1.56	1.58	1.59	1.5943
n阶	17	18	19	20	21	22	23	24	25	26	27	28	29	30
RI值	1.6064	1.6133	1.6207	1.6292	1.6358	1.6403	1.6462	1.6497	1.6556	1.6587	1.6631	1.6670	1.6693	1.6724

本次研究构建出3阶判断矩阵，对应上表可以查询得到随机一致性RI值为0.520，由此可算出CR值，得出一致性检验结果（见表9）。通常情况下CR值越小，则说明判断矩阵一致性越好，一般情况下CR值小于0.1，则判断矩阵满足一致性检验；如果CR值大于0.1，则说明不具有一致性，应该对判断矩阵进行适当调整之后再次进行分析。本次针对3阶判断矩阵计算得到CI值为0.043，针对RI值查表为0.520，因此计算得到CR值为0.083<0.1，意味着本次研究判断矩阵满足一致性检验，计算所得权重具有一致性。

表9　一致性检验结果汇总

最大特征根	CI值	RI值	CR值	一致性检验结果
3.087	0.043	0.520	0.083	通过

4. 二级指标权重计算

通过上述方法可以得出各二级指标的权重值（见表10）。

表10　权重结果

类项	特征向量	权重值（%）	最大特征值	CI值
企业人数	0.246	3.08		
人员素质	1.158	14.47		
内容品质	2.746	34.33		
产业基础	0.316	3.94	8.49	0.07
政府支持	1.174	14.67		
渠道能力	1.75	21.87		
出版企业规模	0.252	3.15		
资金实力	0.358	4.48		

类项	特征向量	权重值（%）	最大特征值	CI值
需求规模	0.688	7.64		
需求结构	0.495	5.50		
版权输出语种版本数	1.328	14.76		
版权输出国家和地区覆盖度	1.328	14.76		
主流零售终端覆盖度	1.833	20.37	9.803	0.1
宣传报道阅读数	0.173	1.92		
宣传报道评论数	0.255	2.83		
媒体粉丝数	0.551	6.13		
输出版权出版物销量	2.349	26.10		
版权贸易额	0.333	16.67	2	0
国家形象认可度	1.667	83.33		

5. 最终权重结果（见表11）

表11　AHP层次分析结果

一级指标	权重值（%）	二级指标	权重值（%）
生产竞争力	9.64	企业人数	3.08
		人员素质	14.47
		内容品质	34.33
		产业基础	3.94
		政府支持	14.67
		渠道能力	21.87
		出版企业规模	3.15
		资金实力	4.48

一级指标	权重值（%）	二级指标	权重值（%）
市场竞争力	28.42	需求规模	7.64
		需求结构	5.50
		版权输出语种版本数	14.76
		版权输出国家和地区覆盖度	14.76
		主流零售终端覆盖度	20.37
		宣传报道阅读数	1.92
		宣传报道评论数	2.83
		媒体粉丝数	6.13
		输出版权出版物销量	26.10
传播效益	61.94	版权贸易额	16.67
		国家形象认可度	83.33

四、我国主题出版物版权国际传播力综合评价及制约因素分析

本部分以上文构建的指标体系对我国主题出版物国际传播力进行系统评价，并根据评价结果，从主题出版物生产竞争力维度、市场竞争力维度以及传播效益维度分析制约主题出版物版权传播的制约因素，以更有针对性地提出提升主题出版物版权国际传播力的路径。

（一）我国主题出版物版权国际传播力综合评价

评价过程采取模糊综合评价法，根据评价体系的各级指标对我国主题出版物版权国际传播力进行综合评价，并根据计算结果得出评价结果。

1. 评价过程

模糊综合评价法（Fuzzy Synthesis）是在模糊数学的某些概念的帮助下，对现实中的综合评价问题进行评估的一种方法，它也是模糊数学应用于工程领域的

一个典型范例。其基本思路是：以模糊数学为基础，利用模糊关系合成原理，将一些边界不清、不易定量的因素定量化，从而进行综合性评价。构造模糊评价矩阵并进行模糊评判，邀请22位专家、学者、同学，按照非常强、强、一般、弱、比较弱等五个等级进行选择，标记为V1、V2、V3、V4、V5，分别计为5分、4分、3分、2分、1分。这里以人力资源要素评分为例，认为当我国主题出版企业人数指标非常强的参评人员有6位，认为该指标强的参评人员有4位，一般的有11位，认为该要素传播力弱的有1位，非常弱的有0位，下表为基于模糊综合评价法对二级指标强度评价分析汇总（见表12）。

表12 主题出版图书国际传播力二级指标评价汇总

指标	等级集				
	V1	V2	V3	V4	V5
企业人数	6	4	11	1	0
人员素质	14	8	0	0	0
内容品质	20	2	0	0	0
产业基础	6	7	8	1	0
政府支持	6	7	9	0	0
渠道能力	2	8	12	0	0
出版企业规模	5	7	9	1	0
资金实力	8	8	4	1	1
需求规模	9	12	1	0	0
需求结构	2	8	6	4	2
版权输出语种版本数	11	8	3	0	0
版权输出国家和语种覆盖度	12	5	5	0	0
主流零售终端覆盖度	2	8	10	2	0
宣传报道阅读数	2	5	3	6	6
宣传报道评论数	2	2	4	6	8
媒体粉丝数	5	5	6	6	0

指标	等级集				
	V1	V2	V3	V4	V5
输出版权出版物销量	5	6	6	4	1
版权贸易额	4	6	5	7	0
国家形象认可度	6	5	6	5	0

将对应要素的指标权重和等级集进行整理，依次导入SPSS，使用加权平均法，得出每一向量的模糊评价矩阵，依次计算出评价向量并进行归一化得出生产竞争力评价向量、市场竞争力评价向量以及传播效果评价向量，本文将数据汇总如下（见表13）。

表13　计算结果汇总表

	生产竞争力评价向量权重计算结果				
	评价项1	评价项2	评价项3	评价项4	评价项5
隶属度	0.507	0.255	0.230	0.007	0.002
隶属度归一化	0.507	0.255	0.230	0.007	0.002
	市场竞争力向量权重计算结果				
	评价项1	评价项2	评价项3	评价项4	评价项5
隶属度	0.287	0.315	0.260	0.106	0.032
隶属度归一化	0.287	0.315	0.260	0.106	0.032
	产业基础要素向量权重计算结果				
	评价项1	评价项2	评价项3	评价项4	评价项5
隶属度	0.258	0.235	0.265	0.242	0.000
隶属度归一化	0.258	0.235	0.265	0.242	0.000

在得出主题出版图书国际传播力各向量指标权重得分后，评价项1—评价项5分别代表5分、4分、3分、2分、1分，意思为非常强、强、一般、弱、非常弱，对此

依次进行主题出版物版权国际传播力评定，计算结果如下（见表14、表15、表16）。

表14　生产竞争力综合得分计算

综合得分	V1	V2	V3	V4	V5
4.257	5	4	3	2	1

表15　市场竞争力综合得分计算

综合得分	V1	V2	V3	V4	V5
3.718	5	4	3	2	1

表16　传播效果综合得分计算

综合得分	V1	V2	V3	V4	V5
3.508	5	4	3	2	1

同样的操作，对一级指标进行分析，得到如下结果（见表17、表18）。

表17　主题出版物版权国际传播力权重计算结果

	V1	V2	V3	V4	V5
隶属度	0.303	0.312	0.385	0.000	0.000
隶属度归一化权重	0.303	0.312	0.385	0.000	0.000

表18　主题出版物版权国际传播力综合得分计算

综合得分	V1	V2	V3	V4	V5
3.919	5	4	3	2	1

2. 评价结果

从上表可知，生产竞争力在5个评语集中V1（非常强）的权重值最高（0.505），结合最大隶属度法则可知，最终综合评价结果为"V1（非常强）"，最后综合得分为4.257分，说明其介于非常强和强之间；市场竞争力在5个评语集中V2（强）的权重值最高（0.315），结合最大隶属度法则可知，最终综合评价结果为"V2（强）"，最后市场竞争力综合得分为3.718，说明市场竞争力目前处于强和一般之间；5个评语集中V3的权重值最高（0.265），结合最大隶属度法则可知，最终综合评价结果为"V3（一般）"，最后综合得分为3.508，说明传播效果处于强和一般之间但更偏向一般；主题出版物版权国际传播力在5个评语集中V3（一般）的权重值最高（0.385），结合最大隶属度法则可知，最终综合评价结果为"V3（一般）"，最后综合得分为3.919，说明我国主题出版物版权国际传播力目前仍处于强和一般之间。

（二）我国主题出版物版权国际传播力制约因素分析

由我国主题出版物版权国际传播力评价结果可知，我国主题出版图书国际传播力的制约因素较多，生产竞争力较强，但仍然存在不足，市场竞争力和传播效果维度还有很大的进步空间。

1. 主题出版物生产竞争力的制约因素

主题出版物生产竞争力的制约因素主要被人力资本匮乏以及出版产业实力不均衡限制。

（1）人力资本要素匮乏

根据国家统计局数据显示，2016年共有478,315人从事出版印刷生产，2017年共有451,667人，2018年共有429,799人从事出版印刷生产，2020年共有372,762名人员从事相关工作，呈逐年下降的趋势，较之下降22.1%，降幅明显（见图5）。

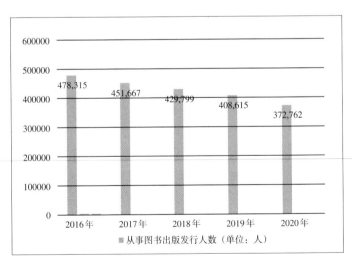

图5　2016—2020年从事图书出版发行人数①

---

① 数据来源：国家统计局。

在主题出版版权输出成为中国文化走出去新的增长点的契机下，需要更多的具备敏锐的选题意识、良好的内容制作能力、积极的市场营销意识和成熟的版权运营能力的出版人加入出版行业中。但是目前，从事出版行业的人才不增反降，出版社缺少专门的版权运营人才，很大程度上影响了主题出版的版权国际传播力。

（2）出版产业实力不均衡

根据钻石模型分析可知，产业基础是影响主题出版物版权国际传播力的重要因素，出版产业上下游的实力，决定了主题出版的发行能力、市场营销能力。随着我国各个出版企业之间的重组、兼并和出版集团的不断成立，出版集团的规模在不断扩大，但主题出版行业水平参差不齐，产业规模还未形成，且分布发展不均衡。从近年来列入中宣部重点选题的出版社来看，中国人民大学出版社、广西师范大学出版社等高校出版社一骑绝尘、遥遥领先，其他大多数高校出版社、地方出版社上的主题出版选题、内容策略等能力较弱，主题出版的各级各地出版商齐头并进的局面还未打开。

（3）主题出版内容品质不高

主题图书出版的产品实力是主题出版国际传播力的重要因素，主题出版的政治性、文化性等特点，决定了出版行业的准入门槛，是典型的智力密集型和技术密集型的产品。但目前我国出版社距离出版强国所要求的水平仍有一定差距，出版物内容的说教味较浓、选题同质性问题突出，各个出版社主题出版水平良莠不齐，追求主题出版的数量，忽视了主题出版内容的含金量，主题出版的原创实力较弱，跟风现象较为显著，缺少有影响力的主题出版作品。此外，还有不少人拘泥于主题出版的表面字义，认为主题出版物仅为政策类读物，而忽视了文化类、叙事类主题出版物的版权传播，导致主题出版物版权输出的选题自我窄化，限制了主题出版物版权国际传播力的提升。

（4）主题出版物版权融合发展不足

融媒体时代的到来，越来越多出版机构向数字化转型，开始研发更多的融媒体产品。在主题出版类别中，已有多元化形式的融媒体产品实现海外版权输出，如《平"语"近人——习近平喜欢的典故（第二季）》已经被译成多语种版本，陆续在全球80多个国家的209家主流媒体刊播上线，引发热烈反响。但大部分的主题出版物仍是以图书或者音像制品的形式出现，版权输出也是多语种形式的出版或者翻译权的输出。可见在新媒体、短视频的媒介发展趋势下，主题出版的媒介融合力度稍显不够，《平"语"近人——习近平喜欢的典故（第二季）》这种集专题片和视频书多元发展的主题出版物的数量不足，导致大部分的主题出版物的版权传播影响力达不到预期。

2. 主题出版物版权市场竞争力的制约因素

从市场竞争力维度看，主题出版物版权传播力主要受到文化折扣、消费市场的需求萎缩、消费数据缺乏、图书版权代理资源弱、国际版权营销能力弱的限制。

（1）文化折扣现象突出

主题出版具有政治性、公益性，但也要兼顾市场性，国内市场主题出版图书叫好不叫座现象较为凸显，我国主题出版的"文化折扣"现象较为突出，影响了主题出版的国际传播力，造成文化折扣现象出版的原因是多方面的。首先，受国内国外国情影响，不同的文化背景和文化趣味对图书作品的要求不一样，读者对图书的消费、感受会以自己的成长体验、文化体验为出发点，不同的文化背景会让读者形成不同的文化消费预期。主题出版物具有典型的中国特色，在主题出版选题和内容上突出中国的逻辑思维，讲述中国故事，存在部分内容和某些地区文化缺乏共通性和一致性，难以被国际读者所接受的情况。另外，主题出版的翻译人才短缺，在版权翻译的过程中，也会产生一些文化折扣现象。根据《2022中国翻译人才发展报告》显示，我国的翻译人才总数达538万人，翻译服务机构企业专职翻译人员约为98万人，但高素质、专业化中译外人才以及非通用语种翻译人才依然匮乏，所以我国主题出版物翻译存在严重的人才结构性矛盾，制约主题出版的国际传播力。

（2）消费市场数据缺乏

为提高我国主题出版图书在国际市场上的响应性和灵活性，我国要及时收集主题出版在国际市场上的反馈，按照需求结构、需求规模对主题出版图书消费市场进行总结。我国主题出版图书缺乏来自国际市场上的消费数据，从国家统计年鉴来看，我国的图书出版数据较为齐全，单从图书出版的数据来看，无法对国际市场需求予以及时研判。其次，我国也缺少对海外社交媒体数据的收集。

（3）图书版权代理资源弱

主题出版图书进入海外市场，通过扩大版权朋友圈，实现版权代理是良好的渠道，但是我国图书版权代理起步较晚，行业发展速度较慢，市场经验不丰富，和国外相比，我国的版权代理机构发展较为迟缓，行业集中化程度较低。目前，我国版权代理机构没有真正运行起来，尤其是既掌握了版权资源、版权知识还熟悉海外主题出版图书的版权代理机构和人才较少。从代理内容和范围来看，出版社和版权代理机构关系不密切，大部分出版社都是自己进行相关出版物的海外宣传，直接和国外出版单位签订合同，进行版权输出。

（4）国际版权营销能力弱

中国外文局的对外出版业务十年发展的统计数据显示，2012年到2021年，全局出版外文图书出版品种由每年406种增加到795种，增长95.8%；对外发行渠道由1247个增加到2127个，增长70.6%；多语种外宣期刊（种）在10年期间增长了68.8%，媒体传播平台（个）增长了431%，海外社交平台增长了58倍，海外社交账号语种从2个增长到16个，增长了7倍，其账号粉丝更是实现了跨越式的增长，从2012年的2000个增长到1亿个的体量（见图6）。不仅如此，中外人文交流活动和国际合作智库都实现了长足增长。

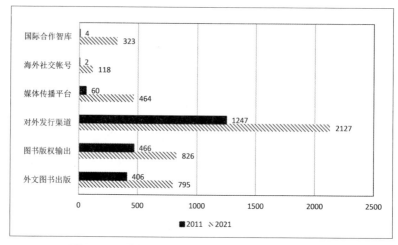

图6　国际传播2011—2021年主要业务增长情况①

由此看来，随着我国对出版业务重视程度的增加，版权对外传播能力得到显著提升。但在版权输出实践中，主题出版物常常会出现水土不服的现象，主题出版的营销行政干预氛围浓厚，通过行政力量，将图书推荐给政府部门或者是特定人群，以行政手段进行主题出版物营销在国内可行性强、操作性强。但是在主题出版物的国际版权营销上还要借助市场力量，目前，我国主题出版的国外市场渠道较为窄化，还没有形成主题出版物和社交媒体的高度黏合，大多主题出版物海

---

① 数据来源：中国外文局。

外社交营销开发深度、力度不足，缺乏专人运维和管护，难以提高主题出版物在海外社交媒体的影响力。

3. 主题出版物版权传播效果维度的制约因素

主题出版物版权传播效果的制约因素从原因层面看主要是主题出版物版权生产竞争力和主题出版物版权市场竞争力不足，进而导致主题出版物版权传播效果中版权贸易额不高、国家形象认可度不高的结果。笔者将从对内、对外两方面对导致此结果的原因进行分析。

（1）对外输出：国家政策助力不足

文化出口，政策先行。主题出版物版权贸易取得的各项成就离不开国家出版行政管理部门对主题出版物的各项支持，其中政策支持尤为重要。从2003年我国出版业确认了走出去的发展战略到2010年主题出版被纳入官方话语体系中，我国主题出版走过了十余年，收获斐然。但国家现有的政策的适用范围有限，覆盖出版物的数量有限，而能否入选政策名单内又影响着主题出版物版权输出能否获得资金支持，进而影响主题出版物的版权输出效果。目前，国家针对主题出版物的专项政策不断增加（见表19），但输出效果有限，例如从前文对主题出版重点出版物版权输出的统计数据可知，输出版权的主题出版物占成功立项数的比重很低，这表明许多优秀的主题出版物被选出来却未获得对外传播的推力。由此可见，我国文化出口政策和走出去政策并未形成合力，导致主题出版物的版权输出的推力不足。

表19　中国新闻出版"走出去"项目计划

项目名称	起始年份	主要方向
金水桥计划	2003	专注图书对外传播
中国图书对外推广计划	2004	翻译费用的支持
中外图书互译计划	2008	与其他国家出版机构签订协议，互译作品
中国文化著作翻译出版工程	2009	翻译、出版及推广费用支持
中国出版物国际营销渠道拓展工程	2010	完善出版物国际立体营销网络
尼山书屋"走出去"工程	2010	图书的出版与销售
中国图书输出奖励计划项目	2014	纸质图书出版

（2）对内反馈：版权国际传播力评价机制缺位

目前，我国尚没有主题出版物版权国际传播力评价机制，缺乏由权威机构制定的国内—国外市场、出版主体—消费受众的评价反馈机制，会让我国主题出版国际传播力提升动力不足，在主题出版选题、内容策划上缺乏指导性，不利于提升主题出版的国际传播力。根据亚马逊网站上2021—2022年的习近平新时代中国特色社会主义思想相关图书的售卖、好评率统计结果，统计的5套出版物中，仅有2套被读者进行评价并评分，但评价人数寥寥无几（见表20）。可见，出版发行商、创作主体无法从官方口径了解到主题出版物在国际上的反馈和影响力，难以对主题出版国际传播力进行横纵对比，不利于我国后续的主题出版物的选题、创作、翻译和版权输出。

表20　亚马逊中国图书馆部分主题出版图书数据

书名	语种	评价次数	评分
习近平谈治国理政	中文、英文、日文、西班牙文、朝鲜文、阿拉伯文、德文	174	4.3
论坚持推动构建人类命运共同体	中文、阿拉伯文、德文、俄文	暂无	暂无
习近平关于全面依法治国论述摘编	德文、法文	暂无	暂无
摆脱贫困	中文、法文、英文	14	3.8
之江新语	中文、西班牙文	暂无	暂无

五、我国主题出版物版权国际传播力的提升路径

上述分析表明，主题出版物出版及版权传播的全流程均存在制约因素，本部分从主题出版物生产竞争力维度、主题出版物版权市场竞争力维度以及政策维度三个方面提出提升路径，以降低主题出版物版权国际传播的制约因素对其带来的影响。

（一）主题出版物的生产竞争力维度

从生产维度提升主题出版物版权国际竞争力，是指从企业自身出发，加大复合型版权人才培养力度，实现版权资源聚集，进一步优化产业实力，打造独树一

帜的产业品牌，从而提升其生产竞争力。

1. 加快复合型版权人才培养

出版行业属于知识密集型产业，复合型版权人才队伍的培养对主题出版行业发展和国际传播力的提高具有重要意义。首先加强国际化版权人才的培养：从国家层面到出版社，都要将培养国际化的版权人才作为企业发展的重要着力点，通过本土培育或者是人才引进的方式，培养一批具有国际视野的人才，实现经营管理、翻译、出版发行、国际营销等全方位人才培养体系。其次是要加强对现有出版从业者及版权贸易人才的培训。无论是主题出版还是图书的国际市场开拓，都需要其拥有新的观念和新的技术手段，从国内市场迈向国际市场，提高其在主题出版选题策划、市场营销、版权贸易等方面的培训，通过培训管理制度，优化出版及版权从业者的人才结构和素养能力，为主题出版的国际传播提升提供人力资源保障。

2. 实现版权产业资源聚集，优化版权产品质量

主题出版物版权生产需要实现资源要素集聚，产生规模经济。我国主题出版物产业行政化色彩较浓厚，主题出版产业缺乏和国外出版巨头相抗衡的行业巨头，主题出版物版权产业资源分布不均衡，其中资金实力是限制主题出版物生产及版权输出的重要阻碍因素，出版产业应以政府补贴和金融融资为主，积极引入市场融资模式，提高出版实力，形成出版行业版权价值链，实现主题出版行业的版权资源要素集聚，形成主题出版物的规模效应，为打造规模化的版权产业、形成完整的版权产业链奠定基础。

资源聚集是生产优秀出版物的前提，但想要扩大主题出版物的版权传播范围和传播力，产品质量还是关键，因此提升主题出版的产品质量是有效提升主题出版国际传播力的重要路径。提升主题出版的产品质量的关键是增强主题出版的精品意识和跨文化意识。主题出版是宣传主旋律，讲好中国故事的重要渠道和内容载体，具有浓厚中国特色社会主义的学术体系和话语体系，在面向国际传播时，要树立跨文化意识和内容创新意识，从根本上改变传统的说教思维、灌输思维，不断增强文化创新意识，提升主题出版的文化品位，树立主题出版的文化自信，用精品内容打动世界读者，提高国际传播力。

3. 明确出版定位，打造版权产业品牌

在目前的融媒体传播的格局下，出版单位要形成从产品到平台全流程的版权产品品牌意识。首先，出版单位要有明确的主题出版物产品定位，积极打造主题出版品牌，借助资源形成并提升品牌影响力以实现资源优化整合，在生产方与接

受方之间形成良性循环，同时通过明确的版权产品定位设立或获得专项资金，提高主题出版物版权生产的资金实力并打造精品主题出版物。其次，目前我国的主题出版物营销方式单一，多为出版单位自营，出版单位可以和掌阅、亚马逊等平台开设主题出版专栏，并对该专栏进行及时更新，将主题出版专栏升级为读者交流、学术交流、图书售卖为一体的综合性平台。为进一步加强主题出版专栏的影响力，还可以以线下读者见面会的形式，进一步增强用户黏性，提高主题出版的当地影响力，从而借助品牌活动提升主题出版国际影响力。

4. 提高主题出版物版权多媒体融合发展

融媒体的发展为出版物的输出交流提供了更广泛的平台，丰富了主题出版物的传播渠道，出版单位可充分利用新技术、新媒介，丰富主题出版物版权表现形式，以满足不同用户的媒介需求，通过互联网和大数据不断扩大主题出版物的影响力，进而推动主题出版物的版权输出。例如，解放军出版社再版《星火燎原》并配套制作一系列融媒体产品，使读者在阅读纸质图书的同时也可以听书，在移动设备上阅读电子版的内容，除此之外，读者还可以观看微视频、欣赏沙画和动画，还可以通过体验H5、AR全方位品读《星火燎原》；还有由中共中央宣传部、中央广播电视总台联合创作的专题片《平"语"近人——习近平喜欢的典故（第二季）》，目前已出版了同名视频书，该书以专题片解说词为主编辑而成，专题片中习近平总书记36个用典原声片段及12集完整视频通过二维码植入方式呈现，读者阅读的同时，可以扫码聆听原声、观看专题片视频。主题出版单位应增加数字化、卡通、漫画等多种形式的版权模式，实现版权资源利用最大化。

（二）主题出版物版权市场竞争力维度

从市场传播维度提升主题出版物版权国际竞争力，要厘清国内外出版市场差异，培养翻译队伍提升主题出版物的可读性，明确市场数据摸清消费者需求，同时加宽营销渠道，合力打造、营销版权产品，从而提升其市场传播力。

1. 优化国际版权翻译队伍的建设

一部出版物的国际传播面和受众的认可度很大程度上取决于出版物的翻译质量，所以提高主题出版物版权国际市场竞争力，国际翻译人才队伍的建设至关重要。目前我国既具备政治学、社会学等文史知识，又能够精通文字翻译、国际文化的翻译人才较少，加强国际版权翻译队伍建设工作迫在眉睫：首先应设立主题出版翻译专项资金。通过设定面向主题出版翻译的专项激励机制，鼓励和培育优秀的主题出版翻译人才，并和高校、科研机构、地方出版社开展联合培养模式，通过翻译人才的定向培养，为主题出版国际传播力的提升提供人员保障，输送智力支持。其次全球招聘翻译顾问。面向全球招聘法语、日语、俄语、英语、阿拉伯语及其他小语种语言的翻译顾问，翻译顾问需对中国文化有一定程度了解，愿意协助中国出版单位做好主题出版的翻译或者校对工作，他们将用更贴近本国文化审美、文化习惯的语言翻译主题出版物，从而降低翻译过程中的文化折扣，弥合文化鸿沟，尽可能原汁原味还原主题出版内容和主旨精神，更好地提升主题出版物的版权国际竞争力，让中国故事不仅"走出去"还要"走进去"，真正地融入他国公众的生活和思想中。

2. 内容数据双视角，摸清消费需求

从国际读者的内容选择层面来看，根据我国主题出版所存在的内容同质性问题，通过差异化的主题出版内容供给，可以增强主题出版的可读性和可看性，从而刺激国际读者的消费需求。为了实现读者人群从对中国文化感兴趣的小众读者、华侨扩大至更广泛的阅读群体，提高主题出版的版权国际传播力，需要从以下方面予以优化：一是细分主题出版内容。我国要面向国际开展文化需求调研，了解国际读者对中国文化、中国政治等需求，量化分析读者需求和国际市场变化，从而确定我国出版社主题出版版权输出选题的内容。二是加强国际交流合作，展开对国际图书市场的风向辨别和需求识别，对国外高校的我国主题出版馆藏书目进行识别，了解当下国际社会对中国文化的兴趣点，并以此作为我国主题出版选题的着力点，减少选题盲目性和重复性。同时，要对各大出版社上报的选题进行严格把关，按照社会效益和经济效益双重属性，对出版社主题进行筛选，提高入选门槛。

从主题出版版权国际传播力的数据统计层面看，根据外事部门、中宣部、广电总局、国家数据统计局的数据能了解到我国图书出版的进出口情况，但是未能了解到主题出版类的出口情况和国内发行数量，说明我国没有权威机构对主题出版物的出口情况、版权输出情况、国际社会流通情况开展统计分析，缺少对主题出版行业内部开展的数据跟踪、数据反馈、数据检测等。由于我国主题出版国际传播力数据缺失较为严重，在信息不对称的情况下，国内出版社会依照主观想法和经验进行选题策划和发行。所以我国要联合高校、研究机构、专业的数据分析机构开展主题出版国际传播力的行业数据分析，为出版行业提供专业、权威、翔实的国际市场反馈，形成清晰的、可视化的主题出版物出版和版权输出等相关数据，从而使主题出版在出版、发行上有数据支撑，避免主题出版的主观臆断、盲目跟风，从而全方位优化主题出版行业管理，提升主题出版的版权传播力和国际影响力。

3. 合力打造版权产品，以"局内人"身份助力营销

美国社会学家P.K.默顿在《科学社会学》中提出"局内人"和"局外人"这两种社会结构，"局内人"往往享有共同的价值观念、生活习惯和行为方式。因此国内出版单位可通过对接国外出版机构，形成有序的合作关系，搭建共同参与的社交数字出版平台，共同打造主题出版物版权产品，并借助国外出版社的地方影响力，成为"局内人"，进而加大版权产品的营销力和传播力。我国出版单位也可以就主题出版物和国外地方出版社形成稳定的合作关系，或者是建立海外分机构的形式，充分了解国外读者的阅读兴趣，并借助合作机构的品牌影响力，提前了解当地图书的市场规律和受众喜好，为主题出版物的海外推广提供条件便利。另外，改变销售渠道模式。我国现在的主题出版国际市场主要集中在华人市场以及对我国文化感兴趣的外国人士，为实现我国主题出版发行和国际市场销售精准对接，可以通过中国主题出版物从编写、推广到营收与外方建立全方位合作，在内容策划方面，由我国出版社的海外分社、分中心以及海外机构，为国内出版社提供国外受众需求，根据国外受众的需求进行创作，也就是说，我国主题出版物要及时转变渠道模式，将读者需求前测，根据国外读者的需求进行创作、改编，和国外出版社进行主动对接，积极参与国外市场的主题出版物的推广和版权运营，产生的出版物版权收益要按比例分成。

（三）优化主题出版物版权输出政策环境

从政策环境层面看，提升主题出版物版权国际竞争力，要构建客观、全面的评价体系，给予生产单位真实反馈，进一步推动主题出版物版权的传播。

1. 完善主题出版政策环境建设

我国要切实提高文化开放水平，通过国际传播能力的提高和对外话语体系的形成，不断提升我国的国际地位，确保我国主题出版物能够在国际社会上传得开、传得远，切实提升主题出版国际传播力。在保障我国文化安全的情况下，做好主题出版国内国外市场的双循环，通过搭建中外文化交流平台，积极推动中外文明互鉴，为我国主题出版在国际社会上的交流互通提供平台保障。我国要从顶层设计上，形成中外互鉴的良好氛围，为我国主题出版图书的国际传播构建机制保障，鼓励出版社主动走出去，积极参加国际书展，布局海外市场，提高出版社国际竞争力。

另外，我国应持续加强主题出版物版权输出的专项扶持政策。出版行政管理

部门要以提高主题出版国际传播力为政策制定核心，兼顾主题出版的市场性和文化性，提高主题出版国际市场传播力，在主题出版政策制定和执行上实现资源倾斜，根据主题出版特点实现资金专项扶持，通过推动财政、税收、投资、信贷、金融、价格、稿酬等经济政策的创新，以实现主题出版金融政策的优化，促使主题出版的文化资源、资本资源的融合，实现地方出版社、高校出版社的齐头并进，为主题出版国际传播力的提升提供强大动力。并借助专项资金扶持，为主题出版版权国际传播力的内外融资提供制度保障。同时，落实主题出版的税收优惠政策。我国要深入研究主题出版的税种、税率，通过对开展主题出版国际业务的出版社进行优惠延期政策，加大对主题出版优质内容的国外输出，以税收扶持力度的提高引导主题出版主动走出去。

2. 建立版权国际传播力评价机制

由于主题出版的政治性、文化性以及市场性等多重属性，主题出版物版权国际传播力评价机制要遵循市场效益和社会效益双重准则。科学制定主题出版行业评价机制。面向主题出版物提升版权国际传播力这一客观要求，中宣部、广电总局等部门可以牵头制定主题出版物行业出口标准和行业评价机制，在指标的设计上要兼顾社会效益和经济效益，关注出版行业的社会责任感、宣传策划能力、国际市场营销能力等，引入专家分析法，采用定量分析和定性分析相结合的方式，为主题出版物国际传播力评价建立可量化的标准。在评价机制建设上，我国可以参考出版强国的先进做法，依据我国主题出版的特点，形成合理、科学的主题出版物行业评价机制。通过主题出版行业评价机制的建设，以强化政府的宏观调控职能，来引导出版业有序竞争，调控要素资源，增强主题出版物的可读性和可看性，并通过出版行业评价机制的数据测算，来了解当下我国主题出版物的国际传播力情况，为我国从顶层设计层面制定提高主题出版物国际传播力提供依据，以提升我国主题出版物在国际社会上的影响力、话语权。

课题负责人：叶文芳

课题组成员：胡诗琴　冯娜

承担单位：北京印刷学院

协作单位：中国文字著作权协会

后　记

　　《中国版权研究报告（2022—2023）》正式付梓出版，标志着中国版权保护中心2022—2023年度课题研究工作圆满完成。本书历经了凝练主题、遴选立项、交流研讨、观点推敲和成果转化等多重环节的精心雕琢，最终成型。可谓是，文字波涌如江海，思想成章启万千。心织笔耕勤努力，今朝成果现人间。

　　版权中心的课题研究组织工作主要由研究部承担，在孙宝林主任的统筹安排下开展。我们深入学习贯彻习近平文化思想，将《"十四五"文化发展规划》《版权工作"十四五"规划》等政策文件的主旨要义贯彻到版权研究工作中，全景展现版权推动文化高质量发展取得的突破性进展，前瞻性地开展版权学术研究，致力于定期向社会呈现一部反映新阶段版权发展的精品报告。

　　2022—2023年度，版权中心的课题研究工作重点在于夯实版权理论基础，梳理版权历史文化发展脉络，聚焦数字版权前沿热点，探索版权产业高质量发展新路径。各课题组按计划高质量完成研究任务，共计形成了超过100万字的研究成果，本书正是这些成果内容的精粹。依托这些成果，我们还将加深拓宽成果转化，如提交成果要报或立法建议、形成版权人才培养相关课程教材。此外，版权中心2023—2024年度课题研究工作已全面启动，并扎实推进。相关课题成果将在明年适时汇编出版，敬请期待。

　　版权中心研究部赵香、张凝、于梦晓、李文龙等同志为该书的出版付出了辛勤努力。中国青年出版社的尚莹莹及编辑老师的建议与修改使得本书更加完善。有关高等院校、文化企事业单位和科研院所等参与单位的鼎力支持，亦是本书顺利出版以及版权中心研究工作高效开展不可或缺的因素，在此一并表示衷心感谢。本报告集疏漏之处，恳请广大读者不吝赐教！

2023年12月

图书在版编目（CIP）数据

中国版权研究报告：2022—2023 / 中国版权保护中
心组织编写. -- 北京：中国青年出版社，2024.1
ISBN 978-7-5153-7095-8

Ⅰ．①中⋯ Ⅱ．①中⋯ Ⅲ．①版权–产业–研究报告
–中国–2022-2023 Ⅳ．①G239.2

中国国家版本馆CIP数据核字（2023）第230331号

中国青年出版社 出版 发行

中国版权研究报告（2022—2023）
中国版权保护中心　组织编写

责任编辑：尚莹莹　陈　静
特约编辑：赵　莹
助理编辑：尤　洋
责任印制：金　鹏
出版发行：中国青年出版社
社　　址：北京市东四十二条21号
邮政编码：100708
编辑中心：010-57350352
营销中心：010-57350370
印　　装：中煤（北京）印务有限公司
经　　销：新华书店
开　　本：710mm×1000mm　1/16
印　　张：44.75
字　　数：800千字
版　　次：2024年1月北京第1版
印　　次：2024年1月北京第1次印刷
定　　价：198.00元　上下卷（套）

如有印装质量问题，请凭购书发票与质检部联系调换
联系电话：（010）57350337